유치권의 아킬레스건

이재석

푸른솔

유치권의 아킬레스건

2018년 5월 11일 초판 인쇄
2018년 5월 21일 초판 발행

저자_이재석
발행자 _박흥주
영업부_장상진
관리부_이수경
발행처_도서출판 푸른솔
편집부_02-715-2493
영업부_02-704-2571
팩스_02-3273-4649
디자인_여백 커뮤니케이션
주소_서울시 마포구 삼개로 20 근신빌딩 별관 302호
등록번호_제 1-825

값_58,000원
ISBN 978-89-93596-87-8 (93360)

유치권의
아킬레스건

이재석

푸른솔

머리말

'행복한 가정은 다 비슷비슷하지만 불행한 가정은 저마다 이유가 다르다.' 톨스토이는 『안나 카레니나』를 이렇게 시작하고 있다. 유치권도 그렇다. 진짜 유치권은 다 비슷비슷하지만 가짜 유치권은 저마다 이유가 다르다. 유치권이 가짜가 되는 이유, 즉 유치권의 Achilles腱인 불성립 · 소멸 사유에는 11가지가 있다.

저자는 오랫동안 사법보좌관으로서 경매업무를 담당하고 법원실무제요 개정위원과 한국민사집행법학회 부회장으로서 경매에 관한 법리를 연구해 왔다. 부동산대학원에서 부동산 자체에 대하여도 공부했다. 내친 김에 유치권에 관한 논문도 4편 발표했다.

이 책은 유치권주장자가 있는 부동산에 대한 투자 지침서가 아니다. 유치권의 해부도(解剖圖)다. 유치권 전반을 그리되, 특히 아킬레스건의 위치와 모양, 이와 연결되어 있는 다른 부분을 상세하게 묘사했다. 11개의 아킬레스건을 정밀하고 선명하게 그려내기 위해 다음과 같은 구도와 방침 하에 나름의 최선을 다했다.

첫째, 유치권의 성립 · 존속 여부에 관한 연구 성과와 대법원 · 하급심 판례를 인도명령신청 · 인도청구의 요건사실, 특히 유치권자의 항변에 대한 매수인의 부인 · 재항변사실별로 촘촘하게 분석 · 정리함으로써 유치권 관련 분쟁의 쟁점을 유형화 · 체계화한다(위 요건사실에 관한 논의는 유치권존부확인청구의 경우에도 그대로 적용된다).

둘째, 인도명령신청 · 인도청구 인용 여부 등의 관건이 되는 민사실체법 또는 민사절차법의 관련 법리(기초법리)를 상술함으로써 유치권 관련 분쟁의 전제와 핵심을 부각시킨다(건물의 신축단계, 미완성건물의 유치권 · 강제경매 대상적격, 경매의 공신력, 압류의 효력과 매각의 효력의 구별, 점유의 침탈 · 회복과 형사책임 · 손해배상책임, 자력탈환, 점유회수의 소, 유치물 사용 · 대여의 법률관계, 부합, 건축 중인 건물의 소유권 귀속, 유치권의 불가분성, 전용물소권 등).

셋째, 민사유치권과 요건을 달리하는 상사유치권 주장 사례가 증가하는 추세를 고려하여 상사유치권 주장자에 대한 인도명령신청 · 인도청구의 요건사실과 그에 관한 판례이론을 별도로 분석한다.

오랜 탐구 역정! 지칠 만하면 어느 결에 다가와 등을 토닥여준 아내 신경아, 오류를 수정하고 보완해준 이창열 서기관(인천지방법원 민사신청과장)과 정태원 사무관(법원행정처 인사운영심의관실)에게 감사의 마음을 표한다.

유치권!

누군가에겐 벽이지만 나에겐 길이다.

아킬레스건!

1개만 끊어져도 유치권은 쓰러진다.

경매제도와 유치권제도 그리고 인도절차가 독자 제현께 벽이 아니라 길이 되었으면 좋겠다.

2018년 5월

이 재 석

차 례

[대목차]

PART 01 기초법리

PART 02 점유의 침탈·배제 및 회복의 법률관계

PART 03 「타인 소유 부동산의 점유」 관련

[세목차]

PART 01 기초법리

제4장 기타의 기초법리

PART 02 점유의 침탈 · 배제 및 회복의 법률관계

제1장 개관

PART 03 「타인 소유 부동산의 점유」 관련

제1장 부동산 요건의 불비

법령 약어

법령 명칭	약 어
가등기담보 등에 관한 법률	가담
건축법	건축
건축법 시행령	건축령
건축법 시행규칙	건축규
건축물대장의 기재 및 관리 등에 관한 규칙	건축물대장규칙
국세기본법	국기
국세징수법	국징
민법	민
민사소송법	민소
민사소송규칙	민소규
민사집행법	민집
민사집행규칙	민집규
부동산등기법	부등
부동산등기규칙	부등규
사법보좌관규칙	사보규
상가건물 임대차보호법	상임
상법	상
입목에 관한 법률	입목
주택임대차보호법	주임
지방세법	지방세
지방세기본법	지방세기
지방세징수법	지징
집합건물의 소유 및 관리에 관한 법률	집건
채무자 회생 및 파산에 관한 법률	도산

PART 01

기초법리

제1장 이해의 충돌과 조정

Ⅰ. 유치권의 기능

2005년부터 유치권에 관한 소송이 급증하면서 유치권은 사회경제적으로 매우 중요한 문제로 부상하였다.[1] 그에 따라 유치권자와 다른 이해관계인 간의 이해 조정에 관한 해석론 및 입법론이 백화난만기(百花爛漫期)라고 할 만큼 활발하게 전개되고 있다.

특히 대법원은 2005년부터 유치권도 일정한 경우에는 경매절차의 매수인 · 배당적격자에게 대항할 수 없다(매각으로 소멸한다)는 법리를 발전시켜 왔다. 주지하는 바와 같이 이러한 판례의 입장을 입법화하자는 '민사집행법 제91조 제5항 개정론'이 제기되고 있는 가운데 최근에는 유치권제도를 근본적으로 재설계하려는 법률안이 마련되었다.[2]

---

1) 유치권 관련 민사본안 제1심사건 접수건수는 2001년 15건에서 2005년 142건, 2010년 726건 등으로 폭증하였는데, 조사방법의 불완전성 내지 한계 등을 감안해 볼 때 실제로는 이보다 10배 이상 많았을 것으로 추정된다{김재형, "부동산 유치권의 개선방안 —2011년 민법개정시안을 중심으로—", 민사법학(55), 한국사법행정학회(2011), 343~344}. 2011년 이후에도 이러한 경향은 계속되고 있는 것으로 보인다.

2) 법률안은 2013년과 2017년에 마련되었다. 2004년에도 법률안 마련이 시도된 바 있다.

첫째, 2004년 법무부는 민법상의 부동산 유치권을 폐지하고 이를 법정저당권으로 전환하는 것을 내용으로 하는 민법 개정을 추진하였으나, 장기 추진과제로 남겨두기로 하고 법률안을 작성하지 않은 채 논의를 종료하였다{법무부, 민법(재산편) 개정 자료집, 법무부(2004), 376 이하(김상용 검토의견)}.

둘째, 2013. 7. 17. 법무부는 '민법 · 민사집행법 · 부동산등기법 일부개정법률안'을 제19대 국회에 제출하였다. 그 주요 내용은 다음과 같다{김재형, "부동산 유치권의 개선방안 —2011년 민법개정시안을 중심으로—", 민사법학(55), 한국사법행정학회(2011), 341~342}. ① 부동산 유치권을 폐지(유치권의 목적물에서 부동산을 제외)하되, 미등기부동산에 대하여만 유치권을 인정한다. ② 유치권의 피담보채권의 범위를 비용지출채권 등으로 한정한다. ③ 비용지출자 등의 저당권설정청구권에 관한 제372조의2를 신설하고 수급인의 저당권설정청구권에 관한 제666조를 개정하며, 위 규정에 따라 저당권설정등기를 하도록 부동산등기법을 개정한다. ④ 민사집행법 제91조 제5항을 삭제하여 경매절차에서 부동산 유치권에 관하여 소멸주의를 채택한다. 그러나 위 법률안은 제19대 국회의 임기 만료로 폐기되었다.

셋째, 2017. 4. 11. 함진규 등 10인의 국회의원은 '민법 · 민사집행법 일부개정법률안'을 발의하였다. 그 주유치권은 그 피담보채권이 금전채권이면서도 실체법상의 우선변제권과 절차법상의 배당요구권이 인정되지 않고[3](민 §320① · 329 · 356, 민집 §148 · 88① 참조), 부동산이 목적물인 경우에도 공시방법이 점유이며(민 §320①), 점유가 그 성립요건 및 존속요건으로서(민 §320① · 328), '공평의 견지에서 채권자의 채권 확보'[4]를 위해 인정되는 제도이다.

이와 같이 설계된 유치권은 소유자나 다른 채권자와 유치권자 간의 공평을 도모하기 위하여 피담보채권을 변제받을 때까지 인도를 거절할 수 있도록(변제받은 후에 또는 변제와 동시에 인도하도록) 함으로써, 소유자 · 매수인에 대한 관계에서는 변제를 간접적으로 확보하게 하고(간접적인 변제 확보 기능), 배당적격자에 대한 관계에서는 최우선변제를 사실상 보장하기 위한 제도이다(사실상의 최우선변제 보장 기능).

[유치권의 기능] 유치권은 소유자(경매절차의 매수인 포함)에 대한 관계에 있어서는 대세적인 인도거절권능에 의하여 '사실상의 변제강요를 통한 채권만족의 간접적 확보'를 가능하게 하기 위한 제도이며, 저당권자 등 담보채권자에 대한 관계에 있어서는 '시간에서 앞선 사람은 권리에서도 앞선다.'('Prior tempore, potior iure.' 또는 'First in time, first in right.')는 물권 상호간의 효력 순위에 관한 일반적 법원칙에 대한 예외로 인정되는 것으로서 '사실상의 최우선순위 담보권으로서의 지위 보장'을 위한 제도이다(대판 2011. 12. 22. 2011다84298). 담보채권자에 대한 관계에 관한 설명은 다른 배당적격자(압류 · 체납처분압류 · 가압류 채권자 등)에 대한 관계에도 적용된다고 하겠다.

이러한 유치권의 기능 내지 제도적 취지는 인도명령신청 · 인도청구소송, 유치권존부확인소송 등에서 극명하게 발현되고 있다.

요 내용은 다음과 같다. ① 유치권의 목적물이 부동산인 경우 유치권자는 경매절차의 배당요구 종기까지 배당요구를 하지 않으면 매수인에게 유치권을 주장할 수 없다(민 §320③ 신설). ② 부동산 유치권자는 배당요구를 할 수 있으며 배당요구를 하여야 배당을 받을 수 있다(민집 §88① 개정). ③ 부동산 유치권자는 경매절차의 이해관계인이다(민집 §90 1호의2 신설). ④ 민사집행법 제91조 제2항을 개정하여 유치권도 매각으로 소멸하는 권리에 포함시키고 ⑤ 민사집행법 제91조 제5항을 삭제함으로써 경매절차에서 부동산 유치권에 관하여 소멸주의를 채택한다.

3) 다만, 유치권에 의한 경매의 경우 유치권자는 일반채권자와 동일한 순위로 배당을 받을 수 있고(대결 2011. 6. 15. 2010마1059, 대결 2011. 6. 17. 2009마2063, 대판 2012. 11. 15. 2012도9603), 유치권은 원칙적으로 매각으로 소멸한다(대판 2014. 1. 23. 2011다83691).

4) 대판 2007. 9. 7. 2005다16942 등.

Ⅱ. 이해의 경합 · 충돌

경매절차에서 유치권자[5]와 매수인[6]의 이해는 '부동산의 인도 또는 유치권의 존재'를 둘러싸고 경합 · 충돌하고, 배당을 받을 수 있는 채권자(배당적격자)[7]와 유치권자의 이해는 '유치권의 부존재 또는 존재'를 둘러싸고 경합 · 충돌한다.

유치권자의 '물권적 인도거절권'(민 §320①, 민집 §91⑤)과 매수인의 '물권적 인도청구권'(민 §213)은 대금을 납부한 때부터 경합하게 되며, 양자의 이해는 매각(대금납부)으로 유치권이 인수되느냐 소멸되느냐에 따라 결정적으로 좌우될 수 있다. 또한 유치권자의 '사실상의 최우선 변제청구권'과 배당적격자의 '법률상의 평등 또는 우선 변제청구권'도 경합하게 되는데, 양자의 이해 역시 매각(대금납부)으로 유치권이 인수되느냐 소멸되느냐에 따라 크게 영향을 받을 수 있다. 유치권의 인수 또는 소멸에 따라 매수가격(배당재단)이 영향을 받고 배당적격자가 배당을 받을 수 있는 가능성과 액수 등이 달라질 수 있

---

5) 본래 '유치권자'는 ㉮ 유치권의 성립 · 존속요건을 모두 갖추어 유치권을 취득 · 행사할 수 있는 사람을 지칭하는 개념이다. 그러나 ㉯ 성립요건의 전부 또는 일부를 갖추지 못하여 유치권을 원시적으로 취득하지 못한 사람, ㉰ 존속요건의 전부 또는 일부를 갖추지 못하여 취득한 유치권을 후발적으로 상실한 사람을 포함하는 개념으로 사용하는 경우도 적지 않다. 이 책에서도 위 ㉮만을 지칭하는 의미로 또는 위 ㉮㉯㉰ 모두를 지칭하는 의미로 '유치권자'라는 용어를 사용하기로 한다. 또한 경우에 따라서는 위 ㉯㉰를 지칭하는 의미로 '유치권주장자'라는 용어를 사용하기로 한다.

6) '매수인'은 최고가매수신고인 또는 차순위매수신고인으로서 매각대금을 납부한 사람을 말한다. 실무에서는 매수인을 '낙찰자'라고 하는 경우가 많다.

7) '배당적격자'는 배당받기에 적합한 자격(배당받을 수 있는 자격)이 있는 사람을 말한다. 이는 '배당요구를 하지 않아도 당연히 배당을 받을 수 있는 사람'과 '배당요구를 할 수 있는 사람으로서 적법하게 배당요구를 한 사람'으로 나눌 수 있다.

전자는 ㉮ 배당요구의 종기까지 경매신청을 한 압류채권자(이중압류채권자 포함), ㉯ 첫 경매개시결정등기 전에 등기한 가압류채권자, ㉰ 첫 경매개시결정등기 전에 등기(저당권등기, 임차권등기, 전세권등기, 체납처분압류등기 등)하고 매각으로 소멸하는 우선변제권을 가진 채권자를 말한다(민집 §148). 그러나 강제경매 · 임의경매절차에서 유치권자는 이에 해당하지 않는다.

후자는 ㉱ 집행력 있는 정본을 가진 채권자, ㉲ 경매개시결정등기 후에 가압류를 한 채권자, ㉳ 민법 · 상법 그 밖의 법률에 의하여 우선변제권이 있는 채권자를 말한다(민집 §88①). 위 ㉳에는 첫 경매개시결정등기 후에 등기하고 매각으로 소멸하는 것을 가진 채권자, 소액임차인, 확정일자임차인 등이 포함된다. 그러나 강제경매 · 임의경매절차에서 유치권자는 이에 해당하지 않는다.

기 때문이다.

소유자(경매절차의 매수인 포함)의 인도청구권	⇔	유치권자의 인도거절권 (간접적 변제확보)
배당적격자의 법률상 평등 · 우선변제권	⇔	유치권자의 사실상 최우선변제권 (최우선변제 사실상 보장)

유치권에 의하여 소유자(경매절차의 매수인 포함) 또는 배당적격자가 입게 되는 불이익을 정리하면 다음과 같다.

첫째, '매각기일 전'에 집행관의 현황조사보고서, 유치권자의 유치권신고서나 플래카드 · 경고문 등을 통하여 유치권의 존재 또는 그 주장사실이 알려진 경우, 매수인은 유치권 내지 그 피담보채권을 감안하여 매수가격을 결정할 것이므로 유치권이 인수된다고 하여도 예상하지 못한 불이익을 입는 것은 아니며, 신속 · 적정한 환가를 저해하는 것도 아니다.[8] 그러나 배당적격자는 이러한 경우 매각기일 전에 유치권의 부존재가 확정되지 않는 한 매각 시기의 지체와 매각가격의 하락으로 인하여 배당 시기가 늦어지고 배당액이 감소되거나 배당받을 수 없게 되는 불이익 등을 입을 수 있다.

둘째, '매각기일 후 매각허가결정 확정 전'에 유치권의 존재 또는 주장사실이 알려진 경우 매수인은 불이익을 입을 수 있다. ㉮ 유치권부존재확인의 소 등에서 유치권이 *不存在*하는 것으로 확정되는 경우에는 일정한 기간 동안 점유 또는 사용 · 수익할 수 없는 불이익 등을 입을 수 있다. ㉯ 유치권부존재확인의 소 등에서 유치권이 *存在*하는 것으로 확정되거나 유치권이 성립될 여지가 없음이 명백하지 않은 경우, 사법보좌관이 매각허가 여부를 결정하기 전에는 '매각허가'에 관한 이의신청(민집 §121), 매각허가결정 후에는 그 처분을 고지받은 날부터 1주일 내에 사법보좌관의 '매각허가결정'에 대한 이의신청(민집 §130, 사보규 §4)을 할 수 있는데, 이에 따라 매각불허가결정(§123①)[9] 또는 매각허가결

8) 이 경우 매각기일 후에 유치권부존재확인의 소 등에서 유치권이 부존재하는 것으로 확정되는 때에는 오히려 그 피담보채권액 상당의 이익을 얻을 수 있게 된다.

정의 취소결정(§132)[10]이 있는 경우에는 매수보증금의 회수에 이르기까지 소요되는 시간 · 비용 등에 상당하는 불이익 등을 입을 수 있다. 또한 배당적격자는 위 ㉮의 경우에는 별다른 불이익을 입지 않을 것이나, 위 ㉯의 경우 매각허가에 관한 이의신청에 따른 매각불허가결정(§123①) 또는 매각허가결정에 대한 이의신청에 따른 매각허가결정의 취소결정(§132)이 있는 때에는 새 매각의 실시로 인하여 배당 시기가 늦어지는 불이익 등을 입을 수 있다.

[매각기일 후 매각결정기일 전의 유치권신고와 매각불허가결정] 경매절차에서 매수신고인이 당해 부동산에 관하여 유치권이 존재하지 않는 것으로 알고 매수신청을 하여 이미 최고가매수신고인으로 정하여졌음에도 그 이후 매각결정기일까지 사이에 유치권의 신고가 있을 뿐만 아니라 그 유치권이 성립될 여지가 없음이 명백하지 아니한 경우, 집행법원으로서는 장차 매수신고인이 인수할 매각부동산에 관한 권리의 부담이 현저히 증가하여 민사집행법 제121조 제6호가 규정하는 이의 사유가 발생된 것으로 보아 이해관계인의 이의 또는 직권으로 매각을 허가하지 아니하는 결정을 하는 것이 상당하다(대결 2005. 8. 8. 2005마643, 대결 2007. 5. 15. 2007마128,[11] 대결 2008. 6. 17. 2008마459 등).

셋째, '매각허가결정 확정 후 대금납부 전'에 유치권의 존재가 알려진 경우 매수인은 사법보좌관에 대하여 매각허가결정의 취소신청을 할 수 있는데(민집 §127),[12] 이 때 사법보좌관은 매각허가결정을 취소하고 새롭게 매각불허가결정을 한다. 이 경우 위 '둘째'의 ㉯와 마찬가지로 매수인은 매수보증금의 회수에 이르기까지 소요되는 시간 · 비용 등에

9) 또한 사법보좌관은 매각허가에 관한 이의신청이 없다 하더라도 직권으로 매각불허가결정을 할 수 있다(민집 § 123②).

10) 이 경우 사법보좌관은 이미 한 매각허가결정을 취소하고 새롭게 매각불허가결정을 한다.

11) 위 결정은 매각기일부터 매각허가기일까지 사이에 성립 및 범위가 불분명한 유치권의 신고가 있는 경우 집행법원이 매각을 허가하지 아니하는 결정을 선고하는 것이 상당하다는 것을 명확히 하였다는 점에서 그 의의가 있다{이동훈, "가. 하수급인이 자신의 공사대금채권을 위한 독립한 유치권을 취득하거나 수급인의 유치권을 원용하여 행사할 수 있는지 여부(한정적극), 나. 매각기일부터 매각허가기일까지 사이에 성립 및 범위가 불분명한 유치권의 신고가 있는 경우 집행법원이 취하여야 할 조치", 대법원판례해설(67), 법원도서관(2008), 239}.

12) 민사집행법 제121조 제6호가 규정한 사실(유치권이 존재한다는 사실 등)이 매각허가결정 확정 후에 밝혀진 경우 매수인은 매각허가결정의 취소신청을 할 수 있다(민집 §127).

상당하는 불이익 등을 입을 수 있고, 배당적격자는 새 매각의 실시로 인하여 배당 시기가 늦어지는 불이익 등을 입을 수 있다.

넷째, '대금납부 후'에 유치권의 존재가 알려진 경우, 매수인은 유치권을 인수하게 됨에 따라 예상하지 못한 불이익(유치권의 피담보채권액 상당의 손해 등)을 입을 수 있고, 경매절차에 대한 신뢰는 현저하게 훼손될 수 있다. 그러나 이 경우 배당적격자는 불이익을 입지 않는다.

<table>
<tr><th>유치권 존재
알려진 단계</th><th>매수인
불이익</th><th>배당적격자
불이익</th></tr>
<tr><td>매각기일 前
알려진 경우</td><td>불이익 없음</td><td>배당액 감소,
배당 시기 지연</td></tr>
<tr><td rowspan="2">매각기일 後
매각허가 확정 前
알려진 경우</td><td>【유치권 부존재 확정 경우】
확정 시까지 사용 · 수익 불능</td><td>불이익 없음</td></tr>
<tr><td>【유치권 존재 확정 경우 또는
성립여지 없음 명백하지 않은 경우】
매각불허가 ⇨ 보증금 회수에 소요된 시간 · 비용</td><td rowspan="2">새 매각 실시
⇨ 배당 시기 지연</td></tr>
<tr><td>매각허가 확정 後
대금납부 前
알려진 경우</td><td>매각불허가 ⇨ 보증금 회수에 소요된 시간 · 비용</td></tr>
<tr><td>대금납부 後
알려진 경우</td><td>유치권 인수</td><td>불이익 없음</td></tr>
</table>

다섯째, 민법 제578조 및 제575조는 경매목적물이 유치권의 목적인 경우 매수인이 유치권의 존재를 알지 못하고 매수하고 이로 인하여 목적을 달성할 수 없게 된 때에는 매수인이 대금감액 · 대금반환 · 손해배상 등의 청구를 할 수 있다고 규정하고 있다. 이를 담보책임이라고 한다. 담보책임은 경매절차 외에서 별소로써 추급할 수도 있고 경매절차 내에서 추급할 수도 있다. ㉠ 대금납부 전에는 경매법원에 대한 대금의 감액청구(민 §578①),[13] ㉡ 대금납부 후 배당 전에는 경매법원에 대하여 매각허가결정에 의한 매

매계약의 해제청구[14] 및 납부한 대금의 반환청구[15] 또는 감액을 구하는 대금의 반환청구(민 §578①), ㉢ 배당 후에는 채권자에 대한 배당금의 반환청구(민 §578②), ㉣ 유치권의 존재를 알고 고지하지 않은 채무자 또는 유치권의 존재를 알고 경매를 신청한 채권자에 대한 손해배상청구(§578③) 등의 방법으로 담보책임을 물을 수 있다.

경매 단계	담보책임의 내용	비 고
대금납부 前	경매법원에 대한 매수대금감액청구	경매절차 內 추급
대금납부 後 배당 前	경매법원에 대한 매수대금반환청구	
배당 後	채권자들에 대한 배당금반환청구	경매절차 外 추급
	채무자 또는 경매신청채권자에 대한 손해배상청구	

Ⅲ. 이해의 조정

유치권자가 경매절차의 매수인 및 배당적격자에 대하여 민법 제320조 제1항이 규정하는 '유치할 권리'를 행사할 수 있는지 여부는, ① 경매절차의 매수인이 매각(대금납부) 후에 부동산의 유치권자를 상대로 인도를 구하는 사안(부동산 인도명령신청 또는 인도청구소송), ② 배당적격자가 매각의 전 또는 후에 유치권자를 상대로 유치권의 부존재확인을 구하는 사안(유치권부존재확인소송), ③ 거꾸로 유치권자가 매각의 전 또는 후에 배당적격

13) 대결 1973. 12. 12. 73마912, 대결 1979. 7. 24. 78마248.

14) 위 '계약의 해제'에 관하여는 '매각허가결정의 취소'를 의미한다고 파악하는 견해가 있으나, '단순히 대금의 반환을 청구할 수 있게 하기 위한 근거'에 불과할 뿐 이미 행하여진 경매절차에는 아무런 영향을 미치지 않는다고 파악하는 견해{민일영, "경매와 담보책임", 법조(568), 법조협회(2004), 28~33}가 타당하다고 하겠다.

15) 대결 1997. 11. 11. 96그64.

자를 상대로, 매각 후에 매수인을 상대로 유치권의 존재확인을 구하는 사안(유치권존재확인소송) 등에서 주로 문제가 되고 있다. 유치권부존재확인소송은 배당적격자가 유치권자를 상대로 제기할 수 있을 뿐, 매수인이 유치권자를 상대로 제기할 수는 없다. 유치권자에 대하여 인도청구소송을 제기할 수 있는 매수인은 유치권부존재확인을 구할 소의 이익(확인의 이익)이 없기 때문이다.[16]

대법원은 유치권제도가 보다 적정하게 운용될 수 있도록 하기 위하여 주로 유치권의 성립을 제한하는 해석을 하여 오다가, 2005년 이후에는 경매절차의 법적 안정성을 크게 위협하지 않고 담보권질서에 관한 법의 구상을 왜곡하는 경우 유치권의 존속을 제한하는 입장도 아울러 취하고 있다. 특히, 유치권의 존속 제한은 민사집행법 제91조 제5항의 축소해석을 통하여 강제경매 · 임의경매 개시결정등기 후에 또는 신의칙에 반하여 민사유치권이 성립한 경우 또는 담보권등기 · 처분제한등기 후에 상사유치권이 성립한 경우에는 유치권이 소멸한다는 것을 전제로 경매절차의 매수인 또는 배당적격자에 대한 유치권의 행사를 제한하는 것인데, 이로 인하여 유치권제도는 한층 더 합리적으로 운용될 수 있게 되었다.[17]

이와 같이 유치권이 원시적으로 불성립하거나 후발적으로 소멸되는 경우에는 유치권자가 매수인 등에게 유치권을 주장하거나 이를 내세워 대항하는 등 유치권을 행사하지 못하게 된다. 이러한 경우 대법원 판결은 '행사'라는 용어를 사용하기도 하고,[18] '대항'이라는 용어를 사용하기도 하며,[19] '행사 · 주장'을 혼용하기도 하고,[20] '행사 · 주장 · 대항'을 혼용하기도 한다.[21] 이 책에서도 경우에 따라 '행사 · 주장 · 대항'을 혼용하기로 한다.

본래 대항(對抗)은 이미 성립한 권리관계 내지 권리를 타인에 대하여 주장 · 행사하는

---

16) 대판 2014. 4. 10. 2010다84932.

17) 유치권의 존속을 제한하는 판례이론의 형성과 발전에 관하여는 뒤의 'Ⅳ' 및 'PART 06 제1장 Ⅰ.' 참조.

18) 대판(전) 2014. 3. 20. 2009다60336(다수의견) 등.

19) 대판 2005. 8. 19. 2005다22688 등.

20) 대판 2011. 12. 22. 2011다84298.

21) 대판 2014. 4. 10. 2010다84932.

것을 의미하고, 대항력(對抗力)은 이미 성립한 권리관계 내지 권리를 타인에 대하여 주장 · 행사할 수 있는 법률상의 힘을 말하는데, 이는 주로 당사자 간에 생긴 효력을 제3자에 대하여 주장 · 행사하는 경우에 사용되고 있다. '대항하지 못한다'는 것은 법률행위의 당사자가 제3자에 대하여 법률행위의 효력을 주장 · 행사하지는 못하고, 다만 제3자가 그 효력을 인정하는 것은 무방하다는 것이다.[22] 따라서 주장 또는 행사는 그 권리관계의 상대방에 대한 주장 · 행사(좁은 의미)와 제3자에 대한 주장 · 행사인 대항을 포함하는 개념이라고 할 수 있다.

22) 곽윤직 · 김재형, 민법총칙(민법강의 I), 박영사(2015), 49.

제2장 인도명령신청 · 인도청구 관련 기초법리

Ⅰ. 매수인의 신청 · 청구 원인사실

1. 소송 유형

경매절차의 매수인 또는 배당적격자와 유치권자는 부동산의 인도 또는 유치권의 존부가 문제되는 경우 인도명령신청 · 인도청구소송, 유치권부존재확인소송 · 유치권존재확인소송 등을 제기하고 있다. 인도명령신청 · 인도청구소송은 매수인이 유치권자를 상대로, 유치권부존재확인소송은 배당적격자가 유치권자를 상대로, 유치권존재확인소송은 유치권자가 매수인 또는 배당적격자를 상대로 각 제기한다.

<table>
<tr><th>소송 유형</th><th>당사자</th><th>비 고</th></tr>
<tr><td>인도명령신청</td><td rowspan="2">매수인 ⇨ 유치권자</td><td rowspan="2"></td></tr>
<tr><td>인도청구소송</td></tr>
<tr><td rowspan="2">유치권부존재확인소송</td><td>매수인 ⇨ 유치권자</td><td>부적법(확인이익 없음)</td></tr>
<tr><td>배당적격자 ⇨ 유치권자</td><td></td></tr>
<tr><td>유치권존재확인소송</td><td>유치권자 ⇨ 매수인 또는 배당적격자</td><td></td></tr>
</table>

[확인의 소에 있어서 확인의 이익] 확인의 소는 원고의 법적 지위가 불안 · 위험할 때에 그 불안 · 위험을 제거함에 확인판결로 판단하는 것이 가장 유효 · 적절한 수단인 경우에 인정된다(대판 2005. 12. 22. 2003다55059, 대판 2016. 3. 10. 20013다99409 등).

확인의 소로써 위험 · 불안을 제거하려는 법률상 지위는 반드시 구체적 권리로 뒷받침될 것을 요하지 아니하고 그 법률상 지위에 터잡은 구체적 권리의 발생이 조건 또는 기한에 걸려 있거나 법률관계가 형성과정에 있는 등의 원인으로 불확정적이라고 하더라도 보호할 가치 있는 법적 이익에 해당하는 경우에는 확인의 이익이 인정될 수 있다(대판 2000. 5. 12. 2000다2429).

[유치권 일부 부존재 확인의 이익] 근저당권자는 유치권신고를 한 사람을 상대로 유치권 전부의 부존재 확인을 구할 법률상 이익이 있을 뿐만 아니라, 경매절차에서 유치권을 내세워 대항할 수 있는 범위를 초과하는 유치권(유치권 일부)의 부존재 확인을 구할 법률상 이익이 있고, 심리 결과 유치권신고를 한 사람이 유치권의 피담보채권으로 주장하는 금액의 일부만이 경매절차에서 유치권으로 대항할 수 있는 것으로 인정되는 경우에는 법원은 특별한 사정이 없는 한 그 유치권 부분에 대하여 일부패소의 판결을 하여야 한다(대판 2016. 3. 10. 2013다99409).[23]

[배당적격자가 제기한 유치권부존재확인의 소 — 확인의 이익 있음] 경매개시결정등기 후에 유치권이 성립하였으나 매수인이 대금을 납부하기 전인 경우 저당권자 등 배당적격자는 법적 지위에 대한 불안과 위험(경매절차 지연, 매각가격 하락, 배당액 감소 등)을 제거하기 위하여 유치권부존재확인을 구할 이익이 있다(대판 2004. 9. 23. 2004다32848, 대판 2011. 12. 22. 2011다84298).

[매수인이 제기한 유치권부존재확인의 소 — 확인의 이익 없음] 경매절차의 매수인은 대금을 납부한 경우 소유자로서 소유물의 인도를 구할 수는 있으나 유치권의 부존재확인청구를 할 수는 없다. 매수인으로서는 유치권자가 점유하고 있는 부동산의 인도를 구하는 것이 소유권에 대한 불안과 위험을 유효하고 적절하게 제거하는 직접적인 수단이 되므로, 이와 별도로 유치권의 부존재확인을 구하는 것은 확인의 이익이 없어 부적법하기 때문이다(대판 2014. 4. 10. 2010다84932).

23) 위 판결에 대한 평석에 박종미, "유치권 부존재 확인소송에서 판단범위 —대법원 2016. 3. 10. 선고 2013다99409 판결에 대한 비판적 검토—", 전남대학교 법학연구소(2016), 237~256.

2. 신청 · 청구 원인사실

매수인이 부동산을 점유하고 있는 유치권자를 상대로 부동산인도명령을 신청하는 경우, 경매절차의 매수인이 인도명령 신청인으로서 주장 · 소명하여야 할 신청원인사실은 ㉮ 매수인의 부동산 소유 및 ㉯ 유치권자의 부동산 점유이다. 인도청구의 청구원인사실도 이와 같다.

실무상 부동산인도명령신청서 또는 인도청구의 소장에는 위 신청 · 청구 원인사실은 물론 유치권자의 항변에 대비하여 미리 그 항변사실에 대한 부인사실 또는 재항변사실까지 함께 기재하는 것이 일반적이다.

3. 소명 · 증명

부동산인도명령 또는 인도청구에 관하여 매수인은 신청 · 청구 원인사실 및 재항변사실을 주장하고 소명(疏明) · 증명(證明)하여야 하며, 유치권자는 항변사실을 주장하고 소명 · 증명하여야 한다.

[유치권 성립 여부에 관한 신중한 판단의 필요성] 대법원 2009. 1. 15. 선고 2008다70763 판결은 "… 부동산 경매절차에서 유치권 행사가 허위채권에 기한 것일 경우 매각대금을 부당하게 하락시켜 경매의 공정성을 훼손하고 이해관계인의 권리를 침해할 우려가 있으므로, 유치권 성립 여부에 대한 판단은 신중하게 할 필요가 있다 …"라고 판시하였다.

[유치권의 존재 가능성이 큰 경우의 인도명령신청 기각] 유치권자가 유치 부동산에 관한 채권을 가지고 있는지에 관하여 의심할 만한 사정이 있는 경우, 그 채권을 피담보채권으로 하는 유치권을 가지고 있을 가능성이 크다고 인정될 때에는 인도명령신청을 기각하면서, 유치권의 존부는 유치권부존재확인의 소 또는 부동산인도청구의 소를 제기하여 가려 볼 여지가 있다고 설시하기도 한다(서울동부지법 2013. 10. 10. 2013라26 등).

Ⅱ. 유치권자의 항변사실, 매수인의 부인 · 재항변사실

경매절차의 매수인이 부동산을 점유하고 있는 민사유치권자를 상대로 인도청구 등을 하는 경우, 유치권자는 항변사실로서 Ⓐ 타인 소유 부동산의 점유, Ⓑ 부동산에 관한 채권의 존재 및 변제기 도래를 주장 · 증명할 수 있다.

위와 같은 유치권자의 항변에 대하여 매수인은 부인사실을 주장하거나 재항변사실을 주장 · 증명할 수 있다. 인도청구 등에 대한 민사유치권자의 항변사실(위 ⒶⒷ), 그에 대한 매수인의 부인 · 재항변사실(11가지)을 정리하면 아래와 같다.[24)]

유치권자의 항변사실	매수인의 부인 · 재항변사실	비 고
타인 소유 부동산의 점유	1. 부동산 요건의 불비	Part 03 제1장
	2. 유치권주장자의 소유	〃 제2장
	3. 점유 요건의 불비	〃 제3장
	4. 불법행위에 의한 점유	〃 제4장
부동산에 관한 채권의 존재 및 변제기 도래	5. 견련관계의 부존재	Part 04 제1장
	6. 채권의 불발생 또는 소멸	〃 제2장
	7. 변제기의 미도래	〃 제3장
	8. 유치권의 포기	Part 05 제1장
	9. 유치권의 소멸청구	〃 제2장
	10. 경매개시결정등기 후의 유치권 취득	Part 06
	11. 신의칙에 반하는 유치권 취득	Part 07

24) 매수인은 11가지 중 1가지 사실만 주장 및 증명 · 소명하여도 유치권의 항변을 배척할 수 있다. 상사유치권의 경우 유치권자의 항변사실, 매수인의 부인 · 재항변사실에 관하여는 뒤의 'PART 08 제1장 제1절' 참조.

Ⅲ. 인도집행의 정지와 불복

1. 인도집행의 정지

가. 즉시항고와 집행정지

유치권자는 부동산인도명령의 인용결정에 대하여 이를 고지받은 날부터 1주의 불변기간 이내에 즉시항고를 제기하는 방법으로 불복할 수 있다(민집 §15② · 136⑤).

즉시항고가 제기된 경우 항고법원은 직권으로 인도집행의 정지를 명할 수 있다(민집 §15⑥). 인도집행 정지결정은 항고법원이 직권으로 하는 것이고(당사자에게 강제집행정지 신청권 없음), 당사자의 강제집행정지신청은 법원의 직권발동을 촉구하는 의미밖에 없으므로(법원은 강제집행정지신청에 대하여 재판할 필요 없음), 부동산인도명령에 대하여 즉시항고를 제기함과 아울러 강제집행정지신청을 한 경우 그 강제집행정지신청은 부적법하므로 각하한다.[25)]

[인도명령에 대한 즉시항고] 서울북부지법 2012. 8. 16.자 2011라200 결정은 "… 부동산 인도명령 제도는 경매절차에서 매각대금을 모두 지급한 부동산 매수인에게 그 집행절차에 부수하여 간이한 방법으로 부동산을 인도받을 수 있게 한 것으로서 이러한 부동산 인도명령에 대한 불복사유는 인도명령 발령의 전제가 되는 절차적 요건의 하자(매각대금 미납 등), 인도명령 심리절차의 하자(신청인의 자격, 심문절차의 흠 등), 인도명령 자체의 형식적 하자(인도목적물의 불특정, 상대방의 불특정 등), 인도명령의 상대방이 매수인에 대하여 부동산의 인도를 거부할 수 있는 점유권원의 존재 등에 한정된다 …"라고 판시하였다.

---

25) 청주지법 2016. 8. 2. 2016카정57.

나. 제3자이의의 소와 집행정지

제3자이의의 소(민집 §48①)의 원고적격은 강제집행의 목적물에 대하여 양도 또는 인도를 막을 권리가 있다고 주장하는 제3자에게 있고, 여기서 제3자는 집행권원 또는 집행문에 채권자, 채무자 또는 그 승계인으로 표시된 사람 이외의 사람을 말한다.[26]

제3자이의의 소는 '특정 재산에 대한 집행권원의 집행력'을 배제하기 위한 것으로서, 집행 개시 후 종료 전에 제기할 수 있는 것이 원칙이므로, 특별한 사정이 없는 한 집행 개시 전에는 집행의 우려가 있더라도 제기할 수 없다.

그러나 물건 인도청구의 집행(민집 §257 · 258)에서는 집행권원에 의하여 집행의 대상물과 그 내용을 알 수 있고 인도집행은 개시 후 즉시 끝나버리므로, 제3자인 유치권자는 집행권원의 성립과 동시에 제3자이의의 소를 제기할 수 있다고 보는 것이 타당하다.[27]

이 경우 법원은 직권으로 또는 원고(유치권자)의 신청에 의하여 집행정지결정을 할 수 있다(민집 §48③).

[인도명령에 대한 제3자이의의 소] 울산지법 2011. 5. 27. 선고 2010가단32725 판결은, 다세대주택 503호에 관하여 甲1 명의의 소유권보존등기, 강제경매개시결정등기, 甲2 명의의 소유권이전등기(등기원인 : 매매), 甲3 명의의 소유권이전등기(등기원인 : 강제경매로 인한 매각), 甲3의 甲2에 대한 부동산인도명령 신청 및 인용결정 확정, 乙(다세대주택 전기공사 수급인 = 유치권자)의 甲3을 상대로 한 제3자이의의 소 제기(청구취지 : 부동산인도명령에 기한 503호에 대한 甲3의 강제집행 불허) 등이 순차로 이루어진 사안에서, 甲1에 대한 채권의 변제기가 도래하지 않았다(전기공사가 완료되지 않았다)는 이유로 乙의 청구를 기각하였다.

---

26) 대판 1992. 10. 27. 92다10883, 대판 2016. 8. 18. 2014다225038.

27) 법원행정처, 법원실무제요 민사집행[Ⅰ] —집행총론—, 법원행정처(2014), 318~319; 사법연수원, 민사집행법, 사법연수원(2017), 114. 또한 인천지법 2016. 3. 25. 2015가단243377 판결(확정, 무변론판결)도 유치권자가 인도명령 집행의 우려가 있다는 이유로 제기한 제3자이의의 소에서 유치권자의 청구(특정 부동산에 대한 인도집행 불허, 집행정지결정 인가 등 청구)를 인용하였다.

2. 인도집행 종료 후의 불복 불허

부동산인도명령 등에 기하여 인도집행이 종료된 후에는 집행방법에 관한 이의, 인도명령에 대한 즉시항고 또는 제3자이의의 소 등으로 불복을 할 수 없다.

[인도집행 종료 후의 즉시항고 불허] 부동산인도명령에 대하여 즉시항고를 제기함과 아울러 강제집행정지신청을 하였으나 부동산인도명령에 기한 인도집행이 이미 종료된 경우, 즉시항고는 불복 대상의 상실(항고이익 결여)로 부적법하므로 각하하고(대결 2005. 11. 14. 2005마950 등), 강제집행정지신청은 당사자에게 그 신청권이 없으므로 각하한다(청주지법 2016. 8. 2. 2016카정57).

[인도집행 종료 후의 즉시항고 불허] 대법원 2010. 7. 26.자 2010마458 결정은 "… 이미 강제집행이 종료된 후에는 집행방법에 관한 이의를 할 수 없을 뿐만 아니라 집행방법에 관한 이의신청사건이나 그 기각결정에 대한 즉시항고사건이 계속 중에 있을 때 강제집행이 종료된 경우에도 그 불허가를 구하는 이의신청이나 즉시항고는 이의나 불복의 대상을 잃게 되므로 이의나 항고의 이익이 없어 부적법하게 되는바,[28] 위와 같은 법리는 부동산인도명령에 대한 즉시항고의 경우에도 마찬가지로 적용된다.[29]… 이 사건 경매절차에서 이 사건 건물을 매수한 재항고인은 매각대금을 완납한 다음 상대방을 상대로 부동산인도명령 신청을 하여 2009. 3. 30. 그 명령을 발령받은 사실, 상대방은 2009. 4. 28. 위 부동산인도명령에 대한 즉시항고를 제기하였으나 재항고인이 2009. 6. 9. 위 부동산인도명령에 기하여 이 사건 건물에 대한 인도집행을 마쳐버린 사실을 알 수 있는바, 이와 같이 이 사건 건물에 관하여 위 부동산인도명령에 기한 집행이 이미 종료된 이상 상대방의 이 사건 항고는 불복의 대상을 잃게 되므로 더 이상 항고를 유지할 이익이 없게 되었다. 그렇다면 항고심인 원심 법원으로서는 이 사건 항고가 항고의 이익이 없어 부적법하다는 이유로 이를 각하하였어야 할 것 …"이라고 판시하였다.

---

28) 대결 1979. 10. 29. 79마150, 대결 1987. 11. 20. 87마1095, 대결 2005. 11. 14. 2005마950, 대결 2008. 2. 5. 2007마1613 등도 같은 취지의 판시를 하였다.

29) 대결 2005. 11. 14. 2005마950, 대결 2008. 2. 5. 2007마1613 등도 같은 취지의 판시를 하였다.

[인도집행 종료 후의 제3자이의의 소 불허] 강제집행이 종료된 후에 제3자이의의 소가 제기되거나 또는 제3자이의의 소가 제기된 당시 존재하였던 강제집행이 소송 계속 중 종료된 경우에는 소의 이익이 없어 부적법하다(대판 1965. 7. 20. 65다615, 대판 1996. 11. 22. 96다37176, 대판 1997. 10. 10. 96다49049[30]).

30) 위 판결에 대한 평석에 손흥수, "매각절차는 종료하고 배당절차만 남은 상태에서 제3자 이의의 소에서 승소한 유체동산 양도담보권자에 대한 매득금 반환 절차 —대법원 1997. 10. 10. 선고 96다49049 판결과 관련한 실무상 문제점—", 재판자료 : 민사집행법 실무연구Ⅱ, 법원도서관(2009), 715~776.

제3장 미완성건물 관련 기초법리

토지 외에 어떠한 물건을 부동산으로 하여 토지와 같은 법적 규율을 받도록 할 것인지는 입법정책의 문제이다. 민법은 「지상물은 토지에 속한다(superficies solo cedit)」는 종래 서양법의 일반적 태도에 따르지 않고, 건물과 같은 「토지의 정착물」을 토지와는 별개의 독립한 부동산으로 규정하고 있다(민 §99①).

이러한 법제에서는 필연적으로 건물을 위한 토지사용권은 물론, 미완성건물('건축 중인 건물' 또는 '미등기건물'이라고도 함)에 관한 소유권의 귀속시기와 귀속주체, 유치권의 대상적격, 법정지상권의 성립요건, 강제경매의 대상적격, 유치권에 의한 경매의 대상적격, 등기능력 등을 둘러싸고 복잡한 문제가 발생한다.[31][32]

건물 신축공사가 건축주의 자금사정 등으로 중단되고 그에 따라 건설업자가 공사대금을 지급받지 못하게 되는 경우, 건설업자는 공사대금을 변제받기 위하여 그 미완성건물에 대하여 여러 가지 법적 수단을 취할 수 있다.[33] 유치권을 행사하여 인도를 거절함으로써 사실상의 최우선변제를 도모할 수 있고, 강제경매 또는 유치권에 의한 경매를 신청함으로써 법률상의 평등변제를 도모할 수도 있다.

그런데 모든 미완성건물에 대하여 유치권을 행사하거나 경매를 신청할 수 있는 것은

---

31) 양창수 · 권영준, 민법Ⅱ 권리의 변동과 구제[제3판], 박영사(2017), 40~41 참조.

32) 상세한 것은 이재석, "미완성건물의 유치권 · 강제경매 대상적격에 관한 연구", 부동산학석사 학위논문, 건국대학교(2018), 1~102 참조.

33) ① 유치권을 행사하는 방법(민 §320, 상 §58 등), ② 강제경매를 신청하여 배당받는 방법(민집 §80 이하), ③ 유치권에 의한 경매를 신청하여 배당받는 방법(민집 §274), ④ 가압류를 신청하는 방법(민집 §276 이하), ⑤ 처분금지가처분을 신청하는 방법(민집 §300 이하), ⑥ 제3자의 신청에 의하여 개시된 경매절차에서 배당요구를 하여 배당받는 방법, ⑦ 건물의 보존에 필요한 범위에서 사용하거나 건축주의 승낙을 얻어 건물의 보존에 필요한 범위를 넘어 사용 또는 대여하고 건축주의 차임 상당의 부당이득금채권과 자신의 공사대금채권의 상계를 주장하는 방법 등이 있다.

아니므로 공사대금을 변제받으려는 건설업자는 미완성건물에 대하여 유치권을 행사하거나 강제경매 또는 유치권에 의한 경매를 신청할 수 있는 구체적인 시점 내지 건축단계를 정확하게 알 필요가 있다.

그러나 구체적인 사안에서 유치권을 행사할 수 있는지 또는 경매를 신청할 수 있는지 정확하게 판단하는 것은 쉽지 않다. 이러한 판단에는 민법 · 민사집행법 · 부동산등기법 · 집합건물법 · 건축법 등 많은 법률과 법리들에 대한 입체적 · 통합적인 이해와 건축실무에 대한 상당한 지식이 필요하기 때문이다.

제1절 건물 신축단계 개관

건물과 구별하여야 할 개념 중에 공작물, 건축물 등이 있다. 공작물은 건축물보다 큰 개념이고, 건축물은 건물보다 큰 개념이다. 따라서 3자 간에는 '건물⊂건축물⊂공작물'의 관계가 성립한다.[34)]

'건물'이란 '토지에 정착(定着)하는 공작물[35)] 중 지붕과 기둥 또는 벽이 있는 것'을 말한다(건축 §2① ii 참조).[36)] 건물은 크게 「집합건물」과 「일반건물」로 나누어지고,[37)] 집합건

---

34) 법원행정처, 부동산등기실무[Ⅰ], 법원행정처(2015), 37.

35) 건축법에서는 인공적인 토지정착물을 포괄하여 '공작물'이라고 한다. 공작물에는 건축물과 건축물 아닌 공작물(협의의 공작물)이 있다.

'공작물'(협의의 공작물)이란 '대지를 조성하기 위한 옹벽, 굴뚝, 광고탑, 고가수조, 지하 대피호, 그 밖에 이와 유사한 것으로 대통령령으로 정하는 것'(건축 §83①) 또는 '인공을 가하여 제작한 시설물로서 건축법 제2조 제1항 제2호에 따른 건축물을 제외한 것'(국토의 계획 및 이용에 관한 법률 시행령 제51조 제1항 제2호)으로서, 건축물과 분리하여 축조된 것을 말한다(건축령 §118①).

'건축물'이란 '토지에 정착(定着)하는 공작물 중 지붕과 기둥 또는 벽이 있는 것과 이에 딸린 시설물, 지하나 고가의 공작물에 설치하는 사무소 · 공연장 · 점포 · 차고 · 창고, 그 밖에 대통령령으로 정하는 것'을 말한다(건축 §2① ii).

36) 강학상으로는 '토지의 정착물로서 일정한 면적 · 공간의 이용을 위하여 지상 · 지하에 건축된 것'이라고 정의하기도 한다{곽윤직(편집대표), 민법주해[Ⅱ] 총칙(2), 박영사(2002), 48(김병재 집필 부분)}. 판례 중에는 '일정한 면적, 공간의 이용을 위하여 지상, 지하에 건설된 구조물'이라고 정의한 것이 있다(대판 1997. 7. 8. 96다36517).

물은 수개의 구분건물로 구성되며, 구분건물(전유부분을 말하며, 공용부분을 제외함)을 목적으로 하는 소유권을 구분소유권이라고 한다(집건 §2 i 등 참조). 건물을 토지의 본질적 구성부분으로 취급하는 대부분의 입법례와 달리, 우리 민법은 일본 민법과 마찬가지로 토지로부터 독립한 별개의 부동산으로 취급하고 있다.[38]

건물을 건축,[39] 특히 신축[40]하는 경우에는 일반적으로 '① 건축허가 취득(건축신고 포함) ⇨ ② 착공 및 소유권 성립 ⇨ ③ 설계도서에 따른 구조 · 면적 축조 ⇨ ④ 설계도서에 따른 건축 완료 ⇨ ⑤ 사용승인 취득 ⇨ ⑥ 건축물대장 등록 ⇨ ⑦ 소유권보존등기' 등의 절차를 거친다.

Ⅰ. 건축허가

건축물을 건축하거나 대수선[41]하려는 사람은 특별자치시장 · 특별자치도지사 또는

37) 집합건물은 '집합건물의 소유 및 관리에 관한 법률의 적용을 받는 건물'을 말하고, 일반건물은 '집합건물 외의 건물'을 말한다(건축물대장규칙 §2 ii, iii 참조).

38) 곽윤직(편집대표), 민법주해[Ⅱ] 총칙(2), 박영사(2002), 48(김병재 집필 부분). 민법은 제305조 제1항, 제365조, 제366조 등에서, 부동산등기법은 제14조 제1항 등에서 건물을 토지와는 별개의 독립한 부동산으로 취급하고 있다.

39) '건축'(建築)이란 신축 · 증축 · 개축 · 재축 · 이전을 말한다(건축 §2①viii).

40) '신축'(新築)이란 '건축물이 없는 대지에 새로 건축물을 축조하는 것'을 말한다(건축령 §2 i). '건축물'에 관한 위 신축 개념은 '건물' 신축의 경우에도 그대로 적용된다.

즉, 신축은 ① 건축물이 없는 대지에 새로 건축물을 축조하는 것, ② 부속건축물만 있는 대지에 주된 건축물을 새로 축조하는 것, ③ 건축물이 없는 대지에 다른 대지에 있던 기존 건축물을 옮기는 것, ④ 기존 건축물을 철거하고 그 대지에 기존 건축물의 규모(연면적 · 동수 · 층수 · 높이)를 초과하여 다시 건축물을 축조하는 것, ⑤ 기존 건축물이 천재지변이나 그 밖의 재해로 멸실된 경우 그 대지에 기존 건축물의 규모(연면적 · 동수 · 층수 · 높이)를 초과하여 다시 건축물을 축조하는 것 등을 말한다{건축령 §2조 i ~iv; 김찬주 · 정낙현 · 이진경, 건축법규강의, 구미서관(2017), 22; 정태용, 건축법해설, 한국법제연구원(2006), 53~57; 송현진 · 유동규, 건축법 해설, 진원사(2016), 79~84; 윤혁경, 건축법 · 건축조례 해설, 기문당(2016), 119~130; 송현진 · 유동규, 건축법 이론과 실무, 법률출판사(2009), 82~87}.

41) 건축물의 기둥 · 보 · 내력벽 · 주계단 등의 구조 · 외부형태를 수선 · 변경 · 증설하는 것으로서 대통령령으로

시장 · 군수 · 구청장(이하 '시장 등'이라고 함)에게 설계도서(設計圖書)[42] 등을 첨부한 건축허가신청서를 제출하여 건축허가를 받아야 한다(건축 §11). 일정한 경우에는 시장 등에게 건축신고를 하면 건축허가를 받은 것으로 간주된다(건축 §14).[43]

구분건물[44]은 ① 구조상 · 이용상의 독립성을 갖추고 ② 건축주 등의 구분행위가 있으면 소유권(원시취득)의 객체가 될 수 있다. 위 ②의 구분행위(구분소유권의 객체로 하려는 의사표시)는 건축주 등이 대장소관청에 집합건축물대장 신규등록신청 또는 집합건축물대장으로의 전환등록신청 등을 하는 형태로 표시되는 것이 일반적이나, 집합건물로 건축하는 것을 내용으로 하는 건축허가신청이나 분양계약 등을 통하여 표시될 수도 있다.[45]

정하는 것을 말한다(건축 §2①ix).

42) 건축물의 건축 등에 관한 공사용 도면, 구조계산서, 시방서(示方書), 그 밖에 국토교통부령으로 정하는 공사에 필요한 서류를 말한다(건축 §2① 14호). 건축허가를 받으려는 사람은 건축허가신청서에 건축법 시행규칙 제6조 제1항 각호가 규정하는 도서(圖書)를 첨부하여야 한다. ㉮ 건축계획서, ㉯ 배치도, ㉰ 평면도, ㉱ 입면도, ㉲ 단면도, ㉳ 구조도, ㉴ 구조계산서, ㉵ 실내마감도, ㉶ 소방설비도 등이 이에 해당한다(건축규 '별표 2' 참조).

43) 건축허가서는 건축구분(신축 · 증축 · 대수선 등), 건축주(성명 · 주소 등), 대지위치 · 대지면적, 건축물명 · 건축면적 · 연면적 · 주용도 · 건폐율 · 용적률, 동별 개요(동명칭 · 동번호 · 연면적 등) 등을 내용으로 한다(건축규 '별지 제2호 서식' 참조). 건축신고필증도 건축허가서와 동일한 사항을 내용으로 한다(건축규 '별지 제7호 서식' 참조).

44) 1동의 건물 중 독립된 구분소유권의 대상이 되는 것을 '구분건물'이라 하고, 그와 같은 1동의 건물 전체를 '집합건물'이라고 한다. 구분건물은 구분소유권의 객체가 되며, 구분건물의 소유자를 구분소유자라고 한다. 1동의 집합건물을 2개 이상의 구분건물로 구분하는 방법에는 횡적(층별)으로 구분하는 방법, 종적(수직)으로 구분하는 방법, 횡적 및 종적으로 구분하는 방법이 있다{법원행정처, 부동산등기실무[Ⅲ], 법원행정처(2015), 152~153}.

45) 대판(전) 2013. 1. 17. 2010다71578. 집합건물로 건축하는 것을 내용으로 하는 건축허가신청이나 분양계약 등이 있는 경우, ① 분양할 무렵에 구분행위가 있었다고 본 판례도 있었고(대판 2006. 3. 10. 2004다742 등), ② 건축물대장에 구분건물로 등록된 시점에 구분행위가 있었다고 본 판례도 있었으나(대판 1999. 9. 17. 99다1345, 대판 2006. 5. 12. 2005다36779, 대판 2006. 11. 9. 2004다67691, 대판 2007. 7. 12. 2006다56565, 대판 2011. 3. 24. 2010다95949 등), 위 전원합의체 판결에 의하여 실무는 위 ①의 입장으로 통일되었다.

Ⅱ. 착공 및 소유권 성립

건축허가를 받거나 건축신고를 한 건축물의 공사를 착수하려는 건축주는 허가권자에게 공사계획을 신고하여야 한다(건축 §21). 이러한 신고를 '착공신고'라고 한다.

건축주는 공사계획에 따라 가설공사,[46] 토공사,[47] 기초공사,[48] 골조공사,[49] 타일공사, 목공사, 방수 · 방습 · 단열공사, 지붕공사, 금속공사, 미장공사, 창호공사, 유리공사, 칠공사(도장공사), 내장공사, 설비공사(設備工事),[50] 잡공사 등의 순으로 진행하는 것이 일반적이다.[51]

건축 중인 건물은 건축주가 공사계획에 따라 공사를 착수한 후에 일정한 건축단계에 이르면(즉, 최소한의 기둥 · 지붕 · 주벽을 갖추면) 그에 대하여 소유권이 성립하고 소유권이

---

46) 가설공사는 공사를 위하여 필요한 여러 가지 가설재(假設材)를 설치하는 것을 말한다. 가설재는 공사과정에서 임시적 · 보전적으로 설치하여 사용하다가 공사 완료 후에 해체하여 철거하는 모든 자재를 말한다. 주요 가설재에는 가설 울타리 · 출입구, 가설 건물(현장사무소 · 창고 등), 가설 운반로, 공사용 전기 및 급 · 배수설비, 위험방지설비, 비계 등이 있다.

47) 토공사(土工事)는 흙을 쌓거나 파내는 공사 등을 말한다. 대지조성을 위한 대지정리, 절토(切土, 깎아내기), 굴토(掘土, 터파기) 및 흙막이, 배수, 매토(埋土, 되메우기), 성토(盛土, 흙돋우기), 잔토정리 등이 이에 해당한다. 대지조성에 필요한 흙막이벽 · 석축(石築) · 배수로 등의 축조공사를 이에 포함시키기도 한다.

48) 기초공사(基礎工事)는 연약한 지반을 강화 · 보강하기 위한 공사를 말한다. 기초는 기둥 · 벽 등에서 오는 자중과 벽체하중, 풍력, 지진력 등 건물에 작용하는 외력을 받아 안전하게 지반(地盤) 또는 지정(地定)에 전달시키기 위하여 만든 건축물의 최하부 구조를 말한다.

49) 골조공사(骨組工事)는 건물의 뼈대를 조성하는 공사를 말한다. 재료에 따라 ① 조적조(組積造), ② 철골조(鐵骨造), ③ 철근콘크리트조(RC), ④ 철골철근콘크리트조(SRC) 등으로 나눌 수 있고, 구조형식에 따라 ① 내력벽식 구조, ② 가구식 구조(기둥과 보로 구성), ③ 일체식 구조(Rahmen) 등이 있다. 일반적으로 총 공사비의 50% 정도가 골조공사에 소요된다. 가장 일반적인 골조공사는 철근배근(鐵筋配筋), 거푸집시공, 콘크리트 타설(打設) 등의 과정을 거쳐 행해지는 철근콘크리트공사이다.

50) 설비공사는 건축설비를 설치하는 공사를 말한다. '건축설비'(建築設備)는 '건축물에 설치하는 전기 · 전화 설비, 초고속 정보통신 설비, 지능형 홈네트워크 설비, 가스 · 급수 · 배수(配水) · 배수(排水) · 환기 · 난방 · 냉방 · 소화(消火) · 배연(排煙) 및 오물처리의 설비, 굴뚝, 승강기, 피뢰침, 국기 게양대, 공동시청 안테나, 유선방송 수신시설, 우편함, 저수조(貯水槽), 방범시설, 그 밖에 국토교통부령으로 정하는 설비'를 말한다(건축 § 2①ⅳ).

51) 윤재윤, 건설분쟁관계법[제6판], 박영사(2015), 14~27 참조.

성립하는 시점부터 유치권의 객체가 될 수 있다.

Ⅲ. 설계도서(設計圖書)에 따른 구조 · 면적 축조

비록 완공되지 아니하여 보존등기가 경료되지 아니하였거나 사용승인되지 아니한 건물이라고 하더라도 채무자의 소유로서 건물로서의 실질과 외관을 갖추고 그의 지번 · 구조 · 면적 등이 건축허가 또는 건축신고의 내용과 사회통념상 동일하다고 인정되는 경우(설계도서에 따른 구조 · 면적을 축조한 경우)에는 부동산경매의 객체가 될 수 있다.[52] 따라서 건물의 현상(現狀)이 건축허가서에 나타난 지번 · 구조 · 면적과 별 차이가 없고 공사 진행 정도도 상당한 경우에는 부동산경매의 대상이 될 수 있다.[53]

그런데 미등기건물에 대하여 강제경매를 하기 위해서는 그 전제로서 소유권보존등기 등을 하여야 하므로, 미등기건물은 「설계도서에 따른 구조 · 면적」과 함께 「등기능력」도 갖춘 것에 한하여 강제경매를 할 수 있다.

요컨대, 미등기건물은 「설계도서에 따른 구조 · 면적」(협의의 강제경매 대상적격)과 「등기능력」(광의의 강제경매 대상적격)을 갖추어야 소유권보존등기 및 강제경매개시결정등기를 할 수 있고, 이러한 등기를 함으로써 비로소 강제경매의 객체가 되는 것이다.

Ⅳ. 설계도서(設計圖書)에 따른 건축 완성

건축주는 건축허가를 받았거나 건축신고를 한 건축물의 건축공사를 완료한 후 그 건

52) 대결 2003. 7. 15. 2003마353, 대결 2004. 10. 14. 2004마342, 대결 2005. 9. 9. 2004마696, 대결 2013. 1. 18. 2012마690 등.

53) 대결 2004. 10. 14. 2004마342 등.

축물을 사용하기 위해서는 사용승인을 받아야 한다(건축 §22①).[54)]

건물 신축공사가 「설계도서에 따른 건축 완성」 상태에 이른 경우 건축주는 허가권자에게 감리완료보고서(監理完了報告書),[55)] 공사완료도서 등을 첨부한 사용승인신청서를 제출하여 사용승인을 받을 수 있다.

건축허가권자는 사용승인신청을 받은 경우 그 건축물이 건축법에 따라 허가 또는 신고한 설계도서대로 시공되었는지 여부(적법성) 등을 검사하고 검사에 합격한 건축물에 대하여 사용승인서를 내주는 것이 원칙이다(건축 §22②). 또한 감리완료보고서는 건축법 등이 정하는 각종 요건(적법성)을 갖추어야만 건축주가 공사감리자 · 전문가의 확인을 받아 제출할 수 있으므로, 「설계도서에 따른 건축 완성」 상태는 당연히 '적법성' 요건을 갖추었다는 의미를 내포한다.

이와 같이 건축 중인 건물은 건축법 등이 정하는 요건을 갖추지 않은 상태에서 유치권이나 강제경매의 객체는 될 수 있으나 사용승인을 받을 수는 없게 되는 것이다. 따라

---

54) 대법원 1986. 2. 25. 선고 84도1326 판결은 사용승인을 받을 수 있는 요건인 '건축공사의 완료'에 관하여 "… 소유권의 대상이 될 수 있는 독립한 부동산이 되었을 때, 즉 지붕과 주위벽을 갖추고 토지에 정착한 1개의 건축물로서 존재함에 이른 것{부동산으로서의 독립성(독립한 부동산으로서의 건물의 요건) 구비}만으로는 부족하고, 나아가 **건축허가상의 설계도서대로 건축하여, 현실적으로 그 건축물 본래의 용도에 따른 사용수익이 가능할 정도로 완성**된 것을 의미한다 …"라고 판시하였다.

또한 위 판결은 "… 피고인이 1982. 8. 31.경 위 건축물에 대한 준공검사를 할 당시 외관상으로는 위 건축물의 건축공사가 완료되었으나 건축허가상의 설계도면에 따른 각층, 각 실의 용도에 맞는 시설(예컨대, 용도구획을 위한 간벽복도 등)이 되어 있지 않았던 사실을 넉넉히 인정할 수 있으니 이 건 건물은 현실적으로 그 건축물 본래의 용도에 따른 사용수익이 가능할 정도로 완성되었다고 볼 수 없다 할 것이요, 따라서 피고인이 이 건 건물에 대한 준공검사보고서를 작성함에 있어, 허가사항과 상위 없이 완공되었다라고 한 소위는 허위공문서작성죄에 해당된다 …"라고 설시하였다.

위 판결은 '준공검사'에 관한 것이었다. 현행 건축법(1995. 1. 5. 법률 제4919호 일부개정 후)의 '사용승인'은 구 건축법상의 '준공검사'(건축법 제정 후 1991. 5. 31. 법률 제4381호 전문개정 전) 또는 '사용검사'(1991. 5. 31. 법률 제4381호 전문개정 후 1995. 1. 5. 법률 제4919호 일부개정 전)에 해당한다.

55) 대지 · 도로 · 구조내력 · 피난시설 · 내화구조 · 건축재료 · 지하층 · 용도제한 · 건폐율 · 용적률 · 대지 안의 공지 · 높이제한 · 건축설비(建築設備) · 도시설계 · 장애인 편의시설 등이 건축법 등이 정하는 기준에 적합한지 여부에 관하여 공사감리자 · 관계전문기술자가 조사 · 확인한 내용을 건축주가 허가권자에게 보고하는 서면을 말한다(건축규 '별지 제21호 서식' 참조).

서 건축 중인 건물은 건축이 진행됨에 따라 '유치권 대상적격 구비(소유권 성립) ⇨ 강제경매 대상적격 구비(설계도서에 따른 구조 · 면적 축조) ⇨ 사용승인 요건 구비(설계도서에 따른 건축 완성)' 등의 과정을 거치게 된다.

V. 건축물대장 등록

건축주의 신청에 따라 허가권자가 건축법 제22조 제2항에 따라 사용승인서를 내준 경우 시장 등은 건축물대장을 생성[56]하여야 한다(건축 §38① i). 따라서 사용승인을 받으면 그 직후에 건축물대장에 등록되는 것이다.

일반건축물대장은 위와 같이 시장 등이 직권으로 생성(작성 · 등록)하는 것이 원칙이나, 소유자 등의 신청에 따라 생성하는 경우도 있다(건축 §38① ii 등).[57]

이와 달리 집합건축물대장은 소관청이 소유자 등의 신청에 따라 또는 직권으로 생성한다(집건 §55, §59).

---

56) 건축물이 신축 · 개축(전부를 개축하는 경우에 한함) · 재축 · 증축(기존 건축물과 별개의 동으로 증축한 경우에 한함) 등에 의하여 대지에 건축물의 건축공사가 완료된 후 건축물대장을 새로이 작성하는 것을 말한다(건축물대장규칙 §2 i). 생성(生成)은 건축물대장을 작성하는 소관청의 행위이다. 이는 건축주(소유권의 원시취득자)의 입장에서는 등록(登錄)이다.

57) 건축물이 건축허가 또는 건축신고의 대상이 아닌 경우에는 건축주가 건축물의 공사를 완료하고 건축물대장생성신청을 한 때에 건축물대장을 생성한다(건축 §38① ii). 위와 같은 경우 건축주가 건축물대장생성신청을 하지 않는 때에는 시장 등이 건축주에게 건축물대장생성신청을 권고하거나 직권으로 건축물대장을 생성할 수 있다(건축물대장규칙 §12④)

Ⅵ. 소유권보존등기

1. 신청에 의한 소유권보존등기

건축주는 자기가 최초의 소유자로 등록되어 있는 건축물대장 등을 첨부하여 소유권보존등기를 '신청'할 수 있다(부등 §65 i).

이와 같이 건물의 소유권보존등기는 건축주의 신청에 의하여 이루어지는 것이 일반적이다.

2. 직권에 의한 소유권보존등기

가. 미등기건물에 대한 강제경매신청과 조사신청

미등기건물이 아직 건축물대장에 등록되지 않은 상태라 하더라도 적법하게 건축허가를 받거나 건축신고를 하고 「설계도서에 따른 구조 · 면적」과 「등기능력」이 인정되는 경우에는 건축주에 대한 채권자(건설업자 등)가 건축허가서(건축신고서 포함) 등을 첨부하여 강제경매(유치권에 의한 경매 포함)를 신청할 수 있다(민집 §81① ii 단서).

경매신청 채권자는 건물의 표시(지번 · 구조 · 면적)를 증명할 서류를 제출하지 못하는 경우 경매신청과 동시에 법원에 건물의 표시를 조사해줄 것을 신청할 수 있다(민집 §81③). 이 때 법원은 집행관에게 그 조사를 명하고, 집행관은 건물의 표시를 조사한 보고서를 법원에 제출하여야 한다(민집 §81④ 및 §82, 민집규 §42).[58)]

58) 민사집행법 제81조 제1항 제2호 단서는 미등기건물에 대한 강제경매신청서에 ㉮ 채무자에 대한 집행력 있는 정본 외에, ㉯ '그 건물이 채무자의 소유임을 증명할 서류, 그 건물의 지번 · 구조 · 면적을 증명할 서류, 그 건물에 관한 건축허가 또는 건축신고를 증명할 서류 등'을 첨부하여야 한다고 규정하고 있다.

다만, 실무에서는 위 ㉯의 서류 중 '채무자의 소유임을 증명할 서류'와 '건축허가 또는 건축신고를 증명할 서류'로서 건축허가서 또는 건축신고서를 첨부하도록 하고 있으며{법원행정처, "법원실무제요 민사집행"[Ⅱ],

나. 미등기건물의 조사

집행관은 미등기건물을 조사하기 위하여 건물에 출입할 수 있고 채무자 또는 점유자에게 질문을 하거나 문서제시를 요구할 수 있으며(민집 §82①), 건물에 출입하기 위하여 필요한 때에는 잠긴 문을 여는 등 적절한 처분을 할 수 있다(민집 §82②).

집행관은 채무자 또는 제3자가 보관하는 관계 자료를 열람 · 복사하거나 제시하게 할 수 있고,[59] 건물의 지번 · 구조 · 면적을 실측하기 위하여 감정인 그 밖에 필요한 사람으로부터 조력을 받을 수 있다.[60] 집행관이 관계 자료의 열람 · 복사 또는 지번 · 구조 · 면적의 실측을 위하여 지출한 비용은 집행비용으로 하고, 조사를 마친 집행관은 그 비용 내역을 바로 법원에 신고하여야 한다.[61]

집행관은 미등기건물 표시 조사보고서에 '① 사건의 표시, ② 조사의 일시 · 장소 · 방법, ③ 건물의 지번 · 구조 · 면적, ④ 건물의 지번 · 구조 · 면적이 건축허가 또는 건축신고를 증명하는 서류의 내용과 다른 때에는 그 취지와 구체적인 내역' 등을 적고, 건물의 도면 · 사진을 붙여 법원에 제출하여야 한다(민집규 §42①).

집행관은 미등기건물 표시 조사보고서를 작성할 때 건물의 표시(지번 · 구조 · 면적 등)를 구체적으로 적어야 하고, 등기능력이 있는지 여부도 판단하여야 한다.[62]

다. 경매신청 각하 또는 경매개시결정 및 그 등기 촉탁

경매법원은 경매신청서에 첨부된 건축허가서(건축신고필증 포함) 또는 집행관의 건물

법원행정처(2014), 14}, '건물의 지번 · 구조 · 면적을 증명할 서류'는 후에 집행관이 작성 · 보고하는 '건물표시 조사보고서'로 대체되고 있다(민집 §81④ 및 §82, 민집규 §42 참조).

59) 재판예규 제1631호(재민 2004-3) 제5조 제1항.

60) 재판예규 제1631호(재민 2004-3) 제5조 제2항.

61) 재판예규 제1631호(재민 2004-3) 제5조 제3항.

62) 법원행정처, 집행관 실무편람, 법원행정처(2004), 396~397.

표시 조사보고서 등에 의하여 강제경매신청을 한 건물의 지번 · 구조 · 면적이 건축허가(건축신고 포함)된 것과 동일하다고 인정되지 않는 경우 강제경매신청을 각하한다(민집규 §42①).

경매법원이 강제경매개시결정을 하고 그 등기를 촉탁하는 때에는 '㉮ 소유자의 주소 및 주민등록번호(부동산등기용등록번호)를 증명하는 정보, ㉯ 경매법원에서 인정한 건물의 소재 · 지번 · 구조 · 면적을 증명하는 정보(집행관 작성의 건물표시 조사보고서 등)'를 첨부정보로서 제공하여야 한다.[63]

한편, 구분건물의 일부 건물에 대하여 경매개시결정등기를 촉탁하는 경우에는 소유자의 주소 · 주민등록번호를 증명하는 정보(위 ㉮)와 1동 건물의 전부에 대한 구조 · 면적을 증명하는 정보(위 ㉯) 외에도 ㉰ 1동 건물의 소재도, ㉱ 각 층의 평면도, ㉲ 구분한 건물의 평면도 등을 첨부정보로서 등기소에 제공하여야 한다. 다만, 건물의 표시를 증명하는 정보로서 건축물대장 정보를 등기소에 제공한 경우에는 도면을 제공할 필요가 없다.[64]

라. 경매 대상 구분건물의 보존등기 등과 경매개시결정등기

미등기건물에 대하여 경매개시결정등기를 하는 경우 등기관은 그 등기를 하기 위한 전제로서 직권으로 소유권보존등기를 하여야 한다(부등 §66).

미등기건물에 대하여 법원이 위 ㉮와 ㉯의 정보를 첨부하여 강제경매개시결정등기를 촉탁한 경우 등기소는 그 건물에 대한 소유권보존등기를 하고 강제경매개시결정에 의하여 소유권의 등기를 한다는 뜻을 기록한다.[65] 이러한 경우에는 '강제경매신청(건설업자)

---

63) 등기예규 제1469호 제1항. 이와 같이 소유권을 증명할 정보를 첨부할 필요는 없으나, 소유권보존등기를 하기 위해서는 소유자가 누구인지 특정되어야 하므로 실무에서는 촉탁서에 건축허가서나 건축신고필증도 첨부하도록 하고 있다{법원행정처, "법원실무제요 민사집행"[Ⅱ], 법원행정처(2014), 16}.

64) 등기예규 제1469호 제1항 제2호 단서.

65) 등기예규 제1469호 제1항.

⇨ 강제경매개시결정(경매법원의 사법보좌관) 및 그 등기 촉탁(경매법원의 법원사무관등[66]) ⇨「직권에 의한 소유권보존등기」 및 촉탁에 의한 강제경매개시결정등기(등기관)' 등이 순차로 이루어진다.

1동 건물의 일부 구분건물에 대하여 경매법원이 위 ㉮~㉲ 등의 정보를 첨부하여 강제경매개시결정등기를 촉탁한 경우 등기소는 강제경매의 목적물인 구분건물의 소유권보존등기와 나머지 구분건물의 표시에 관한 등기를 하여야 한다.[67] 이러한 경우에는 '강제경매신청 ⇨ 강제경매개시결정 및 그 등기 촉탁 ⇨「직권에 의한 소유권보존등기와 표시등기」 및 촉탁에 의한 강제경매개시결정등기' 등이 순차로 이루어진다.

등기관은 직권으로 소유권보존등기를 마친 후 등기권리자(건축주 등)에게 등기완료통지와 지방세법 제33조의 규정에 의한 등록면허세미납통지를 한다.[68]

마. 사용승인을 받지 않은 사용과 이행강제금

미등기부동산에 대한 강제경매신청은 사용승인을 받은 상태에서 하는 경우도 있지만 사용승인을 받지 않은 상태에서 하는 경우가 대부분이다.

건축법상 사용승인을 받아야 할 건물임에도 사용승인을 받지 않은 경우 등기관은 그 사실을 등기부의 표제부에 기록하여야 한다(부등 §66② 단서). 제3자(미완성건물을 낙찰받은 매수인과 소유권이전 · 제한물권설정 · 임대차 계약을 체결하려는 사람 등)가 예상하지 못한 손해를 입는 것을 방지하기 위한 조치이다. 등기부에 사용승인을 받지 않은 사실이 기록

---

66) 민사집행법 제94조는「① 법원이 경매개시결정을 하면 법원사무관등은 즉시 그 사유를 등기부에 기입하도록 등기관에게 촉탁하여야 한다. ② 등기관은 제1항의 촉탁에 따라 경매개시결정사유를 기입하여야 한다.」라고 규정하고 있다.

일반적으로 '법원사무관등'은 법원서기관 · 법원사무관 · 법원주사 또는 법원주사보를 말한다(민소 §40②, 민집 §28 등). 여기서 말하는 '법원사무관등'은 경매업무 담당자로 보직발령을 받은 법원사무관등을 말하며, 실무에서는 '경매참여관' 또는 '경매계장'이라고 하는 경우가 많다.

67) 등기예규 제1469호 제2항.

68) 등기예규 제1469호 제4항.

된 후에 건축법상 사용승인이 이루어진 경우 그 건물소유권의 등기명의인은 1개월 이내에 위 기록의 말소등기를 신청하여야 한다(부등 §66③).

만일 건축주 등이 사용승인을 받지 않고 미완성건물을 사용하는 경우 시장 등은 사용승인을 받은 후에 사용하라는 시정명령을 하고, 건축주 등이 시정명령을 이행하지 않으면 일정한 절차를 거쳐 이행강제금을 부과한다(건축 §80).

제2절 미완성건물의 유치권 대상적격

Ⅰ. '일반적 기준'의 도출

1. 토지의 부합물에서 독립한 부동산으로 전환되는 시점

민법상 물권은 점유권과 본권으로 나눌 수 있고, 본권은 다시 소유권과 제한물권(용익물권 · 담보물권)으로 나눌 수 있다. 물건에 대한 제한물권은 본래 소유권을 기초로(소유권이 성립하였음을 전제로) 하여 이를 제한하는 물권이다. 유치권도 제한물권(담보물권)이므로 유치권의 객체가 될 수 있는 물건은 이미 소유권이 성립한 것이어야 한다.

물건(物件)은 부동산(토지 및 토지의 정착물)과 동산으로 나눌 수 있다(민 §99).[69] 건축 중인 건물은 처음에는 토지에 부합한 상태로 존재하다가, 특정한 시점 내지 건축단계를 기점(起點)으로 토지와는 독립한 별개의 부동산으로 전환된다. 판례는 건축 중인 건물은 토지의 구성부분 또는 일부로서 토지에 부합하여 토지와 일체로 토지소유자의 소유에 귀속되었다가(민 §256 본문), 「사회통념상 독립한 건물이라고 볼 수 있는 형태와 구조」, 즉 「부동산으로서의 독립성(독립한 부동산으로서의 건물의 요건)」을 갖춘 시점에 토지와는

69) 민법은 제305조 제1항, 제365조, 제366조 등에서, 부동산등기법은 제14조 제1항 등에서 건물을 토지와는 별개의 독립한 부동산으로 취급하고 있다.

독립한 별개의 부동산이 되어 그 시점의 건축주 등이 소유권을 원시취득[70]한다는 입장을 취하고 있다.

2. '일반적 기준'으로서의 「최소한의 기둥 · 지붕 · 주벽」

	일반건물로 건축하는 경우	집합건물로 건축하는 경우
소유권의 성립요건	최소한의 기둥 · 지붕 · 주벽	[구분소유권] 구조상 · 이용상 독립성 + 구분행위 [일반소유권] 최소한의 기둥 · 지붕 · 주벽
유치권의 대상적격	최소한의 기둥 · 지붕 · 주벽	

미완성건물이 유치권의 객체가 될 수 시점 · 건축단계에 관한 '일반적 기준'은 소유권이 성립하는 시점 · 건축단계에 관한 통설 · 판례로부터 도출하는 것이 타당하다.[71]

첫째, 유치권과 같은 제한물권은 본래 소유권이 성립하였음을 전제로 성립 · 행사할

70) 권리는 항상 권리주체에게 귀속된다. 권리의 변동은 어느 권리주체가 특정한 권리를 가지게 되거나 잃게 되는 관점에서 분류하면 원시취득과 승계취득으로 나눌 수 있다.

소유권을 원시취득한다는 것은 종전에 없던 소유권이 새로 생기는 것(특정 물건에 대한 소유권을 처음으로 취득하는 것)을 말하고, 소유권을 승계취득한다는 것은 기존의 소유권이 그대로 다른 사람에게 이전되는 것(특정 물건에 대한 소유권을 이전받아 취득하는 것)을 말한다. 건물을 신축하여 소유권이 성립 · 발생하는 경우가 전자에 해당하고(소유권보존등기를 하지 않아도 소유권을 취득함, 민 §187), 건물을 매수한 경우가 후자에 해당한다(원칙적으로 소유권이전등기를 하여야 소유권을 취득함, 민 §186).

신축한 건물에 대한 소유권의 취득(원시취득) 또는 신축한 건물에 대한 점유권 · 유치권(등기를 할 수 없는 물권임)의 취득은 등기를 요하지 않는다(민 §187).

71) 미완성건물(건축 중인 건물)에 대하여 소유권이 성립하는 시점 내지 건축단계에 관한 통설과 판례이론은 이미 오래 전에 확립되었다. 이와 달리 건축 중인 건물이 유치권의 객체가 될 수 있는 시점 내지 건축단계에 관하여는 직접적 · 적극적으로 '일반적 기준'을 제시한 문헌이나 판례는 없고, 간접적 · 소극적으로 '일반적 기준'을 언급한 판례(대결 2008. 5. 30. 2007마98, 대판 2013. 5. 9. 2013다2474)와 이를 단순하게 인용하는 문헌이 있을 뿐이다. 유치권을 행사할 수 있는 시점 · 건축단계에 관한 '일반적 기준'은 소유권이 성립하는 시점 · 건축단계에 관한 통설 · 판례로부터 도출하는 것이 타당하다. 이 기준은 여러 층으로 건축하던 중에 건축주가 변경된 미완성건물의 경우에도 그대로 적용된다.

수 있는 것으로서, 민사유치권은 '타인 소유'의 물건을 객체로 하고(민 §320①) 상사유치권은 '채무자 소유'의 물건을 객체로 하기 때문이다(상 §58 등).

둘째, 신축건물에 대하여는 소유권보존등기를 하지 않아도 소유권의 성립 · 취득(원시취득)이 인정되는 것과 마찬가지로(민 §187 본문), 유치권 역시 점유만으로 그 성립 · 취득이 인정되기 때문이다(민 §320, 상 §58 등 참조).[72)]

본래 소유권의 성립요건('부동산으로서의 독립성' 내지 '독립한 부동산으로서의 건물의 요건')은 일반건물의 경우에는 '최소한의 기둥 · 지붕 · 주벽', 구분건물의 경우에는 '구조상 · 이용상 독립성 + 구분행위'이다.

그런데 집합건물을 구성하는 전유부분은 '구조상 · 이용상 독립성'을 갖춘 경우에도 구분행위(구분의사의 표시)가 있기 전에는 일반건물일 수밖에 없고,[73)] 구분행위가 있더라도 일반건물로서 대장등록 및 등기를 할 수 있다.[74)] 이러한 점을 고려할 때, 건축 중인 건물에 대한 소유권의 성립 내지 원시취득 시점은 집합건물로 건축하는 경우에도 일반건물로 건축하는 경우와 마찬가지로 '최소한의 기둥 · 지붕 · 주벽'을 갖춘 시점 내지 건축단계라고 할 수 있다.

따라서 유치권의 객체가 될 수 있는 시점 내지 건축단계도 일반건물로 건축하는 경우이든 집합건물로 건축하는 경우이든 '최소한의 기둥 · 지붕 · 주벽'을 갖춘 시점 · 건축단계라고 보아야 한다.[75)] 이 기준은 여러 층으로 건축하던 중에 건축주가 변경된 미완성

---

72) 이와 달리 소유권이 성립한 모든 건축 중인 건물이 유치권 이외의 제한물권의 객체가 될 수 있는 것은 아니다. 왜냐하면 건축 중인 건물은 소유권보존등기까지 된 것에 한하여 유치권 이외의 제한물권의 객체가 될 수 있기 때문이다.

73) 구분행위가 없으면 구분건물로서 등기를 할 수 없다. 또한 집합건물법 제60조는 집합건물로서 건축물대장 등록신청을 하였으나 관계 공무원의 조사 결과 집합건물로서의 구조상 · 이용상의 독립성을 가지지 못한 것으로 인정할 때에는 그 등록을 거부하고 그 건물 전체를 하나의 건물로 하여 일반건축물대장에 등록하도록 규정하고 있다.

74) 1동의 건물 중 구분된 각 부분이 구조상 · 이용상 독립성을 가지고 있는 경우에 그 각 부분을 1개의 구분건물로 하는 것도 가능하고, 그 1동 전체를 1개의 건물로 하는 것도 가능하기 때문에, 이를 구분건물로 할 것인지 여부는 특별한 사정이 없는 한 소유자의 의사에 의하여 결정된다(대판 1999. 7. 27.고 98다35020, 대결 2013. 1. 18. 2012마690).

건물의 경우에도 그대로 적용된다.

공사대금을 변제받으려는 건설업자는 건축 중인 건물에 대하여 소유권이 성립한 이후 그 전체에 대하여 유치권을 행사할 수 있으며, 그 건물 중의 일부를 점유하는 방법으로도 공사대금 전부를 피담보채권으로 하는 유치권을 행사할 수 있다(민 §321, 유치권의 불가분성).

II. 유치권의 객체가 되기 위한 요건

1. 일반건물로 건축 중인 미완성건물

일반건물로 건축 중인 건물은「최소한의 기둥 · 지붕 · 주벽[76]」을 갖춘 시점에 부동산으로서의 독립성을 갖춘 것으로 인정되고(즉, 소유권이 성립하고),[77] 독립성을 갖춘 시점

---

75) 또한 토지에 대한 임의경매절차에서 매수인이 대금을 납부할 당시 집합건물로 건축 중인 건물이 '최소한의 기둥 · 지붕 · 주벽'을 갖추었다면 그 건물의 소유를 위한 법정지상권(민 §366)이 성립할 수 있다.

민법 제366조의 법정지상권은 저당권설정 당시 동일인의 소유에 속하던 토지와 건물이 경매로 인하여 양자의 소유자가 다르게 된 때에 건물의 소유자를 위하여 발생하는 것으로서, ㉮ 토지에 관하여 저당권이 설정될 당시 토지소유자에 의하여 그 지상에 건물이 건축 중이었던 경우 그것이 사회관념상 독립된 건물로 볼 수 있는 정도에 이르지 않았다 하더라도 **건물의 규모, 종류가 외형상 예상할 수 있는 정도**까지 건축이 진전되어 있었고, ㉯ 그 후 경매절차에서 매수인이 매각대금을 다 낸 때까지 최소한의 기둥과 지붕 그리고 주벽이 이루어지는 등 독립된 부동산으로서 건물의 요건을 갖춘 경우에는 법정지상권이 성립한다(대판 1992. 6. 12. 92다7221, 대판 2004. 2. 13. 2003다29043, 대판 2011. 1. 13. 2010다67159, 대판 2013. 10. 17. 2013다51100 등).

76) 여기서 주벽은 '둘레의 벽' 또는 '둘레 벽'을 의미하는 周壁을 말한다. 다만 이를 '주된 벽'(主壁)의 의미로 파악한 판례도 있다(대판 2001. 1. 16. 2000다51872).

77) 초기의 판례는 단순히 '사회통념상 독립한 건물이라고 볼 수 있는 형태와 구조'를 갖춘 시점에 그 시점의 건축주가 그 건물의 소유권을 원시취득한다고 판시하였으나(대판 1984. 9. 25. 83다카1858, 대판 1993. 4. 23. 93다1527 · 1534, 대판 2006. 5. 12. 2005다68783 등), 나중에는 이에 더하여 '최소한의 기둥과 주벽 그리고 주벽'이 이루어지면 사회통념상 독립한 건물로서의 형태와 구조를 갖춘 것으로 부연 설명하는 경향을 보이고 있다(대판 2002. 4. 26. 2000다16350, 대판 2005. 7. 15. 2005다19415, 대판 2007. 4. 26. 2005다19156, 대

의 건축주가 소유권을 원시취득하며,[78] 그 시점부터 건설업자가 유치권을 행사할 수 있다. 단층으로 구성된 일반건물로 건축하는 경우, 여러 층으로 구성된 일반건물로 건축하는 경우 모두 마찬가지이다.

공사대금을 변제받으려는 건설업자는 건축 중인 일반건물에 대하여 소유권이 성립한 이후 그 전체에 대하여 유치권을 행사할 수 있으며, 그 일반건물 중의 일부를 점유하는 방법으로도 공사대금 전부를 피담보채권으로 하는 유치권을 행사할 수 있다(민 §321, 유치권의 불가분성).

2. 집합건물로 건축 중인 미완성건물

집합건물로 건축 중인 건물도 일반건물로 건축 중인 건물과 마찬가지로 1동의 건물 전체가 「최소한의 기둥 · 지붕 · 주벽」을 갖춘 시점부터 유치권의 객체가 될 수 있다. 단층으로 구성된 집합건물로 건축하는 경우, 여러 층으로 구성된 집합건물로 건축하는 경

판 2008. 1. 18. 2007다23975, 대판 2017. 10. 26. 2015다235438 · 235445 등).

78) 대판 1976. 2. 24. 75다343, 대판 1977. 4. 26. 76다1677, 대판 1986. 11. 11. 86누173, 대판 1996. 6. 14. 94다53006, 대판 2001. 1. 16. 2000다51872, 대판 2002. 4. 26. 2000다16350, 대판 2003. 5. 30. 2002다21592 · 21608, 대판 2005. 7. 15. 2005다19415, 대판 2007. 4. 26. 2005다19156, 대판 2011. 6. 30. 2009다30724 등.

대법원 1976. 2. 24. 선고 75다343 판결, 대법원 1977. 4. 26. 선고 76다1677 판결은 "… 건축 중의 건물이 어느 정도에 이르렀을 때 이를 독립된 부동산으로 볼 것이냐 하는 문제는 반드시 그 물리적 구조만을 표준으로 하여 획일적으로 이를 결정지을 수는 없는 것이지만, 건물의 기능과 그 효용 면에 비추어 생각할 때, 독립된 건물이라고 하려면 최소한 기둥과 지붕 그리고 주벽만이라도 이루어져야 된다 …"라고 판시하였다.

그 이후 대법원 판결은 「독립된 부동산으로서의 건물이라고 하기 위하여는 최소한의 기둥과 지붕 그리고 주벽이 이루어지면 된다.」, 「최소한 기둥과 지붕 그리고 주벽이 이루어지면 이를 법률상 건물이라고 할 것이다.」 또는 「최소한의 기둥과 지붕 그리고 주벽이 이루어지면 독립한 부동산으로서의 건물의 요건을 갖춘 것이라고 보아야 한다.」라는 취지로 판시하고 있다.

대법원 2011. 6. 30. 선고 2009다30724 판결은 각 층 전면의 절반가량의 높이에 철판을 잇대어 가려 놓았을 뿐 벽이라고 볼 만한 것이 설치되지 않은 자동차 전시장(자동차 매매단지에 부설된 지상 3층 규모의 철골구조물 주차시설)은 독립한 부동산인 건물로서의 요건(최소한의 기둥 · 지붕 · 주벽)을 갖춘 것이라고 인정할 수 없다고 판시하였다.

우 모두 마찬가지이다.

공사대금을 변제받으려는 건설업자는 1동의 집합건물 전체가 일반건물의 요건, 즉 「최소한의 기둥 · 지붕 · 주벽」을 갖춘 이후 그 전체에 대하여 유치권을 행사할 수 있으며, 그 집합건물 중의 일부(구분소유의 요건을 갖추었는지 여부 불문)를 점유하는 방법으로도 공사대금 전부를 피담보채권으로 하는 유치권을 행사할 수 있다(민 §321, 유치권의 불가분성).[79)]

3. 일부 층만으로도 독립된 건물의 요건을 갖춘 미완성건물

판례는 여러 층으로 건축 중인 건물은 일부 층이라도 「독립한 부동산으로서의 건물(일반건물)의 요건(최소한의 기둥 · 지붕 · 주벽)」을 갖추고 있으면 그 일부 층에 대하여 소유권이 성립한다는 입장을 취하고 있다.

따라서 여러 층으로 건축 중인 건물은 일부 층이 위와 같은 요건을 갖춘 시점부터 유

79) 예컨대, 1동의 아파트{총 40세대(101호~1004호), 각 호의 공사대금은 3억 원으로 동일} 신축공사가, 1동의 건물 전체(1~10층)가 「최소한의 기둥 · 지붕 · 주벽」을 갖추고 일부 전유부분(10층 전체인 1001호~1004호)이 「구조상 · 이용상 독립성 + 구분행위」를 갖추지 못한 상태에서 건축주의 자금부족 등으로 중단된 경우, 수급인(유치권자)은 ㉮ 위 10층만을 점유하는 때에는 10층의 공사대금(12억 원)이 아니라 위 아파트 전체의 공사대금(120억 원)을 변제받을 때까지 위 10층의 인도를 거절할 수 있고, ㉯ 위 아파트 전체를 점유하는 때에는 공사대금 전부(120억 원)를 변제받을 때까지 위 아파트 전체의 인도를 거절할 수 있다. 위 ㉮ 부분은 유치권의 불가분성(민법 제321조)이 반영된 결과이다.

대법원 2007. 9. 7. 선고 2005다16942 판결은, 다세대주택(56세대)의 창호 등의 공사를 완성한 하수급인이 공사대금채권 잔액을 변제받기 위하여 위 다세대주택 중 한 세대(301호)를 점유하여 유치권을 행사하는 경우, 그 유치권은 위 한 세대(301호)에 대하여 시행한 공사대금만이 아니라 다세대주택 전부(56세대)에 관하여 발생한 공사대금채권 전부를 피담보채권으로 하여 성립한다고 보았다. 즉, 유치권의 객체는 일부(1세대)이나, 유치권의 피담보채권은 전부(56세대)에 관하여 발생한 채권이다. 위 판결에 대한 평석에 문광섭, "유치권의 피담보채권의 범위 —채권과 물건 간의 견련관계 및 유치권의 불가분성과 관련하여—" 대법원판례해설(71), 법원도서관(2008), 120~157; 황태효, "유치권에 있어서의 채권과 목적물 사이의 견련관계 및 유치권의 불가분성", 판례연구(20), 부산판례연구회(2009), 387~421; 장건 · 이성근 · 서진형, "집합건물의 일부를 점유한 유치권의 불가분성에 관한 연구 —대법원 2007. 9. 7. 2005다16942 판결을 중심으로—", 집합건물법학(14), 한국집합건물법학회(2015), 57~78.

치권의 객체가 될 수 있다.

소유권이 성립하는 범위에 관하여 판례는 지하층 전부 또는 일부라고 본 것도 있고, 지하층 전부 및 지상층 일부라고 본 것도 있다.

가. 토지 낙찰자가 토지 정착물의 소유권 확인을 청구한 사례

대법원 2001. 1. 16. 선고 2000다51872 판결은, ㉮ 토지소유자 甲으로부터 乙이 건물(지하 2층, 지상 7층) 신축공사를 도급받았고(건축허가 명의 甲), ㉯ 그 후 위 토지에 관하여 丙 명의로 근저당권설정등기가 이루어졌으며(채무자 乙), ㉰ 그 후 공사가 乙의 부도로 인하여 아래 ①②와 같은 공작물이 건축된 상태에서 중단되었고, ㉱ 그 후 위 토지에 대하여 丙이 신청한 임의경매절차에서 丙이 위 토지를 매수하였으며, ㉲ 그 후 丙으로부터 위 토지를 매수한 丁이 甲을 상대로 위 토지 및 공작물의 소유권확인소송을 제기한 사안에서, ① 지하 2층부터 지상 1층까지의 콘크리트골조 · 기둥 · 천장(슬라브)공사가 완료되어 있고, ② 지상 1층의 전면(남쪽)에서 보아 좌측(서쪽) 벽과 뒷면(북쪽) 벽 그리고 내부 엘리베이터 벽체가 완성된 사안에서, 최소한의 지붕과 기둥 그리고 주벽(主壁)이 이루어졌다고 할 것이어서 미완성 상태의 독립된 건물로서의 요건을 갖추었다(지상 1층만으로도 구분소유권의 대상이 될 수 있다)고 보았다. 즉, 위 공작물(토지 정착물)은 공사 중단 당시 이미 독립한 건물로서의 요건을 갖추어 甲에게 소유권이 귀속되었다고 판단한 것이다(丁의 소유라고 본 원심 판결 파기 · 환송).

이와 달리 원심인 광주고등법원 2000. 8. 23. 선고 2000나972 판결은, 공사 중단 당시 ① 지하 2층부터 지상 1층까지의 콘크리트골조 · 기둥 · 천장(슬라브)공사, 지하 1~2층에 흙이 무너져 내리는 것을 방지하는 옹벽공사는 완료되었으나, ② 벽체는 시공되지 않은 상태였고{둘레 벽(周壁)이 설치되지 않았음} 공사진척도가 20~30% 정도에 불과하다는 이유로, 위 공작물은 토지에 부합하여 토지와 일체로 丁의 소유가 된다고 보았다.

대법원은 위 공작물이 '주된 벽'(4면 중 2면의 벽)이 설치되었다는 이유로 독립된 건물로서의 요건을 갖추었다고 본 것이고, 원심은 '둘레 벽'(4면의 벽)이 모두 설치된 것은 아니라는 이유로 토지에 부합한다고 판단한 것이다. 다른 판례들의 경우와 같이 주벽을 '둘레 벽'(周壁)으로 보고 이러한 전제에서 위 공작물이 토지에 부합한다고 본 원심의 입장이 타당하다고 생각한다.

나. 토지 낙찰자가 토지 정착물의 철거를 청구한 사례

대법원 2003. 6. 13. 선고 2003다9582 판결은, 주상복합건물(지하 3층, 지상 7층) 신축공사의 일부로서 지하 2, 3층 부분의 지하 주차장 공사가 외벽 · 바닥 · 천장 · 기둥 · 보 · 계단 등의 골조공사가 완료된 상태에서 중단되고(기타 내부공사는 이루어지지 않았음), 함석울타리와 거푸집으로 둘러싸여 있어서 사람과 차량의 출입이 불가능하며, 부수적인 보완공사가 이루어지면 독립적으로 지하 주차장 용도로 사용할 수 있는 상태에서, 위와 같은 구조물(토지 정착물)이 축조되어 있는 토지를 경매절차에서 낙찰받은 매수인이 종전 토지소유자에 대하여 위 구조물(토지 정착물)의 철거를 청구한 사안에서, 위 구조물은 건물의 일부이지만 기본적인 골조공사와 외벽공사가 이루어져 그 자체만으로도 지하 2, 3층의 건물형태를 갖고 있으므로 경제상의 효용성이 있다고 인정한 후 위 구조물은 대지와 분리하여 경제상 독립물로서 효용을 갖는 주차장 건물 내지는 독립된 토지의 정착물로서 대지에 부합하지 않는다고 판단하였다(원고의 철거청구를 인용한 원심판단 지지). 즉, 지하 2~3층 부분의 구조물은 '최소한의 기둥 · 지붕 · 주벽'을 갖춘 독립한 건물(지하 주차장)로서 종전 토지소유자의 소유에 속하나 법정지상권의 성립요건을 충족하지 못하여 철거 대상이 된다고 본 것이다.[80)]

---

80) 위 판결은 지하 2~3층의 지하 주차장 부분이 낙찰자가 대금을 납부할 당시 독립한 부동산으로서 건물의 요건은 갖추었다고 인정하면서도, 토지에 저당권을 설정할 당시 건물의 규모 · 종류가 외형상 예상할 수 있을 정도까지 건축이 진전되었어야 한다는 요건을 충족하지 못하였다는 이유로 법정지상권의 항변을 배척하였다. 즉 "… 건물 없는 토지에 저당권이 설정된 후 저당권설정자가 그 위에 건물을 건축하였다가 담보권의 실행을 위한 경매로 인하여 그 토지와 지상 건물이 소유자를 달리하였을 경우에는 민법 제366조의 법정지상권이 인정되지 아니할 뿐만 아니라 관습상의 법정지상권도 인정되지 아니한다(대법원 1995. 12. 11.자 95마1262 결정 등 참조). 원심은 … 이 사건 대지에 대하여 △△ 명의의 근저당권설정 당시 … 이 사건 대지에는 지상 건물

또한 대법원 2005. 12. 9. 선고 2005다38577, 2005다38584 판결은, A 소유의 토지 위에 근린생활시설 및 업무시설(지하 5층, 지상 6층) 신축공사가 지상 1층의 콘크리트 골조는 완료되었으나 벽 · 지붕 등은 설치되지 않은 상태에서 중단되었고, 위 토지 정착물은 순차 양도되어(A ⇨ 甲1 ⇨ 甲2) 甲2 명의로 소유권보존등기가 되었으며, 위 토지는 공매절차에서 乙1이 낙찰받아 乙2에게 매도하였고(A ⇨ 乙1 ⇨ 乙2), 乙2가 甲2를 상대로 위 토지 정착물의 철거를 청구한 사안에서, 비록 A가 위 토지 정착물을 양도할 당시 지상 1층 부분의 콘크리트 골조만 이루어진 채 벽이나 지붕 등이 설치되지 않았더라도, 지하층 부분만으로도 구분소유권의 대상이 될 수 있는 구조라는 점에서 위 토지 정착물은 미완성 상태이기는 하지만 독립된 건물로서의 요건을 갖추었다(관습상의 법정지상권이 성립하였다)고 볼 여지가 있다고 판시하였다. 요컨대, 대금납부 당시 지하층에 기둥 · 지붕 · 주벽 등이 설치되었다고 볼 여지가 있다고 본 것이다.

한편, 대법원 2003. 9. 23. 선고 2003다26518 판결은, 병원건물(지하 3층, 지상 10층) 신축공사가 지하층 토목공사 및 지하 2층 · 3층의 골조공사를 진행하던 중에 중단되었고, 그 토지에 관한 임의경매절차에서 이를 낙찰받은 매수인이 종전 토지소유자에 대하여 위 토지 정착물의 철거를 청구한 사안에서, 매수인이 대금을 납부할 당시 위 토지 정착물이 독립한 건물로서의 요건을 갖추지 못하였다는 것 등을 이유로 위 토지 정착물의 철거를 명한 원심 판결을 지지하였다(민법 제366조의 법정지상권의 성립 부정). 요컨대, 대금납부 당시 지하 2층 · 3층에 지붕 · 주벽 등이 설치되지 않았다고 본 것이다.

이 없는 나대지 상태인 사실을 인정할 수 있다고 하여, 피고의 법정지상권 성립 항변을 배척하였다. 위에서 본 법리와 기록에 의하여 살펴보면 원심의 판단은 정당하고, 거기에 법정지상권에 관한 법리오해의 위법이 없다 …"라고 판시하였다.

다. 토지 낙찰자에 대하여 지상권설정등기절차 이행을 청구한 사례

대법원 2003. 5. 30. 선고 2002다21592, 21608 판결은, ㉮ 토지소유자 甲으로부터 乙이 주상복합건물(지하 3층, 지상 12층) 신축공사를 도급받았고(건축허가 명의 甲), ㉯ 그 후 위 토지에 관하여 丙 명의로 근저당권설정등기가 이루어졌으며(채무자 甲), ㉰ 그 후 공사가 乙의 부도로 중단되어 甲이 직접 시공하였으나 甲의 부도로 다시 중단되었고(공사 중단 당시 지하 1~3층에 철근콘크리트 구조물이 설치되고 지상 1~4층에 H빔이 조립된 상태의 '이 사건 구조물'이 설치되어 있었음), ㉱ 그 후 위 토지에 대하여 丙이 신청한 임의경매절차에서 丁이 위 토지를 매수하였으며, ㉲ 그 후 甲이 丁을 상대로 법정지상권 취득을 원인으로 한 지상권설정등기절차를 이행하라는 소(본소)를 제기하였고, 丁이 이 사건 구조물의 철거와 임료 상당의 손해배상을 구하는 반소를 제기한 사안에서, ① 토지에 대한 경매절차에서 매각대금 납부 당시에 주상복합건물(지하 3층, 지상 12층) 신축공사가 지하 1~3층 기둥 · 주벽 · 천장슬라브 공사가 완료된 상태였을 뿐만 아니라 지하 1층의 일부 점포가 일반에 분양되기까지 하였다면, ② 비록 토지가 매각될 당시 신축건물의 지상층 부분이 골조공사만 이루어진 채 벽이나 지붕 등이 설치된 바가 없다 하더라도, 지하층 부분만으로도 구분소유권의 대상이 될 수 있는 구조라는 점에서 신축건물은 매각대금 납부 당시 미완성 상태이기는 하지만 독립된 건물로서의 요건을 갖추었다고 판시하였다{원심 판결(원고의 본소청구 배척, 피고의 반소청구 인용) 파기 · 환송}.[81)]

요컨대, 丁이 토지에 관한 매각대금을 납부할 당시 지하 3층 및 지상 12층으로 신축중이던 건물의 지하 1~3층 부분이 '최소한의 기둥 · 지붕 · 주벽'(일반건물로서의 요건)을 갖추고 있어(완공 시 지하 1~3층의 전부 또는 일부 층이 구분소유의 객체가 될 수 있을 정도로

---

81) 丁은 위 토지를 낙찰받아 1997. 6. 28. 대금을 납부하고 1997. 9. 12. 소유권이전등기를 하였다. 한편, 위 건물에 대하여는 2006. 1. 2. 지하 2층, 지상 5층의 근린생활시설(일반건물)로서 소유권보존등기가 이루어졌다. 이 판결에 대한 평석에 조원철, "독립된 부동산으로서의 건물의 요건", 대법원판례해설(44), 법원도서관(2004), 345~356 참조.

축조되어 있어), 甲의 건물 소유를 위한 법정지상권 성립을 인정한 것이다.[82] 또한 위 토지에 근저당권을 설정할 당시 위 건물은 그 규모·종류를 예상할 수 있을 정도까지 건축이 진전되어 있었던 것으로 추정된다.

라. 토지 낙찰자에 대하여 부당이득금 반환을 청구한 사례

대법원 2005. 7. 28. 선고 2005다18436 판결은, A 소유의 토지 위에 근린생활시설 및 공동주택(지하 1층, 지상 5층)의 신축공사가 기초토목공사 및 지하실 골조공사·천장공사까지만 마쳐져서 지하실 천장이자 지상 1층의 바닥인 지상에 약간의 철근이 돌출되어 있는 상태에서 중단되었고, 甲1이 임의경매절차에서 위 토지를 낙찰받아 甲2에게 매도하였고(A ⇨ 甲1 ⇨ 甲2), 乙이 위 토지 정착물을 A로부터 양수하였으며(A ⇨ 乙), 甲1이 위 토지를 甲2에게 매각하면서 권한 없이 토지 정착물도 함께 매도하였다는 이유로 乙이 甲1을 상대로 토지 정착물 평가액(507,210,000원) 상당의 부당이득금반환을 청구한 사안에서, 이 토지 정착물은 토지에 부합한 것으로서 독립한 건물이라고 볼 수 없다고 판시하였다.

요컨대, 위 지하실은 기둥과 지붕(천장)은 설치되었으나 둘레 벽(周壁)은 아직 설치되지 않아 일반건물의 요건(최소한의 기둥·지붕·주벽)을 갖추지 못하였으므로 乙의 소유가 아니라고 판단한 것이다(부당이득금반환청구 배척).

---

82) 이와 달리 원심인 대구고등법원 2002. 3. 20. 선고 2001나1912, 2001나3161 판결은, 丁이 토지소유권을 취득할 당시 지하층 부분은 위와 같이 철근콘크리트구조가 어느 정도 이루어진 상태였으나, 그 중 지하 1층의 일부분만이 판매시설일 뿐 지하 1층의 나머지 부분과 지하 2, 3층 부분은 그 용도가 모두 주차장 또는 기계실로서 완성된 건물을 위한 보조적·부수적 구조물에 불과하고, 나아가 지상 부분은 단순히 H빔을 조립한 상태로서 그 때까지 벽체와 바닥·천장이 설치되지 아니하여 그 물리적 구조로도 건물로서의 형태를 갖추지 못하였다고 하면서, 丁이 경매로 인하여 이 사건 토지를 취득할 당시 건물의 물리적 구조 및 경제적 효용에 비추어 볼 때, 이 사건 구조물이 사회관념상 독립한 거래의 객체로 될 정도에 이르렀다고 보기에 부족하고, 달리 이를 인정할 아무런 증거가 없으므로 법정지상권이 인정될 수 없고, 따라서 이를 전제로 한 甲의 주장은 이유 없다고 판시하였다.

4. 여러 층으로 건축 중 건축주가 변경된 미완성건물

원래의 건축주 甲1이 여러 층으로 건축하는 것으로 설계도서(設計圖書) 등을 작성하고 건축허가를 받아 건축공사를 진행하던 중에 甲1의 자금부족 등으로 공사가 중단되고, 새로운 건축주 甲2가 이러한 상태의 미완성건물을 인도받아 나머지 공사를 마친 경우, 종래의 판례는 '독립한 건물로서의 형태 · 구조'(최소한의 기둥 · 지붕 · 주벽)를 갖춘 시점의 건축주가 소유권을 원시취득한다는 입장을 취하고 있었으나,[83] 최근의 판례는 '건축허가(설계도서)에 따른 구조 · 형태'를 갖춘 시점의 건축주가 소유권을 원시취득한다는 입장을 취하고 있다.[84]

종래의 판례와 최근의 판례가 양립할 수 있는지에 대하여는 견해가 대립되어 있으나, 어떠한 입장을 취하더라도 그와 무관하게 미완성건물은 「최소한의 기둥 · 지붕 · 주벽」 구비 시점부터 유치권의 객체가 될 수 있다.[85]

Ⅲ. 미완성건물의 소유를 위한 법정지상권의 성립요건

법정지상권은 토지에 대하여 건물의 소유를 위한 용익권을 설정할 수 없는 상황에서 동일인의 소유에 속하던 토지와 건물이 그 소유자가 달라지는 경우 건물을 철거하게 되는 사회경제적 손실을 방지하기 위한 제도이다. 이는 우리와 같이 토지와 건물을 별개의 부동산으로 취급하는 법제에 특유한 제도이다.

건물의 소유를 위한 법정지상권(건물의 존속)을 인정하는 경우에는 토지의 담보가치

---

83) ① 대판 2002. 4. 26. 2000다16350, ② 대판 2005. 7. 15. 2005다19415, ③ 대판 2006. 5. 12. 2005다68783 등.

84) ① 대판 2006. 11. 9. 2004다67691, ② 대판 2012. 10. 25. 2011다64041, ③ 대판 2015. 1. 15. 2014다225823, ④ 대판 2017. 10. 26. 2015다235428 · 235445 등.

85) 상세한 것은 뒤의 'PART 03 제2장 제3절 Ⅲ.' 참조.

내지 매각가격이 하락하게 되고, 매각가격의 하락으로 배당재단이 감소하게 된다. 이와 같이 궁극적으로 배당재단이 감소하게 된다 하더라도 저당권자와 저당권설정자에게 불측의 손해가 되는 것은 아니다. 왜냐하면 저당권자와 저당권설정자는 그 설정 당시에 건물의 존재를 인식하였거나 건물의 규모 · 종류를 예상할 수 있었기 때문이다.

대법원은 법정지상권의 성립요건에 관하여 "… 민법 제366조의 법정지상권은 저당권설정 당시 동일인의 소유에 속하던 토지와 건물이 경매로 인하여 양자의 소유자가 다르게 된 때에 건물의 소유자를 위하여 발생하는 것으로서, 토지에 관하여 **저당권이 설정될 당시** 토지소유자에 의하여 그 지상에 건물이 건축 중이었던 경우 그것이 사회관념상 독립된 건물로 볼 수 있는 정도에 이르지 않았다 하더라도 건물의 규모, 종류가 외형상 예상할 수 있는 정도까지 건축이 진전되어 있었고,[86] 그 후 경매절차에서 매수인이 **매각대금을 다 낸 때까지** 최소한의 기둥과 지붕 그리고 주벽이 이루어지는 등 독립된 부동산으로서 건물의 요건을 갖춘 경우에는 법정지상권이 성립한다 …"라는 입장을 견지하고 있다.[87]

대법원 2003. 5. 30. 선고 2002다21592, 21608 판결은 건축 중인 건물의 소유를 위한 민법 제366조의 법정지상권의 성립요건으로서, ① 저당권설정 당시의 건축 정도, ② 대금납부(소유자 변동) 당시의 건축 정도에 관하여 아래와 같이 설시하였다.[88]

---

86) 지상권의 최단 존속기간은 ㉮ 석조 · 석회조 · 연와조 또는 이와 비슷한 견고한 건물의 소유를 목적으로 하는 경우에는 30년, ㉯ 그 밖의 건물의 소유를 목적으로 하는 경우에는 15년, ㉰ 건물 이외의 공작물의 소유를 목적으로 하는 경우에는 5년이다(민 §280①). 법정지상권의 경우에도 같다(대판 1992. 6. 9. 92다4857).

저당권자 및 저당권설정자로서는 최소한 건물이 위 ㉮㉯㉰ 중 어느 경우에 해당하는지 알 수 있어야 불측의 손해를 입지 않을 수 있다.

87) 대판 1992. 6. 12. 92다7221, 대판 2004. 2. 13. 2003다29043, 대판 2011. 1. 13. 2010다67159, 대판 2013. 10. 17. 2013다51100 등.

88) 위 판결은 토지의 지하와 지상에 여러 층의 건물을 신축하는 공사를 하다가 지하층은 독립된 부동산으로서의 건물의 요건(**최소한의 기둥 · 지붕 · 주벽**)을 갖추었으나 지상층은 위 요건을 갖추지 못한 상태에서 공사가 중단된 경우, 지하층으로도 독립된 건물로 볼 수 있다고 밝힌 최초의 대법원 판결이다{조원철, "독립된 부동산으로서의 건물의 요건", 대법원판례해설(44), 법원도서관(2004), 356}.

[저당권설정 · 대금납부 당시의 건축 정도]

대법원 2003. 5. 30. 선고 2002다21592, 21608 판결

1. 사안개요

가. 甲1은 자기 소유의 구미시 송정동 △△△ 대 2,426.4㎡(이하 '이 사건 토지'라고 함) 지상에 △△플라자(지하 3층, 지상 12층의 주상복합건물)를 신축하기 위하여 乙과 공사도급계약을 체결하고(1995. 2. 14.) 구미시장으로부터 자기 명의로 건축허가 등을 받았다(1995. 4. 22.).

나. 乙은 공사에 착수하였으나(1995. 5.경) 乙의 부도로 공사가 중단되었고(1995. 10.경), 이에 甲1이 직접 시공을 하였으나(1996. 3.경) 甲1의 부도로 공사는 다시 중단되었다(1996. 7.경). 공사 중단 당시(1996. 7.경) 지하 1층부터 지하 3층까지는 기둥, 주벽 및 천장슬라브 공사가 완료되었고, 지상 1층부터 지상 4층까지는 H빔만 조립된 상태였다(이하 '신축건물'이라고 함).

다. 위 공사 중단 후 이 사건 토지에 대하여는 근저당권(1995. 11. 9. 근저당권 설정)에 기한 임의경매절차가 진행되어 피고(반소원고) 등이 낙찰을 받아(1997. 6. 28. 대금납부) 소유권이전등기를 하였다. 피고 등의 매각대금 납부(1997. 6. 28.) 당시에는 지하 1층부터 지하 3층까지는 기둥, 주벽 및 천장슬라브 공사가 완료되었을 뿐만 아니라, 지하 1층의 일부 점포(판매시설)가 제3자에게 분양된 상태였다.

라. 그 후 甲1은 위 신축건물을 원고(반소피고; 甲2)에게 양도하고(2000. 2. 23.), 건축주 명의 등을 甲2로 변경하였으며(2000. 3. 30.), 甲2에게 이 사건 신축건물과 토지를 인도하였다. 甲2는 신축건물의 지상 3, 4층의 H빔을 철거하고 지상 1, 2층의 H빔에 철근콘크리트 바닥을 설치한 상태에서 공사를 중단하였으며, 이러한 상태로 현재까지 이 사건 토지를 점유하고 있다.

마. 甲2(원고)는 甲1로부터 신축건물(지하 1~3층의 기둥 · 주벽 · 천장 공사 완료)과 함께 그 건물의 소유를 위한 법정지상권을 양수한 자로서 甲1을 대위하여 본소로써 이 사건 토지에 관하여 법정지상권 취득을 원인으로 한 지상권설정등기절차의 이행을 청구하였다.

바. 피고는 항소심에서 반소로써 원고(甲2)가 甲1로부터 신축건물을 양수받아 이 사건 토지를 불법으로 점유하고 있음을 원인으로 한 임료 상당의 손해배상을 청구하였고, 환송 후의 항소심에서는 임료 상당의 부당이득 및 지료를 예비적으로 청구하였다.

2. 제1심 및 항소심 판시요지

제1심[89]은 피고 등이 임의경매로 이 사건 토지를 취득할 당시(1997. 6. 28.) 건물의 물리적 구조 및 경제적 효용에 비추어 볼 때 아래와 같은 이유로 이 사건 구조물이 사회관념상 독립한 거래의 객체로 될 정도에 이르지 않았다(즉 법정지상권이 인정될 수 없다)고 보아 원고의 청구를 기각하였다.

첫째, 피고 등이 이 사건 토지의 소유권을 취득할 당시 이 사건 구조물의 건축 정도를 보면, 일응 건물로서의 물리적 구조를 갖춘 것으로 보이는 지하층은 철근콘크리트구조가 어느 정도 이루어진 상태였으나, 지하 1층의 일부분만이 판매시설일 뿐 그 1층의 나머지 부분과 지하 2, 3층 부분은 그 용도가 모두 주차장 또는 기계실로서 완성된 건물을 위한 보조적 · 부수적 구조물에 불과하다.

둘째, 나아가 지상 부분은 단순히 H빔을 조립한 상태로서 아직까지 벽체와 바닥 · 천장이 설치되지 아니하여 그 물리적 구조로도 건물로서의 형태를 갖추지 못하였다.

항소심[90]도 제1심과 동일한 이유로 원고의 청구를 기각하였다. 또한 피고가 항소심에서 제기한 반소청구(임료 상당의 손해배상청구)를 인용하였다. 즉, 건물의 소유를 위한 법정지상권이 인정되지 않으므로 원고(甲2)는 피고에 대하여 이 사건 구조물을 철거하고 이 사건 토지를 인도할 때까지 임료 상당의 손해배상금을 지급하라고 판시하였다.

3. 대법원 판시요지

대법원 2003. 5. 30. 선고 2002다21592, 21608 판결은 아래와 같은 이유로 원심 판결을 파기 · 환송하였다.

즉, "… 신축건물은 **경락대금 납부 당시** 이미 지하 1층부터 지하 3층까지 기둥, 주벽 및 천장슬라브 공사가 완료된 상태이었을 뿐만 아니라, 지하 1층의 일부 점포가 일반에 분양되기까지 한 사정을 엿볼 수 있는바, 비록 피고 등이 경락을 원인으로 이 사건 토지의 소유권을 취득할 당시 신축건물의 지상층 부분이 골조공사만 이루어진 채 벽이나 지붕 등이 설치된 바가 없다 하더라도, 지하층 부분만으로도 구분소유권의 대상이 될 수 있는 구조라는 점에서 신축건물은 경락 당시 미완성 상태이기는 하지만 독립된 건물로서의 요건을 갖추었다고 봄이 상당하다. 그럼에도 불구하고, 신축건물이 독립된 건물로서의 구조와 형태를 갖추지 못하였다는 이유를 들어 위와 같이 판단한 원심 판결에는 독립된 건물에 관한 법리를 오해한 위법이 있고 이는 판결에 영향을 미쳤음이 분명하다 …"라고 판시하였다.

89) 대구지법 2001. 1. 30. 2000가합11861(지상권설정등기절차이행).

90) 대구고법 2002. 3. 20. 2001나1912(본소; 지상권설정등기절차이행), 2001나3161(반소; 임료 등).

4. 환송 후 항소심 판시요지

가. 서설

대구고등법원 2004. 7. 2. 선고 2003나4335, 4342 판결은 아래와 같이, ① 제1심 판결을 취소하고 피고의 반소청구(임료 상당의 손해배상청구)를 기각하면서 원고의 청구(지상권설정등기절차이행의 대위청구)를 인용하였으며, ② 환송 후 항소심에서 피고가 제기한 예비적 반소청구(임료 상당의 부당이득 · 지료청구)를 인용하였다.

나. 본소청구 및 주위적 반소청구에 대한 판단

(1) 본소청구에 대한 판단

이 사건 토지에 관하여 근저당권이 설정될 당시 이 사건 토지와 이 사건 신축건물은 모두 甲1의 소유였는데, 이 사건 토지에 관한 임의경매절차에서 피고 등이 이 사건 토지를 매수하여 그 소유권을 취득함으로써 이 사건 토지와 이 사건 신축건물의 소유자가 달라지게 되었으므로, 특별한 사정이 없는 한 이 사건 신축건물의 소유자인 甲1은 민법 제366조에 의하여 대금을 납부한 1997. 6. 28. 이 사건 법정지상권을 취득하였다.

따라서 甲1은 피고 등에 대하여 법정지상권 취득을 원인으로 한 지상권의 설정등기청구권을 취득하고, 원고(甲2)는 甲1로부터 이 사건 신축건물을 양수한 이상 특별한 사정이 없는 한 이 사건 법정지상권도 함께 양수하는 것이므로, 甲2는 甲1에 대하여 이 사건 법정지상권의 이전등기청구권을 가지며, 피고 등은 甲2의 甲1에 대한 이 사건 법정지상권 이전등기청구권을 보전하기 위한 甲2의 채권자대위권 행사에 따라 甲1에게 이 사건 법정지상권 설정등기절차를 이행할 의무가 있다.

또한 甲2는 자기 명의로 지상권이전등기를 하지 못한 이상 아직 법정지상권자라고 할 수는 없으나, 甲1로부터 법정지상권을 양수한 자로서 甲1을 대위하여 피고 등에게 법정지상권의 설정등기를 청구할 수 있는 지위를 가지는 이상, 甲2의 이 사건 토지 점유를 불법이라고 할 수는 없으므로, 甲2의 이 사건 토지 점유가 불법임을 전제로 하는 피고 등의 주위적 반소청구는 더 나아가 살필 필요 없이 이유 없다.

(2) 주위적 반소청구에 대한 판단

피고는 주위적 반소청구로서 ① 토지에 관하여 매각(대금납부)될 당시 신축건물이 독립된 건물로서의 요건을 갖추지 못하였다는 점, ② 토지에 관하여 저당권이 설정될 당시 건물의 규모 · 종류를 외형상 예상할 수 있을 정도까지 건축이 진전되지 않았다는 점 등을 주장하였다.

첫째, 피고는 신축 중이던 지하 1층, 지상 15층으로 설계된 건물 중 9층까지 기둥, 벽 등이 완성된 상태에서 공사가 중단된 건물은 독립하여 거래의 객체가 될 수 없다는 대법원 1995. 11. 27.자 95마820호 결정[91]에 비추어 이 사건 토지가 피고 등에게 매각될 당시 이 사건 신축건물은 독립된 건물로서의 요건을 갖추지 못하였으므로 법정지상권이 인정될 수 없다고 주장하였다.

그러나 환송 후 항소심은 건축물이 유체동산 집행의 대상이 되는지의 여부에 관한 결정일 뿐이지 법정지상권의 성립요건으로서의 독립된 건물에 관한 결정은 아니라고 판시하였다. 이 사건 신축건물은 비록 이 사건 토지의 매각(대금납부) 당시 이 사건 신축건물의 지상층 부분이 골조공사만 이루어지고 벽 · 지붕 등이 설치된 바가 없다 하더라도, **대금납부 당시** 지하층 부분만으로도 구분소유권의 대상이 될 수 있다는 점 등에 비추어 이 사건 토지의 매각 당시 미완성 상태이기는 하지만 독립된 건물로서의 요건을 갖추었다고 보는 것이 타당하다.

둘째, 피고는 이 사건 토지에 관하여 근저당권이 설정될 당시 이 사건 공사 중 터파기 공사만 진행된 상태여서 독립된 건물이라고 할 만한 건물이 없었으므로, 법정지상권이 인정될 수 없다고 주장하였다.

그러나 환송 후 항소심은 ㉮ **근저당권 설정 당시**에도 수급인(乙)의 기성 공사대금이 총 공사대금 135억 35,318,000원 중 41억 55,342,000원에 이를 정도로 지하 1층 내지 지하 3층 및 지상에 공사가 진행된 점, ㉯ 근저당권 설정 당시 이 사건 공사의 기성고가 토지 매각 당시 이 사건 공사의 기성고와 비교하여 별 차이가 없었던 점, ㉰ 피고 등이 甲1에게 이 사건 공사를 위한 사업자금을 대여하면서 그 담보로서 甲1로부터 이 사건 토지에 관하여 근저당권을 설정받은 점 등에 비추어, 이 사건 토지에 관하여 근저당권이 설정될 당시 이 사건 토지 지상에 신축건물의 규모, 종류를 외형상 예상할 수 있는 정도까지 건축이 진전되어 있었다고 인정할 수 있으므로, 피고의 위 주장은 이유 없다고 판시하였다.

다. 예비적 반소청구에 대한 판단

특별한 사정이 없는 한 원고(甲2)는 甲2가 甲1로부터 이 사건 법정지상권을 양수한 2000. 2. 23.부

91) 위 결정은, 민사집행법 제189조 제2항 제1호는 '등기할 수 없는 토지의 정착물로서 독립하여 거래의 객체가 될 수 있는 것'은 **유체동산**으로 본다고 규정하고 있으므로, 유체동산 집행의 대상이 되는 정착물은 토지에의 정착성은 있으나 환가한 후 토지로부터 분리하는 것을 전제로 하여 거래의 대상으로서의 가치를 가지는 것이어야 하는데, 이 사건 건물(9층까지 골조공사가 되어 있는 미완성의 철근콘크리트조 아파트건물)은 독립하여 거래의 객체(유체동산 집행의 대상)가 될 수 없다고 설시한 결정이다.

터 법률상 원인 없이 이 사건 토지의 임료에 상당하는 이익을 얻고 이로 인하여 이 사건 토지의 소유자인 피고 등에게 동액 상당의 손해를 주고 있는 것이다.

따라서 甲2는 2000. 2. 23.부터 甲2 명의로 지상권이전등기를 경료할 때까지는 임료 상당의 부당이득을 지급할 의무가 있고, 甲2 명의로 지상권이전등기를 경료한 이후 피고 등이 이 사건 토지에 대한 소유권을 상실할 때까지 또는 甲2가 이 사건 토지의 점유 · 사용을 종료할 때까지는 임료 상당의 지료를 지급할 의무가 있다.[92)]

제3절 미완성건물의 강제경매 대상적격

미완성건물(미등기건물)은 「강제경매의 대상적격」(협의의 강제경매 대상적격)과 「등기능력」(광의의 강제경매 대상적격)이 있어야 소유권보존등기 및 강제경매개시결정등기를 할 수 있고, 이러한 등기를 함으로써 비로소 **강제경매** 또는 **유치권에 의한 경매**(이하 '강제경매'라고 통칭함)의 객체가 된다.[93)]

---

92) 법정지상권자라 하더라도 대지 소유자에게 지료를 지급할 의무는 있는 것이고, 법정지상권이 있는 건물의 양수인으로서 장차 법정지상권을 취득할 지위에 있어 대지 소유자의 건물 철거나 대지 인도 청구를 거부할 수 있다 하더라도 그 대지를 점유 · 사용함으로 인하여 얻은 이득은 부당이득으로서 대지 소유자에게 반환할 의무가 있다는 대법원 1997. 12. 26. 선고 96다34665 판결을 언급하면서 위와 같이 판시하였다.

93) 부동산등기법 제66조 제1항은 「미등기부동산에 대하여 법원의 촉탁에 따라 소유권의 처분제한의 등기를 할 때에는 직권으로 소유권보존등기를 하고, 처분제한의 등기를 명하는 법원의 재판에 따라 소유권의 등기를 한다는 뜻을 기록하여야 한다.」라고 규정하고 있다.

위 '처분제한의 등기'는 ㉮ **경매개시결정등기**, ㉯ 가압류등기, ㉰ 처분금지가처분등기, ㉱ 채무자 회생 및 파산에 관한 법률 제24조의 등기, ㉲ 임차권등기명령에 의한 주택임차권등기 또는 상가건물임차권등기 등을 말한다. 다만, 체납처분압류등기는 이에 해당하지 않는다. '법원의 재판'에 따라 '법원이 촉탁'하는 것이 아니기 때문이다{법원행정처, 부동산등기실무[Ⅱ], 법원행정처(2015), 212~213; 등기예규 제1469호 제6항}. 위 ㉮의 경매개시결정등기는 '강제경매' 개시결정등기와 '유치권에 의한 경매' 개시결정등기 등을 말하며, '임의경매' 개시결정등기는 이에 해당하지 않는다.

미등기건물은 **강제경매**의 객체가 될 수 있다. 아직 사용승인을 받지 않아 건축물대장이 생성되어 있지 않은 미등기건물에 대하여 강제경매를 신청하는 채권자는 '집행권원'과 건축허가서 또는 건축신고필증 등을 첨부하여 경매를 신청하고, 이와 동시에 집행법원에 건물의 표시(지번 · 구조 · 면적)를 조사해줄 것을 신청할 수 따라서 ① 일반건물로 건축하는 경우에는 그것이 「설계도서에 따른 구조 · 면적」과 「정착성 · 외기분단성 · 용도성」을 갖추어야, ② 집합건물로 건축하는 경우에는 구분건물이 「설계도서에 따른 구조 · 면적」과 「구조상 · 이용상 독립성 + 구분행위」를 갖추어야 강제경매를 할 수 있다.

다만, 위 ②의 경우 ㉮ 모든 구분건물이 강제경매의 대상적격과 등기능력이 있는 때에만 구분건물의 전부 또는 일부에 대하여 강제경매를 할 수 있고, ㉯ 구분건물의 전부 또는 일부가 강제경매의 대상적격 또는 등기능력이 없는 때에는 1동의 건물 전체에 대하여만 일반건물로서 강제경매를 할 수 있을 뿐, 각 구분건물(강제경매의 대상적격과 등기능력을 모두 갖춘 구분건물 포함)에 대하여 강제경매를 할 수 없다.

미등기건물이 「최소한의 기둥 · 지붕 · 주벽」을 갖추어 소유권의 객체가 된 경우에는 「건축허가(설계도서)에 따른 구조 · 면적」을 갖추지 못하더라도 그에 대하여 강제경매를 할 수 있도록 민사집행규칙 제42조 제2항을 삭제 또는 개정하자는 입법론이 제기되고 있다. 민사집행법 · 민사집행규칙 · 부동산등기법 · 건축법 등의 관련 규정을 종합적으로 검토하여 위와 같은 미등기건물에 대하여 강제집행을 할 수 있는 방안을 모색할 필요가 있다.

있다(민집 §81③). 집행법원의 명령에 의하여 집행관이 작성한 건물표시 조사보고서의 내용(지번 · 구조 · 면적)이 건축허가서 또는 건축신고필증의 내용과 동일하다고 인정되는 경우 집행법원은 강제경매개시결정을 한다(민집규 §42② 반대해석).

또한 미등기건물은 **유치권에 의한 경매**의 객체도 될 수 있다. 유치권에 의한 경매를 신청하는 채권자는 '유치권의 존재를 증명하는 서면'과 건축허가서 또는 건축신고필증 등을 첨부하여 경매를 신청하고, 이와 동시에 집행법원에 건물의 표시(지번 · 구조 · 면적)를 조사해줄 것을 신청할 수 있다. 유치권의 존재를 증명하는 서류는 유치권존재확인판결(이유란에 유치권의 존재 사실이 기재되어 있어도 무방함), 공정증서 등을 말하며, 집행법원이 유치권의 존재를 인정할 수 있는 것이면 사문서라도 무방하다{법원행정처, "법원실무제요 민사집행"[Ⅱ], 법원행정처(2014), 811}.

그러나 미완성건물은 강제경매 또는 유치권에 의한 경매의 경우와는 달리 **임의경매**의 객체가 될 수 없다. 임의경매를 신청하는 채권자는 '담보권의 존재를 증명하는 서면'(등기사항증명서) 등을 첨부해서 경매를 신청해야 하며(민집 §264①②), 등기사항증명서를 첨부하지 않은 임의경매신청은 각하된다. 물권변동에 관하여 성립요건주의 내지 형식주의를 취하는 우리 법제에서는 등기사항증명서에 의해서만 담보권의 존재를 증명할 수 있기 때문이다.

Ⅰ. 강제경매 대상적격과 등기능력의 구별

소유권보존등기가 된 건물(등기건물)에 대한 강제경매는 '① 채권자의 경매신청(민집 §80, §81) ⇨ ② 경매법원의 경매개시결정 및 그 등기 촉탁(민집 §83, §94①) ⇨ ③ 등기관의 경매개시결정등기(민집 §94②)'로써 개시된다.

이와 달리 소유권보존등기가 되지 않은 건물(미등기건물)에 대한 강제경매는 '위 ① ⇨ 위 ② ⇨ ③-1 등기관의 소유권보존등기 및 경매개시결정등기(부등 §66①)'로써 개시되고, 미등기의 집합건물 중 일부 구분건물에 대한 강제경매는 '위 ① ⇨ 위 ② ⇨ ③-2 등기관의 소유권보존등기 · 표시등기 및 경매개시결정등기'(등기예규 제1469호 제2항)로써 개시된다.

위 ③의 등기는 등기관이 촉탁에 의하여 '강제경매개시결정등기'를 하고, 위 ③-1의 등기는 등기관이 직권으로 '소유권보존등기'를 한 다음 촉탁에 의하여 '강제경매개시결정등기'를 하며, 위 ③-2의 등기는 등기관이 직권으로 '소유권보존등기'(경매가 신청된 구분건물)와 '표시등기'(나머지 구분건물)를 한 다음 촉탁에 의하여 '강제경매개시결정등기'를 한다.

미등기건물은 위 ②의 단계에서는 「강제경매의 대상적격」(설계도서에 따른 구조 · 면적)을 갖추고, 위 ③, ③-1 또는 ③-2의 단계에서는 「등기능력」을 갖추어야 강제경매의 객체가 될 수 있다. 즉, 미등기건물에 대하여는 「강제경매의 대상적격」이 있어야 경매법원이 강제경매개시결정 및 그 등기 촉탁을 할 수 있고, 「등기능력」이 있어야 등기관이 소유권보존등기 및 강제경매개시결정등기를 할 수 있는 것이다.[94]

특히 유의할 것은 위 ③-2의 단계에서는 모든 구분건물이 등기능력(구조상 · 이용상 독립성 + 구분행위)이 있어야 위 ③-2의 등기를 할 수 있고, 일부의 구분건물이라도 등기능력이 없는 경우에는 강제경매개시결정등기 촉탁이 각하되는 결과 위 ③-2의 등기를 모두 할 수 없게 된다는 점이다.[95]

---

94) 대결 2008. 3. 27.자 2006마920.

예컨대, 다세대주택(지상 1~3층)의 구분건물{총 9세대(101호~303호)} 중 101호에 대하여만 강제경매를 신청한 경우에는 101호가 강제경매의 대상적격과 등기능력이 있다 하더라도 3층의 302호와 303호가 아직 구분되어 있지 않아 등기능력이 없다면 101호에 대한 강제경매개시결정등기 촉탁은 각하된다.[96] 다만, 1동의 건물 전체가 강제경매 대상적격(설계도서에 따른 구조 · 면적)과 일반건물로서의 등기능력(정착성 · 외기분단성 · 용도성)을 갖춘 경우에는 1동의 건물 전체에 대하여 일반건물로서 강제경매를 신청하고 경매개시결정등기를 할 수 있다.[97]

요컨대, 미등기건물은 「강제경매의 대상적격」과 「등기능력」이 있어야 소유권보존등기 · 강제경매개시결정등기를 할 수 있고, 그럼으로써 비로소 강제경매의 객체가 되는 것이다. 이러한 건물이 경매절차에서 매각된 경우에도 매수인은 그 건물의 부합물 또는 종물도 함께 취득한다.[98]

---

95) 미완성건물(미등기건물)은 「강제경매의 대상적격」뿐만 아니라 「등기능력」도 아울러 갖추어야 강제경매를 신청할 수 있다. 이러한 점에서 전자를 '협의(狹義)의 강제경매 대상적격', 후자를 '광의(廣義)의 강제경매 대상적격'이라고 할 수 있다. 양자는 요구하는 근거 법률, 구비 여부를 판단하는 주체와 기준 등이 서로 다름에도 불구하고 양자를 구별하지 않고 혼용(混用) 또는 오용(誤用)하는 문헌이나 판례가 적지 않다. 「강제경매의 대상적격」과 「등기능력」을 명확하게 구별할 필요가 있다.

96) 따라서 이러한 경우에는 경매가 신청된 구분건물(101호)에 대한 소유권보존등기와 강제경매개시결정등기는 물론 나머지 구분건물(102호~303호)에 대한 표시등기도 이루어지지 않는다.

97) 대결 2013. 1. 18.자 2012마690.

98) 매수인은 매각대금을 다 낸 때에 매각의 목적인 권리를 취득한다(민사집행법 제135조, 민법 제187조). 매수인이 취득하는 부동산 소유권의 범위는 매각허가결정서에 적힌 부동산과 동일성이 인정되는 범위 내에서 그 소유권의 효력이 미치는 범위와 같다. 따라서 매각 대상 부동산의 구성부분 또는 부합물(민법 제256조 본문), 종물 및 종된 권리(민법 제100조 제2항)는 매각허가결정서에 기재되어 있지 않더라도 매수인이 소유권을 취득하는 범위에 포함된다{법원행정처, "법원실무제요 민사집행"[Ⅱ], 법원행정처(2014), 391}. 집합건물에서 구분소유자의 대지사용권은 규약으로써 달리 정하는 등의 특별한 사정이 없는 한 전유부분과 종속적 일체불가분성이 인정되어 전유부분에 대한 경매개시결정과 압류의 효력은 종물 또는 종된 권리인 대지사용권에도 미치는 것이므로(집합건물 20조 1항, 2항), 건축자의 대지소유권에 관하여 부동산등기법에 따른 구분건물의 대지권등기가 마쳐지지 않았다 하더라도 전유부분에 관한 경매절차가 진행되어 그 경매절차에서 전유부분을 매수한 매수인은 전유부분과 함께 대지사용권을 취득한다(대판 2012. 3. 29. 2011다79210 등).

II. 강제경매의 객체가 되기 위한 요건

미등기건물은 「건축허가(설계도서)에 따른 구조 · 면적」을 갖춘 경우 이를 강제경매의 대상으로 삼을 수 있다는 것이 판례의 일관된 입장이다.

민사집행규칙 제42조 제2항은 「법 제81조 제1항 제2호 단서의 규정에 따라 채권자가 제출한 서류 또는 제1항의 규정에 따라 집행관이 제출한 서면에 의하여 강제경매신청을 한 건물의 지번 · 구조 · 면적이 건축허가 또는 건축신고된 것과 동일하다고 인정되지 아니하는 때에는 법원은 강제경매신청을 각하하여야 한다.」라고 규정하고 있다.

대법원 2004. 10. 14.자 2004마342 결정은, 비록 완공되지 않아 보존등기 또는 사용승인이 되지 않은 건물이라고 하더라도 채무자의 소유로서 건물로서의 실질과 외관을 갖추고 그의 지번 · 구조 · 면적 등이 건축허가 또는 건축신고의 내용과 사회통념상 동일하다고 인정되는 경우에는 부동산경매의 대상으로 삼을 수 있다는 법리[99]를 제시하면서, 건물의 현상(現狀)이 건축허가서에 나타난 지번 · 구조 · 면적과 별 차이가 없고 공사 진행 정도도 상당한 경우에는 부동산경매의 대상이 될 수 있다고 설시하였다.

판례는 위 민사집행규칙 제42조 제2항에 근거하여 강제경매의 대상적격으로서 「건축허가(설계도서)에 따른 구조 · 면적」을 갖출 것을 요구하고 있다. 미등기건물이 「최소한의 기둥 · 지붕 · 주벽」을 갖추어 소유권의 객체가 된 경우에는 「건축허가(설계도서)에 따른 구조 · 면적」을 갖추지 못하더라도 그에 대한 강제경매를 할 수 있도록 위 규정을 삭제하거나 개정하여야 한다는 입법론이 제기되고 있다.[100]

---

99) 대법원 2003. 7. 15.자 2003마353 결정, 대법원 2005. 9. 9.자 2004마696 결정, 대법원 2013. 1. 18.자 2012마690 결정 등도 동일한 취지의 판시를 하였다.

100) 송영호, "미등기부동산의 강제집행에 관한 연구", 법학석사 학위논문, 고려대학교(2006), 86~87; 이충은, "미완성건물의 강제집행에 관한 연구", 법학석사 학위논문, 제주대학교(2007), 82 등.

1. 미등기건물에 대하여 강제경매를 신청할 수 있는 경우

경매를 신청할 수 있는 건물에는 소유권보존등기까지 된 것(등기건물)도 있고 아직 소유권보존등기가 되지 않은 것(미등기건물)도 있다. 등기건물에 대하여는 건물등기부 및 건축물대장 등을 첨부하여 강제경매(유치권에 의한 경매, 임의경매 포함)를 신청하여야 하나, 미등기건물에 대하여도 일정한 요건을 갖추면 강제경매(유치권에 의한 경매 포함, 임의경매 제외)를 신청할 수 있다.

첫째, 미등기건물이라도 건축물대장에 등록을 마친 경우에는 건축물대장 등을 첨부하여 강제경매를 신청할 수 있다(민사집행법 제81조 제1항 제2호 본문). 이는 미등기건물이 사용승인을 받은 경우이다.

둘째, 미등기건물이 아직 건축물대장에 등록되지 않은 상태라 하더라도 적법하게 건축허가를 받거나 건축신고를 하고 「건축허가(설계도서)에 따른 구조 · 면적」과 「등기능력」이 인정될 정도로 건축한 경우에는 공사업자가 건축허가서(건축신고서 포함) 등을 첨부하여 강제경매를 신청함과 동시에 '미등기건물 표시 조사신청'[101]을 할 수 있다(민집 §81① ii 단서).[102] 사용승인을 받은 경우도 있지만 아직 사용승인을 받지 않은 경우가 대부분이다.[103] 미등기건물에 대한 강제경매는 주로 이 '둘째'의 건축단계에서 신청되고 있다.

101) 경매를 신청한 채권자는 건물의 표시(지번 · 구조 · 면적)를 증명할 서류를 제출하지 못하는 경우 경매신청과 동시에 법원에 건물의 표시를 조사해 줄 것은 신청할 수 있다(민집 §81③). 이 때 법원은 집행관에게 그 조사를 명하고, 집행관은 건물의 표시를 조사한 보고서를 법원에 제출하여야 한다(민집 §81④ 및 §82, 민집규 §42).

102) 민사집행법 제81조 제1항 제2호 단서는 미등기건물에 대한 강제경매신청서에 ① 채무자에 대한 집행력 있는 정본 외에, ② '그 건물이 채무자의 소유임을 증명할 서류, 그 건물의 지번 · 구조 · 면적을 증명할 서류, 그 건물에 관한 건축허가 또는 건축신고를 증명할 서류 등'을 첨부하여야 한다고 규정하고 있다.

다만, 실무에서는 위 ②의 서류 중 '건물의 지번 · 구조 · 면적을 증명할 서류'는 이를 첨부할 수 없는 경매신청 채권자의 신청에 의하여 집행관이 경매법원에 작성 · 보고하는 '건물표시 조사보고서'로 대체되고 있다(민집 §81④ 및 §82, 민집규 §42 참조).

103) 그러나 사용승인을 받지 않아 건축물대장이 생성되지 않는 상태에서는 소유권보존등기를 '신청'할 수 없다(민집 §81① ii 본문, 부등 §65 i 참조).

미등기건물에 대하여 소유자의 채권자가 강제경매신청을 하고 그에 따라 법원이 등기소에 경매개시결정등기를 촉탁하는 경우 등기관은 경매개시결정등기를 하기 위한 전제로서 직권으로 소유권보존등기를 하여야 한다(부등 §66).[104)]

그러나 건축허가(건축신고 포함)를 받지 않고 건축한 무허가 건물에 대하여는 강제경매를 신청할 수 없다. 무허가 건축물은 소유자를 확인하기 어려울 뿐만 아니라, 이에 대하여 강제경매를 신청할 수 있도록 한다면 불법 건축을 허용하는 결과가 되기 때문이다.[105)]

이하에서는 위 '둘째'의 경우와 같이 적법하게 건축허가(건축신고 포함)를 받아 사용승인을 받을 수 있을 정도로 건축하였으나 아직 사용승인을 받지 않아 건축물대장에 등록되지 않은 미등기건물(건축 중인 건물, 미완성건물)이 강제경매 또는 유치권에 의한 경매의 객체가 되기 위한 요건을 중심으로 살펴본다.

2. 건축허가(설계도서)에 따른 구조 · 면적 축조

미등기건물이 「건축허가(설계도서)에 따른 구조 · 면적」을 갖추기 위해서는 부대설비의 설치 여부와 관계없이 골조공사(骨組工事; 모든 외벽 · 내벽 · 천장 · 바닥 등의 공사)가 완

104) 이러한 경우에는 「강제경매신청(건축주의 채권자) ⇨ 강제경매개시결정 및 그 등기 촉탁(경매법원) ⇨ '직권에 의한 소유권보존등기' 및 촉탁에 의한 강제경매개시결정등기(등기소)」 등이 순차로 이루어진다.

다만, 건축법상 사용승인을 받아야 할 건물임에도 사용승인을 받지 않은 경우에는 그 사실을 표제부에 기록하여야 한다(부등 §66② 단서). 제3자(미완성건물을 낙찰받은 매수인과 소유권이전 · 제한물권설정 · 임대차 계약 등을 하려는 사람)가 예상하지 못한 손해를 입는 것을 방지하기 위한 조치이다. 위 규정에 따라 건축법상 사용승인이 이루어진 경우 그 건물소유권의 등기명의인은 1개월 이내에 표제부에 한 위 기록의 말소등기를 신청하여야 한다(부등 §66③).

만일 건축주 등이 사용승인을 받지 않고 미완성건물을 사용하는 경우 시장 등은 사용승인을 받은 후에 사용하라는 시정명령을 하고 건축주 등이 시정명령을 이행하지 않으면 일정한 절차를 거쳐 이행강제금을 부과한다(건축 §80).

105) 법원행정처, "법원실무제요 민사집행"[Ⅱ], 법원행정처(2014), 13.

료되어야 한다.[106)107)]

이와 달리 적법하게 건축허가를 받았거나 건축신고를 마친 후 건축되었다고 하더라도 이미 시공된 부분이 지번 · 구조 · 면적에 있어서 건축허가 또는 건축신고된 것과 사회통념상 동일성이 인정될 정도로 시공되지 않은 경우(일부 층의 골조공사가 완료되지 않은 경우 등)에는 강제경매가 허용되지 않는다. 지하 2층, 지상 10층으로 건축허가를 받았으나 지상 8층까지 골조공사가 완료되고, 지상 9층 부분은 거푸집만 둘러진 상태에서 공사가 중단되었다면, 그 건물은 비록 건축허가 받은 지번에 건축되기는 하였으나 시공 정도로 보아 구조 및 면적이 건축허가 받은 것과 동일성이 없는 것이므로 그 건물에 대한 경매신청은 각하된다.[108)]

---

106) 대법원 2004. 10. 14.자 2004마342 결정은 "… 이 사건 건물은 위생설비 및 냉난방설비 등의 부대설비가 설치되지 아니하였으나, 외벽, 내벽, 천장, 바닥, 창호공사 등은 종료된 상태로서 건축허가의 내역과 같이 지하 1층, 지상 5층 건물로서의 외관을 갖추고 있으며, 현재의 공정률은 70%에서 75% 정도로 평가되고 있는 사실 등을 알 수 있다 … 이 사건 건물의 현장은 건축허가서에 나타난 지번 · 구조 · 면적과 별 차이가 없어 보이고 공사진행 정도도 상당하여 현재의 상태로도 부동산경매의 대상이 될 여지가 있다 …"라고 설시하면서 이 사건 미완성건물이 경매의 대상이 될 수 없다(즉, 경매개시결정의 취소결정은 정당하다)고 판단한 제주지법 2004. 3. 26.자 2004라9 결정을 파기 · 환송하였다.

107) 대법원 2003. 7. 15.자 2003마353 결정도 "… 이 사건 건물은 위생시설 · 방화시설 · 수변전설비 · 오수처리시설 · 정화설비 · 자가발전설비 · 기계식주차설비 등의 부대설비가 설치되지 아니하였으나, 가설공사 · 기초 및 토공사 · 철근콘크리트공사 · 조적공사 · 타일공사 등은 상당 부분 진행된 상태로서 설계변경된 건축허가의 내역과 같이 지하 2층, 지상 15층 건물로서의 외관을 거의 갖추고 있는 사실, 이 사건 건물의 1993년경 공사 중단 시의 기성고는 약 70%이나, 이후 중단으로 인하여 현재의 공정률은 50% 정도로 평가되고 있는 사실 등을 알 수 있다 …"라고 설시하면서 위 미완성건물이 강제경매의 대상이 될 여지가 있다고 판단하였다(파기 · 환송).

대법원 2005. 9. 9.자 2004마696 결정도 "… 이 사건 건물은 위생설비 · 전기설비 · 냉난방설비 등의 부대설비는 전혀 설치되지 아니하였고 창호공사 · 타일공사 등도 이루어지지 아니하였으나, 외벽, 내벽, 천장, 바닥 등 골조공사 등은 종료된 상태로서 건축허가의 내역과 같이 지하 1층, 지상 4층 건물로서의 외관을 갖추고 있는 사실 등을 알 수 있는바 …"라고 설시하면서 위 미완성건물이 강제경매의 대상이 될 여지가 있다고 판단하였다(파기 · 환송).

108) 대결 2004. 9. 3. 2004마480.

3. 구분건물의 일부 또는 전부의 강제경매 대상적격 또는 등기능력 결여

<table>
<tr><th rowspan="2"></th><th colspan="2">일반건물로 건축하는 경우</th><th colspan="2">집합건물로 건축하는 경우</th></tr>
<tr><td>강제경매 대상적격 및 등기능력 있는 경우</td><td>강제경매 대상적격 또는 등기능력 없는 경우</td><td>구분건물 전부가 강제경매 대상적격 및 등기능력 있는 경우</td><td>구분건물의 전부 또는 일부가 강제경매 대상적격 또는 등기능력 없는 경우</td></tr>
<tr><th rowspan="2">강제경매 가능 여부</th><td rowspan="2">가 능</td><td rowspan="2">불가능</td><td rowspan="2">구분건물의 전부 또는 일부에 대하여 가능</td><td>구분건물의 전부 또는 일부에 대하여 불가능</td></tr>
<tr><td>1동 건물 전체(일반건물)에 대하여 가능</td></tr>
</table>

구분건물의 일부 또는 전부가 강제경매의 대상적격 또는 등기능력을 갖추지 못한 경우에는 구분건물의 일부 또는 전부를 강제경매의 대상으로 삼을 수 없다.[109)] 일부 구분건물이 「설계도서에 따른 구조 · 면적」 또는 「구조상 · 이용상 독립성 + 구분행위」를 갖추지 못하였다면 각 구분건물에 대하여 강제경매를 신청할 수 없는 것이다.[110)]

일부 구분건물에 대한 강제경매개시결정 당시 1동의 건물(지하 2층, 지상 10층) 중 경매목적물이 아닌 일부 층(지하 1~2층 및 지상 1~2층)은 아직 칸막이로 구분되지 아니하여 집합건물법상 구분건물로 볼 수 없는 경우, 1동의 건물 자체로는 완공되었다 하더라도 경매개시결정등기 촉탁의 대상인 구분건물의 등기(소유권보존등기 및 강제경매개시결정등

109) 다만, 1동의 건물 전체를 일반건물로서 강제경매의 객체로 할 수 있을 뿐이다.

110) 건설업자가 1동의 건물(미등기)에 속하는 일부 구분건물에 대하여만 강제경매를 신청하고, 경매법원이 경매개시결정을 한 후에 경매개시결정등기를 촉탁한 경우, 등기관은 그 구분건물에 대하여는 소유권보존등기와 경매개시결정등기를 하고, 나머지 구분건물에 대하여는 표시등기를 하여야 한다(등기예규 제1469호 제2항). 따라서 모든 구분건물이 등기능력이 있는 경우에만 구분건물의 전부 또는 일부에 대하여 강제경매를 할 수 있고, 등기능력이 없는 구분건물이 있는 경우에는 등기능력 있는 구분건물에 대한 강제경매도 허용되지 않는다.

기)와 나머지 구분건물의 등기(표시등기) 모두 할 수 없으므로 경매개시결정등기 촉탁은 각하된다.[111)]

그렇다면 지하 2층 및 지상 15층 건물의 신축공사가 외부공사는 대부분 완료되었으나 내부마감공사가 완료되지 않았고 일부 층(지하 1층, 지상 2~3층)이 구분되어 있지 않은 경우, 이 건물에 대하여 강제경매를 할 수 있는 방법은 없는가?

위 사안에서 인천지방법원 2012. 4. 20.자 2011라424 결정은, 이 건물 전체가 구분건물로서의 등기능력(구조상·이용상 독립성 + 구분행위)을 갖추었다고 볼 수는 없지만 1동 건물 자체로서는 일반건물로서의 등기능력(정착성·외기분단성·용도성)을 갖추었다는 이유로 1동의 건물 전체에 대하여 일반건물로서 소유권보존등기를 하고 강제경매를 할 수 있다고 판시하였다(채무자 재항고).[112)]

위 사안에서 대법원 2013. 1. 18.자 2012마690 결정은, 1동의 건물 중 일부 구분건물은 건축허가(설계도서)에 따른 구조·면적을 갖추지 못하였으므로 1동의 건물 전체를 구분건물로 하여 강제경매의 대상으로 삼을 수 없으나, 1동의 건물 전체는 건축허가(설계도서)에 따른 구조·면적을 갖추었으므로 1동의 건물 전체를 일반건물로 하여 강제경매의 대상으로 삼을 수는 있다고 판시하였다(재항고 기각).

살피건대, 원심은 등기능력(광의의 강제경매 대상적격)의 면에서, 대법원은 강제경매의

---

111) 대법원 2008. 3. 27.자 2006마920 결정. 이 결정은 등기관은 실체법상의 권리관계와 일치하는지 여부를 심사할 실질적 심사권한은 없으나 신청서 및 그 첨부서류와 등기부에 의하여 등기요건에 합당한지 여부를 심사할 형식적 심사권한이 있으므로, 법원이 경매가 신청된 미등기건물이 경매의 대상이 되는 건물이라고 판단하여 강제경매개시결정을 하고 등기관에게 강제경매개시결정등기를 촉탁한 경우라도, 등기관으로서는 그 촉탁서 및 첨부서류에 의하여 등기요건에 합당한지 여부를 심사할 권한이 있고, 그 심사 결과 등기요건에 합당하지 아니하면 강제경매개시결정등기의 촉탁을 각하하여야 한다고 설시하였다.

112) 채무자(소유자)는 위 경매개시결정은 위법하므로 취소되어야 한다는 취지의 '경매개시결정에 대한 이의'를 신청하였다. 채무자는 그 이유로서, 이 사건 건물은 기초공사 시부터 골조나 건물의 형태 등 모든 것이 일반 건축물이 아닌 구분건물이었고, 이 사건 경매신청 당시 15층 골조공사가 완료되어 외부형태는 이미 집합건물법에서 규정하는 구분건물에 해당함에도, 경매법원은 이를 구분건물로 등기하지 않고 1동 건물 전체에 관하여 하나의 소유권보존등기를 하였으므로 그 소유권보존등기는 무효라는 것 등을 주장하였다. 그러나 채무자의 주장은 항고심, 재항고심에서 모두 배척되었다.

대상적격(협의의 강제경매 대상적격)의 면에서 1동의 건물 전체에 대하여 일반건물로서 강제경매를 할 수 있다고 판시한 것으로서, 서로 모순되는 것은 아니다.

[구분건물의 일부 또는 전부의 강제경매 대상적격 또는 등기능력 결여]
대법원 2013. 1. 18.자 2012마690 결정

가. 사안개요

(1) 채권자(甲)는 채무자(乙)를 상대로 소를 제기하여 받은 판결에 기하여 채무자 소유의 토지 2필지(지분)와 위 양 지상의 미등기건물 2동에 대하여 강제경매 및 건물의 표시 조사를 신청하였다(민사집행법 제81조 제3항 및 제4항, 제82조에 따른 '미등기건물의 표시 조사'도 아울러 신청하였다).

(2) 사법보좌관은 甲에게 '위 건물이 乙의 소유임을 증명하는 서류와 위 건물에 관한 건축허가 또는 건축신고를 증명할 서류를 제출하고 토지에 대한 乙의 지분을 보정하라'는 보정명령을 하였고, 甲은 乙의 지분을 보정하고 건물에 대한 사업계획승인서를 제출하였다.

(3) 현황조사보고서 및 감정평가서에 의하면, 위 건물은 판매시설 및 아파트(101동)와 판매시설(102동)로 이루어져 있는데, 각 건물의 지번, 구조는 사업승인 도면과 동일하고, 101동의 면적은 사업승인 도면과 동일하나 102동의 면적은 1층 바닥공사 중인 관계로 확인할 수 없으며, 101동은 마감공사 중에(전체 공정률 80~85%), 102동은 1층 바닥공사 중에(전체공정률 약 78%) 공사가 중단되었다.

(4) 사법보좌관은 위 각 토지 및 그 지상 각 건물에 관하여 경매개시결정을 하고 경매개시결정등기를 촉탁하였다. 그러나 등기관은 '102동은 1층 바닥공사 중으로 건물로서 완공되지 않았고 101동은 구분건물로서 실체를 갖추지 못하였다'는 이유로 건물에 관한 등기촉탁을, '등록세, 수입증지를 첨부하지 않았고, 토지에 관한 乙의 지분이 등기부와 상이하다'는 이유로 위 각 토지에 관한 등기촉탁을 각 각하하였다.

(5) 사법보좌관은 甲의 신청에 따라 경매목적물 경정결정을 하였으며, 법원사무관등이 그 등기를 촉탁함에 따라 등기관이 위 각 토지(이하 '이 사건 각 토지'라고 함)에 관하여 경매개시결정등기를, 101동(이하 '이 사건 건물'이라고 함)에 관하여 乙 명의로 소유권보존등기 및 경매개시결정등기를 하였다.

(6) 乙은 위 경매개시결정은 위법하므로 취소되어야 한다는 취지의 '경매개시결정에 대한 이의'를 신청하였다. 乙은 그 이유로서, 이 사건 건물은 기초공사 시부터 골조나 건물의 형태 등 모든 것이 일반건축물이 아닌 구분건물이었고, 이 사건 경매신청 당시 15층 골조공사가 완료되어 외부형태는 이

미 집합건물법에서 규정하는 구분건물에 해당함에도, 경매법원은 이를 구분건물로 등기하지 않고 1동 건물 전체에 관하여 하나의 소유권보존등기를 하였으므로 그 소유권보존등기는 무효라는 것 등을 주장하였다.

(7) 한편, 이 사건 건물은 이 사건 강제경매개시결정 당시 ㉮ 지하 2층, 지상 15층 구조의 건물로 건축허가를 받아 외부공사는 대부분 완료되었으나 내부마감공사가 완료되지 않았고,[113] ㉯ 지하 1층, 지상 2~3층 상가 부분은 아직 구분되어 있지 않았다.

나. 판시요지

인천지방법원 2011. 8. 30.자 2011타기2378 결정은 채무자(乙)가 제기한 '경매개시결정에 대한 이의'신청을 기각하였다(乙 항고).

인천지방법원 2012. 4. 20.자 2011라424 결정은, 이 사건 건물은 아직 칸막이로 구분되지 아니한 층이 있고 벽체나 천정마감공사 등 잔여공사가 여전히 남아 있어 그 전체가 구분건물로서의 등기능력을 갖추었다고 보기는 어렵지만 1동 건물 자체로서는 등기능력을 갖추었다고 볼 수 있다는 이유로, 이 사건 강제경매개시결정등기 촉탁에 따라 이 사건 건물 전체에 관하여 1동의 건물로서 소유권보존등기가 마쳐진 것에 하자가 없다고 판단하였다(항고 기각, 乙 재항고).

대법원 2013. 1. 18.자 2012마690 결정은 "… ① 1동의 건물 중 구분된 각 부분이 구조상, 이용상 독립성을 가지고 있는 경우에, 그 각 부분을 1개의 구분건물로 등기하는 것도 가능하고 그 1동 전체를 1개의 건물로 하여 등기하는 것도 가능하다. ② 또한 집합건물의 소유 및 관리에 관한 법률 제60조는 위 법률의 적용을 받는 집합건물로서 건축물대장 등록신청을 하였으나 관계 공무원의 조사 결과 그 신고 내용이 부당하다고 인정할 때에는, 소관청은 그 취지를 적어 정정할 것을 명하고, 그 신고 내용을 정정하여도 그 건물의 상황이 집합건물로서의 구조상, 이용상의 독립성을 가지지 못하여 제1조 또는 제1조의2의 규정에 맞지 아니하다고 인정할 때에는 그 등록을 거부하고 그 건물 전체를 하나의 건물로 하여 일반건축물대장에 등록하도록 규정하고 있다. ③ 이에 비추어 보면, 1동의 신축건물이 건물로서의 실질과 외관을 갖추고 있고 그 지번 · 구조 · 면적이 건축허가의 내용과 사회통념상 동일하다고 인정된다면, 그 1동의 건물 중 일부가 아직 건축허가에서 예정한 대로 구분건물로 될 수 있는 요건을 갖추지 못하고 있더라도, 1동의 건물 전체를 원시취득한 소유자의 채권자들은 1동의 건물 전체를 일반건물로

113) 이 사건 건물의 잔여공사로 소방공사, 보일러설비, 엘리베이터설비, 물탱크설비, 일부 상가 벽체마감, 일부 상가 천정마감, 아파트세대 도배 및 타일마감, 일부 아파트세대 유리창 및 문짝 설치공사 등이 남아 있었는데, 이러한 잔여공사는 약 3~4개월 정도 더 진행되어야 완공될 것으로 예상되었다.

하여 부동산 강제경매의 대상으로 삼을 수 있다 … ④ 원심은 … 이 사건 건물은 그 전체가 구분건물로서의 등기능력을 갖추었다고 보기는 어렵지만 1동 건물 자체로서는 등기능력을 갖추었다고 볼 수 있다는 이유로, 이 사건 강제경매개시결정에 의한 기입등기촉탁에 따라 이 사건 건물 전체에 관하여 1동의 건물로서 소유권보존등기가 마쳐진 것에 하자가 있다고 할 수 없다고 판단하였다 … 위와 같은 원심의 판단은 이 사건 1동의 건물 전체를 이 사건 강제경매의 대상으로 삼을 수 있어 이 사건 강제경매개시결정이 위법하지 않다는 취지로서 앞에서 본 법리에 어긋나지 아니하며, 거기에 재항고이유로 주장하는 바와 같이 이 사건 건물에 관한 사실관계를 오인하거나 구분건물의 등기능력 및 실질적 심사 등에 관한 법리를 오해하는 등의 위법이 없다 …"라고 판시하였다(재항고 기각).

Ⅲ. 등기능력

건축 중인 건물의 등기능력은 ① 일반건물 또는 구분건물이 소유권보존등기의 대상이 되기 위해 또는 ② 구분건물이 표시등기의 대상이 되기 위해 갖추어야 할 요건을 말한다.

위 ①은 ㉮ 일반건물 또는 구분건물에 대한 소유권보존등기 신청이 있는 경우 그에 따라 소유권보존등기를 하는 때, 또는 ㉯ 일반건물 또는 구분건물에 대한 강제경매신청이 있고 그에 의하여 경매개시결정등기 촉탁을 하는 경우 그에 따라 소유권보존등기를 직권으로 하는 때에 그 건물이 갖추어야 할 등기능력이다.

위 ②는 1동의 건물(미등기)에 속하는 일부 구분건물에 대하여만 강제경매를 신청하고 그에 따라 경매개시결정등기의 촉탁이 이루어진 경우, 등기관은 그 구분건물에 대한 소유권보존등기와 경매개시결정등기를 하고 나머지 구분건물에 대한 표시등기를 하여야 하는데(부등 §46, §22② 참조), 이러한 경우 표시등기를 하게 되는 나머지 구분건물이 갖추어야 할 등기능력이다.

위와 같이 미등기건물에 대하여 강제경매를 신청하는 경우에는 그 전제로서 소유권보존등기 등을 하여야 하므로, 미등기건물은 「설계도서에 따른 구조 · 면적」(협의의 강제경매 대상적격)과 「등기능력」(광의의 강제경매 대상적격)을 갖춘 것에 한하여 강제경매를 할 수 있다.

위 ①의 요건과 ②의 요건은 사실상 같다고 할 수 있으므로, 등기능력은 위 ①의 요건(소유권보존등기의 등기능력 내지 대상적격)이라고 하여도 무방하다.

미완성건물의 등기능력을 일반건물의 등기능력과 구분건물의 등기능력으로 나누어 살펴본다.

1. 일반건물로서의 등기능력

등기할 수 있는 건물(등기능력 있는 건물)은 일반적으로 '지붕 및 주벽 또는 이와 유사한 것을 가지고 토지에 정착한 건조물로서 특정 용도에 공할 수 있는 상태에 있는 것'이라고 설명하고 있다.[114] 등기할 수 있는 건물인지 여부에 관하여는 법령에 명문의 규정이 없으므로 사회의 일반 거래관념과 이에 기초한 판례 · 등기실무를 토대로 판단할 수밖에 없다.[115]

건축물이 건축과정 중 어느 단계에 이르렀을 때 건물로서 등기할 수 있느냐에 관하여도 법령에 특별한 규정이 없으므로 사회통념에 의하여 결정하는 수밖에 없다.[116]

등기예규 제1086호(등기능력 있는 물건 여부의 판단에 관한 업무처리지침)는 「… 건축법상 건축물에 관하여 건물로서 소유권보존등기를 신청한 경우, 등기관은 그 건축물이 토지에 견고하게 정착되어 있는지(定着性), 지붕 및 주벽 또는 그에 유사한 설비를 갖추고 있는지(外氣分斷性), 일정한 용도로 계속 사용할 수 있는 것인지(用途性) 여부를 당사자가 신청서에 첨부한 건축물대장등본 등에 의하여 종합적으로 심사하여야 한다 …」라고 규정하고 있다.[117] 이 규정은 미등기건물에 대하여 강제경매개시결정등기가 촉탁되어 등

114) 법원행정처, 부동산등기실무[I], 법원행정처(2015), 37.

115) 법원행정처, 부동산등기실무[I], 법원행정처(2015), 37.

116) 법원행정처, 부동산등기실무[I], 법원행정처(2015), 39.

117) 정착성 · 외기분단성 · 용도성의 요건에 관하여는 법원행정처, 부동산등기실무[I], 법원행정처(2015), 36~39; 대판 1990. 7. 27. 90다카6160; 김종대, "저유조가 독립건물인가?", 대법원판례해설(14), 법원도서

기관이 소유권보존등기를 직권으로 하는 경우에도 적용된다.

2. 구분건물로서의 등기능력[118)]

1동 건물의 일부분이 소유권보존등기의 객체가 될 수 있기 위해서는 객관적 · 물리적 요건(구조상 · 이용상 독립성)과 주관적 요건(구분행위)을 갖추어야 한다.

지상 7층 건물로 설계되었으나 지상 1층만으로도 구분소유권의 대상이 될 수 있는 구조임이 분명한 경우에는 독립한 부동산으로서 토지에 부합하지 않으나,[119)] 토지에 부합하지 않는다고 해서 곧바로 건물로서 등기능력이 인정되는 것은 아니다.[120)]

가. 객관적 · 물리적 요건

(1) 구조상 독립성

어떤 건물의 부분이 구분건물로 인정되기 위하여는 해당 건물의 부분이 1동의 건물 중 다른 부분과 구조상 구분되어 있어야 한다. 여기서 말하는 구조상의 독립성이란 연립주택 및 아파트의 각 호실, 사무실용 빌딩의 각 호실 등과 같이 종적 또는 횡적으로 구분되고, 건물의 구획된 한 부분이 다른 부분으로부터 벽 · 문 · 천장 · 마룻바닥 등에 의하여 물리적으로 차단되어 그 자체로서 독립된 건물 부분으로서의 외형을 갖추고 있는 것을 의미한다.

건물의 구성부분이 아닌 커튼 · 합판 · 목책 등에 의해 비록 공간적으로 차단은 되었으나 쉽게 이동 · 제거할 수 있는 것과 단순히 바닥에 표시한 선으로 구획된 건물 부분은 구조상의 독립성이 있다고 인정하기 어렵다. 다만, 2003. 7. 18. 법률 6925호로 개정된

관(1991), 105~112 등 참조.

118) 법원행정처, 부동산등기실무[Ⅲ], 법원행정처(2015), 153~156 참조.

119) 대판 2001. 1. 16. 2000다51872.

120) 법원행정처, 부동산등기실무[Ⅰ], 법원행정처(2015), 40.

집합건물법(2004. 1. 19. 시행)은 구분점포에 관하여 이러한 구조상 독립성의 요건을 크게 완화하고 있다.

(2) 이용상 독립성

구분건물은 이용상으로도 독립성을 가져야 한다. 건물의 일부가 독립한 건물로서의 용도에 제공될 수 없는 것은 구분소유권의 객체로 삼을 실익이 없기 때문이다. 따라서 구분건물은 독립한 건물로서의 용도(통상 주거 · 점포 · 사무실 · 창고 · 강당 · 극장 등)로 사용될 수 있는 기능과 효용을 갖추어야 한다.

독립한 건물로서 사용할 수 있는가를 판단함에 있어서는 독립된 출입구의 유무가 일응의 기준이 된다. 즉, 구조상의 독립성이 인정되는 건물 부분이라 하더라도 독립된 출입구가 없어서 인접한 건물 부분을 통하지 않으면 외부로 나갈 수 없는 때에는 이용상 독립성이 인정되지 않는다.

[구조상·이용상 독립성 인정] 임차인이 임차한 건물에 그 권원에 의하여 증축을 한 경우에 증축된 부분이 부합으로 인하여 기존건물의 구성부분이 된 때에는 증축된 부분에 별개의 소유권이 성립할 수 없으나, 증축된 부분이 구조상으로나 이용상으로 기존건물과 구분되는 독립성이 있는 때에는 구분소유권이 성립하여 증축된 부분은 독립한 소유권의 객체가 된다(대판 1999. 7. 27. 99다14518).

대법원 1996. 8. 20. 선고 94다44705, 44712 판결은, 건물임차인이 자신의 비용으로 증개축허가와 용도변경허가를 받아 기존의 3층 건물 2,128.83㎡ 중 745.2㎡만 남긴 채 나머지를 철거하고 그 철거부분과 기존의 옥상 부분에 새로 3,144㎡를 증축한 사안에서, 증축 부분이 기존건물 부분과 벽으로 구분되어 있고 기존건물 부분과 무관한 용도(볼링장)로 사용되고 있다면 구조상으로나 이용상으로 독립되어 있어 구분소유권의 객체가 될 수 있다고 판시하였다.

나. 주관적 요건(구분행위)

구분행위는 1동의 건물을 수개의 건물 부분으로 나누어 그 부분마다 독립된 소유권을 설정하는 행위를 말한다. 건물의 구분소유권이 성립하기 위하여는 객관적 요건으로서 건물 부분이 구조상 및 이용상의 독립성을 갖춘 것만으로는 부족하고, 이를 구분소유

권의 객체로 하고자 하는 소유자의 의사가 있어야 한다.[121)]

따라서 구분건물로 될 수 있는 객관적 요건을 갖춘 경우에도 건물소유자는 자유의사에 의하여 이를 구분건물로 등기하지 아니하고 하나의 일반건물로 등기할 수도 있고, 1동의 건물을 수개로 구분하여 각각 구분소유할 수도 있다.

구분행위는 구체적으로 건물소유자 등이 대장소관청에 대하여 ① 자기 소유의 신축건물을 집합건축물대장에 등록하여 줄 것을 신청하는 집합건축물대장 신규 등록신청(집건 §56, 건축물대장규칙 §12), ② 기존의 일반건축물대장을 집합건축물대장으로 전환하여 줄 것을 신청하는 집합건축물대장으로의 전환신청(건축물대장규칙 §15)을 하는 형태로 나타난다.[122)]

이 밖에도 ③ 건축허가신청이나 분양계약 등을 통하여 장래 신축되는 건물을 구분건물로 하겠다는 구분의사가 객관적으로 표시된 경우에는 위 ① 또는 ②와 같은 신청을 하지 않아도 구분행위의 존재를 인정할 수 있다.[123)]

---

121) 집합건물법 제1조는 「1동의 건물 중 구조상 구분된 여러 개의 부분이 독립된 건물로서 사용될 수 있을 때에는 … 각각 소유권의 목적으로 할 수 있다.」고만 규정하고 있지, 「… 각각 소유권이 성립한다.」는 식으로 규정하고 있지 않다.

122) 건물소유자 등의 신청에 대하여 대장소관청은 그 건물이 집합건물로서의 객관적 요건을 갖추었는지 여부를 조사하여 집합건축물대장에 등록하거나 일반건축물대장을 집합건축물대장으로 전환한다(건축물대장규칙 § 15②).

집합건축물대장에의 등록이나 그것으로의 전환이 구분소유권 성립의 필수적 요건은 아니다. 그러나 등기와 관련하여서는 이러한 등록이나 전환이 중요한 의미를 갖는다. 형식적 심사권한만을 갖는 등기관은 원칙적으로 집합건축물대장에 따라 등기를 하기 때문이다(부등규 §121② 참조).

구분건물 등기기록에 등기하는 것도 구분소유권 성립의 요건이 아니나, 각각의 구분건물을 처분하기 위해서는 먼저 등기(소유권보존등기 또는 구분등기)를 하여야 한다(민 §187 참조).

123) 대법원 2017. 10. 26. 선고 2015다235438, 235445 판결은 "… 1동의 건물에 대하여 구분소유가 성립하기 위해서는 객관적 · 물리적인 측면에서 1동의 건물이 존재하고 구분된 건물 부분이 구조상 · 이용상 독립성을 갖추어야 할 뿐 아니라 1동의 건물 중 물리적으로 구획된 건물 부분을 각각 구분소유권의 객체로 하려는 구분행위가 있어야 한다. 여기서 구분행위는 건물의 물리적 형질에 변경을 가함이 없이 법률관념상 그 건물의 특정 부분을 구분하여 별개의 소유권의 객체로 하려는 일종의 법률행위로서, 그 시기나 방식에 특별한 제한이 있는 것은 아니고 처분권자의 구분의사가 객관적으로 외부에 표시되면 인정된다. 구분건물이 물리적으로 완성되기 전에도 건축허가신청이나 분양계약 등을 통하여 장래 신축되는 건물을 구분건물로 하겠다는 구분의사가 객관적으로 표시되면 구분행위의 존재를 인정할 수 있으나, 그 **구조와 형태 등이 건축허가의 내용과**

[구분소유권의 성립 시점] 대법원 2013. 1. 17. 선고 2010다71578 전원합의체 판결은 "… 1동의 건물에 대하여 구분소유가 성립하기 위해서는 객관적 · 물리적인 측면에서 1동의 건물이 존재하고 구분된 건물 부분이 **구조상 · 이용상 독립성**을 갖추어야 할 뿐 아니라 1동의 건물 중 물리적으로 구획된 건물 부분을 각각 구분소유권의 객체로 하려는 **구분행위**가 있어야 한다(대법원 1999. 7. 27. 선고 98다35020 판결 등 참조). 여기서 구분행위는 건물의 물리적 형질에 변경을 가함이 없이 법률관념상 그 건물의 특정 부분을 구분하여 별개의 소유권의 객체로 하려는 일종의 법률행위로서, 그 시기나 방식에 특별한 제한이 있는 것은 아니고 처분권자의 구분의사가 객관적으로 외부에 표시되면 인정된다. 따라서 구분건물이 물리적으로 완성되기 전에도 건축허가신청이나 분양계약 등을 통하여 장래 신축되는 건물을 구분건물로 하겠다는 구분의사가 객관적으로 표시되면 구분행위의 존재를 인정할 수 있고, 이후 1동의 건물 및 그 구분행위에 상응하는 구분건물이 객관적 · 물리적으로 완성되면 아직 그 건물이 집합건축물대장에 등록되거나 구분건물로서 등기부에 등기되지 않았더라도 그 시점에서 구분소유가 성립한다(대법원 2006. 3. 10. 선고 2004다742 판결 등 참조). 이와 달리 구분소유는 건물 전체가 완성되고 원칙적으로 집합건축물대장에 구분건물로 등록된 시점, 예외적으로 등기부에 구분건물의 표시에 관한 등기가 마쳐진 시점에 비로소 성립한다는 취지로 판시한 대법원 1999. 9. 17. 선고 99다1345 판결, 대법원 2006. 11. 9. 선고 2004다67691 판결 등의 견해는 이 판결의 견해와 저촉되는 한도에서 이를 변경하기로 한다. …"라고 판시하였다.

[구분행위의 존부에 관한 판단] 대법원 2016. 6. 28. 선고 2016다1854 판결은 "… 그리고 일반건물로 등기되었던 기존의 건물에 관하여 실제로 건축물대장의 전환등록절차를 거쳐 구분건물로 변경등기까지 마쳐진 경우라면 특별한 사정이 없는 한 위 전환등록 시점에는 구분행위가 있었던 것으로 봄이 타

사회통념상 동일하다고 인정될 정도로 1동의 건물 및 그 구분행위에 상응하는 구분건물이 객관적 · 물리적으로 완성되어야 그 시점에 구분소유가 성립한다 …"라고 판시하였다.

또한 대법원 2015. 6. 24. 선고 2012다109538 판결은, 甲이 지하 1층, 지상 6층의 다세대주택(총 10세대; 1층 1세대, 2~5층 각 2세대, 6층 1세대)으로 건축허가를 받은 건물의 일부 세대(5층까지)의 골조공사만 완료된 상태에서 공사가 중단되었고 그 후 甲의 공유지분에 관한 강제경매절차에서 乙이 공유지분을 취득한 경우, ㉮ 공사가 중단될 당시에는 지상 5층까지 9세대의 기둥, 둘레 벽 및 천장 등 골조공사만이 완료된 상태였으므로 그 건물의 **구조와 형태 등이 건축허가의 내용과 사회통념상 동일**하다고 인정되는 정도로 건물이 축조되었다고 볼 수 없어 아직 객관적 · 물리적 측면에서 1동의 건물이 존재한다고 보기 어렵고, ㉯ 건축허가신청 등을 통하여 객관적으로 외부에 표시된 구분행위에 상응하는 구분건물이 모두 완성된 것으로 보기도 어려우므로, 강제경매절차 전에 구분소유가 성립하였다고 할 수는 없어 乙이 공유지분을 유효하게 취득한다고 판시하였다.

당하다.[124] 그러나 처분권자의 구분의사는 객관적으로 외부에 표시되어야 할 뿐만 아니라, 건축법 등은 구분소유의 대상이 되는 것을 전제로 하는 공동주택과 그 대상이 되지 않는 것을 전제로 하는 다가구주택을 비롯한 단독주택을 엄격히 구분하여 규율하고 있고(건축법 제2조 제2항, 건축법 시행령 제3조의5, 같은 시행령 [별표 1], 주택법 제2조 제2호 등 참조), 이에 따라 등록 · 등기되어 공시된 내용과 다른 법률관계를 인정할 경우 거래의 안전을 해칠 우려가 크다는 점 등에 비추어 볼 때, 단독주택 등을 주용도로 하여 일반건물로 등록 · 등기된 기존의 건물에 관하여 건축물대장의 전환등록절차나 구분건물로의 변경등기가 마쳐지지 아니한 상태에서 구분행위의 존재를 인정하는 데에는 매우 신중하여야 한다. …"라고 판시하였다.

Ⅳ. 유체동산집행의 대상적격

민사집행법 제189조 제2항 제1호에 의하면 「㉮ 등기할 수 없는 ㉯ 토지의 정착물로서 ㉰ 독립하여 거래의 객체가 될 수 있는 것[125]」은 유체동산으로 간주되므로 그에 대하여는 유체동산집행을 신청할 수 있다. 예컨대, 송신용철탑, 정원석, 정원수, 벽돌 · 옹기 등을 굽는 가마, 공시방법을 갖추지 않은 수목, 임야 내의 자연석을 조각하여 제작한 석불 등이 이에 해당한다.[126]

그러나 미완성건물은 위 제189조 제2항 제1호가 규정하는 유체동산에 해당하지 않는 결과 유체동산집행의 객체가 될 수 없다. 이미 완공되었으나 단지 사용승인(준공검사)만을 받지 않아 소유권보존등기를 하지 못한 건물은 '등기를 할 수 없는' 토지의 정착물이 아니고(위 ㉮ 요건 결여),[127] 아직 완공되지 않아 사용승인을 받을 수 없는 건물은 등

124) 대법원 2016. 6. 28. 선고 2013다705639 판결도 동일한 취지의 판시를 하였다.

125) 위 ㉰는 토지에의 정착성은 있으나 현금화한 후 토지로부터 분리하는 것을 전제로 하여 거래의 대상으로서의 가치를 가지는 것을 말한다(대결 1995. 11. 27. 95마820, 대판 2003. 9. 26. 2001다52773 등).

126) 김능환 · 민일영, 제3판『주석 민사집행법』[Ⅴ], 한국사법행정학회(2012), 218~218. 임야에 있는 자연석을 조각하여 제작한 석불이라도 그 임야의 일부분을 구성하는 것이라고는 할 수 없고 임야와 독립된 소유권의 대상이 된다(대판 1970. 9. 22. 70다1494).

127) 대결 1994. 4. 12. 93마1933.

기할 수 없고 토지에의 정착성은 있으나 분리하는 경우 거래의 대상으로서의 가치가 상실되기 때문이다(위 ㉰ 요건 결여).[128]

따라서 건축 중인 건물이 「부동산으로서의 독립성」을 갖추어 소유권의 객체가 되었을 뿐 아직 「설계도서에 따른 구조 · 면적」을 갖추지 못한 경우에는 부동산집행(강제경매 등)은 물론 유체동산집행의 객체도 될 수 없다. 즉, 이러한 미완성건물은 집행의 사각지대에 방치되어 있는 것이다.[129] 다만, 소유권은 성립(최소한의 기둥 · 지붕 · 주벽 축조)한 상태이므로 유치권의 객체가 될 수 있음은 물론이다.

<table>
<tr><th>건축단계</th><th>부동산 유치권
대상적격</th><th>부동산 강제경매
대상적격</th><th>유체동산집행
대상적격</th></tr>
<tr><td>소유권 성립(최소한의
기둥 · 지붕 · 주벽 축조) 前</td><td>X</td><td>X</td><td>X</td></tr>
<tr><td>소유권 성립 後
설계도서에 따른 구조 · 면적 축조 前</td><td>O</td><td>X</td><td>X</td></tr>
<tr><td>설계도서에 따른 구조 · 면적 축조 後
설계도서에 따른 건축 완성 前</td><td rowspan="3">O</td><td rowspan="3">O</td><td rowspan="3">X</td></tr>
<tr><td>설계도서에 따른 건축 완성 後
소유권보존등기 前</td></tr>
<tr><td>소유권보존등기 後</td></tr>
</table>

128) 대결 1995. 11. 27. 95마820. 이 결정은 지하 1층, 지상 15층으로 설계되어 9층까지 골조공사가 되어 있는 미완성의 철근콘크리트조 아파트건물은 토지에의 정착성은 있으나 독립하여 거래의 객체가 될 수 없으므로 유체동산집행의 객체가 될 수 없다고 설시하였다. 이 결정에 대한 평석에 안철상, "건축 중인 건물에 대한 금전채권의 집행", 부산판례연구(7), 부산판례연구회(1997), 565~587; 홍기태, "미완성건물에 대한 강제집행의 방법", 민사판례연구(19), 민사판례연구회(1997), 504~522 등 참조.

129) 안철상, "건축 중인 건물에 대한 금전채권의 집행 —대법원 1995. 11. 27.자 95마820 결정—", 부산판례연구(7), 부산판례연구회(1997), 586; 윤경 · 손흥수, 『부동산경매』[1], 한국사법행정학회(2017), 38(각주 53); 오시영, "건축이 중단된 건물의 부동산 강제집행방법에 대한 연구", 민사소송(14-1), 한국사법행정학회(2010), 370~371.

제4장 기타의 기초법리

제1절 압류와 경매개시결정의 구별

Ⅰ. 압류 · 체납처분압류 · 참가압류

1. 서

‘압류’등기는 법원사무관등[130]의 촉탁(민집 §94①) 또는 세무서장 · 지방자치단체장의 촉탁(국징 §24①, 지징 §33①)에 의하여 등기관이 실행한다(부등 §22, 민집 §94②).

2. 압류(경매개시결정)

채권자가 부동산등기사항증명서 등을 첨부하여 경매를 신청한 경우[131] 집행법원(사법보좌관)은 신청이 이유 있다고 인정되면 경매절차개시 및 압류를 명하는 취지의 경매개시결정을 한다. 이 경우 법원사무관등은 등기원인을 증명하는 정보로서 경매개시결정 정본을 첨부하여 경매개시결정등기를 촉탁하고 등기관은 촉탁에 따라 그 등기를 실행한다.[132] 집행법원의 경매절차는 경매개시결정등기를 함으로써 개시된다.

---

130) 일반적으로 ‘법원사무관등’은 법원서기관 · 법원사무관 · 법원주사 또는 법원주사보를 말한다(민소 §40②, 민집 §28 등). 여기서 말하는 ‘법원사무관등’은 경매업무 담당자로 보직발령을 받은 법원사무관등을 말하며, 실무에서는 ‘경매참여관’ 또는 ‘경매계장’이라고 하는 경우가 많다.

131) 강제경매신청서에는 집행정본(집행권원의 송달증명서 포함) 등도 첨부하여야 한다. 경매신청서의 청구취지는 「‘별지 목록 기재 부동산에 대하여 경매절차를 개시하고 채권자를 위하여 이를 압류한다.’라는 재판을 구합니다.」와 같이 기재한다.

132) 민사집행법 제94조 제1항은 「법원이 경매개시결정을 하면 법원사무관등은 즉시 그 사유를 등기부에 기입하

3. 체납처분압류

납세자가 지정된 기한까지 조세를 완납하지 않는 경우 세무서장 · 지방자치단체장은 직권으로 등기원인을 증명하는 정보인 압류조서[133]를 작성 · 첨부하여 압류등기를 촉탁한다(국징 §45, 지징 §55). 압류된 부동산의 매각(공매)은 일반적으로 한국자산관리공사(KAMCO)가 대행한다(국징 §61, 지징 §71). 공매를 하려면 공매공고를 하고(국징 §67②, 지징 §78②) 공매공고등기를 촉탁하여야 한다(국징 §67의2①, 지징 §79). KAMCO의 공매절차는 공매공고등기를 함으로써 비로소 개시된다.[134] 체납처분압류등기는 공매절차의 준비에 불과한 것이다.

이와 같이 '압류'라고 하면, '집행법원이 채권자의 신청에 의하여 경매개시와 동시에 명한 압류', '세무서장 · 지방자치단체장이 직권으로 압류조서를 작성하는 형식으로 결정하는 압류'(체납처분압류) 중 어느 일방 또는 쌍방을 지칭하는 것이 일반적이다. 또한 '압류등기'라고 하면, 압류의 사실 내지 존재를 직접적으로 공시하는 '체납처분압류등기', 이를 간접적 · 우회적으로 공시하는 '경매개시결정등기' 중 어느 일방 또는 쌍방을 지칭한다. 결국 '압류'는 널리 ㉮ 집행법원이 명하는 압류, ㉯ 세무서장 · 지방자치단체장이 결정하는 압류(체납처분압류) 또는 ㉰ 집행법원이 명하는 경매개시결정을 지칭하는 의미로 사용되고 있는 것이다.

압류(경매개시결정) · 체납처분압류를 총칭하여 '압류'라고 하는 경우도 있고, 압류(경매개시결정) · 체납처분압류 · 가압류를 총칭하여 '(가)압류' 또는 '압류 · 가압류'라고 하는 경우도 있다.

도록 등기관에게 촉탁하여야 한다.」라고 규정하고 있고, 제2항은「등기관은 제1항의 촉탁에 따라 경매개시결정사유를 기입하여야 한다.」라고 규정하고 있다.

133) 체납자의 인적사항, 압류연월일, 압류재산의 표시, 압류에 관계된 체납액의 내용 등을 기재한 조서를 말한다.

134) 국세징수법에 의한 공매절차는 2011. 12. 31. 이전에는 '공매공고'에 의하여(국징 §67), 2012. 1. 1. 이후에는 '공매공고등기'에 의하여(국징 §67의2) 개시된다.

4. 참가압류

체납처분압류와 구별해야 할 것에 참가압류가 있다(국징 §57 · 58, 지징 §67 · 68). 특정 부동산에 대하여 행해지는 첫 체납처분압류만을 체납처분압류라 하고 그 이후 행해지는 체납처분압류는 참가압류라고 한다. 양자 모두 체납 조세(국세 · 지방세)를 징수하기 위한 광의의 집행작용이지만 그 효력은 상당히 다르다.

체납처분으로서 '압류등기 ⇨ 압류등기{참가압류등기(1)} ⇨ 압류등기{참가압류등기(2)}'가 순차로 이루어진 경우, 첫 체납처분압류에만 압류의 효력(처분금지효 등)과 그 압류에 관계되는 조세에 관하여 다른 조세보다 우선하여 배당받을 수 있는 효력(압류선착주의)이 있다. '압류선착주의'란, 조세에 대한 교부(배당)순위는 교부청구의 선후에 관계없이 동순위이지만, 체납처분압류에 관계되는 조세는 단순히 교부청구만을 한 조세(참가압류에 관계되는 조세 포함)보다 우선하여 배당받는 것을 말한다.[135] 이와 달리 참가압류(1) · 참가압류(2)에는 교부청구의 효력만 있으며,[136] 다만, 압류가 해제되는 경우에 한하여 참가압류 중 가장 먼저 등기된 참가압류(1)가 그 등기 시에 소급하여 압류의 효력이 생기고(국징 §58①, 지징 §68①), 단순히 교부청구만을 한 조세{참가압류(2)에 관계되는 조세 포함}보다 우선하여 배당받을 수 있을 뿐이다.

압류하려는 부동산을 이미 다른 기관에서 압류하고 있는 경우 세무서장 · 지방자치단체장은 교부청구에 갈음하여 참가압류통지서를 그 부동산을 이미 압류한 기관에 송달하고, 그 사실을 체납자와 그 부동산에 대하여 권리를 가진 제3자에게 통지하며, 법원에

---

135) 국기 §36①, 기방세기 §73①. 압류선착주의를 채택하는 취지에 관하여 판례는 '다른 조세채권자보다 조세채무자의 자산 상태에 주의를 기울이고 조세 징수에 열의를 가지고 있는 징수권자에게 우선권을 부여하고자 하는 것'이라고 파악하고 있다(대판 2003. 7. 11. 2001다83777).

136) 세무서장 · 지방자치단체장이 법원 등에 대하여 체납 조세의 교부(배당)를 청구하는 것을 '교부청구'라고 한다(국징 §56, 지징 §66). 조세채권자의 교부청구에는 배당요구의 효력이 있다. 첫 경매개시결정등기 전에 압류(체납처분압류 · 참가압류)를 한 조세채권자는 교부청구를 하지 않아도 배당을 받을 수 있으나, 첫 경매개시결정등기 후에 압류를 한 조세채권자는 교부청구를 하여야 배당을 받을 수 있다(대판 2001. 11. 27. 99다22311, 대판 2002. 9. 27. 2002다22212 등)

참가압류등기를 촉탁하여야 한다(국징 §57, 지징 §67). 압류의 유형과 그에 따른 효력을 정리하면 다음 표와 같다.

<table>
<tr><th>효력
유형</th><th>기본적 효력</th><th>배당 관련 효력</th><th>기 타</th></tr>
<tr><td>경매개시</td><td>·</td><td>·</td><td>경매개시결정등기 후에 성립한 유치권은 매각으로 소멸</td></tr>
<tr><td>압 류
('경매개시결정등기'로 공시)</td><td rowspan="2">처분금지효</td><td>배당요구효</td><td></td></tr>
<tr><td>체납처분압류</td><td>교부청구효
압류선착주의</td><td></td></tr>
<tr><td>참가압류</td><td>·</td><td>교부청구효</td><td></td></tr>
</table>

II. 압류와 경매개시결정

경매개시결정을 하는 경우에는 동시에 압류를 명하여야 한다(민집 §83①). 그 주문은 일반적으로 「별지 기재 부동산에 대한 경매절차를 개시하고 채권자를 위하여 이를 압류한다.」와 같이 기재한다.[137)]

압류는 압류결정이 채무자에게 송달되거나 경매개시결정이 등기된 때 효력이 발생하므로(민집 §83④), 압류결정의 송달 시점과 경매개시결정등기의 교합 시점 중 빠른 시점에 압류의 효력이 발생한다. 집행법원은 경매개시결정이 등기된 후에 송달되도록 실무를 운용하고 있으므로, 특별한 사정이 없는 한 경매개시결정등기 시점부터 압류의 효력이 발생하게 된다.

본래 경매개시 또는 경매개시결정등기 자체에는 특별한 효력이 인정되지 않으나, 압

137) 법원행정처, 법원실무제요 민사집행[Ⅱ], 법원행정처(2014), 52(강제경매), 753(임의경매).

류에는 처분금지효 등의 효력이 인정된다.[138] 판례는 경매절차가 개시된 후에 취득한 유치권은 경매절차의 매수인에게 행사할 수 없다는 입장을 견지하고 있다. 처음에는(대법원 2005. 8. 19. 선고 2005다22688 판결 등은) 압류의 처분금지효 저촉을 이유로, 나중에는(대법원 2014. 3. 20. 선고 2009다60336 판결 등은) 경매절차의 법적 안정성 보장을 이유로 위와 같은 입장을 취하였다. 위 두 판결은 결론은 같다. 그러나 가압류등기 · 체납처분압류등기 후에 취득한 유치권의 경우 경매절차의 매수인에게 행사할 수 있다고 보는 다른 판례와의 정합성 등의 측면에서 후자의 입론이 적절함은 물론이다.

Ⅲ. 민사집행법 제94조 제1항의 개정 제안

경매개시결정을 하면 법원사무관등은 즉시 그 '사유'를 등기부에 기입하도록 등기관에게 촉탁하여야 한다(민집 §94①). 즉, '경매개시결정'등기를 촉탁하는 것이다.

생각건대, 민사집행법 제94조 제1항은 '경매개시결정'등기가 아니라 '압류'등기를 촉탁하여야 하는 것으로 개정하는 것이 타당하다. 경매개시결정 사실과 압류 사실 중 일방만을 등기한다면 경매개시결정등기보다 압류등기를 하는 것이 적절하다.

이러한 등기를 하는 주된 목적은 경매개시결정이 있다는 사실보다는 '압류'의 처분금지효에 의하여 그 부동산의 처분이 금지된다는 사실 등을 공시하는 데에 있다. 처분금지 등의 취지는 압류결정과 동시에 이루어지는 '경매개시결정' 또는 그 전제가 되는 '경매신청' 사실의 공시에 의하여 간접적 · 우회적으로 공시하기보다는 '압류' 사실의 공시에 의하여 직접적으로 공시하는 것이 정도(正道)이다.

138) 처분금지효가 가장 중요한 효력이다. 이 밖에도 압류를 하면 채권의 소멸시효가 중단되는 효력이 생긴다(민 §167ⅱ). 한편, 압류가 되어 있다 하더라도 채무자는 그 목적 재산을 이용 · 관리할 수 있다(민집 §83②).

Ⅳ. 등기원인 · 등기목적 기재의 변경 제안

경매개시결정등기는 등기원인을 '2018년 3월 2일 서울중앙지방법원의 경매개시결정(2018타경2345)', 등기목적을 '△△경매개시결정' 또는 '△△경매신청'과 같이 각 기재하고 있다.[139)]

그러나 민사집행법 제94조 제1항이 '경매개시결정등기'가 아니라 '압류등기'를 촉탁하여야 하는 것으로 개정된다면, 등기원인을 '2018년 3월 2일 서울중앙지방법원의 압류결정(2018타경2345)', 등기목적을 '압류'라고 각 기재하는 것으로 실무가 변경되어야 할 것이다.[140)]

부동산에 관하여, 체납처분압류등기(서초세무서) ⇨ 참가압류등기(마포세무서) ⇨ 공매공고등기(서초세무서) ⇨ 강제경매개시결정등기(이겨레)가 순차로 이루어진 경우 등기사항증명서의 기재례는 아래와 같다.

---

139) 법원행정처, 부동산등기실무[Ⅲ], 법원행정처(2015), 123, 127~128 각 참조.

140) 日本 구 민사소송법 제651조 제1항은 경매개시결정을 하는 경우 '경매신청'이 있다는 것을 등기부에 기입하도록(즉, 경매신청의 기입등기를 하도록) 등기관에게 촉탁하여야 한다고 규정하고 있었으나, 민사집행법(1980. 10. 1. 시행) 제48조 제1항은 경매개시결정에 관한 '압류등기'를 촉탁하여야 하는 것으로 규정하였으며, 그에 따라 등기실무도 등기목적을 '강제경매의 신청' 또는 '경매법에 의한 경매신청'이라고 기재하는 것에서 '압류'라고 기재하는 것으로 바뀌었다. 石川明 · 小島武司 · 佐藤歲二, 注解 民事執行法 上卷, 青林書院(1991), 513; 最高裁判所事務總局, 民事執行手續書式集—執行裁判所關係—(昭和55年7月民事裁判資料第131号), 最高裁判所事務總局(1980), 196~197; 執行事件実務研究会, 債権 · 不動産執行の実務 : 東京 · 大阪両地方裁判所における執行事件処理の実際, 法曹会(1978), 221; 熊田昇 · 井ノ迫淳宏, 裁判所書記官研修所実務研究報告書「東京 · 大阪両地方裁判所における執行事件(債權 · 不動産)処理の現状に関する研究」, 法曹会(1969), 188.

【 갑　구 】 (소유권에 관한 사항)				
순위 번호	등기목적	접 수	등기원인	권리자 및 기타사항
2	소유권이전	2014년 11월 1일 제155001호	2014년 11월 8일 매매	소유자 김갑동 123456-1234567 서울특별시 서초구 서초대로 46길 60, 101-201 (서초동, 서초아파트) 거래가액 금600,000,000원
3	압류	2015년 1월 7일 제567호	2015년 1월 6일 압류(소득 1010)	권리자 국 처분청 서초세무서
3-1	공매공고	2018년 4월 27일 제98765호	2018년 4월 25일 공매공고(소득 1234)	
4	참가압류	2018년 2월 9일 제37878호	2018년 2월 8일 참가압류(소득 1023)	권리자 국 처분청 마포세무서
5	강제경매 개시결정	2018년 3월 5일 제76543호	2018년 3월 2일 서울중앙지방법원의 강제경매개시결정 (2018타경2345)	채권자 이겨례 234567-2345678 서울특별시 종로구 창덕궁길 105 (원서동)

제2절 '부동산의 부담' 인수 · 소멸의 결정기준

Ⅰ. 서설

'부동산의 부담'(민집 §91①)은 권리인 경우도 있고 처분제한조치 등인 경우도 있다. 부동산은 그 부담별로 그 인수 또는 소멸을 결정하는 기준(말소기준등기)이 다르다는 점을 유의하여야 한다.

Ⅱ. 말소기준등기

1. 개념

말소기준등기는 매수인의 대금납부 시에 부동산의 부담이 매수인에게 인수되는지, 소멸되는지 여부의 결정기준이 되는 권리 또는 처분제한조치의 등기를 말한다.[141]

말소기준등기는 ① 금전채권에 우선변제권을 발생시키는 담보권등기 또는 금전채권의 집행보전 등을 위한 처분금지효를 발생시키는 처분제한등기로서, ② 매각으로 그 등기가 말소되는 것이 매수인의 대금납부 시에 확정적으로 결정되는 것이어야 한다. 그 등기의 주체가 금전채권의 전액을 배당받는지 여부는 불문한다.

특정한 '부동산의 부담'에 관하여 말소기준등기가 될 수 있는 것이 수개 있는 경우에는 그 중에서 가장 먼저 등기된 것이 말소기준등기가 된다.

141) 말소기준등기는 강학상 · 실무상의 용어로서 '말소기준권리, 소멸기준등기, 소멸기준권리'라고도 한다.

2. 말소기준등기가 될 수 있는 것

말소기준등기가 될 수 있는 것은 처분제한등기와 담보권등기로 대별할 수 있다.

말소기준이 될 수 있는 처분제한등기는 금전채권의 집행보전 또는 집행을 위한 처분제한등기를 말한다. 경매개시결정등기, 체납처분압류등기, 참가압류등기(체납처분압류등기가 말소된 경우에 한함), 가압류등기가 이에 해당한다. 이 책에서는 말소기준이 되는 이러한 등기를 편의상 '처분제한등기'라고 총칭하기로 한다.

말소기준이 될 수 있는 담보권등기는 금전채권의 담보를 위한 담보물권을 말한다. 일반저당권등기, 근저당권등기, 담보가등기(가등기담보권), 전세권등기(말소되는 경우에 한함)가 이에 해당한다. 이 책에서는 말소기준이 되는 이러한 등기를 편의상 '담보권등기'라고 총칭하기로 한다.

	말소기준등기가 될 수 있는 것	말소기준등기가 될 수 없는 것
처분제한 등기	• 경매개시결정등기 • 체납압류등기 • 참가압류등기(체납압류등기가 말소된 경우) • 가압류등기	• 참가압류등기(원칙) • 가처분등기
담보권 등기	• 일반저당권등기 • 근저당권등기 • 담보가등기 • 전세권등기(말소되는 경우)	• 임차권등기 • 일반가등기 • 전세권등기(인수되는 경우)

가. 담보권등기

말소기준등기가 될 수 있는 담보권등기에는 일반저당권등기, 근저당권등기, 담보가등기[142](가등기담보권)와 전세권등기가 있다.

다만, 전세권등기는 매각으로 인하여 말소되는 경우에 한하여 말소기준등기가 될 수 있다. 전세권자는 배당요구(경매신청 포함)를 하여야 배당을 받을 수 있다. ㉮ 선순위의 다른 말소기준등기(담보권등기 · 처분제한등기)가 없는 경우 전세권은 소멸하지 않으므로 말소기준등기가 될 수 없는 것이 원칙이다. ㉯ 그러나 이러한 경우에도 배당요구를 하면 전세권은 배당받는지 여부를 불문하고 소멸하므로 말소기준등기가 될 수 있다. ㉰ 선순위의 다른 말소기준등기가 있는 경우에는 그 등기가 말소기준등기가 된다(민집 §91③④).

한편, 임차권등기는 말소기준등기가 될 수 없다.[143] 임차권자는 배당요구(경매신청 포함)를 하여야 배당을 받을 수 있으나, 첫 경매개시결정등기 前에 임차권등기를 한 임차권자는 배당요구를 하지 않아도 배당을 받을 수 있다.[144] ㉮ 선순위의 말소기준등기가 없는 경우 임차권은 소멸하지 않으므로 말소기준등기가 될 수 없는 것이 원칙이다. ㉯ 이러한 경우에도 배당요구를 하여 전액을 배당받으면 소멸되나 전액을 배당받는지 여부는 대금납부 시에는 확정되지 않으므로 말소기준등기로서 인정되지 않는다. ㉰ 선순위의 말소기준등기가 있는 경우에는 그 등기가 말소기준등기가 된다.

또한 일반가등기도 말소기준등기가 될 수 없고,[145] 일반가등기인지 담보가등기인지 분명하지 않은 경우에도 말소기준등기가 될 수 없다.[146] 일반가등기인지 담보가등기인

---

142) 담보가등기는 저당권의 경우와 마찬가지로 언제나 매각으로 소멸하므로(가담 §15) 말소기준등기가 될 수 있다. 담보가등기권자는 법원에 채권신고를 하여야 배당을 받을 수 있고(가담 §16②) 채권신고를 하지 않으면 배당받을 권리를 상실하므로(대판 2008. 9. 11. 2007다25278), 채권신고를 누락하지 않도록 유의하여야 한다.

143) 말소기준등기는 그 등기가 말소되는 것이 매수인의 대금납부 시에 확정적으로 결정되는 것이어야 한다. 그런데 임차권등기는 임차인이 배당요구를 할 수 없는 경우 또는 배당요구를 하지 않은 경우에는 매수인의 '대금납부 시'에 말소 여부가 결정되나, 배당요구를 한 경우에는 '배당표 확정 시'에 말소 여부가 결정되기 때문에 말소기준등기가 될 수 없는 것이다.

144) 대법원 2005. 9. 15. 선고 2005다33039 판결은, 임차권등기명령에 의하여 임차권등기를 한 임차인은 민사집행법 제148조 제4호의 '저당권 · 전세권, 그 밖의 우선변제청구권으로서 첫 경매개시결정등기 전에 등기되었고 매각으로 소멸하는 것을 가진 채권자'에 준하여 별도로 배당요구를 하지 않아도 당연히 배당받을 채권자에 속하는 것으로 보아야 한다고 판시하였다.

145) 일반가등기는 담보가등기의 경우와 달리 금전채권이 아니라 등기청구권을 보전하기 위한 것이기 때문이다.

146) 이와 같이 가등기의 실체가 분명하지 않은 경우에는 매수인의 대금납부 시에 말소 여부가 결정될 수 없기 때문이다. 즉, 담보가등기인 경우에는 저당권의 경우와 마찬가지로 언제나 매각으로 소멸하고, 일반가등기인 경우에도 말소기준등기(처분제한등기 · 담보권등기) 후에 등기된 것은 소멸하나, 말소기준등기 전에 등기된 것은 인수되기 때문이다{대판 2007. 12. 13. 2007다57459; 법원행정처, 법원실무제요 민사집행[Ⅱ] —부동

지 여부는 실질(채권담보를 목적으로 한 것인지 여부)에 의하여 결정되는 것이지 형식('등기목적'이 소유권이전청구권가등기인지 소유권이전담보가등기인지, '등기원인'이 매매예약인지 대물반환예약인지 등)에 의하여 결정되는 것은 아니다.[147)]

나. 처분제한등기

(1) 서

말소기준등기가 될 수 있는 처분제한등기에는 압류의 효력발생 요건으로서 압류의 사실 내지 존재를 간접적 · 우회적으로 공시하는 경매개시결정등기, 체납처분압류등기, 참가압류등기, 가압류등기가 있다. 가처분등기는 말소기준등기가 될 수 없다.[148)]

(2) 경매개시결정등기 · 체납처분압류등기

경매개시결정등기와 체납처분압류등기는 매각으로 인하여 언제나 소멸하므로 말소기준등기가 될 수 있다.

(3) 참가압류등기

참가압류등기는 선행하는 체납처분압류등기가 말소되는 예외적인 경우에 한하여 말소기준등기가 될 수 있다.

산집행—, 법원행정처(2014), 408).

한편, A 소유의 부동산에 대하여 소유권이전청구권을 보전하기 위한 가등기(채권자 : 甲, 등기원인 : 매매예약 또는 시기부 · 정지조건부 매매계약), 경매개시결정등기(채권자 : 乙)가 순차로 이루어진 경우, 과거에는 경매개시결정등기를 마친 단계에서 일반가등기인지 담보가등기인지 밝혀질 때까지 경매절차를 사실상 중지하였으나, 현재는 경매절차를 그대로 진행하되 위 가등기가 매수인에게 인수될 수 있다는 취지를 매각물건명세서에 기재하고 있다(대결 2003. 10. 6. 2003마1438 참조).

147) 대결 1998. 10. 7. 98마1333; 법원행정처, 부동산등기실무[Ⅲ], 법원행정처(2015), 86.

148) 금전채권을 피보전권리로 하는 가압류와 달리 가처분은 비금전채권을 피보전권리로 하거나 임시의 지위를 정하기 위하여 하는 것이기 때문이다(민집 §300).

참가압류에는 압류의 효력이 없고 교부청구의 효력만 있으며, 다만 체납처분압류가 해제되는 경우에 한하여 참가압류 중 먼저 등기된 참가압류가 그 등기 시에 소급하여 압류의 효력을 갖게 된다(국징 §58, 지징 §68). 따라서 선행 체납처분압류등기가 말소되는 경우 후행 참가압류등기가 있는 때에는 그 후행 참가압류등기가 말소기준등기가 될 수 있는 것이다.

(4) 가압류등기

가압류등기는 특별한 사정이 없는 한 말소기준등기가 될 수 있다.

원칙적으로, 가압류채권자는 채무자가 현재 목적 부동산을 소유하고 있는지 여부를 불문하고 배당을 받을 수 있는데,[149] 이러한 경우 가압류등기는 매각으로 말소되므로[150] 말소기준등기가 될 수 있다.[151]

예외적으로, A 소유의 부동산에 관하여 '가압류등기(甲; A의 채권자) ⇨ 소유권이전등기(B) ⇨ 경매개시결정등기(乙; B의 채권자) ⇨ 매각' 등이 순차로 이루어진 경우, 가압류가 인수되는 것을 전제로 甲을 배당절차에 참가시키지 않고 절차를 진행한 때에는 가압

149) 대법원 2006. 7. 28. 선고 2006다19986 판결은 "… 부동산에 대한 가압류집행 후 가압류목적물의 소유권이 제3자에게 이전된 경우 가압류의 처분금지적 효력이 미치는 것은 가압류결정 당시의 청구금액의 한도 안에서 가압류목적물의 교환가치이고, 위와 같은 처분금지적 효력은 가압류채권자와 제3취득자 사이에서만 있는 것이므로 제3취득자의 채권자가 신청한 경매절차에서 매각 및 경락인이 취득하게 되는 대상은 가압류목적물 전체라고 할 것이지만, 가압류의 처분금지적 효력이 미치는 매각대금 부분은 가압류채권자가 우선적인 권리를 행사할 수 있고 제3취득자의 채권자들은 이를 수인하여야 하므로, 가압류채권자는 그 매각절차에서 당해 가압류목적물의 매각대금에서 가압류결정 당시의 청구금액을 한도로 하여 배당을 받을 수 있고, 제3취득자의 채권자는 위 매각대금 중 가압류의 처분금지적 효력이 미치는 범위의 금액에 대하여는 배당을 받을 수 없다. …"고 판시하였다.

150) 대법원 등기선례 8-299는 「가압류등기 후 가압류부동산의 소유권이 제3자에게 이전된 경우, 제3취득자의 채권자가 신청한 경매절차에서 전 소유자에 대한 가압류채권자는 배당에 가입할 수 있으므로, 그 가압류등기는 말소촉탁의 대상이 될 것이다.」라고 규정하고 있다.

151) A 소유의 부동산에 '가압류등기(甲; A의 채권자) ⇨ 소유권이전등기(B) ⇨ 경매개시결정등기(乙; B의 채권자) ⇨ 매각' 등이 순차로 이루어진 경우에도, 가압류가 소멸되는 것을 전제로 甲을 배당절차에 참가시키고 절차를 진행한 때에는 가압류(甲)는 소멸하므로 말소기준등기가 될 수 있고, 소유권이전등기(B)도 말소된다. 부동산의 부담이 소유권 내지 소유권이전등기가 아닌 경우에도 마찬가지라고 하겠다.

류등기는 말소되지 않으므로[152] 말소기준등기가 될 수 없다(소유권이전등기도 말소되지 않음). 부동산의 부담이 소유권 내지 소유권이전등기가 아닌 경우에도 마찬가지이다. 그러나 이와 같이 경매절차를 진행하는 경우는 거의 없다.

한편, 가압류가 본압류로 이전된 경우{'가압류등기(甲) ⇨ 소유권이전등기(乙) ⇨ 강제경매개시결정등기(甲) ⇨ 매각'이 순차로 이루어진 경우}, 일응 그 가압류등기 및 본압류등기(경매개시결정등기) 모두 말소기준등기가 될 수 있다(따라서 결국 가압류등기가 말소기준등기가 된다)는 점에 대하여는 견해가 일치되어 있다.[153] 그러나 가압류가 본압류로 이전되지 않은 경우{'가압류등기(甲) ⇨ 소유권이전등기(乙) ⇨ 강제경매개시결정등기(丙) ⇨ 매각'이 순차로 이루어진 경우}, 그 가압류등기가 말소기준등기가 되는지 여부에 관하여는 견해의 대립이 있으나,[154] 이러한 경우에도 가압류등기가 말소기준등기가 된다고 보는 것이 타당하다.

---

152) 대법원 2007. 4. 13. 선고 2005다8682 판결은 "… 그러나 경우에 따라서는 집행법원이 종전 소유자를 채무자로 하는 가압류등기의 부담을 매수인이 인수하는 것을 전제로 하여 위 가압류채권자를 배당절차에서 배제하고 매각절차를 진행시킬 수도 있으며, 이와 같이 매수인이 위 가압류등기의 부담을 인수하는 것을 전제로 매각절차를 진행시킨 경우에는 위 가압류의 효력이 소멸하지 아니하므로 집행법원의 말소촉탁이 될 수 없다. 따라서 … 구체적인 매각절차를 살펴 집행법원이 위 가압류등기의 부담을 매수인이 인수하는 것을 전제로 하여 매각절차를 진행하였는가 여부에 따라 위 가압류 효력의 소멸 여부를 판단하여야 한다. …"고 선언하였다.

153) 이 경우 소유권이전등기도 말소된다. 부동산의 부담이 소유권이전등기가 아닌 경우에도 마찬가지라고 하겠다.

154) 제1설은 본압류로 이전된 가압류만 말소기준등기가 될 수 있다고 보는 견해이다{법원행정처, 부동산등기실무[Ⅲ], 법원행정처(2015), 129~130}. 제2설은 본압류로 이전되지 않은 가압류도 말소기준등기가 될 수 있다고 보는 견해이다{법원행정처, 법원실무제요 민사집행[Ⅱ], 법원행정처(2014)], 408 참조}. 예컨대 '가압류등기(甲) ⇨ 소유권이전등기(乙) ⇨ 강제경매개시결정등기(丙) 또는 임의경매개시결정등기(甲 · 乙 · 丙 등) ⇨ 매각'이 순차로 이루어진 경우, 제1설에 의하면 위 가압류등기는 말소기준등기가 될 수 없고 위 소유권이전등기는 말소되지 않으나, 제2설에 의하면 위 가압류등기는 말소기준등기가 될 수 있고 위 소유권이전등기도 말소된다. 부동산의 부담이 소유권(소유권이전등기)이 아닌 경우에도 마찬가지라고 할 것이다.

대법원 등기예규 제1378호 제3호는 "경매개시결정등기(국세체납처분에 의한 압류등기, 매각에 의하여 소멸되는 가압류등기도 같다) 후에 소유권이전등기를 받은 제3취득자가 매수인이 된 경우에는, 경매개시결정등기와 제3취득자 명의의 소유권등기의 말소촉탁과 동시에 매각을 원인으로 한 소유권이전등기 촉탁을 하여야 한다."고 규정하고 있는데, 가압류에 관하여 '매각에 의하여 소멸되는 가압류'라고 할 뿐 그것이 본압류로 이전되었을 것을 요하지는 않고 있으므로 제2설의 입장이 타당하다.

3. 말소기준등기의 기능 내지 중요성

가. 소멸하는 권리 등에 관한 등기의 말소

말소기준등기보다 늦게 성립 또는 등기된 권리 · 처분제한조치는 소멸되어 말소촉탁의 대상이 된다.

나. 임차권의 경우[155)]

(1) 원칙 : 임차권의 소멸 ⇨ 인도명령신청 등 인용

임대차가 존속 중이라 하더라도 임차권은 대금납부 시점에 소멸하는 것이 원칙이므로(주임 §3의5 본문, 상임 §8 본문), 이러한 경우에는 임차인이 매수인에게 임차권의 권능(사용 · 수익권, 평등변제권인 보증금반환청구권, 우선변제권인 보증금반환청구권 등)을 행사할 수 있는 대항력이 소멸하게 된다. ㉮ 말소기준등기보다 뒤에 등기되거나 대항요건을 갖춘 임차권은 언제나 매각으로 소멸한다. ㉯ 말소기준등기보다 먼저 등기되거나 대항요건을 갖춘 임차권도 보증금 전액을 배당받은 때에는 매각으로 소멸한다.

위와 같은 경우 매수인은 임차인을 상대로 인도명령신청을 할 수 있다. 임차인은 매수인에게 대항할 수 있는 권원을 상실하였기 때문이다(민집 §136①). 또한 인도청구소송을 제기할 수도 있다.

(2) 예외 : 임차권의 인수 ⇨ 인도명령신청 등 기각

'보증금이 모두 변제되지 아니한, 말소기준등기보다 먼저 등기되거나 대항요건을 갖춘 임차권'은 매수인에게 인수되므로(주임 §3의5 단서, 상임 §8 단서), 이러한 경우 임차인은 임차권의 권능(사용 · 수익권, 평등변제권인 보증금반환청구권, 우선변제권인 보증금반환청

155) 임차권의 소멸 내지 임차물의 인도 여부에 관하여 상세한 것은 뒤의 'Ⅲ. 3. 다.' 참조.

구권 등)을 매수인에게 행사할 수 있는 대항력을 유지하게 된다.

위와 같은 경우 매수인은 임차인을 상대로 인도명령신청을 할 수 없다. 임차인은 매수인에게 대항할 수 있는 권원을 가지고 있기 때문이다(민집 §136①). 또한 인도청구소송을 제기할 수도 없다.

Ⅲ. '부동산의 부담'별 인수 · 소멸의 결정기준

<table>
<tr><th colspan="4">부동산의 부담</th><th>말소기준등기
前에 등기된 것</th><th>말소기준등기
後에 등기된 것</th></tr>
<tr><td colspan="4">일반저당권, 근저당권, 가등기담보권</td><td colspan="2" rowspan="2">소 멸</td></tr>
<tr><td colspan="4">경매개시결정(압류), 체납처분압류, 참가압류, 가압류</td></tr>
<tr><td colspan="2" rowspan="2">전세권
(우선변제권 있음)</td><td colspan="2">배당요구 한 경우</td><td>소 멸</td><td rowspan="8">소 멸</td></tr>
<tr><td colspan="2">배당요구 안 한 경우</td><td>인 수</td></tr>
<tr><td rowspan="4">임차권</td><td rowspan="3">우선변제권
있는 경우</td><td rowspan="2">배당요구
한 경우</td><td>전액 배당
받은 경우</td><td>소 멸</td></tr>
<tr><td>일부라도
배당받지
못한 경우</td><td rowspan="3">인 수
(말소기준등기
전에 대항력
갖추고 보증금
배당받지 못한
임차권)</td></tr>
<tr><td colspan="2">배당요구 안 한 경우</td></tr>
<tr><td colspan="3">우선변제권 없는 경우
(배당요구 할 수 없는 경우)</td></tr>
<tr><td colspan="4">소유권, 지상권, 지역권, 유치권</td><td rowspan="2">인 수</td></tr>
<tr><td colspan="4">가처분, 일반가등기(담보가등기인지 여부가 밝혀지지 않은 경우 포함), 환매권</td></tr>
<tr><td colspan="4">예고등기</td><td colspan="2">인 수</td></tr>
</table>

1. 소유권

소유권은 처분제한등기[156] 전에 등기된 것은 인수하나, 그 후에 등기된 것은 소멸한다(등기예규 1378호 3.).

2. 지상권 · 지역권, 일반가등기 · 가처분등기 · 환매권등기, 상사유치권

지상권 · 지역권은 처분제한등기 또는 담보권등기[157] 전에 등기된 것은 인수하나, 그 후에 등기된 것은 소멸한다(민집 §91③④).

일반가등기[158](일반가등기인지 담보가등기인지 불분명한 경우 포함), 가처분등기,[159] 환매권등기도 마찬가지이다.

상사유치권도 마찬가지이다. **처분제한등기 · 담보권등기** 전에 성립 · 취득한 것은 인수하나, 그 후에 성립 · 취득한 것은 소멸한다. 상사유치권에 관하여는 뒤에서 별도로 살펴본다.[160]

3. 전세권

전세권은 처분제한등기 · 담보권등기 전에 등기된 것으로서 배당요구를 안 한 것은 인수한다.[161] 그러나 처분제한등기 · 담보권등기 전에 등기된 것으로서 배당요구 한 것

---

156) 경매개시결정등기, 체납처분압류등기, 참가압류등기(체납처분압류등기가 말소된 경우에 한함), 가압류등기(말소되는 경우에 한함)를 말한다.

157) 일반저당권등기, 근저당권등기, 담보가등기(가등기담보권), 전제권등기(말소되는 경우에 한함)를 말한다.

158) 대판 2007. 12. 13. 2007다57459; 법원행정처, 법원실무제요 민사집행[Ⅱ], 법원행정처(2014), 408.

159) 등기예규 453호; 법원행정처, 법원실무제요 민사집행[Ⅱ], 법원행정처(2014), 410.

160) 뒤의 'PART 08 제2장 Ⅳ.' 참조.

161) 한편, 공매절차에서 대항력 있는 전세권은 전세권자가 배분요구를 하였는지와 무관하게 매각으로 인하여 소멸하지 않고 매수인에게 인수된다(대판 2014. 12. 24. 2012다60329).

과 그 후에 등기된 것은 소멸한다(민집 §91③④).

4. 임차권

임차권은 처분제한등기 · 담보권등기 전에 등기 · 대항요건을 구비한 것으로서 보증금을 일부라도 배당받지 못한 것은 인수한다.

처분제한등기 · 담보권등기 전에 등기 · 대항요건을 구비한 것으로서 전액 배당받은 것과 처분제한등기 · 담보권등기 후에 등기 · 대항요건을 구비한 것은 소멸한다.

5. 민사유치권

민사유치권은 처분제한등기 중 경매개시결정등기 전에 성립 · 취득한 것은 인수하나, 그 후에 성립 · 취득한 것은 소멸한다.[162)]

6. 일반저당권 · 근저당권 · 가등기담보권, 경매개시결정등기 · 체납처분압류등기 · 참가압류등기, 가압류등기

일반저당권 · 근저당권 · 가등기담보권(민집 §91②), 경매개시결정등기 · 체납처분압류등기 · 참가압류등기[163)]는 항상 소멸한다.

가압류등기도 항상 소멸하는 것이 원칙이나,[164)] 전 소유자의 채권자 명의의 가압류등기가 있는 경우 이를 인수하는 것을 전제로 하여 절차가 진행된 예외적인 경우에는 인수한다.[165)]

162) 대판(전) 2014. 3. 20. 2009다60336, 대판 2014. 4. 10. 2010다98432.

163) 민집 §144①iii; 법원행정처, 부동산등기실무[Ⅲ], 법원행정처(2015), 133.

164) 법원행정처, 법원실무제요 민사집행[Ⅱ], 법원행정처(2014), 409.

165) 대판 2007. 4. 13. 2005다8682.

7. 예고등기

예고등기는 항상 인수한다.[166)]

제3절 압류의 효력과 매각의 효력의 구별

Ⅰ. 개관

A 소유의 부동산에 관하여 '유치권 성립 ⇨ 경매개시결정등기 ⇨ 소유권이전등기 또는 담보권설정등기 등[167)] ⇨ 매각 및 대금납부(B)' 등이 순차로 이루어진 경우 발생하는 압류의 효력과 매각의 효력에 관하여 살펴본다.

첫째, 부동산에 관하여 경매절차가 개시된 경우 경매개시결정등기(압류의 효력발생) 후에 이루어진 채무자와 제3자 간의 처분행위 및 그에 따른 제3자의 권리 취득은 압류채권자에 대하여 일정한 범위에서 무효가 된다.[168)] 이와 같이 채권에 일정한 대세적 권능을 부여하는 압류의 효력을 '처분금지효'라고 한다.

둘째, 경매부동산이 매각된 경우 그 부동산에 존재하는 부담은 경매절차의 매수인(B)이 대금을 납부하는 시점에 소멸하거나 B가 인수하는데, 이를 '매각의 효력'이라고 한

166) 예고등기는 본래 등기에 공신력을 인정하지 않는 법제에서 거래의 안전을 보호하기 위하여 인정하는 제도이다. 그러나 이로 인하여 등기명의인의 거래상 불이익이 크고 집행방해의 목적으로 악용되는 사례가 빈발하는 등 그 폐해가 적지 않아 개정 부동산등기법(2011. 10. 13. 시행)에서는 이를 폐지하였다{법원행정처, 개정 부동산등기법 및 부동산등기규칙 해설, 법원행정처(2011), 5~6}. 이로 인하여 2011. 10. 13.부터는 예고등기를 할 수 없게 되었으나, 2011. 11. 12. 이전에 이루어진 예고등기는 아직 존속하고 있으며 종전의 규정에 따라 이를 말소할 수 있다(부등 부칙 §3).

167) 여기서 담보권은 일반저당권설정등기, 근저당권설정등기, 담보가등기, 전세권등기, 임차권등기, 임차권의 대항요건 구비 및 우선변제권 취득 등을 말한다.

168) 일반저당권, 근저당권, 가등기담보권, 전세권, 임차인의 대항력 · 우선변제권 등은 무효가 된다.

다. 위 사례에서 대금납부로 인하여 유치권은 인수되나 소유권 · 담보권 등은 소멸하고 경매개시결정등기는 말소된다.

이와 같이 압류의 효력 내지 처분금지효(압류 후 처분행위의 무효)와 매각의 효력(대금납부 시 부동산의 부담의 인수 또는 소멸)은 작용하는 국면은 물론 효력의 내용도 다르다.

II. 압류 · 가압류에 의한 처분행위의 상대적 무효와 배당

1. 서설

처분금지효는 ① 압류(경매개시결정)를 한 경우뿐만 아니라 ② 체납처분압류 · 가압류 · 처분금지가처분을 한 경우에도 발생한다. 위 ①에 의한 압류의 처분금지효는 경매개시결정등기를 한 때, 위 ②에 의한 체납처분압류 · 가압류 등의 처분금지효는 체납처분압류등기 · 가압류등기 등을 한 때 발생한다. 위 ①과 ②의 처분금지효 상호간에 질적인 차이가 있는 것은 아니다.

처분금지효 법리는 (가)압류등기 후에 제3자가 소유권, 저당권 · 전세권, 임차인으로서의 대항력 · 우선변제권 등을 취득하고, 그 후에 경매절차에서 배당을 하는 경우에 구체적으로 적용되고 발현된다. 유치권자에 대한 배당과 관련해서는 처분금지효가 적용될 여지가 없다. 유치권자는 강제경매 · 임의경매절차에서 배당적격이 없고, 유치권에 의한 경매절차에서는 배당적격은 있으나 일반채권자와 동일한 순위로 배당을 받을 수 있을 뿐이기 때문이다.[169)]

---

169) 강제경매 · 임의경매절차에서 유치권자는 배당적격이 없고, 유치권은 매수인이 인수하는 것이 원칙이다(민집 §91⑤).

유치권에 의한 경매절차에서는 배당적격이 있다. 다만, 유치권자는 일반채권자와 동일한 순위로 배당을 받을 수 있을 뿐이다(대결 2011. 6. 15. 2010마1059, 대결 2011. 6. 17. 2009마2063, 대판 2012. 11. 15. 2012도9603). 또한 유치권에 의한 경매절차에서 유치권은 특별한 사정이 없는 한 매각으로 소멸한다(대판

2. 처분금지효 법리의 1차적 의의 : 처분행위 금지

처분금지효는 1차적으로 (가)압류의 효력발생 후에는 채무자의 처분행위를 금지한다. 이는 (가)압류의 효력발생 시점의 상태대로 본집행(채권의 실현)을 할 수 있도록 하기 위한 것이다.

3. 처분금지효 법리의 2차적 의의 : 처분행위 무효

가. 서

채무자가 처분금지효 발생 후에 금지되는 처분행위를 한 경우 그 처분행위 및 이를 요건으로 하는 권리 내지 권리취득은 (가)압류의 청구금액 등의 범위 내에서 (가)압류채권자 등에 대하여는 무효가 된다.

나. 무효가 되는 객관적 범위

판례는 처분행위의 결과(권리 또는 권리취득)를 무효화시키는 객관적 범위에 관하여 처분행위가 소유권양도인지 또는 담보권설정인지에 따라 다른 입장을 취하고 있음을 유의하여야 한다.

첫째, 저촉처분이 소유권양도인 경우에는 (가)압류결정 당시의 청구금액(압류의 경우에는 소유권양도 전의 배당요구금액을 포함하고, 체납처분압류의 경우에는 압류조서에 기재된 '압류와 관계된 체납액'을 말함)의 한도에서 소유권양도가 무효가 된다. 따라서 경매개시결정등기 후에 소유권이전등기를 한 경우{특히 부동산의 교환가치 내지 배당재단이 (가)압류의 청구금액을 초과하는 경우}, (가)압류채권자에 대한 관계에서 부동산 중 (가)압류

2014. 1. 23. 2011다83691).

청구금액에 대응하는 부분의 소유권양도는 무효가 되고(종전 소유자 소유), 그 나머지 부분의 소유권양도는 유효하게 된다(새로운 소유자 소유).

둘째, 저촉처분이 담보권설정인 경우에는 부동산의 교환가치 내지 배당재단이 (가)압류결정 당시의 청구금액(담보권설정 전의 배당요구금액 포함)을 초과하는지 여부와 관계없이, (가)압류채권자에 대한 관계에서 담보권설정 전체가 무효가 된다. 따라서 이러한 경우에는 선행 (가)압류채권자와 후행 담보권자에 대하여 그 청구금액과 피담보채권액에 비례하여 안분배당을 한다.[170)]

다. 무효가 되는 주관적 범위

처분금지효는 (가)압류를 한 채권자에 대한 관계에서만 발생하는 것이 원칙이다.

첫째, 가압류의 경우에는 가압류채권자에 대한 관계에서 처분금지효가 발생한다. 처분행위 전에 가압류를 한 채권자에 대한 관계에서는 처분행위가 무효가 되는 것이다.[171)] 그 가압류가 수개인 경우에는 각 가압류별로 처분금지효가 발생한다. 체납처분압류의 경우에도 마찬가지이다.

둘째, 압류(경매개시결정등기)의 경우에도 압류채권자(경매신청채권자)에 대한 관계에서 처분금지효가 발생함은 물론이나, 통설 · 실무는 처분행위 전에 배당요구(경매절차참가)를 한 채권자에 대한 관계에서도 처분금지효를 인정하고 있다.[172)] 즉, 처분행위 전에

---

170) 대판 1987. 6. 9. 86다카2570, 대판 1992. 3. 27. 91다44407, 대판 1992. 10. 13. 92다30579, 대결 1994. 11. 29. 94마417 등.

171) 다만, 가압류의 처분금지효는 피보전권리가 본안판결 등의 집행권원에 의하여 확정되는 것을 정지조건으로 발생한다. 따라서 가압류는 피보전채권이 확정되기 전에는 잠정적으로 저촉처분을 무효로 만들 수 있을 뿐이다.

172) 이시윤, 신민사집행법[제7개정판], 박영사(2016), 267~268; 김홍엽, 민사집행법[제4판], 박영사(2017), 151~152.

대법원 재판예규(재민 63-11)는 A 소유의 부동산에 관하여 '경매개시결정등기(甲1) ⇨ 소유권이전등기(B, 등기원인 : 매매) ⇨ 배당요구(甲2 : A에 대한 채권자)'가 순차로 이루어진 사안에서 甲2의 배당요구는 적법하지 않다고 하였다. 만일 위 사안에서 甲2가 B의 소유권이전등기 전에 배당요구를 하였다면 甲2의 배당

압류 또는 배당요구를 한 채권자에 대한 관계에서 처분행위가 무효가 되는 것이다.[173)] 경매개시결정등기가 수개인 경우에는 각 경매개시결정등기별로 각 경매신청채권자(배당요구채권자 포함)에 대하여 처분금지효가 발생한다.

4. 처분금지효 법리의 궁극적 의의

가. 압류 · 가압류채권자의 배당적격 · 배당순위 보전

'압류'의 처분금지효는 압류의 청구금액에 관하여 압류 당시의 교환가치에서 그 당시의 배당적격대로(처분행위가 소유권양도인 경우) 또는 그 당시의 배당순위대로(처분행위가 담보권설정인 경우) 배당을 받을 수 있도록 한다.

'가압류'의 처분금지효는 그 목적물에 대한 처분행위가 있더라도 장차 본안판결 등을 받아 집행권원에서 인정된 금액에 관하여 강제경매신청(압류[174)]신청) 또는 배당요구를 할 수 있도록 한다. ㉮ 본압류 청구금액 등[175)]이 가압류 청구금액을 '초과'하는 경우에, 가압류 청구금액에 관하여는 가압류 당시의 교환가치에서 그 당시의 배당적격대로 또는 그 당시의 배당순위대로 배당을 받을 수 있고,[176)] 그 초과 부분에 관하여는 압류 당시의 교환가치에서 그 당시의 배당적격대로 또는 그 당시의 배당순위대로 배당을 받을 수 있다. ㉯ 본압류 청구금액 등이 가압류 청구금액에 '미달'하는 경우에는, 본압류 청구금액

요구는 적법한 것이 된다.

173) 압류의 처분금지효가 미치는 주관적 범위에 관하여 처분행위 전의 '압류채권자 및 배당요구채권자'라고 하는 것이 정확하다 하겠으나, 편의상 처분행위 전의 '압류채권자'라고 표현하는 경우가 대부분이다.

174) 가압류의 본압류 이전을 말하며, 첫 압류 또는 이중압류를 불문한다.

175) 집행권원에 기한 본압류의 청구금액 또는 배당요구액을 의미한다.

176) 대법원 2002. 3. 15.자 2001마6620 결정은 "··· 가압류집행이 있은 후 그 가압류가 강제경매개시결정으로 인하여 본압류로 이행된 경우에 가압류집행이 본집행에 포섭됨으로써 당초부터 본집행이 있었던 것과 같은 효력이 있고 ···"라고 판시하였다. 위 판결에 이어 대법원 2004. 12. 10. 선고 2004다54725 판결, 대법원 2006. 11. 24. 선고 2006다35223 판결, 대법원 2010. 10. 14. 선고 2010다48455 판결, 2010. 11. 30.자 2008마950 결정도 같은 취지의 판시를 하였다.

등에 관하여 가압류 당시의 교환가치에서 그 당시의 배당적격대로 또는 그 당시의 배당순위대로 배당을 받을 수 있다. ㉰ 그러나 배당실시 전에 집행권원을 얻지 못한 경우(본압류 이전 또는 집행권원에 의한 배당요구 전)에는 가압류 청구금액에 관하여 가압류 당시의 교환가치에서 그 당시의 배당적격대로 또는 그 당시의 배당순위대로 배당(배당유보공탁)을 받을 수밖에 없다.

나. 배당재단의 분할

(1) 서

(가)압류의 처분금지효에 반하는 처분행위가 있는 경우에는 배당재단을 분할하고, 그 분할된 각 배당재단별로 배당에 참가할 수 있는(배당을 받을 수 있는) 채권자를 결정하는 것이 타당하다.

배당을 받을 수 있는 채권자 중 (가)압류채권자는 부동산의 교환가치(배당재단) 중 처분이 무효인 부분의 교환가치(배당재단)에 관하여 (가)압류 당시의 상태대로 배당을 받는다.

(2) 저촉처분이 소유권양도인 경우

처분행위가 소유권양도인 경우 (가)압류채권자는 양도가 무효인 부분의 교환가치(배당재단)에서 배당받을 수 있다. (가)압류채권자는 그 목적 부동산이 제3자에게 양도되더라도 양도가 무효인 부분에 관하여는 배당을 받을 수 있는 것이다.[177)]

소유권 전부를 양도한 경우(특히 부동산의 교환가치 내지 배당재단이 압류 · 가압류의 청구금액을 초과하는 경우)에는 배당재단이 최대 2개(㉠ 양도가 무효인 부분, ㉡ 양도가 유효한 부분)로 분할될 수 있고,[178)] 소유권 중 일부만을 양도한 경우에는 배당재단이 최대 3개

---

177) (가)압류의 목적 부동산은 소유권양도가 무효인 부분에 관하여 그리고 (가)압류채권자에 대하여는 여전히 양도인의 책임재산이기 때문이다.

178) 전부양도의 경우 무효 부분은 (가)압류 청구금액 상당액이다. (가)압류 청구금액이 목적 부동산의 총교환가치(총배당재단)를 초과하는 경우에는 그 '총배당재단' 상당액, 가압류가 본압류로 이전된 경우 가압류 청구금

(㉠ 양도가 무효인 부분, ㉡ 양도가 유효한 부분, ㉢ 양도되지 않은 부분)로 분할될 수 있다.[179]

첫째, 양도된 부분 중 양도가 무효인 부분은 (가)압류채권자에 대한 관계에서만 양도인의 소유이므로, 이 부분에 관한 배당재단에서는 (가)압류를 하지 않은 일반채권자(양도인에 대한 일반채권자)는 배당을 받을 수 없고, 잉여금은 있을 수 없다.

둘째, 양도된 부분 중 양도가 유효한 부분은 모든 사람에 대한 관계에서 양수인의 소유이므로, 이 부분에 관한 배당재단에서 양수인에 대한 모든 채권자가 배당받을 수 있다(잉여금은 양수인에게 교부).

셋째, 양도되지 않은 부분은 모든 사람에 대한 관계에서 양도인의 소유이므로, 이 부분에 관한 배당재단에서 양도인에 대한 모든 채권자가가 배당을 받을 수 있다(잉여금은 양도인에게 교부).

(3) 저촉처분이 담보권설정인 경우

처분행위가 담보권설정인 경우 (가)압류채권자는 설정이 무효인 부분의 교환가치(배당재단)에서 담보권자와 동순위로 배당받을 수 있다. 담보권자는 (가)압류채권자에 대한 관계에서 담보권(우선변제권) 없는 일반채권자에 불과하기 때문이다.

담보권을 부동산 내지 소유권 전부에 대하여 설정한 경우에는 배당재단이 분할되지 않고 1개이나, 소유권 중 일부 지분에 관하여 설정한 경우에는 배당재단이 최대 2개(㉠ 설정된 부분, ㉡ 설정되지 않은 부분)로 분할될 수 있다.

첫째, 담보권이 설정된 부분은 모든 사람에 대한 관계에서 채무자의 소유이므로 그 부분에 관한 배당재단에서 채무자에 대한 모든 채권자가 배당을 받을 수 있다(잉여금은

액이 집행권원에 의하여 확정된 채권액을 초과하는 경우에는 그 '확정채권액' 상당액을 말한다. 유효 부분은 '총배당재단 – 무효 부분 배당재단' 상당액이다.

179) 일부양도(지분양도)의 경우에는 양도가 유효한 부분의 배당재단을 먼저 산출하고, 양도가 무효인 부분의 배당재단을 나중에 산출한다. 유효 부분의 배당재단은 '총교환가치 – (가)압류 청구금액'을 한도로 하는 양도 부분{'총배당재단 – (가)압류 청구금액'과 '양도 부분 배당재단' 중 적은 것}이다. 무효 부분의 배당재단은 '양도 부분 배당재단 – 유효 부분 배당재단'이다.

채무자에게 교부). 다만, (가)압류채권자에 대한 관계에서는 담보권이 무효이므로 담보권자는 (가)압류채권자에 대한 관계에서는 일반채권자로서 배당받을 수 있을 뿐이다.

둘째, 담보권이 설정되지 않은 부분도 모든 사람에 대한 관계에서 채무자의 소유이므로, 그 부분에 관한 배당재단에서 채무자에 대한 모든 채권자가 배당을 받을 수 있다(잉여금은 채무자에게 교부). 다만, 담보권자는 담보권 이외에 배당받을 수 있는 자격을 별도로 갖추지 않는 한 배당을 받을 수 없다.

<table>
<tr><th></th><th>저촉처분이 소유권양도인 경우</th><th>저촉처분이 담보권설정인 경우</th></tr>
<tr><td>1차적 의의
[행위금지]</td><td colspan="2">**처분행위 금지**</td></tr>
<tr><td rowspan="2">2차적 의의 🄰
[행위무효]
〈무효가 되는
객관적 범위〉</td><td>처분행위(양도부분) 中
'처분 전 [가압류 · 체납압류]의
청구금액' 상당부분</td><td rowspan="2">처분행위(설정부분) 全體</td></tr>
<tr><td>양도부분 中
'처분 전 [압류(경매신청)]의 청구금액
+ 처분 전 배당요구금액' 상당부분</td></tr>
<tr><td>2차적 의의 🄱
[행위무효]
〈무효가 되는
주관적 범위〉</td><td colspan="2">[가 압 류] 처분행위 前에 가압류등기를 한 채권자
[체납압류] 처분행위 前에 체납처분압류등기를 한 채권자
[압　　류] 처분행위 前에 경매개시결정등기 · 배당요구를 한 채권자</td></tr>
<tr><td rowspan="2">궁극적 의의
[배당재단 분할]</td><td>(가)압류채권자는 양도가 무효인 부분의 교환가치(배당재단)에서 배당받을 수 있음</td><td>(가)압류채권자는 설정이 무효인 부분의 교환가치(배당재단)에서 담보권자와 동순위로 배당받을 수 있음</td></tr>
<tr><td>배당재단이 3개로 분할될 수 있음</td><td>배당재단이 2개로 분할될 수 있음</td></tr>
</table>

Ⅲ. 매각에 의한 권리의 소멸과 목적물의 인도

1. 서설

경매부동산이 매각된 경우 그 부동산에 존재하는 부담은 경매절차의 매수인이 대금을 납부하는 시점에 소멸하거나 매수인에게 인수되는데, 이를 매각의 효력(대금납부 시 부동산의 부담의 인수 또는 소멸)이라고 한다.

예컨대, A 소유의 부동산에 관하여 '경매개시결정등기 ⇨ 유치권 성립 ⇨ 매각 및 대금납부(B)' 등이 순차로 이루어진 경우, B가 대금을 납부한 시점에 유치권의 부담은 소멸한다.

또한 A 소유의 부동산에 관하여 '경매개시결정등기 ⇨ 임차권의 대항요건 구비[180] ⇨ 매각 및 대금납부(B)' 등이 순차로 이루어진 경우, B가 대금을 납부한 시점에 임차권의 부담은 소멸한다.

2. 유치권의 소멸과 유치물의 인도

어느 부동산에 관하여 경매개시결정등기가 된 뒤에 비로소 민사유치권을 취득한 사람은 경매절차의 매수인에 대하여 그의 유치권을 주장할 수 없으나, 경매개시결정등기가 되기 전에 이미 민사유치권을 취득한 사람은 그 취득에 앞서 담보권등기 · 체납처분압류등기 · 가압류등기가 먼저 되어 있다 하더라도 경매절차의 매수인에게 유치권으로

---

180) 임차권의 경우 대항력 또는 우선변제권의 발생 시점은 다음과 같다.

첫째, 대항력은 대항요건(점유+전입신고, 점유+사업자등록신청)을 마친 다음 날 오전 0시부터 또는 등기를 마친 시점부터 발생한다.

둘째, 소액임차인의 최우선변제권은 대항요건을 마친 다음 날 오전 0시부터 발생한다.

셋째, 확정일자 우선변제권은 대항요건 구비일이 확정일자 구비일보다 빠르면 확정일자 구비 시점부터, 대항요건 구비일이 확정일자 구비일보다 같거나 늦으면 대항요건 구비일 다음 날 오전 0시부터 각 발생한다.

넷째, 등기 우선변제권은 임차권등기를 마친 시점부터 발생한다.

대항할 수 있다(대판(전) 2014. 3. 20. 2009다60336, 대판 2014. 4. 10. 2010다84932).

이는 민사유치권이 경매절차개시 후에 성립 · 취득한 때에는 매각으로 소멸한다는 법리(민사집행법 제91조 제5항의 축소해석)를 묵시적으로 전제한 것이라고 하겠다.[181)]

3. 임차권의 소멸과 임차물의 인도

가. 서

매각으로 임차권이 소멸한 경우 경매절차의 매수인이 임차인에 대하여 인도명령신청 또는 인도청구를 하면 인용된다. 매각으로 임차권이 인수된 경우 경매절차의 매수인이 임차인에 대하여 인도명령신청 또는 인도청구를 하면 인용되지 않는다.

임차권의 소멸(임차물의 인도) 여부를 결정하는 데에 필요한 법리를 분석해 본다.[182)]

나. 임차권의 내용

임대인(A)이 임차인(甲)에게 반환할 보증금이 있는 경우 甲이 주장 또는 행사할 수 있는 임차권의 주요 내용 내지 효력에는 임차물 사용 · 수익권과 보증금반환청구권 등이 있다.

임차권은 채권이므로 임차인은 본래 임대인에 대하여만 임차권을 주장 · 행사할 수 있다. 즉, 甲은 임대차 존속 중에는 '임차물 사용 · 수익권'(ⓐ1 권능), 임대차 종료 후에는(정확하게는 임차물의 인도와 상환으로) '평등변제권인 보증금반환청구권'[183)](ⓐ2 권능)

---

181) 이렇게 파악하는 입장을 이 책에서는 '경매절차개시 후 취득론'이라고 하기로 한다. 이 법리의 상세한 내용에 관하여는 뒤의 'Ⅳ' 및 'PART 06 제1장' 참조.

182) 아래 '나' 내지 '마'에 관하여는 이재석, "무상거주확인서를 작성 · 교부한 임차인의 우선변제권 · 대항력 행사를 제한하는 판례 분석", 법조(725), 법조협회(2017), 145~157 참조.

183) 임대인이 보증금을 반환하지 않는 경우 임차인은 별도로 보증금의 지급을 명하는 집행권원을 취득하거나 임

등을 A에게 주장 · 행사할 수 있다.

보증금반환청구권(ⓐ2 권능)은 우선변제권 없는 일반채권에 불과하고(따라서 ⓐ2 권능을 기초로 취득한 집행권원으로 임대인의 모든 재산에 대하여 집행할 수 있음), 사용 · 수익권과 보증금반환청구권(ⓐ1 · 2 권능)은 계약 상대방인 임대인에게만 행사할 수 있다. 따라서 임차물의 소유권이 매매 또는 경매 등으로 이전되는 경우, 본래 임차인은 새로운 소유자에게 보증금의 반환을 청구할 수 없을 뿐만 아니라 그의 인도청구에 응하여야 한다.[184]

이와 같이 취약한 지위에 있는 임차인의 주거생활과 경제생활의 안정을 보장하기 위하여 주임법과 상임법은 주택 · 상가건물이 경매절차에서 매각된 경우 채권자인 임차인에게 물권적 권능을 인정하고 있다. 임대인에 대하여 우선변제청구(보증금의 우선배당요구)를 할 수 있는 '**우선변제권**'(ⓐ3 권능), 경매절차의 매수인 등에 대하여 사용 · 수익권과 평등변제권 · 우선변제권인 보증금반환청구권 등을 주장 · 행사할 수 있는 '**대항력**'(ⓑ1 · 2 · 3 권능 등; 이하 'ⓑ 권능'이라고 총칭함) 등이 그것이다.[185]

ⓐ3 권능을 인정한다는 것은 'ⓐ2 권능에 우선적 효력을 인정하는 것'을 의미하고(다만, ⓐ3 권능은 임차물에 대하여만 행사할 수 있음),[186] ⓑ 권능을 인정한다는 것은 'ⓐ1 · 2 · 3 권능을 제3자에 대하여도 주장 · 행사할 수 있게 하는 것'을 의미한다(ⓑ3 권능 역시 임차물에 대하여만 행사할 수 있음).

차건물에 보증금반환청구권을 피보전권리로 하는 가압류등기 등을 한 후에 일반채권자로서 배당요구(평등변제청구)를 하는 등의 방법으로 보증금반환청구권을 행사할 수 있다. 다만, 실무상 이러한 평등변제권의 행사로 배당을 받는 사례는 거의 없다.

184) 주지하는 바와 같이 이러한 경우를 일컬어 '매매는 임대차를 깨뜨린다'(Kauf bricht Miete)고 한다.

185) 독일은 주택(주거공간) · 상가건물(영업공간)의 임대차에 관한 특칙을 민법전에 두고 있다. 즉, 독일 민법 제566조는 '매매는 임대차를 깨뜨리지 아니한다(Kauf bricht nicht Miete)'라는 표제로 주택임대차의 대항력에 관하여 규정하고, 제587조는 이를 상가건물임대차에 관하여 준용하고 있다.

186) 담보물권이 설정되는 경우 일반채권에 우선적 효력이 인정되는 것과 같다. 다만, 임차권에 인정되는 우선적 효력은 담보물권과 대등한 것도 있고(우선변제권 내지 물권적 효력) 그보다 선순위인 경우도 있다(최우선변제권 내지 초물권적 효력).

	임대인(A)에 대한 주장 · 행사	제3자(B)에 대한 주장 · 행사
임차물 사용 · 수익권	[a]1 (임차권 본래의 권능)	[b]1 (대항력)
평등변제권인 보증금반환청구권 (집행객체 : 임대인의 모든 재산)	[a]2 (임차권 본래의 권능)	[b]2 (대항력)
우선변제권인 보증금반환청구권 (집행객체 : 임차물)	[a]3 (우선변제권)	[b]3 (대항력)

다. 우선변제권과 대항력의 발생

甲이 우선변제권과 대항력을 겸유하는 주택 · 상가건물 임대차의 경우 [a]3 권능과 [b] 권능은 그 발생의 원인 내지 근거가 임차권등기인지 아니면 대항요건 구비인지에 따라 그 발생 시점이 다르다.

'임차권등기'[187]는 [b] 권능의 발생요건인 동시에 [a]3 권능 중 등기임차인 우선변제권의 발생요건이다(주임 §3의3⑤ 본문 및 §3의4①, 상임 §6⑤ 본문 및 §7①). 이 경우 [b] 권능과 [a]3 권능 중 등기임차인 우선변제권은 임차권등기 시점부터 발생한다.[188] 임차인의 임차권등기와 제3자의 등기[189] 또는 권리취득은 그 선후가 명백하므로[190] 임차권등기

---

187) 주임법 제3조의3 또는 상임법 제6조 소정의 임차권등기명령의 집행에 따른 임차권등기와 민법 제621조에 따른 임차권설정등기를 말한다.

188) 정확하게 말하면, 임차권등기 신청서 · 촉탁서의 접수 시점부터 임차권등기의 효력이 발생하고(부등 § 6 · 22② 참조), 그에 따라 임차인은 그 시점부터 우선변제권 · 대항력을 취득한다.

189) 제3자의 담보권등기(담보가등기 · 전세권등기 · 임차권등기 등 포함), 압류등기(경매개시결정등기를 말함, 체납압류등기 포함) 또는 가압류등기 등을 말한다.

190) 등기의 효력은 그 신청서 · 촉탁서의 접수 시점부터 발생한다(부등 §6 · 22②). 같은 부동산에 관하여 등기한 권리의 순위는 법률에 다른 규정이 없으면 등기한 순서에 따른다(부등 §4①). 등기의 순서는 등기기록 중 같은 구에서 한 등기 상호간에는 순위번호에 따르고, 다른 구에서 한 등기 상호간에는 접수번호에 따른다(부등 §4②).

시점을 기준으로 위와 같이 인정하여도 제3자는 불측의 피해를 입지 않는다.

'대항요건'[191]은 ⓑ 권능의 발생요건인 동시에 ⓐ3 권능 중 소액임차인 최우선변제권 및 확정일자 임차인 우선변제권의 발생요건이다(즉, 대항력의 발생은 우선변제권의 발생요건이다). ⓑ 권능[192]과 ⓐ3 권능 중 소액임차인 최우선변제권은 대항요건 구비일 다음 날 오전 0시부터 발생한다. ⓐ3 권능 중 확정일자 임차인 우선변제권은 대항요건 구비일이 확정일자 구비일보다 빠르면 확정일자 구비 시점부터, 대항요건 구비일이 확정일자 구비일과 같거나 이보다 늦으면 대항요건 구비일 다음 날 오전 0시부터 발생한다.[193]

한편 ⓐ3 권능은 임대차계약 당시 보증금을 일부만 지급하여도 발생한다.[194]

---

191) 대항요건 중 '주택의 인도'는 임차목적물인 주택에 대한 점유의 이전을 말한다. 이와 관련하여 대법원 2017. 8. 29. 선고 2017다212194 판결은 "… 점유는 사회통념상 어떤 사람의 사실적 지배에 있다고 할 수 있는 객관적 관계를 가리키는 것으로서, 사실상의 지배가 있다고 하기 위해서는 반드시 물건을 물리적 · 현실적으로 지배할 필요는 없고, 물건과 사람의 시간적 · 공간적 관계, 본권관계, 타인의 간섭 가능성 등을 고려해서 사회통념에 따라 합목적적으로 판단하여야 한다(대법원 2003. 11. 14. 선고 2001다78867 판결, 대법원 2005. 9. 30. 선고 2005다24677 판결 등 참조). 임대주택을 인도하는 경우에는 임대인이 임차인에게 현관이나 대문의 열쇠를 넘겨주었는지, 자동문 비밀번호를 알려주었는지, 이사를 할 수 있는지 등도 고려하여야 한다 … 이 사건 임대차계약 당시 이 사건 주택(3층 다가구주택) 101호가 비어 있었고, 임대인 소외1이 임차인인 원고들에게 현관 자동문의 비밀번호를 알려주었으며, 원고들(원고 1 · 2)은 2012. 7. 17. 이 사건 주택 101호에 가구 등 일부 짐을 옮겨놓았으므로, 늦어도 2012. 7. 17.에는 이 사건 주택 101호를 인도받았다고 보아야 한다 … 따라서 우선변제권의 기준 시점은 주택의 인도와 전입신고를 마친 다음 날인 2012. 7. 18.이라고 할 것 …"이라고 판시하였다.

192) ⓑ 권능(대항력)의 발생 시점에 관하여 법률은 '그 다음 날부터'라고 규정하고 있다(주임 §3①, 상임 §3①). 판례는 이에 관하여 '그 다음 날 오전 0시부터'라고 해석하고 있다(대판 1999. 5. 25. 99다9981, 대판 2001. 9. 18. 2001다30902 등).

ⓑ 권능이 대항요건을 갖춘 다음 날부터 발생한다고 규정한 것은, 임차인의 대항요건 구비와 제3자의 등기 또는 권리취득이 같은 날 이루어진 경우에는 양자의 선후(권리의 순위)를 가리는 것이 곤란할 뿐만 아니라 대항요건을 갖춘 임차인이 없음을 확인하고 등기 또는 권리를 취득한 제3자가 입을 수 있는 불측의 피해를 방지하기 위한 것이다(대판 1997. 12. 12. 97다22393).

193) 임차인이 대항요건을 갖춘 당일 또는 그 이전에 임대차계약증서상에 확정일자를 부여받은 경우 우선변제권은 대항요건을 갖춘 다음 날 오전 0시를 기준으로 발생한다(대판 1997. 12. 12. 97다22393, 대판 1998. 9. 8. 98다26002, 대판 1999. 3. 23. 98다46938 등).

194) 대법원 2017. 8. 29. 선고 2017다212194 판결은 "… 주택임대차보호법은 임차인에게 우선변제권이 인정되

라. 우선변제권 행사의 1회성 법리

임차물 사용 · 수익권(ⓐ1 또는 ⓑ1 권능)과 평등변제권인 보증금반환청구권(ⓐ2 또는 ⓑ2 권능)은 임차인이 보증금을 전액 배당받지 않는 한 수회 행사할 수 있으나, 우선변제권인 보증금반환청구권으로서의 ⓐ3 권능 또는 ⓑ3 권능은 보증금을 전액 배당받았는지 여부를 불문하고 선택적으로 1회에 한하여 행사할 수 있다.[195] 우선변제권은 배당요구의 방법 또는 경매신청의 방법으로 행사할 수 있다.[196]

기 위하여 대항요건과 임대차계약증서상의 확정일자를 갖추는 것 외에 계약 당시 임차보증금이 전액 지급되어 있을 것을 요구하지는 않는다. 따라서 임차인이 임대인에게 임차보증금의 일부만을 지급하고 주택임대차보호법 제3조 제1항에서 정한 대항요건과 임대차계약증서상의 확정일자를 갖춘 다음 나머지 보증금을 나중에 지급하였다고 하더라도 특별한 사정이 없는 한 대항요건과 확정일자를 갖춘 때를 기준으로 임차보증금 전액에 대해서 후순위권리자나 그 밖의 채권자보다 우선하여 변제를 받을 권리를 갖는다고 보아야 한다 …"라고 판시하면서, A 소유의 다가구주택 중 ㉮ 101호에 관하여 甲이 2012. 7. 16. 임대차계약을 체결하고(같은 날 전입신고를 하고 확정일자를 부여받았으며 보증금(6,500만 원) 중 500만 원을 지급하였음) 같은 해 7. 17. 가구 등 일부 짐을 옮겨놓고 평일에 출 · 퇴근의 편의를 위해 주로 잠을 자는 용도로 사용하였으며, ㉯ 303호에 관하여 乙이 같은 해 7. 30. 전세권계약을 체결하고 같은 해 8. 2. 전세권설정등기를 하였으며(같은 날 전세금(6,500만 원) 전액을 지급하였음), ㉰ 위 101호에 관하여 甲이 8. 17. 나머지 보증금(6,000만 원)을 지급하면서 나머지 짐을 옮기는 등 이사를 마치고 여기서 생활하기 시작한 사안에서, 甲은 乙보다 선순위로 배당을 받을 권리가 있다고 설시하였다. 甲의 우선변제권은 2012. 7. 18. 오전 0시부터 발생하였다고 본 것이다.

195) 대판 1998. 6. 26. 98다2754, 대판 2001. 3. 27. 98다4552, 대판 2006. 2. 10. 2005다21166 등. 대법원 2006. 2. 10. 선고 2005다21166 판결은 "… 주택임대차보호법상의 대항력과 우선변제권의 두 가지 권리를 함께 가지고 있는 임차인이 우선변제권을 선택하여 제1경매절차에서 보증금 전액에 대하여 배당요구를 하였으나 보증금 전액을 배당받을 수 없었던 때에는 경락인에게 대항하여 이를 반환받을 때까지 임대차관계의 존속을 주장할 수 있을 뿐이고, 임차인의 우선변제권은 경락으로 인하여 소멸하는 것이므로 제2경매절차에서 우선변제권에 의한 배당을 받을 수 없다(대법원 1998. 6. 26. 선고 98다2754 판결, 2001. 3. 27. 선고 98다4552 판결 등 참조). 이는 이 사건 원고와 같이 근저당권자가 신청한 1차 임의경매 절차에서 확정일자 있는 임대차계약서를 첨부하거나 임차권등기명령을 받아 임차권등기를 하였음을 근거로 하여 배당요구를 하는 방법으로 우선변제권을 행사한 것이 아니라, 임대인을 상대로 보증금반환청구소송을 제기하여 승소판결을 받은 뒤 그 확정판결에 기하여 1차로 강제경매를 신청한 경우에도 마찬가지이다 … 그러므로 주택임대차보호법 제3조의5 단서의 규정에 의하여 소멸하지 아니하는 임차권의 내용에 대항력뿐만 아니라 우선변제권도 당연히 포함되는 것으로 볼 수는 없다 …"라고 판시하였다.

196) 임차인이 보증금반환청구소송의 확정판결 등 집행권원을 취득하여 임차건물에 대하여 스스로 강제경매를 신

제1경매절차에서 우선변제권과 대항력을 겸유하는 甲이 배당요구를 한 상태에서(ⓐ3 권능 행사) 그 임차물의 소유권이 A에서 B로 이전된 경우, A에 대한 ⓐ3 권능이 소멸할 뿐만 아니라(면책적 채무인수에 따른 A에 대한 우선변제권 소멸) B에 대한 ⓑ3 권능도 소멸한다(우선변제권 행사의 1회성). 반대로, 제1경매절차에서 우선변제권과 대항력(말소기준등기 전에 발생한 대항력에 한함)을 겸유하는 甲이 ⓐ3 권능을 행사하지 않은 상태에서 그 임차건물이 매각된 경우, 甲은 제2경매절차에서 ⓐ3 권능은 행사할 수 없으나(제2경매절차에서 채무자는 A가 아니라 B이기 때문임), ⓑ3 권능은 행사할 수 있다(면책적 채무인수에 따른 B에 대한 우선변제권 존속).

따라서 배당요구(ⓐ3 권능 행사)를 한 甲이 보증금 중 일부라도 배당받지 못한 경우 주임법 제3조의5 단서 또는 상임법 제8조 단서에 따라 ⓑ1 · 2 권능만 존속할 뿐 ⓑ3 권능은 소멸한다. ⓐ3 권능을 가지는 주택 · 상가건물 임차인 甲은 A를 채무자로 하는 제1경매절차 또는 B를 채무자로 하는 제2경매절차 등에서 선택적으로 1회만 배당요구(우선변제권 행사)를 할 수 있는 것이다.

제1경매로 주택 · 상가건물의 소유권이 A에서 B로 이전된 경우, ⓐ3 권능과 ⓑ3 권능을 겸유하는 甲은 배당요구를 함으로써[197](ⓐ3 권능을 행사함으로써) 선순위로 배당을 받을 수 있고, 배당요구(ⓐ3 권능 행사)를 하였으나 보증금 중 일부라도 배당을 받지 못한 때에는 C에게 ⓑ1 · 2 권능을 행사할 수 있다.

제1경매에서 배당요구를 하였으나 보증금 중 일부라도 배당을 받지 못한 甲이 계속 사용 · 수익하는 중에 제2경매로 소유권이 B에서 C로 이전된 경우, 甲은 제2경매절차에

청한 경우에는 별도로 배당요구를 하지 않아도 후순위권리자 또는 일반채권자보다 우선하여 배당을 받을 수 있다(대판 2013. 11. 14. 2013다27831). 경매절차의 개시 내지 압류를 신청하는 행위(경매신청행위)나 경매절차에 참가한다는 의사를 표시하는 행위(배당요구행위) 모두 경매절차를 통하여 배당받을 것을 목적으로 하는 점에서는 동일하기 때문이다. 위 판결에 대한 평석에 함영주, "임차인의 경매신청만으로 우선변제권 선택 의사로 볼 수 있는지 여부 —대법원 2013. 11. 14. 선고 2013다27831 판결—" 법률신문(4185), 법률신문사(2013. 12.), 12.

197) 다만, 첫 경매개시결정등기 전에 임차권등기가 된 경우에는 배당요구를 하지 않아도 우선변제를 받을 수 있다(대판 2005. 9. 15. 2005다33039).

서 [b]3 권능을 행사할 수 없고, C에게 위 [b]1 · 2 권능을 행사할 수 있을 뿐이다.[198]

마. 대항력 존속 · 소멸의 기준

A 소유 주택 · 상가건물의 임차인 甲이 대항력을 취득한 후에 그 소유권이 매매 또는 경매 등에 의하여 A에서 B로 이전된 경우 B는 A의 '임대인으로서의 실체법상 · 절차법상 지위'를 그대로 승계한다.[199]

특히 경매절차에서 B가 위 주택 · 상가건물을 매수한 경우 甲의 대항력이 존속하는 때에는, A는 임대인으로서의 지위(甲의 [a]1 · 2 · 3 권능을 수인할 의무)를 면하고, B는 A의 임대인으로서의 지위(甲의 [b]1 · 2 · 3 권능을 수인할 의무)를 승계 · 인수한다.[200]

이 경우 甲이 B에게 주장 · 행사할 수 있는 [b] 권능(대항력)의 범위는 반환할 보증금이 있는지 여부, 우선변제권을 행사하였는지 여부 등에 따라 다르다.

198) 甲이 C를 상대로 보증금의 반환을 명하는 집행권원을 취득한 경우 또는 임차건물에 대하여 보증금반환청구권을 피보전권리로 하는 가압류등기를 한 경우, 甲은 제1경매절차에서 배당받지 못한 잔액에 관하여 제2경매절차에서 배당요구(평등변제권 행사)를 함으로써 일반채권자(집행권원 채권자 또는 가압류 채권자)로서 배당을 받을 수 있다. 그러나 실무상 이러한 평등변제권의 행사로 배당을 받는 사례는 거의 없다.

199) 대법원 2013. 1. 17. 선고 2011다49523 전원합의체 판결(다수의견)은 "… 주택임대차보호법 제3조 제3항은 같은 조 제1항이 정한 대항요건을 갖춘 임대차의 목적이 된 임대주택(이하 '임대주택'은 주택임대차보호법의 적용대상인 임대주택을 가리킨다)의 양수인은 임대인의 지위를 승계한 것으로 본다고 규정하고 있는바, 이는 법률상의 당연승계 규정으로 보아야 하므로, 임대주택이 양도된 경우에 그 양수인은 주택의 소유권과 결합하여 임대인의 임대차계약상의 권리 · 의무 일체를 그대로 승계하며, 그 결과 양수인이 임대차보증금반환채무를 **면책적으로 인수**하고, 양도인은 임대차관계에서 탈퇴하여 임차인에 대한 임대차보증금반환채무를 면하게 된다 … 임차인의 임대차보증금반환채권이 가압류된 상태에서 임대주택이 양도되면 양수인이 채권가압류의 제3채무자의 지위도 승계하고, 가압류권자 또한 임대주택의 양도인이 아니라 양수인에 대하여만 위 가압류의 효력을 주장할 수 있다고 보아야 한다 …"라고 판시하였다.

200) 따라서 B는 A의 보증금반환채무(甲의 [b]2 권능을 수인할 의무)를 면책적으로 인수하고 A의 보증금반환채무(甲의 [a]2 권능을 수인할 의무)는 소멸한다(대판 1987. 3. 10. 86다카1114, 대판 1993. 7. 16. 93다17324, 대판 1994. 3. 11. 93다29648, 대판 1996. 2. 27. 95다35616, 대판 1996. 11. 22. 96다38216, 대판 2003. 7. 25. 2003다2918, 대판(전) 2013. 1. 17. 2011다49523).

(1) 임대인(A)이 반환할 보증금이 없는 경우 : 민사집행법 제91조 제3 · 4항 적용

	ⓑ1 권능	ⓑ2 · 3 권능
말소기준등기 後에 대항력 발생한 경우	소 멸	〈 해당사항 없음 〉
말소기준등기 前에 대항력 발생한 경우	존 속	

본래 임대차는 차임의 지급 등을 내용으로 하는 계약으로서 보증금의 지급이 필수적인 요소는 아니다.[201] 임차인이 보증금을 지급하지 않았거나 이를 지급하였다 하더라도 채무불이행에 따른 손해액 등이 보증금을 초과하여 임대인이 반환할 보증금이 없는 본래의 임대차의 경우(즉, ⓐ2 권능이 발생하지 않았거나 소멸한 경우)에는 일반법인 민사집행법 제91조 제3항 · 제4항에 의하여 위 ⓑ1 권능의 존속 여부를 결정한다.[202] 이 경우는 임대인이 반환할 보증금이 없는 상황이므로 ⓑ2 · 3 권능이 존속하는지 여부는 문제되지 않는다.

임차인이 반환받을 보증금이 없는 경우에 관하여 민사집행법 제91조 제3항은 「… 등기된 임차권은 저당권 · 압류채권 · 가압류채권에 대항할 수 없는 경우에는 매각으로 소멸된다.」라고 규정하고, 같은 조 제4항 본문은 「제3항의 경우 외의 … 등기된 임차권은 매수인이 인수한다 …」"라고 규정하고 있다. 또한 판례는 '대항요건을 갖춘 임차권'도 위 '등기된 임차권'과 동일한 기준으로 그 인수 또는 소멸을 결정하고 있다.[203]

민사집행법 제91조 제3항 · 제4항과 대항력의 발생 시점에 관한 상임법 · 주임법의

201) 임대차는 차임의 지급 등을 내용으로 하는 계약이므로(민법 제618조) 보증금은 본질적인 요소가 아니다. 다만, 임대차의 경우 보증금을 수수하는 경우가 대부분이고, 미등기 전세(채권적 전세)의 경우 전세금의 지급 등이 필수적이다. 채권적 전세에 관하여는 주임법 · 상임법이 준용되고 전세금은 임대차 보증금으로 간주되며(주임 §12, 상임 §17), 전세금의 법정이자 상당액은 차임으로 간주된다(통설 · 실무).

202) 임대인이 반환할 보증금이 있는 경우에는 주임법 제3조의5 또는 상임법 제8조를 적용한다. 그렇지 않은 경우에는 민사집행법 제91조 제3항 · 제4항을 적용한다.

203) 대판 1983. 4. 26. 83다카116(가압류), 대판 2001. 1. 5. 2000다47682(저당권) 등.

규정을 종합하여 보면, 반환할 보증금이 없는 경우 말소기준등기[204]의 등기 前에 대항력이 발생한 때[205]에는 매각으로 임차권이 인수되고, 그 등기 後에 대항력이 발생한 때에는 매각으로 임차권이 소멸한다고 정리할 수 있다.[206] 전자의 경우(임차권이 인수되는 경우)에는 위 ④-1 권능이 유지되어 임차인이 이를 행사할 수 있게 된다.

(2) 임대인(A)이 반환할 보증금이 있는 경우 : 주임법 제3조의5, 상임법 제8조 적용

<table>
<tr><th colspan="2" rowspan="3"></th><th rowspan="3">우선변제권
없는 경우

(배당요구
할 수 없음)</th><th colspan="3">우선변제권([a]3 권능) 있는 경우</th></tr>
<tr><th rowspan="2">배당요구
안 한 경우</th><th colspan="2">배당요구([a]3 권능 행사)한 경우</th></tr>
<tr><th>보증금 전부 또는 일부
배당받지 못한 경우</th><th>보증금 전부
배당받은 경우</th></tr>
<tr><td rowspan="2">말소기준등기
後에 대항력
발생한 경우</td><td>[b]1 · 2</td><td colspan="4">소 멸</td></tr>
<tr><td>[b]3</td><td>본래 없음[207]</td><td>소 멸</td><td colspan="2">소 멸 (우선변제권 행사의 1회성)</td></tr>
<tr><td rowspan="2">말소기준등기
前에 대항력
발생한 경우</td><td>[b]1 · 2</td><td colspan="3">존 속</td><td>소 멸</td></tr>
<tr><td>[b]3</td><td>본래 없음[208]</td><td>존 속</td><td colspan="2">소 멸 (우선변제권 행사의 1회성)</td></tr>
</table>

---

204) 임차권의 경우에는 담보권등기(담보가등기, 말소되는 전세권등기 포함), 압류등기(경매개시결정등기를 말함, 체납처분압류등기 포함) 또는 가압류등기 중 가장 빠른 등기가 말소기준등기가 된다(민집 §91③④).

205) 임차권등기 시점이 말소기준등기 시점보다 빠른 경우 또는 대항요건을 갖춘 날이 말소기준등기를 한 날보다 앞선 경우를 말한다. 엄밀하게는, 말소기준등기신청 접수 前에 임차권등기의 신청 · 촉탁(임차권등기명령)을 접수하거나 말소기준등기신청 접수 前日까지 주택 · 상가건물을 인도받고 전입신고 또는 사업자등록신청을 함으로써, 임차인이 대항력을 취득한 경우를 의미한다.

206) 부동산 위의 부담의 인수 또는 소멸과 같은 매각조건은 '대금지급기한 내의 대금납부 시'에 확정된다(대결 1998. 8. 24. 98마1031, 대판 2003. 4. 25. 2002다70075). 임차인이 배당요구를 하지 않은 경우에도 대금납부 시에 임차권의 인수 또는 소멸이 확정된다. 그러나 우선변제권과 대항력을 겸유하는 임차인이 배당요구를 한 경우에는 특별한 사정이 없는 한 임차인이 그 배당금을 받을 수 있는 때(즉, 임차인에 대한 배당표가 확정될 때) 비로소 그 인수 또는 소멸이 확정된다(대판 1997. 8. 29. 97다11195, 대판 2004. 8. 30. 2003다23885, 대판 2004. 8. 30. 2003다23892).

주택 · 상가건물 임차인이 보증금을 지급하였고 또 반환받을 보증금이 있는 경우(전세금의 지급 등을 내용으로 하는 채권적 전세의 경우 포함[209])) [b] 권능의 존속 여부를 결정함에 있어서는 일반법인 민사집행법(제91조 제3 · 4항)이 아니라 특별법인 주임법(제3조의5) 또는 상임법(제8조)을 적용한다. 이러한 경우에는 임차인의 사용 · 수익권뿐만 아니라 보증금반환청구권도 보호할 필요가 있기 때문이다.

주임법 제3조의5 및 상임법 제8조는 「임차 주택 · 상가건물이 민사집행법에 따른 경매절차에서 매각된 경우 그 임차권은 소멸한다. 다만, 보증금이 모두 변제되지 아니한, 대항력이 있는 임차권은 그러하지 아니하다.」라는 취지로 규정하고 있다. 여기서 대항력 있는 임차권은 '대항력이 발생한 주택 · 상가건물 임차권'이 아니라 '말소기준등기 전에 대항력이 발생한 임차권'[208])을 의미한다.[209]) 특별법인 위 규정은 일반법인 민사집행법 제91조 제3항 · 제4항이 정한 기준(말소기준등기 전에 대항력 발생하였는지 여부)과 부가적인 기준(보증금이 변제되지 않았는지 여부)으로 임차권의 인수 여부를 결정하도록 한 것이다. 보증금이 모두 변제된 경우에는 임차인에게 [a]3 권능은 물론 [b] 권능도 인정할 필요가 없기 때문이다.

먼저, 말소기준등기 後에 대항력이 발생한 경우에는 [b]1 · 2 · 3 권능 모두 소멸한다. 다만, [a]3 권능이 없는 경우에는 [b]3 권능의 존속 여부가 문제될 여지가 없다. 처음부터 [b]3 권능이 발생하지 않았기 때문이다.

다음, 말소기준등기 前에 대항력이 발생한 경우에는 일반법인 민사집행법 제91조 제3 · 4항에 의하면 [b]1 · 2 · 3 권능 모두 존속하는 것이 원칙이다. 그러나 주임법 제

---

207) 우선변제권이 없는 경우이므로 [b]3 권능의 존속 · 소멸의 문제는 발생하지 않는다.

208) 우선변제권이 없는 경우이므로 [b]3 권능의 존속 · 소멸의 문제는 발생하지 않는다.

209) 주임 §12, 상임 §17.

210) 구체적으로는, '말소기준등기 시점보다 임차권등기 시점이 빠른 임차권' 또는 '제3자가 말소기준등기를 한 날보다 대항요건을 갖춘 날이 앞서는 임차권'을 말한다.

211) 따라서 주임법 제3조의5 단서 및 상임법 제8조 단서의 문언은 「… 다만, 보증금이 모두 변제되지 아니한, 민사집행법 제91조 제4항이 규정하는 임차권은 그러하지 아니하다.」와 같이 수정하는 것이 타당하다고 생각한다.

3조의5, 상임법 제8조, 우선변제권 행사의 1회성 법리(판례이론) 등을 종합하여 볼 때, ⓑ1 · 2 · 3 권능의 존속 · 소멸의 문제는 아래와 같이 정리할 수 있다.

첫째, ⓐ3 권능이 없는 때에는 ⓑ1 · 2 권능은 존속한다. 그러나 ⓑ3 권능의 존속 · 소멸 여부는 문제될 여지가 없다. 처음부터 ⓑ3 권능이 발생하지 않았기 때문이다.

둘째, ⓐ3 권능이 있으나 이를 행사하지 않은 때에는 ⓑ1 · 2 · 3 권능 모두 존속한다.

셋째, ⓐ3 권능이 있고 이를 행사하였으나 보증금의 전부 또는 일부를 배당받지 못한 때에는 ⓑ1 · 2 권능은 존속하고 ⓑ3 권능은 소멸된다.

넷째, ⓐ3 권능이 있고 이를 행사하여 보증금 전액을 배당받은 때에는 ⓑ1 · 2 · 3 권능 모두 소멸된다.

제4절 경매절차 개시 후에 성립 · 취득한 유치권에 관한 판례이론

Ⅰ. 서설

1. 관련 조문

가. 민사집행법 제91조 제5항

(1) '매수인이 변제할 책임이 있다'는 의미

민법 제320조 제1항은 '타인의 물건 또는 유가증권을 점유한 자는 그 물건이나 유가증권에 관하여 생긴 채권이 변제기에 있는 경우에는 변제를 받을 때까지 그 물건 또는 유가증권을 유치할 권리가 있다.'고 규정하고 있으며(물권적 인도거절권), 민사집행법은 제91조 제5항에서 부동산 강제경매에 관하여 '매수인은 유치권자에게 그 유치권으로 담보하는 채권을 변제할 책임이 있다.'고 규정하고[212](매수인에 대한 물권적 인도거절권), 제268조에서 이를 부동산을 목적으로 하는 담보권 실행을 위한 경매(이하 '임의경매'라고 함)에 준용하고 있다.

민사집행법 제91조 제5항의 '매수인이 변제할 책임이 있다'는 의미에 관하여 대법원 1996. 8. 23. 선고 95다8713 판결은 "… 부동산상의 부담을 승계한다는 취지로서 … 유치권자는 경락인에 대하여 그 피담보채권의 변제가 있을 때까지 유치목적물인 부동산의 인도를 거절할 수 있을 뿐이고 그 피담보채권의 변제를 청구할 수는 없다. …"라고 판시하였다.[213]

---

212) 구 경매법 제3조 제3항은 '경락인은 유치권자…에게 변제하지 아니하면 경매의 목적물을 수취할 수 없다.'라고 규정하고 있었고, 구 민사소송법 제608조 제3항은 '유치권이 부동산에 존재한 경우에는 경락인은 그 유치권으로 담보한 채권을 변제할 책임이 있다.'라고 규정하고 있었다.

213) 이 판결은 유치권자가 매수인에 대하여 그 피담보채권의 변제를 청구할 수 없다는 점을 처음으로 선언한 대법원 판결이다{서기석, "유치권자의 경락인에 대한 피담보채권의 변제청구권의 유무", 대법원판례해설(26),

[매수인에 대한 공사잔대금청구 불허] 대법원 1996. 8. 23. 선고 95다8713 판결은, 甲으로부터 공장건물 신축공사를 도급받은 수급인 乙이 그 공장건물을 경매절차에서 매수하여 점유하고 있는 丙을 상대로 공사잔대금채권의 변제와 공장건물의 인도를 청구한 사안에서, 乙은 공장건물에 대하여 유치권을 취득하였다 하더라도 甲이 아닌 丙에게 공사잔대금채권의 변제를 청구할 수 없다고 판시하였다.

(2) 적용배제 내지 축소해석

종래 통설과 판례는 민사집행법 제91조 제5항을 근거로 유치권의 목적물인 부동산이 경매절차에서 매각된 경우 유치권은 언제나 매수인이 인수한다는 입장(전면적 인수주의)을 취하고 있었다. 그러나 대법원 2005. 8. 19. 선고 2005다22688 판결, 대법원 2014. 3. 20. 선고 2009다60336 전원합의체 판결 등은 '경매절차개시 후에 유치권이 성립한 경우 유치권자는 매수인 또는 배당적격자에게 유치권을 행사할 수 없다'는 정책적 결단을 내리고 있다.[214)]

위 판결 등에 대하여는 "… 유치권 남용에 쐐기를 박는 판례임에는 틀림없으나 … 법 제91조 제5항의 축소해석인 것으로 법문 해석의 한계를 벗어난 느낌이 있어 논란의 여지가 있다. 차라리 판례의 입장을 입법으로 수용 · 정리하여 문제를 해결하는 것도 길일 것이다. …"라는 입법적 해결을 촉구하는 견해가 있다.[215)] 또한 유치권제도를 근본적으로 재설계하려는 법률안이 마련되었다.[216)]

경매절차개시 후에 유치권이 성립한 경우 민사집행법 제91조 제5항의 적용을 배제하

법원도서관(1996), 97}.

대법원 2009. 9. 24. 선고 2009다39530 판결도 같은 취지에서 "… 매수인은 유치권자에게 채무자의 채무와는 별개의 독립된 채무를 부담하는 것이 아니라 단지 채무자의 채무를 변제할 책임을 부담 …"한다고 판시하였다.

214) 특히, 대법원 2014. 3. 20. 선고 2009다60336 전원합의체 판결은 민사집행법 제91조 제5항이 유치권에 관하여 전면적 인수주의를 규정한 것이라는 해석에서 출발하여 경매개시결정등기 후에 성립한 유치권은 (매각 내지 대금납부로 소멸되므로) 매수인에 대하여 유치권을 행사할 수 없다는 결단에 이르고 있다. 이 판결의 구체적인 내용에 관하여는 뒤의 'PART 06' 참조.

215) 이시윤, "민사집행법에 있어서의 주요과제와 ISD", 민사집행법연구(8), 한국사법행정학회(2012), 22.

216) 앞의 '각주 2' 참조.

거나 이를 축소해석함으로써 매수인 · 배당적격자에게 유치권을 행사할 수 없는 것으로 볼 것이라면, 단순히 매수인 · 배당적격자에게 행사할 수 없다고 하는 것에 그칠 것이 아니라, 제91조 제5항의 적용배제 내지 축소해석에 의하여 유치권이 소멸하기 때문에(민사집행법 제91조 제5항의 적용배제 내지 축소해석 ⇨ 유치권 소멸) 매수인 · 배당적격자에게 행사할 수 없다고 하는 것이 더욱 논리적이고 이론적이라고 하겠다.[217)]

(3) 인수 또는 소멸의 확정 시점

대법원은 부동산 위의 부담은 매수인이 소유권을 취득하는 시점인 대금납부 시에 그 인수 또는 소멸이 확정된다고 보고 있으므로,[218)] 대금납부 시에 민사집행법 제91조 제5항의 적용 여부(유치권의 인수 또는 소멸)가 결정된다.

나. 민사집행법 제94조 제1항

경매개시결정의 주문은 경매절차의 개시와 채권자를 위한 압류를 그 내용으로 한다. 민사집행법 제94조 제1항은 경매개시결정을 하면 법원사무관등은 즉시 그 '사유'를 등기부에 기입할 것(경매개시결정등기를 할 것)을 등기관에게 촉탁하도록 규정하고 있다. 위 제94조 제1항이 '경매개시결정'등기가 아니라 '압류'등기를 촉탁하여야 하는 것으로 개정하는 것이 타당하다는 점은 전술한 바와 같다.[219)]

---

217) 대법원 2014. 3. 20. 선고 2009다60336 전원합의체 판결은 민사집행법 제91조 제5항의 해석론에서 출발하여 위와 같은 정책적 결단에 이르고 있으나, 그 결단의 과정(위 제91조 제5항과 정책적 결단의 관련성)에 관하여는 아무런 언급을 하지 않고 있다. 그러나 유치권 행사의 제한을 위 제91조 제5항의 해석 문제로 보는 이상, 그 결단의 과정 내지 위 제91조 제5항과 그 결단의 관련성(제91조 제5항의 적용배제 내지 축소해석 ⇨ 소멸)을 명시적으로 설시하는 것이 자연스럽다. 대법원 2013. 2. 28. 선고 2010다57350 판결도 위 제91조 제5항의 해석론에서 출발하고, 그 결단의 과정(제91조 제5항의 적용배제 내지 축소해석 ⇨ 소멸)을 명시적으로 설시하는 것이 타당하다.

218) 판례는 부동산 위의 부담의 인수 또는 소멸과 같은 매각조건은 매수인의 소유권 취득 시점(대금납부 시)에 확정된다고 보고 있다(대법원 1998. 8. 24.자 98마1031 결정, 대법원 2003. 4. 25. 선고 2002다70075 판결).

219) 앞의 'PART 01 제4장 Ⅰ. 3.' 참조.

다. 민사집행법 제83조 제4항, 제92조 제1항

대법원 2005. 8. 19. 선고 2005다22688 판결은 압류의 처분금지효의 근거규정으로서 민사집행법 제83조 제4항과 제92조 제1항을 열거하고 있다. 그러나 대법원 2014. 3. 20. 선고 2009다60336 전원합의체 판결은 압류의 처분금지효와 연계하지 않고(민사집행법 제83조 제4항, 제92조 제1항의 언급 없이) 유치권의 존속을 제한하는 방법으로 경매절차의 안정성을 도모하고 있다. 위 제83조 제4항, 제92조 제1항에 관하여 살펴본다.

민사집행법은 강제경매에 관하여 제83조 제4항에서 '압류는 채무자에게 그 결정이 송달된 때 또는 제94조의 규정에 따른 등기가 된 때에 효력이 생긴다.'고 규정하고 있고,[220)221)] 제92조 제1항에서 '제3자는 권리를 취득할 때에 경매신청 또는 압류가 있다는 것을 알았을 경우에는 압류에 대항하지 못한다.'고 규정하고 있다. 이 규정들의 조화로운 해석에 관한 유력한 견해는 아래와 같다.[222)]

첫째, 위 제83조 제4항에 따른 압류의 효력발생(경매개시결정의 송달 또는 등기) 전에 취득한 권리에 대하여는 그 권리자의 선의·악의를 불문하고 압류의 효력이 미치지 않는다. 압류의 효력(처분금지효)은 경매개시결정이 송달된 시점과 등기된 시점 중 빠른 시점에 발생한다. 실무상 등기 후에 송달을 하는 것이 일반적이므로(특히, 강제경매의 경우)

---

220) 강제경매의 경우 압류의 효력은 일반적으로 경매개시결정등기를 한 때 발생한다. 왜냐하면 경매개시결정등기의 등기완료통지서를 등기관으로부터 송부받은 날(전자촉탁을 한 경우에는 전산시스템에서 등기완료통지서를 출력하여 경매기록에 첨부한 날)부터 3일 이내에 경매개시결정 정본을 채무자에게 송달하여야 하기 때문이다{부동산경매 사건의 진행기간 등에 관한 예규(재민 91-5); 법원행정처, 법원실무제요 민사집행[Ⅱ], 법원행정처(2014), 64}.

임의경매의 경우 압류의 효력은 경매개시결정이 '소유자'에게 송달된 때 또는 제94조 및 제268조의 규정에 의한 경매개시결정등기가 된 때 발생한다{법원행정처, 법원실무제요 민사집행[Ⅱ], 법원행정처(2014), 752}.

221) 일본 민사집행법도 제46조 제1항에서 '압류의 효력은 강제경매개시결정이 채무자에게 송달된 때 발생한다. 다만, 압류등기가 그 개시결정 전에 된 때에는 등기가 된 때 발생한다.'라고 규정하고 있다. 위 규정은 우리 민사집행법 제83조 제4항과 그 내용이 같다.

222) 김능환·민일영, 제3판 주석 민사집행법(Ⅲ), 한국사법행정학회(2012), 335~336(황진구 집필 부분).

현실적으로 압류의 효력은 경매개시결정등기 시에 발생하고 있다. 이러한 연유로 인하여 '압류의 효력발생'을 '경매개시결정등기', '압류등기' 또는 '압류' 등으로 표현하기도 한다.

둘째, 경매개시결정의 송달 후 등기 전에 취득한 권리에 대하여는 그 권리자가 선의인 경우[223]에는 압류의 효력이 미치지 않으나, 악의인 경우[224]에는 압류의 효력이 미친다. 위 제92조 제1항은 위 후문의 경우를 규정한 것이다.

셋째, 경매개시결정등기 후 취득한 권리에 대하여는 그 권리자의 선의 · 악의를 불문하고 압류의 효력이 미친다.[225] 즉, 경매개시결정등기 후에 권리를 취득한 경우에는 그 권리자가 경매법원에 경매신청서가 제출되었다는 사실 또는 경매개시결정이 채무자에게 송달되었다는 사실을 알았다고 의제하는 것이다.[226]

위 해석론에 따르고 또 대법원 2005. 8. 19. 선고 2005다22688 판결과 같이 압류의 효력발생 후에 이루어진 점유이전 등(유치권을 성립시키는 행위)을 압류의 처분금지효에 저촉되는 처분행위에 해당하는 것으로 본다면, 강제경매에 있어서 ① 경매개시결정등기 후에 유치권을 취득한 경우 그 유치권은 유치권자의 선의 · 악의를 불문하고 압류채권자에 대한 관계에서 무효가 되고, ② 경매개시결정의 송달 후 등기 전에 유치권을 취득한 경우 그 유치권은 유치권자가 악의인 때에만 압류채권자에 대한 관계에서 무효가 된다.

그러나 대법원 2005. 8. 19. 선고 2005다22688 판결은 경매개시결정등기에 따른 압

---

223) 경매신청서가 경매법원에 제출되었다는 사실 또는 경매개시결정이 채무자에게 송달되었다는 사실을 몰랐을 경우.

224) 경매신청서가 경매법원에 제출되었다는 사실 또는 경매개시결정이 채무자에게 송달되었다는 사실을 알았을 경우.

225) 대법원 2006. 8. 25. 선고 2006다22050 판결도 '경매개시 ⇨ 유치권취득'의 경우에 관하여 "… 이 경우 위 부동산에 경매개시결정의 기입등기가 경료되어 있음을 채권자가 알았는지 여부 또는 이를 알지 못한 것에 관하여 과실이 있는지 여부 등은 채권자가 그 유치권을 경락인에게 대항할 수 없다는 결론에 아무런 영향을 미치지 못한다. …"라고 판시하였다.

226) 대법원 2014. 3. 20. 선고 2009다60336 전원합의체 판결의 다수의견에 대한 보충의견(김소영)도 대법원 2005. 8. 19. 선고 2005다22688 판결의 법리에 관하여 "… 압류에 대한 유치권자의 악의도 의제하겠다는 취지로 이해할 수 있다. …"라고 설시하였다.

류의 효력발생 후에 이루어진 점유이전 등(유치권을 성립시키는 행위)의 처분행위성을 인정할 뿐이므로, 위 판결에 의하면 경매개시결정의 송달 후 등기 전에 이루어진 점유이전 등은 처분행위에 해당하지 않게 된다(따라서 이러한 유치권을 내세워 경매절차의 매수인에게 대항할 수 있다)고 보아야 할 것이다. 이와 같이 위 판결은 위 '둘째'의 경우에 관하여 위 해석론과 다른 입장을 취하는 것으로 보인다.

2. 이해 조정(유치권 제한)의 법리

통설 · 판례 · 실무는 위와 같이 유치권자와 매수인 · 배당적격자의 이해가 경합 · 충돌하는 경우에도 절대적 · 무제한적으로 매수인 · 배당적격자의 희생 하에 유치권자를 우선하여 보호하는 입장을 취하여 왔다.

그러나 유치권의 공시방법(점유)의 불완전성, 유치권신고의 임의성, 허위 채권 또는 사해적 유치권의 작출 가능성 등으로 인하여 유치권에는 신속 · 적정한 환가를 저해하고 이해관계인에게 예상하지 못한 손해를 줄 위험이 항존(恒存)하고 있다.

이러한 위험에 대처하기 위하여 대법원은 2005년부터 경매절차의 법적 안정성을 크게 위협하지 않고 담보권질서에 관한 법의 구상을 왜곡하지 않는 범위 내에서만 유치권의 성립 · 존속을 허용한다고 선언함으로써, 유치권의 '간접적인 변제 확보 기능'과 '사실상의 최우선변제 보장 기능'에 일정한 제한을 가하고 있다.

강제경매절차 및 임의경매절차에서 유치권자와 이해관계인 간의 이해가 경합 · 충돌하는 경우, 특히 압류(경매개시결정등기)가 선행하는 경우 유치권자와 매수인 · 배당적격자 간의 이해를 조정하는 법리(유치권을 제한하는 법리)에는 Ⓐ 유치권의 성립 문제로 접근하여 유치권이 성립하지 않은 것으로 보는 견해(이하 '불성립론'이라고 함), Ⓑ 유치권의 효력 문제로 접근하여 매수인에 대한 관계에서도 무효가 된다고 보는 견해(이하 '상대적 무효론' 또는 '압류효력 확장론'이라고 함), Ⓒ 유치권의 존속 문제로 접근하여 소멸된다, 즉 민사집행법 제91조 제5항의 적용이 배제된다고 보는 견해(이하 '소멸론' 또는 '§91⑤ 축소해석론'이라고 함) 등이 있다.

Ⓐ의 '불성립론'은 민법 제320조 제2항의 해석을 통하여 유치권의 성립을 제한하는 방법으로, Ⓑ의 '상대적 무효론(압류효력 확장론)'은 압류의 처분금지효에 관한 판례이론인 개별상대효설이 미치는 주관적 범위를 확장하는 방법으로, Ⓒ의 '소멸론(§91⑤ 축소해석론)'은 민사집행법 제91조 제5항의 해석을 통하여 유치권의 존속을 제한하는 방법으로 유치권에 대하여 일정한 제한을 가하는 법리이다. 유치권이 성립하지 않은 경우(Ⓐ), 매수인에 대한 관계에서도 무효가 되는 경우(Ⓑ) 및 소멸되는 경우(Ⓒ)에는 매수인 등에게 유치권을 주장하거나 이를 내세워 대항하는 등 유치권을 행사하지 못하게 된다.

대법원 판결은 Ⓒ의 '소멸론(§91⑤ 축소해석론)'의 입장을 취하는 정책적 결단을 하였다. 민사유치권에 관하여는 압류의 효력발생 후에 취득한 경우(압류효력발생 후 취득론), 경매개시결정등기 후에 취득한 경우(경매절차개시 후 취득론) 유치권이 소멸한다고 이론 구성을 한 바 있다.[227)]

또한 대법원 판결은 유치권의 행사가 신의칙에 반하는 권리행사 또는 권리남용이라고 평가될 정도로 유치권의 존립 내지 정당성 근거인 '공평의 원칙'을 현저하게 훼손하게 되는 경우에도 유치권자는 경매절차의 매수인 또는 배당적격자에게 유치권을 내세워 대항할 수 없다는 입장을 취하고 있다(신의칙 위반론). 이 판결도 '소멸론(§91⑤ 축소해석론)'에 입각해 있는 것으로 파악할 수 있다.

<table>
<tr><th colspan="2">민사유치권 제한</th><th rowspan="2">구 조</th></tr>
<tr><th>접근방법</th><th>제한 법리</th></tr>
<tr><td>成立 문제</td><td>불성립론</td><td>불성립 ⇨ 행사불가</td></tr>
<tr><td>效力 문제</td><td>상대적 무효론
(압류효력 확장론)</td><td>점유이전 등의
처분행위성 인정
⇨ 상대적 무효
⇨ 행사불가</td></tr>
</table>

227) 소멸론의 상세한 내용에 관하여는 뒤의 'PART 06 제1장 Ⅰ.' 참조.

<table>
<tr><td rowspan="3">存續 문제</td><td rowspan="3">소멸론
(§91⑤ 축소해석론)</td><td>압류효력발생 후 취득론</td><td>점유이전 등의
처분행위성 인정
⇨ 소멸 ⇨ 행사불가</td></tr>
<tr><td>경매절차개시 후 취득론</td><td rowspan="2">소멸 ⇨ 행사불가</td></tr>
<tr><td>신의칙 위반론</td></tr>
</table>

Ⅱ. 유치권의 불성립 · 소멸을 인정하는 법리 개관

1. 불성립론 : 유치권의 원시적 · 절대적 무효

가. 내용

'불성립론'은 유치권의 소극적 성립요건(민 §320②)의 문제로 포섭하여 이해를 조정하려는 견해이다.[228)]

특히 '경매개시 ⇨ 유치권취득'의 경우에 민법 제320조 제2항의 '점유가 불법행위로

---

228) 대전지법 2005. 6. 15. 2004가합8962, 부산지법 2011. 2. 17. 2010가합14226(대법원 2011. 11. 22. 선고 2011다84298 판결의 제1심 판결) 등; 강민성, "민사집행과 유치권 —이미 가압류 또는 압류가 이루어졌거나, 저당권이 설정된 부동산에 관하여 취득한 점유 또는 견련성 있는 채권으로써 경매절차에서 그 부동산을 매수한 사람을 상대로 유치권을 내세워 대항하는 것이 허용되는지 여부에 관하여—", 사법논집(36), 법원도서관(2003), 77~78, 91~92.

유치권에 관하여 그 효력(대항력)을 제한하는 방법에서 그 성립을 제한하는 방법으로 회귀해야 한다는 주장{서종희, "부동산 유치권의 대항력제한에서 불법점유를 원인으로 하는 유치권 성립제한으로의 재전환", 성균관법학(24-4), 성균관대학교 비교법연구소(2012), 153~188}도 '불성립론'에 해당한다.

'경매개시 ⇨ 유치권취득'의 사안에 관하여 일본의 하급심 판례는 대체로 위 견해를 취하고 있으며{清水元, 留置權概念の再構成, 一粒社(1998), 168(주 2) 참조}, 이에 관하여 정면으로 다룬 최고재판소 판례는 아직 없는 것으로 보인다.

인한 경우'에 해당한다고 보거나 이 규정의 유추해석 또는 확장해석을 통하여 유치권의 성립 자체를 부정하는 입장이다.

이러한 경우 유치권은 원시적 · 절대적으로 무효이고, 그 결과 당연히 매수인 · 배당적격자 등에 대하여도 행사할 수 없게 된다는 것이다.

나. 의의 및 한계

이 견해에 따르면, ① 압류 · 체납처분압류 · 가압류의 효력(처분금지효) 발생 후에 이루어진 점유이전의 처분행위성을 인정할 것인지 여부, ② 그 처분금지효를 매수인에게도 확장할 것인지 여부 및 ③ 유치권이 소멸하는 것으로 볼 것인지 여부(민사집행법 제91조 제5항의 적용배제 여부) 등은 논의할 필요가 없다.

그러나 '경매개시 ⇨ 유치권취득' 등의 경우에 유치권을 성립시키는 점유이전(점유취득)을 한 것이 민법 제320조 제2항이 규정하는 '점유가 불법행위로 인한 경우'에 해당한다고 선뜻 단정하는 것은 타당하지 않다.

2. 상대적 무효론(압류효력 확장론) : 유치권의 원시적 · 상대적 무효

가. 내용

'상대적 무효론(압류효력 확장론)'은 특히 '경매개시 ⇨ 유치권취득'의 경우에 압류 후의 점유이전이 처분행위에 해당한다고 보고(점유이전의 처분행위성 인정), 이를 전제로 압류의 처분금지효가 미치는 주관적 범위를 경매절차의 매수인에게 확장하는 방법으로 유치권의 행사를 제한하는 견해이다.

우리의 통설 · 판례 · 실무가 취하고 있는 압류의 처분금지효에 관한 '개별상대효설'에 의하면, 압류 후의 처분행위는 그 압류채권자에 대한 관계에서는 무효가 되고, 압류 후 처분행위 전에 경매절차에 참가한 채권자(이중압류채권자 · 배당요구채권자)가 있는 경

우에는 이러한 채권자에 대하여도 무효가 된다.[229)]

그런데 위 '압류효력 확장론'은 유치권의 경우, ① 압류 후에 유치권을 성립시키는 점유이전이 처분행위에 해당한다고 보는 것을 전제로, ② 이러한 처분행위는 처분행위 전의 압류채권자{압류 후 처분행위 전의 경매절차 참가자(이중압류채권자 · 배당요구채권자) 포함}는 물론 경매절차의 매수인에 대한 관계에서도 무효가 된다고 보고, ③ 그 결과 무효인 처분행위에 의하여 성립 · 취득한 유치권은 매수인에 대한 관계에서도 무효가 되며, ④ 따라서 이러한 유치권자는 매수인에게도 그 유치권을 행사할 수 없게 된다는 것이다. 즉, 압류 후의 점유이전(따라서 이를 요건으로 하여 성립 · 취득한 유치권)은 매수인에 대한 관계에서도 원시적으로 무효라는 것이다.

예컨대, "… 주지하다시피, 부동산 압류에는 채무자의 당해 부동산에 관한 처분행위를 압류채권자(따라서 경매절차상의 매수인)에 대한 관계에서 무효로 하는 이른바 처분금지효가 인정되고 있다. …"는 설명[230)]이 이에 해당한다.

또한 '상대적 무효론(압류효력 확장론)'을 최초로 선언한 대법원 2005. 8. 19. 선고 2005다22688 판결의 원심인 서울고법 2005. 3. 30. 선고 2004나58453 판결도 '채권취

229) 대법원 2004. 9. 3. 선고 2003다22561 판결은 "… 압류의 처분금지 효력은 절대적인 것이 아니고, 이에 저촉되는 채무자의 처분행위도 그 압류채권자와 처분 전에 집행절차에 참가한 압류채권자나 배당요구채권자에게 대항하지 못한다는 의미에서의 상대적 효력을 가지는 데 그치므로 …"라고 판시하였다.

한편, 우리의 판례와 실무는 가압류의 경우 그 가압류채권자에 대한 관계에서 처분금지효가 미치는 것으로 보고 있다(대법원 1998. 11. 10. 선고 98다43441 판결, 대법원 2005. 7. 29. 선고 2003다40637 판결, 대법원 2006. 7. 28. 선고 2006다19986 판결, 대법원 2006. 11. 24. 선고 2006다35223 판결, 대법원 2007. 4. 13. 선고 2005다8682 판결 등). 가압류의 처분금지효가 미치는 주관적 범위 및 객관적 범위에 관한 실증적 연구에, 이재석, "가압류의 처분금지적 효력이 배당관계에 미치는 영향", 사법논집(53), 법원도서관(2011), 345~461 참조.

또한 대법원 2014. 9. 4. 선고 2011다13463 판결은 "… 압류, 가압류나 체납처분압류 등 처분제한의 등기가 된 건물에 관하여 그에 저촉되는 소유권이전등기를 … 체납처분압류의 상대적 효력 및 관습상 법정지상권에 관한 법리를 오해하여 판결에 영향을 미친 위법이 있다 …"고 판시함으로써 체납처분압류의 경우에도 압류 또는 가압류의 경우와 마찬가지로 처분금지효를 인정하고 있다.

230) 강민성, "민사집행과 유치권 ―이미 가압류 또는 압류가 이루어졌거나, 저당권이 설정된 부동산에 관하여 취득한 점유 또는 견련성 있는 채권으로써 경매절차에서 그 부동산을 매수한 사람을 상대로 유치권을 내세워 대항하는 것이 허용되는지 여부에 관하여―", 사법논집(36), 법원도서관(2003), 75.

득 ⇨ 경매개시결정등기 ⇨ 점유이전(유치권취득) ⇨ 매각(대금납부)' 등이 순차로 이루어진 후 매수인이 유치권자에 대하여 부동산의 인도청구 등을 한 사안에서, "… 무릇 부동산이 압류되는 경우 … 채무자의 당해 부동산에 관한 처분행위는 압류채권자에 대한 관계에서 무효로 되고 따라서 경매절차의 매수인에 대하여도 무효가 되는 처분금지효가 생긴다. …"고 판시함으로써 이 견해를 취하였다.

'경매절차개시 후 취득론'을 취한 대법원 2014. 3. 20. 선고 2009다60336 전원합의체 판결의 다수의견에 대한 보충의견(김소영)도 "… '처분금지효'는 경매 대상 부동산의 소유자에 대하여 해당 부동산의 처분을 제한하고, 만일 처분을 하더라도 경매신청채권자와 경매절차상의 매수인에 대한 관계에서만 그 처분의 효력이 상대적으로 부정되는 데 그치는 것일 뿐, 그 외의 제3자에 대한 관계에서까지 그 처분이 무효가 되는 것은 아니며 …"라고 설시한 바 있다.[231)]

나. 의의 및 한계

위 '상대적 무효론(압류효력 확장론)'에 따르는 경우에는 '경매개시 ⇨ 유치권취득' 등의 경우 유치권이 소멸하는 것으로 볼 것인지(제91조 제5항의 적용을 배제할 것인지) 등에 관하여 논의할 필요가 없다.

---

231) 일본 大審院 1915. 12. 14. 결정{大正4年(ク)第606号, 民録21-2106}은 경매신청의 기입등기가 경료되어 있는 부동산의 소유자는 부동산을 처분하는 권리를 상실하는 것은 아니고 그 처분행위로써 경매신청인(압류채권자 내지 경매신청채권자) 또는 경락인(경매절차의 매수인)에게 대항할 수 없을 뿐이라고 판시한 바 있다(외부CourtNet〉디지털도서관〉Web DB〉判例體系〉D1-Law.com).

위 설시 내용 중 소유자가 경매신청채권자(압류채권자)에게 대항할 수 없다고 한 부분은 압류의 처분금지효 내지 개별상대효설에 관한 일반론을 설시한 것이고(개별상대효설에 의하면 처분행위의 당사자는 압류채권자에 대하여 그 처분행위의 유효성을 주장할 수 없다), 소유자가 경매절차의 매수인에게 대항할 수 없다고 한 부분은 물권변동에 관한 당연한 법리를 설시한 것에 불과하다(매수인의 대금납부로 소유권은 종전 소유자로부터 매수인에게 이전되기 때문이다).

따라서 위 결정의 설시는 경매개시결정등기 후에 취득한 유치권의 행사를 제한하는 논의와는 직접적으로 아무런 관련이 없다고 하겠다.

그러나 이 견해에 대하여는 다음과 같은 점을 지적할 수 있다.

첫째, 경매절차의 진행 중에(대금납부 전에) 배당적격자가 유치권자를 상대로 유치권의 부존재(장래의 대금납부를 정지조건으로 하는 소멸 내지 부존재) 확인의 소를 제기한 사안에 관하여 대법원 2011. 11. 22. 선고 2011다84298 판결('담보권설정 ⇨ 유치권취득 ⇨ 경매개시'의 사안) 및 대법원 2011. 10. 13. 선고 2011다55214 판결('경매개시 ⇨ 유치권취득'의 사안)은 유치권자의 '유치권의 항변'을 배척하였는데, '상대적 무효론(압류효력 확장론)'은 이와 같이 배당적격자에 대하여 유치권의 행사가 제한되는 경우를 설명할 수 없다는 문제점이 있다.

둘째, 압류의 효력(압류채권자에 대하여 무효)과 매각의 효력(인수 또는 소멸)은 서로 다른 것임에도 불구하고 매각의 효력으로 다루어야 할 문제를 압류의 효력 문제로 포섭하여 압류의 처분금지효가 매수인에게도 미치는 것으로 보는 것은 적절하지 않다고 생각한다.[232] 이는 가압류등기 또는 체납처분압류등기 후에 이루어진 점유이전으로 유치권이 성립한 경우에도 마찬가지이다.

셋째, 가압류 · 체납처분압류의 효력(처분금지효) 발생 후에 유치권이 성립하고 그 후에 경매절차가 개시된 경우 점유이전의 처분행위성을 인정할 것인지 여부 및 가압류 · 체납처분압류의 효력(처분금지효)도 매수인에게 확장할 것인지 여부 등에 관하여는 추가적인 논의가 필요하다.

232) 경매절차에 있어서 유치권과 관련한 압류의 효력(처분금지효)은 압류 후에 유치권을 성립시키는 처분행위(점유이전 등)가 있는 경우, 그 처분행위로 성립 · 취득한 유치권을 내세워 그 압류채권자(압류 후 처분행위 전의 이중압류채권자 · 배당요구채권자 포함)에게 대항할 수 없게 되는 효력을 말한다.

경매절차에 있어서 유치권과 관련한 매각의 효력은 매수인이 대금을 납부한 경우 그 유치권이 매수인에게 인수되거나 소멸되는 효력을 말한다.

이와 같이 압류의 효력과 매각의 효력은 요건은 물론 내용이나 적용되는 국면 등이 서로 다른 것이므로 명백히 구별하여야 한다. 대법원 2014. 3. 20. 선고 2009다60336 전원합의체 판결(다수의견)의 '경매절차개시 후 취득론'과 대법원 2011. 11. 22. 선고 2011다84298 판결의 '신의칙 위반론'은 압류의 효력(압류채권자에 대하여 무효)과 연계하지 않고 직접 매각의 효력(인수 또는 소멸) 문제로 접근하여 유치권의 행사를 제한하고 있다.

3. 소멸론(§91⑤ 축소해석론) : 유치권의 후발적 소멸

가. 효력제한적 접근과 존속제한적 접근

(1) 효력제한적 접근(통설)

유치권의 행사를 제한하는 대법원 2005. 8. 19. 선고 2005다22688 판결, 대법원 2014. 3. 20. 선고 2009다60336 전원합의체 판결 및 대법원 2011. 11. 22. 선고 2011다84298 판결의 법리에 대하여, 종래 통설은 유치권의 '효력'(대항력) 문제로 접근하여 일정한 경우 경매절차의 매수인 또는 배당적격자에 대하여는 유치권의 효력 내지 대항력이 제한된다는 것을 선언한 것으로 파악하고 있다.[233)]

한편, 통설의 입장을 취하면서도 "… 환가가 임박한 시점에 유치권을 취득하는 행위는 경매절차의 법적 안정성을 중대하게 침해하는 행위로 유치권의 남용에 해당되어 대항력을 인정하여서는 아니 된다. …"고 하는 견해[234)]도 있다. 이는 유치권 남용의 법리를 유치권의 효력 내지 대항력을 제한하는 법적 근거로 삼아야 한다는 견해로서, 유치

---

233) 이시윤, 신민사집행법(제7판), 박영사(2016), 279~282; 김홍엽, 통합민사법, 박영사(2017), 189~190; 곽윤직 · 김재형, 물권법[민법강의Ⅱ], 박영사(2014), 384~386; 황진구, "체납처분압류가 있는 부동산에 대하여 취득한 유치권의 효력", 양승태 대법원장 재임 3년 주요 판례 평석, 사법발전재단(2015), 280~289; 황진구, "체납처분압류가 되어 있는 부동산에 유치권을 취득한 경우 매수인에게 유치권을 행사할 수 있는지 여부", 사법(29), 사법발전재단(2014), 398~399; 이계정, "체납처분압류와 유치권의 효력", 서울대학교 법학(174), 서울대학교 법학연구소(2015), 225~247; 김원수, "압류(가압류)의 효력이 발생한 이후에 유치권을 취득한 자가 매수인(경락인)에게 대항할 수 있는지 여부 —대법원 2005. 8. 19. 선고 2005다22688 판결—", 판례연구(18), 부산판례연구회(2007), 697~698; 배동한, "체납처분압류 후 성립한 유치권의 효력", 판례연구(26), 부산판례연구회(2015), 386~394; 박정기, "압류의 처분금지효에 저촉하여 취득한 유치권으로 경매절차의 매수인에게 대항할 수 있는지 여부 —대법원 2005. 8. 19. 선고 2005다22688 판결—", 재판실무연구(2005), 광주지방법원(2006), 20; 박상언, "저당권 설정 후 성립한 유치권의 효력 —경매절차에서의 매수인에 대한 대항 가능성을 중심으로—", 민사판례연구(32), 박영사(2010), 402~404; 김기수, "체납처분압류 후 경매개시 전에 취득한 유치권의 대항력", 재판과 판례(23), 대구판례연구회(2015), 163; 오시영, "부동산 유치권의 성립과 대항력의 구별", 민사법학(38), 한국사법행정학회(2007), 237~246 등.

234) 이계정, "체납처분압류와 유치권의 효력", 서울대학교 법학(174), 서울대학교 법학연구소(2015), 247.

권의 남용이 되기 위해서는 주관적 요건은 필요하지 않고 '환가가 임박한 시점의 유치권 취득'이라는 객관적 요건만으로 충분하다는 입장을 취하고 있다.[235)]

생각건대, 경매절차에서 유치권을 제한하는 법적 근거를 '법의 일반원칙'(권리남용 금지의 원칙)에서 구하기보다는, 대법원 2014. 3. 20. 선고 2009다60336 전원합의체 판결이 명시적으로 그 법리 전개의 출발점으로 삼고 있는 '법(민집 §91⑤)의 해석'에서 구하는 것이 타당하다.

(2) 존속제한적 접근(소멸론)

저자는 유치권의 행사를 제한하는 대법원 판결의 법리에 대하여, 유치권의 '존속' 문제로 접근하여 일정한 경우 유치권이 소멸하고 그에 따라 경매절차의 매수인 또는 배당적격자에게도 이를 행사할 수 없게 된다는 소멸론(민사집행법 제91조 제5항의 적용배제 내지 축소해석 ⇨ 소멸 ⇨ 행사불가)을 취한 것으로 파악하였다.

저자와 동일한 입장을 취하는 견해가 있다. ① 대법원 2005. 8. 19. 선고 2005다22688 판결에 관한 "… 그동안 유치권의 요건이 충족되면 거의 무제한으로 유치권을 보호하는 경향이 있었지만, 대상판결이 '압류의 처분금지효에 저촉하여 취득한 유치권은 민사집행법 제91조 제5항의 유치권에 포함되지 않아 경매절차의 매수인에게 대항할 수 없다'고 판시하여 …"라는 설명,[236)] ② 대법원 2009. 1. 15. 선고 2008다70763 판결에 관한 "… 유치권자가 압류채권자에게 대항할 수 없는 경우에는 민사집행법 제91조 제5항이 적용되는 것이 아님을 확인 …"하였다는 설명,[237)] ③ 대법원 2014. 3. 20. 선고 2009다60336 전원합의체 판결에 관한 "… 대상판결은 부동산 유치권의 경매절차상 문제점과 관련하여 민사소송법 제91조 제5항을 해석으로 제한하는 일련의 판결례를 체납

235) 이계정, "체납처분압류와 유치권의 효력", 서울대학교 법학(174), 서울대학교 법학연구소(2015), 239~244.

236) 박정기, "압류의 처분금지효에 저촉하여 취득한 유치권으로 경매절차의 매수인에게 대항할 수 있는지 여부 —대법원 2005. 8. 19. 선고 2005다22688 판결—", 재판실무연구(2005), 광주지방법원(2006), 33.

237) 박상언, "저당권 설정 후 성립한 유치권의 효력 —경매절차에서의 매수인에 대한 대항 가능성을 중심으로—", 민사판례연구(32), 박영사(2010), 362~363.

처분압류와의 관계에서 어떻게 적용할 것인지 입장을 밝히고 …"라는 설명[238] 등이 이에 해당한다.[239]

이하에서는 유치권 행사 제한의 요건 · 유형 · 근거 등의 분석을 통하여 소멸론의 타당성을 논증해 보기로 한다.

나. 존속제한적 접근(소멸론)에 따른 분석

(1) '소멸 ⇨ 행사제한'의 요건

'소멸론(§91⑤ 축소해석론)'은 특히 '경매개시 ⇨ 유치권취득' 등의 경우 유치권이 소멸한다고 보는 것(§91⑤의 적용배제 내지 축소해석)을 전제로 매수인 · 배당적격자에게 유치권을 행사할 수 없다는 정책적 결단{소멸 ⇨ 행사제한(행사불가)}을 내리는 견해이다. 민사유치권의 행사를 제한하는 대법원 판결들은 모두 이 견해에 입각해 있는 것으로 보인다.

유치권의 행사를 제한하는 판례이론은 객관적 요건만 갖추어도 유치권 행사의 제한을 인정하는 '압류효력발생 후 취득론' 및 '경매절차개시 후 취득론'('경매개시 ⇨ 유치권취득'의 사안),[240] 객관적 요건 외에 주관적 요건도 갖추어야 유치권 행사의 제한을 인정하는 '신의칙 위반론'('담보권설정 ⇨ 유치권취득 ⇨ 경매개시'의 사안)으로 나눌 수 있다.

대법원 2014. 3. 20. 선고 2009다60336 전원합의체 판결의 '경매절차개시 후 취득론'은 경매개시결정등기 후의 유치권 취득만을 요건으로 하고 있으며, 대법원 2011. 11.

---

238) 김기수, "체납처분압류 후 경매개시 전에 취득한 유치권의 대항력", 재판과 판례(23), 대구판례연구회(2015), 162~163.

239) 위 견해들은 기본적으로는 통설과 동일한 입장(효력제한적 접근)을 취하면서, 단편적으로만 위와 같이 '소멸론'적인 서술 내지 표현을 하고 있다.

240) 대법원 2006. 8. 25. 선고 2006다22050 판결은 '경매개시 ⇨ 유치권취득'의 경우에 관하여 "… 이 경우 위 부동산에 경매개시결정의 기입등기가 경료되어 있음을 채권자가 알았는지 여부 또는 이를 알지 못한 것에 관하여 과실이 있는지 여부 등은 채권자가 그 유치권을 경락인에게 대항할 수 없다는 결론에 아무런 영향을 미치지 못한다 …"라고 판시함으로써 주관적 요건(유치권자의 악의 또는 과실)은 필요하지 않다고 하였다. 이 법리는 '압류효력발생 후 취득론'은 물론 '경매절차개시 후 취득론'에도 적용된다고 하겠다.

22. 선고 2011다84298 판결의 '신의칙 위반론'은 채무초과 상태 또는 채무초과가 임박한 상태에서(객관적 요건), 다른 채권자에게 불이익을 초래할 것을 인식하고 자기 채권의 우선적 변제를 목적으로(주관적 요건) 유치권을 작출(作出)할 것을 요건으로 하고 있다.

(2) '소멸 ⇨ 행사제한'의 유형

'소멸론(§91⑤ 축소해석론)'을 취하는 판례의 입장은 유치권이 경매개시결정등기 후에 성립한 경우('경매절차개시 후 취득론'이 적용되는 경우) 또는 유치권자의 이익을 위하여 고의적으로 작출된 경우('신의칙 위반론'이 적용되는 경우), ① 매수인이 이미 대금을 납부한 때에는 기왕의 대금납부 시에 확정적으로, 아직 대금을 납부하지 않은 때에는 장래의 대금납부 시에(대금납부를 조건으로) 유치권이 소멸하는 것으로 묵시적으로 전제하고, ② 그 결과 위와 같은 경우에는 확정적으로 또는 조건부로 유치권의 행사가 제한된다는 결론을 도출한 것이라고 파악할 수 있다.

위 판결들이 묵시적으로 전제하고 있는 유치권의 '소멸'(위 ①)과 그에 따른 '행사제한'(위 ②)의 유형을 매각의 전 · 후로 나누어 분석해 본다.

첫째, 매각(대금납부) 後에 **매수인**이 소유물의 인도청구 또는 인도명령신청을 하는 경우 유치권자가 항변을 하더라도 이는 배척된다. '경매개시결정등기 ⇨ 유치권취득 ⇨ 매각(대금납부)' 등이 순차로 이루어진 경우 그 유치권은 인수되지 않고 대금납부 시에 확정적으로 소멸하였기 때문이다(매각의 효력). 만일 위와 같은 경우 **유치권자**가 매수인 또는 배당적격자에 대하여 유치권의 존재확인청구를 하는 때에는 매수인 또는 배당적격자가 '유치권의 소멸(확정적 소멸)의 항변'을 할 수 있다.[241]

---

241) 대법원 2005. 8. 19. 선고 2005다22688 판결은 경매절차의 매수인이 대금납부 후에 상사유치권자를 상대로 부동산인도 등 청구의 소를 제기한 '경매개시 ⇨ 유치권취득'의 사안에서 유치권자의 '유치권의 항변'을 배척하였다. 또한 대법원 2013. 2. 28. 선고 2010다57350 판결은 상사유치권자가 대금을 납부한 매수인을 상대로 유치권 존재확인의 소를 제기한 '담보권설정 ⇨ 유치권취득 ⇨ 경매개시'의 사안에서 민사유치권에 관한 대법원 2009. 1. 15. 선고 2008다70763 판결과 달리 매수인의 '유치권의 소멸의 항변'을 인용하였다.

대법원 2013. 2. 28. 선고 2010다57350 판결은, 상가건물에 관하여 상사유치권자가 매수인을 상대로 유치권 존재확인의 소를 제기한 '담보권설정 ⇨ 유치권취득 ⇨ 경매개시'의 사안에서 매수인의 '유치권의 소둘째, 매각(특히 매각기일) 前에 **배당적격자**가 유치권의 부존재확인청구를 하는 경우 역시 유치권자가 항변을 하더라도 이는 배척된다. '경매개시결정등기 ⇨ 유치권취득' 후 매각(대금납부) 전의 유치권 부존재확인청구는 장래의 대금납부에 따른 유치권의 소멸을 정지조건으로 하는 것이고, 유치권의 조건부 소멸(장래의 대금납부를 정지조건으로 하는 소멸)은 확인이 이익이 있기 때문이다. 여기서 유치권의 부존재는 장래의 대금납부에 따른 유치권의 소멸을 정지조건으로 하는 조건부 부존재라고 하겠다. 만일 위와 같은 사안에서 **유치권자**가 배당적격자에 대하여 유치권의 존재확인청구를 하는 경우에는 배당적격자가 '유치권의 조건부 소멸의 항변'을 할 수 있다. 다만, 매수인이 배당적격자의 승소판결(확인판결)로써 인도집행을 신청할 수 없음은 물론이다.

	'소멸 ⇨ 행사제한'의 유형
기왕의 대금납부 시 소멸 (확정적 소멸)	매수인의 인도청구 또는 인도명령신청에 대한 유치권자의 '유치권의 항변' 배척
	유치권자의 유치권존재확인청구 배척 (매수인 · 배당적격자의 '유치권의 소멸의 항변' 인용)
장래의 대금납부 시 소멸 (조건부 소멸)	배당적격자의 유치권의 조건부 부존재확인청구에 대한 유치권자의 '유치권의 항변' 배척
	유치권자의 유치권존재확인청구 배척 (배당적격자의 '유치권의 조건부 소멸의 항변' 인용)

민사유치권 또는 상사유치권에 관하여 '소멸 ⇨ 행사제한' 여부가 문제가 되었던 판결을 정리하면 아래 표와 같다.

멸의 항변'을 인용하면서, "… 상사유치권자는 … 선행 저당권자 또는 선행 저당권에 기한 임의경매절차에서 부동산을 취득한 매수인에 대한 관계에서는 그 상사유치권으로 대항할 수 없다. …"라고 판시하였다.

<table>
<tr><th rowspan="2"></th><th colspan="2">'소멸 ⇨ 행사제한' 여부에 관한 주요 판결</th><th rowspan="2">비 고</th></tr>
<tr><th>'소멸 ⇨ 행사제한' 여부</th><th>판 결</th></tr>
<tr><td rowspan="5">기왕의 대금납부 시 소멸

(확정적 소멸)</td><td>'경매개시 ⇨ 유치권취득' 사안의
인도소송(매수인 → 유치권자)에서,
유치권자의 '유치권의 항변' 배척</td><td>2005다22688
2006다22050</td><td>소멸 ⇨ 행사제한
(경매절차개시 후 취득론)</td></tr>
<tr><td>'담보권설정 ⇨ 유치권취득 ⇨ 경매개시' 사안의
유치권존재확인소송 (유치권자 → 매수인)에서,
유치권자의 주장 인용(매수인의 항변 배척)</td><td>2008다70763</td><td></td></tr>
<tr><td>'가압류 ⇨ 유치권취득 ⇨ 경매개시' 사안의
인도소송(매수인 → 유치권자)에서, 유치권자의
'유치권의 항변' 인용</td><td>2009다19246</td><td></td></tr>
<tr><td>'담보권설정 ⇨ 유치권취득 ⇨ 경매개시' 사안의
유치권존재확인소송 (유치권자 → 매수인)에서,
유치권자의 주장 배척(매수인의 항변 인용)</td><td>2010다57350</td><td>商事유치권
소멸 ⇨ 행사제한
(담보권설정 · 처분제한 후 취득론)</td></tr>
<tr><td>'체납처분압류 ⇨ 유치권취득 ⇨ 경매개시'
사안의 인도소송(매수인 → 유치권자)에서,
유치권자의 '유치권의 항변' 인용</td><td>2010다84932</td><td></td></tr>
<tr><td rowspan="3">장래의 대금납부 시 소멸

(조건부 소멸)</td><td>'경매개시 ⇨ 유치권취득' 사안의
유치권부존재확인소송 (배당적격자 →
유치권자)에서, 유치권자의 '유치권의 항변' 배척</td><td>2011다55214</td><td>소멸 ⇨ 행사제한
(경매절차개시 후 취득론)</td></tr>
<tr><td>'담보권설정 ⇨ 유치권취득 ⇨ 경매개시'
사안의 유치권부존재확인소송 (배당적격자 →
유치권자)에서, 유치권자의 '유치권의 항변' 배척</td><td>2011다84298</td><td>소멸 ⇨ 행사제한
(신의칙 위반론)</td></tr>
<tr><td>'체납처분압류 ⇨ 유치권취득 ⇨ 경매개시'
사안의 유치권부존재확인소송 (배당적격자 →
유치권자)에서, 유치권자의 '유치권의 항변' 인용</td><td>2009다60336</td><td></td></tr>
</table>

(3) '소멸 ⇨ 행사제한'의 근거

첫째, 대법원 2014. 3. 20. 선고 2009다60336 전원합의체 판결(다수의견)은, **매수인**에게 경매개시결정등기 후에 성립·취득한 유치권을 행사할 수 없도록 하는 정책적 결단의 근거에 관하여, "… 부동산에 관하여 이미 경매절차가 개시되어 진행되고 있는 상태에서 비로소 그 부동산에 유치권을 취득한 경우에도 아무런 제한 없이 유치권자에게 경매절차의 매수인에 대한 유치권의 행사를 허용하면 경매절차에 대한 신뢰와 절차적 안정성이 크게 위협받게 됨으로써 경매 목적 부동산을 신속하고 적정하게 환가하기가 매우 어렵게 되고 경매절차의 이해관계인에게 예상하지 못한 손해를 줄 수도 있으므로, 그러한 경우에까지 압류채권자를 비롯한 다른 이해관계인들의 희생 하에 유치권자만을 우선 보호하는 것은 집행절차의 법적 안정성이라는 측면에서 받아들일 수 없다 …"고 판시하였으며,[242] 대법원 2014. 4. 10. 선고 2010다84932 판결도 '경매절차의 법적 안정성'을 보장하기 위한 것이라고 설시하였다.[243]

둘째, 대법원 2011. 11. 22. 선고 2011다84298 판결(신의칙 위반론)은 선행 저당권자

242) 위 판결의 다수의견에 대한 보충의견(대법관 김창석)은 민사집행법 제91조 제5항에 관하여 경매절차의 매수인이 유치권의 취득 시기에 관계없이 그 부담은 인수한다고 하면(유치권에 관하여 전면적 인수주의를 취한다면) '집행절차의 법적 안정성'이라는 측면에서 바람직하지 않고, 궁극적으로 '정의'의 관념에도 크게 어긋난다고 하였다. 요컨대, 이러한 인수주의의 제한은 집행절차의 법적 안정성과 정의의 관점에서 합목적적 해석의 요구에 부응하는 것이라는 것이다.

또한 위 보충의견은, 부동산의 점유를 이전받아 유치권을 취득하는 동일한 행위가 가압류의 처분금지효에는 저촉되지 않고 압류의 처분금지효에는 저촉된다고 보는 이유에 관하여, 본래 압류나 가압류의 처분금지효에 저촉되는 처분행위에는 점유이전과 같은 사실행위는 포함되지 않으나, 압류(경매절차개시) 후에 점유를 이전받아 유치권을 취득하는 경우에도 이러한 논리에 따라 점유이전의 효력을 인정하게 되면 '집행절차의 법적 안정성'이 중대하게 훼손되기 때문이라고 설시하였다. 그러나 다수의견의 '경매절차개시 후 취득론'에 따르는 한 압류, 가압류 또는 체납처분압류 후에 이루어진 점유이전과 같은 사실행위가 처분행위에 해당하는지 여부는 논의할 필요가 없게 된다.

243) 경매절차개시 후 취득론(유치권의 소멸과 그에 따른 행사제한)의 정책적 논거 내지 실질적 이유에 관하여, 대법원 2014. 3. 20. 선고 2009다60336 전원합의체 판결(다수의견)은 '집행절차의 법적 안성정'이라고 설시하였으나, 대법원 2014. 4. 10. 선고 2010다84932 판결은 '경매절차의 법적 안정성'이라고 구체적으로 표현함으로써 경매절차 개시·진행(경매개시결정등기) 전에 저당권설정·가압류·체납처분압류 등을 한 것만으로는 유치권이 소멸하지 않는다(인수된다)는 취지를 보다 명확하게 밝히고 있다.

(**배당적격자**)에게 유치권자가 자신의 이익을 위하여 고의적으로 작출한 유치권을 주장하는 것은 신의칙에 반하여 허용되지 않는다고 보는 정책적 결단의 근거에 관하여, '유치권자의 최우선순위 담보권으로서의 지위를 부당하게 이용하고 전체 담보권질서에 관한 법의 구상을 왜곡할 위험에 대처하기 위한 것'이라고 설시하였다.

요컨대, 신속 · 적정한 환가를 도모하고 예상하지 못한 손해를 방지함으로써 경매절차의 법적 안정성(경매절차에 대한 신뢰와 절차적 안정성)을 보장하고 법이 구상하고 있는 담보권질서의 왜곡을 방지하기 위하여 경매개시결정등기 후에 성립 · 취득한 유치권의 행사와 신의칙에 반하는 유치권의 행사를 금지한다는 것이다.

한편, 대법원 2013. 2. 28. 선고 2010다57350 판결(담보권설정 · 처분제한 후 취득론)은, 상사유치권의 경우에는 견련관계를 요하지 않아 그 피담보채권이 모든 상사채권으로 무한정 확장될 수 있고 그로 인하여 제3자가 그 목적물에 관하여 이미 확보한 권리를 침해당할 가능성이 민사유치권의 경우보다 현저하게 높아질 수 있다는 점을 고려하여 그 목적물을 채무자 소유의 물건으로 한정하고 있는데(상 §58), 이는 상사유치권이 그 성립 당시 채무자가 목적물에 대하여 보유하고 있는 담보가치만을 대상으로 하는 제한물권이라는 의미를 담고 있다고 설시하였다.

Ⅲ. 판례이론 : '압류효력발생 후 취득론'에서 '경매절차개시 후 취득론'으로

1. 압류효력발생 후 취득론

'압류효력발생 후 취득론'은 압류의 효력(처분금지효) 발생 후에 유치권을 성립시키는 '점유이전 등'[244]이 이루어진 '경매개시 ⇨ 유치권취득'의 경우(즉, 압류의 처분금지효 발생 후에 유치권이 성립한 경우) 그 점유이전 등을 처분행위에 해당한다고 보고, 압류의 효력(압류채권자에 대하여 무효)과 연계하여 매각의 효력(인수 또는 소멸) 문제로 접근하는 방법으로 유치권의 행사를 제한하는 견해이다. '압류의 효력과 연계한 소멸론'이라고도 할 수 있다.[245]

이 견해의 요체는, 경매개시결정등기에 따른 압류의 효력발생 후에 유치권이 성립한 경우에는 그 성립요건인 점유이전 등이 처분행위에 해당하여 유치권자는 압류채권자(압류 후 처분행위 전의 이중압류채권자 · 배당요구채권자 포함)에게 그 유치권을 내세워 대항할 수 없게 되는데(압류의 효력), 이와 같이 압류채권자에게 대항할 수 없는 유치권은 기왕의 대금납부 시에 확정적으로 소멸하였거나 장래의 대금납부를 정지조건으로 소멸한다고 보아야 하고(매각의 효력), 그에 따라 유치권자는 매수인 · 배당적격자에게 확정적으로 또는 조건부로 유치권을 행사할 수 없게 된다(즉, 유치권자의 '유치권의 항변'은 배척되고, 매수인 · 배당적격자의 '유치권의 소멸의 항변' 또는 '유치권의 조건부 소멸의 항변'은 인용된다)는 것이다.

---

244) '경매개시 ⇨ 유치권취득'의 사안에 관한 대법원 2014. 3. 20. 선고 2009다60336 전원합의체 판결 등은 압류의 효력발생 후의 '점유이전(점유취득)'은 물론 압류의 효력발생 후의 '채권취득', '점유이전+채권취득' 또는 '채권취득+점유이전'도 압류의 효력에 저촉되는 처분행위에 해당한다고 보고 있다. 이하 이를 **'점유이전 등'** 이라고 한다.

245) 비교컨대, '경매절차개시 후 취득론' 및 '신의칙 위반론'은 압류의 효력과 연계하지 않고 직접 매각의 효력 문제로 접근하는 방법을 취하고 있다.

압류의 효력과 매각의 효력이 연계되는 구조를 상세하게 분석해 본다.

	압류효력발생 후 취득론의 구조	비 고
㉮	점유이전 등의 처분행위성 인정	압류의 효력
㉯	점유이전 등의 처분금지효 저촉	
㉰	압류채권자에 대한 관계에서 점유이전 등의 무효	
㉱	압류채권자에 대한 관계에서 유치권 불성립	
㉲	압류채권자에 대하여 유치권으로 대항 불가	
㉳	압류채권자에게 대항할 수 없는 유치권의 소멸 (§91⑤ 적용배제)	매각의 효력 (묵시적 전제)
㉴	매수인 · 배당적격자에 대하여 유치권 행사 불가	당연한 귀결

첫째, 압류 후에 유치권이 성립한 경우 유치권의 성립요건인 압류 후의 점유이전 등은 처분행위에 해당하고(㉮) 압류의 처분금지효에 저촉된다(㉯).

둘째, 점유이전 등은 압류의 처분금지효에 저촉되므로 압류채권자[246)]에 대한 관계에서는 무효가 되고(㉰), 그에 따라 압류채권자에 대한 관계에서 유치권은 성립하지 않은 것이 된다(㉱). 왜냐하면 점유이전 등은 유치권의 성립요건이기 때문이다.

셋째, 압류채권자에 대한 관계에 관한 한 그 유치권은 성립하지 않은 것이므로 압류채권자에게 대항할 수 없게 된다(㉲).

넷째, 위 '첫째' 내지 '셋째'의 법리(압류의 처분금지효)를 전제로, 압류채권자에게 대항할 수 없는 유치권('경매개시 ⇨ 유치권취득'의 경우)은 인수되지 않고 소멸하며(㉳), 그 결

246) 압류 후 처분행위(점유이전 등) 전에 경매절차 참가자(이중압류채권자 · 배당요구채권자)가 있는 경우, 압류의 처분금지효가 미치는 주관적 범위는 압류채권자 및 압류 후 처분행위 전의 경매절차 참가자라는 점은 이미 살펴본 바와 같다. 따라서 위와 같은 경우 '압류채권자'에는 압류 후 처분행위 전의 이중압류채권자 · 배당요구채권자가 포함된다고 보아야 한다.

과 당연히 매수인에게 대항할 수 없게 된다(㉳).[247)]

특히 위 ㉮ 및 ㉯는 민사집행법 제91조 제5항을 축소해석함으로써 유치권자와 매수인·배당적격자 간의 이해를 조정하려는 대법원의 정책적 결단이라고 하겠다. 위 ㉮는 명시적 결단, 위 ㉯는 묵시적 결단이라고 할 수 있다.

다만, 압류채권자에게 대항할 수 있는 유치권('경매개시 ⇨ 유치권취득' 이외의 경우)도 '신의칙 위반론'에 의하여 유치권의 행사가 제한될 수 있음은 물론이다.

2. 경매절차개시 후 취득론

대법원 2014. 3. 20. 선고 2009다60336 전원합의체 판결은 "… ① 민사집행법은 경매절차에서 저당권 설정 후에 성립한 용익물권은 매각으로 消滅된다고 규정하면서도, 유치권에 관하여는 그와 달리 저당권 설정과의 선후를 구별하지 아니하고 경매절차의 매수인이 유치권의 부담을 引受하는 것으로 규정하고 있으므로(민집 §91③⑤), 민사유치권자는 저당권 설정 후에 유치권을 취득한 경우에도 경매절차의 매수인에게 유치권을 행사할 수 있다. … ② 그러나 부동산에 관하여 이미 경매절차가 개시되어 진행되고 있는 상태에서 비로소 그 부동산에 유치권을 취득한 경우 … 그러한 경우에까지 압류채권

247) 유사한 맥락에서 "… 필자는 유치권취득설 중 대항력부인설이 타당하다고 본다. 즉, ① 압류의 효력발생 후 유치권을 취득하는 경우 유치권주장자는 압류 효력발생 후의 점유나 채권 취득이 압류의 처분금지효에 반하므로 압류채권자에게 대항할 수 없고, 한편 ② 앞서 본 바처럼 민사집행법 제91조 제5항의 '매수인은 유치권자에게 그 유치권으로 담보하는 채권을 변제할 책임이 있다.'는 규정에서 말하는 유치권자란 모든 유치권자를 의미하는 것이 아니라 '압류채권자 또는 경락인에게 대항할 수 있는 유치권자'만을 의미하는 것이므로, ③ 압류 효력발생 후의 점유나 채권 취득을 통하여 유치권을 취득하더라도 그 유치권으로는 압류채권자와, 그 압류채권자에 의하여 개시된 경매절차에서의 당해 부동산의 경락인에 대하여 유치권의 효력을 주장할 수 없다고 보는 것이 타당하다고 생각한다 …"라고 설명하는 견해가 있다{차문호, "유치권의 성립과 경매", 사법논집(42), 법원도서관(2006), 399~400}.

위 ①이 압류의 효력을 설명하고 위 ②가 매각의 효력을 설명한 것으로 파악한다면, 위 ②의 내용 중 제91조 제5항의 유치권자에 대하여 '압류채권자 또는 경락인에게 대항할 수 있는 유치권자'라고 기술한 부분은 '압류채권자에게 대항할 수 있는 유치권자'라고 이해할 수 있다고 하겠다. 왜냐하면 유치권이 매수인(경락인)에게 인수되는 경우 매수인에게 대항할 수 있게 된다는 것은 당연한 것이기 때문이다.

자를 비롯한 다른 이해관계인들의 희생 하에 유치권자만을 우선 보호하는 것은 집행절차의 법적 안정성이라는 측면에서 받아들일 수 없다. 그리하여 대법원은 부동산에 관하여 경매개시결정등기가 된 뒤에 비로소 부동산의 점유를 이전받거나 피담보채권이 발생하여 유치권을 취득한 경우에는 경매절차의 매수인에 대하여 유치권을 행사할 수 없다고 본 것이다(대법원 2005. 8. 19. 선고 2005다22688 판결, 대법원 2006. 8. 25. 선고 2006다22050 판결 등 참조) …"라고 판시하였다.

위 ②만을 보면 '상대적 무효론(압류효력 확장론)'을 취한 것으로 볼 여지가 없는 것은 아니나, 위 ①②를 종합하여 살펴볼 때 '소멸론' 중 '경매절차개시 후 취득론'을 취한 것으로 보는 것이 타당하다. 왜냐하면 위 ①에서는 유치권이 引受되는 경우 매수인에게 이를 행사할 수 있다고 하면서, 위 ②에서는 경매개시결정등기 후에 성립 · 취득한 유치권은 매수인에 대하여 행사할 수 없다고 선언하고 있는데, 이러한 유치권은 인수되지 않고 消滅한다고 보는 것을 묵시적으로 전제한 것으로 볼 수 있기 때문이다. 위 ①을 반대해석하면 유치권이 인수되지 않는 경우(즉, 소멸되는 경우)에는 매수인에게 이를 행사할 수 없다는 것인데(매각의 효력에 의한 당연한 귀결), 이에 비추어 보면 위 ②는 경매개시결정등기 후에 성립 · 취득한 유치권은 인수되지 않고 소멸한다고 보는 것을 '묵시적으로' 전제하고 있다고 할 것이다.

이와 같이 볼 때, ㉮ 경매개시결정등기 후에 취득한 유치권은 대금납부 시에 소멸하고(매각의 효력), ㉯ 그에 따라 유치권자는 유치권을 행사할 수 없게 되는 것이다. 위 ㉮는 민사집행법 제91조 제5항을 축소해석함으로써 유치권자와 매수인 · 배당적격자 간의 이해를 조정하려는 대법원의 묵시적인 정책적 결단이라고 하겠다.

	'경매절차개시 후 취득론'의 구조	비 고
㉮	경매개시결정등기 후에 취득한 유치권의 소멸 (§91⑤ 적용배제)	매각의 효력 (묵시적 전제)
㉯	매수인 · 배당적격자에 대하여 유치권의 행사 불가	당연한 귀결

PART 02

점유의 침탈·배제 및 회복의 법률관계

제1장 개관

제1절 부적법한 점유침탈과 점유회복

<table>
<tr><th>침 탈
회복방법</th><th>소유자가 침탈한 경우</th><th>유치권주장자가 침탈한 경우</th></tr>
<tr><td>非직시 탈환</td><td rowspan="2">① 유치권자는 적법한 방법(자력탈환 · 강제집행)은 물론 부적법한 방법(비직시 탈환)으로도 점유회복(유치권 회복) 가능 〈상호침탈 허용〉</td><td rowspan="2">① 소유자는 적법한 방법(자력탈환 · 강제집행)은 물론 부적법한 방법(비직시 탈환)으로도 점유회복 가능 〈상호침탈 허용〉</td></tr>
<tr><td>직시 탈환</td></tr>
<tr><td>강제집행</td><td>② 이 경우 소유자는 자력탈환, 집행권원 취득 불가</td><td>② 이 경우 유치권주장자는 자력탈환, 집행권원 취득 불가</td></tr>
</table>

Ⅰ. 소유자가 침탈한 경우

소유자(경매절차의 매수인 포함)가 점유를 침탈한 경우란 점유를 하지 않고 있던 소유자(乙)가 유치권자(甲)의 점유를 부적법한 방법으로 빼앗은 경우를 말한다.

1. 침탈한 소유자(乙)의 법적 지위

첫째, 乙은 부적법하게 甲의 점유를 침탈하더라도 점유(사실상의 지배) 내지 점유권을 취득한다(민 §192①).

둘째, 乙의 점유침탈이 불법행위에 해당하는 경우 乙은 불법행위로 인한 손해배상책임을 부담한다(민 §750).

[점유침탈에 의한 손해배상채권을 피보전채권으로 하는 가압류] 유치권자 甲의 점유를 매수인 乙이 침탈한 경우, 甲은 乙에게 점유회수비용을 청구할 수 있을 뿐만 아니라 乙의 점유침탈이 불법행위의 요건을 갖춘 때에는 손해배상을 청구할 수 있으므로, 甲은 손해배상채권을 피보전권리로 하여 乙의 재산을 가압류할 수 있다(대판 1996. 8. 23. 95다8720).

셋째, 乙의 점유침탈이 위법성조각사유에 해당하지 않은 한 乙은 형사책임(재물손괴죄, 건조물침입죄 등)을 질 수 있다.

2. 회복하는 유치권자(甲)의 법적 지위

가. 일반론

첫째, 乙이 부적법한 방법으로 점유를 침탈하였다 하더라도 이로 인하여 甲은 점유(사실상의 지배) 내지 점유권을 상실한다(민 §192② 본문). 따라서 甲의 유치권은 소멸하고(민 §328), 그에 따라 甲은 유치권존재확인청구를 구할 수 없게 된다.[1]

둘째, 甲은 점유를 침탈당한 날부터 1년 이내에 점유회수의 소를 제기할 수 있고(민 §204), 그 승소판결에 기한 강제집행으로 점유를 회복하면 점유를 상실하지 않았던 것으로 간주된다(민 §192② 단서). 따라서 이 경우 甲의 유치권은 소멸하지 않았던 것으로 간주된다.

셋째, 甲은 적법하게 자력탈환하거나(민 §209②), 인도판결 · 인도단행가처분결정 등에 기하여 강제집행을 함으로써 점유를 회복할 수 있다.[2]

넷째, 위 '둘째' 및 '셋째'와 같은 적법한 방법(적법한 자력탈환, 강제집행)에 의한 점유

1) 한편 乙의 유치권부존재확인청구는 권리남용에 해당하여 허용되지 않는다(대판 2010. 4. 15. 2009다96953).

2) 자력탈환 등의 경우에도 점유회수의 경우와 마찬가지로 甲이 점유를 상실하지 않았던 것으로 간주되는지(민 § 192② 단서의 유추적용) 여부에 관하여는 견해의 대립이 있을 수 있다.

회복 그 자체만으로는 손해배상책임을 부담하지 않고 형사책임을 지지 않는다. 다만, 그 점유배제 과정의 행위로 인하여 손해배상책임 또는 형사책임을 질 수 있음은 물론이다.

나. 소유자(乙)의 부적법한 점유침탈 후 유치권자(甲)의 '적법한' 자력탈환 · 강제집행 가능

유치권자 甲이 부적법한 방법으로 점유를 침탈당한 경우 甲은 당연히 적법한 방법으로 점유를 회복할 수 있다. 즉, 소유자 乙의 부적법한 침탈로 유치권자 甲이 점유를 상실한 경우, 甲은 ⓐ 적법한 자력탈환('직시 탈환'의 요건을 갖춘 자력탈환)의 방법 또는 ⓑ 집행권원[3] 취득 및 그에 기한 강제집행의 방법으로 점유를 회복할 수 있다.

이 경우 甲은 유치권을 회복한다. 적법한 자력탈환 또는 강제집행으로 점유를 회복하는 것은 민법 제320조 제2항의 불법행위에 해당하지 않기 때문이다.

[경매절차의 매수인이 소유자를 상대로 인도명령을 받아 집행한 경우, 점유자(유치권자)의 점유회수소송(인용)] 대법원 2012. 3. 29. 선고 2010다2459 판결은, 아파트를 유치권자가 점유하고 있는 상황에서 경매절차의 매수인이 소유자를 상대로 인도명령을 받아 이를 집행하자 유치권자가 경매절차의 매수인을 상대로 점유회수의 소(민법 제204조)를 제기한 사안에서, '유치권자는 점유를 위법하게 침탈당한 것이고 따라서 경매절차의 매수인은 유치권자에게 아파트를 인도할 의무가 있다'고 판단한 원심 판결을 지지하였다. 원심(서울고법 2009. 12. 15. 2009나87777)은 이 사건 아파트에 대한 인도명령은 유치권자에 대하여는 효력이 없으므로 그 인도명령의 집행에 따라 유치권자는 경매절차의 매수인으로부터 이 사건 아파트의 점유를 위법하게 침탈당하였다고 판시하였다.

다. 소유자(乙)의 부적법한 점유침탈 후 유치권자(甲)의 '부적법한' 자력탈환 가능

유치권자 甲이 부적법한 방법으로 점유를 침탈당한 경우 甲은 적법한 방법은 물론 부적법한 방법으로도 점유를 회복할 수 있다.

---

3) 점유회수소송 · 인도소송 · 인도단행가처분신청 등의 인용재판을 말한다.

즉, 소유자 乙의 부적법한 침탈로 유치권자 甲이 점유를 상실한 경우, 甲은 부적법한 자력탈환('직시 탈환'의 요건을 갖추지 못한 자력탈환 내지 점유침탈)의 방법으로도 점유를 회복할 수 있다. 이른바 '상호침탈'이 허용되는 것이다.

이 경우 甲은 유치권을 회복한다. 부적법한 자력탈환(부적법한 점유침탈에 대한 부적법한 자력탈환)으로 점유를 회복하는 것도 甲이 본래의 적법한 점유상태 및 유치권을 회복하기 위한 것이므로 제320조 제2항의 불법행위에 해당하지 않는 것이다.[4)]

다만, 甲은 부적법한 탈환행위가 민법 제750조의 '고의 또는 과실에 의한 위법행위'에 해당하여 손해배상책임을 부담할 수 있고, 위법성조각사유에 해당하지 않는 형사책임을 질 수도 있는데, 이는 별개의 문제이다.

3. 위 '2'의 '나' 및 '다'의 경우 소유자(乙)의 법적 지위

가. 유치권자(甲)의 '적법한' 자력탈환 · 강제집행 후 소유자(乙)의 자력탈환 또는 강제집행을 위한 집행권원 취득 불가

유치권자 甲이 부적법한 방법으로 침탈당한 점유를 적법한 방법으로 회복한 경우 甲은 당연히 그 상태를 유지할 수 있다.

부적법한 방법으로 점유를 침탈당한 유치권자 甲이 점유 및 유치권을 적법한 자력탈환 또는 강제집행의 방법으로 회복한 경우, 소유자 乙은 자력탈환을 하거나 강제집행을 위한 집행권원을 취득할 수 없는 것이다.[5)]

유치권자가 부적법한 방법으로 침탈당한 점유를 '적법한' 방법으로 회복한 경우 소유자의 자력탈환이나 인도집행을 위한 집행권원의 취득을 허용하는 것은 공평의 원칙 및

---

4) 수원지법 2009. 3. 13. 2008나12917(확정), 서울중앙지법 2007. 5. 30. 2006나17316(확정) 등.

5) 만일 이러한 경우 乙의 자력탈환 또는 강제집행을 위한 집행권원 취득을 인정한다면 '甲(유치권자)의 점유 ⇨ 乙(소유자)의 부적법한 점유침탈 ⇨ 甲의 적법한 점유회복 ⇨ 乙의 적법한 점유회복'을 허용하는 것이 되어, 그 이후 '甲의 적법한 점유회복 ⇨ 乙의 적법한 점유회복 ⇨ 甲의 적법한 점유회복'이 끝없이 반복될 수 있다.

신의칙에 부합하지 않기 때문이다.

나. 유치권자(甲)의 '부적법한' 자력탈환 후 소유자(乙)의 자력탈환 또는 강제집행을 위한 집행권원 취득 불가

유치권자 甲이 부적법한 방법으로 침탈당한 점유를 적법한 방법으로 회복한 경우뿐만 아니라 부적법한 방법으로 회복한 경우에도 甲은 그 상태를 유지할 수 있다.

부적법한 방법으로 점유를 침탈당한 유치권자 甲이 점유 및 유치권을 부적법한 자력탈환의 방법으로 회복한 경우에도 소유자 乙은 자력탈환을 하거나 강제집행을 위한 집행권원을 취득할 수 없는 것이다. 유치권자가 부적법한 방법으로 침탈당한 점유를 '적법한' 방법으로 회복한 경우와 마찬가지로 '부적법한' 방법으로 회복한 경우에도 소유자의 자력탈환이나 인도집행을 위한 집행권원의 취득을 허용하는 것은 공평의 원칙 및 신의칙에 부합하지 않기 때문이다. 그 구체적인 이유 내지 근거에 관하여 판례는 아래와 같은 입장을 취하고 있다.

첫째, 점유를 부적법하게 침탈당한 원점유자가 실력으로(부적법하게) 침탈자로부터 점유를 탈환한 상호침탈의 경우, 침탈자의 반환청구를 인정하면 다시 원점유자가 반환을 청구하여 무용한 소송절차를 반복할 가능성이 크기 때문에, 침탈자는 원점유자에 대하여 점유물의 반환을 구할 수 없다고 보아야 한다.

둘째, 침탈자의 점유는 원점유자에 대한 관계에서는 하자 있는 점유이므로 점유를 침탈당한 원점유자에게 대항하지 못한다고 보아야 한다.

셋째, 원점유자는 점유를 탈환할 당시 침탈자에 대하여 민법 제204조 제1항에 의한 점유회수의 소를 제기하거나 인도 등을 청구할 수 있는 지위에 있었다.

넷째, 부적법한 방법으로 점유를 침탈한 자가 그 침탈로 인하여 원점유자의 점유 및 유치권 상실을 이유로 원점유자에 대하여 반환을 청구하는 것은 신의칙에 반한다.

[소유자 침탈(부적법) ⇨ 유치권자 자력탈환(부적법) ⇨ 소유자 인도청구(기각)] 수원지법 2009. 3. 13. 선고 2008나12917 판결(확정)은, 유치권자가 점유하고 있는 건물을 소유자(양수인)가 부적법하게 침탈하고, 유치권자가 침탈당한 후 5~8일 만에 점유를 탈환(비직시 탈환)한 사안에서, 유치권의 항변을 인용하면서 양수인이 제기한 건물명도청구 및 차임 상당의 부당이득반환청구 또는 손해배상청구를 모두 기각하였다.

서울중앙지법 2007. 5. 30. 선고 2006나17316 판결(확정)은, 유치권자가 점유하고 있는 건물을 경매절차의 매수인이 부적법하게 침탈하고, 유치권자가 침탈당한 후 46시간 만에 점유를 탈환(비직시 탈환)한 사안에서, 유치권의 항변을 인용하면서 매수인이 제기한 건물명도청구 및 차임 상당의 부당이득반환청구 또는 손해배상청구를 모두 기각하였다.

대전지법 2012. 5. 3. 선고 2011나11229 판결은, 유치권자가 점유하고 있는 건물 등을 소유자(채무자)가 부적법하게 침탈하고, 유치권자가 침탈당한 날부터 약 1주일 후에 점유를 탈환(비직시 탈환)한 사안에서, 유치권의 항변을 인용하면서 경매절차의 매수인이 제기한 건물에서의 퇴거, 컨테이너 박스의 수거, 토지의 인도청구를 모두 기각하였다.[6]

Ⅱ. 유치권주장자가 침탈한 경우

유치권주장자가 점유를 침탈한 경우란 점유를 하지 않고 있던 유치권주장자(甲)가 소유자(乙)의 점유를 부적법한 방법으로 빼앗아 유치권을 취득한 경우를 말한다.

1. 침탈한 유치권주장자(甲)의 법적 지위

첫째, 甲은 부적법하게 乙의 점유를 침탈하더라도 점유(사실상의 지배) 내지 점유권을 취득한다(민 §192①). 그러나 이러한 점유침탈이 불법행위에 해당하는 경우 甲은 유치권을 취득하지 못한다(민 §320②).

6) 원고가 상고하였으나 심리불속행 기각되었다(대판 2012. 9. 13. 2012다48961).

둘째, 甲의 점유침탈이 불법행위에 해당하는 경우 甲은 불법행위로 인한 손해배상책임을 부담한다(민 §750).

셋째, 甲의 점유침탈이 위법성조각사유에 해당하지 않은 한 甲은 형사책임(재물손괴죄, 건조물침입죄 등)을 질 수 있다.

2. 회복하는 소유자(乙)의 법적 지위

가. 일반론

첫째, 유치권주장자 甲의 점유침탈이 불법적인 것이라 하더라도 이로 인하여 소유자 乙은 점유(사실상의 지배) 내지 점유권을 상실한다(민 §192② 본문).

둘째, 乙은 점유를 침탈당한 날부터 1년 이내에 점유회수의 소를 제기할 수 있고(민 §204), 그 승소판결에 기한 강제집행으로 점유를 회복하면 점유를 상실하지 않았던 것으로 간주된다(민 §192② 단서).

셋째, 乙은 적법하게 자력탈환하거나(민 §209②), 인도판결 · 인도단행가처분결정 등에 기하여 강제집행을 함으로써 점유를 회복할 수 있다.[7)]

넷째, 위 '둘째'와 '셋째'와 같은 적법한 방법(적법한 자력탈환, 강제집행)에 의한 점유회복 그 자체만으로는 손해배상책임을 부담하지 않고 형사책임을 지지 않는다. 다만, 그 점유배제 과정의 행위로 인하여 손해배상책임 또는 형사책임을 질 수 있음은 물론이다.

---

7) 자력탈환 등의 경우에도 점유회수의 경우와 마찬가지로 甲이 점유를 상실하지 않았던 것으로 간주되는지(민 § 192② 단서의 유추적용) 여부에 관하여는 견해의 대립이 있을 수 있다.

나. 유치권주장자(甲)의 부적법한 점유침탈 후 소유자(乙)의 '적법한' 자력탈환 · 강제집행 가능

소유자 乙이 부적법한 방법으로 점유를 침탈당한 경우 乙은 당연히 적법한 방법으로 점유를 회복할 수 있다. 즉, 유치권주장자 甲의 부적법한 침탈로 소유자 乙이 점유를 상실한 경우, 乙은 ⓐ 적법한 자력탈환('직시 탈환'의 요건을 갖춘 자력탈환)의 방법 또는 ⓑ 집행권원[8] 취득 및 그에 기한 강제집행의 방법으로 점유를 회복할 수 있다.

다. 유치권주장자(甲)의 부적법한 점유침탈 후 소유자(乙)의 '부적법한' 자력탈환 가능

소유자 乙이 부적법한 방법으로 점유를 침탈당한 경우 乙은 적법한 방법은 물론 부적법한 방법으로도 점유를 회복할 수 있다.

즉, 유치권주장자 甲의 부적법한 침탈로 소유자 乙이 점유를 상실한 경우, 乙은 부적법한 자력탈환('직시 탈환'의 요건을 갖추지 못한 자력탈환 내지 점유침탈)의 방법으로도 점유를 회복할 수 있다. 이른바 상호침탈이 허용되는 것이다.

다만, 乙은 부적법한 탈환행위가 민법 제750조의 '고의 또는 과실에 의한 위법행위'에 해당하여 손해배상책임을 부담할 수 있고, 위법성조각사유에 해당하지 않는 형사책임을 질 수도 있는데, 이는 별개의 문제이다.

8) 점유회수소송 · 인도소송 · 인도단행가처분신청 등의 인용재판을 말한다.

3. 위 '2'의 '나' 및 '다'의 경우 유치권주장자(甲)의 법적 지위

가. 소유자(乙)의 '적법한' 자력탈환 · 강제집행 후 유치권주장자(甲)의 자력탈환 또는 강제집행을 위한 집행권원 취득 불가

소유자 乙이 부적법한 방법으로 침탈당한 점유를 적법한 방법으로 회복한 경우 乙은 당연히 그 상태를 유지할 수 있다.

부적법한 방법으로 점유를 침탈당한 소유자 乙이 점유 및 유치권을 적법한 자력탈환 또는 강제집행의 방법으로 회복한 경우, 유치권주장자 甲은 자력탈환을 하거나 강제집행을 위한 집행권원을 취득할 수 없는 것이다.[9)]

소유자가 부적법한 방법으로 침탈당한 점유를 '적법한' 방법으로 회복한 경우 유치권주장자의 자력탈환이나 인도집행을 위한 집행권원의 취득을 허용하는 것은 공평의 원칙 및 신의칙에 부합하지 않기 때문이다.

유치권주장자 침탈(부적법) ⇨ 매수인 자력탈환(적법) ⇨ 유치권주장자 인도청구(기각)] 부산고법 2007. 9. 7. 선고 2007나859 판결은, 경매절차의 매수인이 점유하고 있는 건물을 유치권주장자가 침탈하고, 매수인이 침탈당한 점유를 48시간 이내에 회복(적법한 자력탈환)한 후에, 유치권주장자가 건물인도청구의 소를 제기한 사안에서, 유치권주장자는 자신의 점유를 매수인이 침탈하였음을 이유로 건물의 반환을 구할 권리가 없다고 판시하였다.

9) 만일 이러한 경우 甲의 자력탈환 또는 강제집행을 위한 집행권원 취득을 인정한다면 '乙(소유자)의 점유 ⇨ 甲(유치권자)의 부적법한 점유침탈 ⇨ 乙의 적법한 점유회복 ⇨ 甲의 적법한 점유회복'을 허용하는 것이 되어, 그 이후 '乙의 적법한 점유회복 ⇨ 甲의 적법한 점유회복 ⇨ 乙의 적법한 점유회복'이 끝없이 반복될 수 있다.

나. 소유자(乙)의 '부적법한' 자력탈환 후 유치권주장자(甲)의 자력탈환 또는 강제집행을 위한 집행권원 취득 불가

소유자 乙이 부적법한 방법으로 침탈당한 점유를 적법한 방법으로 회복한 경우뿐만 아니라 부적법한 방법으로 회복한 경우에도 乙은 그 상태를 유지할 수 있다.

부적법한 방법으로 점유를 침탈당한 소유자 乙이 점유를 부적법한 자력탈환의 방법으로 회복한 경우에도 유치권주장자 甲은 자력탈환을 하거나 강제집행을 위한 집행권원을 취득할 수 없는 것이다. 소유자가 부적법한 방법으로 침탈당한 점유를 '적법한' 방법으로 회복한 경우와 마찬가지로 '부적법한' 방법으로 회복한 경우에도 유치권주장자의 자력탈환이나 인도집행을 위한 집행권원의 취득을 허용하는 것은 공평의 원칙 및 신의칙에 부합하지 않기 때문이다. 그 구체적인 이유 내지 근거에 관하여 판례는 아래와 같은 입장을 취하고 있다.

첫째, 점유를 부적법하게 침탈당한 원점유자가 실력으로(부적법하게) 침탈자로부터 점유를 탈환한 상호침탈의 경우, 침탈자의 반환청구를 인정하면 다시 원점유자가 반환을 청구하여 무용한 소송절차를 반복할 가능성이 크기 때문에, 침탈자는 원점유자에 대하여 점유물의 반환을 구할 수 없다고 보아야 한다.

둘째, 침탈자의 점유는 원점유자에 대한 관계에서는 하자 있는 점유이므로 점유를 침탈당한 원점유자에게 대항하지 못한다고 보아야 한다.

셋째, 원점유자는 점유를 탈환할 당시 침탈자에 대하여 민법 제204조 제1항에 의한 점유회수의 소를 제기하거나 인도 등을 청구할 수 있는 지위에 있었다.

넷째, 부적법한 방법으로 점유를 침탈한 자가 그 침탈로 인하여 원점유자의 점유상실을 이유로 원점유자에 대하여 반환을 청구하는 것은 신의칙에 반한다.

[유치권주장자 침탈(부적법) ⇨ 소유자 자력탈환(부적법) ⇨ 유치권주장자 인도청구소송·점유회수소송(기각)] 수원지법 2004. 6. 18. 선고 2003나17191 판결은, 유치권주장자가 점유하고 있는 근린생활시설(일반음식점)에 관하여 경매절차의 매수인이 인도명령을 받아 그 집행을 완료하고, 20여일 경과 후에 유치권주장자가 점유를 침탈하였으며, 3개월 경과 후에 매수인이 점유를 탈환하고, 유치권

주장자가 점유회수의 소를 제기한 사안에서 유치권주장자의 청구를 기각하였다.

대전지법 2010. 1. 22. 선고 2009가합9236 판결은, 소유자(채무자)가 점유하고 있는 찜질방의 종물인 기계설비를 유치권주장자(원고)가 침탈하고, 경매절차의 매수인(피고)이 약 4일 후에 탈환(부적법한 자력탈환)한 후에, 유치권주장자가 매수인을 상대로 기계설비의 인도를 구하는 소를 제기한 사안에서 유치권주장자의 청구를 기각하였다.

서울고법 2016. 7. 14. 선고 2014나2025915 · 2025922 판결은, 소유자(채무자)가 점유하고 있는 빌라를 유치권주장자(원고)가 침탈하고, 경매절차의 매수인이 약 50일 후에 탈환(부적법한 자력탈환)한 후에, 유치권주장자가 소유자(채무자)를 상대로 빌라 점유의 회수를 구하는 소를 제기한 사안에서 유치권주장자의 청구를 기각하였다.

제2절 적법한 점유배제와 점유회복

<table>
<tr><th>배 제
회복방법</th><th>소유자가 배제한 경우</th><th>유치권주장자가 배제한 경우</th></tr>
<tr><td>非직시 탈환</td><td rowspan="2">유치권주장자의 非직시 또는 직시 탈환은 불법행위에 해당 ⇨ 유치권주장자는 여전히 유치권 취득 불가</td><td rowspan="2">소유자의 非직시 또는 직시 탈환은 불법행위에 해당</td></tr>
<tr><td>직시 탈환</td></tr>
<tr><td>강제집행</td><td>유치권주장자는 강제집행(점유 회복) 불가 ⇨ 유치권주장자는 여전히 유치권 취득 불가</td><td>소유자는 강제집행(점유 회복) 불가</td></tr>
</table>

Ⅰ. 소유자가 배제한 경우

소유자가 점유를 배제한 경우(유치권자가 점유를 회복하는 경우)는 점유를 하지 않고 있던 소유자(乙)가 성립 · 존속요건을 갖추지 못한 유치권주장자(甲)의 점유를 적법한 방법으로 빼앗은 경우를 말한다.

1. 배제한 소유자(乙)의 법적 지위

첫째, 乙이 적법하게 甲의 점유를 배제한 경우 乙은 점유를 취득한다. 여기서 '적법한 점유배제'란 乙이 점유회수 · 인도청구의 소의 승소판결 또는 인도단행가처분결정 등에 기한 강제집행에 의하여 甲의 점유를 배제한 경우, 乙이 적법한 자력탈환에 의하여 甲의 점유를 배제한 경우 등을 말한다.

둘째, 이러한 적법한 점유배제(강제집행 또는 자력탈환) 그 자체만으로는 손해배상책임을 부담하지 않고 형사책임을 지지 않는다. 다만, 그 점유배제 과정의 행위로 인하여 손해배상책임 또는 형사책임을 질 수 있음은 물론이다.

2. 회복하는 유치권주장자(甲)의 법적 지위

첫째, 乙의 적법한 강제집행 또는 자력탈환으로 甲은 점유(사실상의 지배) 내지 점유권을 상실한다.

둘째, 乙이 적법한 방법에 의하여 甲의 점유를 배제한 경우 甲은 강제집행의 방법으로 점유를 회복할 수 없다. 점유회수소송은 점유가 부적법하게 침탈되었을 것을 그 요건으로 하고, 인도청구소송이나 인도단행가처분신청도 이러한 경우에는 인용되지 않을 것이기 때문이다. 甲은 당초 유치권의 성립 · 존속요건을 갖추지 못하였을 뿐만 아니라 점유를 회복할 수 없기 때문에 甲은 여전히 유치권을 취득하지 못하는 것이다.

셋째, 甲의 비직시 탈환은 물론 직시 탈환도 불법행위에 해당하고, 따라서 甲은 여전히 유치권을 취득하지 못한다. 적법한 점유배제에 대하여는 자력탈환권을 행사할 수 없으므로, 자력탈환권의 행사는 그것이 직시 탈환이든 비직시 탈환이든 부적법한 점유침탈로서 민법 제750조의 '고의 또는 과실에 의한 위법행위'에 해당할 수 있고, 민법 제320조 제2항의 '불법행위'에 해당하기 때문이다. 또한 이 경우 甲은 손해배상책임을 부담할 수 있고, 그의 점유탈환이 위법성조각사유에 해당하지 않은 한 형사책임을 질 수 있다.

II. 유치권주장자가 배제한 경우

유치권주장자가 점유를 배제한 경우란 점유를 하지 않고 있던 유치권주장자(甲)가 소유자(乙)의 점유를 적법한 방법으로 빼앗아 유치권을 취득한 경우 등을 말한다.

1. 배제한 유치권주장자(甲)의 법적 지위

첫째, 甲이 적법하게 乙의 점유를 배제한 경우 甲은 점유를 취득하고, 따라서 유치권을 취득할 수 있다.

둘째, 이러한 적법한 점유배제(강제집행 또는 자력탈환) 그 자체만으로는 손해배상책임을 부담하지 않고 형사책임을 지지 않는다. 다만, 그 점유배제 과정의 행위로 인하여 손해배상책임 또는 형사책임을 질 수 있음은 물론이다.

2. 회복하는 소유자(乙)의 법적 지위

첫째, 甲의 적법한 강제집행 또는 자력탈환으로 乙은 점유(사실상의 지배) 내지 점유권을 상실한다.

둘째, 甲이 적법한 방법에 의하여 乙의 점유를 배제한 경우 乙은 적법하게 점유를 회복할 수 없다. 점유회수소송이나 자력탈환권은 점유가 부적법하게 침탈되었을 것을 그 요건으로 하고, 인도청구소송이나 인도단행가처분신청도 이러한 경우에는 인용되지 않을 것이기 때문이다.

셋째, 乙의 비직시 탈환은 물론 직시 탈환도 불법행위에 해당한다. 적법한 점유배제에 대하여는 자력탈환권을 행사할 수 없으므로, 자력탈환권의 행사는 그것이 적법한 것이든 부적법한 것이든 부적법한 점유침탈로서 민법 제750조의 '고의 또는 과실에 의한 위법행위'에 해당할 수 있다. 또한 이 경우 甲은 손해배상책임을 부담할 수 있고, 그의 점유탈환이 위법성조각사유에 해당하지 않은 한 형사책임을 질 수 있다.

제2장 자력탈환

Ⅰ. 점유침탈

부동산의 점유를 침탈당한 점유자는 ㉮ 침탈 후 직시(直時) 가해자를 배제하여 이를 탈환할 수도 있고(자력탈환, 민 §209②), ㉯ 침탈당한 날부터 1년 이내에 점유회수의 소를 제기하여 그 반환 및 손해의 배상을 청구할 수도 있다(점유회수, 민 §204).[10]

점유를 침탈당했다는 것은 점유자가 그의 의사에 의하지 않고 사실적 지배를 빼앗긴 것을 말한다.[11] 사기 · 강박 등 하자 있는 의사표시에 의하여 임의로 점유를 넘겨준 경우는 점유침탈에 해당하지 않는다.

[직접점유자의 점유이전이 간접점유자의 점유를 침탈한 것인지 여부(소극)] 직접점유자가 임의로 점유를 타에 양도한 경우에는 점유이전이 간접점유자의 의사에 반한다 하더라도 간접점유자의 점유가 침탈된 경우에 해당하지 않는다(대판 1993. 3. 9. 92다5300, 대판 2009. 11. 26. 2009다35552).

[하자 있는 의사표시에 의한 점유이전이 점유침탈에 해당하는지 여부(소극)] 점유자가 임의로 점유를 이전한 경우에는 비록 타인의 기망이나 강박에 의한 하자 있는 의사표시에 기한 경우에도 다른 특별한 사정이 없는 한 점유의 침탈이라고 할 수 없다(대판 2009. 11. 26. 2009다35552).

점유자에 대한 집행권원 없이 이루어진 위법한 강제집행에 의하여 점유자가 점유를 빼앗긴 경우는 점유침탈에 해당하나,[12] 적법한 강제집행에 의하여 점유를 상실한 경우

---

10) 점유자는 ㉰ 자력방위(§209①)에 의하여 점유를 방위할 수도 있다. 자력방위권은 점유의 침탈 또는 방해 행위가 계속되는 동안에만 행사할 수 있고, 방해 행위는 종료되었으나 방해상태가 계속되는 경우에는 점유회수의 소에 의하여야 할 것이다.

11) 대판 2012. 3. 29. 2010다2459, 광주고법(전주) 2014. 8. 21. 2013나701 등.

12) 대판 1987. 6. 9. 86다카1683, 대판 2012. 3. 29. 2010다2459, 광주고법(전주) 2014. 8. 21. 2013나701 등.

는 이에 해당하지 않는다.[13)]

[丙에 대한 집행권원으로 乙에 대하여 실시한 위법한 강제집행과 점유침탈] 甲이 丙을 상대로 점포에 관한 점유이전금지가처분결정을 받아 그 집행을 한 다음 丙을 상대로 하여 받은 본안판결에 기하여, 소유자로부터 임차하여 乙이 적법하게 점유하고 있던 위 점포에 대하여 명도집행을 단행하였다면, 이 강제집행은 위 가처분이나 본안판결의 효력이 미칠 수 없는 乙에 대한 것으로서 위법하고, 이러한 위법한 강제집행에 의하여 부동산의 명도를 받는 것은 공권력을 빌려서 乙의 점유를 침탈하는 것이 되므로, 乙이 위 강제집행이 일응 종료한 후 불과 2시간 이내에 자력으로 그 점유를 탈환한 것은 자력탈환의 행사에 해당한다(대판 1987. 6. 9. 86다카1683).

[적법한 강제집행과 점유침탈] 대법원 2017. 9. 7. 선고 2017도9999 판결은 집행관이 2016. 5. 19. 12:30경 유치권을 주장하는 피고인을 아파트에서 퇴거하게 하고 같은 날 14:20경 인도집행을 완료하였으며, 소유자가 집행관으로부터 아파트를 인도받은 후에 출입문 잠금장치를 교체하였는데, 피고인이 같은 날 15:00경 드라이버와 망치를 이용하여 출입문을 휘게 하고 잠금장치를 훼손한 후 아파트에 들어가 거주하고 있는 사안에서, 피고인의 행위가 민법 제209조의 자력구제에 해당하지 않는다고 본 원심(서울동부지법 2017. 6. 15. 2016노2014)의 판단을 수긍하였다.

민법 제209조 제2항의 요건을 갖추지 못한 자력탈환에 의하여 점유를 빼앗긴 경우에는 점유의 침탈에 해당하나, 그 요건을 갖춘 자력탈환에 의하여 점유를 상실한 경우에는 이에 해당하지 않는다.

II. 직시 탈환

민법 제209조 제2항은 점유를 침탈당한 종전 점유자는 침탈 후 직시(直時) 가해자를 배제하여 점유를 탈환할 수 있다고 규정하고 있다. 여기서 '직시'란 '객관적으로 가능한 한 신속히' 또는 '사회관념상 가해자를 배제하여 점유를 회복하는 데 필요하다고 인정되

13) 광주고법(전주) 2014. 8. 21. 2013나701, 서울서부지법 2016. 7. 8. 2015가단232173 등.

는 범위 안에서 되도록 속히'라는 의미이다.

['직시'의 의미] 대법원 1993. 3. 26. 선고 91다14116 판결은 "… 민법 제209조 제2항에 규정된 점유자의 자력탈환권은 점유가 침탈되었을 때 시간적으로 좁게 제한된 범위 내에서 자력으로 점유를 회복할 수 있다는 것으로서, 위 규정에서 말하는 '직시'란 '객관적으로 가능한 한 신속히' 또는 '사회관념상 가해자를 배제하여 점유를 회복하는 데 필요하다고 인정되는 범위 안에서 되도록 속히'라는 뜻으로 해석할 것이므로 … 점유자가 침탈 사실을 알고 모르고와는 관계없이 침탈을 당한 후 상당한 시간이 흘렀다면 자력탈환권을 행사할 수 없다 …"라고 판시하였다.

대법원 2017. 9. 7. 선고 2017도9999 판결도 위와 같은 취지로 판시하면서 자력탈환권의 행사가 '직시'에 이루어졌는지 여부를 판단함에 있어서는 물리적 시간의 장단을 살펴야 함은 물론 침탈자의 점유가 이미 확립되어(침탈자가 확립된 점유를 취득하여) 자력탈환권의 행사를 허용하는 것이 오히려 법적 안정 내지 평화를 해하거나 자력탈환권의 남용에 이르는 것은 아닌지도 함께 살펴야 한다고 판시하였다.

첫째, 점유를 침탈당한 후 2시간 만의 탈환은 직시 탈환에 해당한다.[14]

둘째, 점유를 침탈당한 후 24시간 이내의 탈환도 직시 탈환에 해당하는 것으로 인정될 가능성이 높다.

셋째, 약 2일 경과한 후의 탈환에 대한 판례의 입장은 유동적이다. 하급심은 48시간 이내의 탈환(10. 30. 06:00경 침탈, 11. 1. 새벽 무렵 탈환)을 직시 탈환이라고 판시한 경우도 있고,[15] 46시간 만의 탈환(11. 11. 14:00경 침탈, 11. 13. 12:00경 탈환)을 직시 탈환에 해당하지 않는다고 판시한 경우도 있다.[16]

넷째, 3일 이상 경과한 후의 탈환은 직시 탈환에 해당하지 않는다.[17] 5~8일 만의 탈

---

14) 대판 1987. 6. 9. 86다카1683.

15) 부산고법 2007. 9. 7. 2007나859.

16) 서울중앙지법 2007. 5. 30. 2006나17316. 원고는 상고하였다가(2007다44811) 피고와 합의를 하고 이를 취하하였다. 이 사안에서 유치권자의 점유를 침탈한 매수인은 재물손괴 · 건조물침입죄로 벌금형(100,000원)을, 46시간 만에 점유를 탈환한 유치권자는 재물손괴죄로 벌금형(300,000원)을 각 선고받아 확정되었다.

17) 서울고법 1999. 3. 24. 선고 98나54900 판결은 위법한 강제집행(임차권이 매각으로 소멸하지 않는 경우 임차인에 대한 인도집행)의 종료 후 3일이 경과한 후에 점유를 탈환하는 것은 직시 탈환에 해당하지 않는다고 판

환[18] 또는 15일 이상 경과한 후의 탈환[19] 역시 직시 탈환에 해당하지 않는다.

직시 탈환하여 점유를 회복한 경우에는 민법 제192조 제2항 단서를 유추하여 처음부터 점유를 상실하지 않았던 것으로 보는 것이 타당하다.

Ⅲ. 적법한 자력탈환 후 강제집행을 위한 집행권원 취득 불가
— 유치권주장자의 인도청구를 기각한 사례

[유치권주장자 침탈(부적법) ⇨ 매수인 자력탈환(적법) ⇨ 유치권주장자 인도청구(기각)]
부산고법 2007. 9. 7. 선고 2007나859 판결

1. 사안개요

가. 원고는 직원들을 2004. 3. 27.부터 이 사건 건물에 있는 채무자 포엠의 사무실에 보내 포엠의 직원들과 함께 머물다가 돌아오게 하는 방식으로 채권확보를 위하여 노력하였다.

나. 원고의 채무자 포엠은 이 사건 건물 내부출입문에 세콤장치를 설치하고 건물 북서쪽의 내부출입문에도 잠금장치를 설치하여, 외부인들이 적어도 근무시간 이외에는 건물의 내부로 출입하지 못하도록 통제하였다(소유자의 점유).

다. 2005. 1. 26. 이 사건 건물에 대한 임의경매절차가 개시되었고, 피고가 이 사건 건물을 낙찰받아 2005. 10. 24. 경락대금을 완납하고 직원 및 경비원을 배치하여 포엠이 설치한 세콤장치를 그대로 이용하면서 포엠으로부터 이 사건 건물의 점유를 승계하였다(피고=매수인의 점유승계).

라. 원고는 피고가 이 사건 건물의 낙찰대금을 모두 납부하였다는 이야기를 듣고 2005. 10. 30. 06:00경 용역업체 직원 13명과 자신의 직원 2명을 동원하여 이 사건 건물 내부로 들어가 출입문을 모두 봉쇄하였고, 같은 날 06:25경 건물 내부로 들어오려는 세콤 및 피고의 직원들과 피고의 신고로 출

시하였다.

18) 수원지법 2009. 3. 13. 2008나12917. 원고가 상고하였으나 상고이유서를 제출하지 않아 기각되었다(대판 2009. 6. 17. 2009다29304).

19) 의정부지법 2016. 10. 25. 2016카합117.

동한 경찰의 출입을 저지하였다(원고=유치권주장자의 점유침탈).

마. 이에 피고는 2005. 11. 1. 새벽 무렵 용역인 수십 명을 동원하여 원고의 직원 및 원고가 고용한 용역업체 직원들을 이 사건 건물 내부에서 몰아내고, 북서쪽 내부출입문에 새로운 잠금장치를 하여 원고들 직원 등의 건물출입을 막았다(피고=매수인의 적법한 자력탈환).

바. 이 사건 건물 외부로 밀려난 원고는 건물 뒤편 1층에 마련된 약 3, 4평 정도의 주차장 관리실에 비품 등 집기를 놓고 직원들을 상주시키다가 2006. 2. 25. 건물에서 완전히 쫓겨났고, 현재 이 사건 건물은 피고에 의해 점유 · 관리되고 있다.

사. 2006. 1. 6. 원고는 피고에 대하여 이 사건 건물을 원고에게 인도하라는 점유물반환의 소를 제기하였다(원고=유치권주장자의 점유물반환의 소 제기).

2. 당사자의 주장

가. 원고(유치권자)의 주장

원고는 포엠에 대한 전부채권자 또는 공사대금채권자인데 포엠이 채무를 이행하지 않아 2004. 3. 27. 포엠의 소유였던 이 사건 건물을 적법하게 점유하여 유치권을 취득하였다. 그런데 피고(매수인)는 원고의 점유가 계속 중이던 2005. 10. 31.경 이 사건 건물에 대한 원고의 점유를 무단으로 침탈하였다. 따라서 위법한 점유자인 피고는 정당한 점유자였던 원고에게 이 사건 건물을 인도할 의무가 있다.

나. 피고(매수인)의 주장

피고는 이 사건 건물을 경락받아 정당하게 점유하던 중 원고가 먼저 위법하게 피고의 점유를 침탈하였기 때문에 이를 탈환한 것에 불과하므로 원고의 반환청구에 응할 수 없다.

3. 판단

가. 원고의 직원들이 포엠의 사무실에 방문하여 체류한 시간과 체류 당시의 제반 상황, 특히 원고가 자신의 점유를 외부적으로 표시하거나 제3자의 점유사용을 배제하기 위한 아무런 조치를 취하지 아니한 점 등에 비추어 볼 때, 2004. 3. 27.부터 피고가 포엠으로부터 점유를 승계한 2005. 10. 24.까지의 기간 동안 원고들이 이 사건 건물에 대하여 유치권 행사의 전제가 되는 단독점유 혹은 공동점유를 하고 있었다고 보기 어렵다.

나. 따라서 원고는 용역업체 직원들과 함께 건물에 들어가 출입문을 봉쇄한 2005. 10. 30.에야 비로소 이 사건 건물에 대한 점유를 개시하였다고 할 것이고, 이는 이 사건 건물을 경락받아 정당하게 점

유하던 피고의 점유를 침탈한 것으로 위법한 점유라고 할 것이다.

다. 이러한 경우 점유자는 그 점유를 부정히 침탈 또는 방해하는 행위에 대하여 자력으로써 이를 방위할 수 있고, 그 점유물이 부동산일 때에는 침탈 후 직시(直時) 가해자를 배제하여 이를 탈환할 권리가 있는바(민법 제209조 제1항, 제2항), 위에서 인정한 바와 같이 피고가 원고의 점유침탈이 있은 뒤 바로 피고의 직원들과 경비업체 직원들로 하여금 건물의 점유를 탈환하려고 시도하는 한편 경찰에 신고를 하는 등의 조치를 취하다가 결국 침탈이 있은 지 48시간 이내에 자력으로 원고들을 배제하여 이 사건 건물을 탈환한 것은 객관적으로 가능한 신속한 시간 내에 점유물을 탈환한 것으로서, 이는 자력구제권의 정당한 행사에 해당한다고 판단되므로 위법성을 조각한다고 할 것이다.

라. 설령 피고에 의한 건물의 탈환이 민법이 인정하는 자력구제의 범위를 넘어섰다고 하더라도, 점유를 침탈당한 원점유자가 침탈자로부터 실력으로 그 점유를 탈환한 경우 침탈자의 반환청구를 인정하면 다시 원점유자가 반환을 청구하여 무용한 소송절차를 반복할 가능성이 크다는 점에서 침탈자가 원점유자에 대하여 점유물의 반환을 구할 수는 없다고 보아야 할 것인바, 원고가 포엠으로부터 이 사건 건물의 점유를 적법하게 승계한 피고의 점유를 먼저 침탈하였고, 그 뒤 피고가 그 점유를 탈환하였으므로, 침탈자인 원고는 자신들의 하자 있는 점유로 피고에게 대항할 수는 없다고 판단된다.

마. 따라서 어느 모로 보나 원고는 자신의 점유를 피고가 침탈하였음을 이유로 이 사건 건물의 반환을 구할 권리가 없다고 보아야 할 것이고, 결국 원고의 주장은 이유 없다.[20]

20) 위 판결은 원고(유치권자)가 부적법하게 피고의 점유를 침탈한 상황에서, 피고(매수인)가 적법하게 자력탈환을 한 경우(위 '다' 및 '마')는 물론 부적법하게 자력탈환을 한 경우(위 '라' 및 '마')에도, 원고는 피고가 원고의 점유를 침탈하였을 이유로 반환을 구할 권리가 없다고 판시한 것이다.

Ⅳ. 상호침탈 후 강제집행을 위한 집행권원 취득 불가

1. 소유자의 인도청구를 기각한 사례

[양수인 침탈(부적법) ⇨ 유치권자 자력탈환(부적법, 상호침탈) ⇨ 양수인 명도 등 청구(기각)]
수원지법 2009. 3. 13. 2008나12917 판결[21)22)]

1. 사안개요

가. 화성시 정남면 문학리 △△△ 공장용지의 소유자 甲1은 乙회사(피고1회사)에 공장건물(지상 2층) 신축공사를 공사대금 4억 4천만 원에 도급주었다.

나. 피고1은 2005. 8. 31. 공사를 완료하였으나 공사대금을 지급받지 못하자 그 무렵부터 피고1회사 소속 직원인 피고2 또는 하도급업자 등을 통하여 이 사건 공장을 점유하고 있다(피고=유치권자의 점유).

다. 甲1은 2005. 11. 15. 이 사건 공장 및 토지(공장부지)를 甲2회사에게 매도하였고, 甲2회사는 2006. 7. 4. 이를 다시 원고(甲3회사)에게 매도하였다.

라. 원고(甲3회사)의 직원들은 2006. 10. 17.부터 같은 달 20.까지 사이에 피고2 등이 공장 안에 없는 틈을 이용하여 공장 정문 등에 설치된 시정장치를 부수고 안으로 들어가 안에 있던 집기 등을 반출한 다음 새로이 시정장치를 설치하였다(원고=소유자의 점유침탈).

마. 피고1회사는 피고2 등을 통하여 2016. 10. 25. 공장 정문 등에 설치된 시정장치를 부수고 안으로

---

21) 원고는 건물(공장)명도 및 차임 상당의 부당이득반환 또는 손해배상을 청구하였으나, 제1심(수원지법 2008. 5. 13. 2006가단106800)은 이를 모두 기각하였고(원고 항소), 항소심은 원고의 항소를 기각하였다(원고 상고). 원고는 상고하였으나(2009다29304) 상고이유서를 제출하지 않아 상고가 기각되었다(2009. 6. 17.).

22) 건물명도청구 부분에 관하여 유치권의 항변을 인용하면서도 상환이행을 명하지 않고 기각하였다. 상환이행판결이 타당하다고 하겠다.

부당이득반환청구 부분도 기각하였다. 피고의 점유는 원고의 유치권 침탈행위를 방지하기 위한 관리행위에 불과하고 그 건물의 용도에 맞는 사용 · 수익에 해당하지 않기 때문이다.

손해배상청구 부분도 기각하였다. 직시 탈환은 물론 비직시 탈환도 민법 제320조 제2항이 규정하는 '불법행위'에 해당하지 않으므로 유치권 성립 · 취득에 장애가 되지 않고, 유치권을 취득하기 위한 탈환행위는 물론 유치권을 유지하기 위한 점유도 불법행위에 해당하지 않기 때문이다.

들어간 이래 현재까지 공장을 점유하고 있다(피고=유치권자의 점유탈환).

바. 원고는 피고들을 상대로 건물명도 및 차임 상당의 부당이득반환 또는 손해배상을 청구하는 소를 제기하였다(원고=소유자의 건물명도 등 청구).

2. 당사자들의 주장 및 판단

가. 원고의 주장

(1) 이 사건 공장의 신축공사를 한 것은 피고1회사가 아니므로 피고1회사에게는 이 사건 공장을 유치할 채권 자체가 없다.

(2) 설령 피고1회사가 이 사건 공장의 신축공사를 하였다고 하여도, 피고1회사는 이 사건 공장에 대한 점유를 불법적으로 침탈하였으므로 유치권을 주장할 수 없다.

(3) 따라서 피고1회사 및 피고2는 원고에게 이 사건 공장을 명도하고, 이 사건 공장의 불법점유로 인한 손해배상금 내지 부당이득금을 반환할 의무가 있다.

나. 피고의 주장

피고1회사는 이 사건 공장의 신축공사대금을 지급받을 때까지 이 사건 공장을 유치할 권리가 있다(피고2는 피고1회사의 직원에 불과하다).

다. 판단

(1) 먼저, 공사대금채권에 관하여 살펴본다. 피고1회사가 甲1로부터 이 사건 공장의 신축공사를 도급받아 시공한 후 그 공사대금을 지급받지 못한 점은 앞서 인정한 바와 같으므로 유치권 성립의 전제가 되는 공사대금채권이 존재한다 할 것이다.

(2) 다음으로, 점유관계에 관하여 살펴본다. 민법 제320조 제2항에 의하면, 불법행위로 인한 점유일 경우에는 유치권이 인정되지 않고, 민법 제209조 제2항에 의하면, 부동산인 점유물이 침탈되었을 경우 점유자는 침탈 후 직시(直時) 가해자를 배제하여 이를 탈환할 수 있도록 되어 있다. ① 이 사건의 경우 원고가 점유를 침탈한 날로부터 5일 내지 8일이 경과된 후에 피고1회사가 점유를 회복한 점에 비추어 볼 때, 피고1회사의 점유회복은 민법 제209조 제1항에 따른 자력탈환권의 범위를 벗어난 것으로 볼 수 있다. ② 그러나 민법 제320조 제2항에서 불법점유의 경우 유치권을 인정하지 않는 이유는 불법행위에 의해 점유를 취득한 자에게 유치권을 인정하여 그 채권을 보호하는 것이 공평의 원칙에 위배된다는 등의 이유 때문인데, 원고는 피고1회사에 대한 관계에서 먼저 점유를 불법적으로 침탈한 자로서 원고의 점유 자체가 하자 있는 점유이고, 피고는 원고를 상대로 점유회복청구권을 가지고 있는 점, 피고1회사

의 점유탈환이 원고의 불법 점유침탈 시점으로부터 7~8일 후에 불과한 점 등에 비추어 볼 때, 설령 피고1회사의 점유탈환이 자력탈환권의 범위를 벗어난 것이라고 하여도, 피고1회사의 점유가 민법 제320조 제2항에서 정하는 불법점유에 해당한다고 볼 수 없으므로, 피고1회사에게는 위 공사대금채권에 기해 이 사건 공장을 유치할 권리가 있다고 보아야 한다.

(3) 위와 같이 피고1회사에게 이 사건 공장을 유치할 권리가 인정되는 이상(피고2는 피고1회사의 직원이다), 피고1회사 내지는 피고2가 이 사건 공장을 불법점유하고 있음을 전제로 하는 원고의 명도 및 손해배상 주장은 이유 없다. 나아가, 피고들이 유치권을 행사하기 위해 이 사건 공장을 점유하는 데 그치지 않고, 이 사건 공장을 그 용도에 맞게 사용 · 수익하고 있다고 볼 아무런 증거가 없으므로 원고의 부당이득 주장도 이유 없다.

3. 결론

그렇다면 원고의 이 사건 청구는 이유 없어 기각할 것인바, 제1심 판결은 이와 결론을 같이하여 정당하므로 원고의 항소를 기각한다.

[매수인 침탈(부적법) ⇨ 유치권자 자력탈환(부적법, 상호침탈) ⇨ 매수인 명도 등 청구(기각)] 서울중앙지법 2007. 5. 30. 2006나17316 판결[23)]

1. 사안개요

가. 피고 △△물산 주식회사(이하 '피고1'이라고 함)는 서울 강북구 수유동 △△△ 일대 322필지 28,966㎡에 10~18층 아파트 690세대 및 부대복리시설을 건축하는 △△주택재개발사업(이하 '이 사건 재개발사업'이라고 함)의 시공회사로서 그 시행자인 △△주택재개발조합(이하 '소외 조합'이라고 함)에 대하여 공사대금 및 대여금 등 채권을 가지고 있었다.

나. 소외 조합으로부터 위 공사대금 및 대여금 등 채권에 대한 변제가 이루어지지 아니하자, 피고1은 이 사건 부동산을 포함하여 이 사건 재개발사업으로 완공된 아파트 중 분양대금이 완납되지 아니한 세대에 대하여는 소외 조합이나 수분양자인 조합원들에게 아파트를 인도하지 아니하고 아파트

---

23) 원고는 부동산(아파트) 명도 및 차임 상당의 부당이득금 또는 손해배상금의 지급을 청구하였으나, 제1심(서울중앙지법 2006. 7. 6. 2006가단45945)은 이를 모두 기각하였고(원고 항소), 항소심은 원고의 항소를 기각하였다(원고 상고). 원고는 상고하였다가(2007다44811) 상고를 취하하였다(2007. 6. 23.).

열쇠를 직접 보관하면서 점유, 관리하고 있었으며, 2004. 10. 20. 소외 조합의 조합장이었던 피고3에게 이 사건 부동산에 대한 점유 및 관리권한을 위임하였다(피고=유치권자측의 점유).

다. 한편, 소외 조합은 애초 이 사건 부동산을 분양받은 조합원1에 대하여 조합원 아파트 분양대금(가청산금), 국유지 매입비 대납금 및 그 비용, 소유권보존등기비용 등의 채권을 가지고 있었는데, 2001. 12. 29. 피고1에게 조합원1에 대한 위 채권을 양도하였다.

라. 피고1은 소외 조합으로부터 양수한 위 채권에 기하여 조합원1을 상대로 서울북부지방법원 2002가합3161호로 이행을 구하는 소를 제기하여 2004. 8. 19. '조합원1은 피고1에게 219,582,289원 및 이에 대한 지연이자를 지급하라'는 취지의 승소판결을 받고 2004. 9. 21. 위 판결이 확정되자, 피고1은 2004. 10. 19. 위 아파트 103동 △△△△호(이하 '이 사건 부동산'이라고 함, 그 전에 조합원1 명의로 소유권보존등기가 마쳐져 있었음)에 대한 강제경매를 신청하였고, 2005. 6. 29. 경매법원에 위 부동산에 대한 유치권신고를 하였다.

마. 이 사건 부동산은 2005. 10. 25. 210,001,000원에 원고(원고의 형인 전영△가 원고를 대리하여 위 경매절차에 참여하였다)에게 경락되었다.

바. 피고1로부터 이 사건 부동산의 점유 및 관리권한을 위임받은 피고3은 위 부동산의 현관출입문에 '피고1이 위 부동산에 경락대금과 별도로 100,000,000원 상당의 채권에 대한 유치권을 행사하고 있다는 점'과 '피고1의 승낙 없이 무단으로 침입할 수 없다는 점'을 기재한 공고문을 부착하였고, 2005. 11. 9. 현관출입문의 기존 열쇠를 디지털 도어 록(게이트맨Ⅱ)으로 교체하면서 비밀번호를 설정해 두었으며, 위 부동산 배관의 동파 및 내부파손 등 이상 유무를 수시로 점검하였다.

사. 전영△는 2005. 11. 11. 경락대금을 납부하고 당일(2005. 11. 11.) 14:00경 이삿짐센터 사다리차를 이용하여 이 사건 부동산의 베란다를 통하여 위 부동산 내부로 들어간 후, 청소인부를 동원하여 위 부동산을 청소하면서 거실에 있던 컴퓨터(피고1이 설치한 것으로 보인다)를 복도로 배출하고 현관출입문에 부착된 공고문을 떼어내었고, 열쇠수리공을 불러 현관출입문 디지털 도어 록의 비밀번호를 변경하고 따로 보조열쇠를 설치하게 한 후 위 부동산의 각 창문 및 현관출입문을 시정해 둔 채 위 부동산을 비워두었다(원고=매수인측의 점유침탈). 전영△는 이 사건 부동산 침입사실에 대하여 서울북부지방법원 2006고정1062호 재물손괴죄 및 건조물침입죄로 벌금 100,000원을 선고받았다(전영△ 항소, 기각으로 확정).

아. 이에 피고1로부터 이 사건 부동산의 점유탈환을 지시받은 피고2, 피고3은 2005. 11. 13. 12:00경 현관출입문 디지털 도어 록 비밀번호가 변경되고 보조열쇠가 새로 설치된 관계로 현관출입문이 열리지 아니하자, 사다리차를 동원하여 위 아파트 베란다 창문을 망치로 부수고 위 부동산 내부로 들어갔고, 피고1 및 피고3은 원고와 전영△의 위 부동산 침입을 우려하여 피고2로 하여금 위 아파트 내부에 소파, 매트리스, 주방기기 등을 가져다 놓고 위 부동산을 지키도록 하였으며(피고=유치권

자측의 부적법한 자력탈환), 부서진 위 아파트 베란다 창문에 대한 원상회복조치를 완료하였다. 피고2, 피고3은 이 사건 부동산 베란다 창문 손괴사실에 대하여 서울북부지방법원 2006고정1014호 재물손괴죄로 각 벌금 300,000원의 판결을 선고받았다(피고들 각 항소 · 상고, 각 기각으로 확정).

자. 이 사건 부동산에 관하여 2005. 11. 11. 강제경매로 인한 매각을 등기원인으로 하는 원고 명의의 소유권이전등기가 마쳐져 있다.

차. 2006. 1. 3. 실시된 배당기일에서 피고1에게 142,097,754원이 배당되었다.

카. 원고는 피고들에 대하여 이 사건 부동산을 인도하고, 차임 상당의 부당이득금 또는 손해배상금을 지급하라는 소를 제기하였다.

2. 명도청구에 대한 판단

가. 청구원인에 대한 판단

위 인정사실에 의하면, 이 사건 부동산은 원고의 소유이므로 이 사건 부동산을 점유하고 있는 피고들은 특별한 사정이 없는 한 위 부동산을 원고에게 명도할 의무가 있다.

나. 피고들의 유치권 항변 및 원고의 유치권 관련 주장에 대한 판단

(1) 당사자의 주장

(가) 피고들의 주장

피고1은 이 사건 부동산에 대한 적법한 유치권자이며, 피고2, 피고3은 유치권 행사를 위한 점유보조자이므로, 따라서 원고의 피고들에 대한 이 사건 청구는 이유 없다.

(나) 원고의 주장

원고는 피고들의 위와 같은 유치권 항변에 대하여 유치권은 그 성립 · 존속요건을 갖추지 못하였다고 주장하였다.

그 사유로서, ㉠ 소외 조합에 대한 공사대금채권이 조합원1에 대한 양수금채권으로 전환된 점, ㉡ 원고가 이 사건 부동산에 입주할 당시까지 피고1은 위 부동산을 전혀 점유하고 있지 않은 점, ㉢ 설령 그렇지 않다고 하더라도, 원고는 2005. 11. 11. 14:00경 이 사건 부동산에 대해 새로이 점유를 개시하였다고 할 것이며, 그에 따라 피고들은 이 사건 부동산에 대한 점유를 상실하였다고 할 것이므로, 민법 제328조에 의해 피고1은 유치권을 상실하였다고 할 것이며, 아울러 2005. 11. 13. 피고들이 위 부동산에 침입하여 점유를 개시하였으나 이는 민법 제209조 제2항의 자력탈환의 요건을 갖추지 못한 불법행위로 인한 점유로서 민법 제320조 제2항에 따라 유치권이 인정될 수 없는 점, ㉣ 피고1은 이 사건 부동산에 대한 배당절차에서 이미 142,097,754원을 배당받았으므로, 경락자인 원고에 대해 더 이상 유치권을 행사할 수 없다는 점 등을 내세웠다.

(2) 판단

(가) 피고의 이 사건 부동산에 대한 채권 및 견련관계의 인정

피고1이 소외 조합으로부터 조합원1에 대한 소외 조합의 조합원 아파트 분양대금(가청산금), 국유지 매입비 대납금 및 그 비용, 소유권보존등기비용 등의 채권을 양수하였다고 하더라도 피고1의 소외 조합에 대한 공사대금채권이 소멸되는 것은 아니며, 나아가 위 공사대금채권은 이 사건 부동산을 포함한 위 아파트 건설로 인하여 발생되었으므로 위 부동산과 위 공사대금채권 사이의 견련관계가 인정된다고 할 것이다.

(나) 피고1의 이 사건 부동산에 대한 점유를 통한 유치권의 성립

이 사건 부동산에 관하여 생긴 공사대금채권을 가지고 있는 피고1이 원고의 이 사건 부동산에 대한 점유개시 전 피고3으로 하여금 위 부동산을 점유, 관리하게 한 사실 및 이에 따라 피고3이 위 부동산을 점유하였으므로 피고1은 이 사건 부동산에 대한 유치권을 가진다고 할 것이다.

(다) 피고1의 유치권의 소멸 및 재성립 여부

원고는 2005. 11. 11. 전영△를 통해 이 사건 부동산에 대한 점유를 침탈하여 새로이 점유를 개시하였으므로, 점유를 상실한 피고1의 유치권은 일응 민법 제328조에 의해 소멸되었다고 할 것이다.

한편, 민법 제209조 제2항은 "점유물이 침탈되었을 경우에 부동산일 때에는 점유자는 침탈 후 직시(直時) 가해자를 배제하여 이를 탈환할 수 있다"라고 규정하고 있고, 여기서 "직시"란 "객관적으로 가능한 한 신속히" 또는 "사회관념상 가해자를 배제하여 점유를 회복하는 데 필요하다고 인정되는 범위 안에서 되도록 속히"라는 뜻으로 해석할 것이므로 점유자가 침탈사실을 알았던지 여부와 상관없이 침탈을 당한 후 상당한 시간이 흘렀다면 자력탈환권을 행사할 수 없는 것이다(대법원 1993.3.26. 선고 91다14116 판결).

피고1이 이 사건 부동산을 유치권자로서 점유하였다 하더라도 원고가 이를 점유하기 시작한 2005. 11. 11.경으로부터 2일이 지난 후인 2005. 11. 13.경 피고들이 이를 탈환한 것은 "직시"의 요건을 갖추었다고 볼 수 없으므로, 민법 제209조 제2항의 자력탈환 요건을 갖추지 못하였다고 할 것이나, 그에 따른 이 사건 부동산의 점유는 다음과 같은 점에서 민법 제320조 제2항이 규정하고 있는 불법행위에 따른 점유라고 할 수 없다.

① 민법 제320조 제2항이 채권자의 점유가 불법행위로 인한 경우에는 유치권을 인정하지 않고 있는 것은 불법행위에 의하여 점유를 취득한 자에게까지 유치권을 인정하여 그의 채권을 보호한다면 공평의 원칙에 위배되고 또 그러한 것을 인정할 필요나 이유도 없기 때문인데, 원고 및 전영△는 피고들에 대한 관계에서 먼저 이 사건 부동산에 대한 점유를 불법적으로 침탈한 자로서 원고 및 전영△의 점

유는 나중에 점유를 탈환한 피고들에 대한 관계에서는 하자 있는 점유에 해당하여 그 점유는 먼저 점유를 침탈당한 피고들에게 대항하지 못한다고 할 것이라는 점, ② 피고에 의한 점유탈환이 민법 제209조 제2항에 의한 자력탈환권의 요건을 충족하고 있지는 못하나 피고는 점유탈환 당시 먼저 점유를 침탈한 원고에 대해 여전히 민법 제204조 제1항에 의한 점유회수의 소를 제기할 수 있는 지위에 있었던 자라는 점, ③ 피고들이 점유를 상실한 후 다시 탈환하기까지 약 2일의 시간밖에 경과하지 않았으며, 점유상실 사실을 안 뒤에는 즉시 이를 탈환한 점, ④ 먼저 불법적으로 점유를 침탈한 원고가 그로 인해 피고1의 유치권이 상실되었음을 이유로 당해 물건의 반환을 구하는 것은 신의칙에 반한다고 할 수 있는 점, ⑤ 피고의 점유, 점유배제 및 점유탈환의 일련의 과정을 살필 때 피고에게 이 사건 채권의 보전을 위해 유치권을 인정하는 것이 부당해 보이지도 않는 점, ⑥ 피고2, 피고3은 재물손괴 행위에 대해서만 유죄판결을 받았을 뿐 이 사건 건물의 점유와 관련 있는 건조물침입의 점으로 처벌받은 것은 아니라는 점 등이 그것이다.[24)]

따라서 피고1의 위 점유상실 후 피고들의 이 사건 부동산에 대한 2005. 11. 13. 새로운 점유 개시로 인해 피고1은 여전히 이 사건 부동산에 대해 유치권을 행사할 수 있는 것이다.

(라) 배당을 통한 일부 채권변제와 유치권의 관계

피고1은 이 사건 부동산의 경매절차에서 142,097,754원을 배당받았는데, 유치권자는 채권 전부의 변제를 받을 때까지 유치물 전부에 대하여 그 채권을 행사할 수 있는 것이므로(민법 제321조), 피고는 여전히 이 사건 부동산 전부에 대해 유치권을 가진다고 할 것이다.

(마) 소결론

따라서 피고1은 이 사건 부동산에 대해 여전히 유치권을 가진다고 할 것이며, 또한 피고3은 피고1로부터 이 사건 부동산에 관한 유치권 행사를 위임받았고, 피고2는 피고3의 지시를 받고 위 부동산에 대한 점유의 탈환에 가담하였고 피고1 및 피고3의 지시 아래 위 부동산을 점유하고 있는바, 피고2, 피고3은 위 부동산에 관한 피고1의 유치권 행사의 보조자로서 이 사건 부동산을 점유할 권한이 있다 할 것이므로, 결국 피고들의 위 주장은 이유 있다.

3. 차임 상당의 부당이득금 또는 손해배상금 청구에 대한 판단

24) 유치권자측이 점유를 불법적으로 탈환하였다 하더라도 그것이 '매수인'측의 불법적인 침탈에 의하여 상실된 점유를 회복하기 위한 것이라면 민법 제320조 제2항을 적용하지 않고('점유가 불법행위로 인한 경우'에 해당하지 않는다고 보아) 유치권의 성립을 인정하는 것이 유치권제도의 이념적 기초인 공평의 원칙이나 민사법의 기본원칙인 신의칙에 부합한다는 취지이다.

가. 원고의 주장

피고들은 원고의 소유물인 이 사건 부동산을 불법으로 점유, 사용하고 있으므로, 연대하여 원고에게 피고들의 점유개시일인 2005. 11. 13.부터 위 부동산 명도완료일까지 월 2,750,000원(월 차임 2,550,000원+월 관리비 200,000원)의 비율에 의한 차임 상당의 부당이득금 또는 손해배상금을 지급할 의무가 있다.

나. 판단

피고1의 이 사건 부동산에 대한 유치권이 인정되는 이상 피고들이 이를 점유하는 것이 원고에 대한 관계에서 불법행위를 구성하지 않는다고 할 것이므로(대법원 1972. 1. 31. 선고 71다2414 판결 참조), 원고의 피고들에 대한 차임 상당의 손해배상청구 주장은 우선 이유가 없고, 나아가 피고들에게 차임 상당의 부당이득을 청구하기 위해서는 피고들이 위 부동산을 점유하는 것을 넘어서 사용, 수익까지 하고 있다는 점이 인정되어야 할 것인데 이를 인정하기에 부족하고, 달리 이를 인정할 증거가 없으므로, 결국 원고의 위 주장은 모두 이유 없다(피고1 및 피고3의 지시로 피고2가 매트리스, 소파 등을 위 부동산 내부에 가져다 놓고 위 부동산을 점유하고 있는 것은 원고의 유치권 침탈행위를 방지하기 위한 관리행위이지 이를 두고 위 부동산을 용도에 맞게 사용하고 있다고 볼 수 없다).

4. 창문 손괴로 인한 손해배상청구에 대한 판단

가. 원고의 주장

피고들은 원고 소유의 이 사건 부동산 중 베란다 창문을 손괴하였으므로 연대하여 원고에게 그 수리비 500,000원을 지급할 의무가 있다.

나. 판단

피고들이 원고 소유의 이 사건 부동산 중 베란다 창문을 깨뜨린 사실은 인정되나, 위 창문의 시가를 알 수 있는 아무런 증거가 없고, 위 창문이 원상회복되었음은 앞서 인정한 바와 같으므로, 원고의 위 주장은 이유 없다.

5. 위자료 청구에 대한 판단

가. 원고의 주장

피고들의 2005. 11. 13. 이 사건 부동산 불법점유로 인한 원고의 정신적 손해에 따른 위자료로 피고들은 원고에게 5,000,000원을 지급할 의무가 있다.

나. 판단

피고1의 이 사건 부동산에 대한 적법한 점유권원이 인정되는 이상 피고들이 이를 점유하는 것이 원고에 대한 관계에서 불법행위를 구성하지 않음은 앞서 인정한 바와 같고, 나아가 피고2, 피고3의 이 사건 부동산의 유리창 파손행위가 불법행위에 해당한다고 하더라도, 일반적으로 타인의 불법행위로 인하여 재산권이 침해된 경우에는 특별한 사정이 없는 한 그 재산적 손해의 배상에 의하여 정신적 고통도 회복된다고 보아야 할 것이고 재산적 손해의 배상만으로는 회복할 수 없는 정신적 손해가 있다면 그 위자료를 인정할 수 있는 것인데(대법원 2003. 7. 25. 선고 2003다22912 판결), 위와 같은 유리창 손괴로 인하여 원고에 대한 명예나 신용의 훼손이 있었다거나 달리 재산적 손해의 배상만으로 회복할 수 없는 정신적 손해가 있었음을 인정할 아무런 자료가 없으므로, 결국 원고의 위 주장은 이유 없다.

6. 결론

그렇다면 원고의 피고들에 대한 이 사건 청구는 모두 이유 없어 기각할 것인바, 제1심 판결은 이와 결론을 같이하여 정당하므로 원고의 항소를 기각하기로 하여 주문과 같이 판결한다.

[소유자 침탈(부적법) ⇨ 유치권자 자력탈환(부적법, 상호침탈) ⇨ 매수인 인도 등 청구(기각)] 대전지법 2012. 5. 3. 선고 2011나11229 판결

1. 사안개요

가. 피고(乙)는 2008. 6. 17. 이 사건 토지의 전 소유자인 소외 회사(甲1)와 사이에 이 사건 공장건물 신축공사(이하 '이 사건 신축공사') 도급계약을 체결하면서 공사대금을 15억 8,180만 원, 공사기간을 2008. 6. 17.부터 2008. 9. 12.까지로 약정하였다가, 2008. 7. 10. 공사대금을 16억 8,630만 원으로 증액하고, 공사기간을 2008. 11. 15.까지로 연장하는 약정을 하였고, 그 후 신축공사를 완료하여 소외 회사로부터 2008. 11. 28. 10억 원, 같은 해 12. 11. 1억 4,000만 원 합계 11억 4,000만 원을 지급받았다. 피고는 현재까지 소외 회사로부터 공사대금을 일부(4억 4,180만 원 이상) 지급받지 못하였다.

나. 피고는 이 사건 신축공사가 진행될 무렵부터 이 사건 컨테이너 박스 중 1동을 설치하여 현장사무실로 사용하였고, 이 사건 신축공사가 2008. 11. 11.경 완료된 이후에는 이 사건 공장 2층에 직원

을 상주시켰다. 甲1은 공사대금을 일부 미지급하였음에도 불구하고 피고의 양해 아래 이 사건 공장 출입에 필요한 열쇠를 피고로부터 건네받아 이 사건 신축공사 완료 직전인 2008. 11. 초경부터 2009. 5.경까지 이 사건 공장건물 1층에서 육가공용 공장을 운영하였다.

다. 피고는 현재까지 이 사건 공장 및 컨테이너 박스에 직원을 상주시키면서 이 사건 토지 및 공장을 점유 · 관리하고 있는데, 2009. 2. 18.에는 이 사건 공장건물에 유치권 행사 중임이 기재된 현수막을 걸어두고, 이 사건 공장 출입문 및 책상 등 집기에 '유치권 행사 중'이라는 표식을 하여 두었으며, 2009. 5. 20.경부터는 주식회사 △△△과 경비용역계약을 체결하기도 하였다.

라. 이 사건에서 2010. 11. 23. 소외 회사(甲1)의 실질적인 운영자인 소외 강△△가 고용한 경호업체 소속 직원들이 출입문 자물쇠를 열고 들어감으로써 피고는 이 사건 토지 및 공장에 대한 점유를 침탈당하였다(甲1=소유자의 점유침탈).

마. 점유를 침탈당한 날부터 약 1주일 후에 피고가 경호업체를 동원하여 이 사건 토지 및 공장에 대한 점유를 회복하였다(피고=유치권자의 부적법한 자력탈환).

바. 원고(甲2)는 이 사건 토지 및 공장에 관하여 임의경매절차(2009. 2. 12. 개시)에서 2010. 12. 7. 매각대금을 납부하고 같은 날 원고 앞으로 소유권이전등기를 마쳤다.

사. 원고(甲2)는 피고(乙)에 대하여 이 사건 공장에서의 퇴거, 컨테이너 박스 수거, 토지 인도를 구하는 소를 제기하였다.

2. 판단

가. 원고(甲2)는 매각대금을 완납한 2010. 12. 7. 이 사건 토지 및 공장에 관한 소유권을 취득하였다고 할 것이므로, 피고(乙)는 특별한 사정이 없는 한 이 사건 공장에서 퇴거하고, 이 사건 컨테이너 박스를 각 수거하며, 원고에게 이 사건 토지를 인도할 의무가 있다.

나. 이에 대하여 피고는 소외 회사(甲1)로부터 이 사건 신축공사대금 중 일부를 지급받지 못하여 유치권을 행사하고 있는 것이어서 원고의 인도 등 청구에 응할 의무가 없다고 항변하므로, 이에 관하여 보건대, 앞서 인정한 사실에 의하면 피고는 유치권에 기해 이 사건 토지 및 공장을 점유하고 있고 그 목적의 범위 내에서 이 사건 컨테이너 박스를 설치하여 이를 사용하고 있다고 할 것이므로 피고의 위 항변은 이유 있다.

다. 위 '1' 중 '라'의 사실에 민법상 점유자의 자력구제권이 인정되는 점(민법 제209조), 점유회수의 소(민법 제204조)에 의해 점유를 회복한 경우에는 점유권을 상실하지 아니한 것으로 되고(민법 제192조 제2항), 이 사건에서 피고가 소외 회사를 상대로 점유회수의 소를 제기하였더라면 승소판결을 받았을 것으로 예상되는 점 등을 더하여 보면, 피고가 비록 점유회수의 소에 의하여 점유를 회복하지는 아니하였으나, 그 의사에 기하지 않은 채 상실하였던 점유를 약 1주일 만에 회복한 이상, 그 점유를 상실하지 않았던 것으로 되어 유치권이 되살아났다고 봄이 상당하므로, 원고의 위 주장은 이유 없다.

라. 원고는, 피고의 이 사건 토지 및 공장에 관한 점유개시 시점이 2009. 2. 12. 경매개시결정의 기입등기가 마쳐질 무렵이어서, 피고의 유치권은 압류의 효력이 발생한 후에 취득한 유치권이 되어 위 경매절차의 매수인인 원고에게 대항할 수 없다고 주장한다. 그러나 피고가 이 사건 신축공사 무렵인 2008. 6.경부터 계속하여 이 사건 토지 및 공장을 점유한 사실은 앞서 본 바와 같다.

마. 또한 원고는, 소외 회사와 피고는 공사대금 중 일부를 분할지급하기로 약정하였으므로, 분할지급하기로 한 공사대금의 변제기가 도래하지 아니하여 피고에게 유치권이 성립하지 아니하였다는 취지로 주장하나, 이를 인정할 만한 증거가 없으므로 원고의 위 주장도 이유 없다.

3. 결론

그렇다면 원고의 이 사건 청구는 이유 없으므로 이를 기각할 것인바, 제1심 판결은 이와 결론을 같이하여 정당하므로 원고의 항소를 기각하기로 하여 주문과 같이 판결한다.

2. 유치권주장자의 인도청구를 기각한 사례

[유치권주장자 침탈(부적법) ⇨ 매수인 자력탈환(부적법, 상호침탈) ⇨ 유치권주장자 인도청구(기각)]

대전지법 2010. 1. 22. 선고 2009가합9236 판결

1. 사안개요

가. 원고는 2005. 5. 1. 甲으로부터 이 사건 찜질방 설비보수공사를 공사금액 353,100,000원에 도급받아 건물 지하 2층 기계실에 이 사건 기계설비를 설치하였다.

나. 이 사건 찜질방에 대하여 2006. 3. 6. 임의경매절차가 개시되었다.

다. 乙은 원고 등을 상대로 이 사건 찜질방에 관한 유치권부존재확인의 소를 제기하여 승소판결을 받

아 확정되었다(대전고법 2008. 5. 21. 2007나11895).[25)]

라. 원고는 甲으로부터 지급받지 못한 공사대금을 지급받기 위하여 이 사건 찜질방 및 이 사건 기계설비를 점유하여 오던 중 위 유치권부존재확인의 소에서 패소하자 2008. 7.경 점유를 중단하였다(소유자=甲 점유).

마. 피고들은 위 임의경매절차에서 2009. 7. 1. 이 사건 찜질방을 매수하였다. 이로 인하여 피고들은 찜질방의 종물인 이 사건 기계설비의 소유권도 취득하였다.

바. 원고는 2009. 7. 1.부터 이 사건 기계설비에 관한 유치권을 주장하며 이 사건 기계설비를 다시 점유하였다(원고=유치권자의 점유침탈).

사. 그러던 중 피고들은 2009. 7. 10.경 이 사건 기계설비가 위치한 기계실에 새롭게 시건장치를 추가하고, 2009. 7. 14. 원고의 지시로 이 사건 기계설비를 점유 중이던 김△△을 기계실에서 강제로 퇴거시켰다(피고=매수인의 부적법한 자력탈환).

아. 원고는 피고들을 상대로 이 사건 기계설비의 인도를 구하는 소를 제기하였다.

2. 원고의 유치권 존부에 관한 판단

종물은 주물의 상용에 이바지하는 관계에 있어야 하는 것이고, 주물의 상용에 이바지한다 함은 주물 그 자체의 경제적 효용을 다하게 하는 것을 말한다(대법원 1994. 6. 10. 선고 94다11606 판결, 대법원 1997. 10. 10. 선고 97다3750 판결 등 참조).

살피건대, 이 사건 기계설비가 이 사건 찜질방 운영을 위한 주요시설인 사실, 이 사건 찜질방에 관한 대전지방법원 2006타경6195 임의경매 사건과 관련하여 청람감정평가사 사무소 소속 감정평가사는 감정평가서에 '이 사건 찜질방은 개별난방(가스보일러)구조이며, 기타설비로는 폐열회수기 등이 있다'고 기재한 사실은 당사자 사이에 다툼이 없거나, 을 제4, 5호증의 기재, 증인 최관섭의 증언에 변론 전체의 취지를 종합하여 인정할 수 있다.

위 인정사실에 따르면, 이 사건 기계설비는 이 사건 찜질방의 경제적 효용을 다하게 하는 것으로 이 사건 찜질방의 상용에 이바지하는 종물의 관계에 있어, 이 사건 찜질방에 관한 임의경매개시결정의 효력은 이 사건 기계설비에도 미친다고 할 것인데, 이 사건 찜질방에 관하여 2006. 3. 6. 대전지방법원 2006타경6195호로 임의경매개시결정이 내려진 사실, 원고가 2008. 7.경 이 사건 찜질방 및 기계설비에 관한 점유를 스스로 중단하였다가 2009. 7. 1. 다시 이 사건 기계설비에 관한 점유를 개시한 사실은 앞서 본 바와 같으므로, 원고의 이 사건 기계설비에 관한 2009. 7. 1.자 점유는 이 사건 기계설비에 관

25) 피고가 상고하였으나 상고이유서를 제출하지 않아 상고 기각되었다(대판 2008. 8. 22. 선고 2008다42393).

한 임의경매개시결정 이후의 점유에 해당하고, 원고는 2009. 7. 1.자 점유에 기하여 피고들에게 유치권을 주장할 수 없다(원고가 이 사건 찜질방을 점유하고 있다고 볼 수 없다는 이유로 원고의 유치권을 부정하는 취지의 대전고등법원 2007나11895호 판결이 선고되어 이후 그대로 확정된 사실은 앞서 본 바와 같다).

3. 이 사건 청구에 관한 판단

점유를 침탈당한 원점유자가 침탈자로부터 실력으로 그 점유를 탈환한 **상호침탈**의 경우 침탈자의 반환청구를 인정하면 다시 원점유자가 반환을 청구하여 무용한 소송절차를 반복할 가능성이 크기 때문에 침탈자가 원점유자에 대하여 점유물의 반환을 구할 수는 없다고 할 것이다. 원고가 2009. 7. 1. 이 사건 찜질방을 낙찰받음으로써 그 종물인 이 사건 기계설비에 관한 소유권을 취득하고 점유를 승계한 피고들의 이 사건 기계설비에 관한 점유를 아무런 권원 없이 침탈한 사실은 앞서 본 바와 같으므로, 이 사건은 상호침탈의 경우에 해당하고, 원고는 민법 제204조에 기하여 원점유자인 피고들을 상대로 이 사건 기계설비의 반환을 구할 수 없다.[26)]

26) 원고가 항소하였으나, 대전고법 2010. 5. 20. 선고 2010나1546 판결은 1심 판결의 이유를 그대로 인용하였다(확정).

제3장 점유회수의 소

Ⅰ. 서설

첫째, 점유자가 점유[27]의 침탈을 당한 때에는 그 물건의 반환 및 손해의 배상을 청구할 수 있다(민 §204①). 적법한 강제집행에 의한 점유상실은 점유침탈에 해당하지 않으므로 이러한 경우에는 점유회수청구를 할 수 없다. 또한 사기의 의사표시에 의하여 건물을 명도해준 경우 피해자는 점유를 침탈당한 것이 아니므로 이러한 경우 역시 점유회수의 소권이 발생하지 않는다.[28]

[부동산인도명령의 집행으로 상실한 점유 회수의 불허] 서울고법 2007. 6. 1. 2006나113675 판결(확정)은 연립주택 신축공사의 수급인인 유치권주장자(원고)가 연립주택을 낙찰받고 인도명령을 받아 이를 집행한 매수인(피고)을 상대로 점유회수의 소를 제기한 사안에서 "… 공사대금채권을 가지고 있다는 원고의 주장사실 … 믿기 어렵고 … 점유하면서 유치권을 행사하고 있다는 원고의 주장사실 … 믿기 어렵다 … 따라서 피고가 원고에 대해 이 사건 부동산인도명령을 받아 이를 집행한 것은 적법하다 할 것이고, 이를 두고 원고의 점유를 침탈하는 행위라고 할 수는 없으므로, 원고로서는 피고에 대해 민법 제204조 제1항이 정한 점유물반환청구권을 행사하여 점유를 회수할 수 없다 …"라고 판시하였다.

---

27) 대법원 2012. 2. 23. 선고 2011다61424, 61431 판결은 "… 점유자가 점유의 침탈을 당한 때에는 그 물건의 반환 등을 청구할 수 있다(민법 제204조 제1항 참조). 이러한 점유회수의 소에 있어서는 점유를 침탈당하였다고 주장하는 당시에 점유하고 있었는지의 여부만을 살피면 되는 것이고, 여기서 점유라고 함은 물건이 사회통념상 그 사람의 사실적 지배에 속한다고 보이는 객관적 관계에 있는 것을 말하고 사실상의 지배가 있다고 하기 위하여는 반드시 물건을 물리적 · 현실적으로 지배하는 것만을 의미하는 것이 아니고 물건과 사람과의 시간적 · 공간적 관계와 본권관계, 타인 지배의 배제 가능성 등을 고려하여 사회관념에 따라 합목적적으로 판단하여야 한다(대법원 1996. 8. 23. 선고 95다8713 판결). 그리고 점유회수의 소에 있어서의 점유에는 직접점유뿐만 아니라 간접점유도 포함되는 것이기는 하나, 간접점유를 인정하기 위해서는 간접점유자와 직접점유를 하는 자 사이에 일정한 법률관계, 즉 점유매개관계가 필요하다. 이러한 점유매개관계는 직접점유자가 자신의 점유를 간접점유자의 반환청구권을 승인하면서 행사하는 경우에 인정된다 …"라고 판시하였다.

둘째, 점유회수의 소는 침탈자는 물론 악의의 특별승계인에 대하여도 제기할 수 있다(민 §204②).

[침탈자의 특별승계인에 대한 점유회수의 소] 점포를 임차하여 비디오테이프 대여점을 운영하던 원고(제1임차인)가 임대차기간이 만료되자 같은 상가 내에 있는 다른 점포를 임차하여 비디오테이프·비품을 모두 옮기고 임차보증금의 반환을 요구하면서 점포의 출입문에 자물쇠를 채워 두었는데, 점포 소유자의 재산관리업무를 담당하는 피고가 자물쇠를 강제로 따고 들어가 이를 점유·사용하던 중 피고 인수참가인(제2임차인)이 소유자로부터 점포를 임차하고 피고의 점유를 승계하여 점유·사용하고 있는 경우, 원고(제1임차인)는 피고인수참가인(제2임차인)이 피고(소유자의 재산관리인)의 특별승계인으로서 피고의 점유침탈이 있었음을 알고 있었던 때에는 인수참가인에 대하여 인도청구를 할 수 있다(대판 1995. 6. 30. 95다12927).

셋째, 점유회수청구권은 점유를 침탈당한 날부터 1년 이내에 행사하여야 하는데(§204③), 이 기간은 재판 외에서 권리를 행사하는 것으로 족한 기간이 아니라 반드시 그 기간 내에 소를 제기하여야 하는 출소기간(점유회수의 소의 제소기간)이므로, 그 기간이 지나서 제기한 점유회수의 소는 부적법하여 각하된다.[29] 점유에 관한 소 이외의 소송에서 점유회수의 소를 추가하는 것으로 변경하거나 점유회수의 소로 교환하는 것으로 변경하는 경우 그 추가 또는 변경 역시 점유를 침탈당한 날부터 1년 이내에 하여야 한다.[30]

[점유회수의 소의 추가적·교환적 변경] 부당이득금반환 또는 불법행위를 원인으로 한 손해배상청구의 소에 점유회수의 소를 추가하는 것으로 변경하는 경우(대판 2007. 7. 19. 2006나112184), 철책·수목 철거 및 토지인도의 소에서 점유회수의 소로 교환적으로 변경하는 경우(대판 1972. 2. 22. 71다2641)에는 점유를 침탈당한 날부터 1년 이내에 추가 또는 변경하여야 한다.

---

28) 대판 1992. 2. 28. 91다17443.

29) 대판 2002. 4. 26. 2001다8097·8103.

30) 청구의 변경(민소 §262)은 추가적인 것이거나 교환적인 것이거나 모두 신소 제기의 실질이 있으므로 점유회수청구권은 청구를 변경(추가·교환)한 시점에 행사된 것으로 보아야 한다{민소 §265, 대판(전) 2012. 3. 22. 2010다28840}.

점유회수판결에 의하여 점유를 회복하면 종전 점유자는 점유를 상실하지 않았던 것으로 된다(민 §192② 단서).

[점유회수의 소급효] 대법원 2014. 5. 16. 선고 2013다24931, 2013다24948 판결은 '점유를 침탈당한 사람이 민법 제204조의 규정에 의하여 점유를 회수한 때에는 그것이 점유회수의 소에 의한 것이든지 침탈자의 임의반환에 의한 것이든지 관계없이 처음부터 점유를 상실하지 않은 것으로 보아야 하므로(민 §192② 단서 참조), 점유회수의 소를 제기한 유치권자가 침탈된 점유 부분을 침탈자(소유자)로부터 임의로 반환받은 때에는 회수된 점유 부분에 대한 유치권이 되살아난다'는 원심(부산고법 2013. 2. 5. 2012나6974 · 2012나6981)의 판단이 정당하다고 판시하였다.

II. 점유회수의 실현에 의한 유치권의 회복

점유는 유치권의 성립요건이자 존속요건이므로 유치권자가 점유를 상실하면 유치권은 소멸한다. 따라서 유치권자가 타인의 부적법한 점유침탈로 점유를 상실한 경우에도 유치권은 소멸하고, 점유회수의 소를 제기하거나 그 승소판결을 받았다 하더라도 점유를 회복한 때 비로소 점유를 상실하지 않았던 것으로 되어 유치권이 되살아난다(민 § 192② 단서).

[점유회수의 실현에 의한 유치권의 회복] 유치권자가 점유회수의 소의 제1심에서 승소판결을 받았다는 사실만으로는 유치권이 존재한다고 인정할 수 없다(대판 2004. 2. 27. 2003다46215).

[점유회수의 실현에 의한 유치권의 회복] 대법원 2012. 2. 9. 선고 2011다72189 판결은 "… 피고의 점유침탈로 원고가 이 사건 상가에 대한 점유를 상실한 이상 원고의 유치권은 소멸하고,[31] 원고가

31) 원고가 이 사건 상가를 직접 또는 간접점유함으로써 유치권을 취득한 바 있으나, 피고가 매각대금을 완납한 무렵 상가 관리사무소로부터 열쇠를 교부받고, 상가에 설치되어 있던 경보기를 없애고 열쇠를 교체하는 등 점유를 개시한 후, 상가를 타인에게 임대함으로써 원고가 점유를 상실하고, 그에 따라 유치권이 소멸된 사안이다.

점유회수의 소를 제기하여 승소판결을 받아 점유를 회복하면 점유를 상실하지 않았던 것으로 되어 유치권이 살아나지만, 위와 같은 방법으로 점유를 회복하기 전에는 유치권이 되살아나는 것이 아님에도 불구하고(대법원 2004. 2. 27. 선고 2003다46215 판결 참조), 원심은 원고가 이 사건 상가에 대한 점유를 회복하였는지를 심리하지 아니한 채 점유회수의 소를 제기하여 점유를 회복할 수 있다는 사정만으로 원고의 유치권이 소멸하지 않았다고 판단하였으니, 원심의 이와 같은 판단에는 점유상실로 인한 유치권의 소멸에 관한 법리를 오해하여 필요한 심리를 다하지 않은 위법이 있다 …"고 판시하면서 원심 판결[32)]을 파기 · 환송하였다. 환송 후의 원심은 "… 원고는, 피고가 원고의 유치권신고 사실을 알면서 매각허가결정을 받았고 불법적으로 원고의 점유를 침탈한 이상 원고의 점유상실을 이유로 유치권이 존재하지 않는다고 소송에서 주장하는 것은 권리남용에 해당한다고 주장한다 … 그러나 원고가 이 사건 소로 적극적으로 유치권의 존재를 주장함에 대하여 피고는 소극적으로 그 존재를 부인하고 있는 것에 불과한 점, 피고가 이 사건 계쟁상가에 대한 점유를 개시할 당시 원고가 이를 제지하거나 피고가 물리력을 동원하여 점유를 침탈하는 등 원고의 점유를 강제적으로 빼앗았다고 볼 만한 자료가 없는 점, 원고로서는 민법 제209조 제2항에 따라 침탈 후 직시 피고를 배제하여 점유를 탈환할 수 있었고, 점유를 침탈당한 후 1년의 기간 내에는 민법 제204조에 정한 점유회수의 소를 통하여 피고와 박은△(임차인)를 상대로 이 사건 계쟁상가의 점유를 적법하게 회수할 수 있는 기회가 있었던 점 등에 비추어 피고가 원고의 유치권을 부인하는 것이 정의관념에 비추어 용인될 수 없는 정도의 상태에 이르렀다고 보이지 않으므로, 원고의 위 주장은 받아들이지 아니한다 …"라고 판시하였다(인천지법 2012. 7. 12. 2012나4398).

Ⅲ. 점유회수 실현 방해 후의 유치권부존재확인청구와 권리남용

소유자가 유치권자의 점유를 불법적으로 침탈하였다가 유치권자가 제기한 점유회수의 소에서 패소하였음에도 불구하고 점유를 타인에게 이전하는 등의 방법으로 유치권자의 점유회복 내지 유치권 취득을 방해한 후에 유치권부존재확인을 구하는 것은 권리남용에 해당하여 허용되지 않는다.

32) 인천지법 2011. 7. 22. 2010나15462.

[점유회수 실현 방해 후 유치권부존재확인청구의 불허(권리남용)] 대법원 2010. 4. 15. 선고 2009다96953 판결은 "… 원심[33]이 인정한 사실과 기록에 의하면, ① 피고가 이 사건 각 부동산에 관한 공매절차에서 이미 유치권을 신고하였으므로, 원고(공매절차의 매수인)는 그러한 사실을 숙지한 상태에서 위 각 부동산을 매수한 사실, ② 그럼에도 원고는 피고와의 협의 내지 정식의 법적 절차를 거쳐 위 각 부동산의 점유를 이전받으려는 노력은 하지 않은 채 매수일로부터 약 보름 정도 경과한 후 원고의 재정부장이자 납골당운영본부장인 소외2를 시켜 그의 주도하에 대규모 인원을 동원하여 폭력을 행사하는 방법으로 피고로부터 이 사건 각 부동산의 점유를 강제로 빼앗은 사실,[34] ③ 따라서 원고는 피고의 점유를 불법적으로 침탈한 본인으로, 민법 제204조 제1항에 따라 피고에게 침탈한 점유를 반환할 의무를 부담하고 있는 사실, ④ 피고가 원고를 상대로 제기한 점유회수의 소에서도 '이 사건 각 부동산을 인도하라'는 피고 승소판결이 선고되었고 그 판결이 확정된 사실, ⑤ 원고는 위 판결에 따라 침탈한 점유를 반환하기는커녕 오히려 위 각 부동산에 관한 점유를 소외3 주식회사에게 이전함으로써 피고의 위 판결에 기한 강제집행까지 방해한 사실, ⑥ 피고가 침탈당한 점유를 회수하면 유치권도 되살아날 것인데, 원고의 점유침탈에 이은 고의적인 점유이전으로 피고는 점유회수의 소에서 승소하고도 상실한 점유를 회복하지 못하고 있는 사실, ⑦ 원고의 대표자 소외4는 소외3 주식회사 설립 당시 위 회사의 대표자였고, 임대차계약 및 봉안시설 운영대행계약 체결 당시 원고 및 소외3 주식회사의 각 대표자였던 사실을 알 수 있고 … 위와 같은 사정에 비추어 보면, 원고는 자신의 점유침탈행위로 피고의 유치권을 소멸케 하였고 나아가 고의적 점유이전으로 피고의 확정판결에 기한 점유회복조차 곤란하게 하였는바, 그럼에도 피고가 현재까지 점유회복을 하지 못한 사실을 내세워 원고가 피고를 상대로 적극적으로 유치권부존재확인을 구하는 것은, 자신의 불법행위로 초래된 상황을 자기의 이익으로 원용하면서 피해자에 대하여는 불법행위로 인한 권리침해의 결과를 수용할 것을 요구하고, 나아가 법원으로부터는 위와 같은 불법적 권리침해의 결과를 승인받으려는 것으로서, 이는 명백히 정의관념에 반하여 사회생활상 도저히 용인될 수 없는 것으로 권리남용에 해당하여 허용되지 않는다 …"라고 판시하였다.

33) 서울고법 2009. 10. 23. 2008나95719.

34) 용역업체 직원 70여 명을 동원하여 이 사건 각 부동산의 점유를 침탈한 소외2는 폭처법위반죄 등으로 징역 10월에 집행유예 2년을 선고받아 확정되었다.

Ⅳ. 적법한 자력탈환 또는 상호침탈 후의 점유회수청구 기각

甲의 점유침탈 ⇨ 乙의 자력탈환(적법) ⇨ 甲의 점유회수의 소가 순차로 이루어진 경우 또는 甲의 점유침탈 ⇨ 乙의 점유침탈(부적법, 상호침탈) ⇨ 甲의 점유회수의 소가 순차로 이루어진 경우 乙의 점유회수청구는 기각된다.

[유치권주장자 침탈(부적법) ⇨ 소유자 자력탈환(부적법, 상호침탈) ⇨ 유치권주장자 점유회수의 소(기각)]

서울고법 2016. 7. 14. 선고 2014나2025915, 2025922 판결

1. 사안개요

가. 서울 용산구 이태원동 △△△ 소재 토지 및 그 지상건물의 소유자 甲(피고)은 위 토지상의 주택을 철거하고 근린생활시설 및 다가구주택(이하 '이 사건 빌라')의 신축공사에 관한 도급계약을 乙과 체결하였다.

나. 乙은 이 사건의 빌라에 관하여 丙1(원고)과 인테리어공사 및 설비소방공사에 관하여 하도급계약을 체결하였다.

다. 丙1은 위 하도급공사를 완료하였으나 하도급금 중 일부를 지급받지 못하였고, 乙은 공사현장 펜스와 출입문에 잠금장치를 하고 경비원을 고용하여 이를 관리하게 하였으며, 다른 하도급업자 丙2는 '丙2가 유치권을 행사 중이다'라는 내용과 자신의 연락처를 적은 현수막을 공사현장에 설치하였다.

라. 甲은 2012. 3. 30. 위 잠금장치를 절단하고 공사현장에 들어갔다. 이로 인하여 甲은 권리행사방해죄로 벌금 100만 원의 유죄판결을 받았다(확정).

마. 丙1은 같은 해 7. 23. 甲으로부터 하도급금을 받아낼 목적으로 甲이 관리하는 공사현장에 침입하고 경비업체 직원들을 고용하여 이 사건 빌라를 점유하였다. 이로 인하여 丙1은 폭처법위반(공동주거침입) 및 업무방해죄로 각 벌금 100만 원의 유죄판결을 받았다(확정)

바. 같은 해 8. 4. 위 경비업체 직원들은 경찰의 임의동행 요구에 응하면서 점유를 풀었고, 이로써 甲은 공사현장을 다시 점유하게 되었다. 그 과정에서 경비업체 직원들의 의사에 반하는 강압이나 강제력의 행사는 없었다.

사. 丙1은 같은 해 8. 16. 공사현장에 침입하여 甲의 점유를 배제하고 이를 다시 점유하였다(원고=유치권자의 점유침탈).

아. 甲은 같은 해 11. 3. 출입문을 부수고 들어가 丙1의 점유를 배제하고 공사현장을 다시 점유하였다(피고=소유자의 부적법한 자력탈환). 이로 인하여 甲은 제1심에서는 유죄판결을 받았으나, 제2심에서는, 丙1이 같은 해 7. 23. 점유를 침탈하고 같은 해 8. 4. 점유를 상실한 점, 丙1이 같은 해 8. 16. 다시 점유를 침탈한 것(위 '사'의 부적법한 점유탈환에 의한 점유)은 불법점유에 해당하는 점 등을 이유로 무죄판결을 받았다(이 사건 항소심 선고 전 확정).

자. 2013. 6. 2. 丙1은 甲을 상대로 점유회소의 소를 제기하였다(원고=유치권자의 점유회수의 소 제기)

2. 판시요지

항소심은, ① 2012. 3. 30. 점유를 침탈당한 것은 丙1이 아니라 乙 또는 丙2인 점(위 '라'), ② 같은 해 8. 4. 丙1의 점유상실은 甲 등 타인의 침탈에 의한 것이 아닌 점(위 '바'), ③ 같은 해 11. 3. 甲(피고=소유자)이 점유를 침탈 · 회복할 당시 丙1(원고=유치권자)은 적법하게 점유하고 있다가 침탈당한 것이 아닌 점(위 '아') 등을 이유로, 丙1이 점유를 침탈당하였음을 전제로 이 사건 빌라의 인도를 구하는 것은 이유 없다고 판시하였다.[35)]

Ⅴ. 점유회수청구(주위적 청구)와 원시취득을 원인으로 한 인도청구(예비적 청구)

건물 신축공사의 수급인인 유치권자가 그 신축건물에 관하여 점유를 침탈당하였다는 이유로 점유회수청구(주위적 청구)를 하면서 원시취득하였다는 이유로 인도청구(예비적 청구)를 하는 경우가 있다.

춘천지법 원주지원 2016. 11. 22. 2016가단33232 판결은 위와 같은 사안에서, 점유회수청구(주위적 청구)에 대하여는 원고의 점유사실을 인정할 수 없다는 이유로 배척하고, 원시취득을 원인으로 한 인도청구(예비적 청구)에 대하여는 소유권이 건축주(도급인)

35) 이에 丙1이 상고하였으나 상고이유서를 제출하지 않아 기각되었다(대판 2016. 11. 14. 2016다246091).

에게 원시적으로 귀속한다는 이유로 배척하였다.[36)]

[점유회수청구(주위적 청구)와 원시취득을 원인으로 한 인도청구(예비적 청구)]
춘천지법 원주지원 2016. 11. 22. 2016가단33232 판결

1. 사안개요

가. 수급인은 2006. 12. 8. 건축주(도급인)로부터 건축주가 시행하는 원주시 우산동 △△△ 지상 주상복합건물 신축공사를 공사기간 2006. 12. 18.부터 2008. 7. 30.까지, 공사금액 28,863,120,000원으로 정하여 도급받았다.

나. 건축주는 이 사건 공사에 필요한 자금을 조달하기 위하여 2006. 12. 28. 甲과 사이에, 甲이 이 사건 공사에 관한 기존 채무 승계 및 공사비 지급 용도의 자금을 건축주에 대출하기로 하는 내용의 사업약정을 체결하였고, 위 약정에 따라 건축주와 乙 사이에 이 사건 토지에 관하여 甲을 우선수익자로 하는 신탁계약이, 甲과 건축주 사이에 수급인을 연대보증인으로 하는 대출한도 135억 원인 대출약정이 각 체결되었으며, 이 사건 토지에 관하여 2006. 12. 29. 乙 앞으로 신탁을 원인으로 한 소유권이전등기가 마쳐졌다.

다. 원고는 수급인과 사이에 2007. 6.경 이 사건 공사 중 철근, 콘크리트 공사에 관한 하도급계약을 체결하였고, 2008. 3. 8. 이 사건 공사 중 형틀, 철근, 비계, 콘크리트 공사에 관하여 공사기간 2007. 7. 25.부터 2008. 8. 30.까지, 공사대금 4,700,250,000원으로 정하면서, 1차 기성금은 5층 완성 시, 2차 기성금은 11층 완성 시, 3차 기성금은 17층 완성 시, 4차 기성금은 23층 완성 시 각 지급받고, 5차 기성금은 옥탑 타설 후 잔액을 정산받기로 하는 내용의 변경계약을 체결하였다.

라. 원고는 2007. 12.경 이 사건 공사 중 5층 골조공사를 완성하고 수급인에게 1차 기성금의 지급을 요청하였으나, 수급인은 공사대금 중 일부만을 지급하였다. 원고는 2008. 5.경 이 사건 공사 중 11층 골조공사를 완성하고 수급인에게 2차 기성금 및 1차 기성금 중 미지급액의 지급을 요구하였으나, 수급인은 원고에게 공사대금을 지급하지 아니하였다.

마. 이에 원고는 2008. 5. 27. 공사 중단을 통보하고 2008. 6.경 이 사건 공사를 중단하였다.

바. 그 후 이 사건 공사가 재개되지 못하여 결국 이 사건 토지에 관한 공매절차가 진행되었는데, 해당 공매절차에서 수급인은 2014. 8. 7. 16,618,359,193원의 공사대금채권을 청구채권으로 한 유치권 행사 신고서를 제출하였다.

---

36) 이에 대하여 원고가 항소하였으나 기각되었다(춘천지법 2017. 8. 30. 2016나54180).

사. 피고는 2015. 7. 14. 乙로부터 이 사건 토지를 매수하였고(특약사항으로 이 사건 토지 지상에 건축 중인 건물에 관한 일체의 권리 · 의무를 매수자가 승계한다고 약정하였다), 2015. 9. 14. 그에 관한 소유권이전등기를 마쳤으며, 2015. 9. 24. 甲으로부터 건축주 및 수급인에 대한 대출금 채권을 양수하였다.

2. 소유권확인청구 부분에 관한 판단

가. 원고는 예비적으로 이 사건 건물을 원시취득하였다고 주장하며 피고를 상대로 이 사건 건물에 대한 소유권확인을 구함과 동시에 이 사건 건물에 대한 인도청구를 하고 있다.

나. 그러나 확인의 소는 분쟁의 당사자 간에 현재의 권리 또는 법률관계에 관하여 즉시 확정할 이익이 있는 경우에 허용되는 것인바, 이행청구를 할 수 있는 경우에 별도로 그 이행의무의 존재확인을 구하는 것은 불안제거에 별다른 실효성이 없고 소송경제에 비추어 유효적절한 수단이라 할 수 없으므로 확인의 이익이 없어서 허용되지 아니한다(대법원 1991. 7. 23. 선고 91다6757 판결 참조). 원고는 이미 예비적 청구로 소유권에 기한 인도청구를 하고 있으므로, 이 사건 소 중 소유권확인청구 부분은 확인의 이익이 없어 부적법하다.

3. 주위적 청구에 대한 판단

가. 원고는 2008. 7.경부터 유치권에 기하여 계속 이 사건 건물을 점유하다가 2015. 9. 11. 이 사건 토지를 매수한 피고로부터 강제로 점유를 침탈당하였다. 원고는 피고의 점유 침탈일로부터 1년 내에 이 사건 소를 제기하였으므로, 피고는 민법 제204조 제1항에 의하여 원고에게 이 사건 건물을 반환할 의무가 있다고 주장하였다.

나. 원고의 직원인 김영△는 2008년부터 2015년까지 30회 이상 원주시 우산동 125-1에 위치한 현대중앙병원에서 진료를 받았고 2011. 9. 14. 원주시 진광길 △△△△에 전입신고를 한 사실은 인정되나, ㉠ 甲은 원고와 수급인에 대하여 유치권부존재확인청구의 소를 제기하여 2015. 8. 12. 서울서부지방법원 2015가합31421호로 승소판결을 선고받은 점, ㉡ 당시 수급인은 유치권 행사 주장을 하였지만 원고는 이에 대해 아무런 반박도 하지 않고 직접 이 사건 건물을 점유하고 있다는 주장도 하지 않았던 점, ㉢ 이후 제1심 판결 중 수급인에 대한 부분이 수급인의 항소 취하로 그대로 확정되자, 원고는 항소심부터 비로소 이 사건 건물을 점유하였다는 주장을 하였으나, 원고의 주장만으로는 2015. 9. 11. 당시 원고가 이 사건 건물을 점유한 사실을 인정하기 어렵다는 이유로 2016. 4. 15. 서울고등법원 2015나2056688호로 항소기각 판결이 선고된 점(피고는 항소심 계속 중 승계

참가하였다), ㉣ 원고는 다시 상고하였으나 2016. 8. 26. 대법원 2016다222965호로 상고기각 판결이 내려진 점, ㉤ 원고는 직원 김영△와 관련한 위 인정사실 외에 관련 판결의 사실인정을 뒤집을 만한 증거들을 제출하지 못하고 있는 점 등을 고려하면, 위 인정사실만으로 2015. 9. 11.경 원고의 이 사건 건물에 관한 점유사실을 인정하기 어려우므로, 이를 전제로 하는 원고의 주위적 청구는 나아가 살필 필요 없이 이유 없다.

4. 예비적 청구에 대한 판단

가. 원고는 본인의 노력과 출재로 이 사건 건물을 독립된 소유권 객체에 이르기까지 건축하였으므로 이 사건 건물을 원시취득한 소유권자이다. 따라서 피고는 이 사건 건물의 소유자인 원고에게 이 사건 건물을 인도할 의무가 있다.

나. ① 신축건물의 소유권은 원칙상 자기의 노력과 재료를 들여 이를 건축한 사람이 원시취득하는 것임은 물론이나, 건물신축도급계약에 있어서는 수급인이 자기의 노력과 재료를 들여 건물을 완성하더라도 도급인과 수급인 사이에 도급인 명의로 건축허가를 받아 소유권보존등기를 하기로 하는 등 완성된 건물의 소유권을 도급인에게 귀속시키기로 합의한 경우에는 그 건물의 소유권은 도급인에게 원시적으로 귀속된다(대법원 2005. 11. 25. 선고 2004다36352 판결 참조). ② 건축주는 건축주로서 2006. 12. 18. 수급인과 사이에 건축공사계약을 체결하고 건축주 명의로 건축허가를 받은 사실, 건축주는 2015. 10. 29. 피고에게 건축주 명의를 변경해 준 사실, 원고는 수급인의 하수급인으로 이 사건 공사 중 일부를 담당한 사실을 각 인정할 수 있다. 따라서 이 사건 공사의 도급인인 건축주와 수급인인 수급인 사이에 도급인 명의로 건축허가를 받아 완성된 건물의 소유권을 도급인에게 귀속시키기로 하는 합의가 존재하였으므로, 가사 원고가 본인의 노력과 재료를 들여 이 사건 건물을 건축하였다고 하더라도 원고가 위 건물의 소유권을 원시취득할 수는 없다. 그러므로 원고의 예비적 청구도 타당하지 아니하다.

Ⅵ. 유치권자의 점유회수의 소(본소)와 매수인의 인도청구의 소 (예비적 반소)

점유회수의 소의 청구원인사실은 ① 원고의 과거 점유, ② 피고의 점유침탈, ③ 피고의 현재 점유 사실이다. 점유회수의 소의 경우 법원은 청구자가 점유침탈을 주장하는 당시에 그 물건을 점유하고 있었는지 여부만 살피고, 청구자가 점유의 근거라고 주장하는 유치권 등의 권리를 실제 보유하고 있었는지 여부는 고려하지 않는다.[37)]

따라서 유치권이 매수인의 점유침탈로 소멸하고 이에 더하여 다른 불성립 또는 소멸 사유가 있는 경우 유치권자는 점유회수의 소에서 승소할 수는 있으나, 매수인이 인도청구의 소를 제기하는 경우 그 소에는 패소함으로써 결국 소기의 목적(점유의 회수)을 달성할 수 없게 된다.

즉, 유치권자가 점유를 침탈한 매수인을 상대로 한 점유회수의 소(본소) 제기에 대하여 매수인이 예비적으로 인도청구의 소(반소)를 제기할 수 있고, 이 경우 유치권자가 매수인의 점유침탈 사실을 주장 · 증명하고 매수인도 매수인의 점유침탈 이외의 원인에 의한 유치권의 불성립 또는 소멸 사실을 주장 · 증명한다면, 유치권자의 본소청구와 매수인의 반소청구가 모두 인용되고, 이로써 매수인은 소기의 목적(점유의 유지)을 달성할 수 있게 된다.

일반적으로 주문은 다음과 같다.

1. 피고(반소원고)는 원고(반소피고)에게 별지 목록 기재 부동산을 인도하라.

2. 원고(반소피고)는 피고(반소원고)에게 이 사건 본소 판결의 집행력 있는 정본에 기하여 피고(반소원고)로부터 제1항 기재 부동산을 인도받으면, 피고(반소원고)에게 제1항 기재 부동산을 인도하라.

3. 소송총비용 중 본소로 인한 부분은 피고(반소원고)가, 반소로 인한 부분은 원고(반

---

37) 대판 1962. 1. 25. 4294민상793, 대판 2010. 7. 15. 2010다18294, 서울중앙지법 2015. 9. 11. 2015가단5159339 등.

소피고)가 각 부담한다(또는 소송비용은 각자 부담한다).

4. 제1, 2항은 가집행할 수 있다.

[유치권주장자의 점유회수의 소(본소)와 매수인의 인도청구의 소(예비적 반소)] 점유의 근거가 되는 본권의 존부는 점유회수청구의 당부에 아무런 영향을 미치지 않는다(민 §208②). 점유회수청구에 대하여 점유침탈자가 점유물에 대한 본권이 있다고 주장하더라도 법원은 점유회수청구를 배척할 수 없는 것이다. 점유회수의 소의 당사자가 매수인과 유치권자인 경우, 매수인이 원고인 때에는 피고에게 유치권이 있다는 이유로, 유치권자가 원고인 때에는 매수인에게 소유권이 있다는 이유로 점유회수청구를 배척할 수 없다(대판 2010. 7. 15. 2010다18294).

전주지법 2016. 10. 18. 2015가단39618(본소), 2016가단17646(반소) 판결은 경매절차에서 부동산(판매시설)을 매수하고 대금을 납부한 다음 날 유치권자가 고용한 경비원의 저지에도 불구하고 그 외벽 중 일부를 철거하고 그 자리에 철제 방화문을 설치한 사안에서 유치권자가 제기한 점유회수의 본소와 매수인이 제기한 부동산인도의 예비적 반소를 모두 인용하였다.

대전지법 천안지원 2016. 12. 9. 2015가합102647(본소), 2016가합100563(반소) 판결은 경매절차에서 부동산(근린생활시설)을 매수하고 대금을 납부한 후에 유치권자가 출입구에 설치한 시건장치 및 봉쇄물을 부수고 들어가 부동산을 점거한 사안에서 유치권자가 제기한 점유회수의 본소와 매수인이 제기한 부동산인도의 예비적 반소를 모두 인용하였다.

제4장 가처분

Ⅰ. 인도단행가처분

인도단행가처분은 부동산의 인도(현상 그대로의 점유이전)청구권을 보전하기 위하여 그 점유를 채무자로부터 채권자에게 이전하는 것을 명하는 만족적 가처분이다. 실무상 본안소송(인도청구소송 등)의 제기 없이 이 가처분만을 신청하기도 하고 본안소송의 제기와 동시에 이 가처분을 신청하기도 한다.

인도단행가처분은 그것이 발령되어 집행되면 가처분 채권자는 본안소송의 승소판결에 기한 강제집행에 의하여 권리가 실현되는 것과 사실상 같은 결과에 이르게 되는 반면, 가처분 채무자는 본안소송에서 다투어 볼 기회도 없이 현재의 이용 상태를 부정당할 위험이 있으므로 피보전권리와 보전의 필요성에 대하여 고도의 소명이 요구된다고 할 것이고, 본안소송에 의하지 않더라도 그 피보전권리인 인도청구권이 존재함이 분명하여 가처분의 집행으로 채무자의 정당한 권리가 침해될 가능성이 거의 없는 반면, 본안소송에 의할 경우 권리실현의 지연으로 신청인이 현저한 손해를 입게 되거나 소송의 목적을 달성하기 어렵다고 인정되는 경우(예컨대, 이미 인도집행을 마친 건물에 유치권주장자가 침입하여 다시 점유를 개시한 경우)에만 예외적으로 허용된다.

인도단행가처분의 주문 형태는 '집행관 보관 방식'과 '본안판결 주문 방식'이 있는데 후자의 방식이 주로 이용되고 있다. 전자의 방식을 이용하는 경우 채권자에게 사용을 허용하기도 하고 허용하지 않기도 한다.[38]

---

38) 본안판결 주문 방식에 의한 경우의 주문은 '채무자는 채권자에게 별지 목록 기재 부동산을 인도하라' 또는 '채무자는 채권자에게 2018. 5. 16.까지 별지 목록 기재 부동산을 (임시로) 인도하라'와 같이 기재한다.

집행관 보관 방식에 의한 경우 중 채권자 사용형의 주문은 '1. 채무자는 별지 목록 기재 부동산에 대한 점유를 풀고 이를 채권자가 위임하는 집행관에게 인도하여야 한다. 2. 집행관은 현상을 변경하지 아니할 것을

[매수인 강제집행 ⇨ 유치권자 점유침탈(부적법) ⇨ 매수인 인도단행가처분신청(인용)]

의정부지법 2016. 10. 25.자 2016카합117 결정(확정)

【신청취지 및 주문】(본안판결 주문 방식)

1. 채무자들은 채권자에게 별지 목록 기재 부동산을 인도하라.
2. 소송비용은 채무자들이 부담한다.

【이유】

1. 소명사실

가. 채권자는 임의경매절차에서 이 사건 부동산을 낙찰받아 2014. 10. 17. 소유권이전등기를 경료하였다.

나. 채권자는 이 사건 부동산의 전 소유자를 상대로 부동산인도명령을 받았고, 집행관은 2015. 2. 11. 위 부동산에 채무자들이 설치한 컨테이너를 주식회사 △△물류에 보관 · 위탁시키고, 채무자들 소유의 트럭을 밖으로 이동시키는 등으로 이 사건 강제집행을 완료하였다.

다. 채무자들은 2015. 3.경 위와 같이 강제집행이 완료된 이 사건 부동산에 유치권 행사 중임을 알리는 현수막과 컨테이너 1동을 설치하고, 위 트럭을 다시 이 사건 부동산 내로 옮겨 주차시키는 등 위 부동산에 침입하였다.

라. 채무자들은 위 다.항 기재의 범죄사실 등으로 채무자 성△△은 벌금 500만 원, 채무자 윤△△은 징역 6월에 집행유예 2년의 판결을 선고받았다.[39)]

2. 당사자들의 주장

가. 채권자는 채무자들이 채권자 소유인 이 사건 부동산을 불법으로 점유하고 있으므로 채무자들에 대

조건으로 하여 채권자에게 이를 사용하게 하여야 한다. 3. 채권자는 그 점유를 타인에게 이전하거나 점유명의를 변경하여서는 아니 된다. 4. 집행관은 위 명령의 취지를 적당한 방법으로 공시하여야 한다.'와 같이 기재한다.

39) 의정부지법 2016. 9. 30. 2016고단575. 이에 대하여 채무자들이 항소 및 상고하였으나 각 기각되었다(의정부지법 2017. 2. 7. 2016노2751, 대판 2017. 4. 18. 2017도3577).

하여 이 사건 부동산의 인도를 구한다.

나. 이에 대하여 채무자들은 이 사건 강제집행이 실시될 당시 유치권에 기하여 이 사건 부동산을 적법하게 점유하고 있었는데, 위 강제집행으로 점유가 침탈되어 2015. 3.경 새로이 컨테이너를 가져다 놓고 현수막을 게시하는 등으로 점유를 회복한 것이므로 이 사건 부동산을 점유할 적법한 권원이 있다고 주장한다.

3. 판단

가. 민법 제320조 제2항에 따르면 불법행위로 인한 점유자는 유치권을 주장할 수 없고, 여기서 불법행위란 민법 제750조의 불법행위보다 광의의 개념으로 점유취득행위 자체가 점유침탈에 의한 경우나 아무런 권원 없이 부동산을 점유하는 경우도 포함된다. 그리고 물건에 대한 점유는 유치권의 성립요건으로서 유치권은 점유의 상실로 인하여 소멸하므로(민법 제320조, 제328조 참조), 유치권자가 점유 도중 그 점유를 상실하였다면 유치권은 소멸하는 것이고 점유회수의 소를 제기하는 등의 방법으로 점유를 회복하지 않는 이상 소멸한 유치권이 되살아나는 것은 아니며, 이는 유치권자가 그 점유를 침탈당한 경우라 하더라도 마찬가지라 할 것이다(대법원 2012. 2. 9. 선고 2011다72189 판결 참조).

나. 위 법리에 비추어 이 사건의 경우를 보건대, 채무자들은 2015. 2. 11. 실시된 이 사건 강제집행으로 이 사건 부동산의 점유를 상실(적법한 점유배제)하였다가 2015. 3.경 컨테이너를 설치하는 등의 방법으로 이 사건 부동산에 대한 점유를 개시(부적법한 점유침탈)한 사실은 당사자들 사이에 다툼이 없으므로, 설령 채무자들이 주장하는 바와 같이 채무자들이 이 사건 강제집행 당시에 이 사건 부동산을 적법하게 점유하여 유치권을 행사하고 있었다고 하더라도 위와 같이 점유를 상실한 이상 그 유치권은 소멸하였다고 할 것이고, 비록 채무자들이 2015. 3.경 자력으로 이 사건 부동산에 관한 점유를 회복하였다고 하더라도, 이는 점유를 상실한 날로부터 최소한 보름 이상이 경과한 시점에 이루어진 것으로서 이를 두고 민법 제209조 제1항에 규정된 자력방위권에 기한 것으로 볼 수도 없다(더구나 이 사건 강제집행의 실시를 채무자들의 점유를 부정히 침탈한 것이라거나 방해하는 행위라고 보기도 어렵다). 따라서 채무자들이 2015. 3.경 이 사건 부동산에 컨테이너의 설치 등을 한 행위는 민법 제320조 제2항의 불법행위에 해당하는 점유침탈행위에 해당한다고 봄이 상당하다 할 것이다.

다. 그렇다면, 채권자의 소유권에 근거한 방해배제로서 이 사건 부동산의 인도단행을 구할 피보전권리가 소명된다 하겠고, 채무자들이 채권자의 이 사건 부동산의 점유를 침탈한 채 출입, 점유 · 사용을 방해하려는 태도를 계속 취하고 있는 점 등 이 사건 기록 및 심문 전체의 취지를 종합하여 인정되는 제반 사정들을 두루 종합하면, 그 보전의 필요성도 소명된다.

4. 결론

그렇다면 이 사건 신청은 이유 있으므로 이를 인용하기로 하여 주문과 같이 결정한다.

[매수인 강제집행 ⇨ 임차인 자력탈환(부적법) ⇨ 매수인 인도단행가처분신청(인용)] 서울고법 1999. 3. 24. 선고 98나54900 판결은, 임의경매절차에서 부동산을 매수한 신청인이 인도명령을 받아 피신청인인 임차인이 점유하고 있는 1층과 2층에 대한 인도집행을 종료하였으나, 피신청인이 잠금장치를 해놓지 않은 위 1층과 2층에 다시 가재도구를 옮겨놓고 그의 가족들과 함께 거주하자 피신청인을 상대로 제기한 부동산인도단행가처분신청을 한 사안에서 피보전권리와 보전의 필요성이 있다고 판단하면서 "… 가사 피신청인 주장과 같이 이 사건 인도명령에 기한 피신청인 점유 부분에 대한 인도집행이 위법한 것이어서, 신청인이 피신청인의 점유를 침탈하였다 하더라도, 피신청인이 위와 같이 자력으로 그 점유를 탈환한 것은, 그것이 위와 같은 위법한 강제집행에 의해 점유를 침탈당한 직시가 아니라 강제집행 종료 후 3일이 경과한 후에 이루어졌다는 점에서 민법상의 점유자의 자력구제권의 행사에는 해당하지 않는다 … 오히려, 신청인은 위와 같이 피신청인의 자녀들이 1층 및 2층에 다시 가재도구를 옮겨놓을 무렵에는 위 인도집행으로 인하여 보호받을 만한 확립된 점유를 취득하였다고 볼 것이므로, 가사 피신청인의 위 주장과 같이 피신청인이 신청인에 대항할 수 있는 임차인에 해당하여, 신청인이 종말에 가서는 피신청인에게 피신청인 점유 부분을 인도하여 주어야 한다 하더라도, 그 때까지는 신청인의 점유가 불법점유라고 할 수 있을지언정, 신청인이 정당한 절차에 따라 피신청인에게 피신청인 점유 부분을 인도할 때까지는 신청인의 점유는 보호받아야 할 것이다 …"라고 판시하였다. 이에 대하여 피신청인이 상고하였으나 상고이유서를 제출하지 않아 기각되었다(대판 1999. 6. 2. 99다21929).

[제3자 점유(부적법) ⇨ 소유자 인도단행가처분신청(조건부 인용)] 수원지법 2018. 1. 25.자 2017카합10282 결정은, 신축건물의 소유자 A(채권자)가 건물을 점유하고 있는 B1과 B2(채무자들)를 상대로 인도단행가처분을 신청하자, 채무자들이, 전기배선공사를 도급받은 C가 유치권을 행사면서 건물을 점유하고 있고 자신들은 C회사의 직원으로서 관리하고 있을 뿐이라고 항변한 사안에서, ① C가 실제로 전기배선공사를 하였는지에 관하여 강한 의문이 있는 점, ② 채무자들이 채권자에게 '채무자들이 불법점유하고 있는 이 사건 부동산을 2017. 9. 10.까지 채권자에게 인도하겠다.'는 내용의 확약서를 작성하여 제출한 점, ③ 채권자가 B3(B1의 아들이자 B2의 형)을 상대로 이 사건 건물에 관하여 인도단행가처분결정을 받았으나 채무자들이 점유하고 있다는 이유로 집행 불능 되었는데, 강제집행을 시도할 당시

채무자들은 C의 유치권 행사에 대하여 아무런 언급을 하지 않았던 점 등을 고려할 때 C가 적법하게 유치권을 취득하였다거나 채무자들이 이 사건 건물의 점유보조자에 불과하다고 볼 수 없다는 이유로 담보제공(채권자가 채무자들을 위한 담보로 채무자별로 각 1천만 원씩을 공탁하거나 이를 보험금액으로 하는 지급보증보험증권을 제출하는 것)을 조건으로 채무자들에게 건물의 인도를 명하였다.

[유치권주장자 점유(적법 가능성 존재) ⇨ 소유자 인도단행가처분신청(기각)] 수원지법 2018. 2. 8.자 2018카합1 결정은, 토지소유자(채권자)가 그 토지에 대한 토목공사 도급계약에 기하여 공사를 완료하고 그 토지를 점유하고 있는 △△산업개발(채무자)에 대하여 토지인도단행가처분 등을 신청한 사안에서, ① 채무자가 비용을 들여 펜스설치공사 및 벌목공사를 한 점, ② 채권자가 채무자에게 펜스설치비용을 지급하겠다고 하였으나 아직 지급하지 않고 있는 점, ③ 토목공사 내용에 펜스설치 및 벌목 등이 포함되어 있는 점, ④ 채무자가 유치권의 항변 등으로 다툴 여지가 있어 보이는 점 등에 비추어 볼 때 채무자가 미지급 공사대금의 지급을 요구하며 공사현장의 인도를 거부하는 것에 정당한 권원이 없다고 단정할 수 없다는 이유로 토지인도단행가처분신청 부분을 기각하였다.

[유치권자의 점유 ⇨ 매수인의 점유(적법) ⇨ 유치권자의 인도단행가처분신청(기각)] 서울고법 2018. 1. 9.자 2017라20963 결정

1. 사안개요

가. 박△△(A)은 △△△캐피탈(乙)로부터 2007. 11. 20. 7억 7천만 원을 대출받으면서 자신이 소유하는 서울 강남구 논현동 △△△ 소재 △△아파트 △동 △△△△호(이하 '이 사건 멸실부동산'이라고 함)에 대하여 채권최고액을 10억 1백만 원으로 하는 근저당권설정계약을 乙과 체결하였다(2007. 11. 20. 근저당권설정등기).

나. △△아파트주택재건축정비사업조합(甲)이 △△아파트를 △△△아파트(이하 '이 사건 재건축아파트'라고 함)로 재건축하는 사업을 시행함에 따라 이 사건 멸실부동산은 2012. 8. 20. 멸실되었다(2012. 9. 6. 등기기록 폐쇄).

다. 시공사인 △△산업주식회사(丙)는 공사를 완료하고 2014. 12. 12. 이 사건 재건축아파트의 준공인가를 받고 이를 계속 점유하였다.

라. 甲은 2015. 4. 말경 乙의 요구를 받고, A는 조합원으로서의 지위 및 수분양자로서의 지위가 없고, 분양신청을 하지 아니하여 현금청산(甲 제시 현금청산금 8억 원) 대상자임을 확인한다는 확인서를

乙에게 송부하였다.[40)]

마. 이 사건 재건축아파트 중 104동 △△△△호(이하 '이 사건 부동산'이라고 함)에 관하여 2015. 7. 17. A 명의의 소유권보존등기 및 乙 명의의 근저당권설정등기(등기원인 : 2007. 11. 20.자 설정계약 및 2015. 6. 13. 도시 및 주거환경정비사업으로 인한 이전고시) 등이 마쳐졌다. 이 때 甲은 A가 납부해야 할 이 사건 부동산에 관한 취득세 등 등기에 따른 비용 1천만 원을 대납하였다.

바. 乙은 근저당권에 기하여 2015. 9. 1. 서울중앙지방법원에 경매를 신청하였고(2015. 9. 2. 경매개시결정등기), 甲은 분담금 2억 8천만 원 및 연체이자 1억 3천만 원의 합계 4억 1천만 원의 채권을 보전하기 위하여 이 사건 부동산에 대하여 유치권을 행사하고 있다는 유치권신고서를 서울중앙지방법원에 제출하였다(2015. 10. 26. 유치권신고서 제출).

사. 2016. 4. 26. 乙은 甲을 상대로 유치권부존재확인의 소를 제기하였다. 서울중앙지법 2016. 11. 18. 선고 2016가합523519 판결은 ① 甲은 이 사건 부동산에 관하여 조합원 분담금 원리금 채권과 취득세 등 대납에 따른 구상금 채권을 피담보채권으로 하는 유치권 있는 점, ② 이 사건 부동산에 대하여 丙은 독자적인 권한을 가지고 단독으로 점유하는 것이 아니라 甲의 점유보조자로서 甲의 지시에 따라 점유하고 있는 것이므로 甲의 점유가 인정되는 점,[41)] ③ 甲의 점유는 경매개시결정등

---

40) 위 판결은 ㉮ A가 甲에게 2011. 3. 15. 이 사건 재건축아파트의 분양신청을 하고 동 · 호수 추첨까지 마쳐 관리처분계획상 수분양자로 등재되었으나, 분양계약 체결 기간인 2012. 8. 27.부터 2012. 9. 1.까지 사이에 분양계약을 체결하지 아니하고, 우선 납부해야 할 조합원 부담금 일부도 납부하지 아니한 사실, ㉯ 甲은 A의 분양신청 철회 의사를 확인하고자 2015. 1. 7. 및 2015. 1. 26. A에게 공문을 보냈으나, A로부터 답변이 없었던 사실, ㉰ 이에 甲은 A가 분양신청을 철회한 것으로 보아 A를 현금청산 대상자로 변경할 계획을 세운 사실, ㉱ 그러던 중 2015. 4. 말경 乙로부터 A가 현금청산 대상자임을 확인하는 내용의 이 사건 확인서의 작성을 요구받았고 甲의 조합장이 이에 응하여 이 사건 확인서를 작성하여 준 사실, ㉲ 그런데 甲이 미처 관리처분계획을 변경하고 그 인가를 받기 전인 2015. 6. 12. 서울특별시 강남구청장의 이 사건 재건축사업의 이전고시가 이루어져 이 사건 부동산에 관하여 A 명의의 소유권보존등기가 경료된 사실 등을 인정하였다.

41) 위 판결은 ㉠ 시공사인 丙은 준공인가를 받은 다음 날인 2014. 12. 13 甲에게 이 사건 부동산을 인도할 의무가 있는 점, ㉡ 甲으로부터 공사비 및 대여금을 모두 변제받은 점, ㉢ 丙이 이 사건 재건축아파트 모든 세대의 카드키를 보관하고 있으면서 甲의 직인이 날인된 입주증 및 열쇠불출증 없이는 이를 임의로 제3자에게 이전하지 않은 점 등을 이유로 乙은 甲을 위해 점유보조자로서 대신 점유하고 있다고 보았다.

또한 위 판결은 ㉣ 집행관의 점유관계 조사 당시 이 사건 부동산에 아무도 거주하고 있지 않았고 유치권 행사 중이라는 표식을 외부에 설치하지 않았다 하더라도 사실상 출입 통제권한을 가진 甲이 점유하였다고 인정하는 데에 방해가 되지 않는다고 판시하였으며, ㉤ 甲이 2015. 12. 7. 해산등기를 하였으나 甲과 A 사이의 청산사무가 종료되지 않아 그 범위 내에서는 甲의 당사자능력이 존속하고 甲이 점유주체가 되는 데에 문제가 없다고 판시하였다.

기(2015. 9. 2.) 전인 2014. 12. 13.부터 개시된 점,[42] ④ 甲이 사건 경매절차에서 유치권을 주장하는 것은 신의성실의 원칙 또는 금반언의 원칙에 반하지 않는다는 점[43] 등을 이유로 乙의 청구를 기각하였다(2016. 12. 7. 판결 확정).

아. 공△△(B)은 경매절차에서 이 사건 부동산을 낙찰받았다(2017. 5. 30. 소유권이전등기). B와 그의 남편은 2017. 4. 14.과 2017. 6. 1.에 이 사건 부동산을 방문했을 때 관리하는 사람이 없어 아무런 제지 없이 그 내부로 들어갔고, 소유권을 취득한 후인 2017. 6. 1. B와 그의 남편은 이 사건 부동산의 시정장치를 바꾸어 이를 관리하기 시작하였다.

자. 2017. 6. 16. 甲은 B와 그의 남편을 상대로 이 사건 부동산에 관하여 인도단행가처분을 신청하였다{신청취지 : 1. 채무자들은 채권자에게 별지 목록 기재 부동산을 인도하라. 2. 채무자들은 채권자가 유치권의 피담보채권을 변제받을 때까지 별지 목록 기재 부동산을 점유하는 것을 방해하여서는 아니 된다.}.

2. 판시요지

가. 서울중앙지법 2017. 8. 18.자 2017카합80818 결정은 이 사건 신청을 모두 기각하였다(甲 항고).

나. 서울고법 2018. 1. 9.자 2017라20963 결정은 항고를 기각하면서 "… 다음과 같은 여러 사정을 고려하면 채권자에게 이 사건 가처분을 신청할 피보전권리나 보전의 필요성이 고도로 소명되었다고 보기 어려우므로 채권자의 주장은 이를 그대로 받아들이기 어렵다. … ① 채권자가 2017. 4. 14.경부터는 직접 이 사건 부동산을 점유하고 있었다던가 점유보조자를 통한 점유를 계속하고 있었다고 단정하기 어렵다 … ② 채권자가 점유보조자를 통하여 이 사건 부동산을 점유하였다 하더라도 이는 오로지 유치권 행사를 위한 것이었고, 달리 채권자가 이를 직접 사용하였다거나 향후 사용하여야 할 필요가 있다고 볼 자료가 없다 … ③ 채권자로서는 점유이전금지 가처분을 통하여 점유자

42) 위 판결은 경매개시결정등기를 한 2015. 9. 2. 전인 2014. 12. 13.부터 甲이 丙을 통하여 점유를 개시하였다고 보았다.

43) 위 판결은 ㉮ 설령 A가 수분양자인 사실을 乙이 알았다고 하더라도 乙이 근저당권에 기하여 경매신청을 할 수 있었던 가장 빠른 시기는 乙이 근저당권을 취득한 2015. 6. 13. 무렵이고 그 당시에는 이미 甲의 유치권이 성립한 상태였으므로 甲이 경매절차에서 유치권을 주장하는 것 또한 허용되었을 것이라는 점, ㉯ 乙이 확인서를 통하여 A가 수분양자가 아니라고 믿어 입게 된 손해는 A 명의의 소유권보존등기 사실을 알지 못하여 최대한 빠른 시기보다 두 달 반 정도 늦은 2015. 9. 1.에 이르러 경매신청을 하였다는 것일 뿐이고 甲의 유치권 행사를 저지할 수 없는 점에서는 차이가 없으며, 그로 인하여 乙의 이 사건 경매절차에서의 배당순위가 달라지는 것도 아니라는 점 등을 그 이유로서 열거하였다.

를 항정시키고 본안소송을 통하여 점유회수를 주장할 수 있는데, 점유의 침탈을 당한 자가 민법 제204조 제1항의 규정에 의하여 점유를 회수한 때에는 처음부터 점유를 상실하지 않은 것으로 보아야 하므로(대법원 2014. 5. 16. 선고 2013다24931 판결 등 참조), 채권자가 본안소송을 통하여 장차 점유를 회복하는 경우에는 채권자가 주장하는 유치권은 여전히 존속하게 되는바, 이에 비추어 보면 채권자가 시급히 이 사건 부동산의 점유를 회복하지 아니하면 현저한 손해를 입게 된다거나 본안소송의 목적을 달성하기 어려운 것으로 보이지 않는다 … ④ 반면, 채무자들 측은 현재 이 사건 부동산에 자신들의 물건을 비치하고 관련 관리비까지 납부하면서 이 사건 부동산을 사용하고 있는데, 만약 이 사건 가처분이 그대로 인용된다면 채무자들은 본안소송을 거치지 아니한 채 위와 같은 이용 상태가 부정되는 결과가 초래된다 … ⑤ 한편, 채권자는 채무자들에 의한 점유침탈을 주장하면서 그 점유의 회복을 구함과 동시에 그 회복된 점유에 기한 방해의 배제 내지 예방을 구하고 있는 것으로 보이나, 채권자의 점유회복을 구하는 가처분신청 부분이 인용되지 않는다면, 추후 본안소송에서 그 당부가 판단되기 전까지는 채권자의 점유회복이 이루어질 수 없다 할 것이므로, 이러한 경우까지 채권자에게 민법 제205조 제1항에 정한 점유방해의 배제를 구할 권리가 있다거나 그에 기한 점유방해배제의 가처분을 구할 보전의 필요성이 인정된다고 할 수는 없다 …"라고 판시하였다(2018. 1. 25. 채권자 재항고, 2018마5098).

II. 점유 · 출입 · 공사 등 방해금지가처분

유치권자, 소유자 등은 출입 · 점유방해 · 공사방해 등을 금지하는 가처분을 신청하는 경우도 있다.

[유치권자의 점유방해금지 등 가처분신청(기각)]
의정부지법 2016. 10. 14.자 2016카합5140 결정

【주문】

1. 이 사건 신청을 기각한다.
2. 소송비용은 채권자가 부담한다.

【신청취지】

채무자는 경기 연천군 백학면 통구리 △△△ 공장용지 698㎡ 지상 철골구조물에 대하여 이를 변경하거나 채권자의 점유를 방해하는 등의 행위를 하여서는 아니 된다. 집행관은 위 사실을 적당한 방법으로 공시하여야 한다. 채무자는 건축 중인 위 건물의 공사를 속행하거나 새로운 건축물을 구축하는 등 일체의 공사를 하여서는 아니 된다.

【이유】

1. 채권자의 주장

채권자는 경기 연천군 백학면 통구리 △△△ 공장용지 698㎡(이하 '이 사건 토지'라고 함)에서 진행된 공장 신축공사(이하 '이 사건 공사'라고 함)의 수급인인 주식회사 바로건설로부터 이 사건 공사 중 철골공사에 관하여 공사대금 198,000,000원으로 정하여 하도급을 받았고, 2016. 1.경 위 공사를 완료하였다. 채권자는 위 공사대금채권을 보전하기 위하여 이 사건 토지 지상 철골구조물에 대하여 유치권을 행사하고 있는데, 채무자가 이 사건 공사를 재개하거나 채권자의 점유를 침탈하려고 하는 등 유치권 행사를 방해하므로 그 방해배제를 위하여 신청취지와 같은 가처분을 구한다.

2. 판단

건물의 신축공사를 도급받은 수급인이 사회통념상 독립한 건물이라고 볼 수 없는 정착물을 토지에 설치한 상태에서 공사가 중단된 경우에 위 정착물은 토지의 부합물에 불과하여 이러한 정착물에 대하여 유치권을 행사할 수 없고, 또한 공사 중단 시까지 발생한 공사대금채권은 토지에 관하여 생긴 것이 아니므로 위 공사대금채권에 기하여 토지에 대한 유치권을 행사할 수도 없다(대법원 2008. 5. 30.자 2007마98 결정 참조).

살피건대, 이 사건 기록 및 심문 전체의 취지에 의하면 이 사건 토지 지상 철골구조물은 최소한의 기둥과 지붕 및 주벽을 갖춘 사회통념상 독립한 건물로 보기 어렵다고 할 것이어서 채권자의 주장과 같이 채권자에게 미지급 공사대금채권이 존재한다고 하더라도 이를 보전하기 위하여 위 철골구조물에 대하여 유치권을 행사할 수 없고, 또한 위 공사대금채권이 이 사건 토지에 관하여 생겼다는 특별한 사정을 소명할 증거도 없으므로 이 사건 토지에 관하여 유치권을 행사할 수도 없다.

따라서 채권자의 피보전권리가 소명되지 아니한다.

3. 결 론

그렇다면 이 사건 신청은 이유 없어 이를 기각하기로 하여 주문과 같이 결정한다.

[소유자의 출입 · 공사방해금지 가처분신청(인용)]
의정부지법 2016. 12. 22.자 2016카합5287 결정[44)]

【주문】

1. 채무자는 별지 목록 기재 각 토지에 채권자 또는 채권자가 지정하는 자가 출입하는 것을 허용하여야 하며, 채권자 또는 채권자가 지정하는 자가 위 각 토지 지상에 공장건물을 건축하는 것을 방해하는 일체의 행위를 하여서는 아니 된다.
2. 채권자의 나머지 신청을 기각한다.
3. 소송비용은 각자 부담한다.

【신청취지】

주문 제1항 및 채무자가 위 명령을 위반할 때에는 채권자에게 그 위반행위 1회당 1,000,000원씩을 지급하라. 집행관은 위 취지를 적당한 방법으로 공시하여야 한다.

【이유】

1. 소명사실

가. 채권자는 경기 연천군 백학면 통구리 △△△(이하 '제1토지'), 같은 리 ▽▽▽(이하 '제2토지', 이하 제1, 2토지를 합하여 '이 사건 각 토지')의 소유자로서 2015. 10. 2. 주식회사 바로건설(이하 '바로건설'이라고 함)에게 이 사건 각 토지상 공장시설을 신축하는 공사를 도급하였고, 채무자는 2015. 11. 9. 바로건설로부터 위 공사 중 제1토지 지상 철골공사(이하 '이 사건 공사'라고 함)를 하도급받

---

44) 경매절차의 매수인이 아닌 토지소유자 겸 건축주가 유치권주장자를 상대로 한 출입 · 공사방해금지 가처분이다.

아 공사하였다.

나. 채무자는 의정부지방법원 2016카합5140호로 채권자를 상대로 이 사건 공사대금채권을 보전하기 위하여 제1토지 지상 철골구조물(이하 '이 사건 구조물'이라고 함)에 관한 유치권을 가지고 있다고 주장하며, 유치권을 피보전권리로 하여 채권자의 점유방해 금지 및 새로운 공사 금지 등을 구하는 공사중지가처분신청을 하였다.

다. 이에 의정부지방법원은 2016. 10. 14. 이 사건 구조물은 최소한의 기둥과 지붕 및 주벽을 갖춘 사회통념상 독립한 건물로 보기 어려워 채무자의 주장과 같이 채무자에게 미지급 공사대금채권이 존재한다고 하더라도 이를 보전하기 위하여 위 철골구조물에 대하여 유치권을 행사할 수 없고, 또한 위 공사대금채권이 제1토지에 관하여 생겼다는 특별한 사정을 소명할 증거도 없으므로 제1토지에 관하여 유치권을 행사할 수도 없으므로 피보전권리가 소명되지 아니한다는 이유로 채무자의 신청을 기각하였다.

2. 당사자들의 주장

가. 채권자의 주장

채권자는 바로건설에게 약정한 공사대금 중 대부분을 지급하였음에도, 채무자가 2016. 4. 20.경부터 허위의 유치권을 주장하며 이 사건 각 토지로의 출입 및 공사 진행을 방해하고 있어 공사현장이 9개월 가까이 방치된 결과 이 사건 구조물에 녹이 슬고 공장 이전 일정이 늦추어지는 등 현저한 손해가 발생하고 있으므로, 이 사건 각 토지의 소유권에 기한 방해배제청구권을 피보전권리로 하여 신청취지와 같은 결정을 구한다.

나. 채무자의 주장

채무자는 바로건설에 대한 공사대금채권을 피보전권리로 하여 이 사건 구조물에 대하여 민법상 유치권을 가질 뿐 아니라, 채권자 측으로부터 공사대금의 직접 지급을 약속받고 이 사건 공사를 하였으므로 채권자에 대한 공사대금채권을 피보전권리로 하여 상법상 유치권도 가지고 있다. 또한 채무자는 이 사건 구조물에 대한 인도청구권도 가지는데(인도청구권의 근거는 밝히지 아니하였다), 이 사건 결정이 인용될 경우 채무자의 유치권과 인도청구권이 침해될 우려가 있으므로 채권자의 주장은 이유 없다.

3. 판단

가. 출입 · 건축방해금지 가처분신청에 관한 판단

(1) 앞서 소명된 사실에 의하면, 채권자는 이 사건 각 토지의 소유자로서 특별한 사정이 없는 한 위 토지의 출입 및 건축을 방해하는 행위의 금지나 배제를 구할 피보전권리를 가진다.

(2) 이에 대하여 채무자는 민법 및 상법상 유치권과 인도청구권을 주장한다. 살피건대, 이 법원의 2016카합5140호 가처분결정에서 판단한 것과 같이 이 사건 구조물은 사회통념상 독립한 건물에 이르지 못한 상태의 정착물이 토지에 설치된 상태로 제1토지의 부합물에 불과하여 이러한 정착물에 대하여 민법 또는 상법상 유치권을 행사할 수 없고, 공사대금채권은 제1토지에 관하여 생긴 것이 아니므로 위 공사대금채권에 기하여 제1토지에 대한 민법상 유치권을 행사할 수도 없으며, 공사계약을 직접적인 원인으로 제1토지를 점유한 것이 아니므로 제1토지에 대한 상법상 유치권이 인정되지도 아니한다[대법원 2008. 5. 30.자 2007마98 결정, 대법원 2008. 12. 24. 선고 2007다52706, 2007다52713(병합) 판결 등 참조].

(3) 채권자는 이 사건 각 토지의 소유자로서 위 각 토지상 공사를 진행하려고 하고 있고, 채무자는 공사현장 출입로를 차량으로 막는 등의 방법으로 위 공사 진행에 방해가 되는 점이 소명되므로, 채권자는 소유권에 기하여 채무자를 상대로 이 사건 각 토지의 출입 및 건축방해 금지를 구할 피보전권리가 소명되고, 공사가 진행된 정도와 중단된 기간, 공사 지연에 따른 손해의 정도 등 기록에 나타난 제반 사정에 비추어 볼 때 그 보전의 필요성도 소명된다.

나. 간접강제 및 집행관 공시신청에 관한 판단

채권자가 현재까지 제출한 자료만으로는 주문 제1항 기재와 같은 가처분결정을 발령함에도 불구하고 채무자가 가처분에서 명한 내용을 위반할 개연성이 크다고 단정하기는 어렵고, 만일 채무자가 이를 위반할 경우 별도로 간접강제 신청을 할 수 있으므로 현 단계에서 간접강제명령까지 함께 발령해야 할 필요성은 인정되지 않는다. 또한 집행관 공시명령은 본안에서도 허용되지 아니하는 것으로 제한적으로 인용할 필요가 있는데, 이 사건 가처분결정의 성질상 집행관 공시가 실효성 확보를 위하여 반드시 필요하다고 보기도 어려우므로 이 부분 신청은 받아들이지 아니한다.

4. 결론

그렇다면 이 사건 신청은 위 인정범위 내에서 이유 있어 인용하고 나머지 신청은 기각하기로 하여 주문과 같이 결정한다.

[유치권자의 출입금지 등 가처분신청(인용)]
대전지법 천안지원 2017. 4. 19.자 2017카합30 결정(확정)

【주문】

1. 채무자(경매절차의 매수인)는 별지 목록 기재 각 건물에 채권자(유치권주장자)가 출입하거나 점유하는 것을 방해해서는 아니 된다.
2. 채무자는 별지 목록 기재 각 건물에 출입해서는 아니 된다.
3. 집행관은 위 각 명령의 취지를 적당한 방법으로 공시하여야 한다.
4. 소송비용은 각자 부담한다.

【신청취지】

주문과 같다.

【이유】

1. 소명사실

가. 천안시 동남구 사직동 △△△△ 외 4필지 상 7층 건물(이하 '이 사건 건물'이라고 함)의 건축주인 이△△은 2006. 2. 1. 채권자가 지배인이던 △△토건 주식회사(이하 '△△토건'이라고 함)에 이 사건 건물의 신축공사를 도급하여 주었다.
나. △△토건은 2006. 5. 31.경 이 사건 건물의 토목공사를 완료하였고, 위 건물의 지하 2층의 골조공사를 진행하다가 2006. 6.경 공사를 중단하였다.
다. 이 사건 건물은 2007. 5.경 골조공사가 거의 완성되어 기둥, 벽, 지붕 등이 시공된 독립한 건물의 형태를 취하고 있었고, 채권자는 2007. 5.경부터 이 사건 건물 중 3층 부분에 해당하는 별지 목록 기재 각 부동산(이하 '이 사건 건물 3층 부분'이라고 함)을 점유해 오고 있다.
라. 채권자는 2008. 3.경 △△토건으로부터 건축주에 대한 위 공사대금채권을 양도받았다. 채권자가 이 사건 건물의 위 건축주 측으로부터 지급받아야 할 공사대금채권의 원금은 4억 1,700만 원 상당에 이르고 있다.
마. 채무자는 부동산임의경매 사건에서 이 사건 건물을 낙찰받아 2016. 2. 16.경 이 사건 건물 3층 부

분의 소유권을 취득하였다.

2. 판단

가. 피보전권리 및 보전의 필요성에 대한 판단

채권자는 이 사건 건물의 토목공사와 골조공사 각 대금을 지급받을 채권이 있고, 위 채권은 이 사건 건물 자체에 관하여 생긴 채권에 해당하여 견련관계가 있으므로, 채권자는 피보전권리로서 이 사건 건물 3층 부분을 유치권자로서 점유할 권리가 있다.

그럼에도 채무자가 채권자의 유치권을 부정하면서 이 사건 건물 3층 부분에 대한 점유를 획득하려고 하고 있는 등 기록 및 심문 전체의 취지를 종합하면 보전의 필요성도 소명된다.

나. 채무자의 주장에 대한 판단

(1) 채무자는 자신이 2017. 3.경부터 이 사건 건물 3층 부분을 점유하고 있고 채권자가 더 이상 점유하지 않으므로 유치권자가 아니라고 주장한다. 채무자가 제출한 자료만으로는 채무자가 채권자의 기존 점유상태를 배제하였다고 보기 어려우므로, 채무자의 위 주장을 받아들이지 아니한다[만약 채무자가 채권자의 점유를 침탈하여 채권자의 유치권을 소멸시키려고 한다면 이는 '권리남용'에 해당할 여지가 있다(대법원 2010. 4. 15. 선고 2009다96953 판결 참조)].

(2) 채무자는 채권자가 이 사건 건물 3층 부분의 출입문에 해당하는 방화문을 용접하여 3층의 출입을 봉쇄하여 화재에 취약하게 만들었으므로 선량한 관리자의 주의로 유치물을 관리하지 않았다고 할 것이어서 이 점을 이유로 하는 채무자의 유치권 소멸 청구에 따라 채권자의 유치권이 소멸되었다고 주장한다. 이 사건 건물 3층 부분의 출입로로 위 방화문 설치 부분과 엘리베이터 출입구 부분의 2가지 통로가 있는 것으로 보이므로, 화재 등 비상상황 시 이 사건 건물 3층 부분의 출입이 불가능하지는 않은 것으로 판단된다. 따라서 채무자가 주장한 사유만으로 채권자가 주의의무를 위반하여 이 사건 건물 3층 부분을 관리하였다고 인정하기 어렵다. 채무자의 위 주장을 받아들이지 아니한다.

3. 결론

그렇다면 이 사건 신청은 이유 있으므로 주문과 같이 결정한다.

제5장 유치권자가 사용·임대한 경우 목적물의 인도와 부당이득의 반환

제1절 서론

건물 신축공사가 완료될 무렵 그 건물에 관한 경매절차가 개시되고, 대금납부를 전후하여 그 공사의 수급인이 유치권자로서 이를 제3자에게 대여하는 경우가 있다.

유치권자는 채권을 변제받기 위하여 소유자의 승낙을 받아 대여하기도 하고 승낙을 받지 않고 대여하기도 한다. 어느 경우에나 유치권자는 특별한 사정이 없는 한 임차인 또는 사용차주의 직접점유를 통하여 건물을 간접점유함으로써 유치권을 계속 유지할 수 있다.[45]

그러나 유치권자가 소유자의 승낙 없이 유치물을 대여한 경우 소유자는 ㉮ '임차인 또는 사용차주'를 상대로 인도청구(경매절차 매수인의 인도명령신청 포함)를 할 수 있고, ㉯ '유치권자'를 상대로 부당이득반환청구 또는 유치권소멸청구를 할 수도 있다.[46]

45) 민법 제320조가 규정하는 유치권의 성립요건이자 존속요건인 '점유'에는 직접점유뿐만 아니라 간접점유도 포함된다(대판 2008. 4. 11. 2007다27236, 대판 2013. 10. 24. 2011다44788).

46) 유치권 소멸청구에 관하여는 별도로 살펴본다(뒤의 'PART 05 제3장' 참조).

제2절 임차인 · 사용차주의 목적물 인도
— 유치권자의 간접점유 상실 ⇨ 유치권 소멸

Ⅰ. 문제 제기

유치권자가 소유자의 승낙 없이 유치물을 대여한 경우 소유자가 임차인 · 사용차주를 상대로 제기한 인도청구(경매절차 매수인의 인도명령신청 포함)가 인용되고 그것이 집행되는 경우 임차인 · 사용차주는 직접점유를 상실하게 된다. 유치권자는 이 때 간접점유를 상실하고 그에 따라 유치권은 소멸하게 된다. 그 이후 소유자는 유치권부존재확인청구를 할 수 있고 유치권자의 유치권존재확인청구에 대하여 유치권 소멸의 항변을 할 수도 있다. 이는 소유자가 유치권 소멸청구의 의사표시를 하였는지 여부와는 관계없다.

유치권자가 경매부동산을 임대하는 경우 유치권자 · 임차인 · 매수인 등은 인도명령신청 등에 대비하거나 이를 준비함에 있어 소유자의 승낙 여부 · 시기, 임차권의 인수 여부 등을 잘 살펴야 한다.

그런데 유치권자가 임대한 경매부동산의 인도명령신청 등에 대한 대부분의 판례는 핵심적인 법리를 생략하거나 묵시적으로 전제하고 있다. 판례이론이 더 높은 체계성과 완결성을 갖출 수 있도록 판례가 생략 내지 전제하고 있는 법리를 명시적으로 드러내 보이기로 한다.

Ⅱ. 관련 규정

1. 주택임대차보호법 제3조의5, 제3조 제4항 등

임대차의 대항력은 등기 또는 대항요건을 갖춘 임차인이 '임차권'을 임대인 이외의 제3자(양수인, 경매절차의 매수인 등)에 대하여 주장 · 행사할 수 있는 권능을 말한다. 위

'임차권'은 임대차 존속 중에는 임차물의 사용 · 수익권 등을, 임대차 종료 시에는 보증금 반환청구권 등을 그 내용으로 한다.[47)]

주임법 제3조의5와 상임법 제8조에 의하면, 임대차의 목적물인 주택 · 상가건물이 경매절차에서 매각되는 경우 임차권은 소멸하는 것이 원칙이고, 다만 '보증금이 모두 변제되지 아니한, 대항력이 있는 임차권'은 매수인이 인수한다. 임대차의 목적물인 주택 · 상가건물이 경매절차에서 매각되는 경우 임차권이 소멸하지 않고 인수된다는 것은 대항력이 여전히 존속하여 매수인에게 임차권을 주장 · 행사할 수 있다는 것을 의미한다.

임차인의 대항력의 내용에 관하여 주임법 제3조 제4항과 상임법 제3조 제2항은 「임차주택의 양수인…은 임대인의 지위를 승계한 것으로 본다.」라고 규정하고 있고,[48)] 위 '양수인'에는 경매(매각)로 임차권을 인수하게 되는 매수인도 포함된다. 따라서 **임대 주택 · 상가건물 경매의 경우 임차권이 '보증금이 전액 배당되지 않는, 대항력 있는 임차권'인 때에는 매수인은 대금납부(소유권 취득) 시에 종전 소유자의 임대인으로서의 지위를 그대로 승계**한다.

[경매로 임차권이 소멸하는 경우 매수인의 양수인 해당 여부(소극)] 경매부동산이 매각된 경우 저당권보다 뒤에 등기되었거나 대항요건을 갖춘 임차권은 저당권과 함께 소멸하므로, 이 경우 경매절차의 매수인은 매수인인 주임법 제3조 제4항, 상임법 제3조 제2항의 '양수인'에 해당하지 않는다(대판 1987. 2. 24. 86다카1936, 대결 1990. 1. 23. 89다카33043, 대판 1999. 4. 23. 98다32939, 대판 2000. 2. 11. 99다59306 등).

---

47) 이 보증금반환청구권은 별도로 집행권원을 얻거나 가압류 등을 한 경우 일반채권자로서 배당을 받을 수 있는 평등변제권으로서, 소액보증금 또는 확정일자 취득 등을 요건으로 하는 최우선변제권 또는 우선변제권과 구별하여야 한다.

48) 주임법은 1차 개정(1983. 12. 30. 공포 · 시행) 시에 제3조 제2항에서 규정하였고, 현재는 제3조 제4항에서 규정하고 있다. 상임법은 그 제정(2001. 12. 29. 공포, 2002. 11. 1. 시행) 당시부터 제3조 제2항에서 규정하고 있다.

[임대인 지위 승계의 의미] 대법원 2013. 1. 17. 선고 2011다49523 전원합의체 판결(다수의견)은 "… 주택임대차보호법 제3조 제3항(현행법의 제3조 제4항)은 같은 조 제1항이 정한 대항요건을 갖춘 임대차의 목적이 된 임대주택(이하 '임대주택'은 주택임대차보호법의 적용대상인 임대주택을 가리킨다)의 양수인은 임대인의 지위를 승계한 것으로 본다고 규정하고 있는바, 이는 법률상의 당연승계 규정으로 보아야 하므로, 임대주택이 양도된 경우에 그 양수인은 주택의 소유권과 결합하여 임대인의 임대차 계약상의 권리 · 의무 일체를 그대로 승계하며 … 임차인의 임대차보증금반환채권이 가압류된 상태에서 임대주택이 양도되면 양수인이 채권가압류의 제3채무자의 지위도 승계하고, 가압류권자 또한 임대주택의 양도인이 아니라 양수인에 대하여만 위 가압류의 효력을 주장할 수 있다고 보아야 한다 …"라고 판시하였다. 요컨대, 주임법 제3조 제4항에 의하여 법률상 당연히 승계되는 임대인의 '지위'에는 임대인의 실체법상의 권리 · 의무는 물론 절차법상 권리 · 의무도 포함된다는 것이다.

2. 민법 제324조 제2항

가. 서설

민법 제324조 제2항은 「유치권자는 채무자의 승낙 없이 유치물의 사용, 대여 또는 담보제공을 하지 못한다. 그러나 유치물의 보존에 필요한 사용은 그러하지 아니하다.」라고 규정하고 있다. 유치권은 채권의 담보를 위하여 목적물을 점유하는 권리에 불과하므로, 소유자의 승낙이 없는 한 유치권자는 보존에 필요한 범위를 초과하여 부동산을 스스로 사용하는 것은 물론 이를 대여(임대차 · 사용대차)하거나 담보로 제공할 수 없는 것이다.

['유치물의 보존에 필요한 사용'과 주택 거주] 공사대금채권에 기하여 유치권을 행사하는 자가 스스로 유치물인 '주택'에 거주하며 사용하는 것은 특별한 사정이 없는 한 유치물인 주택의 보존에 도움이 되는 행위로서 유치물의 보존에 필요한 사용에 해당한다(대판 2009. 9. 24. 2009다40684, 대판 2013. 4. 11. 2011다107009).

['대여'와 사용대차] 민법 제324조 제2항의 '대여'에는 임대차는 물론 사용대차도 포함된다(대판 2004. 2. 13. 2003다56694).

유치권자로부터 점유를 이전받은 인도명령의 상대방이 인도명령 심문기일에 '유치권자가 부동산을 무상으로 사용하게 하였다'고 진술하였고, 유치권자가 사용대차에 관하여 소유자로부터 승낙을 받았다는 점을 인정할 아무런 증거가 없다면, 상대방은 소유자의 승낙 없는 유치권자의 사용대차에 의하여 유치권의 목적물을 대여받은 자로서 경매절차의 매수인에게 대항할 수 있는 적법한 권원에 기하여 점유하는 것이라고 볼 수 없다(서울서부지법 2008. 8. 5. 2008라53, 대결 2008. 11. 4. 2008마1247 심리불속행 기각으로 확정).

['대여'와 영업허가권 양도] 유치권자가 소유자의 승낙 없이 임대차 · 사용대차가 아니라 영업허가권 양도의 방법으로 유치물을 사용하게 하는 것도 금지된다(대전지법 2014. 7. 14. 2014라105).

[유치물의 보존에 필요한 범위 내의 사용] 유치권자가 유치물에 대한 보존행위로서 목적물을 사용하는 경우, 유치권자는 소유자에게 그 사용이익을 부당이득으로서 반환할 의무는 있으나 소유자가 입은 임료 상당의 손해를 배상할 의무는 없다. 유치권자는 유치물의 사용이득을 보유할 권원이 없을 뿐 유치물의 보존에 필요한 사용은 적법한 행위이기 때문이다(대판 1972. 1. 31. 71다2414).

민법 제324조 제2항은 유치물에 대한 유치권자의 행위태양에 관하여 'Ⓐ 유치물의 보존에 필요한 범위 내의 사용(민 §324②후문), Ⓑ 유치물의 보존에 필요한 범위를 초과하는 사용(민 §324②전문), Ⓒ 유치물의 대여(민 §324②전문), Ⓓ 유치물의 담보제공(민 §324②전문)'을 규정하고 있다. 위 Ⓐ는 소유자의 승낙 유무를 불문하고 적법하나, 위 ⒷⒸⒹ는 소유자의 승낙을 받은 때에만 적법하고 승낙을 받지 않은 때에는 부적법한 것이 된다.

유치물 사용 · 대여 등	적법 여부
유치물의 보존에 필요한 범위 내의 사용[Ⓐ]	소유자의 승낙 유무를 불문하고 적법
유치물의 보존에 필요한 범위를 초과하는 사용[Ⓑ]	• 소유자의 승낙을 받은 경우 적법 • 소유자의 승낙을 받지 않은 경우 부적법
유치물의 대여(임대차 · 사용대차)[Ⓒ]	
유치물의 담보제공[Ⓓ]	

권리관계	유치권자의 유치물 사용 · 대여가 적법한 경우	유치권자의 유치물 사용 · 대여가 부적법한 경우
소유자 · 채무자의 유치권 소멸청구권	X	○
유치권자의 부당이득반환의무	○	○
유치권자의 과실수취권(변제충당권)	○	X
임차인 · 사용차주의 유치물 인도의무 (Ⓒ의 경우)	X (소유자에 대한 관계에서도 임차권 유효)	○ (소유자에 대한 관계에서 임차권 무효)

나. 유치물의 보존에 필요한 범위 내에서 사용한 경우(Ⓐ)

유치권자가 위 Ⓐ의 행위를 한 경우, 즉 유치권자가 종전부터 직접 또는 점유보조자를 통하여 점유하면서 사용해 온 경우[49] 또는 새로이 직접 또는 점유보조자를 통하여 점

49) 임차인이 비용상환채권에 기하여 유치권을 행사하면서 직접 또는 점유보조자를 통하여 점유 · 사용해 온 경우 등을 말한다. 점유보조자는 가사상 · 영업상 기타 유사한 관계에 의하여 타인의 지시를 받아 물건에 대한 사

유하면서 사용하는 경우[50] 그 행위의 효과 내지 관계인 간의 법률관계는 아래와 같이 요약할 수 있다(민 §323 · 324③, 판례).

		승낙 있는 경우	승낙 없는 경우
소유자 · 채무자의 권리의무	유치권 소멸청구권	없 음	
	상계권	있 음 (원칙)	
유치권자의 권리의무	부당이득반환의무	있 음	
	과실수취권(변제충당권)	있 음	
	상계권	있 음 (원칙)	

다. 유치물의 보존에 필요한 범위를 초과하여 사용한 경우(Ⓑ) 또는 유치물을 대여한 경우(Ⓒ)

유치권자가 위 ⒷⒸ의 행위를 한 경우 각 행위의 효과 내지 관계인 간의 법률관계는 아래와 같이 요약할 수 있다(민 §323 · 324③, 판례). 위 Ⓑ는 유치권자가 근린생활시설인 건물을 주택으로 개조하여 사용하는 경우 또는 근린생활시설인 건물 중 벽의 일부를 철거하고 기계를 설치하여 공장으로 사용하는 경우 등을 말한다. 위 Ⓒ는 유치권자가 임차인 · 사용차주를 통하여 간접점유하면서 임차인 · 사용차주로 하여금 사용하게 하는 경우를 말한다.

실상의 지배를 하는 사람으로서(민법 제195조) 타인의 지시를 받지 않고 물건을 사실상 지배하는 점유자(민법 제192조)와 구별되며, 여기서 점유보조자에 관한 '기타 유사한 관계'는 타인의 지시를 받고 이에 따라야 할 관계로서 사회관념상 점유를 보조한다고 인정되는 경우를 말한다(대결 2017. 2. 8. 2015마2025).

50) 수급인이 공사대금채권에 기하여 유치권을 행사하면서 직접 또는 점유보조자를 통하여 점유 · 사용하는 경우 등을 말한다.

		승낙 있는 경우	승낙 없는 경우
소유자 · 채무자의 권리의무	유치권 소멸청구권	없 음	있 음
	상계권	있 음 (원칙)	
유치권자의 권리의무	부당이득반환의무	있 음	
	과실수취권 (변제충당권)	있 음	없 음
	상계권	있 음 (원칙)	없 음
임차인 · 사용차주의 권리의무	유치물 인도의무[51)]	없 음	있 음

라. 위 ⒶⒷⒸ 중 어느 것에 해당하는지의 판단

유치권자가 유치물을 다른 사람으로 하여금 사용하게 한 경우로는, 유치권을 행사하면서 점유보조자를 통하여 점유 · 사용하는 경우(위 ⒶⒷ에 해당)와 직접점유자를 통해 간접점유하면서 직접점유자로 하여금 점유 · 사용하게 하는 경우(위 Ⓒ에 해당)가 있다. 대법원 2011. 9. 29. 선고 2011다38707 판결은 이러한 점을 고려하여 "… 유치권자가 유치물을 다른 사람으로 하여금 사용하게 한 경우에 그것이 유치물의 보존에 필요한 사용에 지나지 아니하는지(위 ⒶⒷⒸ 중 어느 경우에 해당하는지) 여부는 유치권자와 사용자 사이의 관계, 사용자의 구체적인 사용방법, 사용자가 유치권자에게 대가를 지급하였는지 여부 등을 종합적으로 고려하여 판단하여야 한다 …"라고 판시하였다.

[다른 사람에게 사용하게 한 것을 보존에 필요한 범위를 초과한 사용 또는 대여라고 본 경우]
대법원 2011. 9. 29. 선고 2011다38707 판결은 "… 유치권자가 유치물을 다른 사람으로 하여금 사용하게 한 경우에 그것이 유치물의 보존에 필요한 사용에 지나지 아니하는지 여부는 유치권자와 사용자 사

51) Ⓒ의 경우에만 유치물 인도의무가 문제된다.

이의 관계, 사용자의 구체적인 사용방법, 사용자가 유치권자에게 대가를 지급하였는지 여부 등을 종합적으로 고려하여 판단하여야 한다 … 원심이 확정한 사실에 의하면, 피고보조참가인들을 포함한 이 사건 △△아트빌의 공사업체 채권단의 위임을 받은 이상△이 2008. 12. 1.경 채무자의 승낙 없이 피고에게 이 사건 건물을 사용하게 하면서 월 임료에 갈음하여 피고로 하여금 직접 이 사건 건물의 관리비를 부담하고 유치관리비 명목으로 월 300,000원을 채권단에게 지급하도록 한 사실, 피고는 2009. 7. 24. 피고보조참가인들로부터 이 사건 건물을 인도받아 전입신고를 한 뒤 이 사건 건물에 거주하여 온 사실 등을 알 수 있다 … 피고보조참가인들이 피고로 하여금 이 사건 건물에 거주하여 사용하게 한 것은 단순히 유치물인 이 사건 건물의 보존에 필요한 사용을 넘어서서 이를 사용 또는 임대한 경우에 해당한다고 봄이 상당하다 … 유치권자는 채무자의 승낙이 없는 이상 그 목적물을 유치물의 보존에 필요한 범위를 넘어서서 이를 사용하거나 임대할 수 있는 처분권한이 없으므로 이 사건 건물의 사용을 허락받거나 임차한 피고는 그 점유로써 이 사건 건물의 소유자인 원고에게 대항할 수 없다 …"라고 판시하였다.

[다른 사람에게 사용하게 한 것을 보존에 필요한 범위 내의 사용이라고 본 경우] 대법원 1965. 3. 9. 선고 64다1797 판결은 "… 원심이 적법하게 확정한 사실에 의하면 피고(유치권자)가 1961. 9. 24.부터 1961. 11. 5.까지(약 40일간) 이 사건 건물 중 큰 홀을 소외인 이보△에게 빌려주어 그곳에서 영화를 상영하게 함으로써 본건 유치물의 일부를 대여하였다는 것인바, 이러한 정도의 대여라면 본건 유치물의 보존에 필요한 사용이라고 보지 못할 바 아니라 할 것이다(민법 제324조 제2항 단항 참조). 따라서 이러한 경우에는 채무자에게 유치권 소멸청구권이 발생할 여지가 없는 것이다 …"라고 판시하였다.[52)]

마. 승낙의 주체

첫째, 민법 제324조 제2항이 규정하는 승낙을 할 수 있는 주체는 대여 등 당시의 채무자인 것이 원칙이나, 그 당시 채무자와 소유자가 다른 경우에는 그 당시 또는 그 이후의 소유자만이 승낙할 수 있다.[53)]

52) 이 판례에 대하여는 의문을 제기하는 견해가 있다{곽윤직(편집대표), 민법주해(XVII) 채권(10), 박영사(2005), 262(양창수 집필 부분)}.

[채무자와 소유자가 다른 경우 — 소유자] 유치권자가 건물을 임대할 당시 공사대금채무자(甲)와 소유자(乙)가 다른 경우, 민법 제324조 제2항에 따른 승낙은 임대 당시의 소유자(乙) 또는 그 이후의 소유자(丙)의 승낙이어야 하고, 채무자(甲)의 승낙은 이에 해당하지 않는다. 따라서 유치권의 목적물인 건물의 소유자(乙 또는 丙)가 유치권자에게서 그 건물을 임차한 자를 상대로 건물의 인도청구를 한 경우 유치권자에 대한 채무자(甲)의 동의만으로는 민법 제324조 제2항에 따른 동의가 있었다고 볼 수 없으므로 임차인은 乙 또는 丙의 인도청구를 거절할 수 없다(대판 2011. 2. 10. 2010다94700).

둘째, 유치권자가 종전 소유자의 승낙을 받아 유치물을 대여한 후에 소유자가 변경된 경우 종전 소유자의 승낙의 효과는 신소유자에게도 미친다(유치권자는 승낙의 효과를 신소유자에게 주장할 수 있음). 따라서 이러한 경우 유치물의 대여에 관한 승낙을 하지 않은 신소유자는 유치권자에 대하여 유치권 소멸청구를 할 수 없고,[54] 임차인 · 사용차주에 대하여 유치물 인도청구 등을 할 수도 없다.

Ⅲ. 임차권의 효력과 매각의 효력

1. 서설

유치권자가 경매부동산을 임대한 경우 임차인에 대한 인도명령신청 등의 인용 여부를 판단함에 있어서는, 임차권의 유효 여부를 검토하는 것으로 충분한 사안도 있고, 임차권의 인수 여부를 아울러 검토하여야 하는 사안도 있다. 유치권자 · 임차인 · 매수인

53) 대판 2011. 2. 10. 2010다94700; 김용담(편집대표), 주석민법[물권(3)], 한국사법행정학회(2011), 452(김갑유 집필 부분); 곽윤직(편집대표), 민법주해(Ⅵ), 물권(3), 박영사(2001), 320(호문혁 집필 부분).

한편, 민법 제324조 제3항이 규정하는 유치권 소멸청구의 주체는 채무자인 것이 원칙이나, 채무자와 소유자가 다른 경우에는 채무자는 물론 소유자도 소멸청구를 할 수 있다{김용담(편집대표), 주석민법[물권(3)], 한국사법행정학회(2011), 452(김갑유 집필 부분); 곽윤직(편집대표), 민법주해(Ⅵ), 물권(3), 박영사(2001), 322(호문혁 집필 부분)}.

54) 일본 最高裁 1997. 7. 3. 第一小法廷 平成6年(才)第1279号.

등은 어느 사안에 해당하는지 잘 살펴 인도명령신청 등에 대비하거나 이를 준비할 필요가 있다.

유치권자가 매수인의 대금납부 전에 소유자의 승낙을 받고 임대한 경우에는 임차권의 효력(소유자에 대한 임차권 유효)과 함께 매각의 효력[55](대금납부 시의 임차권의 인수 또는 소멸)이 쟁점이 되고, 대금납부 전에 소유자의 승낙을 받지 않고 임대한 경우 또는 대금납부 후에 임대한 경우에는 단순히 임차권의 효력(소유자에 대한 임차권의 무효 여부)만 쟁점이 된다.

어느 경우에나 인도명령신청 등은 간접점유자인 유치권자가 아니라 직접점유자인 임차인을 상대로 제기하여야 한다.[56]

[인도명령신청의 피신청인적격] 서울중앙지법 2013. 9. 16.자 2013라1178 결정은 "… 부동산의 간접점유자를 상대로는 민사집행법 제136조 소정의 인도명령을 받더라도 민사집행법 제258조에 의한 직접적인 인도집행은 할 수 없고 민사집행법 제259조에 의하여 그 인도청구권을 넘겨받을 수만 있어, 간이절차인 인도명령의 성격상 간접점유자에 대한 인도명령을 허용할 필요는 없으므로, 민사집행법 제136조 제1항 소정의 인도명령의 상대방인 '부동산 점유자'에 간접점유자는 포함되지 않는다고 해석함이 상당하다 …"라고 설시하였다.

---

55) 매각의 효력(매각에 따른 인수 또는 소멸)은 압류의 효력(처분금지효)과 구별하여야 한다. 경매부동산에 관하여 임차권이 있는 경우, 매각의 효력은 매각(매수인의 대금납부)으로 임차권이 인수되거나 소멸되는 것을 말하고, 압류의 효력은 임차인의 처분행위(대항요건 구비행위 또는 확정일자 취득행위)가 압류채권자에 대한 관계에서 무효가 되는 것을 말한다.

압류(경매개시결정등기) 후의 임대차계약은 처분행위(물권행위)가 아니라 의무부담행위(채권행위)에 불과하므로 압류의 처분금지효에 반하지 않으나, 압류 후의 대항요건 구비행위나 확정일자 취득행위는 압류의 처분금지효에 반하여 압류채권자에 대한 관계에서는 무효가 된다. 임대차계약은 의무부담행위에 불과하나, 이와 관련하여 이루어지는 임차인의 대항요건의 구비행위나 확정일자의 취득행위는 대항력이나 우선변제권을 발생시킨다는 점에서 담보권설정과 마찬가지로 처분행위에 해당하기 때문이다.

56) 다만, 유치권자가 소유자의 승낙 없이 임대한 경우 소유자가 소멸청구를 하면 유치권이 소멸하게 되고(민법 제324조 제3항), 부동산인도명령의 집행으로 임차인이 점유를 상실하면 유치권자도 점유를 상실하여 유치권이 소멸하게 되는데, 이는 별개의 문제이다.

2. 소유자의 승낙 없는 임대의 경우 임차권의 상대적 무효

유치권자가 경매부동산을 민법 제324조 제2항에 따라 소유자의 승낙 내지 동의를 받아 임대한 경우, 임대차는 유효하게 성립하고, 임차권은 유치권자뿐만 아니라 소유자에 대한 관계에서도 유효함은 물론이다.

이와 달리, 유치권자가 민법 제324조 제2항에 위반하여 소유자의 승낙 없이 임대하더라도 임대차는 유효하게 성립하여[57] 임차권은 유치권자에 대한 관계에서는 유효하나, 소유자의 승낙 없는 임대행위는 소유자의 처분권한을 침해하는 것으로서 소유자에 대한 관계에서는 무효이다(민 §324②).[58][59]

따라서 소유자의 승낙 없는 임대의 경우 그 임차권은 **종전 소유자(대금납부 전에 임대한 때) 또는 신소유자(대금납부 후에 임대한 때)에 대한 관계에서 각 무효**가 되고, 그에 따라 **(신)소유자가 임차인을 상대로 제기한 인도명령신청 등은 인용**된다.[60]

[소유자에 대한 임차권의 무효] 대법원 2004. 2. 13. 선고 2003다56694 판결은 "… 유치권의 성립요건인 유치권자의 점유는 직접점유이든 간접점유이든 관계없지만, 유치권자는 채무자 또는 소유자의 승낙이 없는 이상 그 목적물을 타에 임대할 수 있는 권한이 없으므로(민법 제324조 제2항 참조), 유치

57) 대판 1975. 1. 28. 74다2069, 대판 2014. 7. 24. 2014다200305. 같은 맥락에서 민법 제569조는 '매매의 목적이 된 권리가 타인에게 속한 경우에는 매도인은 그 권리를 취득하여 매수인에게 이전하여야 한다'라고 규정하고 있다.

58) ㉮ 대법원 2002. 11. 27.자 2002마3516 결정, ㉯ 대법원 2004. 2. 13. 선고 2003다56694 판결, 대법원 2006. 2. 23. 선고 2005다57523 판결, 대법원 2011. 2. 10. 선고 2010다94700 판결 등도 같은 취지의 판시를 하였다. 위 ㉮의 결정은 '경매절차의 매수인'이 소유자(종전 소유자 및 경매절차의 매수인)의 승낙 없는 유치권자의 임대로 건물을 점유하고 있는 '임차인'을 상대로 부동산인도명령신청을 한 사안에 대한 것이다. 위 ㉯의 판결들은 '소유자'가 그의 승낙 없는 유치권자의 임대로 건물을 점유하고 있는 임차인을 상대로 건물명도청구를 한 사안에 대한 것이다.

59) 주택 또는 상가건물 임대차의 경우 임차인은 일방적인 점유 · 전입신고 · 사업자등록신청 또는 확정일자 취득만으로 매우 간단하게 대항력 또는 우선변제권을 취득할 수 있으므로, 판례는 이러한 사정을 고려하여 소유자의 승낙 없는 유치권자의 임대는 소유자에 대한 관계에서는 무효라는 입장을 취하는 것이라고 하겠다.

60) 한편, 인도명령신청 등이 인용되는 경우 임차인은 임대인인 유치권자에게 채무불이행에 기한 손해배상청구 또는 착오를 원인으로 한 임대차계약 취소의 의사표시(민 §109) 등을 할 수 있다.

권자의 그러한 임대행위는 소유자의 처분권한을 침해하는 것으로서 소유자에게 그 임대의 효력을 주장할 수 없다. 따라서 소유자의 승낙 없는 유치권자의 임대차에 의하여 유치권의 목적물을 임차한 자의 점유는 소유자에게 대항할 수 있는 적법한 권원[61]에 기한 것이라고 볼 수 없다 …"라고 판시하였다.[62]

[중요 부분의 착오에 의한 임대차의 취소] 소유자의 승낙 없는 임대차는 유효하며, 중요 부분에 착오가 있는 경우에는 취소할 수 있다. 대법원 1975. 1. 28. 선고 74다2069 판결은 "… 임대인이 임대하는 물건이 자기의 것이 아님에도 불구하고 자기의 소유인 양 가칭하고, 또한 그 임대차계약에서 그 목적물이 반드시 임대인의 소유일 것을 특히 계약의 내용으로 삼았다면 임차인은 이것을 이유로 하여 법률행위의 중요 부분에 착오가 있다 하여 취소할 수 있을 뿐이다 …"라고 판시하였다.

첫째, 유치권자가 직접 또는 점유보조자를 통해 유치물을 점유하면서 사용하는 경우, 그것이 유치물의 보존에 필요한 범위 내의 사용(위 Ⓐ)에 해당하는 때에는, 그 사용은 소유자의 승낙 여부를 불문하고 소유자에 대한 관계에서도 유효하다. 따라서 이러한 경우 소유자는 유치권자에 대하여 유치권 소멸청구를 할 수 없다. 다만, 소유자는 유치권자에 대하여 부당이득반환청구를 할 수는 있다.

둘째, 유치권자가 직접 또는 점유보조자를 통해 유치물을 점유하면서 사용하는 경우, 그것이 유치물의 보존에 필요한 범위를 초과하는 사용(위 Ⓑ)에 해당하는 때에는, 소유자의 승낙을 받지 않은 사용은 소유자의 처분권한을 침해하는 것으로서 소유자에 대한 관계에서는 무효이다. 따라서 소유자의 승낙 없이 유치물의 보존에 필요한 범위를 초과하는 사용을 한 유치권자에 대하여, 소유자는 유치권 소멸청구의 의사표시를 하면서 인도청구 · 인도명령신청을 할 수 있다. 또한 소유자는 그의 승낙 여부를 불문하고 유치권자에 대하여 부당이득반환청구를 할 수도 있다.

---

61) 부동산인도명령과 관련하여 현행 민사집행법 제136조 제1항은 '매수인에게 대항할 수 있는 권원'이라고 규정하고 있고, 구 민사소송법(2002. 1. 26. 법률 제6626호로 전문 개정되기 전의 것) 제647조 제1항은 '경락인에게 대항할 수 있는 권원'이라고 규정하였다.

62) 대법원 2002. 11. 27.자 2002마3516 결정, 대법원 2009. 11. 26. 선고 2009다35552 판결, 대법원 2011. 2. 10. 선고 2010다94700 판결 등도 같은 취지의 판시를 하였다.

셋째, 유치권자가 유치물을 타인에게 대여하는 경우(위 ⓒ), 즉 임차인 · 사용차주를 통해 간접점유하면서 임차인 · 사용차주로 하여금 사용하게 하는 경우, 소유자의 승낙을 받지 않은 대여는 소유자의 처분권한을 침해하는 것으로서 소유자에 대한 관계에서는 무효이다. 따라서 유치권자가 소유자의 승낙 없이 유치물을 임대한 경우, 소유자는 ㉮ 유치권자에 대하여 유치권 소멸청구의 의사표시를 하여 유치권을 소멸시킬 수 있고, ㉯ 임차인 · 사용차주에 대하여 인도청구 · 인도명령신청을 할 수 있다.[63] 또한 소유자는 그의 승낙 여부를 불문하고 유치권자 또는 임차인 · 사용차주에 대하여 부당이득반환청구를 할 수도 있다.

3. 매각의 경우 임차권 인수 · 소멸의 법리

임대차의 목적물인 주택 · 상가건물이 경매절차에서 매각되는 경우, 임차권이 소멸하지 않고 매수인에게 인수되기 위해서는 ① 임차권이 대항력이 있고(말소기준등기보다 먼저 등기되거나 대항요건을 갖추어야 함), ② 임차인이 보증금의 전부 또는 일부를 배당받지 못하였어야 한다. 위 ①②의 요건을 모두 갖추면 임차권이 인수되고 그에 따라 인도명령신청 등이 배척된다(기각결정 · 상환이행판결). 위 ①②의 요건 중 일방이라도 갖추지 못한 경우에는 임차권이 소멸하고 그에 따라 인도명령신청 등이 인용된다. 인도명령신청에 관하여는 민사집행법 제136조 제1항이 이러한 법리를 규정하고 있다.

위 ①의 요건과 관련하여, 민사집행법 제91조 제3항 · 제4항은 저당권설정등기[64] ·

---

63) 위 '셋째' 중 위 ㉯와 같이 유치권자가 소유자의 승낙 없이 유치물을 타인에게 대여한 경우 소유자가 임차인 · 사용차주에 대하여 인도청구 · 인도명령신청을 할 수 있는 근거로서, 판례는 임차인 · 사용차주의 점유가 '소유자에게 대항할 수 있는 적법한 권원'에 기한 것이라고 볼 수 없다는 점을 제시하고 있다(대결 2002. 11. 27. 2002마3516, 대판 2004. 2. 13. 2003다56694, 대판 2006. 2. 23. 2005다57523, 대판 2011. 2. 10. 2010다94700 등).

64) 대판 1987. 2. 24. 86다카1936, 대판 2000. 2. 11. 99다59306 등. 양도담보등기(대판 2001. 1. 5. 2000다47682), 매각으로 말소되는 전세권등기를 포함한다.

압류등기[65] · 가압류등기[66]보다 먼저 '등기'[67]된 임차권을 대항력 있는 임차권이라는 취지로 규정하고 있고, 판례는 저당권설정등기 · 압류등기 · 가압류등기(말소기준등기)보다 먼저 '대항요건'을 갖춘 임차권도 대항력 있는 임차권이라고 보고 있다.[68]

4. 인도명령신청 등의 인용 여부

가. 임차권이 매각으로 소멸하는 경우

임차권이 매각으로 소멸하는 경우에는 매수인의 임차인에 대한 인도명령신청 등이 '인용'된다. 종전 소유자의 승낙을 받았는지(종전 소유자에 대한 관계에서 임차권이 유효한지) 여부를 불문하고 매수인의 입장에서는 임차권이 존재하지 않는 것이기 때문이다.

나. 임차권이 매각으로 인수되는 경우

임차권이 매각으로 소멸하지 않고 인수되는 경우 매수인은 종전 소유자의 임대인으로서의 실체법상 · 절차법상 지위를 그대로 승계한 것으로 간주되므로(이하 '임차권 인수 = 임대인 지위 승계'의 법리라고 함),[69] 종전 소유자의 승낙 여부에 따라 인도명령신청 등

---

65) 체납처분압류등기, 경매개시결정등기를 말한다.

66) 대판 1983. 4. 26. 83다카116.

67) 부동산 임차권설정계약을 원인으로 한 '임차권설정등기'(민 §621)와 주택 · 상가건물 임차권등기명령을 원인으로 한 '임차권등기'(주임 §3의3, 상임 §6)를 말한다.

68) 임차권의 대항력이 대항요건을 갖춘 '그 다음 날' 오전 0시부터 발생하는 점(주임법 제3조 제1항, 상임법 제3조 제1항)을 고려할 때, 엄밀한 의미에서 위 ①은 말소기준등기신청 접수 前에 등기의 신청 또는 촉탁(임차권등기명령)을 접수하거나 말소기준등기신청 접수 전일까지 주택 · 상가건물을 인도받고 주민등록 · 사업자등록을 함으로써, 임차인이 대항력을 취득한 경우를 말한다.

69) 위 '임차권 인수 = 임대인 지위 승계'의 법리는, 주임법 제3조의5 단서 또는 상임법 제8조 단서에 의하여 임차권이 인수되는 경우에는 주임법 제3조 제4항 또는 상임법 제3조 제2항에 의하여 매수인이 종전 소유자의 임대인으로서의 지위를 승계한다는 것을 말한다.

의 인용 여부가 좌우된다.

유치권자가 종전 소유자의 승낙을 받고 임대한 때에는 임차권이 매수인에 대한 관계에서도 유효하여 인도명령신청 등이 '배척'되나, 승낙을 받지 않고 임대한 때에는 임차권이 매수인에 대한 관계에서도 무효가 되어 인도명령신청 등이 '인용'된다.

Ⅳ. 임차권이 인수되는 경우 임차인 상대의 인도명령 등에 관한 판례이론

1. 판례이론의 내용

가. 소유자의 승낙을 받지 않고 임대한 경우

(1) 대금납부 전에 임대한 경우

甲1 소유의 부동산에 관하여 ㉠ 乙의 유치권 취득, ㉡ 甲1의 승낙을 받지 않은 乙과 丙의 임대차계약(말소기준등기 전 丙의 대항요건 구비), ㉢ 경매개시 및 매수인 甲2의 대금납부(丙이 보증금의 전액 또는 일부를 배당받지 못함), ㉣ 甲2의 丙에 대한 인도명령신청 등이 순차로 이루어진 경우, 甲2의 인도명령신청 등은 인용된다.

위와 같은 사안에 관하여는, 乙의 임대행위는 甲1의 처분권한을 침해하는 것으로서 甲1에게 그 임대의 효력을 주장할 수 없고, 따라서 丙의 점유는 甲2에게 대항할 수 있는 적법한 권원에 기한 것이라고 볼 수 없다는 판례이론(甲1에 대한 관계에서 임차권 무효 ⇨ 甲2의 인도명령신청 등 인용)이 확립되어 있다.[70] 위 사안과 같은 경우 임차권은 甲1에 대한 관계에서는 무효 · 부존재하는 것이기 때문에 위 '임차권 인수 = 임대인 지위 승계'의 법리는 적용될 여지가 없다.

---

70) 대결 2002. 11. 27. 2002마3516, 대판 2004. 2. 13. 2003다56694, 대판 2011. 2. 10. 2010다94700 등.

(2) 대금납부 후에 임대한 경우

甲1 소유의 부동산에 관하여 ㉠ 乙의 유치권 취득, ㉡ 경매개시 및 매수인 甲2의 대금납부, ㉢ 甲2의 승낙을 받지 않은 乙과 丙의 임대차계약, ㉣ 甲2의 丙에 대한 인도명령신청 등이 순차로 이루어진 경우, 甲2의 인도명령신청 등은 인용된다. 乙의 임대행위는 계약 당시의 소유자인 甲2의 처분권한을 침해하는 것으로서 乙의 임대행위 및 그에 기한 丙의 임차권 취득은 甲2에 대한 관계에서 무효이고, 따라서 丙의 점유는 甲2에게 대항할 수 있는 권원에 의한 것이 아니기 때문이다.[71] 임차권이 등기되거나 대항요건을 갖춘 경우에도 마찬가지이다. 왜냐하면 甲2에 대한 관계에서는 임차권 자체가 무효이기 때문이다.

나. 소유자의 승낙을 받고 임대한 경우

(1) 대금납부 전에 임대한 경우

甲1 소유의 부동산에 관하여 ㉠ 乙의 유치권 취득, ㉡ 甲1의 승낙을 받은 乙과 丙의 임대차계약(말소기준등기 전 丙의 대항요건 구비), ㉢ 경매개시 및 매수인 甲2의 대금납부(丙이 보증금의 전액 또는 일부를 배당받지 못함), ㉣ 甲2의 丙에 대한 인도명령신청 등이 순차로 이루어진 경우, 甲2의 인도명령신청 등은 배척된다.

위와 같은 사안에서 인천지법 2013. 11. 29.자 2013라326 결정은 "… 乙은 … 甲2에게 대항할 적법한 권원이 있고 … 甲1의 동의 아래 유치권자인 乙로부터 유치권의 목적물인 이 사건 구분건물을 임차한 丙의 점유 또한 민사집행법 제136조 제1항 단서에서 규정하는 '매수인에게 대항할 수 있는 권원'에 기한 것이라고 볼 수 있다 …"라고 설시하였다.

위 결정은 '甲1에 대한 관계에서 임차권 유효 ⇨ 甲2의 인도명령신청 배척'의 구조를 취한 것으로서 '임차권 인수 = 임대인 지위 승계'의 법리를 묵시적으로 전제 내지 생략하

71) 부산지법 2014. 2. 26. 2013라856.

고 있다. 위 '임차권 인수 = 임대인 지위 승계'의 법리를 보충하여 '甲1에 대한 관계에서 임차권 유효 ⇨ 甲2의 임차권 인수(甲1 지위 승계) ⇨ 甲2의 인도명령신청 배척'의 구조를 명시적으로 드러낼 때 위 결정은 더 높은 체계성과 완결성을 갖추게 될 것이다.

(2) 대금납부 후에 임대한 경우

甲1 소유의 부동산에 관하여 ㉠ 乙의 유치권 취득, ㉡ 경매개시 및 매수인 甲2의 대금납부, ㉢ 甲2의 승낙을 받은 乙과 丙의 임대차계약 등이 순차로 이루어진 경우에는, 甲2로서는 丙에 대하여 인도명령신청 등을 할 수 없으며, 만일 이러한 신청 등을 하여도 배척된다. 乙의 임대행위 및 그에 기한 丙의 임차권 취득은 甲2에 대한 관계에서도 유효하고, 따라서 丙의 점유는 甲2에게 대항할 수 있는 권원에 의한 것이기 때문이다.

2. 판례이론의 적용

가. 대금납부 전에 승낙을 받지 않고 임대한 경우

[대금납부 전 무단 임대]
대법원 2002. 11. 27.자 2002마3516 결정

1. 사안개요

가. 乙은 2000. 12. 31.경 甲1 소유의 이 사건 건물에 관하여 공사대금채권을 피담보채권으로 하는 유치권을 취득하였다.

나. 이 사건 건물에 관하여 경매개시결정등기가 이루어진 후에, 丙은 이 사건 건물 중 2층을 乙로부터 임차하여 점유하였다(그 무렵 대항요건도 갖춘 것으로 추정된다).

다. 甲2는 이 사건 건물에 관한 경매절차에서 이를 매수하여 대금을 납부하였다.

라. 甲2는 乙을 상대로 인도명령을 신청하여 인용결정을 받았다. 이 인도명령은 확정되었으나 甲2는 그에 기한 인도집행을 신청하지 않았다.[72)]

마. 그 후 甲2는 丙을 상대로 인도명령을 신청하였다.

2. 판시요지

제1심은 甲2의 인도명령신청을 인용하였고[73](丙 항고), 항고심은 丙의 항고를 기각하였다[74](丙 재항고).

대법원 2002. 11. 27.자 2002마3516 결정은 재항고를 기각하면서 "… ① 유치권의 성립요건인 유치권자의 점유는 직접점유이든 간접점유이든 관계없지만, 유치권자는 채무자의 승낙이 없는 이상 그 목적물을 타에 대여할 수 있는 처분권한이 없으므로(민법 제324조 제2항 참조), 유치권자의 그러한 임대행위는 소유자의 처분권한을 침해하는 것으로서 소유자에게 그 임대의 효력을 주장할 수 없고, 따라서 소유자의 동의 없이 유치권자로부터 유치권의 목적물을 임차한 자의 점유는 구 민사소송법(2002. 1. 26. 법률 제6626호로 전문 개정되기 전의 것) 제647조 제1항 단서에서 규정하는 '경락인에게 대항할 수 있는 권원'에 기한 것이라고 볼 수 없다 … ② 이 사건 건물의 유치권자로서 丙에게 그 2층 부분을 임대하였다고 하는 乙에 대하여는 甲2의 신청에 의하여 이 사건 건물 전부를 낙찰자에게 인도하라는 인도명령이 이미 확정되어 있음을 알 수 있으므로, 乙이 丙으로부터 그 점유를 이전받더라도 이를 점유할 수 없게 됨으로써 유치권은 더 이상 유지할 수도 없게 되었다 …"라고 판시하였다.

[대금납부 전 무단 임대]
서울서부지법 2014. 3. 4.자 2012라135 결정(확정)

1. 사안개요

가. 甲1은 2003. 2. 10. 乙과 서울 서대문구 홍제동 △△△-297 지상의 다세대주택 신축공사에 관한 도급공사계약을 체결하였다. 이 때 공사대금(4억 8,800만 원)은 준공 후 분양 시 우선적으로 지불하고, 3개월이 지나도 분양이 안 될 때에는 건축주와 시공사가 협의하여 임대로 전환하는 등의 노력을 하기로 약정하였다.

---

72) 또한 유치권자의 점유는 직접점유이든 간접점유이든 관계없고, 소유자의 승낙을 받은 대여행위는 민법 제320조 제2항의 불법행위에 해당하지 않는다.

73) 춘천지법 2002. 6. 28. 2002타기206.

74) 춘천지법 2002. 8. 3. 2002라91.

나. 甲1과 乙은 2004. 10. 14.경, ㉮ 공사대금을 4억 8,600만 원으로 정산하고, ㉯ 甲1은 신축건물 완공과 동시에 乙에게 다세대주택 8세대를 대물로 지급함과 동시에 위 8세대에 대한 사용, 처분을 승낙하며, ㉰ 쌍방 합의로 위 8세대를 처분하여 매매대금에서 공사대금을 뺀 금액은 甲1에게 반환한다는 내용이 기재된 '대물변제이행각서'를 작성하였다.

다. 甲1은 2004. 11. 30.경 같은 해 12. 2.까지 이 사건 부동산을 포함한 다세대주택 전부를 합계 9억 6,000만 원에서 10억 원에 처분하지 못할 경우 甲1이 乙에게 신축건물 처분을 위임한 것으로 간주하되, 다만 乙은 甲1의 대표이사인 이정△과 합의하여 모든 집행을 하기로 한다는 '확인각서'를 작성하였다.

라. 甲1은 2005. 1. 11. 위 다세대주택 중 401호(이하 '이 사건 부동산')에 관하여 소유권보존등기를 하였다.

마. 乙은 2005. 4.경 丙과 이 사건 부동산을 임차보증금 3,500만 원에 임대하기로 하는 임대차계약을 체결하였다. 丙은 그 무렵부터 이 사건 부동산을 점유 · 사용하고 있는데, 같은 해 4. 7. 임대차계약서에 확정일자를 받고, 같은 해 4. 8. 전입신고를 하였다.

바. 이 사건 부동산에 관하여는 2010년 임의경매절차가 개시되었으며, 甲2가 2012. 2. 14. 대금을 완납하였다.

사. 甲2는 이 사건 부동산에 관하여 丙을 상대로 부동산인도명령을 신청하였으나 제1심 법원은 같은 해 5. 3. 위 신청을 기각하였고, 이에 대하여 甲2가 항고하였다.

2. 판시요지

서울서부지법 2014. 3. 4.자 2012라135 결정은 제1심 결정을 취소하면서 "… 위 대물변제이행각서와 확인각서상 甲1이 乙에게 신축건물에 대한 처분을 위임하거나 승낙한다는 내용은 신축건물을 매도하여 그 대금을 공사대금에 충당한다거나 이를 乙이 사용할 수 있다는 취지로 보일 뿐, 나아가 甲1이 乙에게 유치권자로서 신축건물을 임대할 수 있는 권한까지 수여하였다거나 임대에 동의한 것으로 보기에는 부족하다 … 따라서 丙은 권한 없는 乙로부터 이 사건 부동산을 임차한 자로서 매수인인 甲2에게 대항할 수 없다 …"라고 설시하였다.

또한 위 결정은 "… ① 甲1과 乙은 2004. 10. 14.경, ㉮ 공사대금을 4억 8,600만 원으로 정산하고, ㉯ 甲1은 신축건물 완공과 동시에 乙에게 다세대주택 8세대를 대물로 지급함과 동시에 위 8세대에 대한 사용, 처분을 승낙하며, ㉰ 쌍방 합의로 위 8세대를 처분하여 매매대금에서 공사대금을 뺀 금액은 甲1에게 반환한다는 내용이 기재된 대물변제이행각서를 작성한 사실, ② 그 후 甲1은 2004. 11. 30.경 같은 해 12. 2.까지 이 사건 부동산을 포함한 다세대주택 전부를 합계 9억 6,000만 원에서 10억 원에 처분하지 못할 경우 甲1이 乙에게 신축건물 처분을 위임한 것으로 간주하되, 다만 乙은 甲1의 대표이사인 이정△과 합의하여 모든 집행을 하기로 한다는 확인각서를 작성한 사실이 인정된다. 그러나 위 대물변제이행각서와 확인각서상 甲1이 乙에게 신축건물에 대한 처분을 위임하거나 승낙한다는 내용은 신축건물을 매도하여 그 대금을 공사대금에 충당한다거나 이를 乙이 사용할 수 있다는 취지로 보일 뿐, 나아가 甲1이 乙에게 유치권자로서 신축건물을 임대할 수 있는 권한까지 수여하였다거나 임대에 동의한 것으로 보기에는 부족하다 …"라고 설시하였다.

나. 대금납부 후에 승낙을 받지 않고 임대한 경우

[대금납부 후 무단 임대]

부산지법 2014. 2. 26.자 2013라856 결정(확정)

1. 사안개요

가. 甲1은 2004. 4. 26. 乙과 부산 사상구 엄궁동 △△△-1 지상의 다세대주택(수림빌라 가동 · 나동) 신축공사 중 골조공사와 실내공사에 관한 도급공사계약을 체결하였다.

나. 乙은 2006. 2. 15. 위 약정에 따라 자기의 비용으로 골조공사와 실내공사를 완료하였으나 공사대금 중 574,173,702원을 지급받지 못하였다.

다. 乙은 甲1의 승낙을 얻어 2006. 2. 15. 위 수림빌라 가동 402호(이하 '이 사건 부동산')를 丙에게 임대하였다.

라. 甲1은 2007. 2. 8. 수림빌라에 관하여 소유권본등기를 마치고, 같은 해 2. 13. 채권최고액을 60,000,000원으로 하는 근저당권설정등기를 하였다.

마. 이 사건 부동산에 관하여는 2012. 5. 25. 임의경매절차가 개시되었으며, 甲2가 2013. 7. 24. 대금을 완납하였다.

바. 甲2는 이 사건 부동산에 관하여 2013. 9. 6. 丙1을 상대로 부동산인도명령을 받았으나, 丙2가 같은 해 10. 26. 乙로부터 임차하여 같은 해 11. 3.부터 점유하고 있어(대항요건을 구비하였는지 여부는 판결상 불분명하고, 甲1 · 甲2의 승낙이 없었던 것으로 추정됨) 위 인도명령을 집행하지 못하였다.

사. 甲2는 2013. 11. 20. 丙2를 상대로 이 사건 부동산인도명령을 신청하여 인도명령 인용결정이 내려졌고(같은 해 12. 9.), 이에 대하여 丙2가 항고하였다.

2. 판시요지

부산지법 2014. 2. 26.자 2013라856 결정은 항고를 기각하면서 "… 丙2가 乙로부터 이 사건 부동산을 임차한 시기는 甲2가 매각대금을 완납하여 이 사건 부동산의 소유권을 취득한 이후이므로, 설령 乙이 이 사건 부동산에 관하여 공사대금채권에 기한 유치권을 가진다 하더라도, 乙이 이 사건 부동산의 소유자인 甲2로부터 민법 제324조 제2항에 따른 승낙을 받지 아니한 채 丙2에게 이 사건 부동산을 임대한 것은 **채무자인 甲1의 승낙 여부와는 관계없이** 甲2의 처분권한을 침해한 것으로서, 丙2는 甲2에게 위 임대차의 효력을 주장할 수 없다 할 것이다 … 따라서 丙2는 甲2에게 대항할 수 있는 권원에 의하여 이 사건 부동산을 점유하고 있다고 볼 수 없으므로, 甲2의 이 사건 부동산인도명령신청을 인용한 제1심 결정은 정당하다 …"라고 설시하였다.

다. 대금납부 전에 승낙을 받고 임대한 경우

[대금납부 전 적법 임대]
인천지법 2013. 11. 29.자 2013라326 결정(확정)

1. 사안개요

가. 甲1은 2007. 7. 20. 乙과 인천 남동구 논현동 24블록 △ 지상 소래타워 건물의 전기설비공사에 관한 도급계약을 체결하였다.

나. 乙은 2010. 1. 30. 위 공사를 완료하였으나 공사대금 중 일부를 지급받지 못하자, 2010. 3.경부터 위 소래타워 건물 중 101호(이하 '이 사건 구분건물'이라고 함)의 출입문 열쇠를 보관하면서 그 출입을 통제하였다.

다. 乙은 2010. 3. 16. 甲1의 승낙을 얻어 이 사건 부동산에 관하여 丙과 임대차보증금 2,000만 원, 임대차기간 2010. 3. 16.부터 2012. 3. 15.까지, 월 차임 150만 원으로 정하여 임대차계약을 체결하였다. 丙은 그 무렵 이 사건 구분건물을 인도받아 같은 해 6. 17.경부터 '할매진순대국'이라는 상호로 일반음식점 영업을 하고 있다.

라. 이 사건 구분건물에 관하여 2010. 7. 14. 임의경매절차가 개시되었다.

마. 이 사건 구분건물에 관한 위 경매를 신청한 근저당권자는 2011년 乙을 상대로 유치권부존재확인의

소를 제기하였으나 청구를 기각하는 판결이 선고되었다(2012. 12. 12. 확정).

바. 甲2는 위 경매절차에서 이 사건 구분건물을 매수하고 2013. 3. 6. 대금을 완납하였다.

사. 甲2는 같은 해 4. 1. 丙을 상대로 이 사건 구분건물에 관한 인도명령을 신청하여 인용결정이 내려졌고, 이에 丙이 항고하였다.

2. 판시요지

인천지법 2013. 11. 29.자 2013라326 결정은 제1심 결정을 취소하면서 "… 乙은 이 사건 구분건물에 관한 경매개시결정의 등기가 이루어져 압류의 효력이 발생한 2010. 7. 15. 이전부터 이 사건 구분건물에 관하여 발생한 공사대금채권을 피담보채권으로 하여 이 사건 구분건물을 계속하여 점유하고 있으므로, 유치권자로서 이 사건 경매절차에서 이 사건 구분건물을 매수한 甲2에게 대항할 적법한 권원이 있고, 이 사건 구분건물의 소유자였던 甲1의 동의 아래 유치권자인 乙로부터 유치권의 목적물인 이 사건 구분건물을 임차한 丙의 점유 또한 민사집행법 제136조 제1항 단서에서 규정하는 '매수인에게 대항할 수 있는 권원'에 기한 것이라고 볼 수 있다(대법원 2002. 11. 27.자 2002마3516 결정의 취지 참조) …"라고 설시하였다.

[대금납부 전 적법 임대]
수원지법 2012. 10. 10.자 2012라916 결정(확정)

1. 사안개요

가. 甲1은 1996년 乙과 경기 안산시 상록구 본오동 △△△—8 지상의 3층 단독주택(별지 기재 1부동산) 및 같은 동 △△△—18 지상의 3층 단독주택(별지 기재 2부동산)의 신축공사에 관한 도급계약을 체결하였다.

나. 乙은 위 도급공사를 완료하였으나 공사대금 중 일부를 지급받지 못하자, 2006. 3.경 그 공사대금조로 甲1로부터 별지 기재 2부동산 중 101호(이하 '이 사건 부동산'이라고 함)를 사용 · 수익할 수 있는 권리를 이전받고 이 사건 부동산을 인도받아 점유하였다.

다. 그 후 乙은 2006. 5. 20. 이 사건 부동산을 丙에게 임대보증금 2,000만 원, 임대기간 2년으로 정하여 임대하였다. 丙은 그 이전인 2006. 4. 24.경 이 사건 부동산에 전입신고를 하고 그 무렵부터 거주하여 왔다.

라. 甲2는 별지 기재 1부동산과 2부동산에 관하여 2008. 11. 19. 개시된 강제경매절차에서 위 양 건물

을 매수하고 2012. 1. 4. 매각대금을 완납하였다.

마. 甲2는 2012. 5. 7. 丙을 상대로 별지 기재 2부동산과 그 대지의 인도를 구하는 이 사건 부동산인도명령을 신청하여 인용결정이 내려졌고, 이에 丙이 항고하였다.

2. 판시요지

수원지법 2012. 10. 10.자 2012라916 결정은 제1심 결정을 취소하면서 "… 乙은 위 별지 기재 2부동산에 대한 경매개시결정 기입등기일인 2008. 11. 19. 이전부터 공사대금채권을 보전하기 위하여 임차인인 丙을 통하여 이 사건 부동산을 간접점유하면서 적법하게 유치권을 행사하고 있다 할 것이므로, 乙로부터 이 사건 부동산을 임차하여 점유하고 있는 丙은 위 경매절차에서 이 사건 부동산을 매수한 甲2에게 대항할 수 있다 … 따라서 甲2의 이 부분 인도명령신청은 이유 없다 …"라고 설시하였다.

위 결정의 사안에서 이 사건 부동산을 사용 · 수익할 수 있는 권리를 이전받은 乙이 이를 임대할 수 있는 권한까지 부여받은 것인지 여부는 분명하지 않으나(위 '나'), 그러한 권한까지 부여받은 것으로 보는 전제에서 위와 같이 판단한 것으로 보인다.

[대금납부 전 적법 임대]
창원지법 2013. 5. 16.자 2012라244 결정[75]

1. 사안개요

가. 甲1은 乙과 경남 함양군 함양읍 교산리 △△△ 외 10필지 지상의 △△아파트 신축공사 중 금속창호공사에 관한 도급계약을 체결하였다.

나. 乙은 위 도급공사를 완료하였으나 공사대금을 지급받지 못하자, 그 소유자인 甲1로부터 위 △△아파트 제△△△동 1404호(이하 '이 사건 부동산')에 관한 점유를 이전받아 유치권을 취득하였다.

다. 그 후 甲1의 동의를 받아 乙의 대표이사(장길△)가 정지△에게 이 사건 부동산을 임대하였다(임차인이 대항요건을 구비하였는지 여부는 결정상 나타나 있지 않음). 이 임대차계약은 임대인을 장길△로, 임차인을 정지△으로, 丙(정지△과 동거하는 그의 남편)을 정지△의 대리인으로 하여 체결되었을 뿐, 乙에 대한 관계에서 장길△의 지위나 권한에 관하여는 아무런 기재가 없다.

라. 그 후 이 사건 부동산에 관하여 개시된 경매절차에서 甲2가 매수하여 대금을 완납하였다.

---

75) 이 결정에 대하여 丙이 재항고하였으나 심리불속행 기각되었다(대결 2013. 8. 23. 2013마958).

마. 甲2는 이 사건 부동산에 관하여 丙을 상대로 부동산인도명령을 신청하여 인용결정이 내려졌고, 이에 대하여 丙이 항고하였다.

2. 판시요지

창원지법 2013. 5. 16.자 2012라244 결정은 항고를 기각하면서 그 이유에 관하여 "… ① 이 사건 부동산을 丙을 매개로 하여 간접점유하고 있는 것은 장길△ 개인이라고 할 것이고, 乙이 위 임대차계약이 아닌 다른 권원에 의하여 정지△ 또는 丙에 대한 이 사건 부동산의 반환청구권을 가지고 있음을 인정할 아무런 소명자료가 없는 이상, 乙이 이 사건 부동산을 간접점유하고 있음을 전제로 하는 丙의 주장은 더 나아가 살필 필요 없이 이유 없다 … ② 설령 丙의 주장대로 장길△가 乙의 대표이사의 자격으로서 위 임대차계약을 체결하여 乙이 이 사건 부동산을 간접점유하고 있다고 본다고 하더라도, 유치권자가 종전 소유자의 승낙을 받아 임차물을 타인에게 임대하고 있었다가 소유자가 바뀐 경우에는 새로운 소유자로서는 단지 유치권이라는 물권적인 부담을 안고 목적물의 소유권을 취득하였을 뿐, 종전 소유자의 승낙에 따른 유치권자의 타인에 대한 임대차와 같은 채권적 부담까지 그대로 승계한다고 볼 수 없고, 유치권자에게 새로운 소유자의 승낙 없이 목적물을 타인에게 임대할 처분권한이 있다고 볼 수도 없는바, 종전 임차인이 새로운 소유자의 승낙을 받지 않은 상태에서 종전의 임대차로써 새로운 소유자에게 대항할 수는 없다고 할 것이므로, 丙은 甲2에 대하여 乙의 유치권에 기한 점유권원을 주장할 수 없다고 봄이 상당하다(한편, 기록에 의하면, 丙은 이 사건 부동산에 관한 강제경매절차에서 이 사건 부동산에 관한 임대차보증금 14,000,000원에 대한 배당요구를 하여 이를 전액 배당받은 사실을 인정할 수 있는바, 이로써 정지△과 乙 사이의 이 사건 부동산에 관한 임대차계약은 해지되어 그 유치권의 점유매개관계가 소멸되었다고 볼 여지도 있다) …"라고 설시하였다.

요컨대, 乙이 종전 소유자 甲1의 승낙을 받고 임대한 후에 甲2가 경매절차에서 대금을 납부하여 새로운 소유자가 된 경우, 乙의 임대행위는 甲1에 대한 관계에서는 유효한 것이나, 별도로 甲2의 승낙(사후승낙 내지 추인)을 받지 않는 한 甲2에 대한 관계에서는 무효라는 것이다. 만일 甲2에 대한 관계에서도 임대차가 유효한 것으로 본다면, 이는 甲2로 하여금 유치권의 부담 외에 임차권의 부담까지 인수하게 하는 것으로서 그의 처분권한을 침해하는 결과가 되기 때문이다.

제3절 유치권자의 부당이득반환의무, 과실수취권(변제충당권)과 상계

Ⅰ. 침해부당이득과 항변사유로서의 법률상 원인

민법상 부당이득제도에 관하여는 공평 · 정의의 이념에 근거하여 통일적으로 파악하는 통일설과 급부부당이득 · 침해부당이득 · 비용부당이득으로 유형화하여 파악하는 비통일설이 있다. 판례는 통일설의 입장을 취하면서도 비통일설의 입장을 수용하는 경우가 있다.

[침해부당이득] 대법원 2008. 9. 11. 선고 2006다46278 판결은 "… 손실자의 권리가 객관적으로 침해당하였을 때 그 대가의 반환을 구하는 경우(이른바 침해부당이득관계) … 손실자가 스스로 이행한 대가의 반환를 구하는 경우(이른바 급부부당이득관계) …"라고 설시하였다.

[침해부당이득] 대법원 2011. 6. 10. 선고 2010다40239 판결은 "… 무권리자가 타인의 권리를 제3자에게 처분하였으나 선의 제3자의 보호규정에 의하여 원래의 권리자가 권리를 상실하는 경우, 그 권리자는 무권리자를 상대로 제3자로부터 그 처분의 대가로 수령한 것을 이른바 침해부당이득으로 보아 반환청구할 수 있다 …"라고 설시하였다.[76)]

침해부당이득은 타인의 재산 등을 권한 없이 사용 · 수익 · 처분함으로써 얻은 이익을 말한다. 이득자의 이득이 손실자의 급부에 의한 것이 아니라는 점에서 급부부당이득과 구별된다.

통일설에 의하면, 부당이득의 요건(수익, 손실, 수익과 손실 사이의 인과관계, 법률상 원인이 없을 것)은 모두 손실자가 주장 · 증명하여야 한다. 민법 제741조의 '법률상 원인 없이'도 부당이득의 적극적 성립요건으로서 손실자가 주장 · 증명하여야 하는 것이다.

---

76) 이 판결에 대한 평석에 김지원, "처분된 친일재산의 부당이득반환", 중앙법학(13-4), 중앙법학회(2011), 231~256.

그러나 비통일설에 의하면, 침해부당이득의 경우 법률상 원인은 이득자가 '법률상 원인 있음'을 주장 · 증명하여 손실자의 부당이득반환청구를 배척할 수 있는 항변사유에 불과하다. 법률상 이득이 부당이득의 소극적 성립요건이라고 할 수 있다.

판례는 유치권자가 ① 유치물을 사용 · 대여한 경우에는 그 사용 · 대여의 적법 여부를 불문하고 소유자에게 사용이익 · 임대이익을 부당이득(침해부당이득)으로서 반환하여야 하며, ② 유치물의 사용 · 임대가 적법한 경우에 유치권자가 과실수취권 및 그에 기한 변제충당권을 행사한 때에는 그 사용이익 · 임대이익으로 피담보채권의 변제에 충당할 수 있다는 입장을 취하고 있다.[77)]

II. 유치권자의 사용이익 · 임대이익 반환

유치권자가 유치물을 사용 · 대여한 경우 유치권자는 그 **사용 · 대여의 적법 여부를 불문하고 소유자에게 사용이익 · 임대이익을 부당이득으로서 반환**하여야 한다. 판례도 유치권자의 사용이 유치물의 보존에 필요한 범위 내의 것인지 여부, 소유자가 그 사용 · 대여를 승인하였는지 여부를 묻지 않고 부당이득반환의무를 인정한다.

반환의무의 구체적인 내용은 다른 부당이득반환청구에서와 마찬가지로 유치권자가 실제로 어떠한 구체적 이익을 얻었는지에 따라 정하여진다.[78)] 특별한 사정이 없는 한 차임 상당액을 부당이득으로서 소유자에게 반환할 의무가 있다.[79)]

---

77) 대전고법 2005. 9. 8. 선고 2005나655 판결(대판 2006. 2. 23. 2005다57523의 원심)은 유치권자가 소유자의 승낙을 얻어 적법하게 '임대'한 경우 그 임대료에 관하여 위와 같은 입장을 취하였다.

78) 대판 2009. 12. 24. 2009다32324.

79) 대판 1962. 8. 31. 62다294, 대판 1963. 7. 11. 63다235, 대판 1977. 1. 25. 76다2096 판결, 대판 2006. 6. 30. 선고 2005다59963, 대판 2008. 11. 27. 2008다61509, 대판 2009. 9. 10. 2009다28462 등.

[차임 상당액] 대법원 2006. 6. 30. 선고 2005다59963 판결은 "… ① 제1심 판결은 … 원고와의 공사도급계약에 따라 원고 소유 토지 위에 이 사건 건물을 신축하였으나 공사대금을 지급받지 못한 피고3이 1998. 10.경 피고1에게 이 사건 건물 중 일부의 관리를 부탁하는 한편, 2000년경 소외 강정△을 통해 피고2에게 이 사건 건물 중 나머지 부분의 관리를 부탁하면서 위 부분을 중고 간판점으로 사용할 것을 허락하고 그 사용 대가로 합계 230만 원을 지급받은 사실, 그 때부터 현재까지 피고1, 피고2는 위와 같이 부탁받은 건물 부분을 관리하면서 이 사건 건물을 점유 · 사용하고 있는 사실을 각 인정한 다음, 이 사건에서와 같이 원고의 공사대금 미지급에 대항하여 피고들이 부득이하게 건물을 점유 · 사용하는 경우에는 그로 인한 부당이득의 반환을 구하는 원고가 피고들이 얻은 실질적인 이익을 구체적으로 주장 · 입증하여야 할 것인데, 위 인정사실에 의하면 피고3이 피고2로부터 사용료로 지급받은 230만 원 상당의 실질적 이익을 얻은 것 이외에 달리 피고3에게 그 밖의 실질적 이익이 있었다거나, 나머지 피고들이 여하한 실질적 이익을 얻었음을 인정할 증거가 없다고 판단하였다. ② 그러나 사실관계가 제1심이 인정한 바와 같다면, 적어도 그 점유 부분을 간판점으로 사용하고 있는 피고2나 그를 통하여 그 부분을 간접적으로 사용하고 있는 피고3으로서는 비록 그와 같은 사용이 이 사건 건물의 보존에 필요한 것이라고 하더라도 그 부분의 차임에 상당한 이득을 건물 및 대지 소유자인 원고에게 반환할 의무가 있다 …"라고 판시하였다.

[물권적 전세의 경우 전세금에 대한 법정이자 상당액] 유치권자는 유치물 소유자의 승낙 없이 유치물을 보존에 필요한 범위를 넘어 사용한 경우에 그 반환의무의 구체적인 내용은 다른 부당이득반환청구에서와 마찬가지로 의무자가 실제로 어떠한 구체적 이익을 얻었는지에 좇아 정하여진다. 따라서 유치권자가 유치물에 관하여 제3자와의 사이에 전세계약을 체결하여 전세금을 수령하였다면 전세금이 종국에는 전세입자에게 반환되어야 할 것임에 비추어 다른 특별한 사정이 없는 한 그가 얻은 구체적 이익은 그가 전세금으로 수령한 금전의 이용 가능성이고, 그가 이와 같이 구체적으로 얻은 이익과 관계없이 추상적으로 산정된 차임 상당액을 부당이득으로 반환하여야 한다고 할 수 없다. 그리고 이러한 이용 가능성은 그 자체 현물로 반환될 수 없는 성질의 것이므로 그 '가액'을 산정하여 반환을 명하여야 하는 바, 그 가액은 결국 전세금에 대한 법정이자 상당액이다(대판 2009. 12. 24. 2009다32324).

Ⅲ. 유치권자의 과실수취권 및 그에 기한 변제충당과 상계

1. 서설

유치권자는 소유자에게 부당이득(사용 · 임대이익)을 반환할 의무가 있는 경우에도 그 사용 · 임대가 적법한 것인 때에는 과실수취권과 그에 기한 변제충당을 주장하여 그 사용 · 임대이익을 반환하지 않을 수 있다.

그러나 적법하게 사용 · 임대한 유치권자가 과실수취권을 주장하지 않는 경우 또는 과실수취권은 주장하나 변제충당을 주장하지 않는 경우에는 변제에 충당할 수 없다.

따라서 ㉮ 유치물의 사용 · 임대가 부적법한 경우 또는 ㉯ 유치물의 사용 · 임대는 적법하나 과실수취권 또는 변제충당을 주장하지 않는 경우, 유치권자로서는 스스로 또는 소유자가 적법하게 상계의 의사표시를 하지 않는 한 사용 · 임대이익 전액을 부당이득으로서 소유자에게 반환하여야 한다.

2. 유치권자의 과실수취권과 변제충당권

민법 제323조 제1항 본문은, 유치권자는 유치물의 과실(천연과실 · 법정과실)을 수취하여 다른 채권(저당권 등)보다 먼저 자신의 피담보채권의 변제에 충당할 수 있다고 규정하고 있다. 판례는 유치물의 사용 · 임대가 適法한 경우에 한하여 위 규정에 따라 유치물의 사용이익 · 임대이익(법정과실)으로 우선변제충당할 수 있는 것으로 해석하고 있다. 과실수취권 및 변제충당의 주장은 유치권자만 할 수 있고 소유자는 이를 할 수 없다.

유치권자는 유치물의 보존에 필요한 범위 내에서 사용한 경우 또는 소유자의 승낙을 받아 사용 · 임대한 경우(適法한 사용 · 임대의 경우) 과실수취권과 함께 그에 기한 변제충당권을 행사함으로써 그 사용 · 임대이익을 부당이득으로서 반환하지 않고 변제에 충당할 수 있다. 이 경우 유치권자의 피담보채권은 변제에 충당한 금액만큼 감소하게 된다.

반면, 유치권자가 소유자의 승낙 없이 유치물의 보존에 필요한 범위를 초과하여 사용하거나 임대한 경우(不適法한 사용 · 임대의 경우)에는 과실수취권이 없으므로 그 사용 · 임대이익으로 변제에 충당할 수 없게 된다. 따라서 이러한 경우 유치권자는 부당이득(사용이익 · 임대이익)반환의무, 나아가 불법행위로 인한 손해배상의무를 부담하게 될 수도 있다.

유치권자의 과실수취권에 의한 변제충당은 유치물의 소유자가 채무자인 경우는 물론 채무자 아닌 제3자인 경우에도 인정된다.[80)]

[과실수취권에 의한 변제충당] 대법원 2010. 2. 11. 선고 2009다49117 판결은 "… 유치권자에 의한 유치물의 사용 · 임대 등에 소유자의 승낙이 있거나 그것이 보존행위에 해당할 경우에는 민법 제323조에 의하여 유치권자는 유치물의 과실을 수취하여 다른 채권보다 먼저 자기 채권의 변제에 충당할 수 있는 것이다 …"라고 판시하였다.

대법원 2006. 2. 23. 선고 2005다57523 판결은 "… 민법 제323조에 의해 유치권자에게 과실수취권이 인정되지만, 이는 유치물의 사용 · 임대 등에 소유자의 승낙이 있거나 그것이 보존행위에 해당함을 전제로 하는 것이므로 유치권자에 대한 과실수취권의 인정이 승낙 없는 사용이나 대여를 정당화할 수는 없다 …"라고 판시하였다.

[과실수취권에 의한 변제충당] 대법원 2009. 3. 26. 선고 2007다10504 판결은 "… ① 원심은, 그 채택 증거들에 의하여 피고들(유치권자)이 이 사건 빌라의 각 부분을 점유 · 사용한 사실을 인정한 다음, 그 점유 · 사용이 유치권에 기한 것이라고 하더라도 이 사건 빌라의 소유자인 원고에 대하여 임료 상당의 금원을 부당이득한 것이므로 이를 반환할 의무가 있다고 판단하였는바, 관련 법리와 기록에 비추어 검토하여 보면 원심의 판단은 정당하여 수긍 가고 … ② 한편, 위에서 본 바와 같이 피고들의 남경건설 또는 유성건설에 대한 공사대금채권은 2003. 1. 15.경에는 시효로 소멸하였다고 할 것이므로, 그 이후 이 사건 빌라의 소유권을 취득하여 그 소유권에 기하여 부당이득반환을 구하는 원고에 대하여 유치권에 기한 과실수취권으로 변제충당을 주장할 수는 없다 …"라고 판시하였다. 이 판결은 과실수취권에 의하여 항변할 수 있는 가능성을 시사하고 있다고 하겠다.

---

80) 대판 2009. 9. 24. 2009다40684. 과실을 수취하여 피담보채권의 변제에 충당할 수 있는 권한은 유치물의 소유자가 아니라 유치권자가 가지고 있으므로(민 §323①본문), 유치권자가 유치물의 사용으로 인한 이익을 피담보채권에 충당한다는 취지의 의사표시를 한 때에 한하여 유치물의 소유자는 과실수취권에 의한 변제충당으로 채권이 소멸 또는 감소하였다고 주장할 수 있다. 이는 특히 유치물의 소유자가 채무자와 달라 유치권자에 대한 부당이득반환채권을 자동채권으로 하여 유치권자의 피담보채권과 상계할 수 없는 경우에 문제가 된다{김홍준, 건설재판실무, 도서출판 유로(2017), 385}.

[과실수취권에 의한 변제충당]

대법원 2010. 2. 11. 선고 2009다49117 판결

1. 사안개요

가. 피고는 2003. 3. 13. A로부터 인천 중구 율목동 △△△ 빌라(총 8세대) 신축공사에 관하여 공사대금 347,580,000원, 공사기간 3. 14.부터 6. 14.까지 사이로 정하여 도급받았다.

나. A는 2003. 3. 31. 피고에게 'A는 유치권 행사 중인 피고가 이 사건 빌라의 분양대금으로 공사대금을 충당할 때까지 분양권을 피고에게 위임한다'는 내용의 분양위임장을 작성해 주었다.

다. 피고는 2003. 6.경 위 도급계약에 따라 이 사건 빌라를 완공하였으나 A로부터 위 공사대금을 지급받지 못하자, 이 사건 빌라 101호를 포함한 빌라 전체를 점유하면서 A에게 공사대금의 지급을 독촉하였고, 2003년 말경부터는 이 사건 빌라 101호를 사무실로 사용하면서 계속 점유하였다.

라. 피고는 2004. 6. 25. A를 상대로 3억 1,000만 원의 공사대금청구소송을 제기하여 승소판결을 선고받았고, 그 판결은 그대로 확정되었다.

마. 이 사건 빌라의 근저당권자인 옹진농업협동조합은 2004. 6. 30. 부동산임의경매를 신청하였다.

바. 피고는 2004. 7. 15.경 채권금액을 3억 1,000만 원으로 하여 이 사건 빌라 8세대 전부에 대해 유치권을 신고하였다.

사. 원고는 2006. 9. 8. 경매절차에서 이 사건 빌라 101호를 낙찰받아 대금을 납부하고 같은 해 9. 26. 소유권이전등기를 하였다.

아. 피고는 유치권을 주장하면서 그의 가족과 함께 이 사건 빌라 101호를 피고의 거주지 및 사무실로 점유 · 사용해왔다.

2. 당사자의 주장

원고는 소유자로서 이 사건 빌라 101호의 인도 및 차임 상당의 부당이득반환을 구하였다.

피고는 ㉠ 공사대금채권을 전액 지급받을 때까지 유치권을 행사한다, ㉡ 부당이득금 전액은 이 사건 빌라 공사대금채권의 변제에 충당되어야 하고, 이로써 원고에게 반환할 부당이득금은 모두 소멸되었다고 항변하였다.

3. 제1심 및 항소심 판시요지

인천지법 2008. 7. 24. 선고 2006가단130455 판결은 "… ① 유치권제도의 취지인 공평의 원칙과 유치권자가 유치물의 과실을 수취하여 다른 채권보다 먼저 그 채권의 변제에 충당할 수 있다는 민법 제323조 제1항의 규정 내용에 비추어 보면, 유치권자가 채무자(소유자)의 승낙을 받거나 유치물의 보존에 필요한 사용을 하는 등 유치물을 적법하게 사용하여 얻은 차임 상당의 이익은 유치물의 과실에 준하여 유치권의 피담보채권의 변제에 우선 충당할 수 있다고 봄이 상당하다. 그러나 이 사건에서는, 원고가 피고의 이 사건 빌라 101호에 대한 사무실 내지 주거지 용도로의 사용을 승낙하였다고 볼 아무런 증거가 없다. 또, 앞서 살핀 바와 같이, 피고는 2003년 말경부터 자신이 신축한 이 사건 빌라 101호를 사무실 용도로 사용하기 시작하여, 현재까지 가족과 함께 사무실 및 주거지 용도로 계속 사용하고 있는데, 이와 같이 사용된 바 없는 신축주택을 4년이 넘는 장기간 유치권자의 사무실이나 주거지 용도로 줄곧 사용하는 것은 유치물의 보존에 필요한 사용이라 볼 수 없다. 따라서 피고는 이 사건 빌라 101호를 부적법하게 사용하였으므로, 위와 같은 사용이익에 관한 우선변제권능을 행사할 수 없다. 피고의 위 주장은 받아들일 수 없다 … ② 나아가 피고는, 이 사건 빌라 101호에 거주하면서 드는 매월 240만 원 상당의 수도세, 전기세, 청소비, 전화요금 등의 유치권 행사비용을 원고가 피고에게 상환하여야 하는데, 이러한 비용상환청구권으로써 원고의 피고에 대한 부당이득금반환채권을 상계한다고 주장한다. 그러나 위 비용이 위 101호를 보존하거나 개량하기 위하여 지출된 것이라고 볼 아무런 증거가 없고, 오히려 위에서 든 증거에 의하면, 위 비용은 피고 및 그의 가족이 위 101호에 거주하면서 지출한 생활비로 보일 뿐이다. 따라서 피고의 위 주장도 더 나아가 살필 필요 없이 이유 없다 … ③ 그러므로 원고의 명도청구는 이유 없어 기각하고(변론 전체의 취지상 상환이행판결은 원고의 의사에 반한다고 보인다), 금원지급청구는 이유 있어 인용한다[81] …"라고 판시하였다(쌍방 항소).

인천지법 2009. 5. 14. 선고 2008나12651 판결은 제1심 판결과 동일한 이유로 쌍방의 항소를 모두

---

81) 피고는 자신이 이 사건 빌라 101호를 2006. 9. 8.(원고의 소유권 취득일)부터 2007. 10.경까지 사이에는 사무실로, 그 이후부터 현재까지 사이에는 그의 가족과 함께 거주지 및 사무실로 계속 점유, 사용하고 있음을 자인하고 있다. 그리고 이 법원의 주식회사 경일감정평가법인 경인지사에 대한 임료감정촉탁결과에 의하면, 이 사건 빌라 101호의 보증금 없는 월 차임이 2006년 325,000원, 2007년 387,500원, 2008년 427,500원인 사실을 인정할 수 있고, 위 101호의 2009년 이후의 보증금 없는 월 차임은 위 427,500원을 밑돌지 않을 것이라 추인된다. 따라서 피고는 원고에게 8,439,166원{325,000×(3+23/30)+387,500×12+427,500×6, 원 미만 버림} 및 2008. 7. 1.부터 이 사건 빌라 101호의 사용종료일(원고는 명도완료일까지의 금원지급을 구하나, 피고가 위 101호를 명도하지 않더라도, 그 사용을 종료하면 부당이득은 발생하지 아니한다)까지 원고가 구하는 매월 427,500원의 비율에 의한 돈을 부당이득금으로 반환할 의무가 있다.

기각하였다(피고 상고). 이로써 원고의 청구 중 명도청구 부분은 확정되었고, 부당이득반환청구 부분만 상고심의 대상이 되었다.

4. 대법원 판시요지

대법원 2010. 2. 11. 선고 2009다49117 판결은 원심 판결 중 피고 패소 부분을 파기 · 환송하면서 "… 유치권자에 의한 유치물의 사용 · 임대 등에 소유자의 승낙이 있거나 그것이 보존행위에 해당할 경우에는 민법 제323조에 의하여 유치권자는 유치물의 과실을 수취하여 다른 채권보다 먼저 자기 채권의 변제에 충당할 수 있는 것이다(대법원 2006. 2. 23. 선고 2005다57523 판결 등 참조). 원심은, 제1심 판결 이유를 인용하여 그 판시와 같은 사실을 인정한 다음, 원고가 피고의 이 사건 빌라 101호에 대한 사용을 승낙하였다고 볼 아무런 증거가 없고, 또한 유치권자가 신축주택을 4년이 넘는 장기간 동안 줄곧 사용하는 것을 유치물의 보존에 필요한 사용이라고 볼 수도 없다는 이유로 피고의 변제충당 주장을 배척하였다. 그러나 피고가 유치권의 행사를 위하여 가족과 함께 이 사건 빌라 101호를 점유 · 사용한 것은 유치물의 보존에 필요한 사용이라고 봄이 상당한바, 앞서 본 법리에 비추어 보면, 피고는 유치물을 적법하게 사용하여 얻은 차임 상당의 이익을 유치권의 피담보채권의 변제에 우선 충당할 수 있다 …"라고 판시하였다.

이 판결은 유치물의 보존에 필요한 사용의 범위를 다소 넓게 파악하는 한편, 유치권자의 적법한 유치물 사용에 따른 사용이익에 대하여는 민법 제323조에 의한 과실수취권을 적용 내지 준용하여 변제충당이 가능함을 명백히 함으로써 유치물의 신소유자와 유치권자 사이의 권리관계에 관한 분쟁해결의 기준을 제시한 점에서 의미가 있다.[82)]

5. 환송 후 항소심

인천지법 2010. 8. 31. 선고 2010나5724 판결은 원고의 부당이득반환청구를 배척하면서 "… 피고가 유치권의 행사를 위하여 가족과 함께 이 사건 빌라 101호를 점유 · 사용함은 유치물의 보존에 필요한 사용이라고 봄이 상당한바, 피고는 유치물을 적법하게 사용하여 얻은 차임 상당의 이익을 유치권의 피담보채권의 변제에 우선 충당할 수 있다고 할 것이다. … 그렇다면, 피고의 이 사건 빌라에 대한 유치권의 피담보채권은 3억 1,000만 원 및 이에 대하여 2004. 2. 13.부터 다 갚는 날까지 연 20%의 비율에 의한 지연손해금임은 앞서 본 바와 같고, 제1심 법원의 주식회사 경일감정평가법인 경인지사에 대

82) 연운희, "유치권자의 유치물 사용과 과실수취권", 재판실무연구(4), 수원지방법원(2011), 60~61.

한 임료감정촉탁결과에 의하면, 이 사건 빌라 101호의 보증금 없는 월 차임이 2006년 325,000원, 2007년 387,500원, 2008년 427,500원인 사실을 인정할 수 있고 위 101호의 2009년 이후의 보증금 없는 월 차임은 위 427,500원을 밑돌지 않을 것이라 추인되므로, 이 사건 빌라 101호에 대한 2006. 9. 8.부터 환송 후 당심 변론 종결일인 2010. 8. 31.까지의 사용이익은 19,554,166원{=325,000원×(3개월+23일/30일)+387,500원×12개월+427,500원×32개월, 원 미만 버림} 상당이므로, 위 사용이익을 피고의 피담보채권에 충당하면, 피고가 원고에게 지급할 반환한 금액은 남아 있지 아니함이 계산상 명백하다 …"라고 설시하였다.

이로써 결국 원고의 청구는 모두 기각되었다.

3. 유치권자 또는 소유자의 상계

가. 유치권자의 상계

(1) 유치물의 보존에 필요한 범위 내의 사용의 경우

유치물의 보존에 필요한 범위 내의 사용(위 Ⓐ의 행위)으로 소유자 甲이 유치권자에 대하여 부당이득반환채권을 가지고 있고, 유치권자가 甲에 대하여 채권(공사대금채권 등)을 가지고 있는 경우, 유치권자는 위 Ⓐ의 행위에 관한 甲의 승낙 여부를 불문하고 상계할 수 있다. 위 Ⓐ의 행위는 甲의 승낙 여부를 불문하고 고의의 불법행위에 해당하지 않기 때문이다(민 §496 참조).[83]

甲에 대하여 채권을 가지고 있는 유치권자는 그에 대한 甲의 채권을 수동채권으로 하여야 상계를 할 수 있으므로,[84] 유치권자는 그에 대한 甲이 아닌 제3자의 채권을 수동채권으로 하여서는 상계를 할 수 없다. 따라서 유치권자가 위 Ⓐ의 행위를 하는 데 甲의

83) 유치권자는 고의의 불법행위로 인한 甲의 손해배상채권(유치권자의 고의의 불법행위로 인한 甲의 부당이득반환채권 포함)을 수동채권으로 하는 상계를 할 수 없는데(민 §496, 대판 2002. 1. 25. 2001다52506), 위 Ⓐ의 행위는 고의에 의한 불법행위(고의의 불법행위로 인한 부당이득 포함)에 해당하지 않고, 甲의 승낙을 받지 않았다 하여 유치권자의 채권이 고의의 불법행위로 인한 채권이 되는 것도 아니다.

84) 대판 2011. 4. 28. 2010다101394.

승낙을 받았다 하더라도 유치권자에 대하여 甲이 아니라 제3자가 채권을 가지고 있는 경우에는 상계가 허용되지 않는다.

(2) 유치물의 보존에 필요한 범위를 초과하는 사용 또는 대여의 경우

(가) 소유자의 승낙이 있는 경우

유치물의 보존에 필요한 범위를 초과하는 사용(위 Ⓑ의 행위) 또는 유치물의 대여(위 Ⓒ의 행위)로 소유자 甲이 유치권자에 대하여 부당이득반환채권을 가지고 있고 유치권자가 甲에 대하여 채권(공사대금채권 등)을 가지고 있는 경우, 유치권자가 위 Ⓑ 또는 Ⓒ의 행위에 관하여 甲의 승낙을 받은 때에는, 유치권자는 상계할 수 있다. 甲의 승낙을 받은 위 Ⓑ 또는 Ⓒ의 행위는 고의의 불법행위에 해당하지 않기 때문이다(민 §496 참조).

甲에 대하여 채권을 가지고 있는 유치권자는 그에 대한 甲의 채권을 수동채권으로 하여야 상계를 할 수 있으므로, 유치권자는 위 Ⓑ 또는 Ⓒ의 행위에 관하여 甲의 승낙을 받았다 하더라도 그에 대한 甲이 아니라 제3자의 채권을 수동채권으로 하여서는 상계를 할 수 없다.

(나) 소유자의 승낙이 없는 경우

유치물의 보존에 필요한 범위를 초과하는 사용(위 Ⓑ의 행위) 또는 유치물의 대여(위 Ⓒ의 행위)로 소유자 甲이 유치권자에 대하여 부당이득반환채권을 가지고 있고 유치권자가 甲에 대하여 채권(공사대금채권 등)을 가지고 있는 경우, 유치권자가 위 Ⓑ 또는 Ⓒ의 행위에 관하여 甲의 승낙을 받지 않은 때에는, 유치권자는 상계할 수 없다. 甲의 승낙을 받지 않은 위 Ⓑ 또는 Ⓒ의 행위는 고의의 불법행위에 해당하기 때문이다(민 §496 참조).

위 Ⓑ 또는 Ⓒ의 행위에 관하여 甲의 승낙을 받지 않은 경우 그에 대한 甲이 아니라 제3자의 채권을 수동채권으로 하여 상계를 할 수 없음은 물론이다.

나. 소유자의 상계

(1) 서설

유치권자의 사용이익 상당액이 피담보채권액을 초과하는 경우 변제충당을 하게 되면 피담보채권의 변제로 유치권이 소멸하게 된다. 따라서 이러한 경우에는 유치권자는 변제충당 또는 상계를 주장하지 않고, 오히려 소유자(경매절차의 매수인 등)가 상계를 주장하게 된다.

(2) 유치물의 보존에 필요한 범위 내의 사용의 경우

유치물의 보존에 필요한 범위 내의 사용(위 Ⓐ의 행위)으로 소유자 甲이 유치권자에 대하여 부당이득금채권을 가지고 있고 유치권자가 甲에 대하여 채권(공사대금채권 등)을 가지고 있는 경우, 甲은 유치권자의 甲에 대한 채권이 甲의 고의의 불법행위로 인한 것이 아닌 한 상계할 수 있다.

유치권자에 대하여 채권을 가지고 있는 甲은 그에 대한 유치권자의 채권을 수동채권으로 하여야 상계를 할 수 있으므로, 甲은 그에 대한 유치권자 아닌 제3자의 채권을 수동채권으로 하여서는 상계를 할 수 없다.

[소유자의 상계] 대법원 2009. 9. 24. 선고 2009다40684 판결은 경매절차의 매수인이 유치권자를 상대로 건물의 인도청구소송을 제기한 사안에서 "… ① 원심은, 판시와 같은 이유로 피고들(유치권자)이 이 사건 건물 2, 3층을 사용함으로써 얻은 이익이 피고들의 공사대금채권에서 '공제'되어야 한다고 판단[85]하였는바, 이러한 원심의 판단은 피고들이 유치권자로서 이 사건 건물 2, 3층을 사용하는 것은 유치물의 보존에 필요한 사용이라는 판단을 전제로 차임에 상당한 이득을 반환할 의무가 있다는 취지로 판단한 것으로서 위 법리에 비추어 정당하고 … ② 유치물의 소유자가 채무자인 경우에만 유치권자에게 과실수취권이 있고, 유치물의 소유자가 채무자가 아닌 제3자인 경우에는 과실수취권이 생기지 않

85) 창원지법 2009. 4. 30. 선고 2008나12853 판결은 피고들이 적법한 유치권자이기는 하나 건물 사용에 따른 차임 상당의 사용이익은 부당이득으로서 피고들의 공사대금채권에서 '공제'되어야 한다는 이유로(원고가 상계를 주장한 것으로 추정됨), 공사대금액에서 부당이득액(사용이익)을 공제한 나머지 금원을 지급받음과 동시에 이 사건 건물을 인도할 것을 명하였다.

는다는 취지의 주장은 유치권의 물권적인 성격에 반하는 주장으로 받아들일 수 없다 …"라고 판시하였다.

[제3자에 대한 유치권자의 채권을 수동채권으로 하는 상계의 불허] 대판 2011. 4. 28. 2010다101394 판결은 "… ㉮ 원심[86]은, 원고가 피고2의 유치권이 인정되는 이 사건 아파트를 경락·취득함으로써 유치권의 부담을 안게 되는 경우에는, 원고로 하여금 자신의 피고2에 대한 부당이득금반환채권과 유치권의 피담보채권인 피고2의 소외인에 대한 유익비상환청구권을 상계할 수 있도록 허용하는 것이 형평의 원칙상 타당하다고 전제한 다음, 원고가 피고2에 대한 이 사건 아파트 중 일부의 점유·사용에 따른 임료 상당의 부당이득금반환채권을 자동채권으로 하고 피고2의 종전 소유자에 대한 유익비상환채권을 수동채권으로 한 상계의 의사표시에 의하여 원고의 부당이득금반환채권과 피고2의 유익비상환청구권은 대등액의 범위 내에서 소멸하였다고 판단하였다. ㉯ 그러나 상계는 당사자 쌍방이 서로 같은 종류를 목적으로 한 채무를 부담한 경우에 서로 같은 종류의 급부를 현실로 이행하는 대신 어느 일방 당사자의 의사표시로 그 대등액에 관하여 채권과 채무를 동시에 소멸시키는 것이고, 이러한 상계제도의 취지는 서로 대립하는 두 당사자 사이의 채권·채무를 간이한 방법으로 원활하고 공평하게 처리하려는 데에 있으므로, 수동채권으로 될 수 있는 채권은 상대방(유치권자)이 상계자(경매절차의 매수인)에 대하여 가지는 채권이어야 하고, 그 상대방이 제3자(종전 소유자)에 대하여 가지는 채권과는 상계할 수 없다고 보아야 한다. 그렇지 않고 만약 상대방이 제3자에 대하여 가지는 채권을 수동채권으로 하여 상계할 수 있다고 한다면, 이는 상계의 당사자가 아닌 상대방과 제3자 사이의 채권채무관계에서 상대방이 제3자로부터 채무의 본지에 따른 현실급부를 받을 이익을 침해하게 될 뿐 아니라, 그 상대방의 채권자들 사이에서 상계자만 독점적인 만족을 얻게 되는 불합리한 결과를 초래하게 되므로, 상계의 담보적 기능과 관련하여 법적으로 보호받을 수 있는 당사자의 합리적 기대가 이러한 경우에까지 미친다고 볼 수는 없다 …"라고 판시하였다.[87]

---

86) 전주지법 2010. 11. 5. 2009나7130.

87) 위 판결은, 유치권이 인정되는 아파트를 경매절차에서 매수한 사람이 아파트 일부를 점유·사용하고 있는 유치권자에 대한 임료 상당의 부당이득금반환채권을 자동채권으로 하고 유치권자의 종전 소유자에 대한 유익비상환채권을 수동채권으로 하여 상계의 의사표시를 한 사안에서, 상대방이 제3자(종전 소유자)에 대하여 가지는 채권을 수동채권으로 하여 상계할 수 없음에도, 그러한 상계가 허용됨을 전제로 위 상계의 의사표시로 부당이득금반환채권과 유익비상환채권이 대등액의 범위 내에서 소멸하였다고 본 원심 판결에 법리오해의 위법이 있다고 하였다.

(3) 유치물의 보존에 필요한 범위를 초과하는 사용 또는 대여의 경우

유치물의 보존에 필요한 범위를 초과하는 사용(위 Ⓑ의 행위) 또는 유치물의 대여(위 Ⓒ의 행위)로 소유자 甲이 유치권자에 대하여 부당이득반환채권을 가지고 있고 유치권자가 甲에 대하여 채권(공사대금채권 등)을 가지고 있는 경우, 甲은 유치권자의 甲에 대한 채권이 甲의 고의의 불법행위로 인한 것이 아닌 한 위 Ⓑ 또는 Ⓒ의 행위에 관하여 승낙을 하였는지 여부를 불문하고 상계할 수 있다.

유치권자에 대하여 채권을 가지고 있는 甲은 그에 대한 유치권자의 채권을 수동채권으로 하여야 상계를 할 수 있으므로, 甲은 그에 대한 유치권자 아닌 제3자의 채권을 수동채권으로 하여서는 상계를 할 수 없다.

제6장 형사책임 등

Ⅰ. 업무방해죄

형법 제314조 제1항의 업무방해죄는 허위사실유포, 위계 또는 위력으로 사람의 업무를 방해하는 경우에 성립한다(5년 이하의 징역 또는 1천 5백만 원 이하의 벌금). 주로 유치권주장자가 피해자의 '공사' 업무를 방해하는 경우에 문제된다.

특히 유치권이 불성립하거나 소멸한 경우 유치권주장자가 유치권을 보호한다는 이유로 공사 등을 방해하는 경우에 업무방해죄가 성립한다.

업무방해의 '범의'는 반드시 업무방해의 목적이나 계획적인 업무방해의 의도가 있어야 인정되는 것은 아니고, 자기의 행위로 인하여 타인의 업무가 방해될 것이라는 결과를 발생시킬 만한 가능성 또는 위험이 있음을 인식하거나 예견하면 족한 것이며, 그 인식이나 예견은 확정적인 것은 물론 불확정적인 것이라도 이른바 미필적 고의로 인정된다.[88]

업무방해의 '결과'는 실제로 발생함을 요하지 않으며, 그 결과를 초래할 위험이 발생하면 족하다.[89]

[공사업무방해] 대법원 2004. 8. 30. 선고 2004도46 판결은, 피해자로부터 수급한 건물 신축공사의 추가공사대금 16억 원을 지급받지 못하였다는 이유로(유치권은 불성립한 것으로 추정됨), 신축건물 1층의 일부 출입문들을 쇠사슬로 채워 피해자가 보낸 작업 인부들이 출입하지 못하게 함으로써 위력으로 피해자의 내장공사를 방해하고, 7~8명의 부하 직원들을 동원하여 총 7회에 걸쳐 위력으로 피해자의 내장공사나 하자보수공사를 방해한 행위에 대하여, 유치권에 기한 정당행위로서 위법성이 조각된다는 피고인의 주장을 배척함으로써, 피고인을 업무방해죄(벌금 50만 원)로 처단한 제1심 판결(서울지법 2003. 4. 24. 2003고단3075)을 유지한 원심 판결(서울지법 2003. 12. 17. 2003노3697)을 수긍하였다

88) 대판 2009. 1. 15. 2008도9410, 대판 2013. 1. 31. 2012도3475 등.

89) 대판 2010. 3. 25. 2008도4228, 대판 2013. 1. 31. 2012도3475 등.

[공사업무방해]

대법원 2016. 11. 10. 선고 2016도14365 판결

1. 제1심(서울서부지법 2016. 1. 29. 2014고정359)

【주문】

피고인을 벌금 2,000,000원에 처한다.

피고인이 위 벌금을 납입하지 아니하는 경우 50,000원을 1일로 환산한 기간 피고인을 노역장에 유치한다.

위 벌금에 상당한 금액의 가납을 명한다.

【이유】

가. 범죄사실

피고인은 원효토건의 대표로서, 서울 은평구 진관내동 △△△ 소재 북한산 △△음식점 신축공사를 도급받은 △△종합건설 주식회사의 최규△으로부터 터파기 공사를 하도급받아 2012. 10. 말경부터 2012. 11. 10.경까지 공사를 한 자인 바, 사실은 2013. 4.경부터 피해자 이홍△ 등이 공사현장을 새로이 점유하고 골조공사를 시작하여 피고인이 점유를 상실함으로써 유치권을 행사할 수 없음에도, ① 2013. 4. 1.경부터 같은 해 6. 13.경까지 위 공사현장에서 공사현장 펜스에 '공사대금 유치권 행사 중 유치권자의 허락 없이 방해하는 자는 법적 책임을 묻겠습니다. 이 사건 현장은 공사대금 유치권 행사중입니다'라는 내용의 현수막을 게시하는 방법으로 허위사실을 유포하여 건축주인 피해자의 위 음식점 공사 업무를 방해하고, ② 2013. 6. 4.경 위 공사현장에서 그곳에 박아놓은 H-빔을 뽑아버리는 공사를 하고 공사대금을 주지 않는다는 이유로 뽑아놓은 H-빔으로 입구 전체를 막아 공사장에 출입하지 못하도록 위력으로 피해자의 위 음식점 공사 업무를 방해하고, ③ 2013. 6. 27. 05:00경 위 공사현장에서 건축주의 동생 이정△이 공사를 재개하기 위해 위 H-빔 약 40개를 공사장 밖으로 치우려 하자 공사장 입구에 차량 2대를 세우는 방법으로 막아 위력으로 피해자의 위 음식점 공사 업무를 방해하였다.

나. 피고인 및 변호인의 주장에 대한 판단

(1) 주장의 요지

피고인이 판시 터파기 공사대금을 지급받기 위하여 판시 공사현장을 점유, 관리하며 유치권을 행사하였고, 판시 각 행위는 피고인의 유치권을 보호하기 위한 행위로서 정당행위 내지 정당방위에 해당한다.

(2) 판단 — 점유 요건의 불비

이 법원이 적법하게 조사한 증거들에 의하여 인정되는 다음과 같은 사정들을 종합하여 볼 때 판시 각 업무방해행위 당시에 피고인이 판시 공사현장을 점유하고 있었다고 보기 어려워 유치권을 인정할 수 없는 이상 이를 전제로 한 위 주장은 받아들이지 아니한다.

(가) 증인 이홍△, 이정△은 수사기관에서부터 이 법정에 이르기까지 판시 공사현장을 피해자의 동생인 이정△이 계속 점유, 관리하였고, 2013. 6. 5. 이후에는 시설경비업체가 점유, 관리하였으며, 피고인이 H빔을 놓아둔 것 이외에 판시 공사현장을 점유한 사실은 없었다는 취지로 일관되게 진술하였다.

(나) 피해자의 대리인이 2013. 4. 3.경 피고인에게 H빔의 철거를 요청하는 내용증명에는 '현재 공사현장이 폐쇄되어 건축주의 승낙 없이 함부로 들어갈 경우 불법침입죄로 형사처벌이 될 수 있으므로, 건설자재 철거 시 현장관리인 010—△△△△—△△△△에게 사전 연락하여 승인을 얻어 출입하시기 바랍니다'라고 기재되어 있고, 위 전화번호는 위 이정△의 전화번호였다.

(다) 피고인도 관련 형사사건에서 '판시 공사현장을 자신이 직접 점유하거나 다른 사람을 통하여 간접적으로 점유하지는 않았으나 건축 기자재인 H빔을 묻어두었기 때문에 이를 통하여 판시 공사현장을 점유한 것'이라는 취지로 진술한 것으로 보인다(수사기록 제1권 24면). 또한 피고인은 수사기관에서 '현수막을 설치하고, H빔을 제거하지 않고 있었으며, 판시 공사현장을 자주 방문하여 현장확인을 하였다'는 취지로 진술하였는데(수사기록 제2권 121면), 설사 피고인이 공사현장에 자주 방문하였다고 하더라도 그러한 사정만으로 피고인이 판시 공사현장에 대하여 타인의 지배를 배제하여 사회통념상 피고인의 사실적 지배에 속한다고 보이는 객관적 관계에 있었다고 보기 어렵다(대법원 2013. 10. 24. 선고 2011다44788 판결 등 참조).

(라) 피고인은 오랜 기간 동안 건축공사를 해왔고, 수사기관에서도 '유치권 행사를 위해서는 공사현장을 점유해야 한다는 사실을 잘 알고 있었다'는 취지로 진술한 점 등에 비추어 판시 공사현장에서 현수막을 걸어놓은 사정 등만으로 유치권이 인정되지 않을 수 있다는 것을 알 수 있었던 것으로 보인다.

2. 제2심(서울서부지법 2016. 8. 25. 2016노240)

【주문】

피고인의 항소를 기각한다.

【이유】

가. 항소이유의 요지

피고인이 원심 판시 터파기 공사대금을 지급받기 위하여 공사현장을 점유 · 관리하며 유치권을 행사하였고, 원심 판시 각 행위는 피고인의 유치권을 보호하기 위한 행위로서 정당행위 내지 정당방위에 해당하고, 원심 판시 제1항 기재 허위사실유포에 의한 업무방해의 고의가 없었다.

그럼에도 불구하고, 이 사건 공소사실을 모두 유죄로 인정한 원심 판결에는 사실을 오인하거나 법리를 오해한 위법이 있다.

나. 판단 — 점유 요건의 불비, 견련관계의 부존재

피고인이 원심에서 이 사건 항소이유와 동일한 취지의 주장을 하여 원심은 판결문에 '피고인 및 변호인의 주장에 대한 판단'이라는 제목 아래 피고인의 주장과 이에 관한 판단을 자세하게 설시하여 위 주장을 배척하였다. 원심이 적법하게 채택 · 조사한 증거들에 의하여 인정되는 아래와 같은 점을 보태어 보면, 피고인이 당시 공사현장에 대하여 유치권을 행사할 수 없음에도 원심 판시 범죄사실 기재와 같이 피해자의 음식점 공사 업무를 각 방해하였음을 충분히 인정할 수 있다는 원심의 판단은 옳고, 거기에 피고인이 지적한 바와 같은 사실오인이나 법리오해의 잘못이 없다.

(1) 건물의 신축공사를 한 수급인이 그 건물을 점유하고 있고 또 그 건물에 관하여 생긴 공사대금채권이 있다면, 수급인은 그 채권을 변제받을 때까지 건물을 유치할 권리가 있는 것이지만, 건물의 신축공사를 도급받은 수급인이 사회통념상 독립한 건물이라고 볼 수 없는 정착물을 토지에 설치한 상태에서 공사가 중단된 경우에 그 정착물은 토지의 부합물에 불과하여 이러한 정착물에 대하여 유치권을 행사할 수 없는 것이고, 또한 공사 중단 시까지 발생한 공사대금채권은 토지에 관하여 생긴 것이 아니므로 그 공사대금채권에 기하여 토지에 대하여 유치권을 행사할 수도 없다(대법원 2008. 5. 30.자 2007마98 결정 참조). 한편, 대지가 아닌 토지를 대지화시켜 건물 부지로 조성하기

위한 토목공사의 경우에는 그 토목공사를 그 토지에 관한 공사로 볼 수 있으므로, 그 공사대금채권은 그 토지에 관하여 발생한 채권으로서 그 토지와의 견련성이 인정된다(대법원 2007. 11. 29. 선고 2007다60530 판결 참조).

(2) 이 사건에 관하여 보건대, 원심이 적법하게 채택하여 조사한 증거들에 의하면, 피고인이 시공한 하도급공사 내역은 음식점 신축을 위한 기초 터파기 공사에 불과하고, 달리 건축공사와 관련하여 통상적으로 예상할 수 없을 정도의 토지형질변경공사 등을 포함하거나 원심 판시 범죄사실 기재 공사현장(이하 '이 사건 토지'라고 함)을 건물 신축에 적합한 용도로 유지하기 위한 별개의 공사라고 보기는 어렵다. 따라서 설령 피고인이 피해자 등에 대하여 터파기 공사대금채권을 가진다고 하더라도, 그 공사대금채권을 이 사건 토지에 관하여 생긴 채권으로 볼 수 없으므로, 그에 기하여 피고인이 이 사건 토지에 대한 유치권을 행사할 수는 없다.

(3) 당심 증인 김선기의 진술이나 피고인이 제출한 증거들만으로는 원심 판시 범죄사실의 인정에 방해가 되지 아니한다.

다. 결론

따라서 피고인의 항소는 이유 없으므로 형사소송법 제364조 제4항에 따라 기각한다.

3. 대법원 2016. 11. 10. 선고 2016도14365 판결

【주문】

상고를 기각한다.

【이유】

상고이유를 판단한다.

원심과 제1심이 적법하게 채택하여 조사한 증거들을 살펴보면, 원심이 그 판시와 같은 이유를 들어 이 사건 공소사실을 유죄로 인정한 것은 정당하다. 거기에 필요한 심리를 다하지 아니한 채 논리와 경험의 법칙을 위반하여 자유심증주의의 한계를 벗어나거나 유치권, 정당방위, 자구행위 등에 관한 법리를 오해한 잘못이 없다.

그러므로 상고를 기각하기로 하여, 관여 대법관의 일치된 의견으로 주문과 같이 판결한다.

II. 경매방해죄, 사문서위조죄 등

형법 제315조의 경매 · 입찰방해죄는 위계, 위력 또는 기타 방법으로 경매 또는 입찰의 공정을 해하는 경우에 성립한다(2년 이하의 징역 또는 7백만 원 이하의 벌금). 경매 · 입찰방해죄는 위태범으로서 결과의 불공정이 현실적으로 나타나는 것을 요하지 않는다.[90)]

허위의 채권을 피담보채권으로 하여 유치권신고서를 법원에 제출한 경우에는 경매방해죄가 성립한다. 위계에 의하여 경매의 공정을 해하는 것이기 때문이다. 다만, 사기죄는 성립하지 않는다.[91)]

허위의 채권을 피담보채권으로 하여 유치권신고서를 법원에 제출한 때에는 경매방해죄뿐만 아니라 사문서위조죄 · 사문서변조죄 및 동행사죄도 성립하는 경우가 있다.

[경매방해죄, 사문서위조죄, 사문서변조죄]
의정부지법 고양지원 2016. 9. 23. 선고 2016고단963 판결(확정)

1. 사문서변조, 변조사문서행사

가. 피고인은 2013. 2.경 甲으로부터 동인 소유의 파주시 맥금동 △△△ 소재 A 자동차 공업사를 양수하기로 하는 계약을 체결하면서, 피고인 명의로 위 자동차 공업사의 사업자등록을 하기 위하여, 위 부동산에 대하여 임대차보증금 및 월세를 기재하지 않은 임대차계약서를 작성하기로 하였고, 이에 임대차보증금 및 월세란이 공란인 甲 명의의 임대차계약서를 교부받아 소지하게 되었다.

나. 피고인은 2014. 6.경 조세를 감면받기 위하여, 위와 같이 소지하고 있던 임대차보증금 및 월세 공란의 임대차계약서의 전세(보증금)란에 '일억 (100,000,000)'을, 월세란에 '1,000만'을 각 기재하여

---

90) 대판 2010. 10. 14. 2010도4940.

91) 한편, 유치권에 의한 경매의 경우 피담보채권을 부풀려 경매를 신청한 때에는 사기죄가 성립될 수 있다. 대법원 2012. 11. 15. 선고 2012도9603 판결은 "… 유치권에 의한 경매를 신청한 유치권자는 일반채권자와 마찬가지로 피담보채권액에 기초하여 배당을 받게 되는 결과 피담보채권인 공사대금채권을 실제와 달리 허위로 크게 부풀려 유치권에 의한 경매를 신청할 경우 정당한 채권액에 의하여 경매를 신청한 경우보다 더 많은 배당금을 받을 수도 있으므로, 이는 법원을 기망하여 배당이라는 법원의 처분행위에 의하여 재산상 이익을 취득하려는 행위로서, 불능범에 해당한다고 볼 수 없고, 소송사기죄의 실행의 착수에 해당한다 …"고 판시하였다.

甲 명의의 임대차계약서를 변조하고, 2014. 6. 12.경 파주시 세정과 사무실에서, 그것이 변조된 정을 모르는 담당 공무원에게 제출하여 행사하였다.

다. 또한 피고인은 2015. 4. 6. 의정부지방법원 고양지원에서, 위와 같이 변조한 임대차계약서를 그것이 변조된 정을 모르는 위 법원 경매1계 소속 직원에게, 동 법원 2015타경2320호로 진행되는 임의경매 사건에서의 배당신청을 하면서 제출하였다.

라. 이로써 피고인은 행사할 목적으로 甲 명의의 권리의무에 관한 사문서를 변조하고, 2회에 걸쳐 이를 행사하였다.

2. 사문서위조, 위조사문서행사

가. 피고인은 2015. 9. 15. 11:00경 파주시 야동동 △△△에서, 甲과 A 자동차공업사가 소재한 건물에 대한 공사도급계약을 체결한 사실이 없음에도, A 자동차공업사가 소재한 건물 및 토지에 대한 임의경매가 진행되자 유치권신고에 사용할 생각으로, A4 용지에 피고인이 위 파주시 맥금로 113-2 부지에 도급금액 613,366,000원에 건물 신축공사를 하기로 한다는 취지의 직영공사 도급계약서를 작성하고, 그 도급인란에 甲 몰래 甲의 'A 자동차공업사' 명판과 甲의 도장을 날인하였다.

나. 이후 피고인은 2015. 9. 21. 의정부지방법원 고양지원에서, 위와 같이 위조한 직영공사 도급계약서를 그것이 위조된 정을 모르는 위 법원 경매1계 소속 직원에게, 동 법원 2015타경2320호로 진행되는 임의경매 사건에서의 유치권신고를 하면서 제출하였다.

다. 이로써 피고인은 행사할 목적으로 甲 명의의 권리의무에 관한 사문서를 위조하고 행사하였다.

3. 경매방해

가. 피고인은 2013. 2.경 甲으로부터 동인 소유의 A 자동차공업사를 양수하기로 하는 계약을 체결하면서, 피고인의 위 자동차공업사 사업자등록을 위하여, 위 부동산에 대하여 甲과 허위 내용의 임대차계약서를 작성하여 이를 소지하게 되었고, 따라서 피고인은 甲에게 임대차보증금반환채권을 가지고 있지 않았다.

나. 또한 피고인은 甲으로부터 공사도급계약을 받은 사실이 없었기에, 피고인이 A 자동차공업사 부동산을 점유하는 것에 대하여 공사대금채권에 기한 유치권을 가지고 있지도 않았다.

다. 그럼에도 불구하고 피고인은 2015. 4. 6. 위 법원에서, 2015타경2320호로 진행되는 임의경매 사건에서의 임차인 권리 및 배당 신고를 하면서 위의 허위 내용의 임대차계약서를 그것이 허위인 정을 모르는 법원 직원에게 제출하고, 2015. 9. 21. 위와 같이 허위 유치권신고를 하면서 위조한 직영도급계약서를 그것이 위조된 정을 모르는 법원 직원에게 제출하였다.
라. 이로써 피고인은 위계로서 경매의 공정을 해하였다.

[사기미수죄 불성립] 대법원 2009. 9. 24. 선고 2009도5900 판결은 "… 소송사기에 있어서 피기망자인 법원의 재판은 피해자의 처분행위에 갈음하는 내용과 효력이 있는 것이어야 하고 그렇지 않은 경우는 착오에 의한 재물의 교부나 재산상의 이익을 취득하는 행위가 있다고 할 수 없어 사기죄를 구성하지 않는다(대법원 1987. 8. 18. 선고 87도1153 판결 등 참조). 원심[92]은, 부동산 경매절차에서 피고인들이 허위로 유치권을 신고한 사실을 기초로 하고, 법원을 피기망자 겸 처분행위자로 구성하여 소송사기 미수죄로 기소된 이 사건 공소사실에 대하여, 유치권자가 경매절차에서 유치권을 신고하는 경우 법원은 이를 매각물건명세서에 기재하고 그 내용을 매각기일공고에 적시하나, 이는 경매목적물에 대하여 유치권신고가 있음을 입찰예정자들에게 고지하는 것에 불과할 뿐 처분행위로 볼 수는 없고, 또한 유치권자는 권리신고 후 이해관계인으로서 경매절차에서 이의신청권 등 몇 가지 권리를 얻게 되지만 이는 법률의 규정에 따른 것으로서 재물 또는 재산상 이득을 취득하는 것으로 볼 수도 없다는 점을 근거로 들어, 허위 공사대금채권을 근거로 유치권신고를 하였더라도 이를 소송사기 실행의 착수가 있다고 볼 수는 없다는 이유로, 피고인들에 대한 이 부분 공소사실을 무죄로 판단한 제1심[93]의 결론을 그대로 유지하였다. 위 관련 법리와 부동산 경매절차에서 유치권자의 지위 등을 종합하여 보면, 원심의 위와 같은 판단은 정당하다 …"라고 판시하였다.[94]

---

92) 인천지법 2009. 6. 11. 2009노987.

93) 인천지법 2009. 3. 25. 2009고단715.

94) 다만, 일부 하급심 판결{인천지법 2008. 6. 20. 선고 2007고단4235(확정), 수원지법 2009. 8. 27. 선고 2009노1349(확정) 등}은 사기미수죄의 성립을 인정하고 있다. 또한 수원지법 2009. 8. 27. 선고 2009노1349 판결(확정)은 甲이 주식회사 △△산업의 대표이사가 아님에도 불구하고 권리신고서(유치권신고)의 권리신고자 및 유치권자란에 '주식회사 △△산업의 대표이사 甲'이라고 기재하고 이를 경매법원에 제출한 경우에는, 경매방해죄, 사기미수죄 외에도 자격모용사문서작성죄 및 자격모용작성사문서행사죄가 성립한다고 판시하였다.

한편, 대법원 2017. 6. 19. 선고 2013도564 판결은, 피고인이 피해자 甲에 대한 대여금 채권이 없음에도 甲 명의의 차용증을 허위로 작성하고 甲 소유의 부동산에 관하여 피고인 앞으로 근저당권설정등기를 마친 다음, 그에 기하여 부동산임의경매를 신청하여 배당금을 교부받아 편취하였다는 내용으로 기소된 사안에서, 공소사실에 따른 실제 피해자는 부동산 매수인 乙이므로 乙에 대한 관계에서 사기죄가 성립함에도, 진정한 피해자가 누구인지를 가려내지 않은 채 무죄로 판단한 원심 판결에 법리오해의 잘못이 있다고 하면서, "… 근저당권자가 집행법원을 기망하여 원인무효이거나 피담보채권이 존재하지 않는 근저당권에 기해 채무자 또는 물상보증인 소유의 부동산에 대하여 임의경매신청을 함으로써 경매절차가 진행된 결과 그 부동산이 매각되었다 하더라도 그 경매절차는 무효로서 채무자나 물상보증인은 부동산의 소유권을 잃지 않고, 매수인은 그 부

Ⅲ. 권리행사방해죄

형법 제323조의 권리행사방해죄는 타인의 점유 또는 권리의 목적이 된 자기의 물건 또는 전자기록 등 특수매체기록을 취거, 은닉 또는 손괴하여 타인의 권리행사를 방해하는 경우에 성립한다(5년 이하의 징역 또는 7백만 원 이하의 벌금).

권리행사방해죄에서 보호대상인 타인의 점유는 반드시 점유할 권원에 기한 점유만을 의미하는 것은 아니고, 일단 적법한 권원에 기하여 점유를 개시하였으나 사후에 점유권원을 상실한 경우의 점유, 점유권원의 존부가 외관상 명백하지 아니하여 법정절차를 통하여 권원의 존부가 밝혀질 때까지의 점유, 권원에 기하여 점유를 개시한 것은 아니나 동시이행항변권 등으로 대항할 수 있는 점유 등과 같이 법정절차를 통한 분쟁 해결 시까지 잠정적으로 보호할 가치 있는 점유를 포함하며, 다만 절도범인의 점유와 같이 점유할 권리 없는 점유임이 외관상 명백한 경우는 보호대상에 포함되지 않는다.[95)]

[권리행사방해죄]
대법원 2012. 10. 11. 선고 2011도10580 판결

1. 사안개요

피해자 회사가 오피스텔 및 근린생활시설(이하 '이 사건 건물'이라고 함) 중 피고인 소유인 상가 제111호(이하 '이 사건 상가'라고 함)를 유치권을 행사하면서 점유하고 있음에도 불구하고, 피고인은 2010. 4. 30. 23:00경 이 사건 상가의 출입문 잠금장치를 훼손하고 무인경비시스템의 전원을 차단한

동산의 소유권을 취득할 수 없다(대법원 1975. 12. 9. 선고 75다1994 판결, 대법원 2009. 2. 26. 선고 2006다72802 판결 등 참조). 이러한 경우에 허위의 근저당권자가 매각대금에 대한 배당절차에서 배당금을 지급받기에 이르렀다면 집행법원의 배당표 작성과 이에 따른 배당금 교부행위는 매수인에 대한 관계에서 그의 재산을 처분하여 직접 재산상 손해를 야기하는 행위로서 매수인의 처분행위에 갈음하는 내용과 효력을 가진다 … 이 사건 공소사실에 따른 실제 피해자는 이 사건 빌라의 매수인이라고 보아야 하므로 매수인에 대한 관계에서 사기죄가 성립한다 …"라고 판시하였다.

95) 대판 2012. 10. 11. 2011도10580.

다음, 2010. 6. 말경 甲에게 이 사건 상가를 임대하여 영업을 하게 함으로써 피해자 회사의 권리행사를 방해하였다.

2. 판시요지

가. 항소심

인천지법 2011. 7. 15. 선고 2011노959 판결은 피고인의 항소를 기각하면서 다음과 같이 판시하였다.

① 피해자 회사가 △△건설로부터 이 사건 건물 신축공사를 도급받아 공사를 완료하였으나 공사대금 중 일부를 지급받지 못하여 공사 완료 직후인 2004. 8. 18.부터 이 사건 상가에 유치권 안내문을 부착하고 열쇠를 소지한 채 타인의 출입을 통제하면서 이를 직접점유하거나 乙을 통하여 점유하여 온 사실, ② 피해자 회사는 2008. 6. 3. △△건설에 대한 공사대금채권을 피담보채권으로 하여 이 사건 상가를 비롯한 이 사건 건물 중 상가들에 관하여 저당권설정등기를 마친 후 저당권자로서 임의경매를 신청하였고, 2008. 9. 23. 위 경매절차에서 위 공사대금채권을 피담보채권으로 하는 유치권자로서 권리신고를 하였으며, 배당기일에 위 공사대금채권 중 약 53억 원을 배당받은 사실, ③ 피고인은 위 경매절차에서 이 사건 상가를 매수하여 매각대금을 완납하고 소유권이전등기를 마친 다음 피해자 회사를 상대로 부동산인도명령을 신청하였으나 피해자 회사에게 유치권이 있다는 이유로 기각된 사실, ④ 그러자 피고인은 공소사실과 같이 이 사건 상가의 잠금장치를 훼손하고 피해자 회사가 설치한 무인경비시스템의 전원을 차단한 다음 이 사건 상가를 甲에게 임대한 사실, ⑤ 피고인은 수사기관에서 피해자 회사의 유치권 행사 사실을 알고 있었지만 유치권의 성립 여부에 의문이 있었기에 위와 같은 행위를 하였다고 진술한 사실이 인정되고, 여기에 피해자 회사가 저당권자로서 이 사건 건물 중 상가들에 관한 임의경매를 신청하여 피담보채권 중 일부를 배당받았다고 하더라도 그러한 사정만으로는 피해자 회사가 유치권을 포기하였거나 피해자 회사의 유치권 행사가 권리남용에 해당한다고 볼 수 없는 점 등을 종합하여 보면, 피고인이 이 사건 공소사실과 같이 피해자 회사의 권리행사를 방해한 사실을 충분히 인정할 수 있다고 판단하여, 이 사건 공소사실을 유죄로 인정한 제1심 판결{징역 6월(집행유예 2년), 사회봉사 40시간}을 유지하였다.

나. 대법원

대법원 2012. 10. 11. 선고 2011도10580 판결은 피고인의 상고를 기각하면서 다음과 같이 판시하였다.

가. 피해자 회사가 △△건설에 대한 공사대금채권을 피담보채권으로 하는 유치권을 주장하며 2004. 8. 18.부터 피고인이 이 사건 공소사실과 같은 행위를 할 때까지 이 사건 상가를 점유하여 왔다는 원심의 사실인정과 판단은 정당한 것으로 수긍이 간다.

나.

(1) 형법 제323조의 권리행사방해죄에서 보호대상인 타인의 점유(占有)는 반드시 점유할 권원에 기한 점유만을 의미하는 것은 아니고, 일단 적법한 권원에 기하여 점유를 개시하였으나 사후에 점유권원을 상실한 경우의 점유, 점유권원의 존부가 외관상 명백하지 아니하여 법정절차를 통하여 권원의 존부가 밝혀질 때까지의 점유, 권원에 기하여 점유를 개시한 것은 아니나 동시이행항변권 등으로 대항할 수 있는 점유 등과 같이 법정절차를 통한 분쟁 해결 시까지 잠정적으로 보호할 가치 있는 점유를 포함하며, 다만 절도범인의 점유와 같이 점유할 권리 없는 점유임이 외관상 명백한 경우는 보호대상에 포함되지 않는다(대법원 2006. 3. 23. 선고 2005도4455 판결 등 참조).

(2) 가사 피고인의 주장과 같이 피해자 회사의 유치권의 피담보채권인 공사대금채권이 변제로 소멸하였다거나 실제 남아 있는 공사대금채권의 액수와 차이가 있다고 하더라도, 이 사건 상가에 대한 피해자 회사의 점유는 적어도 점유권원의 존부가 외관상 명백하지 아니하여 법정절차를 통하여 권원의 존부가 밝혀질 때까지 잠정적으로 보호할 가치 있는 점유에 해당한다고 할 것이므로, 피고인이 피해자 회사의 점유권원의 존부가 법정절차를 통하여 밝혀지기도 전에 위와 같은 방법으로 이 사건 상가에 대한 피해자 회사의 점유를 침탈한 이상 형법 제323조의 권리행사방해죄가 성립한다.

다. 피해자 회사가 이 사건 상가를 비롯한 이 사건 건물 중 상가들에 관하여 임의경매를 신청하고 그 경매절차에서 배당을 받았다고 하여 그와 같은 사정만으로는 피해자 회사가 이 사건 상가에 대한 유치권을 포기하였다거나 이 사건 상가에 대한 피해자 회사의 유치권 주장이 권리남용에 해당한다고 할 수 없다.

Ⅳ. 강제집행면탈죄

형법 제327조의 강제집행면탈죄는 강제집행을 면할 목적으로 재산을 은닉 · 손괴 · 허위양도하거나 허위채무를 부담하여 채권자를 해하는 경우에 성립한다(3년 이하의 징역 또는 1천만 원 이하의 벌금).

강제집행면탈죄는 위태범으로 현실적으로 민사집행법에 의한 강제집행 또는 가압류 · 가처분의 집행을 받을 우려가 있는 객관적인 상태 아래(즉, 채권자가 본안 또는 보전소송을 제기하거나 제기할 태세를 보이고 있는 상태에서) 주관적으로 강제집행을 면탈하려는 목적으로 재산을 은닉 · 손괴 · 허위양도하거나 허위채무를 부담하여 채권자를 해할 위험이 있으면 성립하는 것이고, 반드시 채권자를 해하는 결과가 야기되거나 행위자가 어떤 이득을 취하여야 범죄가 성립하는 것은 아니다.[96)]

목적 재산이 부동산인 경우에는 허위양도가, 동산인 경우에는 은닉이 문제되는 경우가 많다.[97)]

[강제집행면탈죄] 대법원 2008. 4. 24. 선고 2007도4585 판결은 "… ㉮ 원심[98)]은, 2005. 6. 중순경을 기준으로 한 피고인 소유 △△타운의 시가는 4,318,000,000원이고, △△타운에 설정된 근저당권의 채권최고액은 3,486,000,000원이나 피담보채무는 2,490,000,000원이며, △△타운의 시가에서 △△타운에 설정된 근저당권의 피담보채무와 피고인이 허위로 부담한 전세보증금반환채무 600,000,000원을 각 공제하면 1,228,000,000원(△△타운 시가 4,318,000,000원－근저당권의 피담보채무 2,490,000,000원－허위채무 600,000,000원)이 남는데, 이는 공사대금채권자가 피고인을 강제집행면탈죄로 고소하면

---

96) 대판 1998. 9. 8. 98도1949, 대판 2008. 4. 24. 2007도4585, 대판 2012. 6. 28. 2012도3999 등.

97) 형법 제327조에 규정된 강제집행면탈죄에 있어서의 재산의 '은닉'이라 함은 강제집행을 실시하는 자에 대하여 재산의 발견을 불능 또는 곤란케 하는 것을 말하는 것으로서, 재산의 소재를 불명케 하는 경우는 물론 그 소유관계를 불명하게 하는 경우도 포함하나, 재산의 소유관계를 불명하게 하는 데 반드시 공부상의 소유자 명의를 변경하거나 폐업신고 후 다른 사람 명의로 새로 사업자등록을 할 것까지 요하는 것은 아니다. 따라서 사업장의 유체동산에 대한 강제집행을 면탈할 목적으로 사업자등록의 사업자 명의를 변경함이 없이 사업장에서 사용하는 금전등록기의 사업자 이름만을 변경하는 것은 강제집행면탈죄에 있어서 재산의 '은닉'에 해당한다(대판 2003. 10. 9. 2003도3387).

98) 대전지법 2007. 5. 17. 2006노1458.

서 공사대금채권액이라고 주장한 716,300,000원을 훨씬 상회하는 금액이며, 결국 피고인이 허위채무를 부담할 당시 피고인에게는 공사대금채권자의 집행을 확보해 줄 수 있는 충분한 재산이 있었으므로 공사대금채권자를 해할 위험성은 없었다고 보고, 강제집행면탈죄 공소사실은 범죄의 증명이 없는 경우라고 하여 무죄를 선고하였다 … ㉯ 현실적으로 강제집행을 받을 우려가 있는 상태에서 강제집행을 면탈할 목적으로 허위채무를 부담하는 등의 행위를 하는 경우에는 달리 특별한 사정이 없는 한 채권자를 해할 위험이 있다고 보아야 할 것이고(대법원 1996. 1. 26. 선고 95도2526 판결 참조), 채무자에게 약간의 다른 재산이 있다 하여 채권자를 해할 우려가 없다고 할 수 없다(대법원 1990. 3. 23. 선고 89도2506 판결 참조) … ㉰ 원심이 앞서 본 계산 결과를 토대로 이 사건에서 피고인의 허위채무(허위의 전제보증금반환채무) 부담이 채권자를 해할 위험성이 없다고 판단한 것은 수긍하기 어렵다. 원심이 판시한 이 사건 △△타운 상가의 시가는 고정적인 것이 아니고 강제집행이 되는 경우 오히려 상당한 가격 하락이 있을 수 있고 근저당권의 채권최고액이 높음에 비추어 그 피담보채권의 액수 또한 증가할 여지도 있으며, 기록에 의하면 피고인에게는 일부 진정한 임차인들에 대한 임대보증금반환채무도 1억 9천만 원이나 있음이 인정되는 점(원심은 이 부분을 계산에서 누락하였다) 등의 사정을 종합하여 보면, 원심이 채권자를 해할 위험이 없다고 판단함에 전제한 위 계산방법은 피고인의 재산상황에 대해 경험칙상 쉽게 예측할 수 있는 장래의 변화 가능성을 모두 도외시한 것일 뿐 아니라 재산 파악에도 오류가 있어, 이를 가지고 피고인의 이 사건 허위채무 부담이 채권자를 해할 위험이 없다고 보기에는 심히 근거가 부족하다고 할 것이고, 가사 채무를 공제한 뒤에 피고인에게 약간의 재산이 남을 수 있다고 예측된다 하더라도 그러한 사유만으로 위 허위채무 부담이 채권자를 해할 위험이 없다고 볼 수는 없을 것이다 …"라고 판시하였다.

V. 주거등침입죄

형법 제319조의 주거침입죄는 사람의 주거, 관리하는 건조물 · 선박 · 항공기, 점유하는 방실에 침입하는 경우에 성립한다(3년 이하의 징역 또는 5백만 원 이하의 벌금).

주거침입죄는 사실상의 주거의 평온을 보호법익으로 하는 것이므로 그 거주자 또는 간수자가 건조물 등에 주거 또는 간수할 권리를 가지고 있는지 여부는 범죄의 성립을 좌우하는 것이 아니며, 점유할 권리가 없는 자의 점유라 하더라도 그 주거의 평온은 보호되어야 할 것이므로, 권리자가 그 권리를 실현함에 있어 법에 정하여진 절차에 의하지

아니하고 그 주거 또는 건조물에 침입하는 경우에는 주거침입죄가 성립한다.[99)]

[주거침입죄] 근저당권설정등기가 되어 있지 아니한 별개 독립의 이 사건 건물이 근저당권의 목적으로 된 대지 및 건물과 일괄하여 경매된 경우 이 사건 건물에 대한 경락허가결정이 당연무효라고 하더라도 이에 기한 인도명령에 의한 집행으로서 일단 이 사건 건물의 점유가 경락인에게 이전된 이상 이 사건 건물의 소유자인 피고인이 위 무효인 인도집행에 반하여 위 건물에 들어간 경우에도 주거침입죄는 성립한다(대판 1984. 4. 24. 83도1429).

[건조물침입죄] 경북 칠곡군 왜관읍 왜관리 △△△ 소재 건물 2층의 목욕탕 내부공사의 공사대금 중 일부를 지급받지 못하고 있던 수급인인 피고인이, 건물주의 부도로 위 건물에 관하여 개시된 경매절차에서 유치권신고를 하고 목욕탕 내부로 들어가 이를 점거한 경우{경매절차의 매수인이 피고인을 상대로 부동산인도명령을 신청하여 인용결정을 받은 후 공동건조물침입죄(폭처법 §2②)로 고소한 사안임}, 피고인이 건조물 관리자(소유자 또는 근저당권자)의 승낙 없이 건조물(건물 2층의 목욕탕)을 불법적으로 점거한 것은 건조물침입죄를 구성하고, 피고인이 건조물에 관한 채권을 가지고 있었다고 하더라도 유치권을 취득하기 위하여 정당한 법적 절차가 아닌 불법적인 방법으로 점거하는 것까지 허용될 수는 없으므로, 피고인의 침입행위가 형법상의 정당행위에 해당하는 것으로 볼 수 없다(대판 2007. 4. 12. 2007도654).

Ⅵ. 재물손괴죄

형법 제366조의 재물손괴죄는 사람의 재물, 문서, 전자기록 등 특수매체기록을 손괴, 은닉 기타 방법으로 효용을 해하는 경우에 성립한다(3년 이하의 징역 또는 7백만 원 이하의 벌금).

99) 대판 1984. 4. 24. 83도1429, 대판 2007. 7. 27. 2006도3137 등.

[유치권자의 출입문 용접 — 정당행위에 해당하지 않음] 정당행위를 인정하려면 ㉮ 그 행위의 동기나 목적의 정당성, ㉯ 행위의 수단이나 방법의 상당성, ㉰ 보호이익과 침해이익과의 법익균형성, ㉱ 긴급성, ㉲ 그 행위 외에 다른 수단이나 방법이 없다는 보충성 등의 요건을 갖추어야 한다. 그런데 △△건설이 이 사건 아파트의 유치권자로서 소유자나 제3자에 의한 점유의 침탈을 막을 필요가 있었다고 하더라도, 이 사건 아파트의 출입문을 용접한 행위가 그 수단과 방법에 있어서 상당성이 인정된다고 보기 어렵고(㉯ 결여), △△건설이 유치권을 행사하고 있던 다른 아파트 2채에 대한 점유를 각 그 소유자들에 의해 침탈당하였다는 사정만으로 이 사건 아파트에 관한 점유의 침탈을 막는 데에 이와 같은 출입문의 용접 행위가 긴급하고 불가피한 수단이었다고 볼 수도 없다(㉱㉲ 결여). 그렇다면 피고인의 이 사건 재물손괴 행위는 형법 제20조의 정당행위로 볼 수 없다(대판 2011. 1. 13. 2010도5989).

[소유자의 컨테이너 이동, 현수막 손괴 — 정당행위에 해당함] 서울중앙지법 2011. 5. 19. 선고 2011노447 판결은, 컨테이너 이동과 현수막 수거가 정당행위에 해당하는지 여부가 문제된 사안에서 "… 원심[100)]은, 피고인이 공소사실과 같이 컨테이너와 현수막을 치우라고 지시하고, 그 지시를 받은 박종△과 직원들이 컨테이너를 약 8미터 정도 옮기고 현수막을 구겨서 컨테이너 뒤쪽에 버린 사실은 인정되나, 위 컨테이너는 유치권 주장에 필요한 직원들의 점유를 용이하게 하기 위함인데, 피고인이 단순히 컨테이너의 위치를 옮긴 것만으로는 컨테이너에 대한 효용 침해, 즉 본래 용법에 따라 사용할 수 없는 상태에 이르게 하였다고 보기 어렵고, 설령 그 효용을 해하였다고 하더라도 이러한 행위(컨테이너 이동)와 현수막 손괴의 점은, 그 채택증거를 종합하여 인정되는 다음과 같은 사정, 즉 ㉮ 피해자가 이 사건 공사대금채권을 피담보채권으로 하여 어떠한 유치권도 행사하지 않기로 약정하였다고 볼 수 있는 점, ㉯ 피고인이 위와 같은 행위를 할 당시 컨테이너는 정기적으로 관리되고 있지 아니하였고 위 토지의 출입을 통제하거나 경비하는 사람도 없는 등 위 토지에 대한 점유를 계속하였다고 보기 어려운 점 등 피고인이 현수막의 손괴 행위에 이르게 된 경위와 목적, 수단 및 의사 등 제반 사정을 종합하여 보면, 피고인의 이러한 행위는 사회통념상 허용될 만한 정도의 상당성이 있는 것으로서 위법성이 결여된 행위라고 할 것이어서 형법 제20조에 정한 정당행위에 해당한다는 이유로 무죄를 선고하였다 … 원심판결 이유를 기록에 비추어 면밀히 검토해 보면, 원심이 그 판시와 같은 이유로 이 사건 공소사실을 무죄라고 판단한 조처는 정당한 것 …"이라고 판시하였다.[101)]

100) 서울중앙지법 2011. 1. 20. 2010고단4675.

101) 검사가 상고하였으나 기각되었다(대판 2011. 9. 29. 2011도6861).

Ⅶ. 부동산강제집행효용침해죄

형법 제140조의2의 부동산강제집행효용침해죄는 강제집행으로 명도 또는 인도된 부동산에 침입하거나 기타 방법으로 강제집행의 효용을 해하는 경우에 성립한다(5년 이하의 징역 또는 7백만 원 이하의 벌금). 이 죄의 객체에는 강제집행으로 퇴거집행된 부동산도 포함된다.[102)]

Ⅷ. 모욕죄

유치권 행사 중이라는 플래카드(placard)의 게시가 형법 제311조가 규정하는 모욕죄에 해당하는 경우가 있다.

[플래카드 게시] 대전지법 2009. 6. 11. 선고 2009노858 판결은 벌금형을 선고하면서 "… 모욕죄에서 말하는 '모욕'이란 사실을 적시하지 아니하고 사람의 사회적 평가를 저하시킬 만한 추상적 판단이나 경멸적 감정을 표현하는 것이다(대법원 2008. 12. 11. 선고 2008도8917 판결 참조) … ㉮ 피고인2, 피고인3은 피고인1의 지시에 따라 '악덕건축주(A 병원장)는 공사대금 즉시 지급하라(유치권 행사 중입니다)'는 내용의 플래카드를 제작하여 2007. 4. 6.경 이 사건 신축건물 벽면에 게시한 사실이 인정되고, 여기에다가 이 사건 신축건물의 건축주는 B로 이미 특정되어 있었던 점, ㉯ B는 2002. 5. 1.경부터 현재까지 대전 서구 △△동 △△△에서 'A 정형외과'라는 상호로 병원을 운영하고 있었던 점, ㉰ 대전 서구 관내에 'A'라는 용어를 사용하는 의료기관은 3곳에 불과한데(A 정형외과의원, A 피부과의원, A 흉부외과의원), 이 사건 신축건물 왼쪽 벽면에는 이미 'A 병원 개원예정, 진료과목 : 정형외과, 외과 등'으로 기재되어 있어 B가 위 플래카드에서 지칭하는 A 병원장으로 특정될 수밖에 없는 점, ㉱ 이 사건 신축건물의 전면부 전방에는 편도 2차로의 도로가 있고, 이 사건 신축건물이 소재한 대전 서구 △△동 △△△ 인근은 다른 병원 및 금융기관을 비롯한 상가가 인접해 있어 사람과 차량의 통행이 빈번한 지역이므로 이 사건 플래카드에 게시된 내용이 불특정 다수인에게 공개되어 있다고 보이는 점, ㉲ 사전적으로 '악덕(惡德)'이라는 표현은 '도덕에 어긋나는 나쁜 마음이나 나쁜 짓'을 말하고 '악덕하다'라는 표현은 '마음

---

102) 대판 2003. 5. 13. 2001도3212.

씨나 행실이 도덕에 어긋나 있다'는 의미를 가지므로 '악덕건축주'라는 표현 자체에 이미 건축주인 B가 피고인 측에 의해 정당하게 청구된 공사대금을 합리적인 이유 없이 지급하지 않고 있다는 느낌을 주어 B에 대한 사회적 평가를 저하시킬 만한 추상적 판단이나 경멸적 감정이 포함되어 있는 점 등을 종합하여 보면, 피고인들은 위 플래카드를 게시함으로써 B를 공연히 모욕하였다고 보아야 할 것이다 …"라고 판시하였다.[103)]

Ⅸ. 손해배상책임

1. 서설

고의 또는 과실로 인한 위법행위로 타인에게 손해를 가한 사람은 그 손해를 배상할 책임이 있다(민 §750).

첫째, 유치권자 또는 매수인 등은 점유를 침탈하거나 회복하는 과정에서 손해가 발생한 경우 그 손해를 배상하여야 한다.

둘째, 유치권주장자는 유치권이 불성립하거나 확정적으로 또는 조건부로 소멸하는 경우, 그 점유로 인하여 매수인에게 발생한 손해 또는 유치권신고로 인하여 배당적격자에게 발생한 손해 등을 배상하여야 한다.

103) 검사가 상고하였으나 기각되었다(대판 2009. 10. 15. 2009도6032).

2. 불법점유로 인한 손해배상책임

[매수인에 대한 손해배상책임]

대전고법 2011. 7. 14. 선고 2010나1652 · 1699

1. 사안개요

가. 대전 서구 둔산동 △△△ 대지 1,065.8㎡(이하 '이 사건 토지'라고 함)는 원래 피고29(형식적 대표자 소외 이△△, 실질적 대표자 피고1)의 소유였는데, 피고29가 그 지상에 지하 1층, 지상 10층 건물(이하 '이 사건 건물'이라고 함)을 신축하여 2002. 7. 15. 사용승인을 받고, 2003. 1. 10. 대전 서구청에 증축 신고를 한 후 이 사건 건물에 관하여 일부 증축공사를 실시하여 2003. 2. 17. 완료 신고를 하였다.

나. 피고29는 2002. 10. 12.부터 이 사건 건물에서 예식장 운영 등 영업을 하다가 2003. 3. 15.자 어음을 결제하지 못하여 2003. 3. 19. 당좌거래가 부도처리 되었다. 이에 이 사건 토지 및 건물(이하 통칭할 때는 '이 사건 각 부동산'이라고 함)에 관한 근저당권자인 주식회사 국민은행은 근저당권 실행을 위하여 대전지방법원에 임의경매신청(이하 '이 사건 경매'라고 함)을 하였고, 2003. 4. 3. 이 사건 각 부동산에 관하여 위 임의경매개시결정등기가 경료되었다.

다. 원고는 2004. 4. 27. 이 사건 경매에서 이 사건 각 부동산에 대하여 매각허가결정을 받고 같은 해 6. 3. 매각대금을 납부하였다.

라. 甲과 피고17은 이 사건 경매에서 유치권자로 신고한 사람들로서, 甲은 이 사건 건물 중 별지 목록 제3항 기재 부분{이하 '이 사건 (1) 점유 부분'이라고 함}[104)]을, 피고17은 이 사건 건물 중 별지 목록 제4항 기재 부분{이하 '이 사건 (2) 점유 부분'이라고 함}[105)]을 각 점유하고 있다가 그 중 甲이 2006. 5. 20.경 사망하여 상속인들의 협의로 배우자인 피고30이 그 단독 상속인이 되어 甲의 점유를 승계하였는데, 위 甲과 피고17이 이 사건 건물을 점유하게 된 경위는 다음과 같다.

(1) 피고29는 甲과 피고17을 포함한 이 사건 건물의 공사업자들에게 공사대금으로 소외 △△산업이 발행한 어음을 교부하였는데, 위 △△산업의 당좌거래가 2002. 12. 18. 부도처리 되었다. 그 후 '이

---

104) 지하 1층 대부분(총 914.97㎡ 중 775.42㎡), 지상 1 · 4 · 5 · 6층 전부.

105) 지상 2 · 3 · 7 · 8 · 9 · 10층 전부.

사건 24명의 피고들[106]과 甲, 피고17, △△창호는 피고29에 대하여 공사대금 등 채권을 가지고 있던 자들로서 2003. 2.경 위 공사대금채권 회수와 관련하여 甲, 피고17을 대표자로 선정하여 위 두 사람이 이 사건 건물에 관하여 피고29와 사이에 사용대차계약을 체결하여 이를 점유하도록 하는 권한을 위임하였고, 그 후 甲, 피고17은 2003. 2. 10. 피고29와 위 건물 중 이 사건 (1) · (2) 점유 부분에 관하여 각 사용대차기간 2003. 2. 10.부터 대금 수령일까지로 하는 사용대차계약을 체결하였다.

(2) 甲은 상호 '△△음식호텔', 개업연월일 '2003. 3. 15.'로 하여, 피고17은 상호 '△△△△음식호텔', 개업연월일 '2003. 3. 15.'로 하여 각 서대전 세무서장에게 사업자등록을 신청하여 같은 달 18. 각 사업자등록을 하였다.

(3) 이 사건 24명의 피고들과 △△창호는 2003. 4. 25. 甲을 선정당사자로 하여 이 사건 경매절차에서 채권 합계 3,868,914,252원의 유치권신고를 하는 한편, 대전지방법원에 피고29를 상대로 하여 위 돈의 지급을 구하는 지급명령신청을 하여 2003. 6. 5. 지급명령을 받았고, 2003. 7. 4. 김△△에게 위임하여 대전지방법원에 위 채권액 상당의 배당요구를 신청하였다.

마. 피고31은 2002. 10. 16. 피고29와 이 사건 건물의 지하 1층 중 '웨딩샵' 부분 139.55㎡(이하 '이 사건 점포'라고 함)를 임차보증금 100,000,000원, 임대차기간은 계약일부터 2005. 10. 18.까지로 하는 임대차계약을 체결하고 그 무렵부터 이 사건 점포에서 영업을 하다가 2003. 3. 17. 위 임대차계약서에 확정일자를 받았고, 이 사건 경매절차에서 2003. 4. 11. 권리신고 및 배당요구신청을 하였다.

바. 원고는 대전지방법원 2004타기1655호로 피고29에 대하여는 이 사건 건물 전체의, 피고31에 대하여는 이 사건 점포의, 甲 및 피고17에 대하여는 이 사건 (1) · (2) 점유 부분의 인도를 구하는 경락부동산 인도명령신청을 하여 2004. 6. 30. 피고29, 피고31에 대하여는 인용결정을 받았으나, 2004. 9. 24. 甲과 피고17에 대하여는 甲과 피고17이 적법한 유치권에 근거하여 점유를 하고 있다는 이유로 기각결정을 받았다. 이에 원고는 항고를 하였으나 甲과 피고17이 이 사건 경매개시결정 이전인 2003. 3. 20.경부터 피고1과 공동으로 이 사건 건물에서 영업을 함으로써 이 사건 건물을 점유하여 원고에게 대항할 수 있는 유치권자라는 등의 이유로 2005. 11. 30. 항고기각결정을 받았고, 재항고도 2006. 6. 28. 기각되었다.

사. 한편, 원고는 위 인도명령신청과는 별도로 2004. 12.경 대전지방법원 2004가합10477호로 甲(피고30이 소송을 수계하였다)과 피고17을 상대로 甲과 피고17이 이 사건 (1) · (2) 점유 부분을 점유하고 있음을 이유로 각 그 점유 부분에 대한 인도와 각 그 점유기간 동안의 차임 상당의 손해배상

106) 총 32명의 피고 중 8명(피고 1~3, 8, 17, 29~31)을 제외한 24명을 말한다.

금 또는 부당이득금의 지급을 구하는 소송을 제기하여 2008. 11. 12. 위 법원으로부터 일부 인용의 판결을 선고받았고, 위 사건에 대한 위 피고들의 항소 및 원고의 부대항소로 계속된 대전고등법원 2008나11090호 건물명도 사건에서 위 법원은 위 피고들이 이 사건 (1)·(2) 점유 부분의 점유가 이 사건 부동산에 관하여 경매개시결정의 기입등기가 이루어진 2003. 4. 3. 이후인 2003. 5. 1.경부터라고 보아 위 피고들의 유치권 항변을 배척하고 위 피고들의 불법점유를 인정하여 위 각 그 점유 부분의 인도와 함께 불법점유로 인한 손해배상청구를 인용하는 내용의 판결을 선고하였으며, 이에 대하여 피고17, 피고30은 대법원 2009다104519호로 상고하고 원고는 부대상고를 하였는데 대법원은 2010. 4. 29. 위 피고들의 유치권 항변을 배척한 원심의 판단을 유지하고 위 피고들의 공동불법행위 책임이 인정된다는 취지로 원고의 부대상고를 받아들여 원심 판결 중 손해배상청구에 관한 원고 패소 부분이 파기, 환송되었다. 피고17, 피고30은 2010. 7. 5. 환송 후 진행 중이던 대전고등법원 2010나2952호 사건에서 항소취하서를 제출하였고, 이에 대하여 원고는 2010. 7. 16. 기일지정신청서를 제출하였으나, 이미 부대항소가 제기되어 있다 하더라도 주된 항소의 취하는 그대로 유효하다고 할 것이라는 이유로 소송종료 선언을 하는 판결이 선고되어 그 무렵 위 판결이 확정됨으로써 결과적으로 위 대전지방법원 2004가합10477호 판결이 항소취하로 확정되었다.

아. 원고는 2008. 12. 4. 피고들을 상대로 이 사건 손해배상청구의 소를 제기하였다.

2. 피고17, 피고30에 대한 소의 적법 여부에 관한 판단

원고는 이 사건 소로 피고17, 피고30에 대하여 위 피고들이 이 사건 (1)·(2) 점유 부분을 점유하고 있음을 이유로 위 부동산의 점유기간 동안의 차임 상당의 손해배상금 또는 부당이득금의 지급을 구하고 있다 … 이 사건 청구 중 불법행위를 청구원인으로 한 부분은 이미 일부 승소로 확정된 대전지방법원 2004가합10477호 사건과 청구원인 및 당사자가 동일하므로 종전 확정판결의 기판력에 저촉되는 것이어서 소의 이익이 없다 … 따라서 원고의 피고17, 피고30에 대한 이 사건 소는 부적법하다.

3. 피고1, 피고2, 피고3, 피고29에 대한 청구에 관한 판단

가. 당사자들의 주장

원고는 위 피고들이 甲(피고30), 피고17과 함께 실제 이 사건 (1)·(2) 점유 부분을 직접점유하였거나, 甲(피고30), 피고17로 하여금 위 부동산을 점유하도록 교사하거나 그 점유를 도왔으므로, 원고에 대하여 甲(피고30), 피고17과 공동으로 불법점유에 기한 손해배상책임을 지거나, 부당이득반환의무를 진다고 주장하고, 이에 대하여 위 피고들은 이 사건 (1) · (2) 점유 부분을 점유하거나 그 점유를 교사, 방조를 한 일이 없고, 사용, 수익을 한 바도 없다고 다툰다.

나. 불법행위의 성립

위 피고들은 甲(피고30), 피고17의 이 사건 (1) · (2) 점유 부분의 불법 점유에 대한 공동책임을 진다고 봄이 상당하다.

다. 소멸시효 항변에 대한 판단

위 피고들은 원고의 피고들에 대한 손해배상청구권은 3년의 단기소멸시효로 소멸하므로, 이 사건 소제기로부터 역산하여 3년에 해당하는 부분은 시효가 완성되어 소멸하였다는 취지로 주장한다 … 살피건대 … 피고들의 주장은 이유 없다.

라. 손해배상의 범위

위 피고들이 甲(피고30), 피고17의 이 사건 (1) · (2) 점유 부분의 불법점유에 대하여 공동가공함으로써 소유자인 원고가 소유를 취득한 이래 이를 사용 · 수익하지 못하게 되어 입은 손해는 위 점유 부분에 대한 차임 상당액이다(손해배상청구를 인정하는 이상 부당이득반환청구는 나아가 판단하지 아니한다).

4. 이 사건 24명의 피고들에 대한 청구에 관한 판단

가. 당사자들 주장의 요지 〈생략〉

나. 불법행위 주장에 대한 판단

(1) 甲(피고30), 피고17의 불법행위

甲(피고30), 피고17의 이 사건 (1) · (2) 점유 부분의 점유가 원고에 대한 관계에서 그 권원 없는 점유로서 불법점유가 된다는 점은 앞에서 본 바와 같다.

(2) 이 사건 24명의 피고들의 공동불법행위책임 유무

(가) 인정사실 〈생략〉

(나) 이 사건 24명의 피고들이 공동점유자인지 여부

이 사건 24명의 피고들이 이 사건 부동산을 직접점유하고 있었다거나 점유권원을 가지고 있다고 볼 아무런 증거가 없고, 甲(피고30)과 피고17의 이 사건 (1)·(2) 점유 부분에 대한 점유권원은 본인들 명의로 피고29와 맺은 위 각 사용대차계약에 의하여 비로소 직접 취득한 것이므로, 이 사건 24명의 피고들은 甲(피고30), 피고17과 함께 이 사건 (1)·(2) 점유 부분을 공동점유하고 있는 것도 아니고 甲(피고30)과 피고17을 직접점유자로 하여 간접점유하고 있는 것도 아니다.

(다) 공동불법행위의 성립 여부

대전지방법원 2004가합10477 사건 및 항소심인 대전고등법원 2008나11090 사건에서 甲(피고30), 피고17의 유치권 행사가 원고에게 대항할 수 없는 것으로 판단되고 그 판단이 대법원 2009다10519 사건에서 그대로 유지되었다고 할지라도, 대법원 2009다10519호 사건 판결이 선고된 2010. 4. 29.까지는 이 사건 24명의 피고들로서는 부동산인도명령 사건과 관련하여 甲(피고30), 피고17의 이 사건 (1)·(2) 점유 부분에 관한 점유가 적법한 유치권에 기한 점유라는 이 법원 및 대법원의 판단을 신뢰하였다고 할 것이므로, 甲(피고30), 피고17의 이 사건 (1)·(2) 점유 부분에 관한 점유가 불법점유라고 인식하고 있었다고 보기 어려우며, 달리 이를 인정할 증거가 없다.

또한 이 사건 24명의 피고들이 채권단을 구성하여 서로 연락을 취하고 원고의 甲(피고30), 피고17에 대한 대전지방법원 2004가합10477호 사건에 관여하는 등으로 甲(피고30), 피고17의 이 사건 (1)·(2) 점유 부분에 대한 점유에 관여하여 왔으나, 위 대전지방법원 2004가합10477호 사건의 판결이 선고된 2008. 11. 12. 이후 위 사건의 항소심(대전고등법원 2008나11090호) 및 대법원(대법원 2009다10519호) 판결이 선고된 2010. 4. 29.에 이르기까지 계속하여 위 소송사건에 관여하여 왔다고 볼 만한 아무런 증거가 없을 뿐만 아니라, 위 대전지방법원 2004가합10477호 사건이 선고된 직후인 2008. 12. 4. 제기된 이 사건 소송절차에서 甲(피고30), 피고17의 이 사건 (1)·(2) 점유 부분에 대하여 무관함을 주장하고 있다.

따라서 이 사건 24명 피고들은 甲(피고30), 피고17의 이 사건 (1)·(2) 점유 부분에 대한 점유가 불법행위를 구성한다는 점을 인식하면서도 소송에 관여하는 방법으로 그 불법점유에 관여하여 왔다고 볼 수 없고, 그 점유에 대한 관여행위도 2008. 11. 12. 무렵 종료되었다고 할 것이므로 甲(피고30), 피고17의 이 사건 (1)·(2) 점유 부분에 관한 불법점유에 대하여 이 사건 24명의 피고들이 공동불법행위자로서의 책임이 있다고 볼 수 없다.

다. 부당이득 주장에 대한 판단

이 사건 24명의 피고들은 甲(피고30), 피고17과 함께 이 사건 (1) · (2) 점유 부분을 공동점유하거나 간접점유하고 있다고 볼 수 없으므로, 이 사건 (1) · (2) 점유 부분을 점유 · 사용하였음을 전제로 한 원고의 부당이득반환 주장은 더 나아가 살펴볼 필요 없이 이유 없다.

5. 피고8에 대한 청구에 관한 판단

원고는 피고 정방유리산업은 甲(피고30), 피고17을 통해 원고에게 대항할 수 없는 유치권을 행사하면서 이 사건 (1) · (2) 점유 부분을 점유하고 있으므로 위 피고들은 원고에 대하여 불법점유에 기한 손해배상책임을 지거나, 부당이득반환의무를 진다고 주장하나, 이를 인정하기에 부족하고 달리 이를 인정할 증거가 없으므로 위 피고에 대한 원고의 주장은 더 나아가 살필 필요 없이 이유 없다.

6. 피고31에 대한 청구에 관한 판단

가. 불법행위 주장 부분

(1) 이 사건 점포 부분(당심에서 추가된 부분)

원고는 피고31이 원고가 이 사건 건물에 대한 소유권을 취득한 2003. 6. 3.부터 현재까지 이 사건 점포를 권원 없이 점유하고 있으므로, 그 불법점유에 따른 손해배상책임이 있고 그 액수는 2004. 6. 3.부터 2011. 1. 27.까지 그 임료 상당인 60,815,569원 및 이에 대한 … 의 비율에 의한 금원을 지급할 의무가 있다.

(2) 이 사건 건물 중 이 사건 점포를 제외한 나머지 부분

원고는 위 피고도 甲(피고30), 피고17과 공동하여 이 사건 (1) · (2) 점유 부분을 불법점유하고 있거나 甲(피고30), 피고17의 위 불법점유에 가담하여 공동불법행위 책임을 진다고 주장하나, 이를 인정할 아무런 증거가 없으므로 이 부분 원고의 주장은 이유 없다.

나. 부당이득 주장 부분

이 사건 중 이 사건 점포를 제외한 나머지 부분에 대하여 보건대(이 사건 점포 부분에 대하여는 피고31의 불법점유가 인정되므로 부당이득 주장은 판단하지 않는다), 앞서 본 바와 같이 피고31이 동산을 소유한다고 하여 이 사건 (1) · (2) 점유 부분을 점유하고 있다고 볼 수 없고, 그 전부를 사용 · 수익하고 있으므로, 이 부분 원고의 주장은 이유 없다.[107]

[유치권주장자(주식회사)의 대표이사의 손해배상책임] 대법원 2013. 6. 27. 선고 2011다50165 판결은 "… 주식회사의 대표이사가 업무집행을 하면서 고의 또는 과실에 의한 위법행위로 타인에게 손해를 가한 경우 주식회사는 상법 제389조 제3항, 제210조에 의하여 제3자에게 손해배상책임을 부담하게 되고, 그 대표이사도 민법 제750조 또는 상법 제389조 제3항, 제210조에 의하여 주식회사와 연대하여 불법행위책임을 부담하게 된다(대법원 1980. 1. 15. 선고 79다1230 판결, 대법원 2007. 5. 31. 선고 2005다55473 판결 참조). 따라서 주식회사의 대표이사가 업무집행과 관련하여 정당한 권한 없이 그 직원으로 하여금 타인의 부동산을 지배 · 관리하게 하는 등으로 소유자의 사용수익권을 침해하고 있는 경우, 그 부동산의 점유자는 회사일 뿐이고 대표이사 개인은 독자적인 점유자는 아니기 때문에 그 부동산에 대한 인도청구 등의 상대방은 될 수 없다고 하더라도, 고의 또는 과실로 그 부동산에 대한 불법적인 점유상태를 형성 · 유지한 위법행위로 인한 손해배상책임은 회사와 별도로 부담한다고 보아야 한다. 대표이사 개인이 그 부동산에 대한 점유자가 아니라는 것과 업무집행으로 인하여 회사의 불법점유 상태를 야기하는 등으로 직접 불법행위를 한 행위자로서 손해배상책임을 지는 것은 별개라고 보아야 하기 때문이다 … 원심[108]은 그 채택 증거에 의하여 피고 회사가 이 사건 토지와 건물을 불법으로 점유함으로써 그 소유자인 원고로 하여금 이 사건 토지와 건물을 사용 · 수익하지 못하게 한 사실과 그로 말미암은 손해배상책임을 인정하면서도 피고 회사(피고1)의 대표이사(피고2)에 대하여는 개인이 아닌 피고 회사의 대표기관으로서 점유하고 있을 뿐 피고 회사와 별도로 개인의 지위에서 이 사건 토지와 건물을 점유하는 것으로 볼 수 없다는 이유로 그 청구를 배척하였다 … 그러나 위와 같은 원심의 판단은 다음 이유로 그대로 수긍할 수 없다. 원심이 인정한 사실과 채택된 증거에 의하면, 피고2는 피고1(피고 회사)의 대표이사로서 이 사건 토지와 건물에 대한 경매가 진행되던 중에 유치권신고를 하고 피고 회사의 직원 등으로 하여금 이를 관리하도록 한 이래 원고가 낙찰을 받아 소유권을 취득한 이후에도 유치권을 주장하면서 원고를 배제한 채 피고 회사를 위한 점유상태를 유지해 온 사실을 알 수 있고, 아래와 같이 피고 회사(피고1)는 원고에 대하여 유치권으로 대항할 수 없으므로(경매절차개시 후에 유치권을 취득하였으므로) 그 점유는 정당한 권한 없는 불법적인 점유에 해당한다. 이러한 사실관계를 앞서 본 법리에 비추어 보면, 피고2가 피고1(피고 회사)의 직원 등으로 하여금 이 사건 토지와 건물을 지배 · 관리하도

107) 원고와 일부 피고가 상고하였으나 모두 기각되었다(대판 2012. 1. 12. 2011다72219 · 72226).

108) 서울고법 2011. 5. 26. 2010나75305.

록 한 것은 피고 회사의 업무집행으로 인하여 원고의 소유권을 침해한 불법행위에 해당한다 할 것이므로, 비록 이 사건 토지와 건물의 점유자는 피고 회사(피고1)라 하더라도 피고2는 위 불법행위로 인한 손해배상책임을 면할 수 없다 …"라고 판시하였다.

[매수인에 대한 손해배상책임의 범위] 의정부지법 2008. 11. 20. 선고 2007가합10723 판결은, 유치권주장자가 점유하고 있는 신축건물(공장 2동)에 관하여 경매절차의 매수인이 인도명령을 받아 그 집행을 완료하고, 20일 후 유치권주장자가 공장에 난입하여 그 점유를 침탈하였으며, 매수인이 유치권주장자를 상대로 손해배상청구의 소를 제기한 사안에서, 유치권주장자의 매수인에 대한 손해배상청구를 인용하면서, 훼손된 공장건물의 원상복구비용 및 점유침탈 시부터 인도명령 집행 시까지의 임료 상당 수익금에 해당하는 4,500여만 원의 손해배상을 명하였다.[109)]

3. 허위유치권신고로 인한 손해배상책임

[배당적격자에 대한 손해배상책임]
부산고법 2008. 8. 14. 선고 2008나801 판결

1. 사안개요

가. 원고는 2004. 6. 11. 소외 甲에게 1,420,000,000원을 대여하면서 이를 담보하기 위하여 甲 소유의 별지 목록 기재 건물(이하 '이 사건 건물'이라고 함) 및 그 대지에 대하여 채권최고액 1,850,000,000원으로 된 근저당권을 설정받았는데, 甲이 대출금채무를 이행하지 않아 담보권 실행을 위하여 2004. 11. 25. 부산지방법원 동부지원에 **임의경매**를 신청하였다.

나. 피고들은 임의경매절차가 진행 중이던 2005. 12. 12. 이 사건 건물의 신축공사에 투입한 공사대금 합계 308,680,000원을 받지 못하고 있다며 위 경매법원에 308,680,000원의 유치권신고를 하였다.

다. 위 경매절차에서 이 사건 건물과 그 대지의 감정평가액은 3,210,423,000원이었으나, 응찰자가 없

109) 또한 위 판결은 원고가 점유회복에 들인 비용(추가 집행 비용)은 집행비용확정절차를 통하여 구할 성질의 것이라고 판시하였다. 위 판결에 대하여 피고가 항소하였으나 손해배상금을 2,280만 원으로 감액하는 내용의 화해가 성립되었다(서울고법 2010. 3. 19. 2009나80202 화해권고결정).

어 수회 유찰이 거듭되는 동안 최저매각가격이 1,314,989,000원까지 내려가게 되자, 원고는 저가 낙찰로 인한 부실채권을 줄이기 위해 2006. 3. 15. 위 임의경매신청을 취하하였다.

라. 한편, 甲의 취득세 체납을 이유로 2004. 9. 9. 이 사건 건물 및 그 대지를 압류한 바 있는 부산광역시가, 2006. 4. 17. 지방세법 및 국세징수법의 규정에 의하여 한국자산관리공사 부산지사에 공매를 의뢰함에 따라 그 무렵 이 사건 건물 및 그 대지에 대한 부동산 **공매절차**(이하 '이 사건 공매절차'라고 함)가 개시되었다.

마. 피고들은 이 사건 공매절차가 진행 중이던 2006. 5. 22. 위 임의경매절차에서와 마찬가지로 이 사건 건물의 신축공사에 투입한 공사대금을 받지 못하고 있다며 한국자산관리공사 부산지사에 308,680,000원의 유치권신고를 하였다.

바. 이 사건 건물 및 그 대지의 감정가격은 2006. 5. 12.을 기준일로 하여 2,599,289,280원으로 평가되었으나, 2006. 6. 26.경부터 2006. 8. 2.까지 6회의 유찰이 거듭되는 동안 매회 10%씩 매각예정가격이 하락하게 되었고, 결국 이 사건 건물 및 그 대지는 위 감정평가액의 약 50%에 해당하는 1,299,645,000원을 매각예정가격으로 하여 재실시된 입찰에서 2007. 1. 4. 소외 乙에게 1,325,550,000원에 매각되었다.

사. 원고는 2007. 3. 28. 실시된 이 사건 공매절차의 배분절차에서 체납처분비 30,942,680원, 부산 남구청의 조세채권 41,432,910원, 부산시의 조세채권 23,474,799원, 수영세무서의 조세채권 3,151,471원에 이은 다음 순위로 1,228,661,950원을 배분받았다.

아. 원고는 피고들을 상대로 손해배상청구의 소를 제기하였다.

2. 당사자의 주장

가. 원고의 주장

원고는, 피고들이 이 사건 건물을 점유하지 않아 유치권이 없음에도 이 사건 건물을 점유하여 유치권이 있는 것처럼 허위로 신고함으로써 이 사건 공매절차에서 저가 매각에 따라 원고가 1,228,661,950원만을 배분받음으로써 621,338,050원(=근저당권 채권최고액 1,850,000,000원－배당액 1,228,661,950원)의 손해가 발생하였으므로, 피고들은 연대하여 원고가 입게 된 손해의 범위 내로서 피고들의 유치권신고 금액에 해당하는 308,680,000원을 배상할 의무가 있다고 주장한다.

나. 피고들의 주장

이에 대하여 피고들은 ① 피고들이 甲으로부터 이 사건 건물 신축공사를 도급받은 소외 회사 丙과 사이에 각 공정별 하도급계약을 체결한 후 그에 따라 공사를 완료해 주었지만, 그 각 공사대금 중 합계 308,680,000원을 지급받지 못하여 이 사건 건물 중 안내실과 202호실을 점유하였으므로 유치권이 있었고, ② 설령 피고들의 유치권이 인정되지 않는다고 하더라도 피고들로서는 유치권이 있는 줄 알고서 신고를 한 것이므로 이를 들어 불법행위라고 할 수 없으며, ③ 피고들의 유치권신고와 원고 주장의 손해 사이에는 인과관계도 없다고 주장한다.

3. 판단

가. 유치권신고의 위법성 여부

먼저, 피고들이 甲으로부터 이 사건 건물 신축공사를 도급받은 丙으로부터 각 공정별로 하도급을 받아 그 각 공사를 완료한 사실, 그 후 丙으로부터 공사대금 지급조로 받은 어음이 부도처리 되는 등으로 그 각 공사대금 중 일부만 지급받았을 뿐 나머지 대금은 변제받지 못한 사실을 인정할 수 있다.

그러나 이 사건 건물은 2004. 4. 13. 甲 앞으로 소유권보존등기가 경료되었는데, 피고들의 주장에 의하더라도 피고들이 한 공사는 그 무렵 모두 완료된 상태에서 이 사건 건물 전체가 甲에게 인도되었던 사실, 甲은 2004. 11. 30.경 丁과 사이에 보증금을 150,000,000원, 월 차임을 5,000,000원으로 하여 이 사건 건물을 丁에게 임대하는 내용의 임대차계약서를 작성한 다음 丁에게 이 사건 건물을 인도해 주었고, 이에 따라 丁이 2004. 12. 15.경 사업자등록을 하고 이 사건 건물에서 모텔영업을 해 온 사실(丁 이전에는 다른 사람이 영업을 해왔다), 한편 이 사건 건물 및 그 대지에 관하여 2004. 11. 25. 개시된 임의경매절차에서 이루어진 경매법원의 현황조사 당시 이 사건 건물은 丁이 甲으로부터 임차하여 전부 점유하고 있는 것으로 조사되었을 뿐 피고들이 점유하고 있는 사실은 확인되지 않았던 사실 … 丁이 甲으로부터 이 사건 건물을 인도받아 영업을 개시할 무렵 피고들이 (이 사건 건물 중 202호를 점유하면서) 유치권을 주장하였고 甲도 피고들과 다투지 않도록 협조해 달라고 하여 피고들이 부착한 안내문을 그대로 둔 채 영업을 계속하였다는 취지로 증언한 사실을 인정할 수 있는바, 위 인정사실에 의하면, 피고들이 실제로 이 사건 건물이나 그 일부를 점유하였다거나 그 점유가 계속되었던 것으로 볼 수는 없고, 다만 이 사건 건물에 관하여 임의경매절차가 개시되자 유치권자로 신고한 후 임의경매절차에서의 매수인에 대하여 유치권을 내세워 이 사건 건물을 적법하게 점유할 권리가 있음을 주장하면서 그 인도를 거부하여 공사대금채권의 전부 또는 일부를 변제받을 목적으로 이 사건 건물을 점유하는 듯한 외관을 만들어 신고하였고 같은 목적에서 이 사건 공매절차에서도 유치권신고를 한 것에 불과하여 위법하다고 보지 않을 수 없다.

나. 인과관계의 존부

나아가 피고들의 위와 같은 행위와 원고의 손해 사이에 인과관계가 있는지 여부에 관하여 본다 … 등의 제반 사정에 비추어 보면, 이 사건 건물 및 그 대지가 고액의 숙박시설 및 그 부대시설로서 일반 건물에 비하여 그 수요자가 제한적일 것이라는 사정을 고려하더라도, 피고들의 유치권신고가 영향을 미쳐 매각가격이 줄어들었고, 그 결과 원고에게 배분된 금액이 줄어들어 원고가 손해를 입었다고 보지 않을 수 없다.

다. 손해배상의 범위

위와 같이 피고들의 위법한 유치권신고로 원고에게 재산적 손해가 발생한 이상 피고들은 공동불법행위자로서 이를 연대하여 배상할 의무가 있다 할 것이나, 한편, 피고들의 유치권신고로 인하여 영향을 받아 감액된 매각가격의 액수를 정확하게 확정할 수 없어 원고가 구체적인 손해의 액수를 입증하는 것이 사실상 곤란한바, 이와 같은 경우 법원은 증거조사의 결과와 변론 전체의 취지에 의하여 밝혀진 당사자들 사이의 관계, 불법행위와 그로 인한 재산적 손해가 발생하게 된 경위, 손해의 성격, 손해가 발생한 이후의 제반 정황 등의 관련된 모든 간접사실들을 종합하여 상당인과관계 있는 손해의 범위인 수액을 판단할 수 있다고 할 것인바(대법원 2004. 6. 24. 선고 2002다6951, 6968 판결, 2007. 11. 29. 선고 2006다3561 판결 등 참조) … 등의 제반 사정을 고려할 때, 피고들의 유치권신고와 상당인과관계 있는 원고의 손해액은 이를 위 유치권신고 금액의 30%에 해당하는 92,604,000원(=308,680,000원×0.3)으로 봄이 상당하다.[110]

110) 피고가 상고하였으나 상고이유서를 소정 기간 내에 제출하지 않아 기각되었다(대판 2008. 10. 23. 2008다65334).

PART 03

「타인 소유 부동산의 점유」 관련

제1장 부동산 요건의 불비

제1절 건축 중인 건물에 대하여 소유권이 성립하지 않은 경우

건축 중인 건물은 처음에는 토지에 부합한 상태로 존재하다가, 특정한 시점 내지 건축단계를 기점(起點)으로 토지와는 독립한 별개의 부동산으로 전환된다.

건축 중인 건물은 토지의 구성부분 또는 일부로서 토지에 부합하여 토지와 일체로 토지소유자의 소유에 귀속되었다가(민 §256 본문), 「부동산으로서의 독립성(독립한 부동산으로서의 건물의 요건)」, 즉 「최소한의 기둥 · 지붕 · 주벽」을 갖춘 시점에 토지와는 독립한 별개의 부동산이 되어 그 시점의 건축주 등이 소유권을 원시취득[1]한다.

따라서 건축 중인 건물은 일반건물로 건축하는 경우이든 집합건물로 건축하는 경우이든 「최소한의 기둥 · 지붕 · 주벽」을 갖추지 못한 시점 · 건축단계에서는 유치권의 객체가 될 수 없다. 토지의 정착물을 설치하였으나 그것이 「최소한의 기둥 · 지붕 · 주벽」을 갖추지 못한 경우가 이에 해당한다. 토지 정착물조차 축조되지 않은 경우에도 마찬가지이다.

---

1) 권리는 항상 권리주체에게 귀속된다. 권리의 변동은 어느 권리주체가 특정한 권리를 가지게 되거나 잃게 되는 관점에서 분류하면 원시취득과 승계취득으로 나눌 수 있다.

소유권을 원시취득한다는 것은 종전에 없던 소유권이 새로 생기는 것(특정 물건에 대한 소유권을 처음으로 취득하는 것)을 말하고, 소유권을 승계취득한다는 것은 기존의 소유권이 그대로 다른 사람에게 이전되는 것(특정 물건에 대한 소유권을 이전받아 취득하는 것)을 말한다. 건물을 신축하여 소유권이 성립 · 발생하는 경우가 전자에 해당하고(소유권보존등기를 하지 않아도 소유권을 취득함, 민 §187), 건물을 매수한 경우가 후자에 해당한다(원칙적으로 소유권이전등기를 하여야 소유권을 취득함, 민 §186).

신축한 건물에 대한 소유권의 취득(원시취득) 또는 신축한 건물에 대한 점유권 · 유치권(등기를 할 수 없는 물권임)의 취득은 등기를 요하지 않는다(민 §187).

Ⅰ. 토지 정착물조차 축조되지 않은 경우

1. 원칙 : 유치권 행사 불가능

건물 신축공사를 할 때에는 통상적으로 터파기 · 흙막이 · 부지조성 등의 토공사(土工事), 연약한 지반을 강화 · 보강하기 위한 기초공사(基礎工事) 등을 하게 된다.

건물 신축공사가 토공사 · 기초공사 단계에서 중단된 경우 건설업자는 공사 중단 시점까지 발생한 공사대금채권을 변제받기 위하여 유치권을 행사할 수 있는 방법이 없다.

첫째, 유치권은 법률상 물건(부동산 · 동산) 또는 유가증권에 대하여 행사할 수 있는 것인데(민 §320, 상 §58 등), 토공사 · 기초공사 단계에서 공사가 중단된 경우에는 아직 소유권의 객체가 될 만한 것(즉, 부동산으로서의 건물이나 동산이라고 할 만한 것)이 존재하지 않기 때문이다.

둘째, 토공사 · 기초공사를 한 토지에 대하여도 유치권을 행사할 수 없다. 공사대금은 토지가 아니라 건물에 관하여 발생한 채권이므로 토지에 대하여는 유치권(특히 민사유치권)을 행사할 수 없기 때문이다.

지상 20층의 건물을 신축하기 위하여 지하 7층의 깊이까지 굴착하여 바닥에 콘크리트공사를 완료한 상태에서 공사가 중단된 경우, 이 콘크리트 구조물은 토지의 구성부분으로서 토지의 일부로 간주되고 객관적으로 토지의 가액을 현저하게 증가시키는 것이므로 경매목적물로서 토지를 평가할 때 이를 고려하여야 한다.[2)]

콘도미니엄의 지하 1, 2층을 설치하는 과정에서 약 5m 깊이의 땅을 파내는 토공사는 건축물을 설치하기 위한 기초공사 과정에서 이루어진 것일 뿐 그로 인해 토지 자체의 형질 등이 변경된 것이 아니어서 토지에 대한 별도의 공사로 보기 어렵다.[3)]

---

2) 대결 1994. 4. 22. 93마719.

3) 대전지법 홍성지원 2011. 2. 17. 2010가단8808. 피고가 항소하였으나 기각되었고(대전지법 2011. 11. 9. 2011나4771), 상고하였으나 심리불속행 기각되었다(대판 2012. 2. 9. 2011다105249).

유치권주장자가 건물 신축을 위하여 기존건물을 철거하고 수목 · 경계석을 제거한 것은 일체로 건물 신축을 위한 초기공사에 불과하고 토지에 대한 공사로 볼 수 없으므로 유치권을 행사할 수 없다.[4)]

2. 예외 : 토지에 대하여 유치권 행사 가능

건물 신축을 위한 토공사 · 기초공사 단계에서 공사가 중단된 경우 공사 중단 시점까지 발생한 공사대금채권을 피담보채권으로 하는 유치권이 성립하는 경우가 있다.

토공사 · 기초공사라 하더라도 ① **통상적으로 예상할 수 없을 정도의 토지형질변경공사 등을 포함하는 공사**,[5)] ② **건물 신축에 적합한 용도로 유지하기 위한 별개의 공사**[6)] 등의 경우 그 공사대금채권은 토지에 관하여 생긴 채권이라고 인정될 수 있다. 이러한 경우에는 그 토지에 대하여 유치권을 행사할 수 있다.

대법원 2007. 11. 29. 선고 2007다60530 판결은, 9필지의 토지 위에 임대아파트 3개 동을 신축하려는 건축주로부터 토목공사(각 토지를 아파트 3개 동이 들어설 단지로 조성하되, 장차 지반침하로 인한 건물 붕괴를 막기 위하여 그 자리에 콘크리트 파일을 시공하는 공사)[7)]를 도급받은 수급인이 공사를 완료하였는데(콘크리트 파일 1,283개 설치), 경매절차에서 위 토지를 낙찰받은 원고가 토지에 대하여 유치권을 행사하면서 유치권에 의한 경매를 신청한 위 수급인(피고)을 상대로 '유치권부존재확인, 콘크리트 파일 철거, 토지인도, 피고가 신청한 유치권에 의한 경매절차에 대한 집행정지결정 인가'를 구하는 소를 제기한 사안에서,[8)] 이 사건 토목공사는 공부상 지목이 과수원, 전, 하천으로 잡다하게 구성

---

4) 의정부지법 고양지원 2015. 4. 30. 2015가단72357.

5) 대판 2007. 11. 29. 2007다60530 참조.

6) 대판 2013. 5. 9. 2013다2474 참조.

7) 이 사건 각 토지는 지목이 과수원 · 전 · 하천으로 구성된 일단의 토지로서, 장차 지목을 대지로 변경하더라도 지반침하 등으로 인한 건물 붕괴를 막기 위한 지반보강공사 없이는 그 지상에 아파트 등 건물을 건축하기에는 부적합하였다.

8) 제1심(춘천지법 강릉지원 2006. 12. 7. 2006가합237)은 원고의 청구를 모두 인용하였다. 제2심(서울고법 2007.

된 이 사건 각 토지를 대지화시켜 아파트 3개 동이 들어설 단지로 조성하기 위한 콘크리트 기초파일공사로 볼 여지가 있고(그러한 공사의 전제로 이 사건 각 토지에 관한 형질변경허가도 있었으리라 추측됨), 이러한 경우에는 이 사건 토목공사를 위 각 토지에 관한 공사로 볼 수 있으므로 그 공사대금채권은 위 각 토지에 관하여 발생한 채권으로서 위 각 토지와의 견련성이 인정된다고 판시하면서, 원심 법원이 이 사건 토공사 · 기초공사를 이 사건 각 토지에 관한 공사로 볼 수 있는지 여부에 관하여 따져보지도 아니한 채 단지 이 사건 공사대금채권은 위 각 토지 위에 신축하려고 하였던 임대아파트와 관련하여 생긴 것이라고 단정하여 피고의 유치권 항변을 배척한 부분을 파기 · 환송하였다.[9]

II. 토지의 정착물로서 토지에 부합한 경우

1. 유치권 행사 불가능

민사유치권 · 상사유치권은 동산은 물론 부동산도 그 목적으로 할 수 있다.[10] 그러나 부동산의 일부 또는 구성부분에 불과한 부합물(附合物)은 독립한 물건이 아니므로 유치

---

7. 19. 2007나11394)은 ㉮ 콘크리트 파일 철거청구 부분에 대한 피고의 패소 부분을 취소(그 부분에 해당하는 원고의 청구를 기각)하고 ㉯ 피고의 나머지 항소를 기각하였다. 위 ㉮에 관하여는 피고는 파일에 대하여 법률상 또는 사실상 처분할 수 있는 지위에 있지 않으므로 피고를 상대로 한 철거청구 부분은 나아가 살필 필요 없이 이유 없다고 판시하였다. 대법원은 피고의 유치권 항변을 배척한 부분(유치권부존재확인청구 인용 부분, 토지인도청구 인용 부분)을 파기 · 환송하였다.

9) 환송 후의 항소심(서울고법 2007나121536)은 조정으로 종결되었다(2009. 1. 21.).

10) 대판 2013. 5. 24. 2012다39769 · 39776, 대판 2013. 5. 24. 2012다40530 · 40547 등. 통설도 상사유치권의 목적물인 '물건'에 부동산이 포함되는 것으로 보고 있다.

상사유치권의 목적물에서 부동산을 제외하여야 한다는 소수설의 논거에 관하여는 박양준, "부동산 상사유치권의 대항범위 제한에 관한 법리", 청연논총(12), 사법연수원(2015), 86~90 참조. 상사유치권의 목적물인 '물건'에 부동산이 포함되지 않는다고 보는 것이 상당하다는 판결에 서울고법 2012. 4. 12. 선고 2011나25031 · 25048(위 대판 2013. 5. 24. 2012다39769 · 39776의 원심) 등이 있다.

권의 객체가 될 수 없다. 부합이 인정되기 위해서는 주물은 물론 부합하는 물건도 부합 당시 독립성이 있어야 하는데, 부합하는 물건은 부합 후에는 독립성이 상실 또는 제한되기 때문이다.[11)]

건물 신축공사가 사회통념상 독립한 건물이라고 볼 수 없는 토지 정착물을 설치한 상태에서 중단된 경우, 판례는 다음과 같은 점을 논거로 토지의 정착물에 대하여는 물론 그 토지에 대하여도 유치권을 행사할 수 없다는 입장을 취하고 있다.

첫째, 독립한 건물이라고 볼 수 없는 토지의 정착물은 토지의 부합물에 불과하므로 '토지의 정착물'에 대하여는 유치권을 행사할 수 없다.[12)] 설사 토지의 정착물이 토지에 부합하기 전에 그 정착물 자체에 대한 유치권이 성립되어 있었다고 하더라도 부합의 효과로서 그러한 유치권은 당연히 소멸한다.[13)]

둘째, 공사 중단 시까지 발생한 공사대금채권은 토지에 관하여 생긴 것이 아니므로(건물 신축에 관하여 발생한 것에 불과하므로) '토지'에 대하여도 유치권을 행사할 수 없다.[14)] 토지의 정착물이 토지에 부합한다 하더라도 부합의 효과로서 토지의 소유자가 토지의 정착물에 대한 소유권을 취득하게 될 뿐 그로 인하여 토지에 관한 유치권이 당연히 성립하는 것은 아니다.[15)]

위와 같은 판례의 입장은 부합의 법리(효과)에 충실한 해석이나[16)] 이에 반대하는 견

---

11) 비교컨대, 종물(從物)은 유치권의 목적물이 될 수 있다. 주물이 되는 물건은 물론 종물이 되는 물건도 독립한 물건이어야 하고, 종물이 되는 물건은 종물이 된 후에도 독립성이 유지되기 때문이다. 주물에 관하여 생긴 채권을 가지고 있는 사람은 주물을 점유함으로써 주물은 물론 종물에 대하여도 유치권을 취득하나(민법 제100조 제2항 참조), 종물에 관하여 생긴 채권을 가지고 있는 사람은 종물을 점유함으로써 종물에 대하여 유치권을 취득할 수 있다.

12) 대결 2008. 5. 30. 2007마98, 대판 2013. 5. 9. 2013다2474.

13) 대판 2007. 11. 29. 2007다60530.

14) 대결 2008. 5. 30. 2007마98, 대판 2013. 5. 9. 2013다2474.

15) 대판 2007. 11. 29. 2007다60530.

16) 부합의 효과는 아래와 같이 정리할 수 있다.

첫째, 수개의 물건(주물과 부합물)은 1개의 새로운 물건으로 존속하고, 그 복구 · 복원을 허용하지 않는다(강행규정).

둘째, 주물의 소유권은 부합물에도 미친다. 즉, 부합물의 소유권은 주물의 소유자에게 귀속하고, 부합

해가 있다. 즉, 토목공사와 건물 신축공사를 준별하는 전제에서 토지에의 부합물에 관하여 발생한 채권(독립한 건물이라고 볼 수 없는 구조물 축조공사 대금채권)과 토지와의 견련관계를 부정하는 것은 타당하지 않을 뿐만 아니라, 부동산으로서의 독립성을 갖춘 건물에 대한 창호공사 및 잡철 부분 공사대금채권과 건물과의 견련관계를 인정한 판례[17]와도 부합하지 않는다는 것이다.[18]

물에 대한 종전 소유자의 소유권은 소멸한다(민법 제256조, 임의규정). 부합물은 독립성이 상실 또는 제한되어 물권의 객체가 될 수 없고, 주물의 소유자는 1개의 새로운 물건(부합물이 결합된 새로운 물건)의 소유권을 원시취득한다. 부합물의 가격이 주물의 가격을 초과하더라도 마찬가지이다(대판 1957. 2. 8. 4289민상117 · 118, 대판 1981. 12. 8. 80다2821).

셋째, 부합으로 소유권을 상실하고 그 반환을 청구할 수 없게 되는 부합물의 종전 소유자는 주물의 소유자에 대하여 부당이득에 관한 규정에 의하여 보상을 청구할 수 있다(민법 제261조, 임의규정).

넷째, 주물은 유치권의 객체가 될 수 있으나, 부합물에 관하여 발생한 채권을 변제받기 위하여 주물에 대하여 유치권을 행사할 수는 없다(대판 2007. 11. 29. 2007다60530). 부합물은 유치권의 객체가 될 수 없고, 부합물의 보상금도 유치권의 객체가 될 수 없다. ① 부합 후에는 부합물의 독립성이 상실 또는 제한되어 물권의 객체가 될 수 없고, ② 물상대위성은 법률상 우선변제권이 있는 담보물권에만 인정되는 것인데 유치권에는 법률상의 우선변제권이 없기 때문이다.

다섯째, 부합물의 종전 소유자의 소유권이 소멸하면 그 부합물을 목적으로 하는 다른 권리도 소멸한다(민법 제260조 제1항, 강행규정). 따라서 부합물에 관하여 이미 유치권이 성립되어 있었다 하더라도 부합의 효과로서 그 유치권은 당연히 소멸한다(대판 2007. 11. 29. 2007다60530). 그러나 소유권이 소멸하는 부합물을 목적으로 하는 제3자의 권리는, 부합물의 종전 소유자가 새로운 물건의 단독소유자가 된 때에는 그 새로운 물건에 존속하고, 그 공유자가 된 때에는 새로운 물건의 지분에 존속한다(민법 제260조 제2항, 강행규정).

여섯째, 부착 · 합체가 불법행위에 의하여 이루어진 경우에는 부합물의 소유자가 손해배상을 청구할 수 있다{양창수 · 권영준, 민법Ⅱ 권리의 변동과 구제, 박영사(2015), 286}.

17) 대판 2007. 9. 7. 2005다16942.

18) 김태관, "건축수급인의 건축 중인 건물과 건축부지에 대한 유치권", 동아법학(60), 동아대학교 법학연구소(2013), 157~160.

2. 유치권의 객체가 될 수 있는 건축단계에 관한 '일반적 기준'

대법원 2008. 5. 30.자 2007마98 결정과 대법원 2013. 5. 9. 선고 2013다2474 판결은, 건축 중인 건물이 유치권의 객체가 될 수 있는 시점 내지 건축단계에 관하여 직접적·적극적으로 '일반적 기준'을 제시하지 않고, '사회통념상 독립한 건물이라고 볼 수 없는 정착물'은 토지의 부합물에 불과하여 그에 대하여 유치권을 행사할 수 없다고 판시함으로써 간접적·소극적으로 '일반적 기준'을 언급하였다. 위 판결 이외에는 위 '일반적 기준'에 관하여 언급한 대법원 판결이 없는 것으로 보인다.[19]

[토지의 부합물 설치] 대법원 2008. 5. 30.자 2008마98 결정, 대법원 2013. 5. 9. 선고 2013다2474 판결은 "… 건물의 신축공사를 도급받은 수급인이 사회통념상 독립한 건물이라고 볼 수 없는 정착물을 토지에 설치한 상태에서 공사가 중단된 경우에 그 정착물은 토지의 부합물에 불과하여 이러한 정착물에 대하여 유치권을 행사할 수 없는 것이고, 또한 공사 중단 시까지 발생한 공사대금채권은 토지에 관하여 생긴 것이 아니므로 그 공사대금채권에 기하여 토지에 대하여 유치권을 행사할 수도 없는 것이다 …"라고 판시하였다.[20]

건축 중인 건물이 유치권의 객체가 될 수 있는 시점 내지 건축단계에 관한 '일반적 기준'은 소유권이 성립하는 요건(시점 내지 건축단계)에 관한 통설·판례로부터 도출하는 것이 타당하다. 위 두 대법원 판결도 이러한 입장에서 간접적·소극적으로나마 '일반적 기준'을 언급한 것이라고 할 수 있다.

본래 소유권의 성립요건('부동산으로서의 독립성' 내지 '독립한 부동산으로서의 건물의 요

19) 대법원 2007. 11. 29. 선고 2007다60530 판결은, ㉮ 지반침하로 인한 신축건물(아파트 3개 동)의 붕괴를 막기 위하여 설치한 콘크리트 기초파일공사(파일 1,283개 설치)는 건물이 아니라 토지에 관한 공사라고 볼 수 있다고 판시하고{피고(수급인)의 유치권 항변을 배척한 부분 파기·환송}, ㉯ 설사 콘크리트 기초파일이 토지에 부합한 것으로 본다 하더라도 부합의 효과에 의하여 토지 또는 콘크리트 기초파일에 대하여 유치권을 행사할 수 없으므로, 콘크리트 기초파일이 토지에 부합되었음을 전제로 그 공사대금채권과 토지 사이에 견련관계가 있다는 피고의 주장 부분은 부합 여부에 나아가 살펴볼 필요 없이 이유 없다고 판시하였을 뿐, 건축 중인 건물이 유치권의 객체가 될 수 있는 시점 내지 건축단계에 관하여는 전혀 설시하지 않았다.

20) 대법원 2008. 5. 30.자 2007마98 결정도 동일한 취지의 판시를 하였다.

건')은, 일반건물의 경우에는 '최소한의 기둥 · 지붕 · 주벽', 구분건물의 경우에는 '구조상 · 이용상 독립성 + 구분행위'이다.

그런데 집합건물을 구성하는 전유부분은 '구조상 · 이용상 독립성'을 갖춘 경우에도, 구분행위(구분의사의 표시)가 있기 전에는 일반건물일 수밖에 없고, 구분행위가 있더라도 일반건물로서 대장등록 및 등기를 할 수 있다. 이러한 점을 고려할 때, 건축 중인 건물에 대한 소유권의 성립 내지 원시취득 시점은 집합건물로 건축하는 경우에도 일반건물로 건축하는 경우와 마찬가지로 '최소한의 기둥 · 지붕 · 주벽'을 갖춘 시점 내지 건축단계라고 할 수 있다.

따라서 유치권의 객체가 될 수 있는 시점 내지 건축단계도 일반건물로 건축하는 경우이든 집합건물로 건축하는 경우이든 '최소한의 기둥 · 지붕 · 주벽'을 갖춘 시점 · 건축단계라고 보는 것이 타당하다.

3. 토지에 부합하여 소유권의 객체가 될 수 없다고 본 사례

어떠한 동산이 민법 제256조에 의하여 부동산에 부합된 것으로 인정되기 위해서는 ① 그 동산을 훼손하거나 과다한 비용을 지출하지 않고서는 분리할 수 없을 정도로 부착 · 합체되었는지 여부 및 ② 그 물리적 구조, 용도와 기능 면에서 기존부동산과는 독립한 경제적 효용을 가지고 거래상 별개의 소유권의 객체가 될 수 있는지 여부 등을 종합하여 판단하여야 하고,[21] 이러한 부동산에의 부합에 관한 법리는 건물의 증축의 경우는 물론 건물의 신축의 경우에도 그대로 적용될 수 있다.[22]

판례는 소유권의 성립요건과 관련하여, 건물 신축공사가 독립한 건물이라고 볼 수 없는 토지 정착물 설치 단계에서 중단된 경우에는 건축 중인 건물이 토지에 부합한다(토

21) 대판 2003. 5. 16. 2003다14959 · 14966, 대판 2007. 7. 27. 2006다39270 · 39278, 대판 2009. 5. 14. 2008다49202, 대판 2009. 9. 24. 2009다15602 등.

22) 대판 2009. 9. 24. 2009다15602.

지와 일체로 토지소유자에게 귀속된다)고 선언한 것이 많다. 판례가 토지의 정착물인 미완성건물이 토지에 부합한다고 본 것에는 ㉮ 지하 3층, 지상 10층 규모의 병원건물 신축공사가 지하층 토목공사 및 지하 2~3층 골조공사를 진행하던 중에 중단된 경우,[23] ㉯ 지하 1층, 지상 5층의 근린생활시설 및 공동주택의 신축공사가 기초토목공사 및 지하실 골조공사 · 천장공사까지만 마쳐져서 지하실 천장이자 지상 1층의 바닥인 지상에 약간의 철근이 돌출되어 있는 상태에서 중단된 경우,[24] ㉰ 토지 위에 농수산물 저온창고를 신축하기로 하는 내용의 도급계약을 체결하고 터파기, 기초타설 및 보양, 1층 벽체형틀 조립, 외부 비계 설치 공사까지 진행한 상태에서 공사가 중단된 경우,[25] ㉱ 토지 위에 요양병원의 부대시설을 신축하기 위하여 철골 구조물(H빔)을 설치한 상태에서 공사가 중단된 경우,[26] ㉲ 주상복합건물 신축공사에 관한 도급계약을 체결한 후 지하 1층에 비상발전기실, 전기실, 펌프실, 지하수조실, 감시제어반실, 펜룸실, 통신실 등을 설치하고, 지상 1층에 철근콘크리트 기둥 및 벽체 등을 설치하기 위한 철근과 거푸집 등을 설치한 상태에서 공사가 중단된 경우[27] 등이 있다.

---

23) 대판 2003. 9. 23. 2003다26518(토지에 관한 임의경매절차에서 매수인이 대금을 납부할 당시 위 구조물이 독립한 건물로서의 요건을 갖추지 못하였다는 것 등을 이유로 민법 제366조의 법정지상권의 성립을 부정한 사례).

24) 대판 2005. 7. 28. 2005다18436.

25) 대구지법 2014. 2. 26. 2014라103.

26) 인천지법 2013. 3. 25. 2012라223.

27) 부산고법(창원) 2016. 1. 21. 2015나22666.

Ⅲ. 독립한 건물이라고 볼 수 없는 구조물이 건물에 부합한 경우

대법원 2012. 11. 29. 선고 2010다8624 판결은, 공장건물의 증축 및 신축에 사용된 철강제품(약 1억 3,500만 원 상당의 철근 · H형강 등)은 공장건물에 부합되어 공장건물의 소유자가 철강제품의 소유자가 된다고 판시하면서, ① 건물의 신축 과정에서 건축자재 등의 동산이 결합되어 토지나 건물의 일부를 구성함으로써 그 동산을 훼손하거나 과다한 비용을 지출하지 않고서는 분리할 수 없을 정도로 토지나 건물에 부착 · 합체되거나 ② 그 물리적 구조, 용도와 기능 면에서 토지나 건물과는 독립한 경제적 효용을 가지고 거래상 별개의 소유권의 객체가 될 수 없는 정도에 이른 때에는 그 동산이 토지나 건물에 부합된 것으로 보아야 한다고 설시하였다.

그러나, 판례는 물건이 토지에 부합하는 경우와는 달리 건물에 부합하는 경우에는 그 건물(주물)에 대하여 유치권을 행사할 수 있다는 입장을 취하고 있다.

첫째, 광주고등법원 전주재판부 2008. 5. 9. 선고 2007나1956 판결(확정)은 건물(목욕장건물)에 부합한 구조물(한증막시설)에 관한 공사대금채권을 변제받기 위하여 공사업자는 건물을 점유하는 방법으로 유치권을 행사할 수 있다고 판시하였다.[28]

둘째, 대법원 2007. 9. 7. 선고 2005다16942 판결은 이미 부동산으로서의 독립성을 갖춘 다세대주택의 창호 및 기타 잡철 부분 공사를 하수급받은 공사업자가 그 공사대금채권을 변제받기 위하여 다세대주택을 점유한 사안에서 유치권의 성립을 인정하였다.

---

28) 광주고등법원 전주재판부 2008. 5. 9. 선고 2007나1956 판결(확정)은, 목욕장건물 신축과 관련하여 그에 부착된 한증막시설공사를 한 수급인이 그 건물을 점유하자 그 건물에 관한 저당권자가 위 수급인을 상대로 유치권부존재확인의 소를 제기한 사안에서 "… 이 사건 각 돔형 한증막은 목욕탕 용도로 사용하기 위해 건축된 이 사건 건물과 연결되어 축조된 것으로 이 사건 건물 내부에서 이 사건 각 돔형 한증막으로 통하는 출입구가 설치되어 있으며, 목욕탕 이용객들이 목욕을 하다가 이 한증막에 들러 사우나를 할 수 있도록 설치되어 있는 사실을 인정할 수 있는바, 위와 같은 사정에 비추어 보면 이 사건 각 돔형 한증막은 이를 훼손하지 않고서는 이 사건 건물에서 분리할 수 없을 뿐만 아니라, 이를 분리할 경우 그 기능을 전혀 발휘할 수 없는 것으로 봄이 상당하다. 따라서 이 사건 각 돔형 한증막은 이 사건 건물에 부합되었다고 할 것이므로, 원고의 이 부분 주장은 이유 없다 …"라고 판시하면서 유치권부존재확인청구를 배척하였다. 부합물(한증막시설)에 관한 공사대금채권자는 그 채권의 담보를 위해 부동산(목욕장건물)을 점유함으로써 유치권을 취득할 수 있다는 것이다.

Ⅳ. 건물을 지지하기 위하여 토지에 콘크리트 파일을 항타 · 매립한 경우

지상에 건축물을 건축한 경우에 지하에 시공한 시설은 토지의 부합물인가, 아니면 건축물의 일부인가?

대법원 2009. 8. 20. 선고 2008두8727 판결은, 토지의 지상에 별개의 부동산인 건축물이 건축된 경우, 토지의 지하에 시공된 시설이 토지에 부합되었는지, 아니면 지상 건축물의 기초 등을 구성하여 건축물의 일부분이 되었는지 여부는, 그 시설과 토지 및 건축물 사이의 각 결합 정도나 그 물리적 구조뿐만 아니라 당해 시설의 객관적, 사회경제적인 기능과 용도, 일반 거래관념, 토지의 당초 조성상태, 건축물의 종류와 규모 등 제반 사정을 종합하여 합리적으로 판단하여야 한다고 설시하였다.[29)]

위 판결은, 토지(면적 3,600㎡)에 고강도 콘크리트 파일(직경 50㎝, 평균길이 25m) 3,850개를 1.5m 간격으로 지하 암반까지 항타(抗打) · 매립하고, 그 파일 위에 콘크리트 바닥판(면적 3,600㎡, 높이 1.5m)을 시공하였으며, 그 사각판 위에 옹벽(높이 7.5m)을 설치하고, 그 위에 저장시설을 설치하는 등의 방법으로 지상에 싸이로(silo)시설[30)]을 설치한 사안에서, silo시설을 지지하기 위하여 지하에 항타 · 매립한 콘크리트 파일은 토지 외에 silo시설과도 상당한 수준으로 결합되어 있고 silo시설의 가치를 증대시키는 데에 기여하고 있어 토지에 부합하지 않고 silo시설의 기초를 구성하는 시설로서 silo시설의 일부가 된다고 판시하였다.[31)]

29) 이는 지상에 건축물을 건축한 경우 지하에 시공한 시설이 토지의 부합물인지, 아니면 건축물의 일부인지 여부를 판단하는 기준을 제시한 최초의 판결이다{견종철, "토지에 항타된 파일의 부합관계", 대법원판례해설(82), 법원도서관(2010), 124}.

30) 곡물 · 가축사료 등을 저장하는 시설.

31) 항만하역업 등을 영위하는 물류회사가 대한민국(군산지방해양수산청)으로부터, 군장신항만의 매립지에 양곡 silo시설 등의 신축공사를 하는 것을, 공사시행으로 준공되는 시설물이 국가에 귀속되지 않는다는 조건으로 허가받은 사안에서, 위 콘크리트 파일은 silo시설과 마찬가지로 국가에 귀속되지 않는다고 선언한 판결이다.

제2절 증 · 개축 부분이 기존건물에 부합한 경우

기존건물을 증 · 개축한 경우 그 증 · 개축 부분은 독립한 건물이라고 인정되면('최소한의 기둥 · 지붕 · 주벽'을 갖추면) 독립하여 유치권의 객체가 될 수 있으나, 독립한 건물이라고 인정되지 않으면 부합물에 불과하고 독립하여 유치권의 객체가 될 수 없다.

판례는 기존건물 증축의 경우 증축 부분이 기존건물에 부합하는지 여부의 판단에 관하여는 일반적인 기준(강한 부합 또는 약한 부합 여부, 독립성 회복 가능 여부) 외에 '소유자 의사' 등도 고려하여야 한다는 입장을 취하고 있다.[32] 대부분의 경우 강한 결합 상태이므로 독립성(구조상 · 이용상 독립성)의 구비 여부 및 소유자의 의사 여하가 부합 여부 결정의 관건이 되고 있다.

즉, 대법원 2012. 4. 30.자 2011마1525 결정은 '강한 부합 또는 약한 부합'의 요건을 구비하는 것을 전제로, "… 건물이 증축된 경우에 증축 부분이 기존건물에 부합된 것으로 볼 것인가 아닌가 하는 점은 ① 증축 부분이 기존건물에 부착된 물리적 구조뿐만 아니라, ② 그 용도와 기능의 면에서 기존건물과 독립한 경제적 효용을 가지고 거래상 별개의 소유권 객체가 될 수 있는지 여부[33](소유권 성립 여부) 및 ③ 증축하여 이를 소유하는 자의 의사(소유자 의사) 등을 종합하여 판단하여야 한다 …"라고 판시하였다.[34][35]

---

32) 증축 부분이 기존건물의 동쪽과 북쪽에 붙여지어져 외관상 한 개의 건물로 보이고, 기존건물의 서쪽 남단층계를 통하여 증축 부분과 왕래가 가능하며, 기존건물의 옥상이 울타리나 경계표시 없이 증축 부분 3층 주택으로 통하는 통로 · 장독대 · 마당으로 사용되고 증축 부분의 옥상층계가 설치되어 있다는 등의 사정이 있다 하더라도, 그 증축 부분은 기존건물에 부합한다고 단정할 수 없다(대판 1985. 11. 12. 85다카246).

증축 부분이 기존건물 외벽을 이용하지 않고 별도로 시멘트벽돌 및 철근콘크리트 벽을 쌓아 신축되었으며, 증축 부분의 전용통로와 전기배선 및 상하수도 등이 별도로 설치되었고, 1 · 2층은 주로 점포, 3층은 주택으로서 기존건물과는 별개로 사용되고 있다는 등의 사정이 있는 경우, 그 증축 부분은 기존건물에 부합하지 않는다고 볼 여지가 있다(대판 1985. 11. 12. 85다카246).

33) 대법원 2007. 7. 27. 선고 2006다39270, 39278 판결도 위 ①②와 동일한 취지의 판시를 하였다.

34) 대판 1985. 11. 12. 85다카246, 대판 1988. 2. 23. 87다카600, 대판 1991. 4. 12. 90다11967, 대판 1992. 12. 8. 92다26772 · 26789, 대판 1994. 6. 10. 94다11606, 대판 1996. 6. 14. 94다53006, 대판 2002. 5. 10. 99다24256, 대판 2002. 10. 25. 2000다63110 등도 위 ①②③과 동일한 취지의 판시를 하였다.

35) 위 ②는 '기존건물소유자와 증축자가 기존건물과 증축 부분을 각각 구분소유할 수 있는지 여부(구조상 · 이용

아래와 같이 '강한 부합 + 구조상 · 이용상 독립성 결여'의 경우(일반건물 또는 집합건물 상태를 그대로 유지하는 경우) 증 · 개축 부분은 기존건물에 부합한다.

[증·개축 부분이 기존건물에 부합하는 경우] 기존건물에 바로 접속하여 도로 쪽으로 향하여 지어진 증축 부분(건평 58평 9홉)이, ㉮ 도로에 면한 일부(약 7평) 외에는 공장으로 사용되고 있고, ㉯ 벽면이 세멘브록크로 세워지고 아연으로 지붕만 덮여 있을 뿐이어서 건물로서는 별 가치가 없으며, ㉰ 그 좌우에는 같은 모양의 점포들이 일직선으로 연결되어 있어 증축건물을 통하지 않고는 기존건물로 출입할 수 없는 때에는, 그 증축 부분이 기존건물보다 면적이 2배 이상이고 단위 면적당 가격이 훨씬 높다 하더라도 기존건물에 부합한다(대판 1981. 12. 8. 80다2821).

2층 주택(바닥면적 64.65m², 벽돌조 슬라브지붕) 위에 증축한 3층(건평 27.4m²; 방 1, 거실 1, 욕실 1)이, ㉮ 외관상 기존건물과 일체가 되어 1동의 건물의 3층으로 되어 있고, ㉯ 화장실과 부엌의 하수관이 없으며, ㉰ 기존건물 2층으로 내려오는 옥내계단을 통하지 않고서는 출입할 수 있는 방법이 없는 경우에는 기존건물에 부합한다(대판 1992. 12. 8. 92다26772 · 26789).

[증·개축 부분이 기존건물에 부합하는 경우] 甲이 지하 1층, 지상 7층의 주상복합건물을 신축하면서 불법으로 그 건물 중 주택 부분인 7층의 복층으로 같은 면적의 상층을 건축하였는데, ㉮ 7층 중 상층은 독립된 외부통로가 없이 하층 내부에 설치된 계단을 통해서만 출입이 가능하고[36] 별도의 주방시설도 없이 방과 거실로만 이루어져 있으며, ㉯ 7층의 상 · 하층 전체에 관하여는, 근저당권설정등기(乙1) ⇨ 임의경매개시결정등기(乙1) ⇨ 매각을 원인으로 한 소유권이전등기(乙1) ⇨ 협의분할에 의한 상속등기(乙2; 乙1의 처) 등이 순차로 이루어졌고, ㉰ 현재도 단일한 목적물로서 임대되어 사용되고 있다면, 그 상층 부분은 축조 당시 하층의 구성부분에 불과하였으므로 하층에 부합한다(대판 2002. 10. 25. 2000다63110).

피혁가공원단의 생산을 위하여 제1 · 2건물을 건축한 후 제1건물의 북쪽 벽과 남쪽 벽에 덧붙여 제4 · 5건물(경량철골조 가건물 형식)을 증축하고, 거기에 피혁가공원단의 생산공정의 일부에 사용되는 기계를 설치하여 이를 이용하고 있으며, 제4 · 5 건물의 각 면적이나 감정가격이 제1건물의 면적 및 감정가격보다 작고 낮다면, 제4 · 5건물의 그 물리적 구조뿐만 아니라 경제적 효용의 면에서 보더라도 그 증축 시에 기존건물인 위 제1건물에 부합하여 이와 일체를 이루었다 할 것이고 거래상 독립하여 별개

상의 독립성을 갖추었는지 여부)'를 말한다.

36) 한편, 乙1이 위 경매절차에서 위 7층 부분에 관한 매각대금을 납부한 직후, 위 7층 부분의 종전 소유자인 甲은 당시 임대 중이던 7층의 상 · 하층 중 상층 부분의 출입을 위하여 사용하던 하층 내부계단 부분을 임의로 막고, 7층 외벽 쪽으로 철제통로 및 상층 부분의 독립된 출입문을 무단으로 축조하였다.

의 소유권의 객체가 되기는 어렵다고 보이므로, 제4 · 5건물은 제1건물에 부합한 것으로 볼 수 있다(대판 1994. 6. 10. 94다11606).

[증·개축 부분이 기존건물에 부합하는 경우] 공장의 기존 폐수처리시설(구폐수처리시설)과 신폐수처리시설이 하나의 폐수처리장을 형성하여 그 기능을 수행하는 경우, 그 공장 대지 1필지와 인근 토지 2필지 위에 설치한 신폐수처리시설은, 그것이 설치된 토지의 부합물 또는 구폐수처리시설의 종물이라고 할 수는 없고, 공장에 속하는 토지와 건물 및 기계 · 기구와 함께 일체를 이루는 기업시설로서 공장 소유자의 소유에 속한다고 보아야 하므로, 공장에 속하는 토지 · 건물과 기계 · 기구에 설정된 공장저당권의 효력은 신폐수시설에도 미친다(대판 1997. 10. 10. 97다3750).

다음과 같은 **승강기**는 건물에 부합한다. ① 이 사건 건물 내에 별도로 구획된 4각의 공간 안에 볼트 및 나사로 내부 벽이 선로를 지지하도록 한 다음 이 선로를 따라 박스형의 인승용 케이지가 상하로 이동할 수 있도록 조립하고, 그 상부에 이를 이송하여 주는 구동부를 형성하는 주모터를 시설하는 한편 각 층마다 출입구를 설치하여 완성시키는 승객용 승강기시설인 사실, ② 이 사건 건물은 원주시 상가지역에 위치한 지하 1층, 지상 6층 총 연면적 990.66㎡의 업무시설 및 근린생활시설인 사실, ③ 원고회사나 이 사건 승강기를 설치한 甲1이 이미 설치된 승강기를 분리하여 다시 활용한 적은 없는 사실 등을 인정할 수 있는바, 이 사건 건물로부터 큰 훼손 없이 분리할 수가 있다고 하더라도, 이 사건 승강기의 매매대금(금 3,300만 원)과 설치 시기(1998. 1.)를 고려하여 볼 때 분리하였을 때의 가액에 비하여 그 분리비용이 상대적으로 과다할 것으로 판단되며, 이 사건 건물의 용도 · 층수 및 위치에 비추어 이 사건 승강기는 설치된 대로의 효용과 가치에 비하여 해체 · 분리된 후의 그것이 현저히 낮아질 것으로 판단되므로, 이 사건 승강기는 이 사건 건물에 부합되어 독립된 권리의 객체성을 상실하였다고 봄이 상당하다(서울고법 2001. 10. 16. 2001나36636).

[구조물이 토지에 부합하는 경우 등]
부산고법 2016. 1. 21. 선고 (창원)2015나22666 판결

1. 사안개요

가. A는 거제시 연초면 죽토리 △△△ 답 977㎡(이하 '이 사건 토지'라고 함)를 매수하고 2012. 9. 27. 매매를 원인으로 한 소유권이전등기와 함께 甲 명의로 채권최고액 804,000,000원의 근저당권설정등기를 하였다(甲 명의 근저당권설정등기).

나. 乙1은 2013. 9. 10. A와 이 사건 토지 위의 주상복합건물(이하 '이 사건 건물'이라고 함) 신축공사

에 관한 도급계약(공사대금 59억 원)을 체결한 후, 2014. 1. 말경까지 지하 1층에 비상발전기실, 전기실, 펌프실, 지하수조실, 감시제어반실, 펜룸실, 통신실 등을 설치하고, 지상 1층에 철근콘크리트 기둥 및 벽체 등을 설치하기 위한 철근과 거푸집 등을 설치하였는데(이하 위와 같은 상태의 구조물을 '이 사건 구조물'이라고 함), A가 공사대금을 지급하지 않자 2014. 1. 말경부터 공사를 중단하였다. 이 사건 구조물의 가치는 2014. 1. 21. 기준으로 852,291,000원으로 평가된다.

다. 乙2는 2013. 4. 23. A와 이 사건 건물 신축공사를 위한 토공사 및 파일 가시설공사(이하 '토공사'라고 함)에 관한 도급계약을 체결한 후, 2013. 8.경까지 건물 신축을 위한 기초공사, 토공사, 흙막이공사, PHC파일공사, 부대공사 등을 마쳤다.

라. 乙1은 공사대금 855,711,000원을, 乙2는 공사대금 415,524,912원을 각 받지 못하였다며 이 사건 토지 및 구조물에 컨테이너 박스를 설치하고 유치권을 행사하고 있다는 현수막을 붙이는 등 이 사건 토지 구조물을 점유하였다(乙1, 乙2의 유치권 취득).

마. 그 후 2014. 7. 4. 甲의 신청에 따라 이 사건 토지에 관한 임의경매(이하 '이 사건 경매'라고 함)절차가 개시되고(경매개시결정등기), 乙1과 乙2가 각 유치권신고를 하였다.

바. 이 사건 경매절차에서, 감정인은 2014. 1. 21. 기준으로 이 사건 토지의 감정평가액을 1,170,446,000원으로 산정하면서, '이 사건 토지 위에 신축 중인 건물이 소재하는데 이로 인해 영향 받는 토지가격은 819,312,200원'이라고 토지 감정평가명세표의 비고란에 표시하였고, 사법보좌관은 2014. 11. 19. 이 사건 토지의 최저매각가격을 819,312,200원으로 결정하면서 매각물건명세서에 '본건 지상 신축 중인 제시 외 건물 매각 제외(매각 외 건물을 위한 법정지상권 성립 여부 불분명)'라고 기재하였다.

사. B는 2014. 12. 4. 제1회 매각기일에서 이 사건 토지를 매수하여 같은 해 12. 11. 매각허가결정을 받았으며, 2015. 1. 12. 매각대금을 납부하고 같은 해 2. 6. 소유권이전등기를 마쳤다(B의 소유권 취득).

아. B는 2015. 3. 6. 유치권을 행사하는 乙1 및 乙2를 상대로 이 사건 건물에 관한 유치권부존재확인 및 이 사건 토지에 관한 인도청구의 소를 제기하였다(B의 건물 유치권부존재확인청구 및 토지인도청구).

2. 판시요지

가. 서설

창원지법 통영지원 2015. 9. 3. 선고 2015가합10468 판결은 B의 청구를 모두 인용하였다(乙1 및

乙2 항소).

부산고법(창원) 2016. 1. 21. 선고 2015나22666 판결은, 유치권부존재확인청구는 소의 이익이 없다는 이유로 모두 각하하고, 토지인도청구는 다음과 같은 이유로 모두 인용하였다.

이에 乙1이 상고하였으나 심리불속행 기각되었다(대판 2016. 6. 10. 2016다211293).

나. 乙1의 유치권 주장에 관한 판단

(1) A에 대한 공사대금채권에 기한 유치권 주장의 배척

항소심은 위 사안개요의 사실 및 아래와 같은 사정들에 비추어 볼 때, 이 사건 구조물은 사회통념상 독립한 건물이 아니라 **토지의 부합물**에 불과하므로 乙1은 이 사건 구조물에 대하여 유치권을 행사할 수 없고, A에 대한 공사대금채권은 이 사건 토지에 관하여 생긴 것이 아니므로 乙1은 이 사건 토지에 대하여 유치권을 행사할 수 없다고 판시하였다.

첫째, 이 사건 신축공사는 지하 1층, 지상 15층의 주상복합건물을 신축하는 공사인데, 위 주상복합건물 지하 1층에는 비상발전기실, 전기실, 통신실, 지하수조, 펌프실, 오수정화시설, 주차타워 등을, 지상 1층에는 필로티를 설치하기로 되어 있었다.

둘째, 이 사건 구조물의 지하 1층은 콘크리트 골조, 기둥, 주벽, 바닥 등의 공사가 완료되었고 콘크리트 벽과 천장으로 구분된 비상발전기실, 전기실, 펌프실, 지하수조실, 펜룸실 등이 설치되어 있으나, 누수로 물이 고여 양수기로 물을 배출하여야 하고, 콘크리트 바닥과 천장을 지지하기 위한 철근 지지대가 곳곳에 설치되어 있으며, 일부 천장과 벽이 완성되지 않은 상태이다.

셋째, 이 사건 구조물 북쪽 부분(정면에서 보았을 때 왼쪽)에 있는 주차타워는 지하 1층 부분의 골조, 주벽, 바닥 중 일부 공사만이 진행되어 있다.

넷째, 이 사건 구조물의 지상 1층 바닥(지하 1층의 천장)은 지면에서 70㎝ 정도 올라와 있는데 필로티 설치를 위한 철근과 거푸집 등만 설치되어 있을 뿐이고, 골조나 기둥 등의 구조물은 설치되어 있지 않다.

다섯째, 이 사건 구조물 지하 1층 부분의 비상발전기실, 전기실, 펌프실, 지하수조실, 펜룸실 등은 신축 예정이던 주상복합건물의 공용부분으로 위 건물을 위한 보조적, 부수적 구조물에 불과하며 독립한 구분소유권의 대상이 될 수 없다.

(2) B에 대한 부당이득반환채권에 기한 유치권 등 주장의 배척

첫째, 계약상의 급부가 계약의 상대방뿐만 아니라 제3자의 이익으로 된 경우에 급부를 한 계약당사자가 계약 상대방에 대하여 계약상의 반대급부를 청구할 수 있는 이외에 그 제3자에 대하여 직접 부당이득반환청구를 할 수 있다고 보면, 자기 책임 하에 체결된 계약에 따른 위험부담을 제3자에게 전가시키는 것이 되어 계약법의 기본원리에 반하는 결과를 초래할 뿐만 아니라, 채권자인 계약당사자가 채무자인 계약 상대방의 일반채권자에 비하여 우대받는 결과가 되어 일반채권자의 이익을 해치게 되고, 수익자인 제3자가 계약 상대방에 대하여 가지는 항변권 등을 침해하게 되어 부당하므로, 위와 같은 경우 계약상의 급부를 한 계약당사자는 이익의 귀속 주체인 제3자에 대하여 직접 부당이득반환을 청구할 수는 없다고 보아야 한다(대법원 2002. 8. 23. 선고 99다66564, 66571 판결 참조).[37] 위와 같은 법리에 비추어 볼 때, 乙1이 이 사건 신축공사를 진행하여 이 사건 구조물을 설치함에 따라 이 사건 토지의 가치가 상승하였고, 임의경매절차에서 그와 같은 가치 상승분이 이 사건 토지의 가액에 포함되지 않았다고 하더라도, 乙1이 도급계약의 당사자인 A가 아니라 제3자인 B에게 부당이득의 반환을 구할 수는 없다.

둘째, 경매절차에서 경매목적물에 대한 감정평가나 매각예정가격의 결정이 잘못되었다 하더라도, 소유자 등이 그로 인한 위법을 이유로 경매절차의 취소 등을 구하는 것은 별론으로 하고, 매수인이 경매절차에서 취득한 경매목적물의 시가와 감정평가액의 차액 상당을 부당이득한 것이라고 볼 수 없고, 이러한 이치는 경매목적물에 부합한 물건이 있는데도 이를 간과한 채 부합한 물건의 가액을 제외하고 감정평가를 함으로써 경매목적물의 매각예정가격이 낮게 결정된 경우도 마찬가지이다(대법원 1997. 4. 8. 선고 96다52915 판결,[38] 대법원 2001. 9. 4. 선고 2001다22604 판결[39] 등 참조). 앞서 본 바와 같

37) 이른바 전용물소권(轉用物訴權)을 인정하지 않는다는 취지이다.

38) 위 판결은 '과세관청이 체납처분으로서 하는 공매에 있어서 공매재산에 대한 감정평가나 매각예정가격의 결정이 잘못되었다 하더라도, 그로 인하여 공매재산이 부당하게 저렴한 가격으로 공매됨으로써 공매처분이 위법하다고 볼 수 있는 경우에 공매재산의 소유자 등이 이를 이유로 적법한 절차에 따라 공매처분의 취소를 구하거나, 공매처분이 확정된 경우에는 위법한 재산권의 침해로서 불법행위의 요건을 충족하는 경우에 국가 등을 상대로 불법행위로 인한 손해배상을 청구할 수 있음은 別論으로 하고, 매수인이 공매절차에서 취득한 공매재산의 시가와 감정평가액과의 차액 상당을 법률상의 원인 없이 부당이득한 것이라고는 볼 수 없고, 이러한 이치는 공매재산에 부합물이 있는데도 이를 간과한 채 부합된 물건의 가액을 제외하고 감정평가를 함으로써 공매재산의 매각예정가격이 낮게 결정된 경우에 있어서도 마찬가지이다.'라고 판시하였다.

부산고법 2008. 1. 17. 선고 2007나14087 판결은, 토지 경매절차에서 매수인은 평가 대상에 포함되지 않은 온천공(溫泉孔)의 소유권도 함께 취득하나, 토지의 부합물 또는 종물인 온천공의 가액 상당액을 부당이득한 것으로 볼 수 없다고 판시하였다. 부산고법(창원) 2016. 1. 21. 선고 2015나22666 판결은, 토지 경매절차에서 매수인은 평가 대상에 포함되지 않은 구조물(構造物)의 소유권도 함께 취득하나, 토지의 부합물인 구조물의 가액 상당액을 부당이득한 것으로 볼 수 없다고 판시하였다.

39) 위 판결은 '구분건물의 전유부분에 대한 소유권이전등기만 경료되고 대지지분(종된 권리)에 대한 소유권이전등기가 경료되기 전에 전유부분만에 관하여 설정된 근저당권에 터잡아 임의경매절차가 개시되었고, 집행법원이 구분건물에 대한 입찰명령을 함에 있어 대지지분에 관한 감정평가액을 반영하지 않은 상태에서 경매절차

이 이 사건 구조물은 이 사건 토지의 부합물에 해당하므로, B가 이 사건 임의경매절차에서 이 사건 토지를 매수하여 소유권을 취득한 이상 부합물인 이 사건 구조물의 소유권도 함께 취득하였다고 할 것인바, 위와 같은 법리에 비추어 보면, 이 사건 임의경매절차에서 이 사건 구조물의 가치에 대한 감정평가가 이루어지지 않았다고 하더라도, B가 이 사건 구조물 또는 그 설치로 인한 토지 가치 상승분 상당을 부당이득하였다고 볼 수는 없다.

(3) A에 대한 구상권(보상청구권)에 기한 유치권 주장의 배척

민법 제261조에서 첨부로 법률규정에 의한 소유권 취득(민법 제256조 내지 제260조)이 인정된 경우에 "손해를 받은 자는 부당이득에 관한 규정에 의하여 보상을 청구할 수 있다"라고 규정하고 있는바, 이러한 보상청구가 인정되기 위해서는 민법 제261조 자체의 요건만이 아니라, 부당이득 법리에 따른 판단에 의하여 부당이득의 요건이 모두 충족되었음이 인정되어야 하는데(대법원 2009. 9. 24. 선고 2009다15602 판결 참조), 이 사건 구조물은 乙1이 A와 사이에 체결한 도급계약에 따라 설치한 것이므로, A가 이 사건 토지에 부합된 이 사건 구조물의 소유권을 취득한 것이 법률상 원인 없이 이익을 얻은 경우에 해당한다고 볼 수 없고, 乙1은 A에 대하여 도급계약에 따른 공사대금채권을 가지고 있으므로 이 사건 구조물이 이 사건 토지에 부합되었다고 하여 손해를 받았다고 볼 수도 없다는 것이다.

(4) 상사유치권 주장의 배척

채무자 소유의 부동산에 관하여 이미 선행 저당권이 설정되어 있는 상태에서 채권자의 상사유치권이 성립한 경우, 선행 저당권자나 선행 저당권에 기한 임의경매절차에서 부동산을 취득한 매수인에 대하여는 그 상사유치권으로 대항할 수 없다(대법원 2013. 2. 28. 선고 2010다57299 판결 참조). 이 사건에서 乙1이 B에 대하여 상사유치권을 점유권원으로 주장하려면, 그 상사유치권의 성립 시점이 이 사건 토지에 관하여 甲 명의의 근저당권설정등기가 마쳐진 2012. 9. 27. 이전이어야 하는데, 乙1이 A와 사이의 도급계약에 따라 이 사건 신축공사를 진행한 것은 2013년 8월경이므로, 乙1은 甲 명의의 선행 근저당권에 기한 임의경매절차에서 이 사건 토지의 소유권을 취득한 B에게 A에 대한 공사대금채권을 피담보채권으로 한 상사유치권을 점유권원으로 주장할 수 없다.

를 진행하였다고 하더라도, 전유부분에 대한 대지사용권을 분리처분할 수 있도록 정한 규약이 존재한다는 등의 특별한 사정이 없는 한 낙찰인은 경매목적물인 전유부분을 낙찰받음에 따라 종물 내지 종된 권리인 대지지분도 함께 취득하였다 할 것이므로, 구분건물의 대지지분 등기가 경료된 후 집행법원의 촉탁에 의하여 낙찰인이 대지지분에 관하여 소유권이전등기를 경료받은 것을 두고 법률상 원인 없이 이득을 얻은 것이라고 할 수 없다.'라고 판시하였다.

다. 乙2의 유치권 주장에 관한 판단

(1) 민사유치권 주장의 배척

아래와 같은 사정에 비추어 볼 때, 乙2는 이 사건 경매개시결정등기(2014. 7. 4.) 이전부터 이 사건 토지 및 구조물을 점유하였음을 인정할 수 없다고 보았다.

첫째, 乙2와 A는 2013. 11. 16. 잔여 공사대금을 415,524,912원으로 정산한 후, A가 10일 이내에 공사대금을 지급하기로 하고 乙2는 공사를 포기하기로 합의하였는데, 위 합의 당시에 작성된 '공사포기 및 지급이행 합의서'에는 乙2가 현장에서 철수하기로 하는 내용만이 포함되어 있을 뿐, 乙2의 유치권 행사에 관한 내용은 전혀 포함되어 있지 않다.

둘째, 박경△과 이형△은 이 사건 토지에 신축될 예정이던 주상복합건물의 수분양자이자 부동산중개업자로 2014. 5. 28.경부터 2014. 9.경까지 거의 매일 이 사건 토지에 가서 유치권자가 있는지를 확인하였는데, 박경△은 '당시 乙1이 이 사건 토지 및 구조물을 점유하고 있다는 것은 확인하였으나, 乙2의 대리인이나 관계자는 공사현장에서 보지 못하였고, 乙2의 컨테이너, 현수막 등은 2014. 9. 28. 이후부터 목격하였다'고 증언하였다.

셋째, 박경△과 이형△이 이 사건 신축공사 현장을 방문할 때마다 작성한 유치권점유사실확인서를 보면, 당시 乙1 소속의 이길△, 박시△은 본인들이 이 사건 토지 및 구조물을 점유하고 있다고 확인·서명하였으나 박경△, 이형△이 乙2는 현장에 없었다고 기재한 부분에 대하여 아무런 이의를 제기하지 않았다.

넷째, 乙2는 이 사건 토공사를 마친 이후 乙1이 이 사건 신축공사를 하는 동안에도 이 사건 토지를 점유하면서 유치권을 행사하고 있었다고 주장하나, 실제 乙1이 이 사건 신축공사를 하는 동안에는 乙1이 이 사건 토지나 구조물을 점유하면서 공사를 진행하여야 하므로, 乙2가 이 사건 토지나 구조물을 점유하기는 어려웠을 것으로 보인다.

(2) 상사유치권 주장의 배척

채무자 소유의 부동산에 관하여 이미 선행 저당권이 설정되어 있는 상태에서 채권자의 상사유치권이 성립한 경우, 선행 저당권자나 선행 저당권에 기한 임의경매절차에서 부동산을 취득한 매수인에 대하여는 그 상사유치권으로 대항할 수 없다(대법원 2013. 2. 28. 선고 2010다57299 판결 참조). 甲 명의의 근저당권설정등기가 마쳐진 것은 2012. 9. 27.이고, 乙2는 그 이후인 2013. 4. 23. A와 사이에 이 사건 토공사에 관한 도급계약을 체결하고 그에 따라 공사를 진행하였으므로, 乙2는 甲 명의의 선행 근저당권에 기한 임의경매절차에서 이 사건 토지의 소유권을 취득한 B에게 A에 대한 공사대금채권을 피담보채권으로 한 상사유치권을 점유권원으로 주장할 수 없다.

라. 피고들(乙1, 乙2)의 권리남용 주장에 관한 판단

피고들은 약 12억 7,000만 원 상당의 공사비를 들여 이 사건 토공사 및 신축공사를 진행하였는데, 피고들이 이 사건 토지를 원고(B)에게 인도하여야 한다면, 피고들은 투입한 공사대금을 전혀 회수할 수 없게 되는 반면에 원고는 아무런 대가 없이 이 사건 토공사 및 신축공사에 의하여 설치된 이 사건 구조물을 취득하게 되어 부당이득을 누리게 되므로, 원고의 인도청구는 권리남용에 해당하거나 신의칙에 반한다고 주장한다.

권리행사가 권리의 남용에 해당한다고 할 수 있으려면, 주관적으로는 그 권리행사의 목적이 오직 상대방에게 고통을 주고 손해를 입히려는 데 있을 뿐 행사하는 사람에게 아무런 이익이 없어야 하고, 객관적으로는 그 권리행사가 사회질서에 반한다고 볼 수 있어야 한다. 이러한 경우에 해당하지 않는 한 비록 그 권리의 행사로 권리행사자가 얻는 이익보다 상대방이 잃을 손해가 현저히 크다 하여도 그 사정만으로는 이를 권리남용이라 할 수 없다(대법원 2013. 4. 25. 선고 2012다115243,115250 판결 등 참조).

그리고 민법상 신의성실의 원칙은 법률관계의 당사자는 상대방의 이익을 배려하여 형평에 어긋나거나, 신뢰를 저버리는 내용 또는 방법으로 권리를 행사하거나 의무를 이행하여서는 아니 된다는 추상적 규범으로서, 신의성실의 원칙에 위배된다는 이유로 그 권리의 행사를 부정하기 위해서는 상대방에게 신의를 공여하였다거나 객관적으로 보아 상대방이 신의를 가짐이 정당한 상태에 있어야 하고, 이러한 상대방의 신의에 반하여 권리를 행사하는 것이 정의관념에 비추어 용인될 수 없는 정도의 상태에 이르러야 한다(대법원 2014. 9. 4. 선고 2014다6404 판결 등 참조).

위와 같은 법리에 비추어 볼 때, 피고들이 주장하는 위와 같은 사정들만으로는 원고의 인도청구가 권리남용에 해당한다거나 신의칙에 반한다고 인정하기 어렵다.

[부합물의 가치를 반영하지 않고 법정지상권의 성립 가능성을 고려하여 낮게 산정한 감정평가액으로 최저매각가격을 정한 사법보좌관의 처분에 대한 국가배상청구(원칙적 소극)] 창원지법 통영지원 2016. 9. 27. 선고 2016가단20687 판결(확정)

1. 사안개요

가.~바. 기본적으로 앞의 [判例04] 판결 사안의 '가' 내지 '바'와 같다.

사. B는 2015. 3. 6. 유치권을 행사하는 乙1 및 乙2를 상대로 이 사건 건물에 관한 유치권부존재확인 및 이 사건 토지에 관한 인도청구의 소를 제기하였다. 이 소송의 항소심은, 유치권부존재확인청구는 소의 이익이 없다는 이유로 각하하고, 토지인도청구는 乙1 및 乙2의 유치권 항변을 배척하면서

인용하였다(이하 '관련 판결'이라고 함).[40] 이에 乙1 및 乙2가 상고하였으나 심리불속행 기각되었다.[41]

아. 丙은 乙1의 A에 대한 공사대금채권을 양수한 후, 2016. 2. 15. 대한민국을 상대로 손해배상청구의 대위소송을 제기하였다.[42]

2. 청구취지(원고의 주장)

경매법원(사법보좌관)은 이 사건 경매절차에서 이 사건 토지를 감정평가함에 있어 부합물인 이 사건 구조물의 가치를 전혀 반영하지 않았을 뿐만 아니라 이 사건 토지가 건물의 영향을 받는다는 것을 전제로 하여 낮게 산출된 감정평가액을 기준으로 매각허가결정을 함으로써 위법한 경매를 진행하였다.

이로 인한 A의 손해는 이 사건 토지 자체의 감정평가액에서 경매법원이 신축 중인 건물로 인해 영향받는 것을 고려하여 정한 최저매각가격의 차액 351,133,800원(=1,170,446,000원−819,312,200원)에 이 사건 구조물의 가치 852,291,000원을 합한 1,203,424,800원이다.

따라서 대한민국은 국가배상법에 따라 A에게 위 손해를 배상할 책임이 있다 할 것인데, 丙은 채권양수인으로서 A의 대한민국에 대한 국가배상청구권을 대위행사하면서 우선 일부 청구로 1억 원의 지급을 구한다.

3. 판단

법관이 행하는 재판사무의 특수성과 그 재판과정의 잘못에 대하여는 따로 불복절차에 의하여 시정될 수 있는 제도적 장치가 마련되어 있는 점 등에 비추어 보면, 법관의 재판에 법령의 규정에 따르지 아니한 잘못이 있다고 하더라도 이로써 바로 그 재판상 직무행위가 국가배상법 제2조 제1항에서 말하는 위법한 행위로 되어 국가의 손해배상책임이 발생하는 것이 아니고, 그 국가배상책임이 인정되려면 당해 법관이 위법 또는 부당한 목적을 가지고 재판을 하는 등 법관이 그에게 부여된 권한의 취지에 명백히 어긋나게 이를 행사하였다고 인정할 만한 특별한 사정이 있어야 한다(대법원 2001. 4. 24. 선고 2000다16114 판결 참조).

그리고 사법보좌관은 법원조직법 제54조 제2항 및 사법보좌관규칙 제2조에 의하여 법원의 사무 중

---

40) 부산고법(창원) 2016. 1. 21. 2015나22666.

41) 대판 2016. 6. 10. 2016다211293.

42) 丙은 손해액이 약 12억 원이라고 주장하면서 우선 일부(1억 원)만을 청구하였다.

일부를 독립하여 처리하고 있는바, 사법보좌관이 위 규정에 근거하여 재판사무를 행하는 경우에 그 재판과정의 잘못에 대하여 따로 불복절차가 마련되어 있는 경우에는 법관의 경우와 마찬가지로, 당해 사법보좌관이 위법 또는 부당한 목적을 가지고 재판사무를 처리하는 등 그에게 부여된 권한의 취지에 명백히 어긋나게 이를 행사하였다고 인정할 만한 특별한 사정이 없으면 그 직무행위가 국가배상법 제2조 제1항에서 말하는 위법한 행위에 해당된다고 할 수 없다.

위 법리를 기초로 살피건대, 위 인정사실 및 다음과 같은 사정들을 종합하여 보면, 사법보좌관이 위법 또는 부당한 목적으로 이 사건 토지에 관한 매각허가결정을 하는 등 그에게 부여된 권한의 취지에 명백히 어긋나게 이를 행사하였다고 인정하기에 부족하고, 달리 이를 인정할 증거가 없다.

첫째, 사법보좌관의 매각허가결정에 대하여는 매각허가결정에 관한 이의(민사집행법 제268조, 제121조 5호), 매각허가결정에 대한 즉시항고(민사집행법 제268조, 제129조, 제130조 제1항) 등 이를 시정할 수 있는 제도적 장치가 따로 마련되어 있음에도, 채무자 A는 2014. 1. 21. 이 사건 토지에 대한 감정평가가 이루어진 이후 어떠한 이의나 불복절차 없이 2014. 6. 26., 2014. 9. 29., 2014. 10. 15., 2014. 10. 19. 4차례에 걸쳐 경매속행신청까지 한 바 있다.

둘째, 관련 판결에서 이 사건 구조물의 독립성을 부인하고 이 사건 토지에 부합되었다고 결론을 내린 것은 법원이 현장검증까지 수행하는 등 면밀하게 증거, 사실관계, 법리를 종합하여 판단한 끝에 내려진 것으로, 경매법원이 감정평가서나 현황조사서에 의하여 신축 중인 건물의 외형상 독립성 여부를 판단한 것과 그 결과가 다르다는 것만으로 경매법원의 판단에 어떤 과실이 있었다거나 그 판단이 위법한 행위에 해당된다고 할 수 없다. 또한 경매법원으로서는 당시 이 사건 구조물의 착공 시기를 알기 어려우므로 이 사건 토지에 설정된 2012. 9. 27.자 근저당권과의 선후 관계상 법정지상권 성립 여부가 불분명하여 B에게 불측의 피해를 최소화하는 방향으로 법정지상권으로 인해 영향받는 토지의 가격을 최저매각가격으로 정한 것으로 볼 수 있어 이러한 조치가 위법하거나 부당한 목적을 가지고 한 조치라고 볼 수도 없다.

셋째, 건물 신축의 공사가 진행되다가 독립한 부동산인 건물로서의 요건을 아직 갖추지 못한 단계에서 중지된 것을 제3자가 이어받아 계속 진행함으로써 별개의 부동산인 건물로 성립되어 그 소유권을 원시취득한 경우에 그로써 애초의 신축 중 건물에 대한 소유권을 상실한 사람은 민법 제261조, 제257조, 제259조를 준용하여 건물의 원시취득자에 대하여 부당이득 관련 규정에 기하여 그 소유권의 상실에 관한 보상을 청구할 수 있는바(대법원 2010. 2. 25. 선고 2009다83933 판결 참조), 丙은 경락인이 이 사건 구조물에 대한 공사를 다시 진행하여 건물을 완성함으로써 그 소유권을 원시취득하는 경우, B에 대한 부당이득반환청구를 통해 그 손해를 보전받을 가능성이 있다.

4. 결론

원고의 청구는 이유 없으므로 이를 기각하기로 하여 주문과 같이 판결한다.

제3절 증 · 개축 부분이 기존건물에 부합하지 않는 경우

증 · 개축으로 인하여 일반건물이 집합건물로 전환되거나 집합건물의 전유부분의 수가 증가하는 경우, 증 · 개축 부분이 독립성이 있는 경우, 그 증 · 개축 부분은 기존건물에 부합하지 않는다. 이러한 경우 그 증 · 개축 부분은 유치권의 객체가 될 수 있다.

[볼트와 너트로 연결되어 있는 주차시설] 주차시설이 주로 볼트와 너트로 연결되어 있어 가치의 큰 감손 없이 쉽게 분리 가능하고, 분리비용 또한 주차시설의 가액을 고려하여 볼 때 상대적으로 과다할 것으로는 보이지 아니하며, 건물에 부속되어 있는 단순한 주차시설로서의 기능을 넘어서 주차장영업에 제공되고 있는 독립된 영업시설로 사용되고 있는 경우에는 다음과 같은 점을 고려할 때 건물에 부합되어 독립된 권리의 객체성을 상실한 물건이라고 할 수 없다. ㉮ 이 사건 건물의 후면 부지 상에 6개의 메인 철골기둥을 세우고, 각 메인 철골기둥과 이를 가로지르는 H빔을 볼트와 너트로써 연결하여 철골구조체를 만든 다음 이를 볼트와 너트로써 이 사건 건물의 후면 외벽과 고정하여 지상 12층 높이의 독립적인 주차공간을 형성시키고, 그 안에 주차하는 승용차를 주차공간으로 이송하여 주는 리프트, 구동부를 형성하는 메인 모터, 체인 이송장치, 주차공간 사이를 이송시키는 횡행 모터 및 롤러 등을 조립하여 완성한 승용차용 입체주차시설인 사실, ㉯ 작업인원 8명이 약 4~5개월 동안 투입되어 설치되었긴 하나, 설치공정의 역순으로 해체하면 이 사건 건물의 훼손이나 해체작업상의 별다른 기술적 어려움 없이 분리될 수 있는 사실, ㉰ 이 사건 경매절차에서 이 사건 건물의 가액은 1999. 기준으로 금 696,227,400원으로 평가된 반면, 이 사건 주차시설의 가액은 금 970,000,000원으로 평가된 사실, ㉱ 총 90대의 승용차를 주차시킬 수 있는 주차시설로서 △△타워라는 상호로 주차장영업에 제공되고 있는 사실 등(대판 2002. 4. 12. 2001다75257).

[기타] 기존건물(1층, 12평 5홉) 위에 거의 같은 넓이와 크기로 증축한 2층(12평 4홉 7작, 연와조 세멘트 건물)은 방과 부엌이 있고 2가구가 전세권등기를 하여 살고 있는 경우 구조상 · 이용상 독립성이

있어 기존건물에 부합하지 않는다고 볼 여지가 있다(대판 1977. 5. 24. 76다464).

증축 부분이 기존건물의 동쪽과 북쪽에 붙여지어져 외관상 한 개의 건물로 보이고, 기존건물의 서쪽 남단층계를 통하여 증축 부분과 왕래가 가능하며, 기존건물의 옥상이 울타리나 경계표시 없이 증축 부분 3층 주택으로 통하는 통로 · 장독대 · 마당으로 사용되고 증축 부분의 옥상층계가 설치되어 있다는 등의 사정이 있다 하더라도, 그 증축 부분은 기존건물에 부합한다고 단정할 수 없다(대판 1985. 11. 12. 85다카246).

증축 부분이 기존건물 외벽을 이용하지 않고 별도로 시멘트벽돌 및 철근콘크리트 벽을 쌓아 신축되었으며, 증축 부분의 전용통로와 전기배선 및 상하수도 등이 별도로 설치되었고, 1, 2층은 주로 점포, 3층은 주택으로서 기존건물과는 별개로 사용되고 있다는 등의 사정이 있는 경우, 그 증축 부분은 기존건물에 부합하지 않는다고 볼 여지가 있다(대판 1985. 11. 12. 85다카246).

제4절 부동산에의 부합

Ⅰ. 서설

원칙적으로 1개의 물건에 대하여는 1개의 물권이 성립하므로(1물1권주의), 수개의 물건은 각각 다른 소유권의 객체로서 다른 사람에 의하여 소유될 수 있고, 별개로 처분될 수 있다.[43]

---

43) 수개의 부동산에 관한 경매는 부동산별로 하는 것이 원칙이나(개별매각의 원칙), 민사집행법 제98조 이하의 규정, 민법 제365조의 규정 등에 의하여 그 전부를 일괄하여 매각할 수 있다(일괄매각의 예외). 민사집행법 제98조 이하의 규정에 의한 일괄매각은, 소유자가 달라도 할 수 있고, 그 목적물이 수개의 부동산인 경우는 물론 부동산과 다른 종류의 재산(금전채권은 제외)인 경우에도 할 수 있다(민집 §98②). 이와 달리 민법 제365조에 규정에 의한 일괄매각(일괄경매)은, 소유자가 같아야 할 수 있고, 저당권이 설정된 토지와 설정되지 않은 그 지상 건물에 관하여만 할 수 있다. 예컨대, 압류채권자가 본래의 경매목적물인 토지(채무자 소유의 등기된 토지) 외에 미등기건물(제시 외 건물)에 관하여 경매를 신청하여 토지 및 건물에 관하여 '강제경매개시결정(토지 · 건물) ⇨ 소유권보존등기(건물) 및 강제경매개시결정등기(토지 · 건물)'가 순차로 이루어진 경우, 집행법원은 일괄매각을 한다(민집 §98③). 이 경우 매수인은 수개의 물건의 소유권을 모두 취득하고, 채권자들은 개별매각의 경우와 마찬가지로 물건별 배당순위에 따라 배당을 받는다.

그런데 민법은, 수개의 물건을 1개의 새로운 물건으로 취급하고 이를 수개의 물건 중 1개의 물건의 소유자에게 귀속시키는(다른 물건의 소유자에게는 보상청구권을 부여하는) 방법으로, 또는 동일인에게 속한 수개의 물건의 분리처분을 제한하는 방법으로, 그 물건들이 가지는 경제적 효용의 유지 · 보전을 도모하고 있다.[44] 전자가 부합의 법리이고, 후자가 종물의 법리이다.

민법 제256조(부동산에의 부합)는 「부동산의 소유자는 그 부동산에 부합한 물건의 소유권을 취득한다. 그러나 타인의 권원[45]에 의하여 부속된 것은 그러하지 아니하다.」라고 규정하고 있고, 제257조(동산간의 부합)는 「동산과 동산이 부합하여 훼손하지 아니하면 분리할 수 없거나 그 분리에 과다한 비용을 요할 경우에는 그 합성물의 소유권은 주된 동산의 소유자에게 속한다. …」라고 규정하고 있다.

이와 같이 수개의 물건(주물[46]과 부합물[47])이 결합하여 사회관념상 1개의 물건(주물 그

---

44) 같은 맥락에서 수개의 물건에 대한 수개의 소유권을 동일인에게 귀속시키거나 그 분리처분을 제한하는 방법으로 그 물건들의 경제적 효용을 유지 · 보전하려는 제도도 있다. 지상권설정자 · 지상권자의 지상물매수청구권(민 §283② · 285), 전세권설정자 · 전세권자의 부속물매수청구권(민 §316), 저당권자의 일괄경매청구권(민 §365), 토지임차인의 지상물(건물, 수목 기타 지상시설)매수청구권(민 §643), 건물 기타 공작물 임차인 · 전차인의 부속물매수청구권(민 §646 · 647), 민사집행절차상의 일괄매각제도(민집 §98), 집합건물에 있어서 전유부분과 대지사용권의 일체성(집건 §20) 등의 권리 또는 제도가 그것이다{양창수 · 권영준, 민법Ⅱ 권리의 변동과 구제, 박영사(2015), 281}.

45) 대법원 1989. 7. 11. 선고 88다카9067 판결은 "… 위 규정 단서에서 말하는 「권원」이라 함은 지상권, 전세권, 임차권 등과 같이 타인의 부동산에 자기의 동산을 부속시켜서 그 부동산을 이용할 수 있는 권리를 뜻한다 …"라고 판시하였다. 위 판결은, ㉮ 甲1이 소유하는 토지를 임차한 乙의 승낙을 받아 丙이 그 땅에 나무(사철나무) 1그루를 심었는데, ㉯ 그 후 위 땅을 매수한 甲2가 위 나무가 甲1의 소유가 아님을 알지 못하고(또한 알 수도 없었음) 위 나무를 베어 버리자, ㉰ 丙이 甲2의 불법행위(丙 소유의 나무를 베어 버린 행위)로 인한 손해배상을 청구한 사안에서, 丙의 손해배상청구를 인용한 원심 판결을 파기 · 환송하였다. 위 나무는 토지에 부합하였으므로(민 §256 본문 적용) 丙이 아니라 甲2의 소유라는 것이 그 논거이다.

46) '부합되는 물건'은 '부합의 주물' 또는 '주물' 등으로도 표현되고 있다. 이와 같이 '주물'은 종물에 대한 개념뿐만 아니라 부합물에 대한 개념으로도 사용되고 있다.

47) '부합하는 물건'은 '부합물' 또는 '소유권이 소멸한 종전 물건' 등으로도 표현되고 있다. 한편, 판례 중에는 부합물을 '부합되는 물건' 또는 '부합된 물건'(대판 2008. 5. 8. 2007다36933 · 36940)이라고 표현하는 경우가 있다. 이는 부동산에의 부합물을 '부동산에 부합한 물건'이라고 표현하고 있는 민법 제256조의 문언과는 부합하지 않는 표현이다.

자체)으로 보이고, 그것을 분리하는 것이 사회 · 경제적으로 불가능하거나 곤란한 경우, 이를 분리하지 않고 1개의 새로운 물건으로서 주물의 소유자에게 귀속시키는 것을 부합(附合)이라고 한다.

민법 제256조는 주물에 부합하는 부합물에 관하여, 원칙적으로 주물 소유자에게 그 소유권을 이전 · 귀속시키고(본문), 예외적으로 부합물의 소유자로 하여금 계속 소유하게 하고 있다(단서). 제256조 본문의 취지는 주물의 소유자에게 부합물의 법적 소유권을 귀속시킬 뿐 그 경제적 가치까지 귀속시키려는 것은 아니다.[48] 따라서 소유권을 상실한 부합물의 소유자는 주물의 소유자에 대하여 보상을 청구할 수 있다(민 §261).

먼저 민법 제256조 본문(부동산에의 부합)의 요건과 그 효과 등에 관하여 살펴본 후, 그 단서(타인의 권원에 의하여 부속한 경우의 예외 내지 특칙) 등에 관하여 살펴본다.

II. 적용 법조

수개의 물건이 결합되어 있는 경우 그 물건들이 새로운 1개의 물건으로서 그 중 1개의 물건의 소유자에게 귀속되는지 여부(부합 여부)가 문제되는 경우에는, 먼저 결합의 정도(강한 부합 또는 약한 부합에 해당하는지, 아니면 약한 부합에도 해당하지 않는지)를 살펴 제256조가 적용되는지 여부를 검토한 후, 제256조가 적용되는 경우 그 단서 또는 본문의 적용을 검토한다.

48) 이 점에서 법적 소유권은 물론 경제적 가치까지 온전하게 귀속시키는 '선의취득'과 구별된다.

<table>
<tr><th></th><th>소유자가 다른 경우</th><th>소유자가 같은 경우</th></tr>
<tr><td>약한 부합에도 해당하지 않고,
독립성 유지하고 있는 경우</td><td colspan="2" rowspan="2">§256 적용되지 않음</td></tr>
<tr><td>약한 부합에도 해당하지 않고,
독립성 회복 가능한 경우</td></tr>
<tr><td rowspan="2">약한 부합에 해당하고,
독립성 회복 가능한 경우</td><td>타인의 권원에 의한 부합의
경우 §256 但書 적용</td><td rowspan="3">§256 本文 적용</td></tr>
<tr><td>타인의 권원에 의하지 않은
부합의 경우 §256 本文 적용</td></tr>
<tr><td>강한 부합에 해당하고,
독립성 회복 불가능한 경우</td><td>§256 本文 적용</td></tr>
</table>

첫째, 상당한 비용을 들이지 않고서도 분리 · 복구할 수 있는 경우('강한 부합'은 물론 '약한 부합'에도 해당하지 않는 경우)에는 결합 상태에서도 독립성을 유지하고 있는 것[49]은 물론 분리 · 복구하면 제한되었던 독립성을 회복할 수 있는 것[50]도 부합하지 않는다. 이러한 경우에는 제256조 본문은 물론 단서도 적용되지 않고, 결합된 물건은 그 소유자가 계속 소유하게 된다. ① 볼트와 너트로 건물의 후면 외벽에 고정된 지상 12층의 철골구조체 주차시설,[51] ② 볼트와 너트 등으로 건물에 고정되어 있는 보일러 · 열교환기 · 순환펌프 · 물탱크 · 소방설비 · 배관설비 · 방송설비 · 전화설비,[52] ③ 렌탈한 승객용 엘리

49) 土地에 결합되어 있는 것으로서 결합 상태에서도 토지와 독립한 별개의 부동산으로 인정될 수 있는 토지의 정착물로는, 지붕 · 기둥 · 주벽을 갖춘 일반건물, 등기를 갖춘 수목, 명인방법을 갖춘 수목 또는 수목의 집단 등이 있다. 이러한 토지의 정착물을 강학상 '독립정착물'이라고 한다.

建物에 결합되어 있는 것으로서 결합 상태에서도 기존건물과 독립한 별개의 부동산으로 인정될 수 있는 건물에는 구조상 · 이용상의 독립성을 갖춘 건물 등이 있다.

50) 건물에 결합되어 있는 승객용 엘리베이터(서울고법 2009. 9. 25. 2008나47031 · 47048) 등이 이에 해당한다.

51) 대판 2002. 4. 12. 2001다75257.

52) 서울고법 2010. 5. 19. 2007나17136 · 17323 · 17330(확정).

베이터, 주차자동경보시스템 중 중앙감시반 · 입구표시출차주의등, 발전기,[53] ④ 선박에 비치된 나침반 · 쌍안경[54] 등이 이에 해당한다.

둘째, 상당한 비용을 들이면 분리 · 복구할 수 있고(**'약한 부합'**에 해당하고) 분리 · 복구하면 결합에 의하여 제한된 **독립성을 회복할 수 있는 경우**,[55] 타인의 권원에 의하여 결합된 때에는 부합하지 않는다.[56] 이러한 때에는 제256조 단서가 적용되고, 결합된 물건은 그 소유자가 계속 소유하게 된다. 타인의 토지 위에서 권원 없이 식재한 수목의 소유권은 토지소유자에게 귀속하고 권원에 의하여 식재한 수목의 소유권은 식재한 사람에게 귀속하므로[57] 토지의 사용대차권에 기하여 그 토지상에 식재된 수목은 이를 식재한 사람에게 그 소유권이 있다.[58] 이 경우는 부합의 법리(민 §256 본문)가 적용되지 않아 부합의 효과가 발생하지 않는다는 결과 면에서는 위 '첫째'의 경우와 동일하다. 예컨대, 토지소유자 아닌 사람이 식재한 것으로서 등기 · 명인방법을 갖춘 수목과 마찬가지로(제265조가 적용되지 않음), 지상권자가 식재한 것으로서 등기 · 명인방법을 갖추지 않은 수목도(제265조 단서가 적용됨) 토지에 부합하지 않고 그 본래의 소유자가 계속 소유한다.

셋째, 위 '둘째'의 경우(약합 부합에 해당하고 독립성을 회복할 수 있는 경우), 타인의 권원에 의하지 않고 결합된 때에는 제256조 본문이 적용되어, 결합된 물건과 부동산은 1개의 새로운 부동산이 되어 부동산소유자의 소유가 된다. 예컨대, 아무런 권한 없는 사람

53) 서울고법 2009. 9. 25. 2008나47031 · 47048(건물명도 등). 이 판결은 대법원 2008. 5. 8. 선고 2007다36933 · 36940 판결의 환송 후의 판결이다. 이에 대하여 원고가 다시 상고하였으나 대법원 2010. 2. 25. 선고 2009다102216 · 102223 판결에 의하여 심리불속행 기각되었다(확정).

54) 대판 1980. 3. 25. 79도3139.

55) 土地에 결합되어 있는 것으로서 이에 해당하는 토지의 정착물로는, 공시방법을 갖추지 않은 수목, 임야 내의 자연석을 조각하여 제작한 석불 등이 있다. 이러한 토지의 정착물은 강학상 '반독립정착물'이라고 한다.

建物에 결합되어 있는 것으로서 이에 해당하는 것에는 기존건물(세멘부록조 세멘와즙 평가건 주택 1동, 건평 21평 8홉)의 외곽에 덧붙여 증축한 세멘부록조 스레트즙 부엌 3개 및 방 4개(합계 건평 18평 9홉) 등이 있다(대판 1981. 7. 7. 80다2643 · 2644).

56) '부합하지 않는다'는 것은 엄밀하게는 '부합의 법리(민 §256 본문)가 적용되지 않아 부합의 효과가 발생하지 않는다'는 의미이다.

57) 대판 1998. 4. 24. 97도3425.

58) 대결 1990. 1. 23. 89다카21095.

이 토지에 식재한 수목은 등기 · 명인방법을 갖추지 않은 한 토지소유자의 소유에 귀속한다.

넷째, 상당한 비용을 들여도 분리 · 복구할 수 없고, 즉 사실상 분리 · 복구할 수 없고 ('**강한 부합**'에 해당하고) 분리 · 복구하더라도 결합에 의하여 상실된 **독립성을 회복할 수 없는 경우**[59]에는 타인의 권원에 의하여 결합된 것인지 여부를 불문하고 제256조 본문이 적용되어 부동산소유자의 소유에 귀속한다.

['토지의 구성부분'으로 보아 강한 부합으로 인정한 사례] 판례가 '토지의 구성부분'으로 보아 강한 부합으로 인정한 예로는 ㉮ 지하 굴착공사에 의한 콘크리트 구조물,[60] ㉯ 토지 위에 설치된 콘크리트 바닥,[61] ㉰ 공유수면의 빈지(濱地)에 파일을 박고 대석과 콘크리트 등으로 옹벽을 쌓은 후 토사 등을 다져 넣어 축조된 공작물이 사실상 매립지와 같은 형태를 가지게 된 경우,[62] ㉱ 가스공급업자가 아파트에 설치한 아파트의 가스공급시설,[63] ㉲ 토지소유자가 토사가 흘러내리지 않도록 인접 토지에 설치한 석축(石築)과 법면(法面)[64] 등이 있다.

['건물의 구성부분'으로 보아 강한 부합으로 인정한 사례] 판례가 '건물의 구성부분'으로 보아 강합 부합으로 인정한 예로는 ㉮ 건물의 임차인이 내부 벽에 부착한 석재, 내부 천정에 부착한 합판,[65] ㉯ 염전 용지에 설치한 염전시설,[66] ㉰ 건물의 옥개(屋蓋, 지붕) 부분,[67] ㉱ 다방건물의 내부 벽과 천

---

59) 土地의 구성부분 · 일부에 지나지 않아 토지와 별개로 소유권의 객체가 될 수 없는 토지의 정착물(강학상 '종속정착물'이라고 함), 建物의 구성부분 · 일부에 지나지 않아 건물과 독립한 부동산으로 취급될 수 없는 것을 말한다.

60) 대결 1994. 4. 22. 93마719.

61) 대판 2001. 11. 13. 2000두4354.

62) 대판 1994. 4. 12. 93다53801.

63) 이 경우 가스공급시설은 아파트의 대지와 일체를 이루는 대지의 구성부분으로서 그 대지에 부합하여 아파트의 대지 지분권을 양수한 아파트 구분소유자들의 소유가 된다(대판 2007. 7. 27. 2006다39270 · 39278).

64) 대판 2009. 5. 14. 2008다49202. 법면(法面)은 둑 · 호안(護岸) · 절토(切土) 등의 경사면을 말한다.

65) 대판 1985. 4. 23. 84도1549.

66) 대판 1958. 5. 22. 4290민상460.

67) 대판 1960. 8. 18. 4292민상859.

장에 부착된 은파석과 합판,[68] ㉤ 정화조,[69] ㉥ 건물들 사이의 토지 지하에 오수 등을 처리하기 위하여 설치한 오수정화설비,[70] ㉦ 甲(매도인)으로부터 乙(매수인 · 수급인)이 소유권유보부로 매수하여 丙(도급인) 소유 공장건물의 골조공사에 사용한 건축자재(철근 · H형강 등의 철강제품)[71] 등이 있다.

Ⅲ. 부합의 요건

		제256조 단서	제256조 본문
부합물	소유자	주물과 소유자가 다른 경우만 해당	주물과 소유자가 다른 경우는 물론, 동일한 경우도 해당
	종류	동산만 해당	동산은 물론, 부동산의 일부 · 구성부분도 해당
부착 · 합체	원인	인공적인 결합(그 중에서도 타인의 권원에 의한 결합)만 해당	자연적인 결합, 인공적인 결합 모두 해당
	정도	약한 부합 상태만 해당	강한 부합 상태, 약한 부합 상태 모두 해당
부합물의 독립성 회복 가능 여부		'약한 부합 ⇨ 독립성 회복 가능' 경우만 해당	'강한 부합 ⇨ 독립성 회복 불가능' 경우, '약한 부합 ⇨ 독립성 회복 가능' 경우 모두 해당
부합물의 소유권 귀속		부합물 소유자(소유권 유지)	주물 소유자(소유권 취득)

68) 대판 1985. 4. 23. 84도1549.

69) 대판 1993. 12. 10. 93다42399.

70) 대판 2002. 10. 22. 2002다44182 · 44199.

71) 대판 2009. 9. 24. 2009다15602.

1. 부합물의 소유자와 종류

가. 소유자

본래 부합의 법리는 주물과 부합물의 소유자가 다를 것을 그 전제 내지 요건으로 하고 있다. 판례는, 제256조 단서는 주물과 부합물의 소유자가 다른 경우에만 적용하나, 제256조 본문은 소유자가 다른 경우는 물론 같은 경우에도 적용하고 있다.[72)]

대법원 1995. 6. 29. 선고 94다6345 판결은, 지상에 주유소 사무실 건물을 축조하고 주유기를 설치한[73)] 토지소유자가 그 지하에 유류저장탱크를 설치하여[74)] 주유소영업을 한 사안에서 "… 이 사건 유류저장탱크를 토지로부터 분리하는 데는 과다한 비용이 들고 또한 사실관계가 위와 같다면 지하에 매설된 유류저장탱크를 분리하여 발굴할 경우 그 경제적 가치가 현저히 감소할 것임은 경험칙상 분명하므로 이 사건 유류저장탱크는 이 사건 토지에 부합된 것이라고 할 것이다. … 이 사건 주유기는 계속해서 이 사건 주유소 건물 자체의 경제적 효용을 다하게 하는 작용을 하고 있으므로 이 사건 건물의 상용에 공하기 위하여 부속시킨 건물의 종물이라고 보아야 할 것이다[75)] … 이 사건 주유기는 이 사건 주유소건물의 종물이고 유류저장탱크는 이 사건 토지에 부합되었으므로 민법 제358조에 의하여 이 사건 토지 또는 건물에 설정된 원고의 저당권의 효력이 그 종물 또

---

72) 한편, 민법 제100조는 종물에 관하여 '자기 소유인 다른 물건'이라고 규정하고 있어 종물이 주물 소유자의 소유물인 것을 전제로 하고 있지만, 종물이 타인의 소유라고 하더라도 그 타인의 권리를 해하지 아니하는 범위에서 민법 제100조가 적용된다고 할 것이고, 따라서 주물이 처분된 경우에 종물의 소유자가 동의 또는 추인하는 경우에는 상대방이 종물의 소유권을 취득하게 된다(대판 2002. 2. 5. 2000다38527).

73) 토지 위에 철파이프조 슬라브지붕 단층 캐노피 144㎡를 축조한 후 그 밑에 콘크리트 받침대를 설치하고 거기에 볼트를 고정하는 방법으로 주유기를 설치하였다.

74) 유류저장탱크는 지하를 굴착하여 콘크리트 옹벽을 쳐 탱크박스를 만들고, 그 안에 유류저장탱크를 설치한 후 콘크리트로 덮개를 타설하여 매설하였다. 콘크리트 덮개 부분을 떼어낸 후 배관을 분해하면 그 해체 및 이관이 가능하나 거기에는 금 320만 원 상당의 비용이 소요된다.

75) 토지의 지하에 설치된 유류저장탱크와 건물에 설치된 주유기는 토지에 부합하거나 건물의 상용에 공하기 위하여 부속시킨 종물로서 토지 및 건물에 대한 경매의 목적물이 된다(대판 2000. 10. 28. 2000마5527).

는 부합물인 이 사건 주유기 및 유류저장탱크에도 공장저당법 제7조의 목록제출과 상관없이 당연히 미친다 …"라고 판시하였다.[76)77)]

대법원 1998. 10. 28.자 98마1817 결정은, 토지소유자가 수목을 식재하였는데 등기·명인방법을 갖추지 않은(독립성이 없는) 상태에서 토지에 관한 경매절차가 진행된 경우 그 수목은 토지에 부합하여 토지와 함께 매각되는 것이므로 그 수목의 가액을 포함하여 매각 대상 토지를 평가하여 이를 최저경매가격으로 공고하여야 하고, 위 수목의 가액을 제외시킨 채 오직 토지 가액만을 평가하여 이를 그대로 최저매각가격으로 결정한 것은 최저매각가격결정에 중대한 하자가 있는 경우에 해당하여 매각불허가사유에 해당한다고 판시하였다.

나. 종류

부동산에 부합하는 물건은 동산에 한하지 않고 부동산도 포함된다는 견해(소수설)와 동산에 한한다고 보는 견해(다수설)가 있다.

소수설은 판례가 부동산과 부동산의 부합을 인정한다고 하면서, 대법원 1991. 4. 12. 선고 90다11967 판결과 대법원 1962. 1. 31. 선고 4294민상445 판결을 열거하고 있다. 그러나 이 판결들의 사안은 모두 '부동산'의 부동산에의 부합이 아니라 '부동산의 일부·구성부분'의 부동산에의 부합에 관한 것이다.[78)]

---

76) 이와 달리 토지를 임차한 후 주유소영업을 하기 위하여 그 지하에 매설한 유류저장조는 민법 제256조 단서에 의하여 임차인의 소유에 속한다고 본 판결이 있다(대판 2012. 1. 26. 2009다76546).

77) 위 판결의 사안에서는 주유소 부지의 지하에 매설된 유류저장탱크에 관하여, 이를 부지에서 분리하는 경우 거래상 독립한 권리의 객체가 될 수 있을지 여부(제256조 단서의 적용 가능성)에 관한 주장은 없었고, 제256조 본문 요건의 구비 여부에 관하여만 다툼이 있었던 것으로 보인다.

78) 첫째, 대법원 1991. 4. 12. 선고 90다11967 판결은 식용유제조 공장건물에 증축한 건축물(시멘트블록조·스레트지붕 건축물)이 이 공장건물에 부합하는지 여부가 문제된 사안에 관한 것이다. 그러나 부착·합체된 증축부분은 독립성(구조상·이용상의 독립성)이 없는 경우에는 건물이 아니므로, 위 판결의 사안은 증축으로 생긴 '부동산'(독립한 1개의 건물)의 기존건물에의 부합 문제가 아니라, 증축으로 생긴 '부동산의 일부·구성부분'(토지 또는 기존건물의 일부 또는 구성부분)의 토지 또는 기존건물에의 부합 문제가 될 수 있을 뿐이다. 또

판례는, 제256조 단서는 부합물이 동산인 경우에만 적용하나, 제256조 본문은 부합물이 부동산의 일부 · 구성부분인 경우에도 적용하고 있다.

2. 부착 · 합체의 원인과 정도

가. 원인

부합은 수개의 물건이 결합(부착 · 합체)하는 것을 말한다. 민법 제256조 본문의 부합은 부착(附着)하여 합체(合體)되는 것이라는 의미에서 '부착 · 합체'라고 표현하는 경우가 많고, '결합'이라고 표현하는 경우도 있다. 민법 제256조 단서는 '부속'(附屬)이라는 표현을 사용하고 있다.

제256조 본문의 결합(부합)은 그 원인이 인위적인 것이든 자연적인 것이든 불문한다. 그러나 민법 제256조 단서는 타인의 권원에 의하여 부속되었을 것을 그 요건으로 하기 때문에 그 결합(부속)의 원인이 인위적인 것이어야 한다.

한 증축 부분이 독립성이 있는 경우에는 1물1권주의에 충실하게 수인에게 수개의 물건(기존건물과 증축한 결과 생긴 건물)으로 존속시키는 것이 적절하고, 따라서 부합의 문제가 생기지 않는다고 하겠다. 후자와 같은 맥락에서 대법원 2001. 1. 16. 선고 2000다51872 판결도, 공작물이 완성되지는 않았으나 건물로서의 최소한의 요건을 갖춘 경우(원래 지상 7층 건물로 설계되었으나, 지붕 · 기둥 · 주벽을 갖추어 1층만으로도 구분소유의 대상이 될 수 있는 경우), 그 공작물(건물)은 토지에 부합하지 않으므로, 경매절차에서 토지를 낙찰받은 매수인은 그 공작물(건물)의 소유권을 취득할 수 없다고 판시하였다.

둘째, 대법원 1962. 1. 31. 선고 4294민상445 판결은 연와(煉瓦, 벽돌) 제조용 시설에서 연돌(煙突, 굴뚝)이 요장(窯場)에 부합하는지 여부가 문제된 사안에서 "… 부동산에 부합한 물건은 동산에만 한정되는 것은 아니고 부동산도 포함한다고 해석되며 …"라고 판시한 바 있으나, 이 판결의 사안 역시 독립성이 없는 경우에는 '부동산'의 부동산에의 부합 문제가 아니라 '부동산의 일부 · 구성부분'의 부동산에의 부합 문제가 될 수 있을 뿐이고, 독립성이 있는 경우에는 부합의 문제가 발생하지 않는다고 하겠다.

따라서 부합의 개념 내지 법리상 부동산과 부동산의 부합은 인정할 수 없을 것이며, 이를 인정할 합리적인 필요 내지 실익 또한 없다고 할 것이다.

나. 정도

민법 제257조는 동산간의 부합에 관하여, 훼손하지 않거나 '과다한' 비용을 지출하지 않고서는 분리 · 복구할 수 없을 정도로 부합물이 주물에 부착 · 합체되어 있어야 한다고 규정하고 있다. 민법 제256조가 규정하는 부동산에의 부합의 정도도 이와 같이 보는 것이 타당하다. 위 '과다한'은 '상당히' 또는 '많은'의 의미이다.

제256조 본문의 부합(附合)은 제257조와 마찬가지로 '강한 부합'(훼손하지 않고서는 분리할 수 없을 정도의 부착 · 합체)과 **'약한 부합'**(분리에 과다한 비용이 소요될 정도의 부착 · 합체)을 모두 포함한다{민 §257(동산간의 부합) 유추적용}.[79] 판례는 '강한 부합'에 관하여 "… '사실상 분리복구가 불가능하여' …"라고 표현하는 경우가 많다.[80] 따라서 여기서는 **'강한 부합'**을 '훼손하지 않고서는 분리할 수 없을 정도의 부착 · 합체', '사실상 분리 · 복구가 불가능할 정도의 부착 · 합체' 또는 '과다한 비용을 들여도 분리할 수 없을 정도의 부착 · 합체'라는 의미로 사용하기로 한다.

반면, 제256조 단서의 부속(附屬)에 관하여 판례는 약한 부합만을 의미하는 것으로 해석하고 있다.

요컨대 판례는, 제256조 본문은 위 강한 부합과 약한 부합의 경우에 모두 적용될 수 있으나, 제256조 단서는 약한 부합의 경우에만 적용되는 것으로 보고 있는 것이다.

부합물은 '강한 부합' 상태에서는 물건으로서의 독립성을 상실하고, '약한 부합' 상태

---

79) 한편, 분리하면 부합물의 경제적 가치가 현저하게 감소하게 되는 경우에도 부합한다고 설시하는 판례가 있다(대판 1995. 6. 29. 94다6345, 대판 2012. 1. 26. 2009다76546 등). 그러나 이는 부합(민 §256 본문 적용)의 요건은 아니라고 보는 것이 타당할 것이다. 부합물 분리 시 경제적 가치가 있는 경우에는 민법 제256조 단서가 적용되는데, 경제적 가치의 현저한 감소(본문의 요건사실)와 경제적 가치의 존재(단서의 요건사실)는 구별이 용이하지 않기 때문이다.

이에 대하여는, 위와 같은 경우도 부합의 개념 내지 범주에 포함시키고, 나아가 이를 넓게 해석함으로써 부합물의 범위를 확대하는 것이 바람직하다는 견해가 있다{이계정, "부동산 경매에 있어서 부합물, 종물, 제시외 건물의 적절한 처리방안", 저스티스(137), 한국법학원(2013), 171}.

80) 대판 1985. 12. 24. 84다카2428, 대판 2009. 8. 20. 2008두8727, 대판 2012. 1. 26. 2009다76546 등.

에서는 물건으로서의 독립성이 제한된다.

3. 부합물의 독립성 회복 가능 여부

대법원 2007. 7. 27. 선고 2006다39270, 39278 판결은 "… 어떠한 동산이 부동산에 附合된 것으로 인정되기 위해서는 그 동산을 훼손하거나 과다한 비용을 지출하지 않고서는 분리할 수 없을 정도로 부착 · 합체되었는지 여부 및 그 물리적 구조, 용도와 기능면에서 기존부동산과는 독립한 경제적 효용을 가지고 거래상 별개의 소유권의 객체가 될 수 있는지 여부 등을 종합하여 판단하여야 할 것이고(대법원 2003. 5. 16. 선고 2003다14959, 14966 판결 등 참조), 부합물에 관한 소유권 귀속의 예외를 규정한 민법 제256조 '단서'의 규정은 타인이 그 권원에 의하여 부속시킨 물건이라 할지라도 그 부속된 물건이 분리하여 경제적 가치가 있는 경우에 한하여 부속시킨 타인의 권리에 영향이 없다[81)]는 취지이지 분리하여도 경제적 가치가 없는 경우에는 원래의 부동산소유자의 소유에 귀속되는 것이고, 경제적 가치의 판단은 부속시킨 물건에 대한 일반 사회통념상의 경제적 효용의 독립성 유무를 그 기준으로 하여야 한다(대법원 1975. 4. 8. 선고 74다1743 판결 등 참조). …"라고 판시하였다. 이 판시 내용은 아래와 같이 분석할 수 있다.

첫째, 부합물을 주물로부터 분리 · 복구하는 경우, ① 주물과 독립한 경제적 효용 · 가치가 있어 다시 거래상 별개의 소유권의 객체가 될 수 있다는 것은 제한되었던 독립성을 회복할 수 있다는 것이고(독립성 회복 가능), ② 주물과 독립한 경제적 효용 · 가치가 없어 다시는 거래상 별개의 소유권의 객체가 될 수 없다는 것은 상실한 독립성을 회복할 수 없다는 것이다(독립성 회복 불가능).

둘째, 독립성은 '약한 부합' 상태(분리 · 복구에 과다한 비용이 소요되는 경우)에서는 회복할 수 있고(위 ①), '강한 부합' 상태(훼손하지 않고서는 분리 · 복구할 수 없는 경우 내지 사실상 분리 · 복구가 불가능한 경우)에서는 회복할 수 없다(위 ②).

81) '부속시킨 타인의 권리에 영향이 없다'는 것은 부합물의 소유자가 계속 소유한다는 것을 의미한다.

셋째, 제256조 본문은 위 ① 및 ②의 경우에 적용될 수 있으나, 제256조 단서는 위 ①의 경우에만 적용될 수 있다. '강한 부합' 상태에서는 상실한 독립성을 회복할 수 없기 때문이다. 한편, '강한 부합'은 물론 '약한 부합'에도 해당하지 않는 상태(사실상 분리가 불가능하지 않고, 또 그 분리에 과다한 비용을 요하지 않는 경우)에서는 당연히 독립성을 회복할 수 있으나, 민법 제256조 본문은 물론 단서도 적용되지 않는다. 이와 같이 '약한 부합'에도 해당하지 않는 경우에는 부합의 법리가 적용되지 않는데, 이는 제256조 단서가 적용되는 경우와 그 결과 면에서는 같다.

Ⅳ. 부합의 효과

수개의 물건이 부합하면(민법 제256조 본문의 요건을 충족하면) 아래와 같은 효과가 발생한다. 그러나 제256조 단서의 요건을 충족하여 부합하지 않는 경우 또는 약한 부합에도 해당하지 않아 부합하지 않는 경우에는 아래의 효과가 발생하지 않는다. 또한 제256조 본문이 적용된다 하더라도 주물과 부합물의 소유자가 같은 경우에도 아래의 효과가 발생하지 않는다.

첫째, 수개의 물건(주물과 부합물)은 1개의 새로운 물건으로 존속하고, 그 복구 · 복원을 허용하지 않는다(강행규정).

둘째, 주물의 소유권은 부합물에도 미친다. 즉, 부합물의 소유권은 주물의 소유자에게 귀속하고, 부합물에 대한 종전 소유자의 소유권은 소멸한다[82](민 §256, 임의규정). 부합물은 독립성이 상실 또는 제한되어 물권의 객체가 될 수 없고, 주물의 소유자는 1개의 새로운 물건(부합물이 결합된 새로운 물건)의 소유권을 원시취득하는 것이다. 부합물의 가

82) 기존건물을 개수 · 증축한 부분이 기존건물에 부합한 경우에는, 기존건물에 관한 표시변경등기 여부를 불문하고 개수 · 증축 부분에 관하여는 소유권보존등기를 할 수 없고, 소유권보존등기를 하더라도 무효이다(대판 1966. 10. 25. 66다1503.

격이 주물의 가격을 초과하더라도 마찬가지이다.[83] 건물의 증축 부분이 기존건물에 부합하여 기존건물과 분리하여서는 별개의 독립물로서의 효용을 갖지 못하면 기존건물에 대한 근저당권은 부합된 증축 부분에도 효력이 미치므로(민 §358) 기존건물에 대한 경매절차에서 증축 부분이 평가되지 아니하였다 하더라도 매수인은 부합한 증축 부분의 소유권을 취득한다.[84] 이 경우 매수인은 증축 부분의 가액 상당액을 부당이득한 것은 아니다.[85]

셋째, 부합으로 소유권을 상실하고 그 반환을 청구할 수 없게 되는 부합물의 종전 소유자는 주물의 소유자에 대하여 부당이득에 관한 규정에 의하여 보상을 청구할 수 있다(민 §261, 임의규정).[86] 이 보상청구권은 부당이득반환청구권의 일종이므로 민법 제261조의 요건뿐만 아니라 부당이득의 요건(제741조 이하)도 갖추어야 인정된다.[87]

[부합물에 관한 보상금청구권이 없는 경우] 대법원 2009. 9. 24. 선고 2009다15602 판결은 甲(매도인)으로부터 乙(매수인 · 수급인)이 건축자재(철근 · H형강 등의 철강제품)를 소유권유보부로 매수하여[88] 丙(도급인) 소유 공장건물의 골조공사 자재로 사용함으로써 그 건축자재가 공장건물에 부합한 경

83) 대판 1957. 2. 8. 4289행상117 · 118. 증축 부분 면적이 기존건물 면적의 2배 이상이고 그 평당 가격이 훨씬 높는 경우에도 민법 제256조 본문의 요건을 갖춘 때에는 그 증축 부분이 기존건물에 부합한다(대판 1981. 12. 8. 80다2821)

84) 대판 1992. 12. 8. 92다26772 · 26789, 대판 2002. 5. 10. 99다24256, 대판 2002. 10. 25. 2000다63110 등.

85) 대판 1997. 4. 8. 96다52915, 대판 2001. 9. 4. 2001다22604, 부산고법 2008. 1. 17. 2007나14087, 부산고법(창원) 2016. 1. 21. 2015나22666 등.

86) 민법 제261조의 '부당이득에 관한 규정에 의하여 보상을 청구할 수 있다'는 것은 법률효과만이 아니라 법률요건도 부당이득에 관한 규정이 정하는 바에 따른다는 의미이다(대판 2016. 4. 2. 2012다19659). 건물 신축공사가 진행되다가 독립한 부동산인 건물로서의 요건을 아직 갖추지 못한 단계에서 중지된 것을 제3자가 이어받아 계속 진행함으로써 별개의 부동산인 건물로 성립되어 그 소유권을 원시취득한 경우에 그로써 애초의 신축 중 건물에 대한 소유권을 상실한 사람은 민법 제261조, 제257조, 제259조를 준용하여 건물의 원시취득자에 대하여 부당이득 관련 규정에 기하여 그 소유권의 상실에 관한 보상을 청구할 수 있다(대판 2010. 2. 25. 2009다83933).

87) 대판 2009. 9. 24. 2009다15602. 따라서 부합물의 소유자는 손실을 입고, 주물의 소유자는 이로 인하여 이익을 얻어야 하며(제741조), 주물 소유자가 '선의'이면 현존이익의 한도에의 반환의무를 부담하고, '악의'이면 그 받은 이익에 이자를 붙여 반환하며, 나아가 손해가 있으면 그 손해도 배상하여야 한다(민 §748).

88) 乙이 甲에게 물품대금으로 제공한 어음 · 수표를 정상 결제할 때까지 건축자재의 소유권을 甲에게 유보한다는

우, 丙은 제261조에 의한 건축자재의 가액 상당의 보상청구에 응하여야 하나, 소유권이 유보되어 있다는 사정을 과실 없이 알지 못한 때에는 선의취득의 경우와 마찬가지로 건축자재에 관한 이익을 보유할 법률상의 원인이 있어 보상청구에 응할 의무가 없다고 판시하였다.[89)]

넷째, 주물(부동산)은 유치권의 목적물이 될 수 있으나, 부합물 또는 부합물의 보상금은 유치권의 목적물이 될 수 없다. ① 부합 후에는 부합물의 독립성이 상실 또는 제한되어 물권의 객체가 될 수 없고, ② 물상대위성은 법률상 우선변제권이 있는 담보물권에만 인정되는 것인데 유치권에는 법률상의 우선변제권이 없기 때문이다.[90)]

[부합물(한증막시설) 공사대금채권자의 주물 점유] 광주고법 전주재판부 2008. 5. 9. 선고 2007나1956 판결(확정)은 주물(일반목욕장 건물)에 관한 저당권자가 부합물(한증막시설)에 관한 공사대금채권을 담보하기 위하여 주물(일반목욕장 건물)을 점유하고 있는 공사업자를 상대로 제기한 유치권부존재확인청구를 배척하였다. 부합물에 관한 공사대금채권자는 그 채권의 담보를 위해 주물을 점유함으로써 유치권을 취득 · 행사할 수 있다는 것이다.

다섯째, 부합물의 종전 소유자의 소유권이 소멸하면 그 부합물을 목적으로 하는 다

내용의 소유권유보특약이 있었다. 그러나 乙은 甲에게 어음 · 수표를 정상 결제하지 않았다.

89) 소유권이 유보되어 있다는 사정을 과실 없이 알지 못하는 것(소유권유보약정의 존재에 관한 무과실)은 도급인(丙)이 증명하여야 한다. 이와 관련하여 위 판결은 "… 도급인이 건축공사에 사용되는 건축자재에 관하여 소유권유보약정이 부가되어 있는지를 조사 · 확인하는 일반적인 거래관행이 정립되어 있지 않다면, 달리 도급인으로 하여금 그 약정의 존재를 의심하게 하는 객관적인 정황이 존재하지 하니하는 이상, 도급인이 그 소유권유보약정의 존재 여부를 조사 · 확인하지 아니하였다는 사실만으로 그 존재를 알지 못한 것에 대한 무과실이 부정되어야 한다고 보기 어렵다 …"는 법리를 제시하고, 丙이 과실 없이 알지 못하였다고 인정한 원심의 판단은 이러한 법리에 기초한 것으로서 정당하다고 판시하였다.

원심(서울고법 2009. 12. 24. 2009나88749)은, 甲은 2007. 2. 12. 丙에게 이 사건 철강제품이 자기에게 소유권이 유보되어 있다는 취지의 내용증명을 보냈으나, 이미 2007. 1. 30.경 위 공장건물은 철근콘크리트 바닥 위에 집 모양으로 기둥 · 지붕 · 바닥 · 계단을 이루는 철골구조물의 설치가 완료되었으므로, 丙은 적어도 부합 당시(2007. 1. 30.경)에는 과실 없이 소유권유보 사실을 알지 못하였음을 인정하였다.

90) 그러나 도산법은 유치권에 관하여 파산절차 · 개인회생절차에서 별제권을 인정하고(도산 §411 · 586), 회생절차에서 회생담보권으로 취급한다(도산 §141).

른 권리도 소멸한다(민 §260①, 강행규정).[91] 따라서 **부합하는 물건에 관하여 이미 유치권이 성립되어 있었다 하더라도 부합의 효과로서 그 유치권은 당연히 소멸**한다.[92] 그러나 소유권이 소멸하는 부합물을 목적으로 하는 제3자의 권리는, 부합물의 종전 소유자가 새로운 물건의 단독소유자가 된 때에는 그 새로운 물건에 존속하고, 그 공유자가 된 때에는 새로운 물건의 지분에 존속한다(민 §260②, 강행규정).

여섯째, 부착 · 합체가 불법행위에 의하여 이루어진 경우에는 부합물의 소유자가 손해배상을 청구할 수 있다.[93]

한편, 저당권의 효력은 저당부동산에 부합한 물건에도 미친다(민 §358, 임의규정). 이는 부합의 효과가 아니라 저당권의 효력이 미치는 범위에 관한 규정이다.

Ⅴ. 부합(§256 본문 적용) 여부가 문제되는 대표적인 경우

1. 부합 여부 판단의 일반적 기준

대법원 2009. 9. 24. 선고 2009다15602 판결은 "… 어떠한 동산이 민법 제256조(본문)에 의하여 부동산에 부합된 것으로 인정되기 위해서는 그 동산을 훼손하거나 과다한 비용을 지출하지 않고서는 분리할 수 없을 정도로 부착 · 합체되었는지 여부(강한 부합 또는 약한 부합 여부) 및 그 물리적 구조, 용도와 기능 면에서 기존부동산과는 독립한 경제적 효용을 가지고 거래상 별개의 소유권의 객체가 될 수 있는지 여부(독립성 회복 가능 여부) 등을 종합하여 판단하여야 할 것이고(대법원 2003. 5. 16. 선고 2003다14959, 14966 판결 참조),[94] 이러한 부동산에의 부합에 관한 법리는 건물의 증축의 경우(대법원 2002. 10.

91) 저당권자나 질권자는 종전 소유자가 받을 보상금(민 §261)에 물상대위를 할 수 있으나(민 §342 · 370), 유치권자는 물상대위를 할 수 없다.

92) 대판 2007. 11. 29. 2007다60530.

93) 양창수 · 권영준, 민법Ⅱ 권리의 변동과 구제, 박영사(2015), 286.

25. 선고 2000다63110 판결 참조)는 물론 건물의 신축의 경우에도 그대로 적용될 수 있다 …"라고 판시하였다.[95)]

2. 건축자재의 토지 또는 건물에의 부합 여부

대법원 2012. 11. 29. 선고 2010다8624 판결[96)]은 공장건물의 증축 및 신축에 사용된 철강제품(약 1억 3,500만 원 상당의 철근 · H형강 등)이 공장건물에 부합하는지 여부가 문제된 사안에서 "… 건물의 신축 과정에서 건축자재 등의 동산이 결합되어 토지나 건물의 일부를 구성함으로써 그 동산을 훼손하거나 과다한 비용을 지출하지 않고서는 분리할 수 없을 정도로 토지나 건물에 부착 · 합체되거나(강한 부합) 그 물리적 구조, 용도와 기능 면에서 토지나 건물과는 독립한 경제적 효용을 가지고 거래상 별개의 소유권의 객체가 될 수 없는 정도에 이른 때에는(독립성 회복 불가능) 그 동산이 토지나 건물에 부합된 것으로 보아야 한다 … 건축 중의 건물이 반드시 토지와 별개의 독립한 부동산으로서의 건물의 요건을 갖추어야만 부합에 의한 건축자재의 소유권 소멸 및 취득이라는 법률효과가 발생하는 것은 아니[97)] …"라는 법리를 설시하면서, 위 철강제품이 공장건물에 부합한다고 판단한 원심[98)]의 결론이 정당하다고 판시하였다.

---

94) 대법원 2007. 7. 27. 선고 2006다39270, 39278 판결도 동일한 취지의 판시를 하였다.

95) 공장건물의 증축 및 신축에 사용된 철강제품(약 1억 3,500만 원 상당의 철근 · H형강 등)은 공장건물에 부합되어 공장건물의 소유자가 철강제품의 소유자가 된다고 인정한 원심의 판단이 정당하다는 취지 등의 판결이다.

96) 환송(대판 2009. 9. 24. 2009다15602) 후의 항소심(서울고법 2009. 12. 24. 2009나88749)에 대한 상고심 판결이다.

97) 원심(2009. 12. 24. 2009나88749)이 "… 원고(철강제품의 소유자)가 2007. 2. 12. 이 사건 철강제품이 원고에게 소유권이 유보되어 있다는 내용의 내용증명을 보내고, 그 무렵 피고(도급인)가 이를 수령함으로써 비로소 위 소유권유보의 사실을 알게 되었다고 할 것인데, 그 통지 이전에 위 공장건물이 독립한 부동산으로서의 건물 형태를 갖추었고, 그리하여 이 사건 철강제품이 위 공장건물에 부합되었는지 여부가 문제된다 …"라고 설시한 부분에 대한 판단이다.

98) 환송 후의 항소심인 서울고등법원 2009. 12. 24. 선고 2009나88749 판결은 아래와 같은 점 등을 이유로 위 철강제품이 공장건물에 부합한다고 판단하였다. ① '철골 뼈대구조'는 정착볼트를 철근콘크리트 안에 설치한 다

위 법리는 부합 여부 판단의 일반적 기준을 그대로 적용한 것으로서 건물 신축은 물론 증축의 경우에도 그대로 적용될 수 있다.

3. 지상 건축물을 지지하기 위한 지하시설의 토지에의 부합 여부

지상에 건축물을 건축한 경우에 지하에 시공한 시설은 토지의 부합물인가, 아니면 건축물의 일부인가?

대법원 2009. 8. 20. 선고 2008두8727 판결은 "… 토지의 지상에 별개의 부동산인 건축물이 건축된 경우, 토지의 지하에 시공된 시설이 토지에 부합되었는지, 아니면 지상 건축물의 기초 등을 구성하여 건축물의 일부분이 되었는지 여부는, 그 시설과 토지 및 건축물 사이의 각 결합 정도(강한 부합 또는 약한 부합 여부)나 그 물리적 구조뿐만 아니라 당해 시설의 객관적, 사회경제적인 기능과 용도(독립성 회복가능 여부), 일반 거래관념, 토지의 당초 조성상태, 건축물의 종류와 규모 등 제반 사정을 종합하여 합리적으로 판단하여야 할 것이다 …"라고 판시하였다. 증축의 경우 증축 부분이 기존건물에 부합하는지 여부의 판단에 관하여는 일반적인 기준(강한 부합 또는 약한 부합 여부, 독립성 회복 가능 여부) 외에 '일반 거래관념', '토지의 당초 조성상태', '건물의 종류와 규모' 등도 고려하여야 한다는 것이다.[99]

위 판결은, 토지(면적 3,600㎡)에 고강도 콘크리트 파일(직경 50㎝, 평균길이 25m)

음 시멘트가 양성될 때까지 기다렸다가 주각에 H빔 하단을 붙이고 그 주각에 정착볼트를 끼워 너트로 고정시키는 방법으로 시공되고 그 철골구조물 위에 패널을 붙이는 방법으로 완성된 점, ② '철골구조물의 하단부'는 철근콘크리트 바닥에 콘크리트로 양생되어 지반에 박혀 있고 또 패널이 부착되어 있어 이 사건 철강제품이나 위 콘크리트 바닥, 패널의 훼손 없이는 분리가 가능한 것으로 보이지 않는 점(강한 부합), ③ '지상(지붕)부 철골구조물'은 지반에 박혀 있지 않거나 패널이 설치되지 않아 볼트와 너트를 풀어 분리할 수 있다고 하더라도, 이 사건 철강제품은 이 사건 공장건물의 구조에 맞게 재단되어 설치되어 있어서, 분리된 철강제품은 철강제품 본래의 기능과 경제적 효용을 가질 수 있는 것으로 보이지 않는 점(독립성 회복 불가능).

99) 이는 지상에 건축물을 건축한 경우 지하에 시공한 시설이 토지의 부합물인지, 아니면 건축물의 일부인지 여부를 판단하는 기준을 제시한 최초의 판결이다{권종철, "토지에 항타된 파일의 부합관계", 대법원판례해설(82), 법원도서관(2010), 124}.

3,850개를 1.5m 간격으로 지하 암반까지 항타(抗打) · 매립하고, 그 파일 위에 콘크리트 바닥판(면적 3,600㎡, 높이 1.5m)을 시공하였으며, 그 사각판 위에 옹벽(높이 7.5m)을 설치하고, 그 위에 저장시설을 설치하는 등의 방법으로 지상에 싸이로(silo)시설[100]을 설치한 사안에서, silo시설을 지지하기 위하여 지하에 항타 · 매립한 콘크리트 파일은 토지 외에 silo시설과도 상당한 수준으로 결합되어 있고 silo시설의 가치를 증대시키는 데에 기여하고 있어 토지에 부합하지 않고 silo시설의 기초를 구성하는 시설로서 silo시설의 일부가 된다고 판시하였다.[101]

4. 수목, 수목의 집단의 토지에의 부합 여부

수목 또는 수목의 집단은, 공시방법(등기[102] 또는 명인방법[103])을 갖추면 독립한 부동산(토지의 독립정착물)으로 취급되므로 부합이 문제될 여지가 없으나(제256조가 적용되지 않음), 공시방법을 갖추지 못하면 독립한 부동산으로 취급되지 않으므로 토지에 부합하는지(토지의 반독립정착물로서 토지의 일부 · 구성부분이 되는지) 여부가 문제된다.

수목 또는 수목의 집단은 이를 토지로부터 분리하는 데 상당한 비용이 소요되는 경우(약한 부합에 해당하는 경우)도 있고 별 비용이 소요되지 않는 경우(약한 부합에도 해당하지 않는 경우)도 있으나, 상당한 비용을 들여도 분리할 수 없는 경우(강한 부합에 해당하는

---

100) 곡물 · 가축사료 등을 저장하는 시설.

101) 항만하역업 등을 영위하는 물류회사가 대한민국(군산지방해양수산청)으로부터, 군장신항만의 매립지에 양곡silo시설 등의 신축공사를 하는 것을, 공사시행으로 준공되는 시설물이 국가에 귀속되지 않는다는 조건으로 허가받은 사안에서, 위 콘크리트 파일은 silo시설과 마찬가지로 국가에 귀속되지 않는다고 선언한 판결이다.

102) 입목에 관한 법률 §3. 입목에 관한 등기기록도 표제부 · 갑구 · 을구로 구성되어 있다. 입목 소유권보존등기 등기기록의 표제부의 '입목 내역'란에는 '임야 50,000㎡ 내 서북쪽 노루골 20,000㎡, 잣나무 25년생 1,000주, 밤나무 15년생 2,000주, … 조사연도 2017년, 도면 2017-7호'와 같이 기재한다. 이러한 경우 등기된 입목이 부착된 토지 등기기록의 표제부('등기원인 및 기타사항'란)에는 '입목 소유권보존등기, 입목등기 경기도 광주시 도척면 도웅리 산15'와 같이 기재한다.

103) 대결 1998. 10. 28. 98마1817.

경우)는 원칙적으로 없다. 즉, 수목 또는 수목의 집단은 특별한 사정이 없는 한 토지로부터 분리하는 경우 경제적 가치(일반 사회통념상의 경제적 효용의 독립성)가 있는 것이다.

따라서 타인의 토지에 심은 수목 또는 수목의 집단의 소유권 귀속을 결정함에 있어서는 원칙적으로 그 타인이 수목을 심을 권원이 있는지 여부를 검토하면 족하고 분리하는 경우의 경제적 가치의 유무는 별도로 고려할 필요가 없다. 즉, 수목 또는 수목의 집단은 이를 타인이 권원 없이 심은 경우에는 제256조 본문이 적용되어 토지소유자가 그 소유권을 취득하나, 권원에 의하여 심은 경우에는 제256조 단서가 적용되어 그 타인(심은 사람)이 그 소유권을 취득한다.

대법원은 토지에 부합하지 않는 사례(제256조 단서가 적용되는 사례)에 관하여, ㉮ 사용차권에 기하여 수목을 식재한 경우 그 수목은 토지에 부합하지 않으며, 따라서 경매절차에서 그 토지를 매수하였다 하더라도 그 수목까지 취득하는 것은 아니다,[104] ㉯ 타인의 토지 위에 권원 없이 식재한 수목의 소유권은 토지소유자에게 귀속하고, 타인의 권원에 의하여 식재한 수목의 소유권은 식재한 사람에게 귀속하므로, 임차한 토지의 울타리 안에 식재하고 가꾸어 온 수목(대나무)을 토지소유자가 벌채하여 간 행위는 절도죄를 구성한다,[105] ㉰ 토지의 주위에 울타리를 치고 그 안에 수목을 정원수로 심어 가꾸어 온 사실만으로는 명인방법을 갖추었다고 보기 어려우나, 그 정원수를 대지사용권에 의하여 식재하였다면 그 수목의 소유권은 식재한 사람에게 귀속한다[106]고 판시하였다.

또한 대법원은 토지에 부합하는 사례(제256조 본문이 적용되는 사례)에 관하여, ㉱ 타인의 임야에 권원 없이 식부한(植付한, 심은) 임목(林木)의 소유권은 민법 제256조에 의하여 임야소유자에게 귀속한다,[107] ㉲ 토지 위에 권원 없이 심은 과목(果木)은 토지의 정착물로서 토지의 일부로 간주된다,[108] ㉳ 타인의 토지상에 권원 없이 식재한 수목의 소유

104) 대결 1990. 1. 23. 89다카21095.

105) 대판 1980. 9. 30. 80도1874.

106) 대판 1991. 4. 12. 90다20220.

107) 대판 1970. 11. 30. 68다1995.

108) 대판 1971. 12. 28. 71다2313.

권은 토지소유자에게 귀속하고, 권원에 의하여 식재한 경우에는 그 소유권이 식재한 사람에게 있으므로, 권원 없이 식재한 과수(감나무)에서 식재자가 과실(감)을 수확하는 것은 절도죄에 해당한다.[109)]

수목 또는 수목의 집단은 성숙하여 독립한 물건으로서의 존재를 갖추었다 하더라도 등기 또는 명인방법을 갖추지 않는 한 토지에 부합하는 점에서 농작물의 경우와 다르다.

5. 미분리 천연과실의 토지에의 부합 여부

미분리의 천연과실(과수의 열매, 곡물, 광물, 석재, 토사 등)도 공시방법(명인방법)을 갖추면 독립한 물건[110)](토지의 독립정착물)으로 취급된다. 따라서 명인방법을 갖춘 미분리의 천연과실은 부합이 문제될 여지가 없다(제256조가 적용되지 않음).

6. 농작물의 토지에의 부합 여부

농작물의 경우에는 수목 · 미분리과실의 경우와 달리 ① 공시방법(명인방법)을 갖춘 경우[111)]뿐만 아니라, ② 정당한 권원에 의하여 타인이 경작한 경우[112)] 및 ③ 성숙하여 독립한 물건으로서의 존재를 갖춘 경우[113)]에도 독립한 부동산으로 취급된다. 따라서 이

---

109) 대판 1998. 4. 24. 97도3425.

110) 명인방법을 갖춘 미분리과실이 독립한 물건이라는 점에 관하여는 이론이 없으나, 그것이 부동산인지 동산인지에 관하여는 견해가 나누어져 있다.

111) 대판 1996. 2. 23. 95도2754(수확하지 않은 쪽파).

112) 민법 §256 단서.

113) 대판 1979. 8. 28. 79다784. 농작물이 성숙하여 독립한 물건으로서의 존재를 갖춘 경우에는, 명인방법을 갖추지 않고 또 정당한 권원 없이 경작한 경우(위법하게 토지소유자를 배제하고 경작한 경우 포함)에도 농작물의 소유권은 경작자에게 귀속된다(토지에 부합하지 않는다). 비교컨대, 수목 또는 수목의 집단은 성숙하여 독립한 물건으로서의 존재를 갖추었다 하더라도, 등기 또는 명인방법을 갖추지 않는 한 토지에 부합한다(대판 1989. 7. 11. 88다카9067, 대판 1998. 4. 24. 97도3425 참조). 이 경우 권원 없이 수목을 식재한 사람은 토지소유자에 대하여 부당이득반환청구권을 가진다(민법 §261).

러한 농작물은 부합이 문제될 여지가 없다(제256조가 적용되지 않음).

7. 기타

[렌탈목적물의 부합 등]

대법원 2008. 5. 8. 선고 2007다36933, 36940 판결[114)]

1. 사안개요

가. 안양시 동안구 호계동 △△△ 토지 및 그 지상 건물(지상 7층, 지하 3층)에 관한 소유권이전등기가 甲 ⇨ 乙1(매매), 乙1 ⇨ 丙(임의경매로 인한 매각), 丙 ⇨ 乙2(매매), 乙2 ⇨ 丁(임의경매로 인한 매각)의 순으로 이루어졌다.

나. 甲은 A로부터 '이 사건 렌탈목적물'을 포함한 발전기설비, FLOOR DUCT 설비, 소방설비, 패널공사, 전화설비, 변전실설비 등(이하 '이 사건 전체 렌탈목적물'이라고 함)을 임차하여, 당초부터 위와 같은 시설을 수용하는 구조로 건축되어 있던 이 사건 건물에 설치하였다.

다. 乙1(반소원고)은 甲으로부터 이 사건 부동산을 매수한 후 A와 위 렌탈계약의 변경계약(이하 '이 사건 렌탈계약'이라고 함)을 체결하였다.[115)]

라. 乙1은 이 사건 전체 렌탈목적물을 점유 · 사용하던 중 그 계약기간 종료 전에 A와 4천만 원에 이를 모두 매수하는 내용의 매매계약을 체결하였고, 이 사건 렌탈목적물의 소유권을 취득하였다.

마. 丁(원고 · 반소피고)은 이 사건 부동산의 점유자 乙1~6[116)]에 대하여, 퇴거 및 부당이득반환(이 사건 부동산 각 부분의 사용대가의 반환)을 구하는 본소를 제기하였고, 乙1(피고 · 반소원고)은 丁에 대하여 부당이득반환(이 사건 렌탈목적물 사용이익 상당액의 반환)을 구하는 반소를 제기하였다.

바. 乙1의 반소청구에 대하여 丁은, 이 사건 렌탈목적물은 부합물 또는 종물로서 이 사건 부동산과 함께 낙찰받았거나 경매를 통하여 선의취득하였다고 항변하였다.

---

114) 이 판결은 대법원 민사집행법연구회 하계세미나(2012. 6. 16.)에서 비중 있게 다루어진 바 있다.

115) 계약 내용은 임차인 명의를 甲에서 乙1로 변경하고 렌탈료를 조정하는 것 등이었다.

116) 그 중 乙2~4는 乙1의 직계비속이다.

2. 판시요지

제1심[117]은 이 사건 렌탈목적물 중 이 사건 건물에 부합된 물건은 경매를 통하여 이 사건 건물의 소유권을 취득한 丁이 취득하였고, 이 사건 렌탈목적물 중 종물의 성격을 가지는 물건은 丁이 그 점유를 평온·공연하게 선의로 취득하였음이 추정되고 과실이 없었으므로 丁이 이를 선의취득하였다고 판단하였다(丁의 본소청구 모두 인용, 乙1의 반소청구 기각, 乙2~6의 항변 배척). 乙1의 임차권의 항변(주택 임차인으로서의 대항력 주장)은 주거용 건물에 해당하지 않는다는 것 등을 이유로 배척하였고, 乙2~6의 유치권의 항변은 유치권 성립요건의 결여 또는 경매개시결정등기 후의 유치권 성립 등을 이유로 배척하였다. 이에 대하여 乙1~6이 항소하였다.

항소심(환송 전 항소심)[118]은 제1심이 설시한 점 등을 근거로 이 사건 본소·반소에 관한 乙1의 각 항소와 乙2~6의 각 항소를 모두 기각하였다. 이에 대하여 乙1~6이 각 상고하였다.

대법원은 "… 동산의 선의취득은 양도인이 무권리자라고 하는 점을 제외하고는 아무런 흠이 없는 거래행위이어야 성립한다 … 이 사건 렌탈목적물 중 이 사건 건물에 **부합된 물건**에 대한 원심의 판단은 정당하다 … **종물의 성격을 가지는 물건**에 대한 원심의 판단은 다음과 같은 이유로 옳다고 할 수 없다. 선의취득은 동산 거래의 안전을 보호하기 위한 것이므로 거래행위가 존재하는 것을 당연한 전제로 하는 것인데, 이 사건 렌탈목적물 중 종물의 성격을 가지는 물건은 원심이 인정한 바와 같이 이 사건 건물과는 소유자가 다르다고 보는 한에 있어서는 종물이 아니므로 이 사건 건물에 관한 소유권이나 저당권의 효력이 거기에 미칠 수 없고, 따라서 이 사건 건물이 경매되었다고 하여 이 사건 렌탈목적물 중 종물의 성격을 가지는 (소유자가 다른) 물건까지도 경매된 것으로는 볼 수 없다고 할 것이고, 달리 원고가 그 물건들을 거래행위를 통하여 양수하였다는 주장이나 입증이 없는 이상 원고가 그 물건들을 현재 점유하고 있다는 것만으로는 선의취득의 요건을 구비한 것으로 볼 수는 없다. 그럼에도 불구하고, 원심은 이 사건 렌탈목적물 중 이 사건 건물에 부합된 것과 부합되지 아니한 것이 어떤 것인지를 구별해 보지도 아니하고 그것이 누구의 소유에 속하는 것인지를 가려보지도 아니한 채, 원고가 이를 선의취득하였다고 단정하여 그 소유권자임을 전제로 한 피고(반소원고)의 반소청구를 배척하고 말았으니 …"라고 판시하면서, 원심 판결 중 乙1의 반소청구에 관한 부분을 파기·환송하고, 乙1의 나머지 상고와 乙2~6의 상고를 모두 기각하였다.

환송 후 항소심[119]은, 丁은 乙1에게 이 사건 렌탈목적물 중 '전열 및 간선 중 지하 3층부터 7층까

117) 수원지법 2006. 7. 25. 2005가합12356, 2006가합7832.

118) 서울고법 2007. 3. 30. 2006나78956·78963.

119) 서울고법 2009. 11. 6. 2008나47031·47048.

지 전선 부분'을 제외한 나머지 물건[120]을 인도하거나 乙1이 그 소유권을 상실할 때까지 매월 약 80만 원의 비율로 계산한 부당이득(렌탈목적물 사용이익)을 반환하라고 판시하였다(乙1의 나머지 반소청구 기각). 이 사건 렌탈목적물 중 '전열 및 간선 중 지하 3층부터 7층까지 전선 부분'은 이 사건 건물에 부합하여 丁이 소유권을 취득하나, 나머지 물건은 乙1이 여전히 소유하고 있다는 것이 그 논거의 요지이다. 그 나머지 물건이 丁의 소유가 아니라는 논거로는 ① 이 사건 부동산에 부합하지 않고(약한 부합에도 해당하지 않음), ② 건물과 그 소유자를 달리하여 종물이 될 수 없으며, ③ 선의취득의 요건을 갖추지 못하였다(거래행위를 통하여 양수하였다는 주장이나 입증이 없었다)는 것 등을 들고 있다.[121]

[부속건물이 부합물인지, 종물인지 여부]
대법원 1994. 6. 10. 선고 94다11606 판결

1. 사안개요

가. 소외 甲(횡성군) 소유의 강원 횡성군 묵계리 △△△(공장용지, 5,885㎡) 지상에 소외 乙은 피혁가공원단의 생산을 위한 단층의 공장 건물 5개 동을 순차로(제1건물 ⇨ 제2건물 ⇨ 제3건물 ⇨ 제4 · 5건물의 순으로) 건축하였다.[122] 제2 · 3 · 4 · 5건물은 그것을 건축할 때마다 소유권보존등기를 한 제1건물의 부속건물로서 표시변경등기를 하는 방법으로 등기를 하였다. 각 건물의 면적과 감정가격은 아래와 같다.

---

120) ① 승객용 엘리베이터, ② 주차자동경보시스템 중 중앙감시반 · 입구표시출차주의등, ③ 보일러시설 중 난방보일러 4대 및 가스버너, ④ 닥트설비 중 지하 1 · 2 · 3층 주차장 닥트, 전기실 · 기계실 닥트, ⑤ 발전기, ⑥ 소방시설 중 수신반 · AMP · 감지기 · 소화기 · 알람밸브 · 프리액션밸브, ⑦ 전기시설 중 ASS, MOF, TR-1 · 2 · 3, ATS · NFB, 전기실판넬(B3~7F), ⑧ 전화시설 중 MDF, ⑨ 전등시설 중 주차장 · 지하 1~3층 전등(전기실 · 기계실), ⑩ 각층 계량기, ⑪ 옥외전등(3개), ⑫ CAR-LIFT(기계실 판넬 및 유압용 BOX 2개), ⑬ 기계설비 중 급배수모터, ⑭ 소화설비 중 펌프(소화전 스프링클러 모터), ⑮ 소화설비 중 압력탱크 · 자동확산소화기 · 소화전 내 호스 · 노즐.

121) 원고가 상고하였으나 심리불속행 기각되었다(대판 2010. 2. 25. 2009다102216 · 102223).

122) 제4 · 5건물 건축 후 乙은 위 공장용지를 甲으로부터 환매특약부로 매수하여 소유권이전등기를 마쳤고(1991. 7. 29.), 그 후 甲은 환매권을 행사하여 위 공장용지에 관한 소유권이전등기를 마쳤다(1993. 2. 3.).

한편, 乙은 1991. 8. 22. 공장용지에 관하여, 제1 · 2 · 3 · 4 · 5건물 및 공장저당법 제7조에 의한 목록 제31호(제①②③④기계 포함)와 함께 원고에게 근저당권등기(공장저당권등기)를 설정하여 주었고, 위 전체에 대하여 1992. 1. 17. 원고가 임의경매를 신청하였으나, 위 공장용지 부분에 관한 임의경매신청은 1993. 2. 5. 기각되었다.

	제1건물	제2건물	제3건물	제4건물	제5건물
보존 · 표시 변경등기	소유권보존등기	표시변경등기 (제1건물의 부속건물)			
	1988. 2. 26.	1988. 11. 11.	1990. 11. 1.	1991. 2. 8.	
면 적	481.14㎡[123]	453.24㎡[124]	480㎡	355.2㎡	258.4㎡
감정가격	71,003,160원	81,433,800원	120,960,000원	5,219,200원	18,346,400원

나. 제1건물에는 다수의 기계(자동도포기, 광택기, 다림질 및 무늬내기기계, 면화장기, 계평기, 포장기 등)가 설치되어 있다. 제2건물은 제1건물의 경제적 효용을 돕기 위하여 제1건물의 서쪽 벽을 이용하여 그에 붙여 건축하였고(완제품창고 · 실험실 · 약품실 · 종업원식당 · 사무실 등 설치), 제1건물과는 지붕이 이어지고 세면블럭조 벽의 칸막이로 구획되어 피혁가공원단 생산공정의 일부를 담당하고 있다.

다. 제3건물은 제1 · 2건물과 별동으로 건축되어 제1건물과 보일러 배관이 연결되어 있고, 제1 · 2 · 4 · 5건물과 함께 하나의 공장으로서 피혁가공원단 생산공정의 일부를 담당하고 있다.[125] 또한 제3건물은 그 면적의 1/2 이상은 기계를 설치하여 공장으로(늘림기 · 면고르기 등 설치), 나머지는 탈의실 · 샤워실 · 화장실 · 기숙사 등으로 사용되고 있고, 면적은 제1건물과 비슷하나, 감정가격은 제1 · 2 · 3 · 4 · 5건물 전체의 1/3을 초과하고 제1건물의 1.7배를 초과한다.

라. 제4 · 5건물은 제1건물의 남쪽 벽과 북쪽 벽을 이용하여 그에 덧붙여 경량철골조의 가건물 형식으로 건축되었고(기계는 제4건물에 회전통, 제5건물에 건조기만 설치), 그 지붕이 제1건물의 지붕에 이어서 설치되어 피혁가공원단 생산공정의 일부를 담당하고 있다. 또한 제4 · 5건물은 제1건물보다 각 면적이 작고 각 감정가격이 낮다.

마. 피고는 제1 · 2건물 및 기계 · 기구목록(제⑤⑥기계 포함)에 대하여, 원고는 위 공장용지(5,885㎡), 제1 · 2 · 3 · 4 · 5건물 및 제①②③④기계에 대하여 아래와 같이 공장저당권설정등기를 하였고, 이에 기하여 각 임의경매가 개시되었다.[126]

---

123) 부속건물 단층 변소 9㎡는 포함되지 않았다.

124) 단층 수위실 10.8㎡는 포함되지 않았다.

125) 소외 乙은 제일 먼저 건축된 제1건물과 그 후에 건축된 제2건물에서 목할저(木割箸, 나무젓가락) 생산업과 피혁가공업을 영위하다가 피혁가공업으로 업종을 단일화하고 규모를 확장하면서 완제품을 생산하기 위해 부족한 기계를 설치하려고 제3건물을 건축하였다.

126) 이 사건의 각 기계 · 기구목록에는 ① Through Feed Toggle Dryer(2대), ② Auto Spraying M/C(1대), ③

공장저당권설정등기			임의경매 개시결정등기
저당권자	등기일	목 적 물	
피 고	1988. 7. 28.	■ 제1건물 ■ 목록 제14호(제⑤⑥기계 포함)	1991. 12. 30.
	1988. 11. 22.	■ 제1 · 2건물 ■ 목록 제24호(제⑤⑥기계 포함)	
원 고	1990. 11. 23.	■ 제1 · 2 · 3건물 ■ 목록 제30호(제①②③④기계 포함)	1992. 1. 17.
	1991. 3. 11.	위 근저당권의 효력을 제4 · 5건물에도 미치게 하는 변경등기[127]	
	1991. 8. 22.	■ 제1 · 2 · 3 · 4 · 5건물 ■ 공장용지(5,885㎡) ■ 목록 제31호(제①②③④기계 포함)	

바. 위 임의경매절차에서 피고가 제1 · 2 · 3 · 4 · 5건물 및 제①②③④⑤⑥기계를 일괄 매수하였고,[128] 집행법원은 집행비용을 공제한 배당재단(328,239,950원)을 아래와 같이 배당하는 것을 내용으로 하는 배당표를 작성하였다.

집행비용	1순위 (당해세)	2순위 (임금)	3순위 (피고)	4순위 (임금)	5순위 (원고)
7,760,000원	722,040원	17,601,120원	234,941,320원	74,975,470원	60,211,400원

사. 원고(후순위 근저당권자)는 피고(선순위 근저당권자)를 상대로, 피고에 대한 배당액 234,941,320원 중 120,948,834원은 피고의 근저당권이 미치지 않는 건물(제3 · 4 · 5건물) 및 기계(제①②③

Buffing M/C(1대), ④ Boiler(1대), ⑤ 변전시설(1대), ⑥ 로타리묶기(1대) 중 일부(제①②③④기계 또는 제⑤⑥기계)가 포함되어 있다.

127) 제4 · 5건물 건축 후에 공장저당권설정등기(1990. 11. 23.)의 변경등기(부기등기)를 하였다. 그러나 이러한 취지라면 제1 · 2 · 3 · 4 · 5건물 및 제①②③④기계를 포함하는 기계 · 기구목록을 목적으로 하는 공장저당권설정등기(주등기)를 하였어야 했다.

128) 위 공장용지(5,885㎡) 부분에 관한 원고의 임의경매신청은 1993. 2. 5. 기각되었다.

④기계)의 대금이라는 이유로 배당이의를 신청하고 배당이의의 소를 제기하였다. 즉, 원고는 원고에 대한 배당액 60,211,400원을 181,160,234원으로, 피고에 대한 배당액 234,941,320원을 113,992,486원으로 각 경정한다는 판결을 구하였다.

2. 제1심 및 항소심 판시요지

이 사건에서는 제1건물과 관련하여 제2 · 3 · 4 · 5건물(특히 제3 · 4 · 5건물)을 독립물로 볼 것인지, 아니면 부합물이나 종물로 볼 것인지가 핵심 쟁점이 되었다.

춘천지방법원 원주지원 1993. 4. 30. 선고 92가합905 판결(배당이의)은, ㉮ 제4 · 5건물은 제1건물에 부합하므로 제1건물에 대한 근저당권은 제4 · 5건물에도 미친다고 보았으나(원고의 제4 · 5건물 관련 주장 배척), ㉯ 제3건물은 제1 · 2건물과 독립한 건물이고, ㉰ 제1 · 2건물에 관한 근저당권의 기계 · 기구목록에는 제①②③④기계가 포함되어 있지 않으므로, 제3건물 및 제①②③④기계에 관한 매각대금은 원고에게 배당되어야 한다고 판시하였다(원고의 제3건물 관련 주장 인용). 즉, 원고 일부 승소의 판결을 하였다.

이에 원 · 피고 모두 항소하였고, 서울고등법원 1994. 1. 19 선고 93나26610 판결은 아래와 같은 취지로 판시하였다.

첫째, 甲이 피혁가공원단의 생산을 위하여 제1 · 2건물을 건축한 후, ㉠ 제1건물의 북쪽 벽과 남쪽 벽을 이용하여 그에 덧붙여 경량철골조의 가건물 형식으로 제4 · 5건물을 증축하고, ㉡ 거기에 피혁가공원단의 생산공정의 일부에 사용되는 기계를 설치하여 이를 이용하고 있으며, ㉢ 제4 · 5건물의 각 면적과 감정가격이 제1건물의 면적과 감정가격보다 작고 낮다면, 증축 부분인 제4 · 5건물의 물리적 구조뿐만 아니라 경제적 효용의 면에서 보더라도 그 증축 시에 기존건물인 제1건물에 부합하여 이와 일체를 이루어 거래상 독립하여 별개의 소유권의 객체가 된다고 보기 어렵다. 즉, 제4 · 5건물은 제2건물과 함께 제1건물에 **부합**하고, 따라서 제1건물에 대한 근저당권은 제2건물뿐만 아니라 제4 · 5건물에도 미친다고 볼 수 있다(원고의 제4 · 5건물 관련 주장 배척).

둘째, 제3건물이 면적은 제1건물과 비슷하나 감정가격은 제1건물보다 더 높다 하더라도, ㉠ 제1건물에는 제2 · 4 · 5건물이 부합되어 있고, ㉡ 제3건물의 탈의실 · 샤워실 등이 제1 · 2 · 4 · 5건물의 경제적 효용을 다하는 데 도움이 되며, ㉢ 제1 · 2 · 3 · 4 · 5건물이 같은 대지 안에 생산공정의 일관화를 위해 건축되어 하나의 공장으로 사용되고 있는 점 등에 비추어, 제3건물은 제1건물의 **종물**로 봄이 상당하고, 따라서 제1 · 2건물에 설정된 피고의 근저당권의 효력은 제3건물에도 미친다고 볼 수 있다(원고의 제3건물 관련 주장 배척).

셋째, 공장의 토지 · 건물에 대한 저당권이 그에 설치되어 있는 **기계 · 기구** 등에 미치기 위해서는 그것이 공장저당법 제7조가 규정하는 목록에 기재되어야 하는데, 피고가 취득한 제1 · 2건물에 관한 근저당권의 기계 · 기구목록에는 제①②③④기계가 포함되어 있지 않으므로, 제1 · 2건물에 대한 근저당권의 효력은 제①②③④기계에는 미치지 않는다(원고의 제①②③④기계 관련 주장 인용).

이에 원고가 상고하였다.

3. 대법원 판시요지

대법원 1994. 6. 10. 선고 94다11606 판결은 '첫째' 및 '셋째'의 점에 관한 항소심의 판단은 정당한 것으로 인정하였으나, '둘째'의 점(제3건물의 매각대금에 관한 배당이의 부분)은 파기 · 환송하였다.

'둘째'의 점에 관한 파기 · 환송의 이유에 관하여는 "… 저당권의 효력이 미치는 저당부동산의 종물이라 함은 민법 제100조가 규정하는 종물과 같은 의미로서 어느 건물이 주된 건물의 종물이기 위하여는 주물의 상용에 이바지 되어야 하는 관계가 있어야 하는바, 여기에서 주물의 상용에 이바지한다 함은 주물 그 자체의 경제적 효용을 다하게 하는 것을 말하는 것으로서 주물의 소유자나 이용자의 상용에 공여되고 있더라도 주물 그 자체의 효용과는 직접 관계없는 물건은 종물이 아니며(당원 1988. 8. 23. 선고 87다카600 판결; 1985. 3. 26. 선고 84다카269 판결 각 참조), 또한 경매목적물과 동일 지번상에 건립되어 있다는 것만으로 그의 종물이거나 부속건물이라 할 수 없고, 가옥대장 등 공부상에 경매목적건물의 부속건물이라 기재되어 있다 하여 그것을 곧 그 건물에 부합되었다거나 종물로서 저당권의 효력이 미칠 건물이었다고 단정할 수 없다(당원 1966.10.5.자 66마222 결정 참조). … 제3건물은 그 자체의 면적이 480평방미터나 되는 독립된 건물로서, 그 안에 일부 탈의실, 샤워실, 화장실이 있기는 하나 공장으로 쓰이는 부분이 1/2을 넘고 있다고 보여지고, 제3건물의 감정가격도 금 120,960,000원으로서 5동의 전체 건물 가액 금 316,962,560원의 1/3을 초과하는 등 그 자체만으로도 독립적인 공장의 구조를 갖추고 있다고 볼 여지가 있어, 제3건물이 제1건물과 보일러배관이 연결되어 있고 제1건물의 부속건물로 등기가 되어 있으며 제1 · 2 · 4 · 5건물과 하나의 공장으로 사용되고 있다는 사정만으로 제3건물을 제1 · 2 · 4 · 5건물의 종물로 단정할 수는 없으므로, 원심으로서는 제3건물의 내부구조의 변경이 용이한지 여부와 제3건물 중 공장으로 사용되는 면적의 크기 등을 심리 확정한 다음 제3건물 자체가 독립된 공장으로서의 경제적 효용을 갖추고 있는지 여부를 판단하여야 함에도, 이에 이르지 아니한 채 제3건물을 제1 · 2 · 4 · 5건물의 종물로 보아 제1 · 2건물에 관한 피고의 근저당권의 효력이 제3건물에 미친다고 본 원심의 조치에는 심리를 다하지 아니하였거나 종물에 관한 법리를 오해하여 판결에 영향을 미친 위법이 있다 할 것이다 …"라고 설시하였다.[129]

129) 환송 후 항소심의 결과는 확인하지 못하였다.

제2장 유치권주장자의 소유

제1절 서설

민사유치권은 타인의 물건 등에 관하여만 성립할 수 있다. 따라서 건축 중인 건물의 소유권이 유치권주장자에게 귀속되는 경우에는 민사유치권이 성립하지 않는다.

제2절 민사유치권의 타(他)물권성

민사유치권은 타인의 물건 등을 점유하는 자가 그 목적물에 관하여 생긴 채권을 가지고, 그 채권을 변제받을 때까지 그 목적물을 유치할 수 있는 권리이다. 즉, 민사유치권은 타인 소유의 물건 등에 관하여만 성립하는 물권(타물권)이다. 따라서 자기 소유의 부동산에 관하여는 민사유치권이 성립할 수 없다.

[민사유치권의 타물권성] 건물 신축공사의 도급계약에 의하여 수급인의 재료와 노력으로 건축한 기성 부분이 독립한 건물에 해당되는 경우 그 기성 부분은 수급인의 소유이므로, 수급인은 그 기성 부분에 관하여 그 공사대금채권을 피담보채권으로 하는 유치권을 취득·행사할 수 없다(대판 1993. 3. 26. 91다14116).

공사대금을 지급받지 못한 하수급인인 피신청인이 2001. 4. 28. 도급인으로부터 건물에 관한 사업권을 양수받았고, 피신청인이 당시 미등기 상태이던 건물에 관한 소유권 내지 실질적 처분권까지 양수받은 것으로 보이는 등의 사정을 고려하면 피신청인이 건물의 건축을 위하여 위 양수 시점 이후 지출한 공사비는 스스로의 소유물에 관하여 지출한 돈일 뿐 도급인에 대한 공사대금채권이라고 보기 어렵고, 설사 피신청인이 위 양수 시점 이전에 시공한 부분에 관하여 도급인에 대한 공사대금채권을 보유하고 있었다 하더라도 위 양수 시에 도급인과 사이에 이미 정산되었을 것으로 보이므로 사건 부동산에 관한

유치권은 인정되지 아니한다(대전지법 2010. 1. 27. 2009라292).[130)]

[민사유치권의 타물권성] 대법원 1976. 10. 26. 선고 76다2079 판결은, 甲 소유의 임야에 관하여 '소유권이전청구권보전 가등기(乙) ⇨ 매매를 원인으로 한 소유권이전등기(丙) ⇨ 필요비 · 유익비 지출(丙) ⇨ 가등기에 기한 소유권이전등기(乙) 및 丙 명의 소유권이전등기 말소 ⇨ 매매를 원인으로 한 소유권이전등기(丁)' 등이 순차로 이루어진 후에 丁(원고)이 丙(피고)에 대하여 임야인도청구의 소를 제기하고 丙이 유치권의 항변을 한 사안에서, 丙은 乙 명의의 본등기 전에는 자기 물건에 관하여 비용을 지출한 것이지만, 乙 명의의 본등기 후에는 타인 물건에 관하여 비용을 지출한 결과가 된다는 이유로 丙의 유치권 항변을 인용하였다.

제3절 건축 중인 건물의 소유권 귀속

Ⅰ. 개관

건물을 신축하는 경우 그 건물은 자기의 노력과 재료를 들여[131)] 사회통념상 독립한 건물이라고 인정될 정도로 축조한 사람이 원시취득한다(판례이론의 기본원칙). 비용 · 재료 등을 들인 건축주와 건축허가서상의 건축주가 다른 경우에도 마찬가지이다.[132)]

---

130) 피신청인이 재항고하였으나 심리불속행 기각되었다(대결 2010. 3. 30. 2010마290).

131) 판례에 따라서는 '자기의 노력과 재료를 들여'를 '자기의 노력과 출재로' 또는 '건축재료의 전부 또는 주요 부분을 제공하여'라고 표현하는 경우도 있고, '재료'를 '자재' 또는 '비용'이라고 표현하는 경우도 있다.

132) 자기 비용과 노력으로 건물을 신축한 사람은 그 건축허가가 타인 명의로 된 여부에 관계없이 그 소유권을 원시취득한다(대판 2002. 4. 26. 2000다16350, 대판 2005. 7. 15. 2005다19415, 대판 2006. 5. 12. 2005다68783 등).

건축허가서는 허가된 건물에 대한 실체적 권리의 득실변경의 공시방법이 아니고 그 추정력도 없으므로, 건축허가서에 건축주로 기재된 사람이 그 소유권을 취득하는 것은 아니다(대판 1997. 3. 28. 96다10638, 대판 2002. 4. 26. 2000다16350, 대판 2005. 7. 15. 2005다19415, 대판 2007. 4. 26. 2005다19156, 대판 2009. 3. 12. 2006다28454 등). 건축 중인 건물의 소유자(실질적 건축주)와 건축허가서상의 건축주(형식적 · 명의상 건축주)가 반드시 일치해야 하는 것은 아니다(대판 2009. 3. 12. 2006다28454).

따라서 **도급관계가 없는 경우**에는 건축주가 자기의 재료 등을 들여 건축하고 그에 따라 건물의 소유권을 원시취득하므로 소유권의 귀속에 관한 논의가 간단하다. 다만, 건축주가 타인(대여금채권자 등) 명의로 건축허가를 받아 공사를 진행하는 경우가 있는데, 이러한 때에도 소유권은 기본원칙에 따라 재료 등을 들인 건축주가 원시취득하되, 소유권보존등기는 직접 그 타인 명의로 함으로써 그 건물을 양도담보로 제공하는 점이 특이하다.

그러나 **도급관계가 있는 경우**에는 도급인과 수급인 중 누가 재료 등을 제공하는지, 소유권 귀속에 관하여 특약 또는 고려해야 할 특별한 사정이 있는지 여부 등에 따라 논의가 복잡하다.

첫째, 도급인이 수급인에게 재료 등을 제공하고 건축하게 하는 경우가 적지 않은데, 이러한 경우에는 기본원칙에 따라 도급인이 그 건물을 원시취득한다.

둘째, 도급은 그 성질상 수급인이 자기의 노력과 재료를 들여 공사를 하는 것이 원칙적인 모습이고, 이러한 때에는 기본원칙에 따라 건축주(도급인)가 아니라 건설업자(수급인)가 건물의 소유권을 원시취득한다. 그러나 이러한 때에도 도급인과 수급인이 건물의 소유권을 도급인에게 귀속시키기로 하는 특약을 하는 경우도 있고, 그 소유권이 도급인에게 귀속된다고 보아야 할 특별한 사정이 있는 경우도 있다.

한편, 건축주의 자금부족 등으로 공사가 중단된 상태에서 **건축 중인 건물을 제3자가 인수하여 완공한 경우**, 도급관계가 없는 때에는 원래의 건축주와 새로운 건축주 중에서, 도급관계가 있는 때에는 건축주(도급인)와 수급인(또는 하수급인) 중에서 누가 소유권을 원시취득하는지 등이 문제된다. 판례는 일반적으로 **사회통념상 독립한 건물이라고 인정될 정도로 축조한 사람**(최소한의 기둥 · 지붕 · 주벽을 축조한 사람)이 원시취득한다는 입장을 취하여 왔으나(이하 '제1기준'이라고 함), **사회통념상 건축허가의 내용과 동일하다고 인정될 정도로 축조한 사람**이 원시취득한다고 설시한 경우도 있다(이하 '제2기준'이라고 함).

제1기준과 관련하여 판례는, 대체로 공정률 50% 이상이면 사회통념상 독립한 건물이라고 인정하고 있으며, "… 최소한의 기둥과 지붕 그리고 주벽[133]이 이루어지면 부동

산으로서의 건물의 요건을 갖춘 것이라고 보아야 …"라고 설시하는 경우도 있다.[134)]

Ⅱ. 일반적인 경우

1. 도급관계가 없는 경우

도급관계가 없는 경우에는 건축주가 자기의 재료 등을 들여 건축하므로 건축주가 건물의 소유권을 원시취득한다. 건축주는 건축허가 명의를 자기 명의로 하는 경우도 있고 타인 명의로 하는 경우도 있다. 전자의 경우에는 건축주 명의로 소유권보존등기를 하나, 후자의 경우에는 타인 명의로 소유권보존등기를 하게 된다.

건축주(甲)가 타인(乙)과의 합의에 따라 乙 명의로 건축허가를 받아 건물을 준공하고 사용검사필증까지 교부받은 경우 특별한 다른 사정이 없는 한 그 건물에 관한 소유권보존등기도 乙 명의로 하기로 약정한 것으로 보아야 한다.[135)] 이러한 약정은 가등기담보법(1997. 7. 1. 시행)에 의하여 금지되는 명의신탁약정인 경우도 있고 금지되지 않는 비전형담보(양도담보 · 가등기담보 등) 또는 상호명의신탁 등의 약정인 경우도 있다. 건축허가 명의 또는 건축허가 및 소유권보존등기 명의를 타인 명의로 하기로 하는 약정이 명의신탁약정에 해당하는지 비전형담보의 약정에 해당하는지는 그 약정이 채무변제를 담보하기 위한 것인지 여부 등으로 구별한다.

예컨대, 건축업자(甲)가 타인(乙)으로부터 대지를 매수하여 그 위에 건물을 신축하면서 乙에게 매매대금의 전부 또는 일부를 지급하지 않고 채무의 담보를 위하여 건축허가

---

133) '주벽'(周壁)은 '둘레 벽' 또는 '둘레의 벽'이라고 표현하기도 한다.

134) 대판 2002. 4. 26. 2000다16350, 대판 2005. 7. 15. 2005다19415, 대판 2006. 11. 9. 2004다67691, 대판 2007. 4. 26. 2005다19156 등.

135) 위와 같은 경우에는 사용검사필증이 교부되고 乙을 소유자로 하는 건축물대장이 작성된 후에 乙이 그 대장의 등본을 첨부해서 소유권보존등기를 신청하여야 하기 때문이다(대판 1993. 12. 14. 93다19139).

명의를 乙 명으로 한 경우,[136] 완성된 건물의 소유권은 甲이 원시적으로 취득하나,[137] 소유권보존등기는 乙 명의로 한다.[138] 건축허가 명의를 乙 명의로 하는 것은 완성될 건물을 양도담보로 제공하기로 하는 합의(양도담보약정)에 해당하고, 소유권보존등기를 乙 명의로 하는 것은 양도담보권의 설정에 해당한다.

[甲의 소유권 원시취득, 乙의 양도담보권 취득(소유권보존등기)] 위 사안에서 대법원 1990. 4. 24. 선고 89다카18884 판결은 "… 단지 채무의 담보를 위하여 채무자가 자기 비용과 노력으로 신축하는 건물의 건축허가 명의를 채권자 명의로 하였다면 이는 완성될 건물을 담보로 제공하기로 하는 합의로서 법률행위에 의한 담보물권의 설정에 다름 아니므로, 완성된 건물의 소유권은 일단 이를 건축한 채무자가 원시적으로 취득한 후 채권자 명의로 소유권보존등기를 마침으로써 담보목적의 범위 내에서 위 채권자에게 그 소유권이 이전된다 …"라고 판시하였다.[139] 따라서 양도담보권 설정(乙 명의의 소유권보존등기) 후에 甲으로부터 적법하게 건물을 임차한 丙에 대하여, 甲은 소유권에 기하여 그 인도를 구할 수 있으나, 乙은 담보권 실행으로서 인도를 구할 수 있을 뿐이다(대판 1991. 8. 13. 91다13830, 대판 1991. 11. 8. 91다21770, 대판 1996. 6. 28. 96다9218, 대판 2001. 1. 5. 2000다47682).[140]

---

136) 대판 1996. 6. 28. 96다9218, 대판 1997. 4. 11. 97다1976, 대판 2001. 1. 5. 2000다47682, 대판 2001. 3. 13. 2000다48517 · 48524 · 48531, 대판 2001. 6. 26. 99다47501, 대판 2002. 4. 26. 2000다16350 등은 이러한 사안에 관한 판결이다.

137) 대법원 1991. 2. 12. 선고 90다15174 판결은 "… 건축주가 타인 명의 건축허가로 건축을 한 경우에도 준공된 건물의 소유권은 건축주가 원시취득한다는 것이 당원의 판례(대법원 1990. 4. 24. 선고 89다카18884호 판결 참조)이므로 …"라고 판시하였다.

138) 이와 같이 미등기부동산의 원시취득자 내지 최초의 소유자(甲) 명의로 소유권보존등기를 하지 않고 그 양수인 또는 최후의 양수인 등(乙) 명의로 소유권보존등기를 하는 것을 모두(冒頭)생략등기라고 한다.

미등기건물이 양도된 경우 이를 등기할 때에는 그 원시취득자 명의로 소유권보존등기를 한 다음 그 양수인 명의로 이전등기를 하는 것이 원칙이나, 원시취득자와 승계취득자의 합의에 따라 승계취득자 명의로 소유권보존등기(冒頭생략등기)를 하였다면 그 소유권보존등기는 실체적 권리관계에 부합되어 적법한 등기가 된다(대판 1995. 12. 26. 94다44675 판결 등).

139) 대판 1992. 8. 18. 91다25505, 대판 1997. 4. 11. 97다1976, 대판 2001. 6. 26. 99다47501 등도 동일한 취지의 판시를 하였다.

140) 양도담보에 관하여 담보물권설을 취한 판결들이다.

[甲의 소유권 원시취득, 丙의 양도담보권 취득(소유권보존등기)] 甲이 乙로부터 토지를 9억 원에 매수하여 그 토지상에 있던 구 건물을 헐고 그 자리에 다세대주택을 신축 · 완성하되, 계약금 1억 원은 계약 당일 지급하고, 잔대금 8억 원은 甲과 乙 공동명의의 은행계좌를 개설한 후 다세대주택의 수분양자들(丙)로 하여금 위 계좌에 분양대금을 입금하게 하는 방식으로 이를 지급받고, 건축허가 명의를 일단 乙로 하였다가 신축공사를 마친 후 丙 앞으로 변경하여 丙 명의로 소유권보존등기(모두생략등기)를 하기로 한 경우, 그 건물의 소유권은 건축주인 甲이 원시취득한다(대판 2001. 3. 13. 2000다48517 · 48524 · 48531).

2. 도급관계가 있는 경우

가. 서설

대법원 2005. 7. 22. 선고 2003다3072 판결은 "… 건물 신축공사의 도급계약에 있어서 건축재료의 전부 또는 주요 부분을 도급인이 제공한 경우에는 완성된 건물의 소유권을 도급인이 원시취득하되, 이를 수급인이 제공한 경우에는 완성된 목적물의 소유권은 원칙적으로 일단 수급인에게 귀속된다는 것은 대법원의 확립된 판례이다 …"라고 판시하였다.

도급은 일의 완성(공사의 완공)이라는 결과를 목적으로 하는 것이므로, 당사자 간에 특약이 있거나 일의 성질상 수급인 자신이 하지 않으면 채무의 본지에 따른 이행이 될 수 없다는 등의 특별한 사정이 없는 한, 반드시 수급인 자신이 직접 일을 완성하여야 하는 것은 아니고 수급인이 제3자에게 일의 완성을 맡겨도 된다. 다만, 수급인은 제3자의 고의 또는 과실에 대하여 책임을 진다(민 §391).

제3자를 이행보조자 또는 이행대행자로 사용하는 것도 무방하고,[141] 제3자로 하여금

141) 대판 2002. 4. 12. 2001다82545 · 82552. 이 판결에 대한 평석에 김광태, "공사도급계약에 있어서 수급인 자신이 직접 일을 완성하지 않으면 계약불이행이 되는지 여부, 수급인이 제3자를 이용하여 공사를 하는 경

독립하여 공사의 전부 또는 일부를 완성하게 하는 하도급(下都給)[142]도 허용된다. 하도급계약은 원수급인과 하수급인 사이의 도급계약으로서, 원도급인과 원수급인 사이의 도급계약과 별개 · 독립의 계약이다.

나. 도급인이 재료 등을 제공한 경우 : 도급인의 원시취득

대법원 2005. 7. 22. 선고 2003다3072 판결은, 재건축조합(도급인)이 시공회사(수급인)와 집합건물 신축공사의 도급계약을 체결하고 시공회사가 조합원들이 출자한 대지 위에 조합원들이 제공한 분담금으로 집합건물을 신축한 사안에서, 재료 등을 제공한 사람이 원시취득한다는 법리(판례이론의 기본원칙)를 제시하면서, 신축된 집합건물은 재건축조합(도급인)이 원시취득하고, 도급계약의 당사자가 아닌 조합원들은 배정받은 동 · 호수에 관하여 그 소유권을 이전받을 수 있을 뿐 이를 원시취득하는 것은 아니라고 설시하였다.[143] 조합이 도급인으로서 재료 등을 제공한 경우에 해당하기 때문이다.

우 도급인에게 그 사실을 미리 알리지 않으면 기망이 되는지 여부", 대법원판례해설(40), 법원도서관(2002), 22~31.

142) 의용민법 시대에는 도급(都給)을 청부(請負)라고 하였고, 하도급(下都給)을 하청(下請)이라고 하였다.

143) 원심(서울지법 2002. 11. 28. 2002나37169)은 "… 주택조합은 그 소유 자금으로 조합원의 건물을 신축 · 분양하는 것이 아니라 공정에 따라 조합원으로부터 각자 부담할 건축자금과 토지를 제공받아 건축하는 것이므로 특단의 사정이 없는 한 건축절차의 편의상 조합 명의로 그 건축허가와 준공검사를 받았다고 하더라도 그 때부터 일반분양 부분을 제외한 건물의 소유권은 조합원들이 원시취득하는 것 …"이라고 하였다.

그러나 위 대법원 판결은 "…집합건물의소유및관리에관한법률 및 구 주택건설촉진법(2003. 5. 29. 법률 제6916호 주택법으로 전문 개정되기 전의 것)에 근거하여 설립된 재건축조합은 기존의 노후 건축물을 철거하고 재건축사업을 시행하는 것을 목적으로 하는 법인 아닌 사단으로서 그 사업구역 내에 있는 조합원들 소유의 토지는 재건축조합에게 현물로 출자되고 그 지상의 주택은 사업시행에 따라 철거될 것을 전제로 하는 것이어서(대법원 1997. 5. 30. 선고 96다23887 판결 참조), 재건축조합이 시공회사와 사이에서 조합원으로부터 출자받은 대지 상에 집합건물을 신축하기로 하는 공사계약을 체결하고 이를 시행함에 있어 도급계약 당사자가 아니라 제3자에 불과한 조합원들이 그 신축자금의 일부를 제공하였다 하여 그러한 사정만 가지고 개별 조합원들이 신축된 집합건물 중 특정 부분의 구분소유권을 원시취득한다고 볼 것은 아니고 …"라고 판시하였다.

위 판결은 재건축사업의 경우 원시취득자의 확정에 관한 명백한 기준을 제시한 판결로서 주택조합에 대

다. 수급인이 노력과 재료를 제공한 경우

(1) 서

대법원 1962. 10. 11. 선고 62다460 판결은 "… 수급인이 건축재료의 전부 또는 주요 부분을 제공한 경우에는 그 소유권은 수급인에게 귀속되고, 도급인은 수급인으로부터 그 소유권의 이전을 받음으로써 그 소유권을 취득한다고 해석함이 타당하며, 그 경우에 있어서도 민법 제186조에 의하여 그 취득을 등기하지 아니하면 건물 취득의 효력은 발생하지 않는 것이다 …"라고 판시하였다.

(2) 소유권을 도급인에게 귀속시키기로 하는 합의가 없는 경우 : 수급인 원시취득

수급인이 자기의 노력과 재료를 들여 건물을 신축한 경우 특약이 없는 한 그 신축건물의 소유권은 수급인에게 원시적으로 귀속되고, 도급인은 수급인으로부터 그 소유권을 이전받음으로써(민법 제186조에 의하여 소유권이전등기 등을 함으로써) 그 소유권을 취득한다.[144)]

이와 같이 수급인의 재료와 노력으로 건축한 기성 부분이 독립한 건물에 해당되는 경우 그 기성 부분은 수급인이 원시적으로 취득하는데, 유치권은 타물권(他物權)이므로 수급인은 그 기성 부분에 관하여 그 공사대금채권을 피담보채권으로 하는 유치권을 취득 · 행사할 수 없다.[145)]

(3) 소유권을 도급인에게 귀속시키기로 하는 합의가 있는 경우 : 도급인 원시취득

도급인과 수급인 사이에 그 소유권을 원시적으로 도급인에게 귀속시키기로 하는 명시적 또는 묵시적 합의가 있는 경우 그 신축건물의 소유권은 사적자치의 원칙상 원시적

하여도 지도적 원리로 작용할 원리를 포함하고 있다{민유숙, "재건축조합의 사업시행으로 신축한 집합건물의 원시취득자", 대법원판례해설(57), 법원도서관(2006), 91}.

144) 대판 1962. 10. 11. 62다460 등.

145) 대판 1993. 3. 26. 91다14116.

으로 도급인에게 귀속한다(기본원칙에 대한 예외). 수급인이 자기의 노력과 재료를 들여 건물을 신축하면서 도급인과 건축허가 명의 또는 건축허가 및 소유권보존등기 명의를 도급인 명의로 하기로 명시적으로 합의(특약, 특별한 의사표시, 약정 등)를 한 경우 또는 묵시적으로 그러한 합의를 한 것으로 보이는 경우 등이 이에 해당한다.[146)]

신축건물이 집합건물로서 여러 사람이 공동으로 건축주가 되어 도급계약을 체결한 것이라면, 그 집합건물의 각 전유부분 소유권이 누구에게 원시적으로 귀속되느냐는 공동 건축주들의 약정에 따라야 한다.[147)]

[소유권을 도급인에게 귀속시키기로 하는 합의가 있는 경우] ㉮ 공사대금 지불은 공사 후 기성고(旣成高)에 의하여 도급인이 검수 후 지불하기로 하였고, 기성고에 따라 부분불을 하고 도급인이 인도를 받은 부분에 대한 위험부담은 공사가 완성되어 전부 인도를 받을 때까지 수급인이 지기로 약정하였으며, 도급인이 공사의 기성고에 맞추어 수급인에게 공사대금의 95%에 이르는 금액을 이미 지급한 경우(대결 1994. 12. 9. 94마2089),[148)] ㉯ 다가구용 단독주택의 신축공사 도급계약을 체결함에 있어 공사대금(약 2억 원) 중 일부(1천 8백만 원)는 계약 당일 및 공사 착수일에, 나머지는 공사 완료 후 도급인이 주택의 각 가구를 전세 놓아 그 전세금으로 지급키로 하고, 그 건축허가 명의를 도급인으로 하기로 약정한 경우(대판 1996. 9. 20. 96다24804), 도급인과 수급인 사이에는 공사도급계약 당시부터 완성된 건축물의 소유권을 원시적으로 도급인에게 귀속시키기로 하는 묵시적 합의가 있었다고 봄이 상당하다.

건물 신축공사에 있어서 그 건축허가 명의가 도급인측으로 되어 있고, 공사도급계약상 도급인이 공사대금을 미지급할 때에는 그 미지급한 금액에 대하여 완성된 건물로 대물변제하거나 또는 수급인에게 그 건물소유권에 대한 가등기를 하여 주기로 하는 등 도급인이 완성된 건물의 소유권을 취득함을 전제로 한 약정(묵시적 합의)이 있다면 수급인이 그의 노력과 재료를 들여 위 공사를 80% 가량 진행하고

146) 대판 1984. 11. 27. 80다177, 대판 1990. 2. 13. 89다카11401, 대결 1990. 4. 24. 89다카18884, 대판 1992. 3. 27. 91다34790, 대판 1992. 8. 18. 91다25505, 대결 1994. 12. 9. 94마2089, 대판 1996. 9. 20. 96다24804, 대판 1997. 5. 30. 97다8601, 대판 1999. 2. 9. 98두16675, 대판(전) 2003. 12. 18. 98다43601, 대판 2005. 11. 25. 2004다36352, 대판 2010. 1. 28. 2009다66990 등.

147) 대판 2005. 11. 25. 2004다36352, 대판 2010. 1. 28. 2009다66990.

148) 건축공사 도급계약에 있어 기성고에 따라 공사대금을 수회에 걸쳐 나누어 지급하는 경우에 관하여 최초로 대법원이 입장을 밝힌 판결이다{서명수, "하도급금지약정에 위배한 하도급에 있어 원도급계약의 기성고에 대한 공사대금이 원수급인에게 지급된 경우 건축물의 소유권귀속", 대법원판례해설(22), 법원도서관(1995). 199~200}.

중단할 당시 사회통념상 독립한 건물의 형태를 갖추고 있었다 하더라도 그 건물의 원시적 소유권은 그 인도 여부나 공사대금의 지급 여부에 관계없이 도급인에게 귀속시키기로 합의한 것이라고 볼 수 있다 (대판 1992. 3. 27. 91다34790).

3. 하도급관계가 있는 경우

도급인과 수급인이 공사도급계약을 하면서 수급인의 비용으로 신축하되 소유권은 도급인에게 귀속시키기로 합의하고, 수급인이 도급인의 승낙을 얻어 하수급인과 하도급계약을 체결하면서 원도급계약의 합의에 저촉되는 약정을 하지 않은 경우에는, 하수급인이 원도급계약상의 합의의 효력을 승인한 것으로 보아 도급인에게 소유권이 귀속한다.[149)]

도급인이 수급인에게 공사를 도급함에 있어 수급인은 도급인의 승인이 없이는 공사의 어떠한 부분도 하도급을 시킬 수 없도록 약정하였음에도 수급인이 도급인의 승인을 받지 아니하고 제3자에게 공사의 일부씩을 하도급하였고, 도급인과 수급인의 사이에 신축 건축물의 소유권을 도급인에 귀속시키기로 하는 합의가 있었다면, 설사 그 제3자가 자신의 자재와 노력을 들여 하도급받은 공사를 하였다 하더라도 원도급인에 대한 관계에 있어서는 수급인이 직접 공사를 시행한 경우와 마찬가지로, 그 공사로 신축한 건축물의 소유권은 당연히 도급인에 귀속한다.[150)]

---

149) 대판 1990. 2. 13. 89다카11401.

150) 대결 1994. 12. 9. 94마2089. 다만, ㉮ 공사대금 부분불의 약정만 있고 실제로 기성고에 따른 대금지급이 이루어지지 않은 경우에도 특약에 의한 소유권 도급인 귀속을 인정할 것인지, ㉯ 하도급이 이루어진 경우 소유권 귀속의 약정이 없거나, 원도급계약과 하도급계약의 소유권 귀속에 관한 약정이 서로 다를 때의 소유권 귀속의 문제 등에 관하여는 추가적인 논의가 필요하다{서명수, "하도급금지약정에 위배한 하도급에 있어 원도급계약의 기성고에 대한 공사대금이 원수급인에게 지급된 경우 건축물의 소유권귀속", 대법원판례해설(22), 법원도서관(1995), 199~200}.

Ⅲ. 여러 층으로 건축 중 건축주의 변경이 있는 경우 소유권의 원시취득자 결정

1. 종래 판례의 기준과 최근 판례의 기준

원래의 건축주 甲1이 여러 층으로 건축하는 것으로 설계도서(設計圖書) 등을 작성하고 건축허가를 받아 건축공사를 진행하던 중에 甲1의 자금부족 등으로 공사가 중단되고, 새로운 건축주 甲2가 이러한 상태의 미완성건물을 인도받아 나머지 공사를 마친 경우, 甲1과 甲2 중 누가 위 건물의 소유권을 원시취득하는가?[151]

그동안 판례는 건축 중인 건물을 토지에 부합한 부합물로 볼 것인지 아니면 토지와 독립한 건물로 볼 것인지(건축 중인 건물에 대하여 소유권이 성립하는지 여부)에 관하여 「최소한의 기둥 · 지붕 · 주벽」 요건의 구비 여부를 그 결정기준으로 삼아왔다. 판례 중에는 이러한 입장에서 공정률 45~50%,[152] 50%,[153] 70%[154]에 이른 시점에 위 요건을 구비하

151) 이러한 경우 소유권의 원시취득자를 결정하는 기준 내지 법리에 관하여는 견해의 대립이 있다. ㉮ 동산 간 부합설, ㉯ 전면적 가공설, ㉰ 한정적 가공설 등이 그것이다. 학설의 상세한 내용에 관하여는 박영재, "건축 중인 건물의 소유권귀속", 사법논집(46), 법원도서관(2008), 553~563 참조.

원래의 건축주의 사정으로 건축공사가 중단되고 그 후에 새로운 건축주가 미완성건물을 인수하여 공사를 계속하는 경우에 통상적으로는 그 인수 과정에서 원래의 건축주가 미완성건물에 대한 자신의 권리를 모두 포기하거나 이를 새로운 건축주에게 양도하기로 하는 명시적 또는 묵시적 합의가 성립한 것으로 인정되는 경우가 많다. 이러한 합의가 있는 경우에는 위와 같은 문제가 발생하지 않으나, 이러한 합의가 없는 경우에는 위와 같은 문제가 발생한다{강승준, "2000년대 민사판례의 경향과 흐름[물권편]", 민사판례연구(33-2), 박영사(2011), 439}.

152) 대판 1997. 5. 9. 96다54867. 이 판결은 다가구주택(지하 1층, 지상 4층의 연립주택) 신축공사에 관하여, 최초의 건축주 甲1이 4층까지 전체 골조 및 지붕공사를 완료하여 45% 내지 50% 정도의 공정에 이른 상태에서 공사를 중단하고, 다른 건축주 甲2가 20%의 공정을 더 시공한 상태에서 공사를 중단하였으며, 또 다른 건축주 甲3이 나머지 공사를 완료한 사안에서, 甲1이 위 건물의 소유권을 원시취득한다고 판시하였다.

153) 대판 1995. 3. 3. 93다50475{1동의 연립주택(지상 3층)을 신축한 사안}.

154) 대판 1998. 9. 22. 98다26194. 아파트(가동 및 나동) 신축공사를 진행하던 중, 가동은 골조공사 · 벽체공사 완료, 알루미늄 창문틀 설치, 내장공사(초벌도배 등) 완료 상태였고, 나동은 기둥 · 벽 · 지붕의 골조공사 및 벽체공사가 완료되어 거푸집을 제거한 상태여서, 전체 공정의 70%가 진행된 상태에서 공사가 중단되고 제

여 독립된 건물이 된다(즉, 소유권이 성립한다)고 설시한 것이 있다.

대법원 2006. 11. 9. 선고 2004다67691 판결 전의 판례(이하 '종래의 판례' 또는 '종래 판례'라고 함)는, 여러 층으로 건축 중인 미완성건물의 건축주가 변경된 경우에도, 건축 중인 건물의 소유권 성립 시점에 관한 판례이론('독립한 부동산으로서의 건물의 요건' 내지 '소유권의 성립요건')과 사실상 동일하게 '사회통념상 독립한 건물이라고 볼 수 있을 정도의 형태와 구조'('독립한 건물로서의 형태 · 구조; 독립한 부동산으로서의 건물의 요건' 내지 '소유권의 성립요건')를 갖춘 시점의 건축주가 소유권을 원시취득한다는 입장을 취하고 있었다. 즉, ① 대법원 2002. 4. 26. 선고 2000다16350 판결은 상가건물(지하 1층, 지상 5층) 신축공사 도중에, ② 대법원 2005. 7. 15. 선고 2005다19415 판결은 식당건물(지상 2층) 신축공사 도중에, ③ 대법원 2006. 5. 12. 선고 2005다68783 판결[155]은 아파트(지하 2층, 지상 9층) 신축공사 도중에 '건축주가 변경된 사안'에서 종래의 판례이론이 내세운 기준(최소한의 기둥 · 지붕 · 주벽 구비)에 따라 소유권의 원시취득자를 결정하였다.

한편, 2006. 11.부터 판례는 건축주(원래의 건축주)가 건축 중인 건물을 새로운 건축주가 인도받아 완공한 경우 미등기부동산의 강제경매 대상적격과 사실상 동일하게 「구조와 형태 등이 건축허가의 내용과 사회통념상 동일하다고 인정될 정도의 축조」, 즉 「건축허가(설계도서)에 따른 구조 · 형태」를 갖춘 시점의 건축주가 소유권을 원시취득한다는 입장을 취하고 있다(이하 '최근의 판례' 또는 '최근 판례'라고 함).[156][157] 이러한 판례에 ① 대

3자가 미완성의 건물을 인수한 경우이다.

155) 위 판결에 대한 평석에 이윤직, "건축 중인 건물의 소유권귀속", 건축관련판례 50선 : 대구판례연구회 300회 발표 기념, 대구판례연구회(2012), 113~125.

156) 대법원 2015. 6. 24. 선고 2012다109538 판결, 대법원 2017. 10. 26. 선고 2015다235438, 235445 판결은 「건물의 구조와 형태 등이 건축허가의 내용과 사회통념상 동일하다고 인정되는 정도로 축조」되어 '1동의 건물' 및 '구분행위에 상응하는 구분건물'이 객관적 · 물리적으로 완성되어야 '**구조상 · 이용상 독립성**'이 인정된다고 판시하였다. 이는 여러 층으로 건축 중인 미완성건물의 건축주가 변경된 경우 최근의 판례가 제시하는 소유권 귀속주체(원시취득자)의 결정기준과 동일하고, **협의의 강제경매 대상적격**과 사실상 동일하다.

157) 이러한 판례의 태도에 대하여는 다음과 같은 비판이 있다{허부열, "건축 중인 건물의 소유권귀속에 관한 제 문제(대상판결 : 대법원 2006. 11. 9. 선고 2004다67691 판결)", 재판과 판례(19), 대구판례연구회(2010), 349~351}.

판 2006. 11. 9. 2004다67691, ② 대판 2012. 10. 25. 2011다64041, ③ 대판 2015. 1. 15. 2014다225823, ④ 대판 2017. 10. 26. 2015다235428 · 235445 등이 있다.

그러나 최근의 판례가 내세운「건축허가(설계도서)에 따른 구조 · 형태」구비 여부는 여러 층으로 건축 중인 미완성건물의 건축주가 변경된 경우에 소유권의 귀속주체(원시취득자)를 결정하는 기준에 불과할 뿐, 유치권의 객체가 되기 위한 요건과는 무관하다고 보는 것이 타당하다. 즉, 원래의 건축주가 여러 층으로 건축하던 건물을 새로운 건축주가 인수하여 완공한 경우에도 그 건물은 여전히「최소한의 기둥 · 지붕 · 주벽」구비 시점부터 유치권의 객체가 될 수 있다고 할 것이다.

2. 최근 판례와 종래 판례가 양립할 수 있는지 여부

여러 층으로 건축 중인 건물을 새로운 건축주가 인수하여 완공한 경우「최소한의 기둥 · 지붕 · 주벽」을 갖춘 시점의 건축주가 소유권을 원시취득한다는 입장을 취해 온 종

첫째, 수많은 동산의 결합에 의하여 건물이라는 부동산을 생성하는 건축행위에 의하여 건축주가 부동산의 소유권을 취득하게 되는 법적 근거가 무엇인지 불분명하다. 예컨대, 40% 공정 수준에서 독립된 건물에 이르게 되는 건축공사에서 甲1이 건축주로서 30%를 건축하고, 甲2가 이를 인수하여 나머지 10%를 완공한 경우, 그 건물의 원시취득자가 누구인지에 관하여 판례는 미완성건물을 양수하여 완공한 사람이 그 건물을 원시취득한다고 판시하고 있지만, 그 의미가 독립된 건물의 단계에 이를 때까지 가장 많은 기여를 한 사람(甲1)이 소유권을 취득한다는 것인지, 아니면 독립된 건물의 단계에 이르는 시점에서 공사를 한 사람(甲2)이 소유권을 취득한다는 것인지 분명하지 않다.

둘째, 독립된 건물이 되는 순간에 공사를 한 사람이 소유권을 원시취득한다고 하면, 독립된 건물이 되는 마지막 순간 토지의 부합물이었던 구조물이 토지에서 분리되어 독립된 건물이 됨과 동시에 그 소유권이 토지소유자에게서 분리되어 건축주에게로 이전된다고 하는 현상을 논리적으로 설명하기 어렵다.

셋째, 예컨대, 설계상 지하 3층, 지상 12층 주상복합건물을 甲1이 지하 3층 내지 지하 1층에는 철근콘크리트 구조물을 설치하고, 지상 1층부터 지상 4층까지는 H빔으로 철골조만 조립한 상태에서 부도를 내어 공사를 중단하였고 이어서 甲2가 나머지 공사를 전부 완공한 경우, 대법원 2003. 5. 30. 선고 2002다21592, 21608 판결에 따르면, 甲1이 공사를 중단할 당시 지하층 부분만으로도 구분소유권의 대상이 될 수 있는 구조로서 독립된 건물로서의 요건을 갖추었다는 것인데, 이 경우 甲1이 실제로 시공한 부분은 전체 공정의 20% 내지 30%밖에 되지 않고 甲2가 나머지 70% 내지 80%의 비용을 들여 완공하였음에도 불구하고 그 건물의 원시취득자는 甲2가 아닌 甲1이라고 하는 것은 결론에 있어서 부당하다.

래의 판례와 「건축허가(설계도서)에 따른 구조 · 형태」를 갖춘 시점의 건축주가 소유권을 원시취득한다는 최근의 판례는 서로 양립할 수 있는 것인가?

판례는 구체적 타당성을 도모하기 위하여 건축 중인 미완성건물에 대한 ① 소유권의 성립요건(소유권의 객체가 될 수 있는 시점), ② 법정지상권의 성립요건, ③ 유치권의 대상적격(유치권의 객체가 될 수 있는 시점), ④ 강제경매의 대상적격(강제경매의 객체가 될 수 있는 시점), ⑤ 등기능력(소유권보존등기의 객체가 될 수 있는 시점) 등에 관하여 각기 다른 입장을 취하고 있다.

위 ①에 관하여는 건축 중인 건물이 토지에 부합하는지 여부 내지 소유권의 성립 시점이 문제된 사안에서(건축 중 건축주가 변경된 경우 어느 건축주가 소유권을 원시취득하는지가 문제된 사안이 아님) '독립한 부동산으로서의 건물의 요건' 내지 '소유권의 성립요건'인 「최소한의 기둥 · 지붕 · 주벽」(이하 'Ⓐ 기준'이라고 함)을 갖춘 시점에 소유권이 성립한다는 입장을 취하고, 위 ②에 관하여는 경매절차에서 매각대금 납부 당시 Ⓐ 기준을 갖추고 있었으면 건축 중인 건물의 소유를 위한 법정지상권이 성립하며, 위 ③에 관하여는 Ⓐ 기준을 갖춘 시점부터 유치권의 객체가 될 수 있다는 입장을 취하고 있다. 따라서 위 ①②③의 요건 · 기준은 모두 Ⓐ 기준으로 동일하다.

위 ④에 관하여는 「건축허가(설계도서)에 따른 구조 · 면적」(이하 'Ⓑ 기준'이라고 함)을 갖춘 시점부터 강제경매의 객체가 될 수 있다고 보고, 위 ⑤에 관하여는 「정착성 · 외기분단성 · 용도성」(일반건물의 경우) 또는 「구조상 · 이용상 독립성 + 구분행위」(구분건물의 경우)를 갖춘 시점부터 등기능력이 있다고 보고 있으나, 위 ④와 ⑤의 기준은 그 시점 내지 건축단계가 사실상 동일하다고 할 수 있다.

그런데 위 ①과 관련하여 '여러 층으로 건축 중인 미완성건물의 건축주가 변경된 경우 소유권 귀속주체(원시취득자)의 결정기준'에 대하여, 종래의 판례는 Ⓐ 기준과 사실상 동일하게 '독립한 건물로서의 형태 · 구조'(이하 'Ⓐ-1 기준'이라고 함)를 갖춘 시점의 건축주가 그 소유권을 원시취득하고,[158] 최근의 판례는 Ⓑ 기준과 사실상 동일하게 「건축허

158) 종전의 판례가 소유권 원시취득자의 결정기준으로서 내세운 「사회통념상 독립한 건물이라고 볼 수 있을 정

가(설계도서)에 따른 구조 · 형태」(이하 'Ⓑ-1 기준'이라고 함)를 갖춘 시점의 건축주가 그 소유권을 원시취득한다는 입장을 취하고 있다.[159)]

그렇다면 여러 층으로 건축하던 중에 건축주가 변경된 미완성건물에 관하여, 「독립한 건물로서의 구조 · 형태」 즉, 「최소한의 기둥 · 지붕 · 주벽」을 갖춘 시점의 건축주가 소유권을 원시취득한다는 종래의 판례(Ⓐ-1 기준)와 「건축허가(설계도서)에 따른 구조 · 형태」를 갖춘 시점의 건축주가 소유권을 원시취득한다는 최근의 판례(Ⓑ-1 기준)는 서로 양립할 수 있는 것인가?

이에 대하여는 종래의 판례이론과 최근의 판례이론이 ① 양립할 수 없다(즉, 종래의 판례가 사실상 변경 · 폐기되었다)고 보는 견해(**양립불가설, 판례변경설**), ② 양립한다고 보는 견해(**양립설**), ③ 기타의 견해 등이 있다.

첫째, 양립불가설(판례변경설)에는 최근의 판례가 사실상 종래의 판례를 변경하였다고 보는 견해,[160)] 사실상 종래의 판례를 변경하였음에도 불구하고 종례의 판례를 폐기하는 선언을 하지 않아 유사 사례에서 종래의 판례와 최근의 판례 중 어느 것을 적용해야 할지 혼란이 있을 것이라고 보는 견해,[161)] 최근의 판례가 종래의 판례를 변경하면서도

도의 형태와 구조」(독립한 건물로서의 구조 · 형태; Ⓐ-1 기준)와 건축 중인 건물에 관한 소유권 성립요건인 「독립한 부동산으로서의 건물의 요건(건물로서의 최소한의 기둥 · 지붕 · 주벽)」(Ⓐ 기준)은 사실상 동일한 개념이다. 따라서 Ⓐ 기준의 구비 시점과 Ⓐ-1 기준의 구비 시점은 사실상 동일한 시점 내지 건축단계를 의미한다.

159) 최근의 판례가 소유권 원시취득자의 결정기준으로서 내세운 「건축허가(설계도서)에 따른 구조 · 형태」(구조와 형태 등이 건축허가의 내용과 사회통념상 동일하다고 인정될 정도의 축조; Ⓑ-1 기준)와 건축 중인 건물이 강제경매의 객체가 되기 위한 요건인 「건축허가(설계도서)에 따른 구조 · 면적」(건물로서의 외관과 실질을 갖추고 지번 · 구조 · 면적 등이 건축허가의 내용과 사회통념상 동일하다고 인정될 정도의 축조; Ⓑ 기준)은 사실상 동일한 개념이다. 따라서 Ⓑ 기준의 구비 시점과 Ⓑ-1 기준의 구비 시점은 사실상 동일한 시점 내지 건축단계를 의미한다.

160) 김홍준, "건설재판실무"(제2판), 유로(2017), 230.

161) 이범상, "건축공사 중 건축주가 변경된 경우 건물소유권의 원시취득 시기(대법원 2006. 11. 9. 선고 2004다67691 판결)", 경영법무(132), 한국경영법무연구소(2007), 20~21; 이범상, "건축공사 중 건축주가 변경된 경우 건물소유권의 원시취득 시기(대법원 2006. 11. 9. 선고 2004다67691 판결)", 법률신문(3532), 법률신문사(2007. 2. 22.), 12~13; 이춘원, "미완성의 집합건물을 양수받아 완공한 경우에 구분소유권의 원시취득자 —대법원 2006. 11. 9. 선고 2004다67691 판결의 검토—", 민사법학(48), 한국사법행정학회(2010),

전원합의체 판결로 하지 않은 것은 타당하지 않다는 견해[162] 등이 있다.

둘째, 양립설에는 종전의 판례와 최근의 판례는 서로 저촉 또는 모순되지 않고 관점과 차원을 달리하여 양립한다는 견해,[163] 종래의 판례와 최근의 판례는 상충된다고 보기보다는 여러 층으로 건축 중인 미완성건물의 건축주가 변경된 경우 그 건물의 원시취득자를 판정하는 기준을 보다 명확하게 제시한 것으로 이해할 수 있다고 보는 견해,[164] 원시취득자가 확정되는 시점으로서의 '사회통념상 독립한 건물'로 되는 시점(최소한의 기둥 · 지붕 · 주벽 구비 시점)을, '기둥, 주벽과 지붕이 갖추어진 상태에서 그 건물의 구조와 형태 등이 건축허가의 내용과 사회통념상 동일하다고 인정될 정도로 축조되었을 때'를 의미하는 것으로 파악하는 견해,[165] 미완성건물의 양도인과 양수인이 하나의 건물을 나누어 각자 자기가 건축한 부분을 소유하게 되는지, 아니면 건물 전체가 한 사람에게 귀속되는지의 문제가 주된 쟁점이라고 파악하는 견해,[166] 종래의 판례와 최근의 판례는 일견 모순되는 듯이 보이나 양자는 사안을 달리하는 것으로서 양립할 수 있다고 보고, 최근의 판례는 종래의 판례의 의미에 대하여 건축 중인 건물이 토지에 부합하지 않는다는 취지로 제한적으로 해석한 것이며, 따라서 판례변경이 필요한 경우가 아니라는 견해[167] 등이 있다.

셋째, 이 밖에도 최근의 판례가 종래의 판례를 변경한 것인지 여부가 분명하지 않아

182~185.

162) 권현, "토지와 건물의 관계에 관한 연구", 법학박사 학위논문, 동국대학교(2013), 75~76.

163) 박영재, "건축 중인 건물의 소유권귀속", 사법논집(46), 법원도서관(2008), 570~571.

164) 강승준, "2000년대 민사판례의 경향과 흐름[물권편]", 민사판례연구(33-2), 박영사(2011), 438~442. 이 논문의 필자는 위와 같은 입장을 취하면서도 종래의 판례와 최근의 판례를 조화롭게 해석하는 데에는 어려움이 있다고 지적하고 있다{강승준, "2000년대 민사판례의 경향과 흐름[물권편]", 민사판례연구(33-2), 박영사(2011), 441}. 따라서 이 논문의 필자는 궁극적으로 '제1설'의 입장을 취하는 것으로 볼 수도 있다.

165) 박용표, "집합건물공사 중 건축주가 변경된 경우 건물소유권의 원시취득자 —대법원 2006. 11. 9. 선고 2004다67691 판결—", 판례연구(19), 부산판례연구회(2008), 279(황진효 판사의 견해).

166) 김창희, "건축 중 건물을 양수하여 완공한 경우 원시취득자", 법조(634), 법조협회(2009), 16.

167) 김동윤, "구분소유의 대상이 될 수 있는 구조의 건물에 있어서 원시취득자의 확정", 사법(7), 사법연구지원재단(2009), 138~176.

논란이 되고 있다는 견해,[168] 종래의 판례를 변경하거나 폐기하지 않고 소유권 원시취득자의 결정기준을 달리 제시하는 것은 타당하지 않다는 견해,[169] 종래의 판례에 비추어 볼 때 최근의 판례의 태도는 타당하지 않다는 견해[170] 등도 있다. 이 견해는 위 '첫째'의 양립불가설(판례변경설)의 범주에 포함되는 것으로 볼 수도 있다.

위 ①의 견해(양립불가설, 판례변경설)가 타당하다. 최근의 판례가 종전의 판례와 다른 입장을 취하면서 종전 판례의 당부에 관하여 아무런 언급을 하지 않았다 하더라도, 적어도 실무에서는 최근의 판례를 따를 수밖에 없기 때문이다. 대법원이 전원합의체 판결 등으로 빠른 시일 내에 혼란을 해소하기를 기대한다.

	단층으로 건축하는 경우	여러 층으로 건축하는 경우
건축주가 변경되지 않은 경우 (일반적인 경우)	최소한의 기둥 · 지붕 · 주벽	최소한의 기둥 · 지붕 · 주벽
건축주가 변경된 경우 (새로운 건축주가 인수 · 완공한 경우)		최소한의 기둥 · 지붕 · 주벽 (종래의 판례)
		설계도서에 따른 구조 · 형태 (최근의 판례)

3. 최근 판례의 적용범위

최근의 판례이론은 '여러 층'으로 건축 중인 미완성건물에 관하여 '건축주의 변경'이 있는 경우에만 적용되고 '수급인의 변경'이 있는 경우에는 적용되지 않는다.

168) 윤재윤, "건설분쟁관계법"(제6판), 박영사(2015), 234~235.

169) 오시영, "집합건물과 구분소유권의 원시취득에 관한 고찰", 재산법연구(28-1), 한국재산법학회(2011), 1.

170) 고홍석, "건축 중의 건물을 제3자가 완공한 경우 소유권 귀속에 관한 법률관계", 민사판례연구(30), 박영사(2008), 65; 김국진, 『신축건물의 소유권 귀속 시기 등에 관한 고찰 —집합건물의 구분소유를 중심으로—』, 홍익대학교 법학석사(2015), 61.

대법원 2011. 8. 25. 선고 2009다67443, 67450 판결은, 토지소유자 甲으로부터 乙1이 아파트(지하 2층, 지상 7층) 신축공사를 도급받았으나 乙1의 사정으로 공사가 중단되었고, 乙2(새로운 수급인)가 乙1(원래의 수급인)로부터 미완성건물을 인수하여 '사회통념상 독립한 건물이라고 볼 수 있는 형태와 구조'(최소한의 기둥 · 지붕 · 주벽)를 갖추었다고 인정될 정도로 축조하였다면 乙2가 위 건물의 소유권을 원시취득한다고 판시하였다.[171]

4. 최근 판례의 분석

여러 층으로 건축 중인 건물을 새로운 건축주가 인수하여 완공한 경우, Ⓐ−1 기준(최소한의 기둥 · 지붕 · 주벽)을 갖춘 시점의 건축주가 아니라 Ⓑ−1 기준{건축허가(설계도서)에 따른 구조 · 형태}을 갖춘 시점의 건축주가 소유권을 원시취득한다는 최근의 판례를 분석해 본다.

그러나 여러 층으로 건축 중인 미완성건물의 건축주가 변경된 경우, 소유권의 원시취득자 결정에 관한 최근의 판례에 대하여 어떠한 입장을 취하더라도 이와 무관하게 그

171) 위 판결은 "… 수급인이 자기의 노력과 출재로 완성한 건물의 소유권은 도급인과 수급인 사이의 특약에 의하여 달리 정하거나 기타 특별한 사정이 없는 한 수급인에게 귀속된다(대법원 1990. 2. 13. 선고 89다카11401 판결 등 참조). 또한 건축주의 사정으로 건축공사가 중단되었던 미완성의 건물을 인도받아 나머지 공사를 마치고 완공한 경우, 그 건물이 공사가 중단된 시점에서 이미 사회통념상 독립한 건물이라고 볼 수 있는 형태와 구조를 갖추고 있었다면 원래의 건축주가 그 건물의 소유권을 원시취득한다(대법원 2006. 5. 12. 선고 2005다68783 판결 등 참조) … 乙2가 2003. 4.경 서울 서초구 방배동 △△△ 대 △△△△m^2(이하 '이 사건 대지'라 한다)의 공유지분권자들(甲)로부터 이 사건 대지에 지하 2층, 지상 7층의 △△아파트(이하 '이 사건 건물'이라 한다)를 신축하는 공사를 도급받은 乙1에게서 乙1의 사정으로 신축공사가 중단되었던 미완성의 이 사건 건물을 양수하기로 하고 이를 인도받아 나머지 공사를 진행하여 2003. 7. 28.경 구조와 형태 면에서 사회통념상 독립한 건물이라고 볼 수 있는 정도로 이 사건 건물을 축조하였고, 달리 도급인인 甲과 수급인인 乙2 사이에 완성된 건물의 소유권을 도급인에게 귀속시키기로 합의한 것으로 볼 만한 사정도 없으므로, 乙2가 2003. 7. 28.경 이 사건 건물의 소유권을 원시취득하였다고 판단하였는바, 앞서 본 법리에 비추어 살펴보면 원심의 위와 같은 판단은 정당한 것으로서 수긍할 수 있고, 거기에 상고이유에서 주장하는 바와 같은 공사도급계약에 따라 신축된 집합건물의 원시취득에 관한 법리오해 등의 위법이 있다고 볼 수 없다 …"라고 판시하였다.

건물이 「최소한의 기둥 · 지붕 · 주벽」 구비 시점부터 유치권의 객체가 될 수 있다는 것은 이미 살펴본 바와 같다.

가. 대법원 2006. 11. 9. 선고 2004다67691 판결

대법원 2006. 11. 9. 선고 2004다67691 판결은, 건축주 甲1이 아파트 1개 동(좌측은 18층, 우측은 7층)의 신축공사를, ㉮ 좌측(18층 부분)의 옥상 지붕공사, 17층 일부 및 18층 전체의 조적공사가 되어 있지 않았고(일부 전유부분의 구분소유 요건 결여), ㉯ 건물 전체적으로 일부 배선설비 외에는 전기설비공사가 대부분 시공되지 않았으며, ㉰ 외장 및 실내공사, 난방, 상 · 하수도 배관설비공사 등은 전혀 시공되지 않은 상태에서 중단하고, 새로운 건축주 甲2가 위 건물을 양도받아 완공한 사안에서, '건축허가(설계도서)에 따른 구조 · 형태'를 갖춘 건물 전체를 1개의 소유권의 객체로 보고 그 소유권을 甲2가 원시취득한다고 판시하였다.[172)173)174)]

---

172) 위 판결은 위와 같이 판시하면서, 건축허가를 받은 구조와 형태대로 축조된 전체 건물 중에서 공사가 중단될 시점까지 기둥 · 지붕 · 주벽이 완성되어 있던 층만을 분리해 내어 그 부분만의 소유권을 甲1이 원시취득한다고 볼 것은 아니라고 설시하였다.

173) 위 판결에 대한 평석에 박영재, "건축 중인 건물의 소유권귀속", 사법논집(46), 법원도서관(2008), 504~575; 박용표, "집합건물공사 중 건축주가 변경된 경우 건물소유권의 원시취득자 —대법원 2006. 11. 9. 선고 2004다67691 판결—", 판례연구(19), 부산판례연구회(2008), 233~282; 김동윤, "구분소유의 대상이 될 수 있는 구조의 건물에 있어서 원시취득자의 확정", 사법(7), 사법연구지원재단(2009), 138~176; 김창희, "건축 중 건물을 양수하여 완공한 경우 원시취득자", 법조(634), 법조협회(2009), 6~40; 이춘원, "미완성의 집합건물을 양수받아 완공한 경우에 구분소유권의 원시취득자 —대법원 2006. 11. 9. 선고 2004다67691 판결의 검토—", 민사법학(48), 한국사법행정학회(2010), 163~187; 허부열, "건축 중인 건물의 소유권귀속에 관한 제문제(대상판결 : 대법원 2006. 11. 9. 선고 2004다67691 판결)", 재판과 판례(19), 대구판례연구회(2010), 309~371; 이범상, "건축공사 중 건축주가 변경된 경우 건물소유권의 원시취득 시기(대법원 2006. 11. 9. 선고 2004다67691 판결)", 경영법무(132), 한국경영법무연구소(2007), 14~21; 이범상, "건축공사 중 건축주가 변경된 경우 건물소유권의 원시취득 시기(대법원 2006. 11. 9. 선고 2004다67691 판결)", 법률신문(3532), 법률신문사(2007. 2. 22.), 12~13; 고홍석, "건축 중의 건물을 제3자가 완공한 경우 소유권 귀속에 관한 법률관계", 민사판례연구(30), 박영사(2008), 31~72.; 김국진, 『신축건물의 소유권 귀속 시기 등에 관한 고찰 —집합건물의 구분소유를 중심으로—』, 법학석사 학위논문, 홍익대학교(2015), 56~57; 오시

[여러 층으로 건축 중 건축주가 변경된 경우 소유권의 원시취득자 결정]

대법원 2006. 11. 9. 선고 2004다67691 판결

1. 사안개요

가. 피고 甲1(주식회사 △△주택)은 용인시 백암면 근창리 △△△ 답 1,699㎡ 및 근창리 △△△ 답 1,838㎡(이하 '이 사건 토지'라고 함) 지상에, 지하 1층 지상 18층의 아파트 1동(판매시설 포함, 이하 '이 사건 건물'이라고 함)을 건축하기 위하여 1991. 6. 26.경 용인시장으로부터 건축허가 및 주택건설사업계획승인을 받아 공사를 하다가 6층 골조공사까지 마친 상태에서, 1992. 2. 18.경 부도가 났다.

나. 이에 甲2(주식회사 △△주택건설)는 1992. 9. 15. 피고 甲1 및 그의 채권단으로부터, 이 사건 토지와 건축 중이던 이 사건 건물 일체를 15억 5천만 원에 매수하면서, 위 매매대금의 변제에 갈음하여 피고 甲1 등에게 위 건물 완공 후 매매대금에 상당하는 만큼의 아파트 일부에 관하여 소유권이전을 해 주기로 약정하였다.

다. 그 후 甲2는 1992. 10. 24. 이 사건 토지에 관하여 소유권이전등기를 마치고 이 사건 건물의 공사를 시행하였으나, 1992. 11. 21. 부도로 인하여 공사를 지연하다가 1993. 3. 30.경 13층의 골조공사를 마친 상태에서 공사를 중단하였는데, 그 후 공사가 재개되었다가 1993. 6. 말경 다시 공사가 중단되었다.

라. 그러자, 피고 甲1은 1993. 5. 3.과 1993. 6. 17.경 2차에 걸쳐 甲2에게 '약정기한인 1993. 6. 30.경

영, "집합건물과 구분소유권의 원시취득에 관한 고찰", 재산법연구(28-1), 한국재산법학회(2011), 1~42; 윤재윤, 『건설분쟁관계법(제6판)』, 박영사(2015), 234~235; 강승준, "2000년대 민사판례의 경향과 흐름[물권편]", 민사판례연구(33-2), 박영사(2011), 438~442.

174) 종래의 판례는 독립된 건물의 요건을 설시하면서 그러한 요건을 갖추는 시점의 건축주가 그 소유권을 원시취득한다고만 설시하였을 뿐, 소유권을 원시취득하는 근거가 무엇인지, 또는 소유권자를 정하는 기준이 무엇인지, 또 공사가 진행되어 전체 건물이 완공되는 과정에서의 그 건물의 법적 성질 및 소유관계의 변화, 그리고 완성된 건물과 처음 독립된 건물로서의 요건을 갖춘 건물과의 관계 등에 관하여는 아무런 판단기준을 제시하지 못하였다. 그런데 최근의 판례는 독립된 건물로서의 요건을 갖춘 건축 중인 건물과 완공된 전체 건물과의 관계 및 그 소유권의 귀속에 관하여 처음으로 명시적인 판시를 하고 있다는 점에서 큰 의미가 있다. 그러나 최근의 판례의 논리는 토지의 부합물과 독립된 건물의 관계, 물건의 소유권귀속에 관한 이론, 그리고 구분행위의 의미에 관하여 여러 가지 문제점을 야기하고 있다{허부열, "건축 중인 건물의 소유권귀속에 관한 제문제(대상판결 : 대법원 2006. 11. 9. 선고 2004다67691 판결)", 재판과 판례(19), 대구판례연구회(2010), 368~369}.

까지 아파트를 완공하여 인도해 줄 것'을 최고하였다. 그러나 甲2는 위 약정기한까지 완공하지 못하였고, 이에 피고 甲1은 1994. 4. 11. 甲2에 대하여 위 ②의 매매계약의 해제를 통보하였다.

마. 甲2는 피고 甲1로부터 매매계약의 해제 통보를 받은 후에도 하도급업자를 통하여 공사를 1994. 10.경까지 계속 시행하다가 다시 중단하였는데, 중단 당시 이 사건 건물(좌측 부분은 18층, 우측 부분은 7층인 건물)의 공사 진행 상태는 ㉮ 18층 구조의 좌측 부분은 18층까지 골조공사, 17층 일부 벽면까지 조적공사, 16층 일부까지 미장공사가 되어 있었고, ㉯ 7층 구조의 우측 부분은 7층까지의 골조 및 조적공사, 지붕 및 옥상공사가 되어 있었으나, ㉰ 18층 구조의 좌측 부분의 옥상 지붕공사, 17층 일부 및 18층 전체의 조적공사는 되어 있지 않았고, ㉱ 건물 전체적으로 일부 배선설비 외에는 전기설비공사가 대부분 시공되지 않았으며, ㉲ 외장 및 실내공사, 난방, 상·하수도 배관설비공사 등은 전혀 시공되지 않은 상태였다.

바. 원고는 1998. 8. 28. 이 사건 토지를 낙찰받은 소외 정태△으로부터 이 사건 토지를 양수받음과 동시에 피고 甲1로부터 위와 같은 상태에 있던 이 사건 건물(공사 중단 후 4년간 방치한 결과 기성고 부분은 부식, 균열, 구조체 손상 등 상당 부분이 보수를 요하는 상태였음)을 양도받아 이 사건 건물 공사를 재개하여 18층 지붕공사 및 17층까지를 포함한 조적공사 및 전체 건물의 외장공사 및 실내공사 등 전체적인 잔여 공사를 시행하여 이 사건 건물을 완공하였다.

2. 판시요지

위 판결은 "… 건물이 설계도상 처음부터 여러 층으로 건축할 것으로 예정되어 있어 이에 따라 같은 내용으로 건축허가를 받아 건축공사를 진행하던 중에 건축주의 사정으로 공사가 중단되었고 그와 같이 중단될 당시까지 이미 (건축주에 의하여) 일부 층의 기둥과 지붕 그리고 둘레 벽이 완성되어 있어 그 구조물을 토지의 부합물로 볼 수 없는 상태에 이르렀다고 하더라도, 제3자가 이러한 상태의 미완성 건물을 종전 건축주로부터 양수하기로 하고 이를 인도받아 나머지 공사를 계속 진행한 결과, 건물의 구조와 형태 등이 건축허가의 내용과 사회통념상 동일하다고 인정되는 정도에 이르도록 건물을 축조한 경우에는, 그 구조와 형태가 원래의 설계 및 건축허가의 내용과 동일하다고 인정되는 건물 전체를 하나의 소유권의 객체로 보아 그 제3자가 그 건물 전체의 소유권을 원시취득한다고 보는 것이 옳고, 건축허가를 받은 구조와 형태대로 축조된 전체 건물 중에서 건축공사가 중단될 당시까지 기둥과 지붕 그리고 둘레 벽이 완성되어 있던 층만을 분리해 내어 이 부분만의 소유권을 종전 건축주가 원시취득한다고 볼 것이 아니다 …"(괄호 부분 저자 삽입)라고 판시하였다.[175]

175) 위 판결에 대한 평석에 박영재, "건축 중인 건물의 소유권귀속", 사법논집(46), 법원도서관(2008), 504~575;

3. 평석

종래의 대법원 판례들은 독립된 건물의 요건을 설시하면서 그러한 요건을 갖추는 시점의 건축주가 그 소유권을 원시취득한다고만 설시하였을 뿐, 소유권을 원시취득하는 근거가 무엇인지, 또는 소유권자를 정하는 기준이 무엇인지, 또 공사가 진행되어 전체 건물이 완공되는 과정에서의 그 건물의 법적 성질 및 소유관계의 변화, 그리고 완성된 건물과 처음 독립된 건물로서의 요건을 갖춘 건물과의 관계 등에 관하여는 아무런 판단기준을 제시하지 못하였다.

그런데 위 판결은 독립된 건물로서의 요건을 갖춘 건축 중인 건물과 완공된 전체 건물과의 관계 및 그 소유권의 귀속에 관하여 처음으로 명시적인 판시를 하고 있다는 점에서 큰 의미가 있다. 그러나 위 판결의 논리는 토지의 부합물과 독립된 건물의 관계, 물건의 소유권귀속에 관한 이론, 그리고 구분행위의 의미에 관하여 여러 가지 문제점을 야기하고 있다.[176]

나. 대법원 2012. 10. 25. 선고 2011다64041 판결

대법원 2012. 10. 25. 선고 2011다64041 판결도 아파트(지하 1층, 지상 8층)를 신축하는 것으로 건축허가를 받은 건축주(甲1)가 모든 층의 기둥 · 지붕 · 벽을 완성한 상태(일부 사소한 부분의 공사만 미완성)에서 자금부족 등으로 공사를 중단하였고, 새로운 건축주(甲2)가 그 미완성건물을 양수하고 건축주 명의를 자기 명의로 변경하여 나머지 공사를 마친 사안에서, 甲1이 공사를 중단한 시점에 '설계도서에 따른 구조 · 면적'을 갖추었다는

박용표, "집합건물공사 중 건축주가 변경된 경우 건물소유권의 원시취득자 —대법원 2006. 11. 9. 선고 2004다67691 판결—", 판례연구(19), 부산판례연구회(2008), 233~282; 김동윤, "구분소유의 대상이 될 수 있는 구조의 건물에 있어서 원시취득자의 확정", 사법(7), 사법연구지원재단(2009), 138~176; 김창희, "건축 중 건물을 양수하여 완공한 경우 원시취득자", 법조(634), 법조협회(2009), 6~40; 이춘원, "미완성의 집합건물을 양수받아 완공한 경우에 구분소유권의 원시취득자 —대법원 2006. 11. 9. 선고 2004다67691 판결의 검토—", 민사법학(48), 한국사법행정학회(2010), 163~187; 허부열, "건축 중인 건물의 소유권귀속에 관한 제문제(대상판결 : 대법원 2006. 11. 9. 선고 2004다67691 판결)", 재판과 판례(19), 대구판례연구회(2010), 309~371.

176) 허부열, "건축 중인 건물의 소유권귀속에 관한 제문제(대상판결 : 대법원 2006. 11. 9. 선고 2004다67691 판결)", 재판과 판례(19), 대구판례연구회(2010), 368~369.

이유로 甲1이 이 사건 건물을 원시취득하였다고 판시하였다.

다. 대법원 2015. 1. 15. 선고 2014다225823 판결

대법원 2015. 1. 15. 선고 2014다225823 판결은, 건축주 甲1이 지상 5층의 숙박시설(일반건물)을 건축하는 내용의 건축허가를 받고 그 공사를 하다가 자금부족으로 4층의 골조공사 중에 공사를 중단하였고(공정률 약 30%), 새로운 건축주 甲2가 이 건물을 양도받아 완공하고 사용승인을 받은 사안에서, 공사가 중단된 시점에는 '설계도서에 따른 구조·면적'을 갖추었다고 보기 어렵다는 이유로 甲2가 건물의 소유권을 원시취득하였다고 판시하였다.

라. 대법원 2017. 10. 26. 선고 2015다235438, 235445 판결

대법원 2017. 10. 26. 선고 2015다235438, 235445 판결은, 건축주 甲1이 3개 동의 다세대주택(101동·102동·103동, 지상 4층)의 신축공사를 ㉮ 101동과 102동은 지상 4층까지의 기둥·둘레 벽·천장 등의 골조공사를 완료한 상태에서 중단하고, ㉯ 103동은 지상 3층까지의 골조공사만 완료하고 4층의 벽체공사 도중에 중단하였으며, 건축주 甲2가 이 건물들을 양도받아 완공한 사안에서, ㉮ 101동과 102동의 소유권은 甲1이 원시취득하나 ㉯ 103동의 소유권은 甲2가 원시취득한다고 판시하였다.

제3장 점유 요건의 불비

제1절 서설

Ⅰ. 점유의 의미

유치권의 성립 · 존속요건으로서의 점유는 물건에 대한 타인의 간섭을 배제하는 등 사회통념상 유치권자의 사실적 지배에 속한다고 보이는 객관적 관계에 있는 것을 말한다.

[점유의 의미] 대법원 2008. 3. 27.자 2007마1602 결정은 "… 민법상 유치권 성립의 요건이 되는 물건에 대한 점유라고 함은 사회통념상 그 사람의 사실적 지배에 속한다고 보이는 객관적 관계에 있는 것을 말하는 것으로서, 반드시 물건을 물리적, 현실적으로 지배하는 것만을 의미하는 것이 아니라 물건과 사람과의 시간, 공간적 관계와 본권관계, 타인 지배의 배제가능성 등을 고려하여 사회관념에 따라 합목적적으로 판단하여야 할 것[177]이지만, 그러한 사실적 지배에 속하는 객관적 관계가 있다고 하기 위해서는 적어도 타인의 간섭을 배제하는 면이 있어야 할 것이다(대법원 1974. 7. 16. 선고 73다923 판결, 대법원 2003. 7. 25. 선고 2002다34543 판결 등 참조). …"라고 판시하였다.

[건물소유자의 부지 점유 여부(적극)] 대법원 2008. 7. 10. 선고 2006다39157 판결, 대법원 2009. 9. 10. 선고 2009다28462 판결 등은, 사회통념상 건물은 그 부지를 떠나서는 존재할 수 없으므로 건물의 부지가 된 토지는 건물의 소유자가 점유하는 것이고, 이 경우 건물의 소유자가 현실적으로 건물이나 그 부지를 점거하고 있지 않다 하더라도 건물의 소유를 위하여 그 부지를 점유하는 것으로 보아야 한다고 판시하였다.

[건물 소유명의자 아닌 사람(유치권자 등)의 부지 점유 여부(원칙적 소극)] 대법원 2014. 7. 24. 선고 2011두10348 판결은, 타인 소유의 토지 위에 권한 없이 건물 또는 공작물을 소유하고 있는 사람

177) 대판 1996. 8. 23. 95다8713, 대판 2009. 9. 24. 2009다39530 등도 같은 취지의 판시를 하였다.

(甲)은 특별한 사정이 없는 한 법률상 원인 없이 타인의 재산으로 토지의 차임에 상당하는 이익을 얻고 그로 인하여 타인에게 동액 상당의 손해를 주고 있다고 보아야 하고, 건물 등의 소유자가 아닌 사람(乙)이 실제로 그 건물 등을 점유 · 사용하고 있다고 하더라도 그 건물 등의 부지는 乙이 아니라 甲이 점유 · 사용하고 있다고 보아야 하므로, 토지소유자는 乙이 아니라 甲에게 부당이득의 반환을 구하여야 한다고 판시하였다.

대법원 2008. 7. 10. 선고 2006다39157 판결, 대법원 2009. 9. 10. 선고 2009다28462 판결 등은, 건물의 소유명의자가 아닌 자는 실제 건물을 점유하고 있다 하더라도 그 부지를 점유하는 자로 볼 수 없고, 다만 미등기건물을 양수하여 건물에 관한 사실상의 처분권을 보유하게 됨으로써 건물부지 역시 아울러 점유하고 있다고 볼 수 있는 등의 특별한 사정이 있는 경우에 한하여 그 부지를 점유하는 것으로 볼 수 있다고 판시하였다.

따라서 유치권자가 건물을 점유하는 경우 건물의 소유자는 유치권자에게 건물의 점유 · 사용에 따른 부당이득의 반환을 구할 수 있으나, 건물부지의 소유자는 유치권자에게 건물부지의 점유 · 사용에 따른 부당이득의 반환을 구할 수 없다(대판 2009. 9. 10. 2009다28462).

Ⅱ. 점유의 정도

점유는 유치권의 유치력(留置力)과 관련하여 타인의 침해를 방어할 수 있고, 유치권의 공시기능과 관련하여 외부에서 명백하게 인식할 수 있는 것이어야 한다.

[점유의 정도] 유치권에서의 점유는 적법하게 계속되어야 함은 물론 목적물의 유치력과 유치권의 공시기능을 달성할 수 있어야 하는바, 유치력과 관련한 점유는 전점유자와 제3자의 점유침해를 방어할 정도가 되어야 하고, 공시기능과 관련한 점유는 외부로부터 인식이 가능할 만큼 명백하여야 한다(서울고법 2008. 6. 4. 2007나95224, 춘천지법 2013. 5. 27. 2011라122, 춘천지법 2013. 6. 14. 2012라101 등).

부동산현황조사서에 건물을 채무자(소유자)가 점유하여 펜션으로 사용 중이라고 기재되어 있고, 감정평가서에도 이해관계인의 부재로 자세한 임대 내역을 조사하지 못하였다고 기재되어 있을 뿐 피신청인(유치권주장자) 또는 제3자가 점유하고 있다고 볼 만한 사정을 발견할 수 없는 경우에는, 피신청인이 건물 인근에 컨테이너를 가져다 두고 그곳에 머무른 사실이 있다고 하여도 이것만으로 유치권에서 요구하는 정도의 점유를 하고 있다고 보기 어렵다(춘천지법 2013. 6. 14. 2012라101).

그러나 점유의 요소로서 유치권 행사의 표시가 없어도 무방하다고 보는 하급심 판례도 적지 않음을 유의하여야 한다.[178)]

Ⅲ. 채권과 점유의 견련관계의 불요

유치권이 성립 · 존속하기 위해서는 채권과 유치물 사이에 견련관계가 있으면 충분하고 채권과 유치물의 점유 사이에 견련관계가 있어야 하는 것은 아니다.

[채권과 점유의 견련관계의 불요] 대법원 2005. 1. 13. 선고 2004다50853, 50860 판결은 "… 유치권의 성립에는 채권자의 채권과 유치권의 목적인 물건 사이에 일정한 관련이 있으면 충분하고, 물건 점유 이전에 그 물건과 관련하여 채권이 발생한 후 그 물건에 대하여 점유를 취득한 경우에도 그 채권자는 유치권으로써 보호되어야 할 것이며, 나아가 유치권의 대상이 되는 물건에 대한 점유를 상실한 자가 뒤에 다시 그 물건에 대한 점유를 취득한 경우도 유치권을 취득한다 …"라고 판시하였다.

Ⅳ. 점유의 상실

유치권자가 점유를 상실하면 유치권은 소멸한다. 강제집행 등 적법한 방법에 의하여 점유를 상실한 경우는 물론이고 점유침탈 등 부적법한 방법에 의하여 점유를 상실한 경우에도 마찬가지이다.

유치권자가 점유를 상실한 후에 이를 회복한 때에는 유치권을 회복한다.

[일시 상실한 점유의 회복과 유치권 취득] 대법원 2005. 1. 13. 선고 2004다50853, 50860 판결은 "… 유치권자가 물건에 대한 점유를 일시 상실하였다가 후에 다시 같은 물건을 점유하게 된 경우에는

178) 서울북부지법 2007. 5. 16. 2006나5633, 서울고법 2009. 12. 15. 2009나87777, 서울중앙지법 2016. 11. 18. 2016가합523519 등. 상세한 것은 뒤의 '제2절 Ⅱ. 2.' 참조.

점유상실 당시 유치권을 포기하는 등 특별한 사정이 없는 한 그 채권을 위하여 유치권을 취득한다고 할 것이다(1955. 12. 15. 선고 1955민상136 판결 참조) …"라고 판시하였다

제3자가 유치권자의 점유만을 승계하고 피담보채권을 승계하지 않은 경우, 유치권자는 이미 점유 및 유치권을 상실하였으므로 그 제3자는 유치권자를 대위하여 유치권을 주장할 수 없다.[179] 유치권은 목적물과 채권 사이의 견련관계를 요건으로 하는 법정담보물권으로서 성립상 · 존속상의 부종성이 엄격하게 요구되기 때문이다.

[점유승계인의 유치권 대위행사 불가] 대법원 1972. 5. 23. 선고 72다548 판결은 "… 소외인 甲이 이 사건 건물에 관하여 공사금 채권이 있어 甲이 이 건물을 점유하고 있다면 甲에게는 위 공사금 채권을 위하여 이 건물에 대한 유치권이 인정될 것이다. 그러나 피고들이 甲으로부터 그 점유를 승계한 사실이 있다고 하여 피고들이 甲을 대위하여 유치권을 주장할 수는 없다. 왜냐하면 피대위자인 甲은 그 점유를 상실하면서 곧 유치권을 상실한 것이기 때문이다. 이 사건에서는 원심이 정당하게 판단하고 있는 바와 같이 甲의 위의 공사금 채권이 피고들에게 이전된 사실도 없는 것이다 … "라고 판시하였다.

[점유승계인(전차인)의 유치권 대위행사 또는 원용 불가] 민법 제203조에 의한 유익비상환청구권은 물건에 대하여 유익비를 지출한 '점유자'가 점유의 회복을 구하는 소유자 등에 대하여 갖는 채권이므로 물건의 점유권에 부착된 청구권이 아니다. 따라서 임차인이 유익비를 지출한 후에 임차물을 전대함으로써 물건에 대한 점유가 전차인에게 승계되거나 점유할 권리가 전차인에게 양도된다 하더라도 이와 함께 당연히 유익비상환청구권이 승계 또는 양도되는 것은 아니다. 위 임차인은 소유자에 대하여 유익비상환청구권을 피담보채권으로 하는 유치권을 행사할 수 있으나, 위 전차인은 간접점유자인 임차인을 대위하여 임차인의 유치권을 대위행사하거나 원용하여 자신의 인도의무의 이행을 거부할 수는 없다(서울고법 1997. 9. 24. 96나26222).[180]

---

179) 반대로, 제3자가 유치권자의 피담보채권만을 승계하고 점유를 승계하지 않은 경우 제3자는 유치권자가 될 수 없다. 한편, 제3자가 유치권자의 피담보채권과 점유를 승계한 경우에는 제3자가 유치권자가 될 수 있다.

180) 피고(전차인)가 상고하였으나 심리불속행 기각되었다(대판 1997. 12. 2. 97다46689).

V. 점유권자와 인도청구 · 인도명령신청의 상대방

유치권의 성립 · 존속요건으로서의 점유의 주체와 유치권자에 대한 인도청구 · 인도명령신청의 요건으로서의 점유의 주체가 항상 일치하는 것은 아니다. 즉, 유치권자와 인도청구 · 인도명령신청의 상대방이 분리되는 경우가 있다.

	점유권자	인도청구 등의 상대방
유치권자가 **직접점유**(단독점유 또는 공동점유)하는 경우	유치권자	
유치권자(점유주)가 **점유보조자를 통하여 점유**하는 경우	유치권자(점유주)	
유치권자가 직접점유자(점유매개자)를 통하여 **간접점유**하는 경우	유치권자(간접점유자) 및 직접점유자	직접점유자

첫째, 유치권자가 직접점유하는 경우에는 직접점유자(유치권자)는 점유권이 있고, 따라서 인도명령의 피신청인적격 등이 있다.

[배우자] 유치권자의 배우자도 점유하는 경우에는 그 배우자를 공동점유자로 볼 수 있다(대판 1998. 6. 26. 98다16456,16463 참조). 다만, 부(夫)의 처를 부의 점유보조자로 본 판결이 있다(대판 1980. 7. 8. 79다1928).

둘째, 유치권자(점유주)가 점유보조자{공사업체(유치권자) 소속 직원 등}를 통하여 점유하는 경우에는 점유주(유치권자)만이 점유권이 있고, 따라서 인도명령의 피신청인적격 등이 있다. 이 경우 점유보조자는 점유권과 피신청인적격 등이 없다.

[점유보조자에 대한 인도명령신청(기각)] 건물 신축공사에 관한 공사대금채권을 가진 甲(유치권자)이 유치권의 행사를 위한 점유 등을 乙(점유보조자)에게 위임한 경우 그 건물의 매수인(신청인)은 乙이 아닌 甲을 상대로 인도명령을 구하여야 하므로 乙을 상대로 인도명령을 구하는 것은 이유 없고, 설사 乙을 점유보조자로 보기 어렵다 하더라도 乙은 甲으로부터 건물 관리를 위임받아 정당하게 직접점유하

고 있는 것이므로 그에 대한 인도명령신청 역시 이유 없다(광주지법 2010. 1. 29. 2009라146).

셋째, 유치권자가 직접점유자(점유매개자)[181]를 통하여 간접점유하는 경우, 점유권은 직접점유자와 간접점유자(유치권자) 모두에게 인정되나, 인도명령의 피신청인적격 등은 직접점유자에게만 인정되고 간접점유자에게는 인정되지 않는다. 인도명령신청 등은 간접점유자인 유치권자가 아니라 직접점유자를 상대로 제기하여야 한다는 것이다.[180] 간접점유자를 상대로 한 소유자의 인도명령신청 또는 인도청구도 허용되지 않음은 물론이다.

[매수인의 간접점유자(유치권자)에 대한 인도명령신청(기각)] 서울중앙지법 2013. 9. 16.자 2013라1177 결정, 서울중앙지법 2013. 9. 16.자 2013라1178 결정은 "… 부동산의 간접점유자를 상대로는 민사집행법 제136조 소정의 인도명령을 받더라도 민사집행법 제258조에 의한 직접적인 인도집행은 할 수 없고 민사집행법 제259조에 의하여 그 인도청구권을 넘겨받을 수만 있어, 간이절차인 인도명령의 성격상 간접점유자에 대한 인도명령을 허용할 필요는 없으므로, 민사집행법 제136조 제1항 소정의 인도명령의 상대방인 '부동산 점유자'에 간접점유자는 포함되지 않는다고 해석함이 상당하다 …"라고 판시하였다. 임차건물을 임차인이 다시 임대한 경우 경매절차의 매수인은 전차인(직접점유자)을 상대로 인도명령을 신청하여야 하고 임차인(간접점유자)을 상대로 신청해서는 안 된다는 취지이다.

[소유자의 간접점유자(유치권자)에 대한 인도청구(기각)] 대법원 2014. 12. 24. 선고 2011다62618 판결은 "… 소유자는 그 소유에 속한 물건(등기필증)을 점유한 자에 대하여 반환을 청구할 수 있다. 그러나 점유자가 그 물건을 점유할 권리가 있는 때에는 반환을 거부할 수 있다(민법 제213조). 여기서 그 반환을 거부할 수 있는 점유할 권리에는 유치권도 포함되고, 유치권자로부터 유치물을 유치하기 위한 방법으로 유치물(등기필증)의 점유 내지 보관을 위탁받은 자는 특별한 사정이 없는 한 점유할 권리가 있음을 들어 소유자의 소유물반환청구를 거부할 수 있다 …"라고 판시하였다.

---

181) 수급인(유치권자)의 하수급인, 유치권자로부터의 임차인, 유치권자로부터 점유를 위탁받은 사람 등.

182) 다만, 유치권자가 소유자의 승낙 없이 임대한 경우 소유자가 소멸청구를 하면 유치권이 소멸하게 되고(민 § 324③), 부동산인도명령의 집행으로 임차인이 점유를 상실하면 유치권자도 점유를 상실하여 유치권이 소멸하게 되는데, 이는 별개의 문제이다.

제2절 점유의 개시 시점

Ⅰ. 점유의 요소와 개시 시점

부동산인도명령신청 · 인도청구 등의 경우 유치권자는 항변사실로서 유치권의 적극적 성립요건인 ㉮ 타인 소유 부동산의 점유, ㉯ 부동산에 관한 채권의 존재 및 변제기 도래를 주장하고 소명 · 증명하여야 한다.[183)]

유치권의 성립 시점은 어떠한 사실이 있을 때 점유를 한 것으로 인정할 것인지(점유의 요소), 그러한 사실들 중 어느 사실이 발생한 시점부터 점유를 한 것으로 인정할 것인지(점유의 개시 시점)에 따라 유치권의 성립 시점이 좌우된다.

경매절차에서 부동산이 매각된 경우 유치권의 인수 또는 소멸은 유치권의 성립 시점과 경매개시결정등기의 선후 등에 따라 결정되므로[184)] 유치권의 성립시점(특히 점유의 요소 및 개시시점)은 매우 중요한 의미를 가진다.

판례는 기본적으로 아래 표와 같이 **사실적 지배**{ⓐ 잠금장치 등의 사물을 이용한 지배, ⓑ 상주(常住) · 경비(警備) 등 사람에 의한 직접 지배} 및 **사실적 지배의 표시**(ⓒ 안내문 · 플라카드 등에 의한 유치권 행사의 표시)가 있을 때 점유를 한 것으로 인정하고 있다. 다만, 점유개시 시점에 관하여는 구체적 타당성을 도모하기 위하여 탄력적으로 해석하고 있음을 유의하여야 한다.[185)]

---

183) 상사유치권의 경우에는 ㉮ 채무자 소유 부동산의 점유, ㉯ 상인간의 상행위에 의한 채권의 발생 및 변제기 도래를 주장하고 소명 · 증명하여야 한다.

184) 상사유치권의 경우에는 그 성립 시점과 담보권설정의 선후 등에 따라 유치권의 인수 또는 소멸이 결정된다.

185) 유치권의 성립요건으로서의 '점유'의 태양에 관한 판례에 대하여는 비유형화(비통일화), 고비용구조의 권리행사, 점유침탈에 의한 점유상실, 불완전한 공시, 판례의 상호 모순 등의 문제점이 있다고 지적하는 견해가 있다{강명진, "유치권 성립요건으로서의 점유의 태양에 관한 연구", 부동산학석사 학위논문, 건국대학교(2017), 51~56}.

[ⓐⓑ 구비 후에 ⓒ를 구비하였는데 ⓐⓑ 구비 시점을 점유취득 시점으로 인정한 사례] 서울고법 2009. 12. 15. 선고 2009나87777 판결은, ㉮ 유치권자(아파트재개발조합)가 2003. 9. 20.부터 아파트 출입문을 잠그고 열쇠를 보관하였으며, ㉯ 2008. 4. 4. 강제경매개시결정등기가 이루어지고, ㉰ 유치권자가 2008. 4. 18. 유치권을 행사하고 있다는 내용의 경고문을 아파트 출입문에 게시하였으며, ㉱ 2009. 3. 10. 경매절차의 매수인이 대금을 납부하고, ㉲ 매수인이 '종전 소유자'를 상대로 인도명령결정을 받아 2009. 3. 19. 강제집행을 함으로써 점유를 취득하였으며, ㉳ 유치권자가 매수인을 상대로 점유회수의 소를 제기한 사안에서, 유치권주장자가 2003. 9. 20. 점유를 취득하였다고 인정하고 아파트의 인도를 명하였다(매수인 상고). 대법원 2012. 3. 29. 선고 2010다2459 판결도 원심의 판단이 정당하다고 판시하였다.

한편, ㉲는 매수인이 점유자(유치권자)에 대한 집행권원 없이 이루어진 위법한 강제집행에 의하여 점유자의 점유를 빼앗은 경우(제3자에 대한 집행권원으로 점유자의 점유를 빼앗은 경우)이므로 점유침탈에 해당한다(대판 1987. 6. 9. 86다카163, 대판 2012. 3. 29. 2010다2459).

점유의 요소		내 용
사실적 지배 (타인 간섭 배제)	ⓐ 사물을 이용한 지배	• 잠금장치 설치[184] 및 열쇠 관리 • 컨테이너 설치 등
	ⓑ 사람에 의한 직접 지배	• 상주(常住) 또는 경비(警備)
사실적 지배의 표시 (공시방법의 구비)	ⓒ 유치권 행사의 표시	• 안내문 · 공고문 · 경고문 부착 • 플래카드 · 현수막 설치 등

186) 자물쇠를 채워서 문을 잠그는 것을 말한다. 판례는 잠금장치를 하는 것 또는 설치하는 것을, 시건장치(施鍵裝置)를 한다, 시정(施錠)을 한다, 시정장치(施錠裝置)를 한다 등과 같이 표현하고 있다.

Ⅱ. 점유(점유개시)를 인정한 사례

1. ⓐⓑⓒ를 모두 갖춘 때에 점유를 인정한 사례

판례는 일반적으로 'ⓐ 사물을 이용한 지배, ⓑ 사람에 의한 직접 지배, ⓒ 유치권 행사의 표시'가 있을 때 점유 내지 점유개시를 한 것으로 인정하고 있다.

[점유 인정] 대법원 1996. 8. 23. 선고 95다8713 판결은 공장 신축공사 공사잔대금채권자가 그의 직원으로 하여금 채무자 소유 공장의 정문 등에 그 채권자가 공장을 유치·점유한다는 안내문을 게시하게 하고(ⓒ 구비), 용역경비원으로 하여금 주야 교대로 2인씩 공장에 대한 경비·수호를 하도록 하는 한편(ⓑ 구비), 공장건물 등에 자물쇠를 채우고 공장 출입구 정면을 대형 컨테이너로 가로막아 차량은 물론 사람들의 공장 출입을 통제하였고(ⓐ 구비), 경매절차에서 매각된 후에도 직원 10여 명을 보내 공장 주변을 경비·수호하게 하였다면(ⓑ 구비) 그 채권자가 공장을 점유하고 있었다고 볼 여지가 충분하다고 판시하였다.

[점유 인정] 대법원 2009. 9. 24. 선고 2009다39530 판결은 경매절차의 매수인(원고)이 유치권주장자들(피고들)을 상대로 유치권부존재확인의 소를 제기한 사안에서 "… 원심은, 그 채택한 증거에 의하여 피고들이 2003. 8. 29. 현장사무실에서 이 사건 건물을 점유하면서 유치권을 행사하기로 결의한 다음 건물경비업체를 통하여 이 사건 건물의 방범활동을 하도록 하고, 피고들의 직원들이 현장사무실에 상주하도록 하면서 주차장 외벽 등에 현수막을 걸고 건물임차인들의 영업과 서로 배치되지 아니하는 방법으로 이 사건 건물을 점유·관리하였다고 보아 피고들이 이 사건 경매절차 개시 전에 이 사건 건물을 점유하기 시작하였다고 판단하였는바, 앞서 본 법리 및 기록에 비추어 살펴보면 원심의 위와 같은 인정 및 판단은 정당한 것 …"이라고 판시하였다.

['ⓐ 구비 ⇨ ⓒ 구비 ⇨ ⓑ 구비'의 경우 점유 인정]
서울고법 2008. 6. 4. 선고 2007나95224 판결(확정)

1. 사안개요

가. 경기 안산시 단원구 성곡동 △△△ 지상 5층 공장건물(이하 '이 사건 건물'이라고 함)의 증축·보수

등 공사(이하 '이 사건 공사'라고 함)에 관하여 甲(소유자=도급인)과 도급계약을 체결한 원고(수급인=유치권주장자)는 2005. 7. 19.경부터 이 사건 공사를 수행하였다.

나. 원고는 공사를 하면서 현장에 현장사무실, 비산먼지를 막기 위한 장막, 원고의 명칭이 표시된 간판 등을 설치하고, 건축자재들을 쌓아두었으며, 이 사건 건물의 열쇠를 소지하고 있었다(ⓐ 구비).

다. 甲은 2005. 11.경부터 이 사건 건물 중 일부는 직접 사용하고 나머지는 제3자에게 임대하여 사용하게 하였다.

라. 같은 해 12. 26. 이 사건 건물과 그 부지(이하 '이 사건 부동산'이라고 함)에 관하여는 **임의경매개시결정등기**가 이루어졌다. 집행관이 2006. 3. 25. 제출한 현황조사보고서에는 이 사건 건물을 甲과 임차인이 점유하고 있다는 것이 기재되어 있으며, 원고는 이 사건 공사를 마친 같은 해 6. 30.경부터 이 사건 건물에 출입하면서 잔여공사를 하였다.

마. 甲은 2006. 9.경부터 용역회사로 하여금 이 사건 부동산에 대한 경비 · 관리를 하게 하였다.

바. 경매 진행 사실을 모르고 있던 원고는 2006. 9. 말경 甲의 자금조달이 불가능하다는 사실을 알고, 2006. 9. 말경 유치권 행사 중이라는 현수막을 설치하고 그러한 취지의 안내문을 이 사건 건물 벽에 부착하였으며(ⓒ 구비), 경매법원에 유치권신고를 하고(같은 해 10. 10.), 甲을 상대로 공사잔대금 약 9억 원의 지급을 구하는 지급명령을 신청하였다(같은 해 10. 26. 송달, 11. 17. 확정).

사. 원고는 같은 해 10. 26.부터 용역회사를 통하여 이 사건 부동산의 경비 · 관리를 하게 하였다(ⓑ 구비).

아. 피고는 위 경매절차에서 매각허가결정을 받고 대금을 완납한 후 인도명령을 신청하였고, 이 인도명령(같은 해 11. 6.)은 즉시항고 기간의 도과로 확정되었다.

자. 원고는 이 사건 부동산을 점유하면서 위 인도명령의 집행력을 배제하기 위하여 피고를 상대로 청구이의의 소를 제기하였다.

2. 판시요지

위 판결은 "… 비록 원고가 이 사건 부동산의 일부에 현장사무실 등을 설치하고 건축자재를 쌓아놓은 채 이 사건 건물에 대한 공사를 진행하였으며, 이 사건 건물의 열쇠를 소지하고 있었다고 하더라도, 원고로서는 자신이 유치권자임을 내세워 현수막을 설치하고 그러한 취지의 안내문을 이 사건 건물 벽에 붙인 2006년 9월 말 이전에는 이 사건 부동산을 자신의 지배권 내에 두고 사실상 지배하는 등 이 사건 부동산을 점유하였다고 인정하기 어렵고, 2006. 9. 말경에 비로소 이 사건 부동산에 대한 점유권을 취득하였다고 인정된다. 결국 원고가 이 사건 부동산에 관한 압류의 효력이 발생한 2005. 12. 16. 이후인 2006년 9월 말경에 비로소 이 사건 부동산을 점유하게 된 이상 그 유치권을 내세워 경락인인 피고에게 대항할 수는 없다 …"고 설시하면서 원고의 청구를 기각한 제1심 판결을 수긍하였다.

위 판결은 'ⓐ 구비 ⇨ 경매개시결정등기 ⇨ ⓒ 구비 ⇨ ⓑ 구비' 등이 순차로 이루어진 사안에서, 현수막을 설치하고 안내문을 부착한 시점(ⓒ 구비 시점)에 점유를 취득하였다고 보았다.

그러나 점유취득 시점을 ⓑ 구비 시점으로 보든 ⓒ 구비 시점으로 보든 판결의 결론은 달라지지 않는다. 양자의 경우 모두 경매개시결정등기 후에 점유 및 유치권을 취득한 점에서는 동일하기 때문이다.

[점유 인정 — 공매절차]

서울중앙지법 2006. 9. 14. 선고 2006가단37074 판결

1. 사안개요

가. 피고는 2002. 10. 16. 서울 서초구 반포동 △△△ 지상 △△서래빌(지하 1층 지상 6층 18세대, 이하 '이 사건 공동주택'이라고 함) 신축공사의 수급인(甲)으로부터 인테리어공사(이하 '이 사건 공사'라고 함)를 20억 5천만 원에 하도급을 받았다.

나. 피고는 2003. 5. 31.경 이 사건 공사를 마쳤으나 공사대금을 지급받지 못하자(피담보채권 발생), 피고가 설치하여 보관 중이던 14세대의 현관 시정장치 및 내부 방실 열쇠를 甲에게 인도하지 않고 계속 보관하면서(ⓐ 구비), 2004. 5.경부터는 그 중 3개 세대에 피고의 직원들을 상주하게 하고(ⓑ 구비), 2004. 12.경부터는 위 14세대의 현관문에 피고가 위 각 세대에 대하여 유치권을 행사하고 있다는 내용의 경고문을 부착하였다(ⓒ 구비).[187]

다. 원고는 2005. 10. 20. 공매절차에서 위 14세대의 공동주택 중 1세대(이하 '이 사건 부동산'이라고 함)를 306,500,000원에 매수하여 같은 해 12. 22. 자기 명의로 소유권이전등기를 마쳤다.

라. 피고는 이 사건 부동산에 관하여 유치권을 주장하면서 2005. 12.경부터 피고의 직원으로 하여금 이 사건 부동산에 거주하게 하였다. 이 사건 부동산의 보증금 없는 월 임료는 4백만 원으로 평가되고 있다.

마. 원고는 피고를 상대로 이 사건 부동산의 인도를 구하는 소를 제기하였다.

---

187) 피고는 2003. 8. 19. 甲과 이 사건 공동주택 중 4세대(101호, 201호, 303호, 603호)를 분양하여 그 분양대금에서 이 사건 공사대금을 우선변제받거나 분양이 안 될 경우 이 사건 공사대금의 변제에 갈음하여 위 4세대의 소유권을 이전받기로 약정하였다. 원고는 이 약정을 유치권을 행사하지 않기로 하는 특약이라고 주장하였으나 배척되었다.

2. 판시요지

위 판결은 피고가 이 사건 부동산 현관 시정장치의 열쇠를 甲에게 인도하지 않고 계속 보관하기 시작한 2003. 5. 31.경부터 피고가 이 사건 부동산에 관하여 타인의 지배 가능성을 배제함으로써 이 사건 부동산을 점유하였다고 보았다.[188)]

요컨대, 'ⓐ 구비 ⇨ ⓑ 구비 ⇨ ⓒ 구비' 등이 순차로 이루어진 사안에서(기록상 분명하지는 않으나 ⓒ 구비 후에 공매절차가 개시된 것으로 추정됨) 유치권자의 점유를 인정한 것이다.

2. 유치권 행사의 표시(ⓒ)가 없어도 점유를 인정한 사례

하급심 판례 중에는 점유의 요소로서 유치권 행사의 표시(ⓒ)가 없어도 무방하다고 본 것이 있다.

[유치권 행사의 표시(ⓒ)가 없어도 점유를 인정한 사례] 서울북부지법 2007. 5. 16. 선고 2006나5633 판결은, 서울 동대문구 장안동 △△△ 소재 공동주택의 소유자인 원고가 그 건물의 인도를 구하면서 건물의 외관에 피고보조참가인(유치권주장자)이 유치권을 행사한다는 취지의 게시문이나 현수막을 붙이지 않은 경우에는 피고보조참가인의 점유를 인정할 수 없다고 주장한 데 대하여 "… 유치권은 법정담보물권으로서 채권자의 적법한 점유, 점유목적물과 채권과의 견련성 등 일정 요건만 구비하면 유치권 성립에 관한 별도의 의사표시 없이 당연히 성립하는 것이고, 이 때 채권자는 통상적인 점유를 계속하면 족하고 외관상 유치권에 의한 점유임을 따로 표시할 필요가 없다 …"라고 설시하면서 원고의

188) 위 판결의 주문은 아래와 같다.

1. 피고는 원고에게,

가. 甲으로부터 2,050,000,000원 및 이에 대한 2003. 6. 1.부터 위 금원의 지급 완료일까지 연 5%의 비율에 의한 금원을 지급받음과 동시에 원고에게 별지 목록 기재 부동산을 명도하고,

나. 2005. 12. 31.부터 별지 목록 기재 부동산의 인도 완료일까지 월 4,000,000원의 비율에 의한 금원을 지급하라.

2. 원고의 나머지 청구를 기각한다.

3. 소송비용 중 1/2은 원고의, 나머지는 피고의 각 부담으로 한다.

4. 제1항은 가집행할 수 있다.

청구를 인용한 제1심 판결을 취소하였다.

[유치권 행사의 표시(ⓒ)가 없어도 점유를 인정한 사례] 서울중앙지법 2016. 11. 18. 선고 2016가합523519 판결(확정)은, ① 시공사가 재건축아파트의 하자보수 및 입주관리의 대행을 위하여 대림 CS센터를 설치하였고, 입주관리 대행을 위하여 재건축아파트의 전세대의 카드키를 보관하고 있는데, 이는 피고의 업무를 대행하고 있는 것일 뿐이고, 피고의 직인이 날인된 입주증 및 열쇠불출증 없이 카드키를 임의로 제3자에게 이전하지 않은 점, ② 부동산현황조사 당시 대림 CS센터 직원들이 집행관에게 카드키를 제공하여 주었는데, 이는 현황조사에 협조하기 위하여 임시로 출입을 허용한 것일 뿐, 피고의 동의 없이 임의로 부동산의 점유를 이전하여 줄 의사로 한 것으로 볼 수 없는 점 등이 인정되는 경우에는, 부동산 내부에 사람이 있지 아니하였다거나 유치권 행사 중이라는 표식을 외부에 설치하지 않았다 하더라도 사실상 출입 통제권한을 가진 피고가 이 사건 부동산을 점유하였다고 인정하는 데에 방해가 되지 않는다고 판시하였다.

Ⅲ. 점유(점유개시)를 부정한 사례

판례는 일반적으로 'ⓐ 사물을 이용한 지배, ⓑ 사람에 의한 직접 지배, ⓒ 유치권 행사의 표시' 중 전부 또는 일부를 갖추지 못한 경우 점유 내지 점유개시를 인정하지 않는다.

[점유 부정] ㉮ 현황조사보고서에 이 사건 건물은 소유자 겸 채무자가 점유하고 있고 건축이 중단된 채로 방치되어 있다고 기재되어 있는 점, ㉯ 현황조사보고서에 첨부된 사진을 볼 때 이 사건 건물에서 상당히 떨어진 거리에 설치된 컨테이너 벽면에 유치권 행사 중임을 알리는 표시(유치권주장자의 연락처가 기재되어 있음)가 붙어 있을 뿐, 이 사건 건물의 외벽에는 유치권을 행사한다는 표시가 전혀 없는 점(ⓒ 결여), ㉰ 이 사건 건물의 출입문이 시정되거나 폐쇄되어 있지 않은 점(ⓐ 결여), ㉱ 건축주가 피신청인에게 이 사건 건물의 점유를 넘겨준 적이 없고, 피신청인은 건축주나 시공사로부터 이 사건 건물의 출입을 허락받았을 뿐인 점(ⓑ 결여) 등을 종합적으로 고려할 때 피신청인은 유치권에서 요구되는 정도의 점유를 하고 있었다고 보기 어렵다(춘천지법 2013. 5. 27. 2011라122).

㉮ 피신청인이 이 사건 토지의 진입로 일부에 유치권 행사 중이라는 현수막을 걸어두었을 뿐(ⓒ 불완전) 이 사건 토지에 수시로 방문하거나 사람을 상주시킨 바 없어 보이고(ⓑ 결여), 현황조사를 하는

집행관이 전화로 피신청인의 진술을 청취한 점,[189] ㉯ 이 사건 토지는 면적이 16,420㎡에 달하는 나대지인데 피신청인이 현수막을 걸어둔 곳은 이 사건 토지 중 2개 필지의 일부에 불과한 점(ⓒ 불완전), ㉰ 피신청인이 컨테이너를 이동하여 두고 돌무더기를 쌓아놓았음에도 이 사건 토지의 진입로를 완전히 막아둔 것이 아니어서 이 사건 토지에 출입하는 데 별다른 어려움이 없는 점(ⓐ 불완전), ㉱ 신청인이 2014. 2. 13. 위 컨테이너, 돌무더기, 현수막 등을 모두 철거하였는데 그 과정에서 피신청인이 아무런 저항이나 방해를 하지 않은 점 등에 비추어 보면, 사회통념상 이 사건 토지가 피신청인의 사실적 지배에 속한다고 보기 어렵다(의정부지법 2014. 4. 8. 2014라166).

부동산인도명령신청의 상대방이 사건 경매목적물(아파트 8세대)의 출입문 열쇠를 관리하면서 타인의 출입을 통제하였으나(ⓐ 구비), 이는 분양 및 입주세대의 경우 각 세대의 요청에 따라 석재가공 작업 등이 진행되고 있었고, 미분양 및 공가의 경우에는 그러한 공사 진행 및 하자보수공사 등을 대비하여 이 사건 아파트의 지하 사무실에 상대방의 직원이 왕래하면서 열쇠를 관리해 온 것일 뿐(ⓑⓒ 결여), 배타적으로 점유한 것으로는 보기 어렵다고 할 것이므로 사회통념상 상대방이 경매목적물 중 1104호실을 사실상 지배하고 있었다고 보기 어렵다(대구지법 2010. 7. 7. 2010라68).

['ⓐⓑ 불완전 구비, ⓒ 결여' 경우 점유 부정]
대법원 2008. 3. 27.자 2007마1602 결정

1. 사안개요

가. 경기 포천시 군내면 좌의리 △△△ 공장용지 및 그 지상의 공장건물 6개 동(이하 '이 사건 공장'이라고 함)에 관하여, 상대방(유치권주장자)은 공장건물에 관한 공사대금채권을 근거로 2006년 1월경 무단히 컨테이너 박스 1개를 이 사건 공장 정문 앞에 갖다 놓고 그 때부터 수시로 위 컨테이너 박스를 왕래하면서 관리하여 왔다(ⓐⓑ 불완전, ⓒ 결여).

나. 2006. 4. 28.자 **경매개시결정** 당시 이 사건 공장의 일부를 임차하여 공장으로 사용 · 관리하고 있던 甲은 처음 이를 제지하였다가 소유자와의 공사비 관계에 따른 문제이니 임차인은 개입하지 말라는 상대방의 반발 때문에 그 후 특별한 조치 없이 방치해 둔 채로 위 공장 운영을 계속해 왔다.

---

189) 기록에 의하면 피신청인(유치권주장자)은 이 사건 토지 중 일부에 토지소유자 소유의 컨테이너를 이동하여 두고 낮은 돌무더기를 쌓아놓았으며, 그 주위를 노끈으로 에워싸고 유치권 행사 중이라는 문구와 피신청인의 이름 · 연락처를 기재한 현수막을 몇 군데 걸어두었으며, 현황조사를 하는 집행관에게 그 토지를 점유하고 있다고 진술하였다.

다. 2006. 6. 28.자 집행관의 현황조사보고서 및 2007. 3. 27.자 매각물건명세서에는 이 사건 공장건물 중 소유자가 일부 사용하는 바동 1층 일부를 제외한 나머지 전부를 임차인 甲이 2005. 10.경부터 점유 · 사용 중인 것으로 기재되어 있다.

라. 신청인은 이 사건 경매절차에서 이 사건 부동산을 매수한 후 유치권을 주장하는 피신청인에 대하여 인도명령을 신청하였다

2. 판시요지

대법원은 피신청인이 공장건물에 관한 공사대금채권을 피담보채권으로 하는 유치권에 기하여 이를 점유하고 있는 사실이 인정된다는 이유를 들어 신청인의 항고를 기각한 원심 결정[190]에 대하여 "… 민법상 유치권 성립의 요건이 되는 물건에 대한 점유라고 함은 사회통념상 그 사람의 사실적 지배에 속한다고 보이는 객관적 관계에 있는 것을 말하는 것으로서, 반드시 물건을 물리적 · 현실적으로 지배하는 것만을 의미하는 것이 아니라 물건과 사람과의 시간 · 공간적 관계와 본권관계, 타인 지배의 배제 가능성 등을 고려하여 사회관념에 따라 합목적적으로 판단하여야[191] 할 것이지만, 그러한 사실적 지배에 속하는 객관적 관계가 있다고 하기 위해서는 적어도 타인의 간섭을 배제하는 면이 있어야 할 것이다(대법원 1974. 7. 16. 선고 73다923 판결, 대법원 2003. 7. 25. 선고 2002다34543 판결 등 참조). … 위와 같이 상대방이 이 사건 부동산에 대한 경매개시결정에 앞서 위 부동산에 취해 둔 조치만으로는 그 정당한 사용 · 관리자인 임차인 甲의 점유를 배제한 상대방의 점유가 개시되었다고 보기 어렵다 할 것이니, 그럼에도 위 점유사실의 유무에 관하여 분명히 밝혀보지 않은 채 항고를 기각한 원심결정은 심리를 다하지 않았거나 유치권자의 점유에 관한 법리를 오해한 위법이 있다 …"라고 판시하면서 파기 · 환송하였다.

환송 후의 항소심은 "… 그렇다면, 앞서 본 '점유'의 개념에 비추어 볼 때 임차인인 甲이 이 사건 부동산을 단독으로 점유하면서 공장건물 앞의 컨테이너의 존재를 용인하였다고 할 수 있을지언정, 피신청인이 임차인 甲의 점유를 배제한 상태에서 단독으로 또는 甲과 공동으로 이 사건 부동산을 점유하였다고 보기는 어렵고, 그러한 이상 유치권은 성립하지 않는다고 봄이 상당하고, 따라서 피신청인은 신청인에게 이 사건 부동산을 인도하여야 한다 …"고 판시하였다.[192]

---

190) 의정부지법 2007. 10. 18. 2007라158.

191) 대판 1996. 8. 23. 95다8713, 대판 2009. 9. 24. 2009다39530 등도 같은 취지의 판시를 하였다.

192) 의정부지법 2008. 8. 14. 2008라97. 이에 대하여 피신청인이 재항고하였으나 기각되었다(대결 2008. 9. 17. 2008마1315).

제3절 점유의 형태

Ⅰ. 개관

1. 서

유치권의 성립 · 존속요건인 민법 제320조 제1항의 '점유' 형태는 다양하다.

첫째, 유치권자의 직접점유가 이에 해당함은 물론이다. 단독점유이든 다른 채권자 등과의 공동점유이든 상관없다.

[다른 채권자와의 공동점유] 피신청인은 미지급 공사대금의 확보를 위하여 2010. 11.경부터는 이 사건 부동산 중 이 사건 공사 작업현장을 점유하다가, 2011. 5.경부터 인도명령신청 사건의 심문종결일 현재까지는 이 사건 부동산에 관한 다른 공사업자들과 함께 이 사건 부동산 전체를 점유하였다면 유치권의 성립에 지장이 없다(대전지법 2013. 2. 4. 2012라710).

둘째, 유치권자가 점유보조자{공사업체(유치권자) 직원 등}를 통하여 하는 점유(점유주로서의 점유)도 이에 해당한다. 이 경우에는 점유주(유치권자)만이 점유권이 있고, 따라서 인도청구 등의 피고적격이 있다. 그러나 점유보조자는 점유권과 피신청인적격이 없다. 한편, 점유보조자가 사망한 경우 그 점유는 그의 상속인에게 상속되지 않으므로 이로 인하여 유치권자는 점유(점유주로서의 점유)를 상실하게 된다.

[점유보조자 사망의 경우 유치권자의 점유상실] 피신청인이 부동산에 관한 공사대금채권을 가지고 유치권신고를 하면서 그의 직원 甲으로 하여금 부동산을 점유하게 하였더라도 그 후 직원 甲이 사망하였다면 그 때부터는 피신청인의 점유가 중단되었다고 볼 것이며, 망 甲의 처인 乙이 이 사건 부동산을 점유하고 있다는 사정만으로는 乙이 피신청인의 직원으로서 이 사건 부동산의 점유를 승계하였다고 보기 어려우므로, 피신청인은 유치권으로 매수인인 신청인에게 대항할 수 없다(부산지법 2009. 8. 17. 2009라477).

셋째, 유치권자가 직접점유자(점유매개자)[193]를 통하여 하는 간접점유도 이에 해당한다.[194] 이 경우 점유권은 직접점유자와 간접점유자(유치권자) 모두에게 인정되나, 인도청구 등의 피고적격은 직접점유자에게만 인정되고 간접점유자에게는 인정되지 않는다.

2. 간접점유의 요건

유치권자가 직접점유자(점유매개자)를 통하여 간접점유하는 경우 그의 점유가 유치권의 성립 · 존속요건인 점유로서 인정받기 위해서는 ① 직접점유자의 점유권은 간접점유자로부터 전래된 것이어야 하고, ② 간접점유자와 직접점유자 사이에는 점유매개관계가 존재하여야 하며, ③ 간접점유자는 직접점유자에 대해 반환청구권을 행사할 수 있어야 한다.[195]

[간접점유의 요건] 대전고법 2008. 5. 21. 선고 2007나11895 판결은 위와 같은 법리를 제시하면서, 유치권자가 직접점유자(점유매개자)를 통하여 간접점유하는 경우 유치권의 성립 · 존속요건인 점유로서 인정받기 위해서는 ① 직접점유자의 점유권은 간접점유자로부터 전래된 것이어야 하고, ② 간접점유자와 직접점유자 사이에는 점유매개관계가 존재하여야 하며, ③ 간접점유자는 직접점유자에 대해 반환청구권을 행사할 수 있어야 하는데, 공사대금을 지급받지 못한 甲이 유치권 행사를 위해 乙 소유의 건물(찜질방)을 직접점유하면서 乙로부터 임차한 丙의 찜질방 영업을 방해하자, 丙이 찜질방 영업을 계속하면서 甲을 위해 찜질방을 점유 · 관리해 주기로 甲과 약정하고, 이 약정에 기하여 甲이 경매개시결정등기 전부터 丙을 통하여 점유한 사안에서 甲은 간접점유의 요건을 갖추지 못하였다고 판시하였다.[196]

---

193) 수급인(유치권자)의 하수급인, 유치권자로부터의 임차인, 유치권자와 임대계약을 체결한 임차인 등.

194) 대판 2008. 4. 11. 2007다27236, 대판 2013. 10. 24. 2011다44788 등. 다만, 채무자의 직접점유를 통한 간접점유는 민법 제320조 제1항의 '점유'에 해당하지 않는다(대판 2008. 4. 11. 2007다27236 등).

195) 대전고법 2008. 5. 21. 2007나11895.

196) 甲이 상고하였으나 상고이유서를 제출하지 않아 기각되었다(대판 2008. 8. 22. 2008다42393).

[점유매개관계] 대법원 2012. 2. 23. 선고 2011다61424, 61431 판결은 "… 점유회수의 소에 있어서의 점유에는 직접점유뿐만 아니라 간접점유도 포함되는 것이기는 하나, 간접점유를 인정하기 위해서는 간접점유자와 직접점유를 하는 자 사이에 일정한 법률관계, 즉 점유매개관계가 필요하다. 이러한 점유매개관계는 직접점유자가 자신의 점유를 간접점유자의 반환청구권을 승인하면서 행사하는 경우에 인정된다 …"라는 법리를 판시하였다. 위 판결은, 甲 등이 乙 회사가 소유하는 건물의 정문과 후문 입구 등에 '甲 등이 점유 · 유치 중인 건물임. 관계자 외 출입을 금함'이라는 내용의 경고문을 부착하였는데, 그 중 건물 2층 일부는 甲 등이 직접점유하고 나머지 부분은 乙 회사와 임대차계약을 체결한 임차인 丙 등이 직접점유한 사안에서, 제반 사정에 비추어 임차 부분의 직접점유자인 丙 등에게 반환청구권을 갖는 자는 丙 등과 임대차계약을 체결하였던 乙 회사뿐이므로, 위 임대차계약은 甲 등과 丙 등 사이의 점유매개관계를 인정할 기초가 될 수 없는데도 甲 등이 乙 회사와 함께 건물 관리에 관여하였다는 사정 등을 들어 점유매개관계를 인정하면서 임차 부분에 관하여도 甲 등의 점유회수청구를 인용한 원심 판결에 간접점유의 성립요건인 점유매개관계에 관한 법리오해 등의 위법이 있다고 판시하였다.

II. 임차인 또는 사용차주를 통한 간접점유

유치권자는 임차인 또는 사용차주로 하여금 직접점유하게 함으로써 간접점유할 수 있는데, 이러한 간접점유도 유치권자의 점유에 해당함은 물론이다.

Ⅲ. 수임인 또는 하수급인을 통한 간접점유

유치권자는 수임인 또는 하수급인으로 하여금 직접점유하게 함으로써 간접점유할 수 있는데, 이러한 간접점유도 유치권자의 점유에 해당함은 물론이다.

[하수급인의 직접점유를 통한 간접점유] 대법원 2013. 10. 24. 선고 2011다44788 판결은 "… 민법 제320조에서 규정한 유치권의 성립요건이자 존속요건인 점유…에는 직접점유뿐만 아니라 간접점유도 포함된다 … ① 제1심 공동피고 삼보종합건설 주식회사(이하 '삼보종합건설'이라고 함)가 2005. 12. 9. 백남△으로부터 원심 판결 별지 목록 제2항 및 제6항 기재 건물(이하 '이 사건 호텔'이라고 함)의 신축공사를 수급하여 2006. 2. 14. 피고 김영△에게 그 중 토목공사 및 내부공사를 대금 11억 5,000만 원에 하도급 준 사실, ② 피고 김영△는 2006. 6. 하순경 하수급 공사를 완료함으로써 일부 수령한 대금을 뺀 9억 9,022만 원 상당의 하수급 공사대금채권을 가지게 된 사실, ③ 백남△은 이 사건 호텔의 완공 후 이를 인도받아 2006. 7. 14. 소유권보존등기를 마치고 숙박영업을 시작하였으나 삼보종합건설에 공사대금을 지급하지 못하였고, 삼보종합건설 역시 피고 김영△를 비롯한 하수급업체들에게 공사대금을 지급하지 못한 사실, ④ 이에 피고 김영△를 비롯한 삼보종합건설의 하수급업체들을 대표하여 황남△이 2006. 11. 17. 백남△으로부터 이 사건 호텔의 매매와 영업에 관한 권한 일체를 위임받은 사실, ⑤ 황남△은 2006. 11. 28. 하수급 채권자 정헌△에게 호텔영업을 맡겼다가 2007. 7. 말부터는 직접 이 사건 호텔을 운영하였고, 다시 2007. 12. 27.부터 주식회사 뉴광산업개발(이하 '뉴광산업개발'이라고 함)에게, 2010. 6.부터 최동△에게 각 호텔영업을 맡겼다가 2010. 10.부터는 영업을 중단하고 외부인의 출입을 통제하며 이 사건 호텔을 점유하고 있는 사실을 인정한 다음, 피고 김영△의 공사대금채권은 이 사건 호텔에 관하여 생긴 것이고, 피고 김영△는 삼보종합건설에 대한 하수급 채권자들로 구성된 채권단의 일원으로서 소유자인 백남△으로부터 2006. 11. 17. 이 사건 호텔의 점유를 이전받은 후 현재까지 채권단의 대표 황남△ 또는 황남△이 영업을 맡긴 정헌△, 뉴광산업개발, 최동△ 등을 통하여 이를 간접점유하고 있으므로, 이 사건 호텔에 관하여 위 공사대금채권을 피담보채권으로 하는 피고 김영△의 유치권이 존재한다고 판단하였다 … 원심이 위와 같은 사실인정을 기초로 피고 김영△가 이 사건 경매개시결정의 기입등기 이전인 2006. 11. 17. 소유자 백남△으로부터 이 사건 호텔의 점유 · 사용 · 처분 등에 관한 일체의 권리를 위임받은 후 황남△ 등을 통하여 이 사건 호텔을 간접점유함으로써 유치권의 성립요건을 충족하였다고 판단한 조치는 정당하고 …"라고 설시하였다.

Ⅳ. 채무자를 통한 간접점유

대법원 2008. 4. 11. 선고 2007다27236 판결은 "… 유치권의 성립요건이자 존속요건인 유치권자의 점유는 직접점유이든 간접점유이든 관계가 없으나, 다만 유치권은 목적물을 유치함으로써 채무자의 변제를 간접적으로 강제하는 것을 본체적 효력으로 하는 권리인 점 등에 비추어, 그 직접점유자가 채무자인 경우에는 유치권의 요건으로서의 점유에 해당하지 않는다 …"라고 판시하였다.

[채무자를 통한 간접점유의 불허]

대법원 2008. 4. 11. 선고 2007다27236 판결

1. 사안개요

가. 피고1은 1998. 1. 12.경 구△△와 사이에 남양주시 퇴계원면 퇴계원리 △△△△ 외 2필지 지상에 지하 2층, 지상 5층의 병원건물(이하 '이 사건 건물'이라고 함) 신축공사 도급계약을 체결하였다(총 공사대금 5,111,480,000원).

나. 피고2는 2002. 10. 21.경 구△△와 사이에 이 사건 건물 내부마감공사 도급계약을 체결하였다(총 공사대금 786,500,000원).

다. 이 사건 건물은 2003. 8. 중순경 완공되어, 같은 해 12. 30. 남양주시장으로부터 임시사용승인을 받았다.

라. 한국산업은행이 2004. 12. 20. 근저당권을 실행하기 위하여 이 사건 건물에 대하여 임의경매를 신청함에 따라 2004. 12. 27. 위 건물에 관하여 경매개시결정등기가 경료되었다.

마. 피고들은 2005. 1. 15. 위 법원에 유치권자로서 권리신고를 하였고, 원고는 경매절차에서 같은 해 10. 6. 위 건물을 낙찰받아 같은 해 11. 18. 원고 명의로 소유권이전등기를 경료하였다.

바. 피고들은 현재 이 사건 건물을 점유하고 있다.

사. 원고는 피고들을 상대로 이 사건 건물의 인도를 구하는 소를 제기하였다. 피고들은 이 사건 건물을 완공 당시부터 계속 점유하여 오고 있다가 2004. 12. 22. 구△△와 사이에 이 사건 건물에 관한 '건물관리 및 사용계약'을 체결하여 이 사건 건물을 구△△와 공동점유 또는 구△△를 통하여 간접점유함으로써 이 사건 건물에 대하여 위 공사대금채권을 피담보채권으로 하는 유치권을 갖게 되었으므로 위 공사대금을 지급받을 때까지 원고의 청구에 응할 수 없다고 항변하였다. 이에 대하여 원고

는 피고들이 이 사건 건물을 실질적으로 점유하기 시작한 것은 경매개시결정등기 후인 2005. 10. 15.경부터이므로 피고들은 원고에게 유치권을 주장할 수 없다고 주장하였다.

2. 판시요지

가. 제1심

의정부지법 2006. 7. 14. 선고 2005가합9484 판결은, ① 피고들의 직접점유는 경매개시결정등기(2004. 12. 27.) 후인 2005. 10. 15.경부터 시작되었고, ② 피고들은 구△△와 공동점유한 것이라고 볼 수 없으며, ③ 채무자를 통한 간접점유에 의해서는 유치권이 성립할 수 없다는 것을 이유로 피고들의 유치권 항변을 배척하면서 원고의 청구를 인용하였다(피고 항소).

나. 항소심

서울고법 2007. 4. 10. 선고 2006나79621 판결은, ① 피고들의 직접점유는 경매개시결정등기(2004. 12. 27.) 후인 2005. 10. 15.경부터 시작되었고, ② 피고들은 구△△와 공동점유한 것이라고 볼 수 없으나, ③ 채무자를 통한 간접점유에 의해서도 유치권을 취득할 수 있다는 것을 이유로 피고들의 유치권 항변을 인용하면서 제1심 판결을 취소하고 원고의 청구를 기각하였다(원고 상고).

다. 대법원

대법원 2008. 4. 11 선고 2007다27236 판결은, 유치권자의 점유는 직접점유이든 간접점유이든 관계없으나, 직접점유자가 채무자인 경우에는 유치권의 요건으로서의 점유에 해당하지 않는다고 선언하면서 원심 판결을 파기 · 환송하였다.

라. 환송 후 항소심

서울고법 2008. 6. 25. 선고 2008나42036 판결은 피고들의 항소를 기각(원고의 청구를 인용)함으로써 1심 판결과 동일한 취지의 판결을 하였다.

(1) 피고들의 건물인도의무

피고들은 특별한 사정이 없는 한 이 사건 건물의 소유자인 원고에게 위 건물을 인도할 의무가 있다.

(2) 피고들의 유치권 항변

첫째, ① 구△△의 며느리인 정△△이 2004. 4. 1.경부터 2005. 10. 15.경까지 구△△를 위하여 이 사건 건물을 관리하여 온 사실, ② 피고들은 2005. 1.경부터 이 사건 건물의 1층 또는 지하 1층에 유치권을 행사한다는 취지의 안내문을 부착하고, 같은 달 15. 이 사건 임의경매절차에서 유치권자로서 권리신고를 하는 한편, 피고들의 직원들이 가끔 이 사건 건물에 들러 지하 1층에 있는 총무과 사무실의 책상을 사용하기도 하였으나, 이 사건 건물에 상주하거나 위 건물을 관리하지는 아니한 사실, ③ 그 후 피고들은 2005. 10. 15.경 이 사건 건물 1층에 있는 사무실을 점유하는 한편 정△△으로부터 이 사건 건물의 열쇠를 교부받아 그 무렵부터 이 사건 건물의 출입을 통제하여 왔고, 그로 인하여 이 사건 건물에서의 병원영업도 2005. 10. 15.경부터 중단된 사실을 인정할 수 있는바, 위 인정사실에 의하면 피고들이 이 사건 건물을 직접 점유하기 시작한 것은 2005. 10. 15.경부터라 할 것이고(유치권 행사에 관한 단순한 안내문 부착이나 가끔 이 사건 건물에 들르기 시작한 것만으로는 이 사건 건물을 점유하였다고 하기에 부족하고, 설령 이를 점유로 본다 하더라도 그 시기가 2005. 1. 초순경으로서 이미 경매개시결정등기가 경료된 2004. 12. 27. 이후임), 이는 경매개시결정등기 이후이므로 피고들은 위 점유에 근거한 유치권을 내세워 이 사건 임의경매절차에서의 매수인인 원고에게 대항할 수 없다(<u>경매개시결정등기 후의 직접점유</u>).

둘째, 피고들이 2004. 12. 22.경 구△△와 사이에 이 사건 건물에 관하여 "① 이 사건 건물 시설의 관리 및 사용권한은 구△△가 피고들에게 공사대금 완불 시까지 피고들이 점유 및 사용하기로 하고, 임시사용승인을 하여 주기로 한다. ② 구△△는 피고들의 동의를 얻어 건물 일부를 사용할 수 있다. ③ 피고들은 이 사건 건물에 대한 강제집행 착수 시 유치권을 주장하여도 구△△는 어떠한 이의를 제기하지 않으며 피고들이 공사대금을 전액 수령할 수 있도록 협조한다."는 내용의 건물관리 및 사용계약을 체결한 사실을 인정할 수 있고, 그 후 피고들이 2005. 1.경부터 이 사건 건물의 1층 또는 지하 1층에 유치권을 행사한다는 취지의 안내문을 부착하고 피고들의 직원이 가끔 이 사건 건물에 들러 지하 1층에 있는 총무과 사무실의 책상을 사용하는 한편, 2005. 1. 15. 이 사건 임의경매절차에서 유치권자로서 신고한 사실은 위에서 본 바와 같으나, 위 각 인정사실만으로는 피고들이 위 건물관리 및 사용계약이 체결된 2004. 12. 22.경부터 구△△와 공동으로 이 사건 건물을 점유하여 왔다고 보기에 부족하고 달리 이를 인정할 만한 증거가 없으므로, 피고들이 이 사건 건물을 구△△와 공동으로 점유하였음을 전제로 한 유치권 주장은 이유 없다(채무자와의 공동점유 부정).

셋째, 유치권은 목적물을 유치함으로써 채무자의 변제를 간접적으로 강제하는 것을 본체적 효력으로 하는 권리인 점 등에 비추어, 그 직접점유자가 채무자인 경우에는 유치권의 요건으로서의 점유에 해당하지 않는다고 할 것이므로, 피고들이 구△△와 사이에 위 건물관리 및 사용계약을 체결함으로써 채무자인 구△△를 통하여 이 사건 건물을 간접점유하게 되었다 하더라도 그와 같은 방식의 간접점유에 의하여는 유치권이 성립되지 않는다 할 것이므로 이 부분 유치권 주장 역시 이유 없다(채무자를 통한 간접점유에 의한 유치권 성립 부정).

[채무자를 통한 간접점유의 불허] 유치권주장자가 건물 중 주방 맞은 편 방 1칸에 자신의 공구 등을 넣어두고 그 방문에 자물쇠를 채워놓았으나, 건물 내부에는 현재까지 채무자와 그 가족들이 거주하면서 위 방을 제외한 나머지 공간을 점유 · 사용하고 있고, 유치권주장자는 공구 등이 필요한 경우 가끔씩 건물을 방문하여 위 공구 등을 가져갔을 뿐 그곳에 지속적으로 거주하지 않은 경우에는 유치권주장자가 현재 이 사건 건물을 점유하고 있다고 보기 어렵다(대구지법 2010. 9. 8. 2010나9656).

[채무자를 통한 간접점유의 불허] 서울서부지법 2016. 5. 20. 선고 2015나33339 판결은 "… 피고(유치권주장자)는 이 사건 부동산[197]의 2층 대예배실 입구 출입문에 유치권을 행사한다는 내용의 안내문만을 부착하였을 뿐 이 사건 부동산 2층과 3층은 채무자 교회가 2014. 8.경부터 현재까지 일상적으로 사용하고 있고,[198] 이 사건 부동산 1층은 채무자 교회가 부설한 △△자연생태어린이집이 어린이를 모집하여 현재 어린이집으로 점유 · 사용하고 있는 사실이 인정된다. 이러한 유치권 행사에 관한 단순한 안내문 부착만으로는 피고가 이 사건 부동산을 점유하였다고 하기에 부족하고, 오히려 이 사건 부동산은 채무자 교회가 점유하고 있다고 봄이 상당하다. 설령 피고가 채무자 교회를 통해 이 사건 부동산을 간접점유한다 하더라도 피고의 공사대금 채무자인 채무자 교회가 이 사건 부동산을 직접점유하는 것은 유치권의 요건으로서의 점유에 해당되지 않는다. 이 사건 임의경매절차에서 신고한 피고의 유치권은 그 성립요건이자 존속요건인 이 사건 부동산에 대한 점유사실이 인정되지 아니하므로, 나머지 성립요건에 관하여는 더 나아가 살펴볼 필요도 없이, 존재하지 아니하고, 피고가 유치권을 주장하며 권리

197) 지상 3층 건물(1 · 2층 : 어린이집, 3층 : 교회).

198) 일요일에는 주일 낮예배 1 · 2 · 3부, 주일 찬양예배, 유초등부 예배, 영유아부 예배, 중고등부 예배, 청년부 예배 등으로 오전 5시부터 오후 2시 이후까지 사용하였다. 토요일에는 중고공부방, 악기강습으로 오후 3시부터 4시 이후까지 사용하였다. 수요일에는 수요 예배로 오후 7시 30분 이후 사용하였다. 금요일에는 금요기도회로 오후 9시 30분 이후 사용하였다. 그리고 매일 새벽 기도회로 새벽 5시 이후 사용하였다.

신고를 한 이상 원고가 그 부존재의 확인을 구할 소의 이익도 인정된다 …”라고 판시하였다.

[채무자를 통한 간접점유의 불허] 대구지법 경주지원 2016. 7. 22. 선고 2014가합2952 판결은 다음과 같은 경우에는 유치권주장자가 직접 또는 타인을 통하여 토지를 점유하고 있다는 사실을 인정하기 어렵다고 판시하였다.

가. 현황조사보고서에 채무자(소유자)가 점유하고 있는 것으로 기재되어 있을 뿐, 유치권을 주장하는 자가 있다거나 유치권을 주장하는 자가 점유하고 있다는 등의 내용은 전혀 기재되어 있지 않다.

나. 감정평가서에는 유치권을 주장하면서 점유 중인 사람이 있다는 사정이 기재되어 있지 않고, 유치권 행사 중이라는 현수막이 설치되어 있는 사진이 포함되어 있지 않다(피고가 제출한 사진상의 컨테이너 앞에 게시된 ‘보강토옹벽공사 유치권 실행 중’이라는 내용의 현수막은 이 사건 경매개시결정등기 이후에 설치된 것으로 보인다).

다. 컨테이너 내부는 사람이 숙식을 할 수 있는 제반 여건이 갖추어지지 않은 상태였고, 숙식을 하였다고 볼 만한 흔적도 없다.

라. 토지의 일부 공간에 있는 도서수거함 · 폐냉장고 · 창문 등은 이 사건 토지에 버려졌거나 방치된 것에 가까운 상태인 것으로 보일 뿐만 아니라, 그 적치된 면적도 이 사건 토지 중 극히 일부에 불과하다.

마. 약 2,400평이 넘는 이 사건 토지 중 약 70평 정도에 甲이 식재한 엄나무 약 10그루, 두릅나무 약 5그루 정도를 乙이 경작하였다. 이러한 사정만으로는 이 사건 토지가 사회통념상 甲 또는 乙의 사실적 지배에 속한다고 보이는 객관적인 관계에 있었다고 평가하기 어렵다.

바. 2016. 3. 28.경에는 아무 제지 없이 토지에 출입할 수 있었고(철재 차단막이 출입 도로 우측 부분에 설치되어 있으나, 토지 출입에 지장을 주는 시설로 보기는 어렵다), 컨테이너에 설치된 유치권 행사를 알리는 내용의 현수막도 이미 철거되어 존재하지 않았다.

[채무자를 통한 간접점유의 불허]
부산지법 2008. 7. 30.자 2008라49 결정

1. 소명사실

가. 甲 소유의 부산 해운대구 송정동 △△△ 소재 모텔 및 그 대지(이하 ‘이 사건 각 부동산’이라고 함)에 관하여 부산지방법원 동부지원 2003. 5. 12. 접수 제44237호로 채무자 甲, 채권자 A, 채권최고액 2,379,000,000원으로 하는 근저당권(이하 ‘이 사건 근저당권’이라고 함) 설정등기가 마쳐졌다.

나. 항고인(임차인) B는 2004. 6. 12. 甲으로부터 위 모텔을 보증금 400,000,000원, 차임 월 10,000,000원, 기간 2004. 6. 22.부터 2006. 6. 21.까지로 정하여 임차하기로 하는 임대차계약(이하 '이 사건 임대차계약'이라고 함)을 체결한 후 모텔을 운영하고 있다.

다. A는 이 사건 근저당권에 기하여 임의경매를 신청하여, 부산지방법원 동부지원 2006. 4. 26.자 2006타경8080호로 경매개시결정을 받아 경매절차가 진행되었고, 乙은 2007. 11. 27.자 매각허가결정에 따라 2007. 12. 26. 매각대금을 납부하였다.

라. 乙은 2008. 1. 3. B를 상대로 이 사건 각 부동산에 관한 인도명령을 신청하였고, 제1심 법원은 2008. 1. 4. B에 대하여 乙에게 이 사건 각 부동산을 인도할 것을 명하였다.

2. 항고이유의 요지 및 판단

가. 항고이유의 요지

(1) B는 이 사건 건물에 관하여 21,900,000원 상당의 각종 모텔설비를 시설하였으므로, 이 사건 각 부동산을 유치할 권리가 있다.

(2) 또한 B는 甲으로부터 모텔 리모델링 공사에 관한 일체의 권한을 위임받아 C1과 사이에 공사비를 350,000,000여 원으로 정하여 리모델링 공사 전반에 관한 도급계약을, C2와 사이에 공사비를 35,762,000원으로 정하여 배관 및 보일러공사 도급계약을 각 체결하여 C1과 C2가 공사를 완료하였음에도 공사대금을 지급하지 못하였고, 이에 B는 유치권자인 C1과 C2로부터 위임을 받아 유치권 행사를 위해 이 사건 각 부동산을 대신 점유하고 있으므로, 이 사건 각 부동산을 점유할 권원이 있다.

(3) 따라서 이 사건 인도명령신청을 받아들인 제1심 결정은 위법하다.

나. 판단

(1) 먼저, B가 이 사건 각 부동산에 관하여 유치권을 가지는지에 관하여 살피건대, 기록에 의하면, 이 사건 임대차계약서 5조에는 '임대차계약이 종료한 경우 임차인은 부동산을 원상으로 회복하여 임대인에게 반환한다'고 되어 있으므로, 이에 의하면, B가 임대인 甲에 대하여 필요비 및 유익비 상환청구권을 미리 포기한 것으로 봄이 상당하고, B가 이 사건 각 부동산에 필요비 또는 유익비를 지출하였다고 하더라도 甲에 대하여 필요비 또는 유익비 상환청구권을 행사할 수는 없으므로, 그와 같은 청구권을 전제로 한 B의 유치권 주장은 이유 없다(임차인 B의 비용상환청구권 포기).

(2) 다음으로, C1과 C2가 이 사건 각 부동산에 관하여 유치권을 가지는지에 관하여 살피건대, 유치권의 성립요건이자 존속요건인 유치권자의 점유는 직접점유이든 간접점유이든 관계가 없으나, 다만

유치권은 목적물을 유치함으로써 채무자의 변제를 간접적으로 강제하는 것을 본체적 효력으로 하는 권리인 점 등에 비추어, 그 직접점유자가 채무자인 경우에는 유치권의 요건으로서의 점유에 해당하지 않는바(대법원 2008. 4. 11. 선고 2007다27236 판결 참조), 기록에 의하면, 甲이 B에게 이 사건 건물에 대한 보수공사 일체를 위임하고 공사대금은 공사 완료 후 지급하기로 하는 내용의 위임장을 작성해 준 사실, B는 자신의 명의로 C1, C2와 각 공사계약(이하 '이 사건 각 공사계약'이라고 함)을 체결한 사실, B는 2006. 3. 2. C1에게 2006. 3. 30.까지 330,000,000원을 변제하겠다는 내용의 각서를 작성해 준 사실이 소명되는바, 비록 B가 甲으로부터 이 사건 건물에 대한 보수공사 일체를 위임받고 C1, C2와 이 사건 각 공사계약을 체결하였다고 하더라도, B 자신의 명의로 이 사건 각 공사계약을 체결한 이상, B가 C1과 C2에게 이 사건 각 공사계약에 따른 공사대금을 지급할 의무를 부담하므로(B가 甲으로부터 공사대금을 정산받는 것은 별론으로 한다), C1과 C2가 채무자인 B를 통하여 이 사건 건물을 간접점유하게 되었다고 하더라도 그와 같은 방식의 간접점유에 의해서는 유치권이 성립하지 않으므로, C1과 C2가 유치권자임을 전제로 하는 B의 이 부분 주장도 이유 없다(**채무자 B를 통한 유치권자 C1, C2의 간접점유의 불허**).

3. 결론

그렇다면 B의 이 사건 즉시항고는 이유 없으므로 이를 기각하기로 하여 주문(인도명령신청에 대한 즉시항고 기각)과 같이 결정한다.

제4장 불법행위에 의한 점유

Ⅰ. 서설

유치권(특히 민사유치권)이 성립 · 존속하려면 경매개시결정등기 전부터, 타인 소유의 부동산을 '점유'하여야 하고 또 그 부동산에 관한 채권이 발생하고 변제기가 도래하여야 한다.

유치권자가 점유하는 것으로 인정되기 위해서는 일반적으로 부동산에 관한 'ⓐ 사물을 이용한 지배, ⓑ 사람에 의한 직접 지배, ⓒ 유치권 행사의 표시'가 있어야 한다.

그런데 유치권자의 점유(ⓐⓑⓒ)는 경매개시결정등기 전에 갖추어 유치권의 항변을 할 때까지 유지하고 있어야 할 뿐만 아니라 '불법행위'로 인한 것이 아니어야 한다(민 § 320②).

건물 신축공사의 수급인이 공사대금채권을 확보하기 위하여 건물 완공 당시부터 계속 점유하면서 유치권을 행사하고 있다면, 수급인이 건물의 점유에 관하여 별도로 채무자 또는 소유자의 동의나 승낙을 받지 않았다 하더라도 그 점유는 불법행위로 인한 점유에 해당하지 않는다.[199)]

그러나 판례는 점유가 불법행위로 인한 것인지 여부의 판단기준(점유취득 원인행위의 적법성과 불법성의 경계)에 관하여 기준을 제시하지 않거나 추상적인 기준만을 제시한 채 사안을 해결하고 있다. 따라서 점유가 불법행위로 인한 것인지 여부를 판단하기 위해서는 판례의 취지에 관한 면밀한 분석이 필요하다.

[점유가 불법행위로 인한 경우] 대전지법 2006. 4. 6. 선고 2005나11204 판결은 민법 제320조 제2항의 '점유가 불법행위로 인한 경우'란 점유취득 행위 자체가 점유침탈이나 사기 · 강박으로 인한 경우

199) 서울서부지법 2012. 9. 5. 2011라146 참조.

에 한하지 않고, 점유권원이 없음을 알았거나 알 수 있었음에도 중대한 과실로 이를 알지 못한 경우를 포함한다고 설시하였다.

경매절차의 매수인 · 배당적격자가 점유물에 대한 필요비 · 유익비 상환청구권을 기초로 하는 유치권의 주장을 배척하려면 적어도 ① 점유가 불법행위로 인하여 개시되었거나(**점유침탈, 사기 · 강박 등에 의한 점유 등**), ② 점유자가 필요비 · 유익비를 지출할 당시 점유할 권원이 없음을 알았거나 중대한 과실로 알지 못하였다고 인정할 만한 사유(**점유권원의 부존재에 관한 고의 · 중과실 있는 점유**)를 주장하고 소명 · 증명하여야 한다(대판 1955. 12. 15. 4288민상136, 대판 1966. 6. 7. 66다600 · 601, 대판 2011. 12. 13. 2009다5162 등).

한편 유치권자의 점유는 스스로 직접점유자로서 점유하는 경우(㉮)뿐만 아니라, 점유보조자를 통하여 점유주로서 점유하는 경우(㉯)와 점유매개자(직접점유자)를 통하여 간접점유자로서 점유하는 경우(㉰)에도 인정되는데, 위 ㉮의 경우는 물론 위 ㉯㉰의 경우에도 불법점유인지 여부는 유치권자의 점유를 기준으로 판단한다.

II. 불법행위에 의하여 개시된 점유

점유가 불법행위로 인하여 개시된 경우에는 유치권이 성립하지 않는다. 즉, '점유개시 당시'에 점유할 권원이 없다는 것을 안 경우(점유권원의 부존재에 관한 점유개시 당시의 고의) 또는 중과실이나 경과실로 알지 못한 경우(점유권원의 부존재에 관한 점유개시 당시의 중과실 · 경과실)는 원시적 불법행위로 인한 점유로서 민법 제320조 제2항의 '불법행위'로 인한 점유에 해당한다. 점유개시 당시의 고의 · 중과실 · 경과실은 유치권주장자의 상대방이 증명하여야 한다.

따라서 점유침탈 또는 사기 · 강박 등에 의하여 점유를 취득 · 개시한 경우(원시적 불법행위로 점유를 개시한 경우)[200]에는 점유할 권원이 없다는 것을 알지 못하는 데 경과실

200) 이를 '무권원점유개시형' 불법점유라고 하기도 한다(이정배, "유치권자의 민사책임에 관한 연구", 법학박사

도 없다고 인정되는 예외적인 경우가 아닌 한 유치권이 성립하지 않는다.

[점유권원의 부존재에 관한 고의 있는 점유] 인도명령의 상대방이 교회의 담임목사로부터 사건 건물의 공사를 도급받아 수행하였으나 공사대금을 받지 못하자 위 담임목사로부터 사건 건물의 점유를 이전받아 유치권을 주장하고 있는 사안에서, 교회는 법인 아닌 사단으로서 법인이 아닌 사단의 재산은 그 구성원의 총유이고(민 §275①) 총유물의 관리 및 처분은 사원총회의 결의에 의하며(민 §276①) 각 사원은 정관 기타의 규약에 따라 총유물을 사용 · 수익할 수 있으므로(민 §276②) 교회 구성원들의 결의에 의하여 인도명령의 상대방이 사건 건물의 점유를 이전받았음을 인정할 자료가 없다면, 상대방이 교회의 담임목사 지위를 상실함으로써 대표자 지위를 상실한 자로부터 사건 건물의 점유를 이전받았고 상대방이 위 대표권 상실을 알고 있었던 이상(**점유권원의 부존재에 관한 고의 있는 점유**) 상대방의 점유는 위법하게 개시된 무단 점유이므로 유치권은 성립하지 않는다. 또한 담임목사가 2009. 10.경 대표권을 상실한 이후 후임 대표자가 선출될 때까지 사실상 사건 건물에 관한 관리자의 역할을 수행하였으므로 그로부터 건물의 점유개시를 승낙받았으므로 적법하다고 주장할 수 있으나, 설사 담임목사가 지위 상실 후 관리자의 지위를 유지하였다고 하더라도 그 관리권의 범위는 이 사건 건물의 현상유지 범위 내로 제한된다고 보아야 하고 건물에 관하여 유치권을 행사하고자 하는 상대방에게 그 점유를 이전할 권한까지 있다고 할 수 없다(대전지법 2012. 6. 7. 2011라514).

[원시적 불법행위(점유침탈)로 인한 점유개시] 인도명령의 상대방(유치권주장자)이 부동산의 전 소유자인 A 법인에 대해 공사대금채권을 가지고 있었고, 부동산은 2010. 5. 3.경부터 A 법인의 대표이사가 관리하여 왔는데(소유자의 점유), 상대방은 부동산에 대한 임의경매를 신청한 무렵인 2011. 8. 11.경 A 법인의 승낙 없이 부동산에 '유치권 행사 중'이라는 현수막을 설치하였고, A 법인과 사전 합의 없이 2011. 8. 20.경 부동산 내에 컨테이너를 설치하고 그 무렵 부동산에 무인경비시스템을 설치하였다면(유치권주장자의 점유침탈), 상대방은 부동산에 관한 점유를 개시할 당시 정당한 권원 없이 A 법인(소유자) 의사에 반하여 점유를 취득하였다고 할 것이므로 상대방의 유치권은 성립되지 않는다(대전지법 2012. 8. 13. 2012라371).

공사업자가 건축주의 부도로 공사대금채권의 변제를 받기가 어려워지자 그 채권을 지급받기 위해 목적 부동산에 잠금장치가 되어 있지 아니한 것을 이용하여 점유를 개시하였다고 자인하고 있고(유치권주장자의 점유침탈), 달리 공사업자가 건축주가 부도내기 전부터 목적 부동산을 점유하고 있었음을 인정할 만한 자료가 없다면, 그 공사업자는 점유개시 당시 점유할 권리가 없었다고 볼 수밖에 없으

학위논문, 성균관대학교(2010), 108~111; 能見善久 · 加藤新太郎, 論点体系 判例民法(第2版) 3, 第一法規(2013), 11~14 등 각 참조).

므로, 결국 공사업자의 점유는 불법점유에 해당하여 유치권이 성립하지 아니한다(서울고법 2007. 11. 20. 선고 2007나30722 판결).

대구고법 2006. 4. 26. 선고 2005나4643 판결은 원고(근저당권자)가 피고(유치권주장자)를 상대로 유치권부존재확인의 소를 제기한 사안에서 "… 피고 회사가 이 사건 담보목적물을 점유하였는지 여부에 대하여 살피건대, 망인(이 사건 부동산 소유자, 전△△의 부인)은 2000. 4.경 이 사건 온천장에 대한 공사가 완공되자 2000. 8.경부터 영업을 시작하였고, 망인의 사망 후 전△△(망인의 남편)가 이 사건 온천장을 운영하여 온 사실은 앞서 본 바와 같고(**소유자의 점유**) … 오△△(피고 회사의 대표이사)는 2004. 4. 21.경 김△△ 및 대구에 있는 경비업체의 직원 2명을 데리고 이 사건 온천장으로 침입하여 전△△의 승낙을 받지 아니한 채 '본 빙계온천은 유치권자가 점유 · 운영합니다'라는 내용의 현수막을 내걸고 그 무렵부터 이 사건 온천장의 소유자 겸 운영자인 전△△을 배제시킨 상태에서 온천영업을 개시한 사실을 인정할 수 있고(유치권주장자의 점유침탈), … 위 인정사실에 의하면 피고 회사의 이 사건 담보목적물에 대한 2004. 4. 21.경 점유취득은 불법행위로 인한 것이므로, 원고의 불법점유에 관한 주장은 이유 있다 …"라고 판시하였다.[201)]

Ⅲ. 비용지출 당시 점유권원의 부존재에 관한 고의 · 중과실이 있는 점유

'비용지출 당시'에 유치권주장자가 점유할 권원[202)]이 없다는 것을 알았거나 중대한 과실로 알지 못한 경우(비용지출 당시의 고의 · 중과실)는 원시적 또는 후발적 불법행위로 인한 점유로서 이러한 경우도 민법 제320조 제2항의 '불법행위'로 인한 점유에 해당한다. 비용지출 당시의 고의 · 중과실은 유치권주장자의 상대방이 증명하여야 한다.

201) 그러나 유치권자가 점유하고 있는 중에 피담보채권을 변제하겠다는 약속을 받고 소유자에게 인도하였는데 소유자가 이를 변제하지 않아 다시 점유한 경우에는 소유자의 승낙을 받지 않았다 하더라도 불법점유가 되지 않는다.

202) 물권적 권원(전세권 등)은 물론 채권적 권원을 포함한다. 채권적 권원은 계약관계(임대차 · 도급 · 위임 · 임치 등)는 물론 법정채권관계(사무관리 · 부당이득 · 불법행위)를 포함한다.

첫째, 점유할 권원이 점유개시 당시부터 없었던 경우(원시적 불법행위로 점유를 개시한 경우), 점유할 권원이 없다는 것을 점유개시 당시 알지 못한 데 경과실도 없었다 하더라도 이를 '비용지출 당시' 알았거나 중과실로 알지 못한 때에는 유치권이 성립하지 않는다.[203)]

둘째, 점유할 권원이 점유개시 당시에는 있었으나 점유개시 후에 상실된 경우(후발적 불법행위로 점유를 유지하는 경우),[204)] '비용지출 당시' 점유할 권원이 상실되었다는 것을 알았거나 중과실로 알지 못한 때에는 유치권이 성립하지 않는다. 예컨대, 임차건물에 관하여 임차인이 임대차가 종료되었다는 것을 경과실로 알지 못하고 지출한 비용(적법행위로 인한 점유 중에 지출한 비용)의 상환청구권을 피담보채권으로 하는 유치권은 성립하나, 임대차가 종료되었다는 것을 알았거나 중과실로 알지 못하고 지출한 비용(불법행위로 인한 점유 중에 지출한 비용)의 상환청구권을 피담보채권으로 하는 유치권은 성립하지 않는다.[205)]

[점유권원의 부존재에 관한 고의·중과실 있는 점유와 증명책임] 대법원 2011. 12. 13. 선고 2009다5162 판결은 "… 물건의 점유자는 소유의 의사로 선의, 평온 및 공연하게 점유한 것으로 추정되고 점유자가 점유물에 대하여 행사하는 권리는 적법하게 보유하는 것으로 추정된다(민법 제197조 제1항, 제200조). 따라서 점유물에 대한 필요비 및 유익비 상환청구권을 기초로 하는 유치권의 주장을 배척하려면 적어도 그 점유가 불법행위로 인하여 개시되었거나 점유자가 필요비 및 유익비를 지출할 당시 이를 점유할 권원이 없음을 알았거나 중대한 과실로 알지 못하였다고 인정할 만한 사유에 대한 상대방 당사자의 주장 · 입증이 있어야 한다(대법원 1966. 6. 7. 선고 66다600, 601 판결 등 참조)… "라고 판시하였다.[204)]

---

203) 그러나 이러한 경우에 해당하는 사례는 거의 없을 것이다. 점유침탈 또는 사기 · 강박 등 원시적 불법행위로 인한 점유는 특별한 사정이 없는 한 위 'Ⅱ'의 '불법행위(점유권원의 부존재에 관한 고의)에 의하여 개시된 점유'에 해당할 것이기 때문이다.

204) 적법행위에 의하여 개시된 점유를 불법행위에 의하여 유지하는 경우(적법행위로 인한 점유가 불법행위로 인한 점유로 전환된 경우)를 말한다. 이를 '권원상실형' 불법점유라고 하기도 한다{이정배, "유치권자의 민사책임에 관한 연구", 법학박사 학위논문, 성균관대학교(2010), 111~116; 能見善久 · 加藤新太郎, 論点体系 判例民法(第2版) 3, 第一法規(2013), 11~14 등 각 참조.}.

205) 한편, 임차건물에 관하여 임차인이 임대차 존속 중에 비용을 지출한 경우 그 비용의 상환채권을 피담보채권으로 하는 유치권은 당연히 성립할 수 있다.

Ⅳ. 불법행위에 의한 점유로 인정된 사례

[잠금장치 해체 및 새로운 잠금장치 설치에 의한 점유침탈]
부산지법 2014. 3. 21. 선고 2013라736 결정

1. 사안개요

가. A는 2007. 2. 13. 자신 소유의 부산 사상구 낙동대로 △△△번길 △△ 소재 △△빌라 가동 402호(이하 '이 사건 빌라'라고 함)에 관하여, 甲1에게 채권최고액 6,000만 원의 근저당권설정등기를 하여 주었다.

나. 乙1은 이 사건 빌라를 점유하여 유치권을 행사하던 중(**유치권주장자의 점유**) 이를 丙1에게 임대하였는데(**유치권주장자의 무단 임대에 의한 임차인의 점유회복**), 丙1은 2011. 6. 10. 부산지법 2010가단119186호 건물명도 사건에서 '이 사건 빌라에서 퇴거하라'는 판결을 받고, 2012. 3. 19.경 부산지법 집행관에 의해 이 사건 빌라에서 퇴거당하였다(**소유자의 점유회복**).

다. 그럼에도 불구하고, 乙1은 2012. 3. 하순경 이 사건 빌라의 현관 잠금장치를 임의로 해체하고 새로운 잠금장치를 설치하였으며(**유치권주장자의 점유침탈**), 2012. 4. 6. 丙2에게 이 사건 빌라를 다시 임대하였다(**유치권주장자의 무단 임대에 의한 임차인의 점유**).

라. 甲1은 2012. 4. 24. 위 근저당권자를 甲2로 변경하는 근저당권이전의 부기등기를 하였고, 甲2의 신청으로 2012. 5. 25. 이 사건 빌라에 관하여 임의경매절차가 개시되었다.

마. 乙1은 강제집행으로 명도된 이 사건 빌라를 위 '다'와 같이 丙2에게 다시 임대하는 방법으로 강제집행의 효용을 해하였다는 범죄사실로 2012. 11. 13. 부산지방법원 2012고정4650호 사건에서 벌금 300만 원의 형을 선고받았고, 이 판결은 그 무렵 확정되었다.

바. B는 위 '라'와 같이 개시된 경매절차에서 이 사건 빌라를 매수하여 2013. 7. 26. 매각대금을 납부한

---

206) 甲 교회 목사 A가 교인총회에서 소속 교단을 탈퇴하기로 결의하고 독립교회인 乙 교회를 설립한 후 종전 교회건물을 乙 교회가 점유 · 사용하고 있었는데, 甲 교회가 A를 비롯한 乙 교회 목사와 장로들을 상대로 교회건물 등에 대한 출입금지 등을 구한 사안에서, A 등이 乙 교회 구성원으로서 내부 규약 등에 정하여진 데 따라 준총유에 속하는 유치권의 유치물을 사용하는 것은, 법인이 아닌 사단의 구성원으로서 자신의 정당한 권능을 행사하는 것일 뿐만 아니라 유치물의 보존에 필요한 사용으로 허용되고, 이러한 사용에는 총유물의 관리 · 처분과 달리 사원총회의 결의를 요하지 않으므로, 필요비와 유익비 상환청구권에 기초한 乙 교회 유치권을 근거로 A 등이 甲 교회 청구에 대항할 수 있다고 한 사례.

후 소유권이전등기를 하였고, 2013. 9. 5. 이 사건 빌라를 점유하고 있는 乙2를 상대로 부산지방법원에 부동산인도명령신청을 하였다.

사. 제1심 법원은 2013. 9. 6. '乙2는 B에게 이 사건 빌라를 인도하라'라는 내용의 결정을 하였고, 乙2는 같은 해 10. 28. 즉시항고를 하였다.

2. 항고이유 요지

乙1은 이 사건 빌라에 근저당권이 설정되기 이전인 이 사건 빌라 완공 무렵부터 공사대금을 변제받기 위하여 이 사건 빌라를 관리해 오다가 乙2로 하여금 이를 대리 점유케 하였으므로, 乙2는 유치권자인 乙1의 점유보조자로서 이 사건 빌라를 점유하고 있는 것이므로 이 사건 신청을 인용한 제1심 결정은 부당하다고 주장하였다.

3. 판시요지

항고심은 아래와 같은 이유로 항고를 기각하였다.

첫째, 乙1은 이 사건 빌라를 점유하던 중 부산지방법원 집행관에 의한 퇴거집행으로 이 사건 빌라의 점유를 상실하였으므로 더 이상 이 사건 빌라에 관하여 유치권자임을 주장할 수 없다.

둘째, 乙1이 이 사건 빌라의 현관 잠금장치를 임의로 해체하고 새로운 잠금장치를 설치하여 그 점유를 회복하였다 하더라도 이는 불법행위(민법 제320조 제2항)로 인한 것이므로 이러한 점유회복으로 유치권이 회복된다고 볼 수도 없다.

따라서 乙1이 이 사건 빌라의 유치권자임을 전제로 그 점유보조자로서 이 사건 빌라를 점유할 권한이 있다는 乙2의 주장은 더 나아가 살필 필요 없이 이유 없다.

[건물 점유가 토지소유자에게 불법행위가 되는 경우] 대법원 1989. 2. 14. 선고 87다카3073 판결은, ㉮ 甲이 자기 소유의 토지 위에 단층 주택을 지으면서 공사비 등을 乙1과 乙2로부터 차용하였고(乙1에게는 위 토지에 관하여 1982. 2. 23. 근저당권설정등기를 하여 주었고, 乙2에게는 아무런 담보를 제공하지 않았음), ㉯ 甲이 행정당국의 허가 없이 1982. 12.경 착공하여 1983. 3.경 완공한 위 주택을 미등기 상태에서 乙2에게 대물변제조로 양도하여 乙2가 점유 · 사용하고 있으며, ㉰ 위 토지에 관한 경매절차에서 토지를 매수한 丙이 乙2를 상대로 건물철거 및 대지인도를 구한 사안에서, "… 건물철거는 그 소유권의 종국적 처분에 해당하는 사실행위이므로 원칙으로는 그 소유자(甲)에게만 그 철거처분권이 있다고 할 것이나, 미등기건물을 그 소유권의 원시취득자로부터 빚 대신 양도받아 점유 중에 있는

자(乙2)는 비록 등기부상의 소유권 취득에 관한 등기를 하지 못하고 있다 하더라도 그 권리의 범위 내에서는 점유 중인 건물에 대하여 법률상 또는 사실상 처분을 할 수 있는 지위에 있으므로 그 건물의 존재로 불법점유를 당하고 있는 토지소유자(丙)는 이와 같은 지위에 있는 건물점유자(乙2)에게 그 철거를 구할 수 있는 것[207] … 乙2가 甲에게 이 사건 건물에 관한 유치권이 있다 하여도 같은 건물의 존재와 점유가 토지소유자인 丙에게 불법행위가 되고 있는 이 사건에 있어서는 甲에 대한 유치권으로 丙에게 대항할 수 없는 것 …"이라고 판시하였다. 요컨대, 이 사건 건물은 그 대지에 관한 근저당권설정등기가 이루어진 후에 건축되었으므로 甲이 민법 제366조의 법정지상권을 취득할 수 없고, 그에 따라 甲으로부터 이 사건 건물을 양수한 乙2의 건물 점유는 불법행위가 되는 것이므로 乙2는 丙의 건물철거청구 및 대지인도청구에 응하여야 한다는 것이다.

[건물 점유가 토지소유자에게 불법행위가 되는 경우 대항력 있는 건물임차인에 대한 퇴거청구(적극)] 대법원 2010. 8. 19. 선고 2010다43801 판결은 "… 건물이 그 존립을 위한 토지사용권을 갖추지 못하여 토지의 소유자가 건물의 소유자에 대하여 당해 건물의 철거 및 그 대지의 인도를 청구할 수 있는 경우에라도 건물소유자가 아닌 사람이 건물을 점유하고 있다면 토지소유자는 그 건물 점유를 제거하지 아니하는 한 위의 건물철거 및 대지인도를 실행할 수 없다. 따라서 그 때 토지소유권은 위와 같은 점유에 의하여 그 원만한 실현을 방해당하고 있다고 할 것이므로, 토지소유자는 자신의 소유권에 기한 방해배제로서 건물점유자에 대하여 건물로부터의 퇴출을 청구할 수 있다고 할 것이다. 그리고 이는 건물점유자가 건물소유자로부터의 임차인으로서 그 건물임차권이 이른바 대항력을 가진다고 해서 달라지지 아니한다. 건물임차권의 대항력은 기본적으로 건물에 관한 것이고 토지를 목적으로 하는 것이 아니므로 이로써 토지소유권을 제약할 수 없고, 토지에 있는 건물에 대하여 대항력 있는 임차권이 존재한다고 하여도 이를 토지소유자에 대하여 대항할 수 있는 토지사용권이라고 할 수는 없다. 바꾸어 말하면, 건물에 관한 임차권이 대항력을 갖춘 후에 그 대지의 소유권을 취득한 사람은 민법 제622조 제

207) 타인의 토지 위에 건립된 건물로 인하여 그 토지의 소유권이 침해되는 경우 그 건물을 철거할 의무가 있는 사람은 ㉮ 그 물건의 소유자 또는 ㉯ 그 건물이 미등기건물인 때에는 이를 매수하여 법률상 · 사실상 처분할 수 있는 지위에 있는 사람이다(대판 1987. 11. 24. 87다카257 · 258). 甲이 건물을 신축하여 미등기인 채로 소유하여 오다가 사망 전에 장남(乙)에게 증여하고, 乙은 그 때부터 계속하여 건물의 일부는 자신이 직접 점유하고 나머지 부분은 다른 사람에게 임대하는 등 단독으로 이를 점유 · 관리해 온 것이라면, 乙은 건물의 양수인 · 점유자로서 이를 법률상 또는 사실상 처분할 수 있는 지위에 있어 위 건물로 인하여 대지소유자의 소유권이 침해되는 경우 건물철거의무를 지고, 위 건물에 관하여 뒤늦게 甲의 상속인들인 乙과 丙의 공동명의로 재산상속을 원인으로 하는 소유권보존등기가 경료되었다 하여 달리 볼 것은 아니다(대판 1993. 1. 26. 92다48963).

1항이나 주택임대차보호법 제3조 제1항 등에서 그 임차권의 대항을 받는 것으로 정하여진 '제3자'에 해당한다고 할 수 없는 것이다 …"라고 판시하였다.

V. 불법행위에 의한 점유로 인정되지 않은 사례

[대물변제약정에 의하여 점유한 경우] 피신청인이 대상 부동산의 소유자 A 건설과 공사대금채권을 대상 부동산 일부로 대물변제하기로 하는 사전 약정에 기하여 부동산의 점유를 취득하고 유치권을 주장한 사안에서 피신청인과 A 건설은 2008. 6. 16. 현금 9,700만 원이 지급되는 것을 조건으로 나머지 공사대금의 일부를 사건 각 아파트로 대물변제하기로 하는 등의 약정을 하였으나, 위 9,700만 원이 지급되지 않음으로써 위 약정이 무효가 된 경우, 피신청인이 이 사건 각 아파트에 대한 점유를 취득한 원인은 유효한 대물변제약정에 따른 것이었으므로, 사후적으로 그 대물변제약정의 효력이 없어졌다 하여 그것만으로 피신청인의 점유취득 원인이 소급적으로 불법이 되어 이미 취득한 유치권을 상실한다고 보기 어렵다(서울남부지법 2013. 11. 29. 2012라175).

[부적법하지 않은 방법으로 점유를 회복한 경우]
대법원 2002. 11. 26. 선고 2002다32721 판결

1. 사안개요 및 경과

가. 피고는 1989. 12. 18.경 △△기업으로부터 대전 중구 성남동 △△△ 외 5필지 상에 지상 18층, 지하 4층 규모의 △△△△오피스텔(이하 '오피스텔'이라고 함) 신축공사를 공사대금 15,226,200,000원(그 후 금 3,016,048,420원이 증액되었다)에 수급하여, 1992. 9. 2.경 공사를 마쳤고, 1992. 9. 18. 오피스텔에 관하여 △△기업 명의로 소유권보존등기가 되었다.

나. 그런데 피고는 △△기업으로부터 공사대금 중 계약금 및 중도금 일부와 기성고에 따라 지급받기로 한 공사잔대금을 지급받지 못하자, 1992. 2. 7.경 △△기업과 사이에 △△기업은 피고에게 금 4,502,521,724원의 분양미수금채권과 금 9,386,210,000원 상당의 미분양 사무실 분양대금에 관한 권리를 양도함과 아울러 미분양 사무실에 관한 분양권을 위임하되, 피고 및 △△기업 공동명의로 은행

계좌를 개설하여 그 계좌에 입금되는 분양대금으로 공사대금채무의 변제에 충당하기로 약정하였다.

다. 이에 따라, 피고는 오피스텔 405호실에 직원들을 상주시키고 그 직원들로 하여금 분양대금 수납업무와 이 사건 각 부동산을 포함한 미분양 사무실의 관리업무를 수행하도록 하면서, 수분양자가 피고에게 분양대금을 완납하면 해당 사무실을 수분양자에게 명도하여 왔다. 한편, 이와는 별도로 오피스텔 입주자들은 1993. 5.경부터 자치적으로 관리운영위원회(이하 '자치회'라고 함)를 조직한 다음 관리사무소를 설치하여 오피스텔을 관리하여 왔다. 그런데 오피스텔 405호실에 상주하는 피고의 직원들은 미분양 사무실의 열쇠를 가지고 있다가 퇴근 후 또는 분양신청인이 미분양 사무실의 내부를 보려고 하는 경우, 동파 등으로 인하여 분양된 다른 사무실까지 피해를 줄 우려가 있는 경우 등에는 자치회측 관리사무소 직원에게 종종 그 열쇠들을 맡겨 놓았었다.

라. 피고는 오피스텔에 관하여 △△기업의 대표이사인 이상△가 타인에게 근저당권을 설정해주는가 하면, 채권자들에 의하여 가압류가 되는 등으로 인하여 △△기업에 대한 공사대금채권을 변제받는데 어려움이 예상되자, 1995년 이전부터 오피스텔 중 미분양 부분에 관하여 피고가 유치권을 행사하고 있다는 내용의 안내문을 부착하였다. 그런데 이로 인하여 오피스텔의 가치가 하락할 것을 우려한 자치회측이 수회에 걸쳐 위 안내문을 피고 몰래 제거하여, 피고는 그 때마다 다시 안내문을 부착하고, 안내문을 제거하면 형사고발하겠다는 내용의 안내문까지 붙여 놓았었다.

마. 피고는 오피스텔 1303호를 경락받은 소외 이성△이 피고를 상대로 대전지방법원 95타기850호로 신청한 부동산인도명령신청 사건의 심문기일인 1995. 3. 23. 오피스텔의 완공일인 1992. 9. 2.부터 오피스텔 중 미분양 부분을 계속 점유하면서 △△기업에 대한 공사대금채권에 기한 유치권을 행사하여 오고 있으므로 인도명령에 응할 수 없다고 진술한 바 있다. 또한 피고는 이성△이 1995. 6.경 피고를 상대로 대전지방법원 95가단16018호로 제기한 건물명도청구소송에서 유치권 항변을 하면서 유치권을 행사한다는 취지의 안내문을 촬영한 영상을 증거로 제출하였는바, 위 법원은 피고의 위 유치권 항변을 받아들여 1996. 12. 15. 원고(이성△) 패소판결을 선고하였다.

바. 한편, 원고는 1997. 7. 29. 대전지방법원 96타경14173호 부동산임의경매 사건에서 이 사건 각 부동산을 낙찰받아 1997. 11. 20. 그 낙찰대금을 납입하고, 1998. 7. 23. 이 사건 각 부동산에 관하여 원고 명의로 소유권이전등기를 마쳤다.

사. 원고는 △△기업 등을 상대방으로 하여(피고는 상대방이 아니었음) 경매법원에서 인도명령을 받아 1998. 3.경 이 사건 건물 부분을 인도받았고, 건물 관리의 필요상 이 사건 건물 부분의 열쇠를 자치회측 관리사무소 직원(경비)인 소외 박세△에게 맡겨놓았다.

아. △△기업은 위 공사도급계약 체결 당시 피고와 사이에 미지급 공사대금에 대하여 연 19%의 지연손해금을 가산하여 지급하기로 약정하였는데, 2003. 4. 1. 현재 미지급된 공사대금 원리금은 공사대금 5,398,201,245원과 이에 대한 연 19%의 약정지연손해금 합계 금 18,788,198,034원에 이른다.

자. 원고는 위 건물을 명도하고, 41,113,698원 및 2004. 4. 5.부터 위 건물의 명도 시까지 매월 1,985,140원의 비율에 의한 돈을 지급하라는 소를 제기하였다.

2. 제1심 및 항소심 판시요지

대전지법 2001. 7. 11. 선고 99가합11742 판결은 청구를 기각하였고(원고 항소), 대전고법 2002. 5. 8. 선고 2001나5515 판결도 아래와 같은 이유로 원고의 항소를 기각하였다(원고 상고). 원고는 부당이득반환청구 부분은 상고하지 않았고(확정), 명도청구 부분만 상고하였다.

가. 유치권 포기 주장에 대하여

① 피고는 1989. 12. 23. 피고의 △△기업에 대한 공사대금채권을 담보하기 위하여 오피스텔 신축 부지에 관하여 피고 명의의 근저당권설정등기를 경료한 사실, ② 그런데 피고는 위 근저당권설정등기가 1996. 1. 24. 담당 공무원인 황성△의 착오로 말미암아 말소되는 바람에 위 부동산임의경매 사건의 배당절차에서 토지분 경락대금의 배당을 받지 못한 사실, ③ 이에 피고가 위 배당이의의 소를 제기하자, 황성△은 피고에게 공무원으로서 인사상 불이익을 피할 수 있도록 선처해 달라고 간청하였고, 피고는 황성△으로부터 위 근저당권설정등기가 말소되지 않았더라면 피고가 배당받을 수 있었던 약 금 15,000,000원 중 금 7,000,000원을 지급받기로 하고 나머지 금 8,000,000원을 포기하면서 배당이의의 소를 취하하고 별도로 배당금을 청구하거나 이의를 제기하지 않기로 합의를 한 사실 등을 인정할 수 있는바, 피고는 오피스텔 신축공사 부지의 경락대금 중 위 근저당권에 기하여 배당받을 수 있는 금액과 관련한 권리만을 포기한 것이라고 봄이 상당하고, 나아가 이로써 피고가 이 사건 건물 부분에 대한 유치권까지 포기하기로 하였다고 볼 수는 없으므로 원고의 위 주장은 이유 없다.

나. 불법점유로 인한 유치권 상실 주장에 대하여

① 원고가 신청한 인도명령신청의 상대방에는 피고가 포함되어 있지 않았을 뿐만 아니라 원고에게 대항할 수 있는 피고에 대하여는 인도명령의 효력이 미치지 않으므로, 피고는 인도명령의 집행으로 이 사건 건물 부분에 대하여 점유를 상실하였다거나 불법으로 점유하게 되었다고 볼 수 없다.

② 자치회측 관리사무소의 소장인 김성△은 피고의 직원으로부터 이 사건 건물 부분의 열쇠를 건네받아 보관하던 중, 1998. 3.경 자신이 이 사건 건물 부분을 경락받은 소유자라며 위 부동산인도명령서 등을 제시하는 원고로부터 위 열쇠를 넘겨줄 것을 요구받게 되자, 원고가 위 인도명령에 따라 이 사건 건물 부분을 인도받을 권리를 가지는 것으로 오인하고 관리사무소 경비인 박세△을 통하여 원고에게 위 열쇠를 넘겨준 사실, ③ 그 후 거주지가 서울인 원고는 편의상 위 열쇠를 다시 박세△에게 보관

시킨 사실, ④ 김성△은 1998. 6.경 피고의 직원들로부터 위 열쇠를 원고에게 넘겨준 것에 대한 항의를 받고, 다시 박세△에게 지시하여 피고에게 위 열쇠를 넘겨준 사실, ⑤ 원고는 1999. 1.경 피고의 직원인 황삼△에게 위 열쇠를 인도해 줄 것을 요구하였으나 황삼△ 등은 이를 거절한 사실, ⑥ 그 후에도 원, 피고 사이에 이 사건 건물 부분의 시정장치를 교체하는 등 이 사건 건물 부분의 관리문제를 둘러싸고 서로 다툼이 있었던 사실, ⑦ 피고가 직원들을 오피스텔에 상주시켜 오피스텔 중 이 사건 건물 부분을 포함한 미분양 사무실을 관리하고, 유치권을 행사하고 있다는 안내문을 부착하였던 사실 등을 인정할 수 있는바, 원고가 김성△으로부터 이 사건 건물 부분의 열쇠를 넘겨받은 사실만으로 피고가 이 사건 건물 부분에 대한 점유를 상실하였다고 보기 어려울 뿐만 아니라, 가사 원고가 위 열쇠를 보관함으로써 피고가 일시 그 점유를 상실하였다고 하더라도, 그 후 피고가 다시 김성△으로부터 위 열쇠를 넘겨받음으로써 이 사건 건물 부분의 점유를 회복하였고, 그 점유의 회복이 불법하다고 볼 수도 없는 이상(**적법한 점유회복**) 피고는 여전히 이 사건 건물 부분에 관한 유치권을 가지고 있다 할 것이어서 원고의 위 주장은 이유 없다.

다. 유치물의 임의 사용 등으로 인한 유치권 상실 주장에 대하여

① 자치회측은 관리소장 김성△의 책임 하에 1년에 3, 4회씩, 1회에 5~7일 정도 이 사건 건물 부분에 할인매장을 개설하여 사용한 사실, ② 자치회측은 피고가 그 직원을 상주시켜 사용하는 오피스텔 405호실에 대한 관리비를 납부하지 않는다는 이유로 피고에 대하여 이 사건 건물 부분을 할인매장으로 사용하여 그 이득금을 관리비에 충당하겠다고 통고한 적은 있으나, 이에 관하여 피고와 협의하거나 피고의 승낙을 얻은 바는 없는 반면, 원고가 이 사건 건물 부분을 경락받은 후에는 원고의 승낙 없이 할인매장으로 사용한 것에 대하여 사과하고 원고가 원할 경우 할인매장을 운영하여 얻은 수익금을 지급하겠다고 말한 사실은 인정되나, 위 인정사실만으로는 피고가 이 사건 건물 부분을 제3자에게 대여하였다고 보기에 부족하고, 달리 피고가 이 사건 건물 부분을 사용하거나 제3자에게 대여한 점을 인정할 만한 증거가 없으므로 원고의 위 주장은 이유 없다.

3. 대법원(파기 · 환송) 및 환송 후 항소심 판시요지

대법원 2002. 11. 26. 선고 2002다32721 판결은 유치권의 항변을 인용한 원심의 판단은 정당하나, 상환이행판결을 하지 않고 전부 기각판결을 하였다는 이유로 파기 · 환송하였다.

환송 후의 항소심인 대전고법 2003. 7. 10. 선고 2002나9903 판결은 원고가 환송 후의 항소심에서 상환이행을 구하지 않는다는 의사를 명백히 하여 동시이행을 명할 수 없다는 이유로 원고의 항소를 기각하였다.

[완공 당시부터 점유한 경우 소유자 승낙 불요]

서울서부지법 2012. 9. 5. 2011라146 결정

1. 기초사실

가. 피신청인의 공사대금채권

(1) △△△△종합건설 주식회사(수급인, 이하 '甲'이라고 함)는 △△토건주식회사(하수급인, 이하 '乙1'이라고 함)와 사이에, 자신이 도급받은 서울 서대문구 홍제동 283-36 외 2필지 지상 아파트 1동 36세대(이하 '이 사건 아파트'라고 함) 신축공사 중 부대토목공사(이하 '이 사건 공사'라고 함)를 공사대금 115,000,000원(부가가치세 별도)으로 정하여 乙1에 하도급하고, 목적물 인수일로부터 60일 이내의 기한으로 정한 지급기일까지 乙1에 공사대금을 지급하기로 하는 내용의 공사하도급계약(이하 '하도급계약'이라고 함)을 체결하였고, 乙1은 2008. 4. 3. 피신청인(乙2, 재하수급인)과 사이에 이 사건 공사를 공사대금 110,000,000원(부가가치세 별도)으로 정하여 피신청인에게 재하도급하되, 그 공사대금(기성금)은 甲이 직접 지급하기로 하는 내용의 공사재하도급계약(이하 '재하도급계약'이라고 함)을 체결하였다.

(2) 또한 甲은 2008. 4.경 피신청인과 사이에, 이 사건 공사와 관련한 추가공사(이하 '이 사건 추가공사'라고 함)를 공사대금 66,000,000원으로 정하여 피신청인에게 직접 하도급하기로 하는 공사하도급계약(이하 '추가 하도급계약'이라고 함)을 체결하였다.

(3) 피신청인은 2008. 11.경 이 사건 공사와 추가공사를 시행하였고, 이 사건 아파트에 관하여는 2008. 12. 11. 사용승인을 받았다.

나. 신청인의 근저당권 설정

신청인(근저당권자 겸 경매절차의 매수인)은 이 사건 아파트 중 별지 목록 기재 부동산(이하 '이 사건 부동산'이라고 함)의 매수인인 김기△에게 돈을 대출하면서, 그 담보로 2010. 5. 14. 이 사건 부동산에 관하여 근저당권설정등기를 경료하였고, 그 무렵 甲으로부터는 '이 사건 아파트의 시공업체로서 아파트 매매대금으로 모든 공사비를 정산함으로 시공한 공사에 대하여 유치권을 포기한다'는 내용의 유치권 포기 각서를 받았다.

다. 이 사건 부동산에 관한 경매절차의 진행

(1) 신청인은 위 근저당권에 기하여 서울서부지방법원 2010타경14946호로 이 사건 부동산에 관한 임의경매를 신청하여 2010. 9. 17. 위 법원으로부터 경매절차개시결정을 받았고, 같은 날 이 사건 부

동산에 관한 임의경매개시결정등기가 경료되었다.

(2) 위 경매절차에서 2010. 9. 30.자로 집행관에 의하여 작성된 현황조사보고서에는 '2010. 9. 29.과 2010. 9. 30. 2회에 걸쳐 현지출장 방법으로 조사하였는데, 폐문부재로 안내문을 남겨두고 왔으나 아무 연락이 없어 점유관계는 미상이고, 주민등록표 등본에 전입자로 나타나는 김진△를 일응 임차인으로 등재함'이라는 내용이 기재되어 있고, 2010. 10. 1.자로 감정인에 의하여 작성된 감정평가서에도 '감정 시 이해관계인의 부재로 내부구조 및 이용 상황은 건축물대장도면을 참조하여 외부관찰에 의하여 작성하였다'는 내용이 기재되어 있다.

(3) 피신청인은 2010. 10. 22. 위 경매법원에 이 사건 공사 및 추가공사 대금 181,495,000원의 채권에 기하여 이 사건 부동산을 점유함으로써 유치권을 행사하고 있다는 취지의 유치권신고서를 제출하였다.

(4) 신청인은 위 경매절차에서 2011. 4. 12. 이 사건 부동산에 관한 매각허가결정을 받고 2011. 5. 24. 그 매각대금을 완납하였다.

라. 이 사건 부동산인도명령의 신청과 이 사건 즉시항고

신청인은 2011. 6. 9. 서울서부지방법원 2011타기848호로 피신청인을 상대로 이 사건 부동산에 대한 인도명령을 신청하였으나, 피신청인은 이 사건 공사 및 추가공사로 인한 채권이 있고 이를 지급받기 위하여 위 임의경매절차가 개시되기 전부터 이 사건 부동산을 점유하고 있으므로, 이 사건 부동산에 관한 유치권이 있다고 주장하였고, 이에 대하여 제1심 법원은 2011. 7. 18. '피신청인이 신청인에게 대항할 수 있는 유치권에 의하여 이 사건 부동산을 점유하고 있는 것으로 인정된다'는 이유로 위 인도명령 신청을 기각하였으며, 신청인은 이에 불복하여 이 사건 즉시항고를 제기하였다.

2. 항고이유의 요지

가. 피신청인은 임의경매개시결정등기가 경료된 이후 비로소 이 사건 부동산을 점유하기 시작하였을 뿐만 아니라, 이 사건 부동산의 소유자나 원수급인인 甲의 의사에 반하여 위법하게 그 점유를 개시하였으므로, 신청인에게 유치권으로 대항할 수 없다.

나. 피신청인의 공사대금채권은 늦어도 추가 하도급계약에서 정한 공사기간 종료일인 2008. 9. 30. 그 변제기가 최종적으로 도래하였다고 할 것인데, 그로부터 민법 제163조 제3항에서 정한 3년의 기간이 경과함으로써 시효로 소멸하였다.

다. 원수급인인 甲이 신청인에 대하여 유치권을 포기한 이상, 하수급인 또는 재하수급인에 불과한 피신청인은 원수급인과 별도로 독립된 유치권을 취득하지도 못하고, 원수급인과 별개의 독자적인 유치권을 주장하는 것은 신의칙에 반하여 허용될 수 없다.

3. 판단

가. 피신청인의 점유에 관하여

(1) 건물의 신축공사를 한 수급인이 그 건물을 점유하고 있고 또 그 건물에 관하여 생긴 공사금 채권이 있다면, 수급인은 그 채권을 변제받을 때까지 건물을 유치할 권리가 있는 것이고(대법원 1995. 9. 15. 선고 95다16202, 16219 판결 등 참조), 건물의 신축공사 중 일부에 해당하는 공사를 한 하수급인이 하도급인에 대한 공사대금채권에 기하여 그 건물을 점유하고 있는 경우도 달리 볼 것은 아니다. 또한 유치권의 성립요건으로서 점유라고 함은 물건이 사회통념상 그 사람의 사실적 지배에 속한다고 보여지는 객관적 관계에 있는 것을 말하고 사실상의 지배가 있다고 하기 위하여는 반드시 물건을 물리적, 현실적으로 지배하는 것만을 의미하는 것이 아니고 물건과 사람과의 시간적, 공간적 관계와 본권관계, 타인 지배의 배제 가능성 등을 고려하여 사회관념에 따라 합목적적으로 판단하여야 한다(대법원 2009. 9. 24. 선고 2009다39530 판결 등 참조).

신청인은 피신청인이 현재 이 사건 부동산을 점유하고 있음을 전제로 이 사건 부동산인도명령을 신청하고 있고, 기록에 의하면, ① 피신청인을 비롯한 이 사건 아파트 신축공사의 하수급인들은 2009. 3.경 이미 자신들의 공사대금채권을 확보하기 위하여 채권단을 구성하고, 2009. 11.경부터는 각자 이 사건 아파트 중 일부 전유부분을 점유하고 있었던 사실, ② 피신청인도 2010. 3.경부터는 이 사건 부동산에 관한 관리비를 납부하여 오면서, 2010. 5. 24. 자신의 딸인 김진△ 명의로 이 사건 부동산에 전입신고를 마치기도 한 사실, ③ 또한 위 임의경매절차개시결정등기가 경료된 직후인 2010. 9. 29.경 이루어진 집행관과 감정인의 현장조사 당시, 이 사건 부동산의 출입문이 잠겨 있어 집행관과 감정인이 직접 그 내부를 확인하지도 못하였던 사실을 알 수 있는바, 위와 같은 사실을 종합하여 보면 피신청인이 위 임의경매절차개시결정등기 경료 전부터 이 사건 부동산의 출입문을 시정하고 그 출입을 통제하는 방법으로 타인의 지배를 배제하면서 배타적으로 이 사건 부동산을 지배하여 왔다는 사실이 일응 소명된 것으로 볼 수 있다(신청인이 제출한 소갑 제8호증의 기재는 위 소명에 방해되지 아니한다).

(2) 또한 유치권의 성립을 위하여 채무자 또는 소유자의 동의나 승낙을 받아야 하는 것은 아니고, 피신청인이 채무자나 소유자의 점유를 침탈하여 이 사건 부동산에 관한 점유를 개시하였다고 볼 자료도 없으므로, 신청인의 주장과 같이 피신청인이 채무자와 소유자의 의사에 반하여 이 사건 부동산을 점유하였다고 하더라도, 그와 같은 사정만으로 피신청인의 점유가 불법행위로 인한 것이라고 단정하기도 어렵다.

(3) 따라서 신청인의 위 제2의 가.항 주장은 받아들이지 아니한다.

나. 피담보채권의 소멸시효 완성 여부에 관하여

민법 제321조는 "유치권자는 채권 전부의 변제를 받을 때까지 유치물 전부에 대하여 그 권리를 행사할 수 있다"고 규정하고 있으므로, 피신청인의 이 사건 공사 및 추가공사 대금채권이 모두 소멸하지 않는 한, 피신청인으로서는 남아 있는 채권을 보전하기 위하여 이 사건 부동산에 대하여 유치권을 행사할 수 있는 것이다.

그런데 앞서 본 바와 같이 피신청인은 甲으로부터 이 사건 공사대금을 직접 지급받기로 하였고, 甲은 목적물 인수일로부터 60일 이내의 기한으로 정한 지급기일까지 그 공사대금을 지급하기로 약정하였으므로, 결국 피신청인의 이 사건 공사대금의 최종 변제기는 甲이 목적물을 인도받은 후 60일 이내의 기한으로 정한 지급기일에 도래한다고 할 것인데, 甲이 이 사건 부동산을 포함한 이 사건 아파트를 인도받은 일자를 특정할 자료가 없는 이상, 신청인이 주장하는 바와 같이 재하도급계약 및 추가 하도급계약에서 정한 공사기간이 도과하였다는 사정만으로 이 사건 공사 및 추가공사 대금채권의 변제기가 모두 도래하였다고 인정할 수 없다.

그뿐만 아니라 기록에 의하면, 피신청인은 2011. 4.경까지 甲에 수시로 기성 공사대금의 지급을 요청하였고, 이에 대하여 甲은 피신청인에게 수차례에 걸쳐 그 지급을 약속하기도 하였던 것으로 보이는바, 위와 같은 甲의 지급 약속은 민법 제168조 제3호에서 소멸시효 중단사유로 규정하고 있는 승인에 해당하므로, 설령 신청인의 주장과 같이 이 사건 공사 및 추가공사 대금채권의 변제기가 모두 도래하였다고 하더라도, 그로부터 3년이 경과함으로써 그 소멸시효가 모두 완성되었다고 단정하기도 어렵다.

따라서 신청인의 위 제2의 나.항 주장 역시 이유 없다.

다. 甲의 유치권 포기에 관하여

피신청인이 甲 등으로부터 이 사건 아파트 신축공사 중 일부를 하도급받아 이를 시공하고, 그 공사대금채권에 기하여 이 사건 부동산을 점유하고 있는 사실은 앞서 본 바와 같고, 피신청인이 甲을 위하여 이 사건 부동산을 점유하고 있다고 인정할 별다른 사정도 보이지 않는 이상, 피신청인은 甲과 별개로 이 사건 부동산에 관한 유치권을 주장할 수 있고, 甲이 신청인에 대하여 유치권을 포기하였다는 사정만으로 그 포기의 효력이 피신청인에게까지 미친다거나 신청인의 유치권 주장이 신의칙에 반한다고는 할 수 없다. 신청인의 제2의 다.항 주장도 받아들이지 아니한다.

4. 결 론

그렇다면 제1심 결정은 정당하므로 이 사건 항고는 이유 없어 이를 기각하기로 하여 주문과 같이 결정한다.[208)]

208) 신청인이 재항고하였으나 심리불속행 기각되었다(대결 2013. 1. 25. 2012마1580).

PART 04

「부동산에 관한 채권의 존재 및 변제기 도래」 관련

제1장 견련관계의 부존재

제1절 서설
— 유치권의 피담보채권과 그 불가분성

Ⅰ. 견련관계
— 피담보채권의 적격과 범위

민법 제320조 제1항은 '타인의 물건 또는 유가증권을 점유한 자는 그 물건이나 유가증권에 관하여 생긴 채권이 변제기에 있는 경우에는 변제를 받을 때까지 물건 또는 유가증권을 유치할 권리가 있다.'고 규정하고 있다(유치권의 내용). 민법 제321조 제1항은 '유치권자는 채권 전부의 변제를 받을 때까지 유치물 전부에 대하여 그 권리를 행사할 수 있다.'고 규정하고 있다(유치권의 불가분성).

즉, 부동산 유치권은 특정 부동산을 점유하고(점유) 그 부동산에 관하여 발생하여(견련관계) 변제기가 도래한 금전채권을 가지고 있는(변제기 도래) 채권자가 채권 전부를 변제받을 때까지 점유하고 있는 부동산의 각 부분의 인도를 거절할 수 있는(불가분성) 권리이다.[1)]

---

1) 이와 같이 유치권은 채권의 발생 및 변제기 도래라는 적극적 요건을 갖춘 경우 성립할 수 있다. 유치권은 채권의 발생 및 변제기 도래 시점이 점유취득 시점의 전인 경우는 물론 그 후인 경우에도 성립할 수 있다. 대법원 1965. 3. 30. 선고 64다1977 판결은 "… 원판결이 인용한 1심 판결 이유 설명에 의하면 소외 이△△가 피고 주장과 같은 본건 건물의 건축비에 관한 채권이 있다 하여도 동 채권은 피고의 주장 자체에 의하여 위 이△△가 점유 중 본건 건물에 관하여 생긴 채권이라고는 할 수 없다는 이유로 피고의 유치권 항변을 배척하여 유치권 성립의 요건으로서 물건의 점유와 채권에 관련이 있음을 필요로 하는 듯이 판단하였으나, 현행법상 유치권의 성립에는 채권자의 채권과 유치권의 목적인 물건과에 일정한 관련이 있으면 충분하고 물건 점유 이전에 그 물건에 관련하여 채권이 발생한 후 그 물건에 대하여 점유를 취득한 경우에도 그 채권자는 유치권으로써 보호되어

'부동산에 관하여 생긴 채권'인지 여부(채권과 목적물 사이의 견련성 내지 견련관계 유무)는 어떠한 채권이 유치권의 성립요건인 피담보채권이 될 수 있느냐 하는 피담보채권의 적격과 범위의 문제이다. 대부분의 판례는 법문의 내용을 그대로 인용하거나 공평의 원칙에 입각하여 판단하고 있을 뿐 견련관계의 구체적인 의미나 유형은 명시하지 않고 있다. 일부의 판례만이 '공평의 원칙에 특별히 반하지 않는 한, ① 채권이 목적물 자체로부터 발생한 경우 또는 ② 채권이 목적물 반환청구권과 동일한 법률관계 또는 사실관계에 의하여 발생한 경우 채권과 목적물 사이에 견련관계 내지 견련성이 인정된다'고 선언하고 있다.

[물건에 관하여 생긴 채권] 대법원 2007. 9. 7. 선고 2005다16942 판결은 "… 민법 제320조 제1항의 '그 물건에 관하여 생긴 채권'이라 함은, 위 유치권제도 본래의 취지인 공평의 원칙에 특별히 반하지 않는 한, 채권이 목적물 자체로부터 발생한 경우는 물론이고 채권이 목적물의 반환청구권과 동일한 법률관계나 사실관계로부터 발생한 경우도 포함한다 … "라고 판시하였다.[2)]

'부동산 자체로부터 발생한 채권'에는 부동산으로 인한 손해배상청구권 등이 있다.

'부동산 반환청구권과 동일한 법률관계 또는 사실관계로부터 발생한 채권'은 ㉮ 공사업자의 공사대금채권, ㉯ 임차인의 채권, ㉰ 기타의 채권자의 채권 등으로 나눌 수 있다. 실무상 주로 위 ㉮가 문제되고 있다.

구체적인 사례에 관하여는 뒤의 '제2절' 이하에서 살펴보기로 한다.

야 할 것임에도 불구하고 물건의 점유와 채권과에 관련 있음을 요하는 것으로 판단한 원판결에는 유치권 성립에 관한 법리를 오해한 위법이 있다 …"라고 판시하였다.

2) 서울북부지법 2005. 6. 29. 선고 2005나389 판결(확정), 대법원 2009. 3. 26. 선고 2008다34828 판결도 같은 취지의 판시를 하였다.

Ⅱ. 불가분성
— 피담보채권 등의 불가분성

1. 민법 제321조

유치권도 담보물권이므로 ㉮ 부종성, ㉯ 수반성, ㉰ 불가분성(민 §321)은 인정되나, 우선변제권이 없어[3] 물상대위성은 인정되지 않는다. 즉, 채권의 발생 · 존속은 유치권의 성립 · 존속요건이고(㉮), 피담보채권이 양도되면 유치권도 이전되는데(㉯) 이 때 피담보채권과 함께 목적물의 점유도 이전되어야 양수인은 유치권을 취득하게 된다.

민법 제321조는 '유치권의 불가분성'이라는 표제 하에 「유치권자는 채권 전부의 변제를 받을 때까지 유치물 전부에 대하여 그 권리를 행사할 수 있다.」고 규정하고 있다(㉰). 유치권의 불가분성은 '피담보채권의 불가분성'과 '유치적 효력이 미치는 목적물의 불가분성'으로 나눌 수 있다.

첫째, '유치적 효력이 미치는 목적물의 불가분성'은, 유치권자는 변제받을 채권이 조금이라도 남아 있는 한 유치하고 있는 부동산 전부의 인도를 거절할 수 있다는 것이다. 예컨대, 수급인이 다가구주택{총 9세대(101호~303호), 각 호의 공사대금은 1억 원으로 동일함} 신축공사를 완료하고 위 건물 전부를 점유하고 있는 경우, 수급인(유치권자)은 공사대금(총 9억 원) 중 일부(8억 원)를 변제받았다 하더라도 나머지 공사대금(1억 원)을 변제받을 때까지 점유하고 있는 건물 중 일부(1가구)가 아니라 전부(9가구)의 인도를 거절할 수 있다는 것이다. 이는 공사대금의 일부만을 변제받은 경우에 관한 설명이다.

둘째, '피담보채권의 불가분성'은, 채권과 견련관계가 있는 '1개의 부동산' 중 일부 또는 '수개의 부동산(구분건물)' 중 일부 부동산(구분건물)을 점유하더라도 1개의 부동산 전부 또는 수개의 부동산(구분건물) 전부에 관하여 발생한 채권 전부가 피담보채권이 될 수 있다는 것을 의미한다. 대법원 2007. 9. 7. 선고 2005다16942 판결은 '유치물[4]은 그 각

3) 다만, 채무자 회생 및 파산에 관한 법률 제411조에 의하면 유치권에 관하여 별제권이 인정된다.

부분으로써 피담보채권의 전부를 담보하며, 이러한 유치권의 불가분성은 그 목적물이 분할 가능하거나 수개의 물건인 경우에도 적용된다'고 설시하였다. 예컨대, 수급인이 다가구주택{총 9세대(101호~303호), 각 호의 공사대금은 1억 원으로 동일함} 신축공사를 완료하고 그 중 한 가구(101호)만을 점유하더라도, 수급인(유치권자)은 1억 원이 아니라 9억 원을 변제받을 때까지 위 101호의 인도를 거절할 수 있다는 것이다.[5] 뒤의 '2' 및 '3'은 이러한 의미의 불가분성에 관한 설명이다(다만, 뒤의 '4' 및 '5'는 불가분성에 관한 문제는 아님).

'부동산'의 불가분성	유치권자는 변제받을 채권이 조금이라도 남아 있는 한 점유 중인 부동산 전부의 인도를 거절할 수 있다.
'채권'의 불가분성	채권과 견련관계가 있는 '1개의 부동산' 중 일부를 점유하더라도, 1개의 부동산 전부에 관하여 발생한 채권 전부가 피담보채권이 될 수 있다.
	채권과 견련관계가 있는 '수개의 부동산(구분건물)' 중 일부 부동산(구분건물)을 점유하더라도, 수개의 부동산(구분건물) 전부에 관하여 발생한 채권 전부가 피담보채권이 될 수 있다.

2. 채권과 견련관계가 있는 '수개의 부동산' 중 일부 부동산만을 점유하는 경우

가. 원칙 : **유치권의 객체는 일부이나, 피담보채권은 전부에 관한 채권**

수개의 부동산에 관한 금전채권자가 그 중 특정 부동산[6]만을 점유하고 있는 경우에는 그 특정 부동산뿐만 아니라 수개의 부동산 전부에 관하여 발생한 채권 전부가 피담보

---

4) 여기서 '유치물'은 문장의 맥락에 비추어 볼 때 '1개의 부동산 전부'를 지칭하는 것으로 보인다.

5) 뒤의 '3' 참조.

6) 수 필지의 토지 중 특정 필지의 토지, 수개의 일반건물 중 특정 일반건물, 집합건물 중 특정 구분건물 등을 말한다.

채권이 될 수 있다.

대법원 2007. 9. 7. 선고 2005다16942 판결은 다세대주택(56세대)의 창호 등의 공사를 완성한 하수급인이 공사대금채권 잔액을 변제받기 위하여 위 다세대주택 중 한 세대(301호)를 점유하여 유치권을 행사하는 경우, 그 유치권은 위 한 세대(301호)에 대하여 시행한 공사대금만이 아니라 다세대주택 전부(56세대)에 관하여 발생한 공사대금채권 전부를 피담보채권으로 하여 성립한다고 보았다.[7] 즉, 유치권의 객체는 일부(1세대)이나, 유치권의 피담보채권은 전부(56세대)에 관하여 발생한 채권이다.

[채권과 견련관계 있는 '56개 부동산' 중 1개 부동산만 점유한 경우]
대법원 2007. 9. 7. 선고 2005다16942 판결

1 사안개요

가. 서울 은평구 갈현1동 △△△ 외 4필지(X1~X5)의 소유자를 대표하는 甲은 2002. 2. 1. 乙에게 위 각 대지상에 7동의 다세대주택(총 56세대)을 재건축하는 공사(이하 '이 사건 재건축공사'라고 함)를 도급주었다.

나. 피고는 2002. 7.경 乙로부터 이 사건 재건축공사 중 창호와 기타 잡철 부분공사(이하 '이 사건 공사'라고 함)를 하도급받았다. 공사대금은 현금으로 50%, 완공된 주택으로 50%를 지급받기로 약정(이하 '이 사건 공사도급약정'이라고 함)하였다.

다. 피고는 2003. 5.경 이 사건 공사를 완료하였는데, 당시까지 乙로부터 지급받은 공사대금은 110,000,000원이었고, 乙은 2003. 6. 19.경 피고와 사이에 나머지 공사대금의 지급과 관련하여 위 X1~5에 인접한 다른 토지(X6) 지상에 신축된 빌라 302호 등을 피고에게 양도하기로 약정하였으나, 그 후 피고가 위 302호 등의 소유권을 취득한 적은 없다.

라. 원고는 2003. 4. 25. 위 X4 지상에 신축된 주택 중 301호(이하 '이 사건 301호'라고 함)에 관하여 이영△ 등과 공유로 소유권보존등기를 마쳤다가, 2003. 12. 3. 다른 공유자들의 지분을 모두 이전받아 이를 단독소유하게 되었다.

---

7) 위 판결에 대한 평석에 문광섭, "유치권의 피담보채권의 범위 —채권과 물건 간의 견련관계 및 유치권의 불가분성과 관련하여—", 대법원판례해설(71), 법원도서관(2008), 120~157; 장건 · 이성근 · 서진형, "집합건물의 일부를 점유한 유치권의 불가분성에 관한 연구 —대법원 2007. 9. 7. 2005다16942 판결을 중심으로—", 집합건물법학(14), 한국집합건물법학회(2015), 57~78.

마. 그런데 피고는 乙로부터 총 공사대금 267,387,000원 중 157,387,000원을 지급받지 못하게 되자 2003. 5. 11.경부터 이 사건 301호를 점유하기 시작하였다. 이 사건 301호에 대한 공사대금은 3,542,263원이다.

바. 피고는 일부 주택(이 사건 301호 포함)의 하자보수 요청을 받고 그 열쇠를 분양사무소 실장으로부터 교부받았는데, 이러한 연유로 피고는 이 사건 301호를 점유할 수 있었다.

사. 피고는 2003. 5. 13. 이 사건 재건축조합장인 甲에게 공사대금채권에 기하여 이 사건 301호를 포함한 7세대의 주택에 대하여 유치권을 행사한다는 통지를 하였으며, 그 후 피고는 나머지 주택에 대한 점유는 상실하고 2007. 12. 6. 현재 이 사건 301호만을 점유하고 있다.

아. 원고는 피고를 상대로 이 사건 301호의 인도와, 2003. 5. 20.부터 이 사건 301호의 인도일까지 매월 75만 원의 비율로 계산한 돈의 지급을 구하는 소를 제기하였다.

2 판시요지

가. 제1심 및 항소심 판결

제1심은 원고의 청구를 기각하였으나(원고 항소),[8] 항소심은 피고에 대하여 금 3,542,263원(이 사건 301호의 공사대금)을 지급받음과 동시에 원고에게 이 사건 301호를 인도하라는 판결을 하고(유치권 항변 인용), 나머지 청구를 기각하였다(금원청구 기각).[9] 항소심 판결의 요지는 아래와 같다.

첫째, 인도청구 부분에 대하여는, 대물변제약정이 있었다 하더라도 그것이 현실로 이행되지 않았으므로, 피고의 乙에 대한 공사대금채권이 소멸되었다거나 대물변제받기로 한 부동산에 대한 인도청구권 내지 소유권이전등기청구권으로 전환되었다고 볼 수 없는 점, 피고가 불법하게 이 사건 301호를 점유하였다고 볼 수 없는 점 등을 이유로 유치권의 항변을 인용하였다(상환이행판결).

둘째, **유치권 행사의 범위**에 관하여는, 특정한 물건을 점유하고 있는 사람은 그 특정한 물건에 관하여 생긴 채권에 대하여만 유치권을 행사할 수 있는 것으로 해석되는데, 이 사건 301호는 다른 55세대의 주택과는 구별되어 독립한 소유권의 객체가 되는 특정한 부동산이라는 이유로 피담보채권을 157,387,000원이 아니라 3,542,263원이라고 판단하였다.

셋째, 금원청구 부분에 대하여는, 피고는 적법한 점유권원인 유치권에 기하여 이 사건 301호를 점유하고 있는 점, 피고가 이 사건 301호를 사용·수익함으로써 실질적으로 이득을 얻었다는 점을 인정

8) 서울서부지법 2004. 5. 20. 2003가단37689.

9) 서울서부지법 2005. 2. 17. 2004나1664.

할 증거가 없다는 점 등을 이유로 원고의 금원청구(손해배상금청구 또는 부당이득금반환청구)를 배척하였다.

이에 대하여 피고가 상고하였다.

나. 대법원 판결

(1) 전제 법리

먼저, 위 대법원 2007. 9. 7. 선고 2005다16942 판결은 "… 민법 제320조 제1항의 '그 물건에 관하여 생긴 채권'이라 함은, 위 유치권제도 본래의 취지인 공평의 원칙에 특별히 반하지 않는 한, 채권이 목적물 자체로부터 발생한 경우는 물론이고 채권이 목적물의 반환청구권과 동일한 법률관계나 사실관계로부터 발생한 경우도 포함한다[10] … 민법 제321조는 '유치권자는 채권 전부의 변제를 받을 때까지 유치물 전부에 대하여 그 권리를 행사할 수 있다.'고 규정하고 있으므로, 유치물은 그 각 부분으로써 피담보채권의 전부를 담보한다고 할 것이며, 이와 같은 유치권의 불가분성은 그 목적물이 분할 가능하거나 수개의 물건인 경우에도 적용된다 …"라는 법리를 설시하였다.

(2) 사안 해결

또한 위 판결은 위와 같은 채권과 목적물의 견련관계 및 유치권의 불가분성에 관한 법리를 전제로, "… ① 이 사건 공사계약은 위 다세대주택에 대한 재건축공사 중 창호와 기타 잡철 부분을 일괄적으로 하도급한 하나의 공사계약임을 알 수 있고 … ② 이 사건 공사계약 당시 공사대금은 구분건물의 각 동 호수 별로 구분하여 지급하기로 한 것이 아니라 이 사건 공사 전부에 대하여 일률적으로 지급하기로 약정되어 있었고, 그 공사에는 각 구분건물에 대한 창호, 방화문 등뿐만 아니라 공유부분인 각 동의 현관, 계단 부분에 대한 공사 등이 포함되어 있으며, ③ 乙이 피고에게 이 사건 공사대금 중 일부를 지급한 것도 특정 구분건물에 관한 공사대금만을 따로 지급한 것이 아니라 이 사건 공사의 목적물 전체에 관하여 지급하였다 … 이와 같이 이 사건 공사의 공사대금이 각 구분건물에 관한 공사 부분별로 개별적으로 정해졌거나 처음부터 각 구분건물이 각각 별개의 공사대금채권을 담보하였던 것으로 볼 수 없는 이상, 피고가 乙에 대하여 가지는 이 사건 공사 목적물(7동의 다세대주택) 전체에 관한 공사대금채권은 피고와 乙 사이의 하도급계약이라는 하나의 법률관계에 의하여 생긴 것으로서 그 공사대금채권 전부와 공사 목적물 전체 사이에는 견련관계가 있다 … 피고가 2003. 5.경 이 사건 공사의 목적물 전체에 대한 공사를 완성하여 이를 점유하다가, 현재 나머지 목적물에 대하여는 점유를 상실하고 이 사건

10) 대판 2009. 3. 26. 선고 2008다34828 판결도 같은 법리를 설시하였다.

주택(301호)만을 점유하고 있다고 하더라도, 유치물은 그 각 부분으로써 피담보채권의 전부를 담보한다고 하는 유치권의 불가분성에 의하여 이 사건 주택(301호)은 이 사건 공사로 인한 공사대금채권 잔액 157,387,000원 전부를 담보하는 것으로 보아야 할 것이고, 그렇게 보는 것이 우리 민법상 공평의 견지에서 채권자의 채권확보를 목적으로 법정담보물권으로서의 유치권제도를 둔 취지에도 부합한다고 할 것이다 …"라는 이유로, 나머지 상고이유에 대한 판단 없이 원심 판결 중 피고 패소 부분을 파기 · 환송하였다.

다. 환송 후 항고심 판결

환송 후 항소심은 제1심 판결 중 인도청구 부분을 '피고는 乙로부터 157,387,000원을 지급받음과 상환으로 원고에게 이 사건 301호를 인도하라'로 변경하고, 금원청구 부분을 기각하였다.[11)]

이에 대하여 원고가 상고하였다.

라. 대법원 판결

대법원 2008. 5. 15. 선고 2008다12712 판결은 심리불속행 기각하였다.

나. 예외 : **합의에 의한 피담보채권 범위의 제한**

수개의 부동산에 관한 금전채권자가 그 전부 또는 일부 부동산을 점유하고 있는 경우 유치권의 피담보채권은 수개의 부동산 전부에 관하여 발생한 채권인 것이 원칙이나, 사적자치의 원칙상 당사자 간의 합의로 유치권의 피담보채권의 범위를 일부 부동산에 관하여 발생한 채권으로 제한할 수 있다.

[합의에 의한 피담보채권 범위의 제한] 서울고법 2010. 12. 2. 선고 2009나70205 판결은 서울 송파구 송파동 △△△ 지상의 △△아파트(1개 동)에 관한 공사대금채권자가 그 중 2002호만을 점유하면서 유치권의 항변을 한 사안에서 "…유치권은 당사자 사이의 합의에 의하여 얼마든지 포기할 수 있으

11) 서울서부지법 2007. 12. 27. 2007나7106.

므로 채권 발생이 여러 개의 물건과 사이에 견련관계가 있다고 하더라도 당사자 사이에 그 특정한 물건(2002호)에 관하여 직접 관련되어 발생한 채권에 한하여 유치권을 행사하기로 명시적 또는 묵시적으로 합의한 경우에는 유치권의 행사는 그 범위로 제한된다 …"라고 판시하였다.[12)]

3. 채권과 견련관계가 있는 '1개의 부동산' 중 일부만을 점유하는 경우 — 유치권의 객체는 일부이나, 피담보채권은 전부에 관한 채권

유치권자가 채권과 견련관계가 있는 '1개의 부동산' 중 일부만을 점유하는 경우, 유치권의 객체(유치물)는 그 일부이나, 유치권의 피담보채권은 그 전부에 관한 채권이다. 채권과 견련관계가 있는 '수개의 부동산' 중 일부 부동산만을 점유하는 경우에 관한 대법원 2007. 9. 7. 선고 2005다16942 판결(앞의 '2. 가.'의 판결)의 취지상 이와 같이 보는 것이 타당하다.

예컨대, 수급인이 다가구주택{총 9세대(101호~303호), 각 호의 공사대금은 1억 원으로 동일함} 신축공사를 완료하고 그 중 한 가구(101호)만을 점유하더라도, 수급인(유치권자)은 1억 원이 아니라 9억 원을 변제받을 때까지 위 101호의 인도를 거절할 수 있다는 것이다. 즉, 유치권의 객체는 일부(1가구)이나, 유치권의 피담보채권은 전부(9가구)에 관하여 발생한 채권이다.[13)]

4. 채권과 견련관계가 있는 '수개의 부동산 중 일부 부동산'을 점유하는 경우 — 유치권의 객체는 일부이고, 피담보채권도 그 일부에 관한 채권

유치권자가 채권과 견련관계가 있는 '수개의 부동산 중 일부 부동산'을 점유하는 경우, 유치권의 객체(유치물)는 그 일부이고, 유치권의 피담보채권도 당연히 유치권의 객체

12) 이에 대하여 원고와 일부 피고가 상고하였으나 심리불속행 기각되었다(대판 2011. 3. 24. 2011다5400).

13) 앞의 '1'의 '첫째'에서 살펴본 사례이다.

인 그 일부에 관하여 발생한 채권으로 한정된다.

예컨대, 근린생활시설(지하 2층 및 지상 6층, 각 층별로 구분건물로서 등기됨) 중 1층의 임차인이 상점을 운영하던 중에 1층(상점) 천장 겸 2층(일반목욕장) 바닥으로 사용되는 콘크리트 슬라브에 매설된 상수도관의 누수로 점포의 시설과 재고자산 등이 침수피해를 입은 경우, 1층을 점유하고 있는 유치권자의 피담보채권(손해배상청구권)은 당연히 위 1층에 관하여 발생한 채권이다. 즉, 유치권의 객체는 1층이고, 유치권의 피담보채권도 1층에 관하여 발생한 채권인 것이다.

5. 채권과 견련관계가 있는 '1개의 부동산 중 일부'를 점유하는 경우 — 유치권의 객체는 일부이고, 피담보채권도 그 일부에 관한 채권

유치권자가 채권과 견련관계가 있는 '1개의 부동산 중 일부'를 점유하는 경우, 유치권의 객체는 그 일부이고, 유치권의 피담보채권도 당연히 유치권의 객체인 그 일부에 관하여 발생한 채권으로 한정된다.

[채권과 견련관계 있는 '1필지 중 일부'를 점유한 경우] 대법원 1968. 3. 5. 선고 67다2786 판결은 "… 원심[14]은 등기부상 1필지로 되어 있는 계쟁 임야 4정 8단 4무보(14,520평)[15]를 점유하고 있는 피고에 대한 원고의 본건 인도청구에 관하여 피고가 그 임야 중 3,300평을 개간하였고, 그로 인한 증가액이 현존한다는 것을 이유로 하는 그의 유치권 항변을 인용함으로써 그 청구를 전부 기각하였던 것이나, 원래 토지는 법률상 각 필지별로 독립한 물권의 대상이 되는 것이라 할지라도 그 각 필지의 성질과 거래의 통념상 경제적인 수요에 따라 분합(分合)이 가능한 것이고, 일방 유치권은 타인의 물건을 점유하는 자가 그 물건에 관하여 생긴 채권이 있는 경우에 그 변제를 받을 때까지 그 채권과 견련관계가 있는 경우에 그 변제를 받을 때까지 그 채권과 견련관계가 있는 당해 물건을 유치할 수 있는 권리였으니만큼 본건에 있어 피고의 위 유치권 항변을 고찰하건대, 그 항변사실 자체가 위 임야 4정 8단 4무보를 점유 중 그 임야 내의 3,300평 부분을 개간하였음을 전제로 하는 것이었으며, 거래상 그 개간 부분과 다

14) 청주지법 1967. 11. 14. 67나92.

15) 14,520평=48,000.216㎡. 정(町)=3,000평, 단(段)=300평, 무(畝)=30평, 보(步)=1평(坪)=3.3058㎡, 홉(合)=0.1평, 작(勺)=0.01평, 재(才)=0.001평.

른 부분과의 분할이 가능함이 용이히 추지되는 바이었는즉(더욱이 갑제1호증과 갑제4호증의 기재 내용에 의하면 위 임야는 임야대장상 1965. 6. 25. 이미 분할되어 그 중의 1정 2단 4무보 = 3,720평이 즉일로 토지대장에 등록되었음이 명백하다) 그 유치권의 객체는 위 임야 중의 개간 부분에 한하는 것이라고 할 것임에도 불구하고 원심이 그 유치권의 객체를 심리 · 확정함이 없이 위 항변을 이유로 하여 원고의 청구 전부를 배척하였음은 법리의 오해로 인한 심리미진의 위법을 면치 못할 것이다 …"라고 설시하면서 원심 판결을 파기 · 환송하였다.

[채권과 견련관계 있는 '건물 중 일부'를 점유한 경우] 건물을 타인에게 임대한 소유자가 건물을 적합하게 유지 · 관리할 의무(건축 §35①, 민 §62 등이 규정하는 의무)를 위반하여 임대목적물에 필요한 안전성을 갖추지 못한 설치 · 보존상의 하자가 생기고 그 하자로 인하여 임차인이 손해를 입은 경우, 건물의 소유자 겸 임대인은 임차인에게 공작물책임과 수선의무 위반에 따른 채무불이행 책임을 진다. 예컨대, 甲이 자기 소유의 건물(지하 2층 및 지상 6층의 근린생활시설, 구분건물 아님) 중 1층을 乙에게 '상점 — 백화점, 창고형 할인매장' 용도로 임대하였는데, 1층(상점) 천장 겸 2층(일반목욕장) 바닥으로 사용되는 콘크리트 슬라브에 매설된 상수도 배관이 부식 · 파열되면서 누수가 발생하여 1층에 입점한 점포의 시설과 재고자산 등이 침수피해를 입은 경우, 甲은 위 콘크리트 슬라브에 존재하는 설치 · 보존상 하자(천장의 누수)로 인하여 乙이 입은 손해를 배상할 책임이 있다(대판 2017. 8. 29. 2017다227103). 이 경우 乙의 손해배상청구권은 건물 자체로부터 발생한 것이므로 乙이 위 건물 중 1층을 점유하고 있다면 乙은 1층에 대하여 유치권을 취득하게 되고, 그 피담보채권도 당연히 유치권의 객체인 1층에 관하여 발생한 채권으로 한정될 것이다.

제2절 공사업자의 공사대금채권

Ⅰ. 견련관계가 있는 경우

1. 공사대금채권 및 그 지연손해금채권

부동산에 관한 공사도급계약(추가공사도급계약 · 하도급계약 포함)에 따라 공사가 이루어진 경우 그 공사대금채권 및 그 지연손해금채권은 그 부동산에 관하여 생긴 채권이다.

[공사대금채권] 주택건물의 신축공사를 한 수급인이 그 건물을 점유하고 있고 또 그 건물에 관하여 생긴 공사금 채권이 있다면, 수급인은 그 채권을 변제받을 때까지 건물을 유치할 권리가 있다고 할 것이고, 이러한 유치권은 수급인이 점유를 상실하거나 피담보채무가 변제되는 등 특단의 사정이 없는 한 소멸하지 않는다(대판 1995. 9. 15. 95다16202 · 16219).

[공사대금채권 및 그 지연손해금채권] 대법원 1976. 9. 28. 선고 76다582 판결은 "… 수급인인 피고의 본건 공사잔금채권이나 그 지연손해금청구권과 도급인인 원고의 건물인도청구권은 모두 원, 피고 사이의 건물신축도급계약이라고 하는 동일한 법률관계로부터 생긴 것임이 인정될 수 있으므로 피고의 본건 손해배상채권 역시 본건 건물에 관하여 생긴 채권이라 할 것이며 채무불이행에 의한 손해배상청구권은 원채권의 연장으로 보아야 할 것이므로 물건과 원채권과 사이에 견련관계가 있는 경우에는 그 손해배상채권과 그 물건과의 사이에도 견련관계가 있는 법리라 할 것 …"이라고 판시하였다.

2. 하수급인의 유치권 행사

공사도급계약의 수급인은 물론 하수급인도 유치권을 행사할 수 있다. 즉, 하수급인은 자신의 공사대금채권을 피담보채권으로 하는 독립한 유치권을 행사할 수도 있고, 수급인의 유치권을 원용하여 유치권을 행사할 수도 있다.

[하수급인의 유치권 행사] 대법원 2007. 5. 15.자 2007마128 결정은 "… 재항고인이 이 사건 부동산 임의경매절차에서 매각기일을 지나 매각결정기일 이전에 유치권의 신고를 함과 아울러 그 유치권의 발생 원인을 주장함에 있어, 서강산업이 채무자로부터 이 사건 다세대주택 12세대의 신축공사를 도급받아 그 중 골조공사 부분을 재항고인에게 하도급하는 계약을 체결하되, 총 12세대 중 4세대는 채무자가 직접 분양하는 반면, 나머지 8세대는 서강산업이 분양하여 재항고인과 사이에 그 분양대금을 일정 비율로 나누어 공사비에 충당하기로 하였으나, 다세대주택의 준공 후에도 분양이 되지 아니하자, 재항고인이 서강산업으로부터 담보조로 이 사건 다세대주택 2세대를 인도받아 현재 점유하고 있다는 내용의 주장을 내세우고 있다면, 하수급인인 재항고인이 자신의 공사대금채권을 위한 독립한 유치권을 취득 · 행사하는 것이거나 최소한 수급인인 서강산업의 유치권을 원용하여 행사하는 것으로 볼 여지가 있고,[16] 따라서 재항고인의 유치권은 그 때까지 성립 여부가 불분명한 경우에 해당될 뿐, 성립할 여지가 없음이 명백한 경우에 해당된다고 볼 수 없으므로, 집행법원으로서는 이해관계인인 최고가매수인

의 이의를 정당한 것으로 인정하여 매각을 허가하지 아니한 결정을 하는 것이 상당하다 …"라고 판시하였다.[17)]

3. 부합물 또는 종물의 공사대금채권

부동산에 부합한 물건(부합물)이 있는 경우 부합물에 관한 공사대금채권자는 부동산을 점유하여야 유치권을 취득할 수 있고, 부합물을 점유하여서는 유치권을 취득할 수 없다. 부동산의 일부 또는 구성부분에 불과한 '부동산에의 부합물'은 더 이상 독립한 물건이 아니고, 따라서 물권의 객체가 될 수 없기 때문이다.

부동산(주물)에 관하여 생긴 채권을 가지고 있는 사람은 주물을 점유함으로써 주물은 물론 종물에 대하여도 유치권을 취득하나(민 §100② 참조), 종물에 관하여 생긴 채권을 가지고 있는 사람은 종물을 점유함으로써 종물에 대하여 유치권을 취득할 수 있다.

[건물 부합물(한증막시설)의 공사대금채권] 광주고법 전주재판부 2008. 5. 9. 선고 2007나1956 판결(확정)은, 목욕장건물 신축과 관련하여 그에 부착된 한증막시설공사를 한 수급인이 그 건물을 점유하자 그 건물에 관한 저당권자가 위 수급인을 상대로 유치권부존재확인의 소를 제기한 사안에서 "… 이 사건 각 돔형 한증막은 목욕탕 용도로 사용하기 위해 건축된 이 사건 건물과 연결되어 축조된 것으로 이 사건 건물 내부에서 이 사건 각 돔형 한증막으로 통하는 출입구가 설치되어 있으며, 목욕탕 이용객들이 목욕을 하다가 이 한증막에 들러 사우나를 할 수 있도록 설치되어 있는 사실을 인정할 수 있는바, 위와 같은 사정에 비추어 보면 이 사건 각 돔형 한증막은 이를 훼손하지 않고서는 이 사건 건물에서 분리할 수 없을 뿐만 아니라, 이를 분리할 경우 그 기능을 전혀 발휘할 수 없는 것으로 봄이 상당하다. 따

---

16) 대법원 2005. 8. 19. 선고 2004다8197, 8203 판결도, 수급인으로부터 창호 · 난방공사 등을 하도급받아 완공한 하수급인은 수급인의 유치권을 원용하여 주장할 수 있다고 본 원심(서울고법 2003. 12. 24. 2003나11105, 11112)의 판단을 수긍하였다.

17) 위 판결에 대한 평석에 이동훈, "가. 하수급인이 자신의 공사대금채권을 위한 독립한 유치권을 취득하거나 수급인의 유치권을 원용하여 행사할 수 있는지 여부(한정적극), 나. 매각기일부터 매각허가기일까지 사이에 성립 및 범위가 불분명한 유치권의 신고가 있는 경우 집행법원이 취하여야 할 조치", 대법원판례해설(67), 법원도서관(2008), 221~239.

라서 이 사건 각 돔형 한증막은 이 사건 건물에 부합되었다고 할 것이므로, 원고의 이 부분 주장은 이유 없다 …"라고 판시하면서 유치권부존재확인청구를 배척하였다. 부합물(한증막시설)에 관한 공사대금채권자는 그 채권의 담보를 위해 부동산(목욕장건물)을 점유함으로써 유치권을 취득할 수 있다는 것이다.

[종물에 해당하는지 여부 — 공장건물의 컨테이너] 수원지법 2007. 8. 14. 선고 2006나27076 판결은 "… ① 먼저, 위 피고가 이 사건 컨테이너(1층 72㎡)를 상사유치권에 기하여 유치할 수 있는지 여부에 관하여 살피건대, 상법 제58조 소정의 상사유치권의 목적물은 채권자가 '채무자와의 상행위로 인하여' 점유를 취득하게 된 것이어야 하는데, 위 피고(유치권주장자)는 한국시그마(종전 소유자)와 사이에 이 사건 컨테이너에 관한 묵시적인 임치계약이 있었고, 이는 상행위에 해당한다고 … 인정할 아무런 증거가 없으므로, 위 피고의 이 부분 주장은 이유가 없다. … ② 다음으로, 이 사건 컨테이너가 이 사건 공장건물의 종물에 해당하여 만약 위 피고가 이 사건 공장건물에 관하여 민사유치권을 가지고 있다면 그 효력이 이 사건 컨테이너에도 미치는지 여부에 관하여 살피건대, 종물은 주물의 상용에 이바지하는 관계에 있어야 하고, 주물의 상용에 이바지한다 함은 사회관념상 계속해서 주물 그 자체의 경제적 효용을 다하게 하는 것을 말하므로, 주물의 소유자나 이용자의 상용에 공여되고 있더라도 주물 그 자체의 효용과 직접 관계가 없는 물건이나, 일시적 용도에 이바지되는 물건은 종물이 아니라고 할 것인바, 이 사건 컨테이너는 한국시그마가 이 사건 공장의 운영과 관련된 업무를 처리하기 위한 사무실로 사용하려고 설치한 것이기는 하나, 이 사건 컨테이너가 사회관념상 계속해서 이 사건 공장건물의 경제적 효용을 다하게 하는 물건이라고 보기는 어려우므로, 결국 이 사건 컨테이너가 이 사건 공장건물의 종물이라고 할 수는 없고, 따라서 이를 전제로 하는 위 피고의 이 부분 주장도 이유가 없다.…"라고 판시하였다.

4. 미지급 공사대금채권의 담보를 위한 임대차의 경우

건물 신축공사의 수급인이 공사대금의 전부 또는 일부를 지급받지 못한 경우, '공사완료 후에'(공사대금채권을 피담보채권으로 하는 유치권 성립 後에) 수급인이 공사잔대금채권의 담보를 위하여 소유자와 공사잔대금을 전세보증금 또는 임차보증금으로 하는 전세계약 또는 임대차계약을 체결하고 완공된 신축건물을 점유·사용하는 때에는 유치권을 취득할 수 있다. 수급인은 유치권 성립 시점에 이미 공사잔대금채권을 가지고 있었는데, 이 채권과 건물 사이에는 견련관계가 인정되기 때문이다.

[공사 완료 후에 공사대금채권의 담보를 위해 임대차계약을 체결한 경우] 서울고법 2007. 7. 5. 선고 2006나55670 판결(확정)은 "… △△건설은 2003. 12.경 위 신축공사 완료 후에도 김종△으로부터 공사잔대금을 받지 못하자 이 사건 공사잔대금채권의 담보를 위하여 2003. 12. 26.자로 김종△으로부터 이 사건 건물을 전세보증금 20억 200만 원에 기간 정함 없이 임차하는 내용의 임대차계약서를 작성하였고, 2004. 1. 19.에는 김종△과의 사이에 당초 계약금액에 추가공사금액과 공제할 금액, 부가가치세 등을 계산한 총 19억 4,550만 원의 공사대금 중 6억 9,000만 원이 지급되어 12억 5,550만 원이 미지급 상태라는 내용의 공사정산서를 작성하였으며, 2004. 3. 2. 이 사건 건물에 관하여 임대차보증금 13억 1,950만 원, 차임 월 1,620만 원, 기간 2003. 12. 26.부터 2005. 2. 28.까지로 한 임차권설정등기를 마쳤다 … 피고는 이 사건 부동산에 관하여 유치권을 취득한 △△건설로부터 위 유치권을 승계취득 하였으므로 유치권자로서 적법한 점유권원이 있다고 항변하므로 살피건대, 위 인정사실에 의하면 △△건설은 이 사건 건물의 신축공사와 관련하여 발생한 위 12억 5,550만 원의 공사대금채권을 피담보채권으로 하는 유치권을 취득하였고, 피고는 2004. 12. 5. △△건설로부터 위 12억 5,550만 원의 공사대금채권을 양수하고 이 사건 건물을 계속 점유함으로써 △△건설로부터 위 유치권을 승계취득 하였다고 보아야 하므로, 피고의 항변은 이유 있다 …"라고 판시하였다. 요컨대, 공사대금채권과 건물 사이에는 견련관계가 있다는 것이다.

이와 달리 건물 신축공사의 수급인이 공사대금을 지급받지 못할 것을 예상하고 '도급계약 당시'(유치권 성립 前에) 미리 공사대금을 임차보증금으로 하여 신축건물을 임대하기로 약정한 후 완공된 신축건물을 점유 · 사용하는 경우, 수급인(임차인)은 유치권을 취득할 수 없다.[18] 수급인(임차인)은 유치권이 성립할 수 있는 시점에는 공사대금채권이 아니라 임차보증금채권을 가지고 있을 뿐인데, 보증금반환채권과 건물 사이에는 견련관계가 인정되지 않기 때문이다.

18) 대전고법 2006. 6. 15. 2005나9676(확정).

II. 견련관계가 없는 경우

1. 서

공사대금채권이 유치권의 피담보채권이 될 수 없는 경우는 다음과 같다.

[건물에 관한 공사대금채권과 토지] 건물에 관한 공사대금채권을 담보하기 위하여 토지를 점유하더라도 민사유치권은 성립할 수 없다.

대법원 2013. 5. 24. 선고 2012다40530, 2012다40547 판결은 "… 이 사건 아파트 공사계약에 따라 원고에 대하여 가지는 공사대금채권은 이 사건 토지에 관하여 생긴 것이 아니므로 그 공사대금채권에 기하여 이 사건 토지에 대한 민사유치권을 행사할 수 없다 …"라고 판시하였다. 건물 신축공사 도급계약의 수급인이 공사대금채권을 피담보채권으로 하는 유치권을 취득하기 위해서는 건물을 점유하여야 하며, 건물 진입로에 컨테이너를 설치하여 통행·영업을 방해하는 등의 방법으로 건물의 부지를 점유하여서는 유치권을 취득할 수 없다(대구고법 2006. 7. 12. 2005나8133, 대구지법 2008. 12. 17. 2008나16170).

건물 철거공사 도급계약에 따른 공사대금채권은 토지 지상에 있던 기존건물에 관하여 생긴 채권일 뿐 토지에 관하여 생긴 것이 아니므로 위 공사대금채권에 기하여 토지에 대하여 유치권을 행사할 수 없다(대판 2013. 2. 28. 2011다73588·73595).

[도급계약 당시 공사대금을 임차보증금으로 하여 신축건물을 임대하기로 약정한 경우] 대전고법 2006. 6. 15. 선고 2005나9676 판결(확정)은 "… 피고(공사업자)와 이강△(건물소유자)은 이 사건 도급계약(건물 전면 보수공사 도급계약) 체결 당시부터 이강△이 이 사건 도급계약의 공사대금을 지급하지 못할 것을 예상하고, 피고가 이 사건 공사를 마친 후에 이 사건 공사대금을 임대차보증금으로 하여 이 사건 건물을 임차하기로 약정하였으며, 피고가 이 사건 공사를 마친 후 위 약정에 따라 이 사건 건물을 점유, 사용하고 있으므로, 피고는 이강△에게 임대차보증금반환채권을 가지고 있을 뿐, 이강△에게 공사대금의 지급이나 유익비 상환을 구할 수는 없다. 피고가 이강△에게 공사대금채권 또는 유익비상환청구권을 가지고 있음을 전제로 하는 위 유치권 주장은 이유 없다 …"라고 판시하였다. 요컨대, 이러한 경우에는 임차보증금반환채권과 임차건물 사이에 견련관계가 없다는 것이다.

[토지 부합물(온천공)의 공사대금채권과 건물] 광주고법 전주재판부 2008. 5. 9. 선고 2007나1956 판결(확정)은, 목욕사업을 위한 온천공(溫泉孔)을 시공한 수급인이 목욕장건물을 점유하자 그 건물에 관한 저당권자가 위 수급인을 상대로 유치권부존재확인의 소를 제기한 사안에서 "… 이 사건 온천공은 지하수를 퍼올리기 위해 이 사건 건물 뒤편의 '익산시 △△면 △△리 166' 위에 설치한 것이고, 위 토지는 전준△과 피고가 공유하고 있는 토지로 전준△과 피고는 위 온천공을 함께 개발하기로 약정한 사실을 인정할 수 있는바, 위와 같이 이 사건 온천공이 위 토지에서 지하수를 퍼올리기 위해 위 토지에 설치된 점, 위 온천공 및 위 토지가 모두 전준△과 피고의 공유라고 보이는 반면 이 사건 건물은 당시 전준△의 단독소유였던 점, 위 온천공이 이 사건 건물에 바로 붙어 시설되지 않은 점, 이 사건 온천공은 온천공이 위치한 토지로부터 쉽게 분리하기 어렵고, 토지로부터 분리할 경우 경제적 가치가 현저히 감소하는 점 등을 종합해 보면, 이 사건 온천공은 이 사건 건물에 부합하여 그 독립성을 상실하였다고 보기 어려우며, 오히려 위 토지에 부합된 것으로 봄이 상당하다. 따라서 이 사건 온천공 시공으로 인한 피고의 공사대금채권은 이 사건 건물에 관하여 발생한 채권이라고 할 수 없으므로, 피고는 이 사건 온천공 시공을 위하여 투입한 공사대금채권을 피담보채권으로 하여 이 사건 건물에 대해 유치권을 행사할 수는 없다고 할 것이다 …"라고 판시하였다. 요컨대, 토지에의 부합물(온천공)에 관한 공사대금채권과 건물 사이에는 견련관계가 없다는 것이다.

특히, 건물 신축공사가 ① 그 일부인 토목공사 단계에서 중단된 경우, ② 건물이라고 볼 수 없는 토지 정착물 설치 단계에서 중단된 경우에도 원칙적으로 유치권이 성립하지 않는다. 이에 관하여는 아래 '2' 및 '3'에서 살펴본다.

2. 건물 신축공사가 「토공사 · 기초공사 단계에서 중단된 경우」의 공사대금채권

가. 원칙 : **유치권 불성립**

건물 신축공사를 할 때에는 통상적으로 터파기 · 흙막이 · 부지조성 등의 토공사(土工事), 연약한 지반을 강화 · 보강하기 위한 기초공사(基礎工事) 등을 하게 된다.

그러나 건물 신축공사가 토공사 또는 기초공사 단계에서 중단된 경우 공사 중단 시점까지 발생한 공사대금채권은 토지 등에 대한 유치권의 피담보채권이 될 수 없다.

첫째, 토공사 · 기초공사는 건물 신축공사에 통상적으로 따르는 것으로서 그 공사대금채권은 '토지'에 관하여 생긴 채권이라고 볼 수 없기 때문이다.

둘째, 유치권은 법률상 물건(부동산 · 동산) 또는 유가증권에 대하여 행사할 수 있는 것인데(민 §320, 상 §58 등), 토공사 · 기초공사 단계에서 공사가 중단된 경우에는 아직 소유권의 객체가 될 만한 것(즉, 부동산으로서의 건물이나 동산이라고 할 만한 것)이 존재하지 않기 때문이다.

[토공사] 대전지법 홍성지원 2011. 2. 17. 선고 2010가단8808 판결은, 콘도미니엄의 지하 1, 2층을 설치하는 과정에서 약 5m 깊이의 땅을 파내는 '토공사'는 건축물을 설치하기 위한 기초공사 과정에서 이루어진 것일 뿐 그로 인해 토지 자체의 형질 등이 변경된 것이 아니어서 토지에 대한 별도의 공사로 보기 어렵다고 판시하였다.[19)]

대구지법 2010. 4. 16.자 2010라29 결정은, 부동산인도명령의 피신청인(유치권주장자)이 △△건설로부터 해수워터피아 건물의 신축공사 중 가시설공사를 하도급받아 토지에 토공사, 흙막이공사 등을 진행하던 중 △△건설의 부도로 공사대금을 지급받지 못해 공사를 중단한 경우, 피신청인이 △△건설로부터 하도급받은 공사는 건물의 부지조성 또는 기초공사에 해당하여 해수워터피아 건물 신축공사의 일부에 해당하는 점에 비추어 보면, 피신청인의 공사대금채권은 신축될 예정이었던 해수워터피아 건물과 관련하여 생긴 것이지 사건 각 토지에 관하여 생긴 것이라고 할 수 없으므로, 피신청인으로서는 위 각 토지에 대하여 유치권을 행사할 수 없다고 판시하였다.

[건물 신축을 위한 기존건물 철거, 수목·경계석 제거] 유치권주장자가 건물 신축을 위하여 기존 건물을 철거하고 수목 · 경계석을 제거한 것은 일체로 건물 신축을 위한 초기공사에 불과하고 토지에 대한 공사로 볼 수 없으므로(견련성 결여), 토지에 대한 인도명령신청의 인용결정, 유치권주장자의 청구이의의 소 제기 및 강제집행정지신청, 강제집행(인도집행)의 정지 등이 순차로 이루어지더라도, 청구이의의 소의 기각판결 및 강제집행정지결정의 취소결정의 확정 등으로 위 인도명령에 기하여 인도집행이 이루어지게 된다(의정부지법 고양지원 2015. 4. 30. 2015가단72357).[20)]

---

19) 피고가 항소하였으나 기각되었고(대전지법 2011. 11. 9. 2011나4771), 상고하였으나 심리불속행 기각되었다(대판 2012. 2. 9. 2011다105249).

20) 또한 위 판결은 "… 부동산 인도명령은 항고로만 불복할 수 있는 재판으로(민사집행법 제136조 제5항 참조) 민사집행법 제56조 제1호에서 정한 집행권원에 해당한다. 확정된 종국판결은 소송물로 주장된 법률관계의 존부에 관한 판단의 결론에 관하여 기판력을 가지며 결정 · 명령재판에도 실체관계를 종국적으로 판단하는 내용

[건물 신축을 위한 기존건축물 철거, 부지 정지 등] 서울고법 2008. 4. 4. 선고 2007나77370 판결은, 甲은 건물 신축공사를 위한 사전공사(건물부지 지상의 건축물 · 구축물 철거, 폐기물 처리, 부지 정지작업, 임시주차장 · 진출입도개설박스 신축공사 등) 도급계약에 따른 공사를, 乙은 건물 신축공사 도급계약에 따른 공사를 각 완료하였고, 위 부지 및 건물에 관한 저당권자가 건물을 점유하고 있는 甲을 상대로 유치권부존재확인의 소를 제기한 사안에서 "… 그 공사 내용이 이 사건 건물의 신축공사 자체가 아니라 이 사건 건물의 신축공사를 하기 이전에 기존의 지상 건축물 등을 철거하고 공사부지 및 그 주변 등을 정리하는 것을 내용으로 하는 공사에 불과하므로 그러한 공사에 따라 발생한 공사대금채권까지 유치권의 목적물인 이 사건 건물에 관하여 생긴 채권이라고 볼 수 없다 …"라고 판시하였다.

서울고법 2005. 12. 8. 선고 2005나26415 판결은 건물 신축을 위한 가설재 설치공사와 기존건물 철거공사의 공사대금채권은 그 발생 당시에는 이 사건 건물 자체가 존재하지도 않은 상태여서 그것이 그 이후에 건립된 이 사건 건물과의 사이에 어떠한 견련관계가 있다고 볼 수 없다고 판시하였다.

[건물 신축을 위한 토공사 및 철골구조물 · 철재컨테이너 설치]
대법원 2013. 5. 9. 선고 2013다2474 판결

1. 사안개요

가. 광주 광산구 쌍암동 △△△ 외 2필지(이하 '이 사건 각 토지'라고 함)의 소유자 甲은 2004. 2. 11. 피고1과 사이에 피고1이 이 사건 각 토지 지상에 지상 15층, 지하 4층 규모의 △△오피스텔을 신축하는 공사(이하 '이 사건 신축공사'라고 함)를 공사기간 2년, 공사대금 297억 원으로 정하여 시행하는 내용의 도급계약을 체결하였다.

나. 그 후 피고1은 2004. 3. 3. 피고5에게 그 중 토공사 및 흙막이공사(이하 '이 사건 하도급공사'라고 함)를 공사대금 20억 5,000만 원으로 정하여 하도급하였고, 2004. 7.경 공사대금 1억 1,500만 원 상당의 복공판공사를 추가하였다.

의 것인 경우에는 기판력이 있다(대법원 2002. 9. 23.자 2000마5257 결정 참조). 이 사건 인도명령에 대해 원고가 불복하지 않아 그대로 확정된 이상, 청구이의의 소로써 그 집행력의 배제를 구하기 위해서는 민사집행법 제44조 제2항에 따라 그 이의이유는 인도명령 이후에 생긴 것이어야 한다. 그런데 원고가 주장하는 사유는 주장 자체에 의하더라도 이 사건 인도명령 전에 생긴 것에 불과하여 이 사건 인도명령의 집행력을 배제할 적법한 이의이유가 될 수 없다. 이러한 측면에서 원고의 이 사건 청구는 원고가 정당한 유치권자인지와 관계없이 받아들일 수 없다 …"라고 판시하였다.

다. 피고5는 2004. 3.경부터 위 하도급계약에 따라 이 사건 하도급공사를 시행하였는데, 이 사건 각 토지를 지표면으로부터 지하 4층 규모인 14m 깊이까지 굴착하는 토공사 및 외벽 흙막이공사를 완료한 후 피고2, 피고9로부터 각 임차한 가설재(H형강 · 강재 · 스크류잭 등)를 조립하여 별지 도면 A 부분에는 철골구조물을 설치하였고, 같은 도면 B 부분에는 철골구조물을 설치한 후 그 위에 철판을 거치하였으며, 같은 도면 C 부분에는 철재컨테이너를 설치하였다(이하 '이 사건 구조물'이라고 함).

라. 이 사건 구조물이 설치된 상태에서 이 사건 신축공사의 도급인인 甲은 부도가 나 공사대금을 수급인인 피고1에게 지급하지 못하게 되었고, 이에 따라 하수급인인 피고5 역시 공사대금을 지급받지 못하였으며, 이로 인하여 2004. 8. 4.경 이 사건 하도급공사를 포함하여 이 사건 신축공사는 중단되었다.

마. 이 사건 각 토지에 관하여 근저당권자의 신청에 기해 진행된 임의경매절차(광주지방법원 2005타경33352호)에서 피고1은 이 사건 신축공사와 관련한 공사대금 3,645,000,000원을, 피고5는 이 사건 하도급공사와 관련한 공사대금 2,198,191,200원을 피담보채권으로 하여 각 유치권신고를 하였다.

바. 원고는 위 임의경매절차에서 이 사건 각 토지를 낙찰받아 2009. 11. 12. 매각대금을 완납하고, 2009. 11. 16. 이 사건 각 토지에 관한 소유권이전등기를 경료하였다.

사. 한편, 이 사건 각 토지에는 출입을 막는 담장이 설치되어 있고, 피고1은 직원을 상주시켜 양수기 등을 사용하여 이 사건 각 토지에 스며든 빗물을 배수하게 하는 등의 방법으로 이 사건 각 토지를 관리해 오고 있고, 이 사건 하도급공사의 수급인이자 이 사건 구조물의 제작 · 설치자인 피고5는 위 가설재를 이용하여 이 사건 구조물 등으로 조립한 뒤 이를 이 사건 각 토지에 설치하여 이 사건 각 토지를 점유하고 있다.

아. 원고는 '원고에게, ㉮ 피고들은 이 사건 각 토지를 인도하고, ㉯ 피고2 · 5 · 9는 별지 도면 A · B · C 부분에 설치되어 있는 이 사건 구조물을 각 철거하고 각자 232,221,000원 및 2011. 8. 16.부터 위 인도 완료일까지 월 11,075,000원의 비율로 계산한 돈을 지급하라'는 소를 제기하였다.

2. 제1심 및 항소심 판결

제1심은 원고의 청구를 거의 그대로 인용하였으나,[21] 항소심은 제1심 판결 중 피고들 패소 부분

21) 광주지법 2011. 12. 9. 2010가합4044. 금액을 232,221,000원을 180,616,632원으로, 11,075,000원을 8,613,745원으로 감축하여 인용하였을 뿐, 원고의 나머지 청구는 그대로 인용하였다.

을 취소하고, 위 패소 부분에 해당하는 원고의 피고들에 대한 청구를 각 기각하였다(원고 청구 전부 배척).[22) 항소심 판결의 요지는 아래와 같다.

첫째, 피고1, 피고5에 대한 토지인도청구에 대하여는, ① 이 사건 각 토지는 오피스텔 신축공사에 적합하지 아니한 상태였고, 이를 보완하기 위하여 철골구조물 등의 설치가 반드시 필요하였던 점, ② 철골구조물 등을 철거할 경우 흙막이 벽체 부분과 굴착된 부분 및 인근 토지들까지 붕괴될 위험이 있는 점, ③ 이 사건 하도급공사는 단순히 오피스텔 건물에 대한 공사만에 한정된다고 볼 수 없고 이 사건 각 토지를 건물 신축에 적합한 용도로 유지하기 위한 공사로서 이 사건 각 토지에 대한 공사의 성질도 지닌다고 보이는 점 등을 종합적으로 살펴, 피고1과 피고5는 이 사건 각 토지에 관하여 생긴 공사대금채권을 보유하고 있고, 그 채권을 변제받을 때까지 유치권자로서 이 사건 각 토지를 점유할 권리가 있다고 판단하였다.

둘째, 피고5에 대한 차임 상당의 손해배상을 청구하는 부분에 대하여는, 피고5는 이 사건 각 토지에 관한 점유권원이 있어 불법점유자가 아니라고 판단하였다.

셋째, 피고2, 피고9에 대한 토지인도청구 및 차임 상당의 손해배상청구에 대하여는, 이 피고들은 임대차계약에 따라 위 가설재를 피고5에게 임대한 사람에 불과하고 이 사건 토지를 점유하고 있다고 볼 수 없는 점 등을 이유로 배척하였다.

3. 대법원 판결

대법원 2013. 5. 9. 선고 2013다2474 판결은 "… 그러나 이러한 원심의 판단은 다음과 같은 이유로 수긍할 수 없다. ㉮ 건물의 신축공사를 한 수급인이 그 건물을 점유하고 있고 또 그 건물에 관하여 생긴 공사대금채권이 있다면 수급인은 그 채권을 변제받을 때까지 건물을 유치할 권리가 있는 것이지만, 건물의 신축공사를 도급받은 수급인이 사회통념상 독립한 건물이라고 볼 수 없는 정착물을 토지에 설치한 상태에서 공사가 중단된 경우에 그 정착물은 토지의 부합물에 불과하여 이러한 정착물에 대하여 유치권을 행사할 수 없는 것이고, 또한 공사 중단 시까지 발생한 공사대금채권은 토지에 관하여 생긴 것이 아니므로 그 공사대금채권에 기하여 토지에 대하여 유치권을 행사할 수도 없는 것이다(대법원 2008. 5. 30.자 2007마98 결정 등 참조). ㉯ 이 사건 하도급공사(**토공사 · 흙막이공사**)는 지하층을 건설하는 건물 신축공사에 통상적으로 따르는 정지공사에 불과한 것으로서, 이 사건 각 토지를 건물 신축에 적합한 용도로 유지하기 위한 공사라고는 보이지 아니하고, 이와 같은 공사가 필요하다는 이유로 이 사건 각 토지가 건물 신축공사에 적합하지 아니한 상태였다고 볼 수도 없으며, 달리 이 사건 각 토지가 이

22) 광주고법 2012. 12. 12. 2012나623.

사건 오피스텔 신축공사에 적합하지 아니한 상태에 있었다고 인정할 만한 자료를 찾을 수 없다. 그리고 이 사건 하도급공사를 위하여 설치된 **철골구조물** 등을 철거할 경우 이 사건 각 토지는 물론 인근 토지까지 붕괴될 위험이 있더라도 이는 이 사건 하도급공사의 공법상의 문제로 인한 것으로 보일 뿐이고, 그러한 이유만으로 철골구조물 등이 이 사건 각 토지를 건물 신축에 적합한 용도로 유지하기 위하여 사용되고 있다거나 그와 같은 목적으로 이 사건 하도급공사가 시공되었다고 볼 수는 없다. ㉰ 이와 같은 사정들을 앞서 본 법리에 비추어 보면, 이 사건 하도급공사는 이 사건 오피스텔 신축을 위한 초기공사로 보아야 할 것이지, 그것이 이 사건 각 토지에 대한 공사의 성질을 지닌다고 볼 수는 없다. 따라서 그 공사대금채권을 이 사건 각 토지에 관하여 생긴 채권으로 볼 수 없으므로, 그에 기하여 이 사건 각 토지에 대한 유치권을 행사할 수는 없다 …"라고 설시하면서 원심 판결을 파기 · 환송하였다.

4. 환송 후의 항소심

광주고법 2013. 11. 6. 선고 2013나2312 판결은 피고들의 항소를 모두 기각하였다(확정).

첫째, 피고들에 대한 토지인도청구에 대하여는, ① 이 사건 하도급공사는 지하층을 건설하는 건물 신축공사에 통상적으로 따르는 정지공사에 불과한 것으로서 오피스텔 신축을 위한 초기공사로 보아야 하고 이 사건 각 토지에 대한 공사라고 볼 수 없는 점(민사유치권 불성립), ② 피고1은 甲의 도급계약에 의하여 발생한 이 사건 신축공사의 완성의무를 이행하기 위하여 이 사건 각 토지를 점유한 것일 뿐 甲과 '이 사건 각 토지에 관한 상행위'를 원인으로 이 사건 각 토지에 대한 점유를 취득하였다고 보기 어려운 점(상사유치권의 불성립) 등을 이유로 피고들은 이 사건 각 토지를 원고에게 인도할 의무가 있다고 판단하였다.

둘째, 피고5에 대한 이 사건 구조물 철거 및 손해배상청구에 대하여는, 피고5는 권원 없이 이 사건 구조물을 통하여 이 사건 각 토지를 점유하고 있으므로, 이 사건 구조물을 철거하고, 이 사건 각 토지의 점유에 따라 원고가 입게 된 차임 상당의 손해를 배상할 의무가 있다고 판단하였다.

나. 예외 : **토지에 대한 유치권 성립**

건물 신축을 위한 토공사 · 기초공사 단계에서 공사가 중단된 경우 공사중단 시점까지 발생한 공사대금채권을 피담보채권으로 하는 유치권이 성립하는 경우가 있다.

토공사 · 기초공사라 하더라도 ① 통상적으로 예상할 수 없을 정도의 토지형질변경공사 등을 포함하는 공사,[23] ② 건물 신축에 적합한 용도로 유지하기 위한 별개의 공사[24] 등의 경우 그 공사대금채권은 토지에 관하여 생긴 채권이라고 인정될 수 있다. 이러한 경우에는 그 토지에 대하여 유치권을 행사할 수 있다.

[신축 아파트 기초 보강을 위한 1,283개의 콘크리트 기초파일 공사대금채권]
대법원 2007. 11. 29. 선고 2007다60530 판결

1. 사안개요

가. 피고는 1998. 10. 30.경 강릉시 박월동 △△△ 등 9필지(이하 '이 사건 각 토지'라고 함)에 임대아파트 3개 동 신축사업을 추진하던 소외 甲1로부터 토목공사 부분을 공사기간 1998. 10. 30.~2001. 12. 30.(3년 2개월), 공사대금 6억 8천만 원으로 도급받아 그 무렵부터 공사를 시작하였다(**1차 기초파일공사**).

나. 이 사건 각 토지는 지목이 과수원 · 전 · 하천으로 구성된 일단의 토지로서, 장차 지목을 대지로 변경하더라도 지반침하 등으로 인한 건물 붕괴를 막기 위한 지반보강공사 없이는 그 지상에 아파트 등 건물을 건축하기에는 부적합하였다.[25]

다. 위 토목공사는 내용은 위 각 토지를 아파트 3개 동이 들어설 단지로 조성하되, 장차 지반침하로 인한 건물 붕괴를 막기 위하여 그 자리에 콘크리트 파일을 시공하는 것이었다.[26]

라. 그런데 甲1의 자금사정 악화로 위 신축사업이 중단되었고, 소외 甲2가 이를 인수하여 사업을 추진하였으나 마찬가지 사유로 제대로 진행되지 않았으며, 2002. 6. 15. 甲3이 이 사건 각 부동산 및 위 신축사업을 인수하기에 이르렀다.

마. 이에 따라 피고는 2002. 9. 18. 甲3과 사이에 토목공사 부분을 공사금액을 7억 5,000만 원으로 정하여 도급계약을 체결하고 다시 기초파일공사 등을 진행하여 완공단계에 이르렀다(**2차 기초파일공사**).

바. 그러나 甲3 역시 자금사정이 악화되어 부도가 나서 그 사업부지인 이 사건 각 토지에 관하여 춘천지방법원 강릉지원 2003타경 2658호로 경매가 진행된 결과, 2004. 3. 2. 원고가 낙찰받아 그 대금

23) 대판 2007. 11. 29. 2007다60530 참조.
24) 대판 2013. 5. 9. 2013다2474 참조.
25) 상고심에서 비로소 인정된 사실이다.
26) 상고심에서 비로소 인정된 사실이다.

을 완납하고 2004. 5. 15. 소유권이전등기를 마쳤다.

사. 한편, 이 사건 1. 부동산에는 별지2 감정도 1 내지 37 표시와 같이 지반침하 등으로 건물이 붕괴될 것을 우려하여 건물기초 보강을 위하여 항타하여 삽입한 콘크리트 파일이 설치되어 있는 등 이 사건 각 토지에 약 1,283개의 콘크리트 파일이 설치되어 있고, 현재 피고는 이 사건 각 토지를 점유하고 있다.

아. 그러던 중 피고는 춘천지방법원 강릉지원 2005타경15948호로 유치권에 기한 부동산임의경매를 신청하여, 2005. 11. 30. 이 사건 각 토지에 관하여 경매절차가 개시되었고, 이에 원고는 위 법원 2006카기89호로 그 집행정지를 신청하여 2006. 2. 17. 위 법원의 판결선고 시까지 위 임의경매절차를 정지한다는 결정을 받았다.

자. 원고는 피고에 대하여 ① 유치권부존재확인, ② 콘크리트 파일 철거 및 토지인도, ③ 강제집행정지 결정의 인가 등을 구하는 소를 제기하였다.

2. 판시요지

가. 원심

춘천지법 강릉지원 2006. 12. 7. 선고 2006가합237 판결은 원고의 청구를 모두 인용하였다(피고 항소).

서울고법 2007. 7. 19. 선고 2007나11394 판결은 아래와 같은 이유로 철거청구 부분에 관한 피고 패소 부분을 취소하고 그 취소 부분에 해당하는 원고의 청구를 기각하였다.

첫째, 유치권의 존재 여부에 관하여는 목적물과 채권의 견련성 결여로 유치권이 존재하지 않는다고 판시하였다. 피고가 설치한 콘크리트 파일은 지반침하 등으로 건물이 붕괴될 것을 우려하여 건물기초 보강을 위하여 항타하여 삽입한 것으로서, 위 공사대금채권은 이 사건 각 토지 위에 신축하려고 하였던 임대아파트와 관련하여 생긴 것이지 이 사건 각 토지와 관련하여 생긴 것이 아니라는 것이다.

둘째, 철거 및 인도청구에 관하여는, 피고는 유치권이 없으므로 이 사건 각 토지를 인도할 의무는 있으나, 위 콘크리트 파일을 철거할 의무는 없다고 판시하였다. 어떠한 건물의 철거처분권자가 되기 위해서는 그 점유 중인 건물에 대하여 법률상 또는 사실상 처분을 할 수 있는 지위에 있는 자이어야 하는데(대판 2003. 1. 24. 2002다61521), 피고는 위 콘크리트 파일의 소유자가 아니어서 이를 법률상 · 사실상 처분을 할 수 있는 지위에 있지 않으므로 철거처분권자가 아닌 피고를 상대로 한 원고의 위 철거청구는 나아가 살필 필요 없이 이유 없다는 것이다.

나. 대법원

대법원 2007. 11. 29. 선고 2007다60530 판결은 아래와 같은 점을 들어 원심 판결 중 피고 패소 부분을 파기 · 환송하였다.

첫째, 위 판결은 이 사건 토지와 공사대금채권의 견련관계에 관하여 "… 위 인정사실에 의하면 이 사건 토목공사는 공부상 지목이 과수원, 전, 하천으로 잡다하게 구성된 이 사건 각 토지를 대지화시켜 아파트 3개 동이 들어설 단지로 조성하기 위한 콘크리트 기초파일공사로 볼 여지가 있고(그러한 공사의 전제로 이 사건 각 토지에 관한 형질변경허가도 있었으리라 추측된다), 이러한 경우에는 이 사건 토목공사를 위 각 토지에 관한 공사로 볼 수 있으므로 그 공사대금채권은 위 각 토지에 관하여 발생한 채권으로서 위 각 토지와의 견련성이 인정된다고 할 것이다 …"라고 판시하면서, 원심 법원이 이 사건 토목공사를 이 사건 각 토지에 관한 공사로 볼 수 있는지 여부에 관하여 따져보지도 아니한 채 단지 이 사건 공사대금채권은 위 각 토지 위에 신축하려고 하였던 임대아파트와 관련하여 생긴 것이라고 단정하여 피고의 유치권 항변을 배척한 부분을 파기 · 환송하였다.

둘째, 위 판결은 이 사건 각 토지에 설치된 콘크리트 기초파일이 위 각 토지에 부합되었음을 전제로 이 사건 공사대금채권은 위 각 토지와 사이에 견련성이 인정된다는 피고의 주장에 대하여 "… 가사 피고인 주장과 같이 위 콘크리트 기초파일이 이 사건 각 토지에 부합되었다고 하더라도 부합의 효과로서 위 각 토지의 소유자가 콘크리트 기초파일에 대한 소유권을 취득하게 될 뿐 그로 인하여 위 각 토지에 관한 유치권이 당연히 성립되는 것은 아니고, 또한 위 콘크리트 기초파일 자체에 대한 유치권이 성립되어 있었다고 하더라도 부합의 효과로서 그러한 유치권은 당연히 소멸되는 것이므로, 피고의 이 부분 상고이유는 부합 여부에 관하여 나아가 살펴볼 필요 없이 이유 없다 …"라고 판시하였다.

셋째, 위 판결은 "… 원고가 이 사건 각 토지에 관하여 피고의 이 사건 공사대금채권을 피담보채권으로 하여 유치권이 성립할 수 있다는 사정을 알면서 이를 저가로 낙찰받은 사실이 인정된다고 하더라도, 피고로서는 甲3에 대하여 이 사건 공사대금채권을 여전히 행사할 수 있을 뿐만 아니라 위 콘크리트 기초파일들에 대하여 유치권이 성립되는 경우에는 이를 행사하여 피담보채권 중 일부를 회수할 수도 있는 것이므로 위와 같은 사정만으로는 원고가 위 각 토지의 소유권에 기해 방해배제청구권의 일환으로 피고를 상대로 그 인도를 구하는 것을 형평의 원칙에 반하여 허용되지 아니한다고 볼 수 없다 …"라고 판시하였다.[27]

27) 환송 후 항소심은 조정으로 종결되었다(서울고법 2009. 1. 21. 2007나121536 조정).

3. 건물 신축공사가「건물이라고 볼 수 없는 토지 정착물 설치 단계에서 중단된 경우」의 공사대금채권
— 토지 또는 그 정착물에 대한 유치권 불성립

건물 신축공사가 사회통념상 독립한 건물이라고 볼 수 없는 토지 정착물을 설치한 상태에서 중단된 경우, 판례는 다음과 같은 점을 논거로 토지의 정착물에 대하여는 물론 그 토지에 대하여도 유치권을 행사할 수 없다는 입장을 취하고 있다.

첫째, 독립한 건물이라고 볼 수 없는 토지의 정착물은 토지의 부합물에 불과하므로 '토지의 정착물'에 대하여는 유치권을 행사할 수 없다.[28] 설사 토지의 정착물이 토지에 부합하기 전에 그 정착물 자체에 대한 유치권이 성립되어 있었다고 하더라도 부합의 효과로서 그러한 유치권은 당연히 소멸한다.[29]

둘째, 공사 중단 시까지 발생한 공사대금채권은 토지에 관하여 생긴 것이 아니므로(건물 신축에 관하여 발생한 것에 불과하므로) '토지'에 대하여도 유치권을 행사할 수 없다.[30] 토지의 정착물이 토지에 부합한다 하더라도 부합의 효과로서 토지의 소유자가 토지의 정착물에 대한 소유권을 취득하게 될 뿐 그로 인하여 토지에 관한 유치권이 당연히 성립하는 것은 아니다.[31]

위와 같은 판례의 입장은 부합의 법리(효과)에 충실한 해석이나 이에 반대하는 견해가 있다. 즉, 토목공사와 건물 신축공사를 준별하는 전제에서 토지에의 부합물에 관하여 발생한 채권(독립한 건물이라고 볼 수 없는 구조물 축조공사 대금채권)과 토지와의 견련관계를 부정하는 것은 타당하지 않을 뿐만 아니라, 부동산으로서의 독립성을 갖춘 건물에 대한 창호공사 및 잡철부분공사 대금채권과 건물과의 견련관계를 인정한 판례[32]와도 부합

28) 대결 2008. 5. 30. 2007마98, 대판 2013. 5. 9. 2013다2474.

29) 대판 2007. 11. 29. 2007다60530.

30) 대결 2008. 5. 30. 2007마98, 대판 2013. 5. 9. 2013다2474.

31) 대판 2007. 11. 29. 2007다60530.

32) 대판 2007. 9. 7. 2005다16942.

하지 않는다는 것이다.[33)]

[건물이라고 볼 수 없는 토지 정착물 설치] 대법원 2008. 5. 30.자 2008마98 결정, 대법원 2013. 5. 9. 선고 2013다2474 판결은 "… 건물의 신축공사를 도급받은 수급인이 사회통념상 독립한 건물이라고 볼 수 없는 정착물을 토지에 설치한 상태에서 공사가 중단된 경우에 그 정착물은 토지의 부합물에 불과하여 이러한 정착물에 대하여 유치권을 행사할 수 없는 것이고, 또한 공사 중단 시까지 발생한 공사대금채권은 토지에 관하여 생긴 것이 아니므로 그 공사대금채권에 기하여 토지에 대하여 유치권을 행사할 수도 없는 것이다 …"라고 판시하였다.

[토공사·기초공사 + 구조물 설치] 대구지법 2014. 2. 26.자 2014라103 결정은, 부동산인도명령의 피신청인이 토지소유자와 토지 위에 농수산물 저온창고를 신축하기로 하는 내용의 도급계약을 체결하고 터파기, 기초타설 및 보양, 1층 벽체형틀 조립, 외부 비계 설치 공사까지 진행한 상태에서 공사를 중단한 경우, 그 공사 부분은 사회통념상 독립한 건물이라고 볼 수 없으므로 그 공사 부분에 대하여 유치권을 행사할 수 없고, 공사 중단 시까지 토지소유자에 대하여 발생한 공사대금채권은 토지에 관하여 생긴 것이 아니므로 토지에 대하여 유치권을 행사할 수도 없다고 판시하였다.

또한, 토지상에 요양병원의 부대시설을 신축하기 위하여 사회통념상 독립한 건물이라고 볼 수 없는 철골구조물(H빔)을 설치한 상태에서 공사가 중단된 경우(인천지법 2013. 3. 25. 2012라223), 토지 위에 건물을 신축하기로 하는 내용의 공사계약을 체결하고 터파기 공사를 진행하면서 사회통념상 독립한 건물이라고 볼 수 없는 구조물을 설치한 상태에서 토지에 대한 경매절차가 진행됨으로 인하여 공사가 중단된 경우(부산지법 2010. 4. 15. 2010라111), 건물 신축공사가 부지 지하에 철골조 구조물을 가설한 상태에서 중단된 경우(부산고법 2010. 7. 14. 2009나18168, 2010나4066)에도 위와 같은 이유로 유치권을 행사할 수 없다.

---

33) 김태관, "건축수급인의 건축 중인 건물과 건축부지에 대한 유치권", 동아법학(60), 동아대학교 법학연구소(2013), 157~160.

제3절 임차인의 채권

Ⅰ. 견련관계가 있는 경우

임차인은 **임차물의 보존에 필요한 비용**(필요비)을 지출한 경우 임대인에 대하여 그 상환을 청구할 수 있다(민 §626①). 통상의 필요비는 임차인이 부담하는 것이므로 민법 제626조 제1항의 필요비에 해당하지 않는다. 필요비의 상환은 임차인이 지출한 즉시 청구할 수 있고, 가액의 증가가 현존하는지 여부에 관계없이 지출한 필요비 전액에 관하여 청구할 수 있다.

임차인은 **임차물의 개량을 위한 비용**(유익비)을 지출한 경우 임대인에 대하여 그 상환을 청구할 수 있다(민 §626②). 유익비의 상환은 임대차계약이 종료한 때에 청구할 수 있다. 가액의 증가가 현존하는 경우에 한하여 임대인이 지출금액과 증가액 중 선택하여 상환할 수 있으므로, 임차인은 임대인의 선택을 위하여 실제로 지출한 금액과 현존하는 증가액 모두 산정 · 입증하여야 한다.[34)]

[임차인의 유익비상환청구권] 서울중앙지법 2009. 10. 27.자 2009라511 결정은 "… 항고인에게 유익비반환청구권이 인정되기 위해서는 항고인이 이 사건 부동산에 관하여 임대차계약을 체결한 뒤 비용을 지출함으로써 목적물을 개량하여 가액을 증가시켜야 하고, 임대차 종료 시에 그 가액의 증가가 현존해야 한다 …"고 판시하였다.

서울중앙지법 2002. 9. 6. 선고 2001가단150675, 2002가단155295 판결은, 피고(임차인)가 원고(소유자) 소유의 주택 내부수리공사(벽 · 천장 · 바닥 등의 마감재 교체, 욕실 수리, 주방 개조 등) 및 정원조경공사(지하수 개발, 조경수 식재, 자연석 배치, 연못 조성 등)를 한 사안에서, 위 공사는 주택의 개량을 위하여 통상 행하여지는 공사로서 그로 인하여 이 사건 부동산의 객관적 가치가 상승한 것으로 볼 수 있으므로, 특별한 사정이 없는 한 원고는 피고에게 유익비로서 132,481,888원(53,183,316원+79,298,572원)을 상환할 의무가 있다고 판시하였다.[35)]

---

34) 대판 1962. 10. 18. 62다437, 대판 2002. 11. 22. 2001다40381.

35) 건물임차인이 건물에 관한 유익비상환청구권(지붕 · 내부 수리비상환청구권)에 터잡아 취득하게 되는 유치권은 임차건물의 유지 · 사용에 필요한 범위 내에서 임차대지 부분에도 그 효력이 미친다(대판 1980. 10. 14.

등기부등본에 지목은 목장용지로, 건물 내역은 파이프조 기타(갈바륨) 지붕 단층 동물 및 식물관련 시설 톱밥돈사 204.24㎡ 등으로 기재되어 있는 각 부동산을 '돈사' 용도로 임차하여 단열보강공사, 전기 증설 및 시설공사, 사료라인공사, 내부수리공사 등의 시행에 투입한 비용은 임차인의 주관적 이익이나 특정한 영업을 위한 목적으로 지출된 비용이라기보다는 돈사의 개량을 위하여 지출되어 돈사의 가치를 객관적으로 증가시키는 비용이라 할 것이므로 임차인으로서는 그 비용상환청구권을 피담보채권으로 한 유치권에 기하여 위 각 부동산을 점유할 정당한 권원이 있다(대전지법 2010. 3. 19. 2009라251).

주택 임차인이 음식점 영업을 하기 위해 보일러실설치공사를 한 경우 그 공사비용은 유익비에 해당한다(서울중앙지법 2005. 4. 27. 2004가단145872).

[전세권자의 유익비상환청구권] 대법원 1967. 11. 28. 선고 66다2111 판결은 "… 본건 건물은 본래 소외인의 소유 건물인데, 이 소외인이 위 건물을 건축할 때 기초공사, 벽체공사, 옥상슬라브공사만을 완성하고 나머지 부분에 대한 공사를 하지 않은 채 이것을 1962. 11. 21 피고에게 전세금 250,000원에 대여하였다. 피고는 위 건물을 전세로 든 뒤 이 건물이 공장으로 사용하는 데 유용하고, 시장도 가까운 것을 고려하여 장차 이 건물을 피고가 매수하기로 위 소외인과 합의가 되어서 위 건물의 미완성 부분을 자기 자금으로 완성시켰고, 이 때에 피고가 들인 돈이 507,000원 상당이었다 한다. 사실이 위와 같다면 피고가 타인의 물건을 점유하면서 이 물건에 관하여 받을 채권(507,000원)을 취득한 것이요, 따라서 피고는 변제기에 있는 이 채권의 변제를 받을 때까지 이 물건을 유치할 수 있다 …"라고 판시하였다.

[사용차주의 유익비상환청구권] 서울중앙지법 2005. 4. 12. 선고 2003가단457684, 2004가단343324 판결은, 피고(사용차주)가 원고(소유자)의 동의를 얻어 이 사건 건물들을 개축 · 수리하고 중장비를 이용하여 주차장 · 마당 등을 만든 사안에서 "… 유익비란 차주가 목적물의 객관적 가치를 증대시키기 위하여 투입한 비용을 말하는 것인데, 앞서 본 바와 같이 이 사건 건물 중 제2 내지 5건물들은 개발제한구역 내에 위치한 창고 또는 양계장용 비닐하우스였던 것을 위 피고가 목회활동을 하기 위한 시설로 개축하였고, 그 주차장시설도 그 신도들을 위한 주차장으로 사용하기 위하여 시설을 한 것임에 비추어 그 비용을 목적물의 객관적 가치를 증대시킨 유익비로 보기는 어렵다 … 그러나 앞서 본 바와 같이 이 사건 건물 중 원래 주택용으로 지어진 제1건물에 대한 바닥난방공사, 전등공사, 화장실개축공사, 외벽도장공사, 보일러설치공사 및 그 인근 2개소의 마당공사, 담장, 내부도로 보조기층공사 등은 목적물의 객관적 가치를 증대시켰다고 봄이 상당하고, 그 현존가치가 별지 개축공사비및잔존가액내역표 기

79다1170).

재와 같이 금 17,565,145원(=8,504,016원+2,399,443원+3,088,719원+3,572,967원)임은 감정인의 감정결과에 의하여 이를 인정할 수 있으므로 원고는 이를 위 피고에게 상환할 의무가 있다 할 것이고, 유익비상환청구권을 가지는 차주는 목적물에 대한 유치권을 갖는다 할 것이므로 그 상환을 받을 때까지 목적물인 이 사건 건물의 반환을 거절할 수 있다 …"라고 판시하였다.

[건물의 하자로 인한 임차인의 손해배상청구권] 건물임차인이 임대차기간 중 화장실 누수 등의 하자가 발생하여 이를 수리하고 그 수리비용으로 980만 원을 지출하였다면서 경매법원에 공사도급계약서 및 공사업체의 공사대금 수령확인서, 거래명세표 등을 첨부하여 유치권신고를 하였다면 위 공사도급계약서 등이 위조되었다는 점을 소명할 자료가 없는 이상 유치권 성립의 개연성이 충분하다(부산지법 2009. 2. 19. 2008라551).

3층 건물소유자의 승낙을 받아 2층(128.42㎡)의 임차인으로부터 2층 중 일부(56㎡)를 전차한 건물명도청구소송의 피고가 '블루'라는 상호로 그림 · 서화 · 액자 도매업을 영위하던 중 천장의 누수로 임대차기간 중에 서화가 물에 젖는 등 600만 원 상당의 손해가 발생하였다면, 피고의 손해배상청구권은 건물 자체로부터 발생한 것이므로 피고는 원고로부터 500만 원(손해배상액 600만 원 – 연체 차임액 100만 원)을 지급받음과 동시에 위 점유 부분(56㎡)을 인도할 의무가 있다(대전지법 2008. 5. 28. 2007나12997).[36]

II. 견련관계가 없는 경우

1. 비용 지출 자체가 없는 경우

비용을 지출하지 않은 경우에는 유치권의 성립 · 취득이 문제될 여지가 없다.

[비용 지출 자체가 없는 경우] 임차인이 경매목적물에 투입한 공사비에 대하여 임대인을 상대로 내용증명을 발송하고 지급명령을 발하여 그대로 확정된 사실이 있다 하더라도, ㉮ 부동산현황조사보고서에는 임차인이 유치권자로서 사건 각 부동산을 점유하고 있다거나 유치권을 행사하고 있다는 내용이

36) 이에 대하여 피고가 상고하였으나 심리불속행 기각되었다(대판 2008. 9. 11. 2008다43686).

전혀 발견되지 않고, ㉯ 임차인은 경매절차에서 임차인으로서 권리신고 및 배당요구를 하였을 뿐 유치권이 있다는 주장은 하지 않다가 그로부터 약 4개월 지난 시점에 이르러서야 공사견적서 사본 4부를 첨부하여 유치권 권리신고를 하였으며, ㉰ 각 공사견적서의 내용에 부합하는 금융거래 내역 등의 자료가 전혀 제출되지 않았다면, 임차인의 수리비용 지출은 인정하기 어렵다(광주지법 2012. 8. 22. 2011라541).

2. 비용 지출은 있으나 그것이 필요비 또는 유익비가 아닌 경우

통상의 필요비는 임차인이 부담하여야 하므로 통상의 필요비를 지출한 임차인은 유치권을 취득할 수 없다.

유익비는 이용자의 편의를 위하여 지출된 것만으로는 부족하고 목적물의 객관적 가치를 증가시키는 것이어야 한다.[37] 대법원 2006. 5. 11. 선고 2005다52719 판결은 "… 임차인이 임대인에게 비용상환을 청구할 수 있는 유익비라 함은 **임차목적물의 개량을 위하여 지출되어 물건의 가치를 객관적으로 증가시키는 비용**을 말하고, 임차인의 주관적 이익이나 특정한 영업을 위한 목적으로 지출된 비용은 이에 해당되지 않는다 …"라고 판시하였다.[38]

부속물 또는 지상물이 임차물(건물 또는 토지)의 구성부분이 되어 그 소유권이 임대인에게 귀속되는 경우에는 유익비의 상환이 문제되나, 임차물과 별개의 독립한 것으로서 그 소유권이 임차인에게 귀속하는 경우에는 부속물 또는 지상물 매수청구권(민 § 646 · 643)이 문제된다.

부속물 · 지상물 매수청구권의 행사에 의하여 발생하는 매수대금청구권에 관하여는

---

37) 대판 1994. 9. 30. 94다20389 · 20396.

38) 대법원 1996. 8. 23. 선고 95다18086 판결은 "… 민법 제626조 제2항에서 임대인의 상환의무를 규정한 유익비라 함은 임차인이 임차물의 객관적인 가치를 증가시키기 위하여 투입한 비용을 말하는 것이고, 임차인이 특수한 목적에 사용하기 위한 시설개수비용 등은 유익비가 될 수 없는 것이다 …"라고 판시하였다.

아래 '3' 및 '4'에서 별도로 살펴본다.

[유익비에 해당하지 않는 경우] 서울중앙지법 2009. 10. 27.자 2009라511 결정은 "… 항고인이 제출한 항고인과 주△△ 사이에 작성된 2008. 3. 22.자 임대차계약서에는, '임대차기간이 2008. 3. 22.부터 36개월, 임대차보증금이 4,000만 원'이라고 기재되어 있고, '임대인은 임차인이 재임대하는 것에 대하여 동의한다. 본 임대차계약에 의하여 임차인이 사용의 편익을 위하여 수선을 하고 인테리어를 하는 경우에 그 증빙서류에 따라 임대인이 그 금액에 대하여 비용상환을 하여 준다'고 기재되어 있는바, ① 임대차목적물의 규모(약 7.5평) 및 임대차보증금에 비하여 항고인이 지출하였다고 주장하는 유익비(4,945만 원)가 너무 과다한 점, ② 임대차기간(36개월)을 고려하면 임차인이 유익비를 지출하였더라도 임대차 종료 시에 그 지출된 유익비 전부에 관하여 가액의 증가가 현존하지 않을 가능성이 크고 따라서 임대인으로서는 유익비반환청구권을 포기하거나 임대차 종료 시 현존하는 증가액만을 반환하기로 약정하는 것이 거래관념에 부합함에도 불구하고 임대인이 3년 전에 지출한 비용을 전부 반환하기로 약정하는 것은 경험칙에 반하는 점, ③ 위 임대차계약 체결 당시 이미 이 사건 부동산에는 다액의 선순위 근저당권이 설정되어 있어 항고인은 경매절차에서의 매수인에 대하여 대항력을 가질 수 없는 상태였고, 또한 항고인이 개보수 공사비용으로 유익비를 지출하였다고 주장하는 2008. 5.경에는 이미 이 사건 부동산에 관하여 경매개시결정이 내려진 상태였음에도, 항고인이 임대차보증금보다 더 많은 유익비를 지출하였다면서 경매절차에서의 매수인인 신청인의 이 사건 부동산 인도요구를 거부하고 있는 사정에 비추어 보면, 과연 항고인이 실제로 주△△와 위와 같은 임대차계약을 체결하였는지에 관한 강한 의문이 드는 점 등 기록에 의하여 알 수 있는 제반 사정들을 종합하면, 항고인이 제출한 자료만으로는 항고인이 임대차계약을 체결하고 비용을 지출함으로써 이 사건 부동산을 개량하여 가액을 증가시켰고 그 가액의 증가가 현존한다는 점을 인정하기에 부족하다. 게다가 항고인은 바이러스성 뇌염을 앓고 있는 딸 고△△의 일반 병균 감염 우려가 있어 임대차보증금보다 많은 비용을 들여 개보수 공사를 하였다고 주장하는바, 그렇다면 위 비용은 항고인의 편의를 위해 지출된 것으로서 이 사건 부동산의 객관적 가치를 증가케 하는 것이라고 볼 수도 없다. 따라서 항고인의 유치권 주장도 이유 없다 …"라고 판시하였다.

[불법 건축물 공사비] 피고가 이 사건 건물 2층 옥상에 건축한 건물 부분은 피고가 무단 증축한 것으로서 철거되어야 할 것이므로 이 사건 건물의 사용에 객관적 편익을 가져오는 물건이라고 볼 수 없다(대판 2010. 4. 29. 2009다100074).

[통상의 필요비] 대법원 1996. 7. 12. 선고 95다41161, 41178 판결은, 기계의 점유자가 그 기계장치를 계속 사용함에 따라 마모되거나 손상된 부품을 교체하거나 수리하는 데에 소요된 비용은 통상의 필요비에 해당하고, 그러한 통상의 필요비는 점유자가 과실을 취득하면 회복자로부터 그 상환을 구할 수

없으며, 따라서 피고가 원고에 대하여 필요비상환의무를 지고 있음을 전제로 한 원고의 유치권 내지 동시이행의 항변은 이유 없다고 판시하였다.

점포 임차인이 카페영업을 하기 위하여 한 창고 지붕의 보수공사비는 통상의 관리비에 속한다(대판 1991. 10. 8. 91다8029).

3. 건물임차인의 부속물매수대금청구권

[영업·사업을 위한 시설공사 등에 지출한 비용] 건물임차인이 음식점 또는 카페 등의 영업을 위한 시설공사, 간판설치 등에 지출한 비용은 건물의 객관적 가치를 증가시키기 위해 투입한 비용이 아니므로 유익비에 해당하지 않는다(대판 1980. 10. 14. 79다1170, 대판 1991. 8. 27. 91다15591 · 15607, 대판 1991. 10. 8. 91다8029, 대판 1994. 9. 30. 94다20389 등). 건물의 옥탑, 외벽 등에 설치된 간판이 건물의 일부가 아니라 독립된 물건으로 남아 있으면서 과다한 비용을 들이지 않고 건물로부터 분리할 수 있는 것인 때에는 특별한 사정이 없는 한 간판 설치공사 대금채권은 그 건물 자체에 관하여 생긴 채권이라고 할 수 없다(대판 2013. 10. 24. 2011다44788).

대법원 1993. 10. 8. 선고 93다25738 판결은 "… 원심은 피고가 이 사건 건물을 임차한 후 그곳에서 삼계탕집을 경영하기 위하여 합계 금 9,643,000원을 들여 보일러, 온돌방, 방문틀, 주방내부, 합판을 이용한 점포장식, 가스, 실내전등, 계단전기 등을 설치하고 페인트 도색을 하는 등 공사를 하였고, 그로 인하여 현재에도 금 8,147,000원 정도의 가치가 남아 있는 사실을 인정하면서도, 이 사건 건물의 본래의 용도 및 피고의 이용실태 등에 비추어 피고가 지출한 위 비용은 어디까지나 피고가 위 건물에서 삼계탕집을 경영하기 위한 것이지 건물의 보존을 위한다거나 그 객관적 가치를 증가시키기 위한 것이 아니어서 이를 필요비 또는 유익비라고 할 수 없다고 판단하였다 …"라고 판시하였다.

대법원 1991. 10. 8. 선고 91다8029 판결은 "… 피고(반소원고)가 이 사건 건물 중 피고가 임차한 이 사건 점포에서 카페영업을 하기 위한 공사를 하고, 또 카페의 규모를 확장하면서 내부시설공사를 하고, 또는 창고 지붕의 보수공사를 하고 공사비를 지출한 사실을 인정할 수 있으나, 창고 지붕의 보수공사비는 통상의 관리비에 속하고, 나머지 공사비인 이 사건 점포의 내부시설공사는 피고가 카페를 운영하기 위한 필요에 의하여 행하여진 것이고 그로 인하여 이 사건 점포의 객관적 가치가 증가한 것은 아니어서, 이를 위하여 지출한 돈은 원고(반소피고)가 상환의무를 지는 유익비에 해당하지 아니한다고 판단한 원심의 설시이유를 수긍할 수 있고 …"라고 판시하였다.

서울중앙지법 2005. 4. 27. 선고 2004가단145872 판결은, 토지 및 그 지상 건물의 소유자인 원고의 건물명도청구에 대하여 위 건물(주택)을 임차하여 음식점영업을 하기 위해 지출한 비용(유익비)의 상환청구권을 피담보채권으로 하는 유치권의 항변을 한 사안에서, 진입로포장 · 진입계단설치 · 주차장포장 · 전기 · 상하수도 · 화장실신축공사로 인한 유익비 항변을 배척하였다.

임차인이 임차건물을 운동화 등의 소매점포로 사용하기 위하여 인테리어공사대금으로 4,000만 원을 지출하였다고 하더라도 인테리어공사에 지출한 비용은 필요비 또는 유익비라고 할 수 없다(광주지법 2010. 1. 28. 2010라21).

가. 부속물매수청구의 요건

건물 기타 공작물의 임차인은 ① 임차물 사용의 편익을 위하여 임대인의 동의를 얻어 건물에 부속한 임차인 소유의 물건(임대인으로부터 매수한 부속물 포함)이 현존하는 경우, ② 임대차 종료 시에 그 매수를 청구할 수 있다(민 §646).

위 ①과 관련하여 매수청구의 대상이 되는 부속물은, ㉮ 임대인의 동의를 얻어 부속하거나 임대인으로부터 매수하였을 것, ㉯ 독립된 물건으로서 현존할 것, ㉰ 건물임차인의 소유에 속할 것(건물의 구성부분 · 일부가 되지 않을 것),[39] ㉱ 건물의 사용에 객관적인 편익을 가져오게 할 것[40] 등의 요건을 갖춘 것이어야 한다.

---

39) 부속물이 주물(건물)로부터 독립되어 임차인의 소유에 속하는 경우 주물(건물)은 물론 그 부속물도 유치권의 객체가 될 수 없다(뒤의 '다' 및 '라' 참조). 한편, 부속물이 건물의 구성부분 · 일부가 되어 임대인의 소유에 속하는 경우에도 주물(건물)은 물론 그 부속물도 유치권의 객체가 될 수 없으며, 유익비상환청구권이 문제될 수 있을 뿐이다.

건물과 물건의 결합 정도는 3가지 유형으로 나눌 수 있으며, 각 유형에 따른 법률관계는 다음과 같이 정리할 수 있다. ㉮ 그 물건이 건물 자체의 구성부분이라고 할 정도로 건물과 밀접하게 결합되어 이를 분리하려면 훼손해야 하거나 과다한 비용이 필요한 경우에는 유익비상환청구가 가능하다. ㉯ 이와 반대로 그 물건과 건물과의 결합성을 인정할 수 없어 단순히 비치된 정도에 지나지 않는 경우에는 임차인의 수거가 문제될 뿐이다. ㉰ 위 ㉮와 ㉯의 중간 형태로서 건물과 어느 정도 결합되어 있어 단순히 들어내는 방법으로는 수거할 수 없으며, 그 건물에 붙어 있음으로써 효용을 갖게 되고 분리하면 효용이 크게 떨어지지만 아직 건물의 구성부분이라고 할 수 없을 정도로 결합이 느슨한 경우에는 부속물매수청구권의 대상이 될 수 있다{안영문, "건물임차인의 부속물매수청구권", 대법원판례해설(19), 법원도서관(1993), 174}.

40) 부속된 물건이 오로지 임차인의 특수목적에 사용하기 위하여 부속된 것일 때에는 민법 제646조가 규정하는

청구권자는 청구권 행사 당시의 임차인이다.[41] 그 상대방은 본래의 임대인인 것이 원칙이지만 '말소기준등기 전에 대항력이 발생한 주택 · 상가건물 임대차'의 경우에는 청구권 행사 당시의 소유자(본래의 임대인 또는 경매절차의 매수인 등)이다.

임대차계약이 임차인의 채무불이행으로 인하여 해지된 경우에는 부속물매수청구권이 인정되지 않는다.[42]

민법 제646조는 편면적 강행규정이다. 즉, 이 규정에 위반하는 약정으로서 임차인에게 불리한 것은 그 효력이 없다(민 §652).

[임차인이 증축한 부분을 기존건물소유자의 소유로 귀속시키기로 하는 약정(유효)] 건물임차인이 자신의 비용으로 증개축허가와 용도변경허가를 받아 기존의 3층 건물 2,128.83㎡ 중 745.2㎡만 남긴 채 나머지를 철거하고 그 철거 부분과 기존의 옥상 부분에 새로 3,144㎡를 증축하면서, 그 증축 부분을 기존건물의 일부로서 임대인 소유로 귀속시키기로 하는 약정을 하였다면, 임차인은 원상회복의

부속물에 해당하지 않는다(대판 1977. 6. 7. 77다50 · 51, 대판 1991. 10. 8. 91다8029, 대판 1993. 2. 26. 92다41627, 대판 1993. 10. 8. 93다25738 · 25745, 대판 1996. 8. 23. 95다18086 · 18093). 당해 건물의 객관적인 사용목적은 그 건물 자체의 구조와 임대차계약 당시 당사자 사이에 합의된 사용목적, 기타 건물의 위치, 주위환경 등 제반 사정을 참작하여 정한다(대판 1977. 6. 7. 77다50 · 51, 대판 1991. 10. 8. 91다8029, 대판 1993. 2. 26. 92다41627, 대판 1993. 10. 8. 93다25738 · 25745, 대판 1996. 8. 23. 95다18086 · 18093).

5층 건물 중 공부상 용도가 음식점인 1, 2층(상 · 하수도, 화장실, 전기배선 등의 기본시설만 되어 있었음)을 임차하여 대중음식점을 경영하면서 음식점영업의 편익을 위하여 한 시설물(실내장식 · 주방 · 화장실 · 전기시설 등)은 민법 제646조의 부속물에 해당한다(대판 1993. 2. 26. 92다41627).

지하 1층, 지상 3층 건물(지하 1층 및 지상 1, 2층 : 근린생활시설, 지상 3층 : 주택)을 임차하여 삼계탕집을 경영하기 위한 시설(보일러 · 온돌방 · 방문틀 · 주방내부, 합판을 이용한 점포장식, 가스 · 실내전등 · 계단전기 등)을 하고 페인트 도색을 하는 등의 공사를 한 경우(공사대금 9,643,000원, 현재 8,147,000원 잔존) 그 시설물은 민법 제646조의 부속물에 해당하지 않는다(대판 1993. 10. 8. 93다25738 · 25745).

41) 점포의 최초 임차인이 임대인 측의 묵시적 동의 하에 유리 출입문, 새시 등 영업에 필요한 시설을 부속시킨 후 그 점포의 소유권이 임차보증금반환채무와 함께 현 임대인에게 이전되고 점포의 임차권도 임대인과의 사이에 시설비 지급 여부 또는 임차인의 원상회복의무에 관한 아무런 논의 없이 현 임차인에게 전전승계되어 왔다면, 그 시설 대금이 이미 임차인 측에 지급되었다거나 임차인의 지위가 승계될 당시 유리 출입문 등의 시설은 양도대상에서 특히 제외하기로 약정하였다는 등의 특별한 사정이 인정되지 않는 한, 종전 임차인의 지위를 승계한 현 임차인으로서는 임차기간의 만료로 임대차가 종료됨에 있어 임대인에 대하여 부속물매수청구권을 행사할 수 있다(대판 1995. 6. 30. 95다12927).

42) 대판 1990. 1. 23. 88다카7245 · 7252.

무를 면하는 대신 투입비용의 변상이나 권리주장을 포기한다는 내용이 포함된 것으로서 특별한 사정이 없는 한 유효하므로, 그 약정이 부속물매수청구권을 포기하는 약정으로서 강행규정(민법 제646조)에 반하여 무효라고 할 수 없고, 그 증축 부분의 원상회복이 불가능하다고 해서 유익비의 상환을 청구할 수도 없다(대판 1996. 8. 20. 94다44705 · 44712).

나. 부속물매수청구의 효과

부속물매수청구권은 형성권이므로 임차인의 일방적 의사표시에 의하여 매매계약이 성립한 것과 같은 효력(부속물매수대금청구권 등)이 발생한다. 매수청구권의 행사로 그 부속물의 소유권이 바로 건물 임대인에게 이전되는 것은 아니다.

부속물매수청구권의 행사로 발생한 부속물매매대금은 그 청구권 행사 당시의 시가를 기준으로 산정한다.[43)]

다. 임차건물과 그 부속건물에 대한 유치권 불성립

첫째, 건물임차인은 임차한 '건물'(주물)에 대하여 부속물매수대금청구권[44)] 또는 보증금반환청구권을 피담보채권으로 하는 유치권을 취득할 수 없다. 위 청구권들은 건물에 관하여 생긴 채권에 해당하지 않기 때문이다(견련관계 부존재).

[건물임차인의 부속물매수대금청구권] 임차인이 설치한 전기공사 및 변압기 설치의 결과물이 건물(주물)의 부속물이 되어 임차인에게 부속물매수청구권이 인정된다고 하더라도 부속물 설치에 소요된 공사비채권은 이 사건 부동산 자체에 관하여 발생한 채권이라고 할 수 없으므로 임차인이 부속물매수청구의 상대방에 대하여 부속물매수대금의 지급을 구할 수 있을 뿐, 위 공사비채권으로 건물에 관한 유치권의 성립을 주장하거나 이로써 경매절차의 매수인에 대하여 건물의 인도를 거부할 수는 없다(의정부지법 2010. 3. 4. 2009라145).

43) 대판 1995. 6. 30. 95다12927.

44) 대판 1977. 12. 13. 77다115, 대구지법 2017. 3. 8. 2016나306588(확정).

건물 내부(방 6, 부엌 1, 복도 1)의 칸막이, 다다미 등은 건물의 부속물이고, 부속물 설치에 소요된 공사비채권은 건물(주물)에 관하여 생긴 채권이 아니다(서울고법 1973. 5. 31. 72나2595 · 2596).

건물에 관한 부속물매수청구권의 행사로 발생한 부속물매수대금청구권은 당해 부속물에 관하여 생긴 채권에 불과할 뿐 그 건물 자체에 관하여 생긴 채권은 아니므로, 부속물매수대금청구권을 근거로 임차 건물에 대하여 유치권을 행사할 수는 없다(부산지법 2007. 10. 18. 2007나5707, 대구고법 2007. 5. 18. 2006나7700 등).

둘째, 건물임차인은 '부속물'에 대하여도 유치권을 취득할 수 없다. 매수대금청구권은 부속물이 건물의 구성부분 · 일부가 된 경우가 아닌 한 자기 소유물에 관하여 생긴 채권이기 때문이다(타물권성 결여). 다만, 임차인은 부속물 매도인의 입장에서 매수대금을 지급받을 때까지 동시이행의 항변으로써 부속물의 인도를 거절할 수는 있다.[45]

4. 토지임차인의 지상물매수대금청구권

가. 지상물매수청구의 요건

건물 소유 등을 목적으로 하는 토지임대차에서 임대차기간이 만료된 경우 또는 기간을 정하지 않은 임대차의 해지통고로 임차권이 소멸한 경우[46] 그 건물 등이 현존하는 때에는 임차인은 임대인에게 상당한 가액으로 건물 등의 매수를 청구할 수 있다(민 §643 · 283). 임차인의 지상물매수청구권은 국민경제적 관점에서 지상 건물의 잔존 가치를 보존하고 토지소유자의 배타적 소유권 행사로부터 임차인을 보호하기 위한 것으로서, 원칙적으로 임차권 소멸 당시에 토지소유권을 가진 임대인을 상대로 행사할

45) 대판 1981. 11. 10. 81다378 참조.

46) 토지임차인의 지상물매수청구권은 기간의 정함이 없는 임대차에 있어서 임대인에 의한 해지통고에 의하여 그 임차권이 소멸한 경우에도 임차인의 계약갱신 청구의 유무에 불구하고 인정된다{대판 1995. 2. 3. 94다51178 · 51185, 대판(전) 1995. 7. 11. 94다34265, 대판 1995. 12. 26. 95다42195}.

수 있다.[47)]

매수청구의 대상이 되는 지상물은 ㉮ 임차인이 임차 토지 위에 설치하였을 것, ㉯ 독립된 물건으로서 현존할 것, ㉰ 토지임차인의 소유에 속할 것(토지의 구성부분 · 일부가 되지 않을 것) 등의 요건을 갖춘 것이어야 한다.[48)]

지상물매수청구권은 그 행사에 특정의 방식을 요하지 않는 것으로서 재판상으로 뿐만 아니라 재판 외에서도 행사할 수 있는 것이고 그 행사의 시기에 대하여도 제한이 없다(임차인이 자신의 건물매수청구권을 제1심에서 행사하였다가 철회한 후 항소심에서 다시 행사하는 것도 가능하다).[49)]

건물의 소유를 목적으로 하는 토지임대차에 있어서, 임대차가 종료함에 따라 토지의 임차인이 임대인에 대하여 건물매수청구권을 행사할 수 있음에도 불구하고 이를 행사하지 아니한 채, 토지의 임대인이 임차인에 대하여 제기한 토지인도 및 건물철거청구 소송에서 패소하여 그 패소판결이 확정되었다고 하더라도, 그 확정판결에 의하여 건물철거가 집행되지 아니한 이상 토지의 임차인으로서는 건물매수청구권을 행사하여 별소로써 임대인에 대하여 건물매매대금의 지급을 구할 수 있다.[50)]

민법 제643조는 편면적 강행규정이다. 즉, 이 규정에 위반하는 약정으로서 임차인에게 불리한 것은 그 효력이 없다(민 §652).[51)]

---

47) 다만, 임대인이 제3자에게 토지를 양도하는 등으로 토지소유권이 이전된 경우에는 임대인의 지위가 승계되거나 임차인이 토지소유자에게 임차권을 대항할 수 있다면 새로운 토지소유자를 상대로 위 매수청구권을 행사할 수 있다(대판 1977. 4. 26. 75다348, 대판 1994. 7. 29. 93다59717 · 59724, 대판 2017. 4. 26. 2014다72449).

48) 임차인 소유의 건물이 구분소유의 객체가 되지 않고 또한 임대인 소유의 토지 외에 임차인 또는 제3자 소유의 토지 위에 걸쳐서 건립되어 있다면 임차인의 건물매수청구는 허용되지 않는다(대판 1997. 4. 8. 96다45443).

49) 대판 2002. 5. 31. 2001다42080.

50) 대판 1995. 12. 26. 95다42195. 이 판결은 대지 임대차계약의 갱신을 유도하는 입법론적 필요성은 별론으로 하더라도, 현행 법제도상 계약갱신을 강제할 유일한 수단인 건물매수청구권의 행사 시기를 지나치게 제한하는 것은 옳지 않다고 보고, 이를 논거로 매수청구권이 전소(건물철거소송)의 기판력에 의하여 차단되지 않으며 그 행사가 신의칙에 위반하지도 않는다고 설시한 것이다{목영준, "건물매수청구권의 행사 시기", 사법행정(428), 한국사법행정학회(1996), 32}.

51) 건물의 소유를 목적으로 한 토지의 임차인이 임대차가 종료하기 전에 임대인과 간에 건물 기타 지상시설 일체

지상 건물이 객관적으로 경제적 가치가 있는지 여부나 임대인에게 소용이 있는지 여부는 매수청구의 요건이 아니다.[52)]

토지임대차 종료 시 임대인의 건물철거와 그 부지인도 청구에는 건물매수대금 지급과 동시에 건물명도를 구하는 청구가 포함되어 있다고 볼 수 없다.[53)]

나. 지상물매수청구의 효과

지상물매수청구권은 임대인이 계약의 갱신을 원하지 않는 경우에 인정되는 형성권으로서 그 행사에 의하여 임대인과 임차인 사이에 매매가 성립한다. 지상물매수청구권이 행사되면 임대인과 임차인 사이에서는 임차지상의 건물에 대하여 매수청구권 행사 당시의 건물시가를 대금으로 하는 매매계약이 체결된 것과 같은 효과가 발생하는 것이지, 임대인이 기존건물의 철거비용을 포함하여 임차인이 임차지상의 건물을 신축하기 위하여

를 포기하기로 약정을 하였다고 하더라도 임대차계약의 조건이나 계약이 체결된 경위 등 제반 사정을 종합적으로 고려하여 실질적으로 임차인에게 불리하다고 볼 수 없는 특별한 사정이 인정되지 아니하는 한 위와 같은 약정은 임차인에게 불리한 것으로서 민법 제652조에 의하여 효력이 없다(대판 2002. 5. 31. 2001다42080).

대법원 1997. 4. 8. 선고 96다45443 판결은, 임차인에게 불리한 약정인지의 여부는 우선 당해 계약의 조건 자체에 의하여 가려져야 하지만 계약체결의 경위와 제반 사정 등을 종합적으로 고려하여 실질적으로 임차인에게 불리하다고 볼 수 없는 특별한 사정을 인정할 수 있을 때에는 위 강행규정에 저촉되지 않는 것으로 보아야 한다고 판시하였다. 이 판결은, 토지를 점유할 권원이 없어 건물을 철거하여야 할 처지에 있는 건물소유자에게 토지소유자가 은혜적으로 명목상 차임만을 받고 토지의 사용을 일시적으로 허용하는 취지에서 토지임대차계약이 체결된 경우라면, 임대인의 요구 시 언제든지 건물을 철거하고 토지를 인도한다는 특약은 임차인에게 불리한 약정에 해당하지 않는다고 보았다.

52) 대판 2002. 5. 31. 2001다42080.

53) 이 경우 법원으로서는 임대인이 종전의 청구를 계속 유지할 것인지, 아니면 대금 지급과 상환으로 지상물의 명도를 청구할 의사가 있는 것인지(예비적으로라도)를 석명하고 임대인이 그 석명에 응하여 소를 변경한 때에는 지상물 명도의 판결을 함으로써 분쟁의 1회적 해결을 꾀하여야 한다{대판(전) 1995. 7. 11. 94다34265}. 이 판결은 청구기초의 동일성이 인정되는 범위 내에서 청구취지의 변경에 관한 석명의무를 인정함으로써 분쟁의 적극적 해결에 기여할 수 있을 뿐만 아니라 석명의무의 존부에 관한 판단기준을 구체적으로 적시함으로써 법적 안정성에도 이바지할 수 있는 획기적인 선례이다{정규상, "토지임대차에 있어서 매수청구권의 행사로 인한 소의 변경과 석명의무", 성균관법학(6), 성균관대학교 법학연구소(1995), 183}.

지출한 모든 비용을 보상할 의무를 부담하게 되는 것은 아니다.[54)]

다. 임차토지와 그 지상물에 대한 유치권 불성립

첫째, 토지임차인은 임차한 '토지'(주물)에 대하여 지상물매수대금청구권 또는 보증금반환청구권을 피담보채권으로 하는 유치권을 취득할 수 없다. 위 청구권들은 토지에 관하여 생긴 채권에 해당하지 않기 때문이다(견련관계 부존재).

둘째, 토지임차인은 '지상물'에 대하여도 유치권을 취득할 수 없다. 매수대금청구권은 지상물이 토지의 구성부분 · 일부가 된 경우가 아닌 한 자기 소유물에 관하여 생긴 채권이기 때문이다(타물권성 결여).

판례 중에는 지상물(건물) 매수대금청구권을 피담보채권으로 하여 토지에 대한 유치권의 성립을 인정한 것이 있으나 의문이다.

[지상물매수대금청구권을 피담보채권으로 하는 '토지에 대한 유치권' 성립 인정] 서울고법 1995. 8. 18. 선고 94나32094, 94나32100 판결은, 토지소유자인 원고들의 건물의 철거 및 대지 부분의 인도청구(주위적 청구)에 대하여 그 토지를 임차하여 그 지상에 건물을 신축 · 소유하고 있는 피고들이 지상물매수청구권을 행사한 사안에서 "… 원고들과 위 피고들 사이의 위 각 임대차계약이 1993. 11. 10.경 해지되어 종료된 사실, 위 피고들이 이 사건 토지들 지상에 위 각 건물을 소유하고 있는 사실은 앞서 본 바와 같고, 원고들이 위 각 임대차계약의 갱신을 원하지 않고 있음은 변론의 전취지에 의하여 명백하므로 위 피고들의 매수청구권의 행사에 의하여 원고들과 위 피고들 사이에는 위 각 건물에 관하여 매매계약이 성립되었다 할 것이고, 위 피고들은 원고들로부터 그 매수대금을 지급받을 때까지 위 각 건물의 부지 부분에 관하여 유치권이 있다고 할 것이므로 원고들의 위 피고들에 대한 주위적 청구는 이유 없다 …"라고 판시하였다.[55)] 그러나 토지임차인의 지상물매수대금청구권을 피담보채권으로 하여서

54) 대판 2002. 11. 13. 2002다46003. 지상물매수청구권은 매수청구의 대상이 되는 건물에 근저당권이 설정되어 있는 경우에도 인정되는데, 근저당권의 채권최고액이나 피담보채무액을 공제한 금액을 매수가격으로 정할 것은 아니며, 다만 매수청구권을 행사한 지상 건물 소유자가 위와 같은 근저당권을 말소하지 않는 경우 토지소유자는 민법 제588조에 의하여 위 근저당권의 말소등기가 될 때까지 그 채권최고액에 상당한 대금의 지급을 거절할 수 있을 뿐이다(대판 2008. 5. 29. 2007다4356).

55) 이에 대하여 쌍방이 상고하였으나 모두 기각되었다(대판 1996. 5. 10. 95다42553, 95다42560).

는 유치권이 성립할 수 없는 것이므로(견련관계 부존재), 위 토지인도 등의 주위적 청구를 인용하는 것이 타당하다고 생각한다.

[지상물매수대금청구권과 부당이득금반환채무] 대구지법 상주지원 2017. 9. 27. 선고 2016가단9864 판결은, 토지와 그 지상 건물의 소유자들이 위 각 부동산의 임차인들{위 건물(우사 · 돈사 등)에 증축공사를 하고 분뇨처리시설 · 액비저장탱크를 설치하였음}을 상대로 손해배상(주위적 청구) 및 부당이득반환(예비적 청구)을 청구한 사안에서 예비적 청구를 인용하면서, "… 피고들의 원고들에 대한 지상물매수청구권, 부속물매수청구권, 필요비 및 유익비 상환청구권이 인정되지 않는 이상, 피담보채권이 없어 유치권 역시 인정되지 않는다. 설령 피고들이 지상물매수청구권, 부속물매수청구권, 필요비 및 유익비 상환청구권, 유치권을 주장할 수 있다고 하더라도 이 사건 각 건물을 점유, 사용한 이상 임료 상당액을 부당이득으로 반환하여야 하는 것은 마찬가지이다 …"라고 판시하였다.

라. 토지 전세권에의 유추적용

토지임차인의 지상물매수청구권에 관한 민법 제643조의 규정은 토지 전세권의 경우에도 유추적용된다.

[토지 전세권에의 유추적용] 대법원 2007. 9. 21. 선고 2005다41740 판결은, 토지와 그 지상 건물의 소유자가 위 각 부동산의 전세권자를 상대로 유치권존재확인소송을 제기한 사안에서 원고의 청구를 기각한 원심[56]의 판단을 수긍하면서 "… ㉮ 토지임차인의 건물 기타 공작물의 매수청구권에 관한 민법 제643조의 규정은 성질상 토지의 전세권에도 유추적용될 수 있다고 할 것이지만, 그 매수청구권은 토지임차권 등이 건물 기타 공작물의 소유 등을 목적으로 한 것으로서 기간이 만료되어야 하고 건물 기타 지상시설이 현존하여야만 행사할 수 있는 것이다 … ㉯ 원심이 피고는 이 사건 건물과 그 부지인 토지 전부에 대한 전세권자일 뿐이고 토지 부분만 분리하여 건물 소유를 목적으로 토지임대차를 한 것이 아니며 또한 그 전세권의 존속기간이 만료되지도 않은 이상 위 매수청구권이 발생하였다고 할 수 없으니 이를 피담보채권으로 한 피고의 유치권은 성립할 수 없다고 판단한 것은 정당한 것으로 수긍이 가고 … ㉰ 위 공사비용상환청구권은 이 사건 전세권의 기간 만료 시에 변제하기로 약정되어 있으므로 아직 그

56) 대구고법 2005. 6. 23. 2004나9061.

변제기가 도래하지 아니하였고, 따라서 이를 피담보채권으로 한 유치권이 성립될 수 없어 피고의 이 부분 주장은 배척될 수밖에 없다 … ㉣ 원심이, 이 사건에서 피고가 주장하는 지상물매수청구권이나 부속물매수청구권 또는 비용상환청구권 등은 어느 것이나 피고의 전세권의 존속기간이 만료되는 때에 발생하거나 변제기에 이르는 것인데, 아직 그 전세권의 존속기간이 만료되지 아니하였으므로 위 각 채권에 기한 피고의 유치권은 성립되지 아니한다는 취지로 판단한 것은 정당하고 …"라고 판시하였다.

5. 견련관계가 없는 기타의 채권

[임대차보증금반환청구권] 건물의 임대차에 있어서 임차인이 임대인에게 지급한 임차보증금의 반환청구권은 건물에 관하여 생긴 채권이라 할 수 없다(대판 1960. 9. 29. 4292민상229, 대판 1976. 5. 11. 75다1305, 대판 1977. 12. 13. 77다115). 다만, 임대차가 종료된 경우 임차인의 임차목적물 인도의무와 임대인의 임차보증금 반환의무는 동시이행의 관계가 있다{대판(전) 1977. 9. 28. 77다1241 · 1242, 대판 1990. 12. 21. 90다카24076 등}.

[권리금반환청구권] 대법원 1994. 10. 14. 선고 93다62119 판결은 임대인과 임차인 사이에 권리금 반환의 약정이 있었다 하더라도 권리금반환청구권은 건물에 관하여 생긴 채권이라 할 수 없으므로 그 채권을 가지고 건물에 대한 유치권을 행사할 수 없다고 판시하였다.[57)]

---

57) 대법원 2013. 12. 26. 선고 2013다63257 판결은 "… 영업용 건물의 임대차에 수반되어 행하여지는 권리금의 지급은 임대차계약의 내용을 이루는 것은 아니고 권리금 자체는 거기의 영업시설 · 비품 등 유형물이나 거래처, 신용, 영업상의 노하우(know-how) 또는 점포 위치에 따른 영업상의 이점 등 무형의 재산적 가치의 양도 또는 일정 기간 동안의 이용대가라고 볼 것이다. 권리금이 임차인으로부터 임대인에게 지급된 경우 그 유형 · 무형의 재산적 가치의 양수 또는 약정기간 동안의 이용이 유효하게 이루어진 이상 임대인은 그 권리금의 반환의무를 지지 아니한다. 다만, 임차인은 당초의 임대차에서 반대되는 약정이 없는 한 임차권의 양도 또는 전대차의 기회에 부수하여 자신도 그 재산적 가치를 다른 사람에게 양도 또는 이용케 함으로써 권리금 상당액을 회수할 수 있을 것이다. 따라서 임대인이 그 임대차의 종료에 즈음하여 그 재산적 가치를 도로 양수한다든지 권리금 수수 후 일정한 기간 이상으로 그 임대차를 존속시켜 그 가치를 이용케 하기로 약정하였음에도 임대인의 사정으로 중도 해지됨으로써 약정기간 동안의 그 재산적 가치를 이용케 해주지 못하였다는 등의 특별한 사정이 있을 때에만 임대인은 그 권리금 전부 또는 일부의 반환의무를 진다 …"라고 판시하였다.

[손해배상청구권] 대법원 1976. 5. 11. 선고 75다1305 판결은, 건물의 임대차에 있어서 임대인이 건물시설을 아니하였기 때문에 임차인이 건물을 임차목적대로 사용 못한 것을 이유로 하는 손해배상청구권은 건물에 관하여 생긴 채권이라 할 수 없다고 판시하였다.

서울북부지법 2005. 6. 29. 선고 2005나389 판결(확정)은, 4층 건물 중 2층 일부(285.36㎡)를 임차하여 학원을 운영하는 임차인이 임대인의 위법한 학원 운영 방해를 이유로 하는 손해배상청구권은 위 건물 부분 자체로부터 발생하였다거나 위 건물 부분의 반환청구권과 동일한 법률관계나 사실관계로부터 발생한 채권이라고 볼 수 없다고 판시하였다.

서울서부지법 2006. 5. 18. 선고 2005나6017 판결(확정)은, 임대인으로부터 9층 건물 중 1층 일부(104호)를 임차하여 '드보라'라는 상호로 의류소매업을 영위하는 임차인이, 임대차계약 체결 당시 임대인이 임차인의 영업에 필요한 옷 보관 창고를 만들어주기로 하는 특약을 이행하지 않았음을 이유로 임대인에 대하여 가지는 손해(창고 미설치에 따른 제품손상 피해, 제품분실 피해, 영업상 피해 등)의 배상청구권은 이 사건 점포에 관하여 생긴 채권이라고 할 수 없다고 판시하였다.

[원상회복의 약정이 있는 경우] 대법원 1975. 4. 22. 선고 73다2010 판결은, 건물의 임차인이 임대차관계 종료 시에는 건물을 원상으로 복구하여 임대인에게 명도하기로 약정한 것은 건물에 지출한 각종 유익비 또는 필요비의 상환청구권을 미리 포기하기로 한 취지의 특약이라고 볼 수 있어 임차인은 유치권을 주장할 수 없다고 판시하였다.

부산고법 2005. 12. 7. 선고 2005나9647, 2005나9654 판결은, 임대차계약서에 '임차인은 임대인의 승인 하에 임차목적물을 개축 또는 변조할 수 있으나 임차목적물을 명도할 시에는 임차인이 일체의 비용을 부담하여 원상복구하기로 한다'는 취지가 기재되어 있다면, 찜질방영업을 위한 지하수 정수장치 공사, 열교환기 설치공사, 건물 출입구 미장공사 등에 지출한 비용이 유익비에 해당하는지 살펴볼 필요 없이 그 비용상환청구권을 유치권의 피담보채권으로 주장할 수 없다고 판시하였다.

제4절 기타의 채권자의 채권

Ⅰ. 견련관계가 있는 경우

[말 자체로부터 발생한 손해배상채권] 甲 소유의 말 2필이 乙 소유의 밭에 들어가 약 3,000평의 면적에 심어놓은 육도(陸稻, 밭에 심는 벼)를 뜯어먹어 평균 수확량이 절반으로 감소한 경우 乙은 甲 소유의 말에 대하여 유치권을 행사할 수 있다(대판 1969. 11. 25. 69다1592).

[건물관리비채권] 대법원 2013. 10. 15. 선고2013마1525 결정은, 경매절차에서 토지의 지분과 그 지상 건물(지하 5층, 지상 10층)의 지분(구분소유적 공유지분)을 매수한 甲이 건물에 관한 관리비채권을 담보하기 위하여 건물 중 일부(10층 중 20호 및 23호)에 관하여 유치권을 행사하고 있는 乙을 상대로 부동산인도명령을 신청한 사안에서, 乙의 관리비채권과 위 건물 부분이 견련관계가 있다는 이유로 乙의 유치권의 항변을 인용하였다.

아파트 등 집합건물의 특별승계인은 전 입주자가 체납한 관리비 중 공용부분 관리비만을 승계할 뿐(대전합 2001. 9. 20. 2001다8677), 전용부분 관리비를 승계하지 않음은 물론 공용부분 관리비에 대한 연체료도 승계하지 않는다(대판 2006. 6. 29. 2004다3598 · 3604, 대판 2007. 2. 22. 2005다65821).

[재건축조합원에 대한 분담금채권] 대구지법 2012. 8. 10.자 2012라62 결정은, 재건축조합원으로서 △△△아파트 102동 2201호를 분양받은 甲이 부담하여야 할 조합원 분담금(=분양가격 - 권리가액) 채권은 사실상 △△물산, △△재건축조합, 조합원 甲과 사이에 체결된 공사계약 · 분양계약 등에 기초한 것인데, 재건축사업의 시행방식과 계약형태, 분담금 지급방식, 입주형태 등에 비추어 보면 이 사건 채권은 △△물산의 분양계약자 甲에 대한 아파트 분양대금 채권으로서 사실상 아파트 공사대금채권과 마찬가지라고 봄이 상당하다. 따라서 이 채권은 이 사건 아파트에 관한 채권과 동일한 법률관계 또는 사실관계로부터 발생한 경우에 해당하므로, 이 사건 채권과 이 사건 아파트의 견련성이 인정된다고 판시하였다.[58]

서울중앙지법 2016. 11. 18. 선고 2016가합523519 판결(확정)은 재건축사업의 분담금채권, 등기비용 구상금채권도 이 사건 아파트에 관하여 생긴 채권이라고 인정하였다.

---

58) 이에 신청인이 재항고하였으나 심리불속행 기각되었다(대결 2012. 12. 21. 2012마1375).

[세금·소송비용 상환청구권] 대법원 2006. 1. 26. 선고 2004다69420 판결은, 부재자 재산관리인이 부재자의 부동산에 관하여 대납한 세금의 상환청구권, 타인 명의로 넘어간 부동산 소유권을 부재자 명의로 회복하는 데 소요된 소송비용의 상환청구권은 그 부동산과 견련관계가 있다고 판시하였다.

[개간비용·개답비용 상환청구권] 임야개간[59](開墾, 대판 1968. 3. 5. 67다2786), 개답[60](開沓, 대판 1977. 11. 22. 76다2731)에 소요된 비용은 유익비에 해당한다.

[점유자의 회복자에 대한 유익비상환청구권] 대법원 2014. 3. 27. 선고 2011다101209 판결은, 건물에 관한 경매절차의 매수인(원고)이 점유자들(피고들)을 상대로 건물명도를 구하고 점유자들이 유익비(지붕차양설치공사, 옥상방수공사, 지붕강판공사, 전기설비공사, 수도 · 보일러 설치공사, 창틀공사 등에 소요된 비용)의 상환청구권을 피담보채권으로 하는 유치권의 항변을 한 사안에서, 가장임차인들(피고들)이 사용대차 관계에 기한 유익비상환청구권을 가지는지 여부 및 그에 기한 유치권이 인정되는지 여부에 관한 판단을 누락한 원심 판결 부분을 파기 · 환송하면서 그 전제 법리로서 "… 민법 제203조 제2항[61]에 의한 점유자의 회복자에 대한 유익비상환청구권은 점유자가 계약관계 등 적법하게 점유할 권리를 가지지 않아 소유자의 소유물반환청구에 응하여야 할 의무가 있는 경우에 성립되는 것으로서, 이 경우 점유자는 그 비용을 지출할 당시의 소유자가 누구이었는지에 관계없이 **점유회복 당시의 소유자, 즉 회복자에 대하여** 비용상환청구권을 행사할 수 있다. 그러나 점유자가 유익비를 지출할 당시 계약관계 등 적법한 점유의 권원을 가진 경우에 그 지출비용의 상환에 관하여는 그 계약관계를 규율하는 법조항[62]이나 법리 등이 적용되는 것이어서, 점유자는 그 **계약관계 등의 상대방에 대하여** 해당 법조항

59) 거친 땅이나 버려둔 땅을 일구어 논이나 밭 기타 쓸모 있는 땅으로 만드는 것.

60) 생땅이나 밭을 논으로 만드는 것.

61) 민법 제203조 제2항 본문은 '점유자가 점유물을 개량하기 위하여 지출한 금액 기타 유익비에 관하여는 그 가액의 증가가 현존한 경우에 한하여 회복자(점유회복 당시의 소유자)의 선택에 좇아 그 지출금액이나 증가액의 상환을 청구할 수 있다.'라고 규정하고 있다. 따라서 점유물이 부동산이고 그것이 경매절차에서 매각된 경우, 점유자는 경매절차의 매수인(점유회복 당시의 소유자)의 부동산인도청구에 대하여 유익비상환청구권을 피담보채권으로 하는 유치권의 항변을 할 수 있다.

62) 유치권에 관한 325조 제2항 본문은 '유치권자(수급인)가 유치물에 관하여 유익비를 지출한 때에는 그 가액의 증가가 현존한 경우에 한하여 소유자(건축주 · 도급인 등)의 선택에 좇아 그 지출한 금액이나 증가액의 상환을 청구할 수 있다'라고 규정하고 있다. 따라서 유치권자(수급인)는 건축주 내지 도급인(종전의 소유자)의 인도청구에 대하여 유익비상환청구권을 피담보채권으로 하는 유치권의 항변을 할 수 있을 뿐, 경매절차의 매수인(점유회복 당시의 소유자)의 인도청구에 대하여는 유익비상환청구권을 피담보채권으로 하는 유치권의 항변을 할 수 없다.

이나 법리에 따른 비용상환청구권을 행사할 수 있을 뿐 계약관계 등의 상대방이 아닌 점유회복 당시의 소유자에 대하여 민법 제203조 제2항에 따른 지출비용의 상환을 구할 수는 없다(대법원 2003. 7. 25. 선고 2001다64752 판결 등 참조). 한편, 사용대차에 있어서 차주의 유익비상환청구에는 민법 제203조의 규정이 적용된다(민법 제611조 제2항, 제594조 제2항) …"라고 판시하였다.[63]

[점유자의 회복자에 대한 유익비상환청구권] 서울고법 2007. 10. 11. 선고 2006나110201 판결은, 피고들(토지임차인)은 토지형질변경을 위한 공사비용(토목설계허가신청비, 농지전용조성비, 이행보증금, 지역개발공채매입비, 측량비, 토목공사비, 토지면허세, 인허가 보증보험료, 토지형질변경 및 건축신고서류비 등)으로 지출한 70,500,980원과 토지형질변경으로 인하여 현존하는 증가액 323,290,000원 중 적은 금액인 70,500,980원을 수령함과 상환으로 원고에게 토지를 인도할 의무가 있다고 판시하면서, "… 구 토지조사령에 의한 토지의 사정명의인은 당해 토지를 원시취득하므로(대법원 1986. 6. 10. 선고 84다카1773 전원합의체 판결 등 참조) 적어도 구 토지조사령에 따라 토지조사부가 작성되어 누군가에게 사정되었다면 그 사정명의인 또는 그의 상속인이 토지의 소유자가 되고, 따라서 설령 국가가 이를 무주 부동산으로 취급하여 국유재산법령의 절차를 거쳐 국유재산으로 등기를 마치더라도 국가에게 소유권이 귀속되지 않는바(대법원 1997. 4. 25. 선고 96다53420 판결, 1999. 2. 23. 선고 98다59132 판결 등 참조), 이 사건의 경우, 피고들이 이 사건 토지에 관하여 체결한 대부계약의 상대방인 대한민국은 처음부터 이 사건 토지의 소유자가 아니라 할 것이다. 이렇게 볼 때, 원고 종친회가 대한민국과 위 사정명의인의 상속인들을 상대로 명의신탁해지 등을 원인으로 적법하게 소유권을 회복한 다음 원고 종친회로부터 이 사건 토지를 각 매수한 원고 등이, 이 사건 토지 위에 위 건물들을 건립하여 점유하고 있는 피고들을 상대로 이 사건 토지의 반환을 구하고 있는 이상, 피고들은 유익비를 지출할 당시 적법한 점유의 권원을 가지지 않은 경우에 해당하므로 피고들과 원고 등 사이에는 점유자와 회복자의 관계에서 피고들이 점유회복 당시의 소유자인 원고 등에 대하여 민법 제203조 제2항에 따른 지출비용의 상환을 구할 수 있다고 할 것이고, 이러한 유익비상환청구권은 민법 제320조 제1항 소정의 '그 물건에 관하여 생긴 채권'에 해당하므로 그에 기하여 피고들에게 유치권이 성립한다 …"라고 판시하였다.

---

63) 환송 후의 항소심에서는 2016. 4. 28. 화해로 종결되었다(전주지법 2014나3385).

II. 견련관계가 없는 경우

[건축자재대금채권] 대법원 2012. 1. 26. 선고 2011다96208 판결은 "… 피고는 위 건물 신축공사의 수급인인 한울과의 약정에 따라 그 공사현장에 시멘트와 모래 등의 건축자재를 공급하였을 뿐이라는 것인바, 그렇다면 이러한 피고의 건축자재대금채권은 그 건축자재를 공급받은 한울과의 매매계약에 따른 매매대금채권에 불과한 것이고, 피고가 공급한 건축자재가 수급인 등에 의해 위 건물의 신축공사에 사용됨으로써 결과적으로 위 건물에 부합되었다고 하여도 건축자재의 공급으로 인한 매매대금채권이 위 건물 자체에 관하여 생긴 채권이라고 할 수는 없다 …"라고 판시하였다.

[LPG 판매시설에 관한 영업권] 부동산인도명령의 피신청인이 건물의 전 소유자로부터 양수한 '건물 내 LPG 판매시설에 관한 영업권'은 건물에 관하여 생긴 채권이라고 할 수 없으므로 이 부분에 대하여 유치권이 성립하지 아니한다(서울북부지법 2012. 8. 16. 2011라200).

[분양수수료채권] 건물에 관한 분양수수료채권은 건물에 관하여 생긴 채권이라고 할 수 없다(대전지법 2012. 12. 7. 2012라806).

[매매대금반환채권, 부당이득반환채권] 토지 및 건물에 관한 계약의 무효 또는 취소로 인한 매매대금반환채권과 부당이득반환채권은 부동산에 관하여 생긴 채권이라고 할 수 없다(의정부지법 2010. 4. 20. 2010라52).

[계약명의신탁의 경우 명의수탁자에 대한 부당이득반환청구권] 매도인이 선의인 계약명의신탁의 경우 명의수탁자는 당해 부동산의 소유권을 취득하고 명의신탁자는 명의수탁자에게 매수자금 상당의 부당이득반환청구권을 가지는데,[64] 이 부당이득반환청구권은 부동산 자체로부터 발생한 채권이 아닐 뿐만 아니라 소유권 등에 기한 부동산의 반환청구권과 동일한 법률관계나 사실관계로부터 발생한

---

64) 명의신탁자와 명의수탁자가 이른바 계약명의신탁약정을 맺고 명의수탁자가 당사자가 되어 명의신탁약정이 있다는 사실을 알지 못하는 소유자와 사이에 부동산에 관한 매매계약을 체결한 뒤 수탁자 명의로 소유권이전등기를 마친 경우에는 명의신탁자와 명의수탁자 사이의 명의신탁약정은 무효이지만 그 명의수탁자는 당해 부동산의 완전한 소유권을 취득하게 되고(부동산실명 §4①② 참조), 반면 명의신탁자는 애초부터 당해 부동산의 소유권을 취득할 수 없고, 다만 그가 명의수탁자에게 제공한 부동산 매수자금이 무효의 명의신탁약정에 의한 법률상 원인 없는 것이 되는 관계로 명의수탁자에 대하여 동액 상당의 부당이득반환청구권을 가질 수 있을 뿐이다.

채권이라고 보기도 어려우므로, 민법 제320조 제1항에서 정한 유치권 성립요건으로서의 목적물과 채권 사이의 견련관계를 인정할 수 없다(대판 2009. 3. 26. 2008다34828).

[매매대금채권] 대법원 2012. 1. 12.자 2011마2380 결정은, 부동산소유자 A가 B와 매매계약을 체결하고 매매대금을 다 받기 전에 B에게 소유권이전등기를 해 주었는데, 그 후 B가 甲에게 설정하여 준 저당권에 기하여 개시된 임의경매절차에서 이를 매수한 C가 A를 상대로 부동산인도명령을 구하고, 이에 A가 B에 대한 매매잔대금채권에 기하여 유치권의 항변을 한 사안에서, 매도인(A)이 부동산을 점유하고 있고 소유권을 이전받은 매수인(B)에게서 매매대금 일부를 지급받지 못하고 있다고 하여 매매대금채권을 피담보채권으로 매수인(B)이나 그로부터 부동산 소유권을 취득한 제3자(C)를 상대로 유치권을 주장할 수 없다고 판시하였다.[65]

[가재도구 설치비용 상환청구권] 광주고법 전주재판부 2008. 5. 9. 선고 2007나1956 판결은, 건물에 가재도구(텔레비전 · 정수기 · 에어컨 등)를 설치하는 데 소요된 비용(5,000만 원)은 건물에 관하여 생긴 채권이 아니라고 판시하였다.

[투자금채권] ㉮ 甲1 소유의 토지 및 그 지상 건물에서 병원사업을 동업하기로 한 乙1이 乙2와 그 건물의 증개축공사에 관한 도급계약을 체결하였으나, ㉯ 乙1이 공사를 완료한 乙2에게 공사대금을 지급하지 못하게 되자 乙2가 乙1을 대신하여 甲1과 병원사업을 동업하면서 丙으로부터 투자를 유치하였으며, ㉰ 투자금을 회수하기 어렵게 된 丙이 위 토지와 건물에 관하여 유치권을 주장하면서 이를 점유하였고, ㉱ 위 토지 및 건물에 관한 경매절차에서 이를 매수한 甲2가 丙에 대하여 위 토지 및 건물의 인도명령을 신청한 경우, 丙은 甲1 · 乙2에 대하여 투자자의 지위를 가질 뿐 공사대금채권을 가지고 있다고 보기 어려우므로 丙의 유치권 항변은 이유 없다(대전지법 2013. 6. 14. 2013라391.).

---

65) 부동산 매도인이 매매대금을 다 지급받지 아니한 상태에서 매수인에게 소유권이전등기를 마쳐주어 목적물의 소유권을 매수인에게 이전한 경우에는, 매도인의 목적물인도의무에 관하여 동시이행의 항변권 외에 물권적 권리인 유치권까지 인정할 것은 아니라는 것이다. 왜냐하면 법률행위로 인한 부동산물권변동의 요건으로 등기를 요구함으로써 물권관계의 명확화 및 거래의 안전 · 원활을 꾀하는 우리 민법의 기본정신에 비추어 볼 때, 만일 이를 인정한다면 매도인은 등기에 의하여 매수인에게 소유권을 이전하였음에도 매수인 또는 그의 처분에 기하여 소유권을 취득한 제3자에 대하여 소유권에 속하는 대세적인 점유의 권능을 여전히 보유하게 되는 결과가 되어 부당하기 때문이다. 또한 매도인으로서는 자신이 원래 가지는 동시이행의 항변권을 행사하지 아니하고 자신의 소유권이전의무를 선이행함으로써 매수인에게 소유권을 넘겨준 것이므로 그에 필연적으로 부수하는 위험은 스스로 감수하여야 하는 것이기 때문이다.

제2장 채권의 불발생 또는 소멸

제1절 채무자에 대한 채권의 불발생

유치권주장자가 채무자에 대하여 채권을 가지고 있다고 인정되지 않는 경우에는 유치권이 성립할 수 없다.

[공사대금채권의 불발생] 부동산인도명령의 피신청인은 甲(종전 소유자)의 인척이고 건축업을 영위하는 사람이 아닌 점, 피신청인은 이 사건 건물에 관한 현황조사 시 집행관에게 '피신청인은 2005. 5.경 甲으로부터 이 사건 건물을 임대차보증금 2,000만 원, 차임 월 20만 원으로 정하여 임차하였다'고 진술하였다가 그 후 이 사건 건물에 대한 유치권을 행사하는 중이어서 임대차보증금 등은 지급하지 않았다고 진술을 번복한 점, 피신청인은 이 사건 건물 신축공사를 완료한 날로부터 이 사건 건물에 관한 경매절차가 진행될 때까지 약 9년 8개월 동안 甲으로부터 공사대금을 지급받기 위하여 소송을 제기하는 등 채권추심을 위하여 별다른 노력을 하지 않았던 점 등에 비추어 보면, 기록에 나타난 자료만으로는 피신청인이 甲에 대하여 이 사건 건물에 관한 공사대금채권을 가진다고 인정하기 어렵다(대전지법 2013. 6. 7. 2013라219).

[공사대금채권의 불발생] 부동산인도명령의 피신청인이 제출한 1997. 7. 15. 도급계약서는 "20**년"으로 인쇄된 계약서 용지가 사용되었고 "20**년"의 '20'을 두 줄로 지우고 그 옆에 "1997"이라고 기재하는 방법으로 그 작성일이 기재되어 있는데, 법원의 심문기일에서 도급계약의 실제 작성일이 1997. 7. 15.이라고 주장하였다가, "20**년"으로 인쇄된 계약서 용지가 사용된 점을 지적당하자 그 후에는 신축공사 완공 후 계약서를 소급하여 작성하였다며 그 주장을 번복하였고, 피신청인은 공사자재 등을 구매하였다는 내역서와 확인서를 제출하고 있으나 실제로 그 대금을 지급하였다는 금융거래자료 등의 객관적인 자료는 제출하지 못하고 있는 점 등을 종합하여 보면 피신청인이 제출한 소명자료만으로는 공사대금채권을 가지고 있다고 인정하기 어렵다(대구지법 2013. 8. 7. 2013라258).

위 결정에 대하여는 물건과 채권 사이의 견련관계를 부정한 것이 아니라 신의칙에 의하여 유치권의 행사를 제한한 것이라고 보는 견해가 있다{이혁, "유치권의 제한", 판례연구(24), 부산판례연구회(2013), 448}.

[부당이득반환청구권의 불발생] 부산고법 2008. 1. 17. 선고 2007나14087 판결은, 토지에 관한 경매절차의 매수인(원고)이 토지의 종전 소유자(피고)를 상대로 토지의 인도를 구한 사안에서 "… 위 피고가 2004년경 이 사건 토지에 소재하는 온천을 발견하여 관할관청에 이를 신고함으로써 온천법상 온천발견자의 지위를 취득하였으므로, 원고가 위 피고의 온천발견신고 수리 이후에 이 사건 토지를 승계취득하였다 하더라도 위 피고는 이 사건 토지에 대한 굴착허가를 받을 수 없는 것이 아닐 뿐만 아니라, 위 피고로서는 온천발견자의 지위를 구체적으로 실현시키기 위한 권리를 행사하는 한도 내에서는 원고의 이 사건 토지에 대한 인도청구를 거절할 수 있다는 취지로 주장한다. 그러나 피고가 이 사건 토지에서 온천을 발견하여 관할관청에 온천발견신고를 하고 온천관리대장에 온천발견신고자로 등재되었다 하더라도, 온천발견신고자에게는 구 온천법(2006. 3. 3. 법률 제7856호로 전문개정되기 전의 것)에서 정한 토지의 굴착이나 온천의 우선 이용권, 온천이용시설의 설치에 소요되는 비용 등의 융자알선 등과 같은 혜택을 받을 이익이 부여될 뿐, 온천발견신고자라고 하여 토지소유권과는 별개의 물권적인 권리를 인정할 수는 없으며, 나아가 온천법상의 온천이용허가는 대물적 허가로서 온천이 위치한 토지의 소유권 등 정당한 온천공급원이 온천이용허가의 요소를 이루는 것으로 볼 것이므로 위 피고가 토지소유자인 원고로부터 온천이 위치한 이 사건 토지의 사용권 등 온천공급권한을 취득하지 못하는 이상 위 피고로서는 온천이용허가를 받을 수 없게 되었다 할 것이고, 이미 온천이용허가를 받았다 하더라도 당초의 온천이용허가는 허가의 대상이 멸실된 경우와 마찬가지로 그 효력이 당연히 소멸되는 것으로 볼 것이므로, 위 피고의 이 부분 주장 역시 이유 없다 … 위 피고는 다시, 위 피고에게 원고의 토지인도청구에 대항할 수 있는 권원으로서의 온천에 관한 권리가 인정되지 않는다 하더라도, 위 피고는 이 사건 토지 내에 거액의 공사비를 지출하여 온천공 2개를 개발하였으므로, 원고는 위 피고가 지출한 공사비 상당의 금액을 부당이득으로 반환하여야 한다고 주장하나, 위 온천공 2개가 이 사건 토지에 부합된 물건이거나 그 종물로서 이 사건 토지에 대한 경매절차의 감정평가에서 누락되고 경매목적물로 평가되지 아니하였다고 할지라도 매수인인 원고는 위 온천공의 소유권을 함께 취득하였다 할 것이고, 이 경우 원고가 위 온천공의 가액이 제외된 감정가액에 터잡아 그 소유권을 취득하였다고 하여, 원고가 취득한 이 사건 토지의 시가와 감정평가액과의 차액 상당에 대한 부당이득이 성립한다고 볼 수도 없을뿐더러(대법원 1997. 4. 8. 선고 96다52915 판결, 대법원 1992. 12. 8. 선고 92다26772, 26789 판결 등 참조),[66] 설령 부당이득이 성립한다 하더라도 이로써 원고의 토지인도청구에 대항할 수는 없다(위 온천공이 이 사건 토지에 부합되었는지 등의 여부는 명확하지 아니하나, 위 온천공이 이 사건 토지에 부합되지 아니

66) 대법원 1997. 4. 8. 선고 96다52915 판결, 대법원 2001. 9. 4. 선고 2001다22604 판결, 부산고법 2008. 1. 17. 선고 2007나14087 판결, 부산고법(창원) 2016. 1. 21. 선고 2015나22666 판결도 같은 취지의 판시를 하였다. 그러나 서울고법 1976. 2. 26. 선고 74나540, 75나1452 판결은 반대 취지의 판시를 한 바 있다.

하고 종물로도 볼 수 없는 별개의 물건이라면, 위 피고가 이를 수거할 수는 있을지언정 이 사건 토지의 인도를 거부할 수는 없다 할 것이므로, 결론에 영향을 미치지 아니한다). 따라서 위 피고의 위 주장 역시 받아들이지 아니한다. …"라고 판시하였다.

제2절 도급인 아닌 소유자에 대한 수급인의 채권의 불발생

— 전용물소권(轉用物訴權, actio de in rem verso) 부정

계약에 의한 급부가 계약 상대방뿐만 아니라 제3자에게도 이익이 된 경우에 그 제3자에 대하여 직접 비용상환 또는 부당이득반환을 청구하는 것을 강학상 '전용물소권'이라고 한다. 전용물소권을 인정하여야 한다는 견해도 있으나 판례는 이를 인정하지 않고 있다.

대법원 2002. 8. 23. 선고 99다66564, 66571 판결은 "… ① 계약상의 급부가 계약의 상대방뿐만 아니라 제3자의 이익으로 된 경우에 급부를 한 계약당사자가 계약 상대방에 대하여 계약상의 반대급부를 청구할 수 있는 이외에 그 제3자에 대하여 직접 부당이득반환청구를 할 수 있다고 보면, 자기 책임 하에 체결된 계약에 따른 위험부담을 제3자에게 전가시키는 것이 되어 계약법의 기본원리에 반하는 결과를 초래할 뿐만 아니라, 채권자인 계약당사자가 채무자인 계약 상대방의 일반채권자에 비하여 우대받는 결과가 되어 일반채권자의 이익을 해치게 되고, 수익자인 제3자가 계약 상대방에 대하여 가지는 항변권 등을 침해하게 되어 부당하므로, 위와 같은 경우 계약상의 급부를 한 계약당사자는 이익의 귀속 주체인 제3자에 대하여 직접 부당이득반환을 청구할 수는 없다[67] … ② **유효한 도급계약에 기하여 수급인이 도급인으로부터 제3자 소유 물건의 점유를 이전받아 이를 수리한 결과 그 물건의 가치가 증가한 경우**, 도급인이 그 물건을 간접점유하면서

67) 위 판결 외에 대판 2005. 4. 15. 2004다49976, 대판 2010. 6. 24. 2010다9269, 대판 2011. 11. 10. 2011다48568 등도 위 ①과 동일한 취지의 판시를 하였다.

궁극적으로 자신의 계산으로 비용지출과정을 관리한 것이므로, 도급인만이 소유자에 대한 관계에 있어서 민법 제203조에 의한 비용상환청구권을 행사할 수 있는 비용지출자라고 할 것이고, 수급인은 그러한 비용지출자에 해당하지 않는다 …"라고 판시하였다. 요컨대, 이러한 경우에는 도급인만이 소유자에 대하여 비용상환청구권이 있으므로(수급인의 비용상환청구권의 부존재), 수급인은 비용상환청구권을 피담보채권으로 하는 유치권을 취득 · 행사할 수 없다는 것이다.

[도급인 아닌 소유자에 대한 수급인의 채권의 불발생] 대법원 2002. 8. 23. 선고 99다66564, 66571 판결은, 원고가 1/2 지분, 甲1 · 甲2가 각 1/4 지분으로 공유한 건물에 관하여 甲1(공유자)이 원고(다른 공유자)의 동의 없이 피고(수급인)에게 1 · 2층 창호공사를 2억 5천만 원에 도급하는 계약을 체결하고 피고가 약정기간 내에 위 공사를 완료하여 건물 가치가 약 1억 5천만 원 증가하였으나 甲1이 피고에게 공사대금을 지급하지 않은 사안에서, 甲1로부터 이 사건 건물에 관한 공사를 도급받아 공사를 완료한 피고로서는 이 사건 건물의 공유자 중 1인인 원고에 대하여 직접 부당이득반환을 청구하거나 유익비상환을 청구할 수 없다고 판시하면서 원심 판결[68]을 파기 · 환송하였다(환송 후 항소심에서 본소 및 반소 모두 취하).

[도급인 아닌 소유자에 대한 수급인의 채권의 불발생] 대구지법 2013. 3. 25.자 2012라566 결정은, 甲 소유의 대지 및 그 지상 건물(무도장)에 관한 경매절차상 매수인이 위 건물의 임차인(乙)으로부터 위 건물에 관한 배관 · 하수구 · 바닥 등의 공사를 도급받아 그 공사를 하고 위 건물을 점유하고 있는 수급인을 상대로 부동산인도명령을 신청한 사안에서 "… 피신청인(수급인)이 이 사건 무도장의 임차인 乙로부터 도급받아 이 사건 공사를 해 주었다고 하여 이 사건 건물의 종전 소유자인 甲에 대하여 공사대금채권을 취득하게 되는 것은 아니므로 피신청인 주장의 피담보채권인 공사대금채권이 존재한다고 인정하기 어려울 뿐만 아니라 피신청인이 甲에 대하여 비용상환청구권이나 부당이득반환청구권을 가진다고 인정하기도 어려우므로, 피신청인은 종전 소유자(甲)나 새로운 소유자(경매절차의 매수인, 신청인) 등을 상대로 유치권을 행사할 수 없다. 게다가 피신청인이 乙에 대한 공사대금채권을 보전하기 위하여 乙의 甲에 대한 비용상환청구권을 근거로 유치권을 행사하는 것으로 선해(善解)하더라도, 乙은 甲과 임대차계약을 체결하면서 원상회복 약정을 함으로써 유익비상환청구권을 포기한 것으로 봄이 상당

68) 원심(대전고법 1999. 10. 21. 9744515. 98나1568)은 원고는 피고에게 공사로 인하여 건물의 가치가 증가한 부분 중 원고의 지분에 상응하는 약 7,500만 원을 부당이득 또는 유익비로서 반환할 의무가 있다(피고의 유치권이 인정된다)고 보고 상환이행판결을 하였다.

할 뿐만 아니라, 이 사건 무도장의 건축물대장상 용도는 소매점이므로 임차인인 乙이 자신의 특수한 용도인 무도장을 운영하기 위하여 내부공사를 하였다고 하여 이를 유익비로 인정할 수도 없어, 피신청인의 위 주장은 어느 모로 보나 이유 없다 …"라고 판시하였다

[도급인 아닌 종전 소유자에 대한 수급인의 채권의 불발생 등]
부산고법 2016. 1. 21. 선고 (창원)2015나22666 판결

1. 사안개요

가. A는 거제시 연초면 죽토리 △△△ 답 977㎡(이하 '이 사건 토지'라고 함)를 매수하고 2012. 9. 27. 매매를 원인으로 한 소유권이전등기와 함께 甲 명의로 채권최고액 804,000,000원의 근저당권설정등기를 하였다(**甲 명의 근저당권설정등기**).

나. 乙1은 2013. 9. 10. A와 이 사건 토지 위의 주상복합건물(이하 '이 사건 건물'이라고 함) 신축공사에 관한 도급계약(공사대금 59억 원)을 체결한 후, 2014. 1. 말경까지 지하 1층에 비상발전기실, 전기실, 펌프실, 지하수조실, 감시제어반실, 펜룸실, 통신실 등을 설치하고, 지상 1층에 철근콘크리트 기둥 및 벽체 등을 설치하기 위한 철근과 거푸집 등을 설치하였는데(이하 위와 같은 상태의 구조물을 '이 사건 구조물'이라고 함), A가 공사대금을 지급하지 않자 2014. 1. 말경부터 공사를 중단하였다. 이 사건 구조물의 가치는 2014. 1. 21. 기준으로 852,291,000원으로 평가된다.

다. 乙2는 2013. 4. 23. A와 이 사건 건물 신축공사를 위한 토공사 및 파일 가시설공사(이하 '토공사'라고 함)에 관한 도급계약을 체결한 후, 2013. 8.경까지 건물 신축을 위한 기초공사, 토공사, 흙막이공사, PHC파일공사, 부대공사 등을 마쳤다.

라. 乙1은 공사대금 855,711,000원을, 乙2는 공사대금 415,524,912원을 각 받지 못하였다며 이 사건 토지 및 구조물에 컨테이너 박스를 설치하고 유치권을 행사하고 있다는 현수막을 붙이는 등 이 사건 토지 구조물을 점유하였다(**乙1, 乙2의 유치권 취득**).

마. 그 후 2014. 7. 4. 甲의 신청에 따라 이 사건 토지에 관한 임의경매(이하 '이 사건 경매'라고 함)절차가 개시되고(**경매개시결정등기**), 乙1과 乙2가 각 유치권신고를 하였다.

바. 이 사건 경매절차에서, 감정인은 2014. 1. 21. 기준으로 이 사건 토지의 감정평가액을 1,170,446,000원으로 산정하면서, '이 사건 토지 위에 신축 중인 건물이 소재하는데 이로 인해 영향 받는 토지가격은 819,312,200원'이라고 토지 감정평가명세표의 비고란에 표시하였고, 사법보좌관은 2014. 11. 19. 이 사건 토지의 최저매각가격을 819,312,200원으로 결정하면서 매각물건명세서에 '본건 지상 신축 중인 제시외 건물 매각 제외(매각 외 건물을 위한 법정지상권 성립 여부 불분

명)'라고 기재하였다.

사. B는 2014. 12. 4. 제1회 매각기일에서 이 사건 토지를 매수하여 같은 해 12. 11. 매각허가결정을 받았으며, 2015. 1. 12. 매각대금을 납부하고 같은 해 2. 6. 소유권이전등기를 마쳤다(**B의 소유권 취득**).

아. B는 2015. 3. 6. 유치권을 행사하는 乙1 및 乙2를 상대로 이 사건 건물에 관한 유치권부존재확인 및 이 사건 토지에 관한 인도청구의 소를 제기하였다(**B의 건물 유치권부존재확인청구 및 토지 인도청구**).

2. 판시요지

가. 서설

창원지법 통영지원 2015. 9. 3. 선고 2015가합10468 판결은 B의 청구를 모두 인용하였다(乙1 및 乙2 항소).

부산고법(창원) 2016. 1. 21. 선고 2015나22666 판결은, 유치권부존재확인청구는 소의 이익이 없다는 이유로 모두 각하하고, 토지인도청구는 다음과 같은 이유로 모두 인용하였다.

이에 乙1이 상고하였으나 심리불속행 기각되었다(대판 2016. 6. 10. 2016다211293).

나. 乙1의 유치권 주장에 관한 판단

(1) A에 대한 공사대금채권에 기한 유치권 주장의 배척

항소심은 위 사안개요의 사실 및 아래와 같은 사정들에 비추어 볼 때, 이 사건 구조물은 사회통념상 독립한 건물이 아니라 **토지의 부합물**에 불과하므로 乙1은 이 사건 구조물에 대하여 유치권을 행사할 수 없고, A에 대한 공사대금채권은 이 사건 토지에 관하여 생긴 것이 아니므로 乙1은 이 사건 토지에 대하여 유치권을 행사할 수 없다고 판시하였다.

첫째, 이 사건 신축공사는 지하 1층, 지상 15층의 주상복합건물을 신축하는 공사인데, 위 주상복합건물 지하 1층에는 비상발전기실, 전기실, 통신실, 지하수조, 펌프실, 오수정화시실, 주차타워 등을, 지상 1층에는 필로티를 설치하기로 되어 있었다.

둘째, 이 사건 구조물의 지하 1층은 콘크리트 골조, 기둥, 주벽, 바닥 등의 공사가 완료되었고 콘크리트 벽과 천장으로 구분된 비상발전기실, 전기실, 펌프실, 지하수조실, 펜룸실 등이 설치되어 있으나, 누수로 물이 고여 양수기로 물을 배출하여야 하고, 콘크리트 바닥과 천장을 지지하기 위한 철근 지지대가 곳곳에 설치되어 있으며, 일부 천장과 벽이 완성되지 않은 상태이다.

셋째, 이 사건 구조물 북쪽 부분(정면에서 보았을 때 왼쪽)에 있는 주차타워는 지하 1층 부분의 골조, 주벽, 바닥 중 일부 공사만이 진행되어 있다.

넷째, 이 사건 구조물의 지상 1층 바닥(지하 1층의 천장)은 지면에서 70㎝ 정도 올라와 있는데 필로티 설치를 위한 철근과 거푸집 등만 설치되어 있을 뿐이고, 골조나 기둥 등의 구조물은 설치되어 있지 않다.

다섯째, 이 사건 구조물 지하 1층 부분의 비상발전기실, 전기실, 펌프실, 지하수조실, 펜룸실 등은 신축 예정이던 주상복합건물의 공용부분으로 위 건물을 위한 보조적, 부수적 구조물에 불과하며 독립한 구분소유권의 대상이 될 수 없다.

(2) B에 대한 부당이득반환채권에 기한 유치권 등 주장의 배척

첫째, 계약상의 급부가 계약의 상대방뿐만 아니라 제3자의 이익으로 된 경우에 급부를 한 계약당사자가 계약 상대방에 대하여 계약상의 반대급부를 청구할 수 있는 이외에 그 제3자에 대하여 직접 부당이득반환청구를 할 수 있다고 보면, 자기 책임 하에 체결된 계약에 따른 위험부담을 제3자에게 전가시키는 것이 되어 계약법의 기본원리에 반하는 결과를 초래할 뿐만 아니라, 채권자인 계약당사자가 채무자인 계약 상대방의 일반채권자에 비하여 우대받는 결과가 되어 일반채권자의 이익을 해치게 되고, 수익자인 제3자가 계약 상대방에 대하여 가지는 항변권 등을 침해하게 되어 부당하므로, 위와 같은 경우 계약상의 급부를 한 계약당사자는 이익의 귀속 주체인 제3자에 대하여 직접 부당이득반환을 청구할 수는 없다고 보아야 한다(대법원 2002. 8. 23. 선고 99다66564, 66571 판결 참조).[69] 위와 같은 법리에 비추어 볼 때, 乙1이 이 사건 신축공사를 진행하여 이 사건 구조물을 설치함에 따라 이 사건 토지의 가치가 상승하였고, 임의경매절차에서 그와 같은 가치 상승분이 이 사건 토지의 가액에 포함되지 않았다고 하더라도, 乙1이 도급계약의 당사자인 A가 아니라 제3자인 B에게 부당이득의 반환을 구할 수는 없다(**전용물소권 부정**).

둘째, 경매절차에서 경매목적물에 대한 감정평가나 매각예정가격의 결정이 잘못되었다 하더라도, 소유자 등이 그로 인한 위법을 이유로 경매절차의 취소 등을 구하는 것은 별론으로 하고, 매수인이 경매절차에서 취득한 경매목적물의 시가와 감정평가액의 차액 상당을 부당이득한 것이라고 볼 수 없고, 이러한 이치는 경매목적물에 부합한 물건이 있는데도 이를 간과한 채 부합한 물건의 가액을 제외하고 감정평가를 함으로써 경매목적물의 매각예정가격이 낮게 결정된 경우도 마찬가지이다(대법원 1997. 4.

69) 이른바 전용물소권(轉用物訴權)을 인정하지 않는다는 취지이다.

8. 선고 96다52915 판결, 대법원 2001. 9. 4. 선고 2001다22604 판결 등 참조).[70] 앞서 본 바와 같이 이 사건 구조물은 이 사건 토지의 부합물에 해당하므로, B가 이 사건 임의경매절차에서 이 사건 토지를 매수하여 소유권을 취득한 이상 부합물인 이 사건 구조물의 소유권도 함께 취득하였다고 할 것인바, 위와 같은 법리에 비추어 보면, 이 사건 임의경매절차에서 이 사건 구조물의 가치에 대한 감정평가가 이루어지지 않았다고 하더라도, B가 이 사건 구조물 또는 그 설치로 인한 토지 가치 상승분 상당을 부당이득하였다고 볼 수는 없다.

(3) A에 대한 구상권(보상청구권)에 기한 유치권 주장의 배척

민법 제261조에서 첨부로 법률규정에 의한 소유권 취득(민법 제256조 내지 제260조)이 인정된 경우에 "손해를 받은 자는 부당이득에 관한 규정에 의하여 보상을 청구할 수 있다"라고 규정하고 있는바, 이러한 보상청구가 인정되기 위해서는 민법 제261조 자체의 요건만이 아니라, 부당이득 법리에 따른 판단에 의하여 부당이득의 요건이 모두 충족되었음이 인정되어야 하는데(대법원 2009. 9. 24. 선고 2009다15602 판결 참조), 이 사건 구조물은 乙1이 A와 사이에 체결한 도급계약에 따라 설치한 것이므로, A가 이 사건 토지에 부합된 이 사건 구조물의 소유권을 취득한 것이 법률상 원인 없이 이익을 얻은 경우에 해당한다고 볼 수 없고, 乙1은 A에 대하여 도급계약에 따른 공사대금채권을 가지고 있으므로 이 사건 구조물이 이 사건 토지에 부합되었다고 하여 손해를 받았다고 볼 수도 없다는 것이다.

(4) 상사유치권 주장의 배척

채무자 소유의 부동산에 관하여 이미 선행 저당권이 설정되어 있는 상태에서 채권자의 상사유치권이 성립한 경우, 선행 저당권자나 선행 저당권에 기한 임의경매절차에서 부동산을 취득한 매수인에 대하여는 그 상사유치권으로 대항할 수 없다(대법원 2013. 2. 28. 선고 2010다57299 판결 참조). 이 사건에서 乙1이 B에 대하여 상사유치권을 점유권원으로 주장하려면, 그 상사유치권의 성립 시점이 이 사건 토지에 관하여 甲 명의의 근저당권설정등기가 마쳐진 2012. 9. 27. 이전이어야 하는데, 乙1이 A와 사이의 도급계약에 따라 이 사건 신축공사를 진행한 것은 2013. 8.경이므로, 乙1은 甲 명의의 선행 근저당권에 기한 임의경매절차에서 이 사건 토지의 소유권을 취득한 B에게 A에 대한 공사대금채권을 피담보채권으로 한 상사유치권을 점유권원으로 주장할 수 없다.

---

70) 대법원 1997. 4. 8. 선고 96다52915 판결, 대법원 2001. 9. 4. 선고 2001다22604 판결, 부산고법 2008. 1. 17. 선고 2007나14087 판결, 부산고법(창원) 2016. 1. 21. 선고 2015나22666 판결도 같은 취지의 판시를 하였다. 그러나 서울고법 1976. 2. 26. 선고 74나540, 75나1452 판결은 반대 취지의 판시를 한 바 있다.

다. 乙2의 유치권 주장에 관한 판단

(1) 민사유치권 주장의 배척

아래와 같은 사정에 비추어 볼 때, 乙2는 이 사건 경매개시결정등기(2014. 7. 4.) 이전부터 이 사건 토지 및 구조물을 점유하였음을 인정할 수 없다고 보았다.

첫째, 乙2와 A는 2013. 11. 16. 잔여 공사대금을 415,524,912원으로 정산한 후, A가 10일 이내에 공사대금을 지급하기로 하고 乙2는 공사를 포기하기로 합의하였는데, 위 합의 당시에 작성된 '공사포기 및 지급이행 합의서'에는 乙2가 현장에서 철수하기로 하는 내용만이 포함되어 있을 뿐, 乙2의 유치권 행사에 관한 내용은 전혀 포함되어 있지 않다.

둘째, 박경△과 이형△은 이 사건 토지에 신축될 예정이던 주상복합건물의 수분양자이자 부동산중개업자로 2014. 5. 28.경부터 2014. 9.경까지 거의 매일 이 사건 토지에 가서 유치권자가 있는지를 확인하였는데, 박경△은 '당시 乙1이 이 사건 토지 및 구조물을 점유하고 있다는 것은 확인하였으나, 乙2의 대리인이나 관계자는 공사현장에서 보지 못하였고, 乙2의 컨테이너, 현수막 등은 2014. 9. 28. 이후부터 목격하였다'고 증언하였다.

셋째, 박경△과 이형△이 이 사건 신축공사의 현장을 방문할 때마다 작성한 유치권점유사실확인서를 보면, 당시 乙1 소속의 이길△, 박시△은 본인들이 이 사건 토지 및 구조물을 점유하고 있다고 확인 · 서명하였으나 박경△, 이형△이 乙2는 현장에 없었다고 기재한 부분에 대하여 아무런 이의를 제기하지 않았다.

넷째, 乙2는 이 사건 토공사를 마친 이후 乙1이 이 사건 신축공사를 하는 동안에도 이 사건 토지를 점유하면서 유치권을 행사하고 있었다고 주장하나, 실제 乙1이 이 사건 신축공사를 하는 동안에는 乙1이 이 사건 토지나 구조물을 점유하면서 공사를 진행하여야 하므로, 乙2가 이 사건 토지나 구조물을 점유하기는 어려웠을 것으로 보인다.

(2) 상사유치권 주장의 배척

채무자 소유의 부동산에 관하여 이미 선행 저당권이 설정되어 있는 상태에서 채권자의 상사유치권이 성립한 경우, 선행 저당권자나 선행 저당권에 기한 임의경매절차에서 부동산을 취득한 매수인에 대하여는 그 상사유치권으로 대항할 수 없다(대법원 2013. 2. 28. 선고 2010다57299 판결 참조). 甲 명의의 근저당권설정등기가 마쳐진 것은 2012. 9. 27.이고, 乙2는 그 이후인 2013. 4. 23. A와 사이에 이 사건 토공사에 관한 도급계약을 체결하고 그에 따라 공사를 진행하였으므로, 乙2는 甲 명의의 선행 근저당권에 기한 임의경매절차에서 이 사건 토지의 소유권을 취득한 B에게 A에 대한 공사대금채권을 피담보채권으로 한 상사유치권을 점유권원으로 주장할 수 없다.

라. 피고들(乙1, 乙2)의 권리남용 주장에 관한 판단

피고들은 약 12억 7,000만 원 상당의 공사비를 들여 이 사건 토공사 및 신축공사를 진행하였는데, 피고들이 이 사건 토지를 원고(B)에게 인도하여야 한다면, 피고들은 투입한 공사대금을 전혀 회수할 수 없게 되는 반면에 원고는 아무런 대가 없이 이 사건 토공사 및 신축공사에 의하여 설치된 이 사건 구조물을 취득하게 되어 부당이득을 누리게 되므로, 원고의 인도청구는 권리남용에 해당하거나 신의칙에 반한다고 주장한다.

권리행사가 권리의 남용에 해당한다고 할 수 있으려면, 주관적으로는 그 권리행사의 목적이 오직 상대방에게 고통을 주고 손해를 입히려는 데 있을 뿐 행사하는 사람에게 아무런 이익이 없어야 하고, 객관적으로는 그 권리행사가 사회질서에 반한다고 볼 수 있어야 한다. 이러한 경우에 해당하지 않는 한 비록 그 권리의 행사로 권리행사자가 얻는 이익보다 상대방이 잃을 손해가 현저히 크다 하여도 그 사정만으로는 이를 권리남용이라 할 수 없다(대법원 2013. 4. 25. 선고 2012다115243,115250 판결 등 참조).

그리고 민법상 신의성실의 원칙은 법률관계의 당사자는 상대방의 이익을 배려하여 형평에 어긋나거나, 신뢰를 저버리는 내용 또는 방법으로 권리를 행사하거나 의무를 이행하여서는 아니 된다는 추상적 규범으로서, 신의성실의 원칙에 위배된다는 이유로 그 권리의 행사를 부정하기 위해서는 상대방에게 신의를 공여하였다거나 객관적으로 보아 상대방이 신의를 가짐이 정당한 상태에 있어야 하고, 이러한 상대방의 신의에 반하여 권리를 행사하는 것이 정의관념에 비추어 용인될 수 없는 정도의 상태에 이르러야 한다(대법원 2014. 9. 4. 선고 2014다6404 판결 등 참조).

위와 같은 법리에 비추어 볼 때, 피고들이 주장하는 위와 같은 사정들만으로는 원고의 인도청구가 권리남용에 해당한다거나 신의칙에 반한다고 인정하기 어렵다.

제3절 채권의 소멸

Ⅰ. 서설

유치권은 목적물과 채권 사이의 견련관계를 요건으로 하는 법정담보물권이므로 특히 성립상 · 존속상의 부종성이 엄격하게 요구된다. 따라서 유치권의 피담보채권이 소멸한 경우 유치권은 성립 · 존속할 수 없다. 권리 일반의 소멸사유가 있는 경우, 채권에 특유한 소멸사유(민 §460 이하)가 있는 경우 등이 이에 해당한다. 소멸시효 완성, 상계 등을 중심으로 살펴본다.

Ⅱ. 피담보채권의 소멸시효의 완성

1. 3년의 단기소멸시효

채권의 소멸시효기간은 원칙적으로 10년이다(민 §162①). 다만, 공사대금채권이나 집합건물의 관리비채권 등은 3년간 행사하지 않으면 소멸시효가 완성하여 소멸한다(민 §163i · iii).

[공사대금채권과 관리비채권] 3년의 단기소멸시효에 관한 민법 제163조 제3호의 '도급을 받은 자의 공사에 관한 채권'에는 도급받은 공사 채권뿐만 아니라 그 공사에 부수되는 채권도 포함되고, 광범위하게 공사의 완성을 맡은 것으로 볼 수 있는 경우까지도 포함되는 것으로 보는 것이 타당하다(대판 1987. 6. 23. 86다카2549). 일반적으로 공사대금채권은 3년의 시효기간이 완성되면 소멸한다(대판 1993. 4. 23. 93다289).

민법 제163조 제1호에서 3년의 단기소멸시효에 걸리는 것으로 규정한 '1년 이내의 기간으로 정한 채권'이란 1년 이내의 정기로 지급되는 채권을 말하는 것으로서, 1개월 단위로 지급되는 집합건물의 관리비채권도 이에 해당한다(대판 2007. 2. 22. 2005다65821).

소멸시효가 완성되면 채권은 절대적으로 소멸하나, 변론주의의 원칙상 법원은 당사자가 이를 소송에서 주장하여야 채권이 소멸하였고 그에 따라 유치권의 항변을 배척한다는 재판을 할 수 있다(대판 1993. 4. 23. 93다289).

공사업자가 유치권을 행사하고 있다 하더라도 소멸시효의 중단사유 없이 3년을 경과하면 공사대금채권은 시효로 소멸하고, 그에 따라 공사대금채권을 피담보채권으로 하는 유치권 역시 소멸한다(담보물권의 부종성).

2. 확정판결 등에 의한 소멸시효기간의 연장

첫째, 판결 등에 의하여 확정된 피담보채권과 이를 피담보채권으로 하는 유치권은 10년을 경과하면 시효로 소멸한다.[71]

[확정판결에 의한 소멸시효기간의 연장] 유치권이 성립된 부동산의 경매절차상 매수인은 피담보채권의 소멸시효가 완성되면 시효로 인하여 채무가 소멸되는 결과 직접적인 이익을 받는 자에 해당하므로 소멸시효의 완성을 원용할 수 있는 지위에 있다고 할 것이나, 매수인은 유치권자에게 채무자의 채무와는 별개의 독립된 채무를 부담하는 것이 아니라 단지 채무자의 채무를 변제할 책임을 부담하는 점 등에 비추어 보면, 유치권의 피담보채권의 소멸시효기간이 확정판결 등에 의하여 10년으로 연장된 경우 매수인은 그 채권의 소멸시효기간이 연장된 효과를 부정하고 종전의 단기소멸시효기간을 원용할 수는 없다(대판 2009. 9. 24. 2009다39530).[72]

둘째, 판결 등에 의하여 확정된 채권의 소멸시효기간이 연장되는 효과는 당해 판결 등의 당사자 사이에서만 발생한다.

---

71) 지급명령에서 확정된 채권은 단기의 소멸시효에 해당하는 것이라도 그 소멸시효기간이 10년으로 연장된다(대판 2009. 9. 24. 2009다39530).

72) 위 판결에 대한 평석에 김진동, "유치권의 피담보채권의 소멸시효기간이 확정판결 등에 의하여 10년으로 연장된 경우, 유치권이 성립된 부동산의 매수인이 종전의 단기소멸시효를 원용할 수 있는지 여부", 대법원판례해설(81), 법원도서관(2010), 50~63.

[소멸시효기간 연장의 효과가 발생하는 주관적 범위] 민법 제165조가 판결 등에 의하여 확정된 채권은 단기의 소멸시효에 해당한 것이라도 그 소멸시효는 10년으로 한다고 규정하는 것은 당해 판결 등의 당사자 사이에 한하여 발생하는 효력에 관한 것이고, 채권자와 주채무자 사이의 판결 등에 의해 채권이 확정되어 그 소멸시효가 10년으로 되었다 할지라도 위 당사자 이외의 채권자와 보증인(연대보증인 포함) 사이에 있어서는 위 확정판결 등은 그 시효기간에 대하여는 아무런 영향도 없고 채권자의 보증인(연대보증인 포함)의 보증채권의 소멸시효기간은 여전히 종전의 소멸시효기간에 따른다(대판 1986. 11. 25. 86다카1569, 대판 2006. 8. 24. 2004다26287 · 26294 등).

셋째, 보증채무는 주채무와는 별개의 독립한 채무이므로 보증채무와 주채무의 소멸시효기간은 채무의 성질에 따라 각각 별개로 정해진다.[73]

[확정판결에 의하여 주채무(상사채무)의 소멸시효기간이 연장된 상태에서 주채무를 연대보증한 경우 보증채무의 소멸시효기간] 주채무자에 대한 확정판결에 의하여 민법 제163조 각호의 단기소멸시효에 해당하는 주채무의 소멸시효기간(3년)[74]이 10년으로 연장된 상태에서 주채무를 보증한 경우, 특별한 사정이 없는 한 보증채무에 대하여는 민법 제163조 각호의 단기소멸시효가 적용될 여지가 없고, 성질에 따라 보증인에 대한 채권이 민사채권인 경우에는 10년, 상사채권인 경우에는 5년의 소멸시효기간이 적용된다. 따라서 건설자재 등 판매업을 하는 甲이 乙 회사를 상대로 제기한 물품대금청구소송에서 甲의 승소판결이 확정된 후 丙이 乙 회사의 물품대금채무를 연대보증한 경우, 상인인 甲이 상품을 판매한 대금채권에 대하여 丙으로부터 연대보증을 받은 행위는 반증이 없는 한 상행위에 해당하고, 따라서 甲의 丙에 대한 보증채권은 특별한 사정이 없는 한 상사채권으로서 소멸시효기간은 10년이 아니라 5년이다(대판 2014. 6. 12. 2011다76105).

3. 소멸시효의 중단사유

소멸시효의 중단사유에는 ① 청구,[75] ② 압류 · 가압류 · 가처분, ③ 승인 등이 있다

73) 대판 2014. 6. 12. 2011다76105.

74) 상인이 판매한 물품의 대가(물품대금채권)의 소멸시효기간은 민법(민 §163 vi)에 의하면 3년이고 상법(상 §64 전문)에 의하면 5년이므로, 상법 제64조 후문에 따라 그 소멸시효기간은 3년이다.

75) 재판상 청구, 파산절차 참가, 지급명령신청, 화해를 위한 소환, 임의출석, 최고 등을 말한다.

(민 §168~177). 유치권의 행사는 소멸시효의 진행에 영향을 미치지 않는다(민 §326).

소멸시효가 중단된 경우에는 중단될 때까지 경과한 기간은 시효기간에 산입하지 않고, 중단사유가 종료한 때(재판상 청구로 인하여 중단된 경우에는 재판이 확정된 때)부터 새로이 소멸시효가 진행한다(민 §178).

[소멸시효의 중단 등]

서울북부지법 2016. 7. 27. 선고 2015가합22933 판결[76)]

【주문】

1. 원고의 청구를 기각한다.
2. 소송비용은 원고가 부담한다.

【청구취지】

피고는 원고에게 별지 목록 기재 부동산[77)]을 인도하라.

【이유】

1. 기초사실

가. △△△연립재건축정비사업조합과 피고 사이의 공사도급계약

△△△연립재건축정비사업조합(이하 '소외 조합'이라고 함)은 14개 필지 지상 △△△연립주택 3개동의 재건축사업을 추진하기 위하여 2010. 7.경 피고와 사이에 소외 조합이 제공한 토지상에 피고가 기

---

76) 제1심에서 패소한 원고는 2016. 8. 23. 항소하였다(서울고법 2016나2055576).

77) 별지 기재 부동산은 이 사건 아파트(1개 동 총 58세대) 중 일부(15세대) 및 대지 전체(노원구 월계동 △△△ 등 총 14필지)이다.

한편, 피고는 위 15세대에 대하여 2016. 10. 6. 원고 및 소외 조합을 상대로 유치권에 의한 경매를 신청하였다(서울북부지법 2016타경11950).

존건물 철거공사, 아파트 및 부대복리시설 신축공사를 실시하되 건설사업비는 조합원 청산금 및 일반 분양분에 대한 분양대금으로 충당하기로 하는 공사계약(이하 '이 사건 공사계약'이라고 함)을 체결하였다.

나. 피고의 아파트 신축공사 완료

피고는 2011. 3.경 아파트(이하 '이 사건 아파트'라고 함) 신축공사를 완료하였다. 이 사건 아파트는 20평대 20세대(모두 조합원분)와 30평대 38세대(조합원분 8세대, 일반분양분 30세대) 총 58세대로 구성되어 있는데, 20평대 20세대 전부와 30평대 8세대가 소외 조합의 분양분이고, 나머지 30평대 30세대가 피고의 공사대금에 충당될 일반분양분이었다.

다. 이 사건 아파트의 사용허가와 조합원 분양분의 인도

소외 조합과 피고는 이 사건 아파트의 준공인가 전 사용허가(임시사용승인기간: 사용허가일부터 2012. 12. 30.까지)가 내려진 2012. 4. 9. 무렵 소외 조합원들에게 조합원 분양분 중 25세대를 인도하였다.

라. 별지 목록 기재 각 부동산 등에 대한 경매개시결정

소외 조합의 채권자인 김△△은 14개 호수의 전유부분(이하 '이 사건 부동산'이라고 함, 대지권은 정리되지 않음)을 포함하여 이 사건 아파트의 대지 14필지 중 13필지의 소외 조합 소유지분과 이 사건 아파트 중 33세대(일반분양분 30세대 + 소외 조합 몫 3세대)에 대한 강제경매를 신청하여 2012. 7. 24. 강제경매개시결정을 받았고, 위 개시결정정본은 2012. 11. 18. 소외 조합에게 송달되었으며 2012. 12. 7. 이 사건 부동산에 관하여 촉탁으로 인한 소외 조합 명의의 소유권보존등기가 마쳐졌다.

마. 피고의 유치권신고

피고는 이 사건 경매절차가 진행 중이던 2012. 12. 26. 이 사건 공사계약의 공사대금채권(이하 '이 사건 공사대금채권'이라고 함) 15,921,751,243원에 기한 유치권을 신고하였다.

바. 원고의 이 사건 부동산 소유권 취득

원고는 2012. 7. 24.의 강제경매개시결정에 의하여 개시된 경매절차(이하 '이 사건 경매절차'라고 함)에서 이 사건 부동산을 포함한 경매목적물 전부(감정가 11,713,200,400원)를 2,621,000,000원에 낙찰받아 2015. 4. 23. 매각대금을 완납하고 2015. 5. 6. 소유권이전등기를 마쳤다.

2. 청구원인에 관한 판단

피고는 이 사건 부동산을 직원을 통해 직접점유하거나 하도급업체를 통해 임대하는 방법으로 간접점유하고 있는 사실이 인정된다. 따라서 특별한 사정이 없는 한 피고는 원고에게 이 사건 부동산을 인도할 의무가 있다.

3. 피고의 유치권 항변에 관한 판단

가. 주장의 요지

피고에게 이 사건 공사대금채권을 피담보채권으로 한 유치권이 있으므로 이 사건 부동산을 점유할 정당한 권원이 있다.

나. 관련 법리

유치권은 그 목적물에 관하여 생긴 채권이 변제기에 있는 경우에 성립하는 것이므로 아직 변제기에 이르지 아니한 채권에 기하여 유치권을 행사할 수는 없다(대법원 2007. 9. 21. 선고 2005다41740 판결 등 참조).

부동산 경매절차에서의 매수인은 민사집행법 제91조 제5항에 따라 유치권자에게 그 유치권으로 담보하는 채권을 변제할 책임이 있는 것이 원칙이나, 채무자 소유의 건물 등 부동산에 경매개시결정의 기입등기가 경료되어 압류의 효력이 발생한 후에 채무자가 위 부동산에 관한 공사대금채권자에게 그 점유를 이전함으로써 그로 하여금 유치권을 취득하게 한 경우, 그와 같은 점유의 이전은 목적물의 교환가치를 감소시킬 우려가 있는 처분행위에 해당하여 민사집행법 제92조 제1항, 제83조 제4항에 따른 압류의 처분금지효에 저촉되므로 점유자로서는 위 유치권을 내세워 그 부동산에 관한 경매절차의 매수인에게 대항할 수 없다. 그러나 이러한 법리는 경매로 인한 압류의 효력이 발생하기 전에 유치권을 취득한 경우에는 적용되지 아니하고, 유치권 취득 시기가 근저당권설정 후라거나 유치권 취득 전에 설정된 근저당권에 기하여 경매절차가 개시되었다고 하여 달리 볼 것은 아니다(대법원 2009. 1. 15. 선고 2008다70763 판결 등 참조).

다. 이 사건 공사대금채권의 변제기 도래 여부

(1) 도급계약의 보수는 특약이 없는 한 완성된 목적물의 인도를 요하지 아니하는 경우에는 그 일을 완성한 때에, 완성된 목적물의 인도를 요하는 경우에는 그 인도와 동시에 지급을 요한다 할 것이므로, 수급인이 건물을 완공하여 도급인에게 이를 인도하여야 하는 경우 공사계약에 따른 공사대금채권은 특별한 사정이 없는 한 건물이 도급인에게 인도된 때에 그 이행기가 도래한다(대법원 1968. 5. 21. 선고 67다639 판결 등 참조).

(2) 위 법리와 아래와 같은 사정 등을 종합하여 보면, 피고가 2012. 4. 9. 임시사용승인을 받아 이 사건 아파트를 소외 조합의 조합원들에게 인도함으로써 이 사건 공사대금채권의 변제기가 도래하였다고 봄이 상당하다.

(가) 피고는 이 사건 공사계약에 따라 이 사건 아파트 신축에 소요되는 공사비와 함께 재건축사업에 필요한 나머지 사업비를 부담하기로 하였다.[78]

(나) 이 사건 공사계약 특약사항3에 의하면, 공사대금은 33평형 30세대를 시공사 지분으로 하여 그 분양금을 피고에게 귀속시키며, 이에 더하여 조합원의 분담금, 이주비 및 대여비를 37억 원으로 계산한 공사대금을 지급하기로 정하였다.

(다) 이 사건 공사계약상 사용검사필증의 교부일을 피고의 시공의무 완료 시점으로 정하기는 하였으나, 한편 위 계약 제38조, 제39조에서 완성된 건축시설의 인도 및 조합원의 입주와 공사대금의 일부인

---

78) 수급인(피고)이 자기의 노력과 재료를 들여 건물을 신축한 경우 특약이 없는 한 그 신축건물의 소유권은 수급인에게 원시적으로 귀속되고, 도급인(소외 조합)은 수급인으로부터 그 소유권을 이전받음으로써(민법 제186조에 의하여 소유권이전등기 등을 함으로써) 그 소유권을 취득한다.

그러나 도급인과 수급인 사이에 그 소유권을 원시적으로 도급인에게 귀속시키기로 하는 명시적 또는 묵시적 합의가 있는 경우 그 신축건물의 소유권은 사적자치의 원칙상 원시적으로 도급인에게 귀속한다. 수급인이 자기의 노력과 재료를 들여 건물을 신축하면서 도급인과 건축허가 명의 또는 건축허가 및 소유권보존등기 명의를 도급인 명의로 하기로 합의(특약, 특별한 의사표시, 약정 등)를 한 경우, 그러한 합의를 한 것으로 보이는 경우 등이 이에 해당한다.

이 판결의 사안에서 도급인(소외 조합) 명의로 소유권보존등기를 한 것은 도급인과 수급인 사이에 위와 같은 합의가 있었던 것으로 보인다.

청산금의 지급을 동시에 이행하도록 정하였고, 제20조 제2항에서 '사용검사일까지 일반분양분 아파트, 복리시설 등의 미분양분이 있을 경우에는 소외 조합과 피고가 별도의 협의를 거쳐 결정하기로 한다'고 정하여 사용검사일 전에 피고의 공사대금에 충당될 일반분양분의 분양을 전제하고 있는바, 이 사건 공사계약의 해석상 반드시 준공필증을 교부받아야 공사대금채권의 이행기가 도래하는 것으로 보기는 어렵다.

(라) 이 사건 공사계약상 소외 조합의 조합원들은 조합원 분담금(1억 원)과 이주비를 지급함과 동시에 입주를 할 수 있는 것으로 정해져 있지만, 소외 조합은 피고에게 조합원들의 어려운 사정을 배려해 주자고 양해를 구하여 분담금을 지급하지 않은 채 조합원 분양분(25세대)에 조합원들이 입주하도록 하였다.

(마) 설령 이 사건 공사계약에서 준공필증이 교부되어야만 공사대금의 이행기가 도래하는 것으로 정했다고 하더라도, 소외 조합은 피고가 조합원들의 분담금 미지급을 이유로 조합원들의 입주를 거절하지 않는 대신 공사대금채권에 대한 준공필증 교부일까지의 기한의 이익을 묵시적으로 포기하였다고 볼 수도 있다.

(3) 이에 대해 원고는 ① 이 사건 공사도급계약은 확정지분제 계약으로 피고는 소외 조합에 대하여 일반적인 도급계약상의 공사대금채권이 아닌 공사대금 등 건설사업비 상당의 정산금 지급청구권만을 갖는데, 이 사건 아파트 중 일반분양분에 대한 분양이 시작되지도 않아 피고 명의 계좌로 입금된 일반분양금이 전혀 없으므로 일반분양분에 대응하는 정산금 지급청구권의 변제기는 도래하지 않았고, ② 조합원 청산금의 경우 이 사건 공사계약 제19조 및 특약사항3 제9조에 준공 후 1개월 이내에 정산하도록 규정되어 있으나 피고의 귀책사유로 이 사건 아파트에 대한 준공인가를 받지 못하여 변제기가 도래하지 않았으며, ③ 피고가 정산금 지급청구권을 행사하기 위해서는 나라신용정보 주식회사(이하 '나라신용정보'라고 함)에 대한 43억 원의 채무의 대위변제가 먼저 이행되어야 한다고 주장한다. 그러나 아래의 사정들에 비추어 보면 원고의 위 주장은 이유 없다.

(가) 이 사건 공사계약상 일반분양분 30세대를 확정적으로 시공사인 피고의 지분으로 정하였고, 조합원 분담금도 세대당 1억 원으로 확정하였다. 피고가 재건축사업에 소요되는 사업비까지 부담함에 따라 일부 정산이 필요한 부분이 있을지는 모르나, 적어도 위 일반분양분이나 조합원 분담금에 대하여 피고가 소외 조합과 정산을 마쳐야 지급을 구할 수 있다고 볼 수 없다.

(나) 이 사건 공사계약 제19조 제2항 제1호는 조합원의 청산금과 일반분양자의 분양금을 피고에게 입금하도록 정하였다.

(다) 이 사건 공사계약 특약사항2 제7조는 '피고는 나라신용정보 부채 43억 원은 수분양분(30세대) 분양금 중에서 상환하되'라고 정하였을 뿐, 그 채무 상환을 공사대금채권 행사의 선이행의무로 삼았다고 보기 어렵다.

라. 피고의 경매개시결정 전 점유취득 여부

피고는 이 사건 아파트를 완공하여 임시사용승인을 받은 2012. 4. 9. 무렵부터 25세대를 소외 조합의 조합원들에게 인도하고, 피고 직원 유△△가 아파트에 상주하면서 이 사건 부동산을 포함한 나머지 33세대에 시건장치를 해놓고 관리를 해 온 사실이 인정된다.

마. 소결

따라서 피고는 압류의 효력발생[79] 전 이 사건 부동산에 대한 유치권을 취득하였으므로, 피고의 위 유치권 항변은 이유 있다.

4. 원고의 재항변 등에 관한 판단

가. 피고 소유 물건으로서 유치권 성립이 불가능한지 여부

(1) 주장의 요지

이 사건 부동산은 확정지분제 방식의 공동사업계약인 이 사건 공사계약에 따라 피고가 대물변제받거나 피고에게 귀속될 지분이어서 타인의 물건이 아닌 피고 소유 물건이므로 유치권이 성립될 수 없다.

(2) 판단

① 소외 조합은 주식회사 세화아이앤디와 공동사업약정을 체결하여 새성복연립주택 3개 동의 재건축사업을 진행하다가 신가건설주식회사, 디더블유동원건설주식회사 등으로 그 시공사를 각 변경하였고, 그 후 이 사건 아파트의 골조공사 등 위 재건축사업을 위한 공사가 상당히 진행된 상태에서 피고와 사이에 이 사건 공사계약을 체결하였던 점, ② 이 사건 공사계약의 명칭도 '공사계약서'이고, 이 사건 공사계약 제43조도 '공사대금청구권'이라는 용어를 사용하고 있으며, 제38조 제2항은 소외 조합이 청산금 등을 지급하지 아니하는 경우에 피고가 유치권을 행사할 수 있다고 규정하고 있는 점, ③ 이 사건 부동산에 관하여는 2012. 12. 7. 소외 조합 명의의 소유권보존등기가 마쳐졌고 현재까지 소외 조합이 소유권자로 등기되어 있는 점, ④ 구 주택건설촉진법 제44조 제3항에서 주택조합 등이 주택을 건설하는 경우 대통령령이 정하는 등록업자와 공동으로 사업을 시행하도록 규정한 취지는 주택조합의 원활한 사

79) '경매개시결정등기'라고 하는 것이 정확한 표현이다.

업수행을 위한 것일 뿐 주택조합과 등록업자 사이에 민법상의 조합을 구성하도록 하기 위한 것은 아닌 점 등에 비추어 보면, 이 사건 부동산은 소외 조합의 단독소유이지 소외 조합과 피고에게 합유적으로 귀속한다고 볼 수 없으므로, 원고의 이 부분 주장은 이유 없다.

나. 공사대금채권의 소멸시효 완성

(1) 시효기간의 경과

이 사건 변론종결일 당시 이 사건 공사대금채권의 변제기인 2012. 4. 9.로부터 3년의 소멸시효기간이 경과하였음은 역수상 명백하다.

(2) 채무승인에 의한 시효중단 여부

(가) 이에 대해 피고는 소외 조합이 이 사건 공사대금채무를 **승인**함으로써 그 시효가 중단되었다고 재재항변한다.

(나) 채권시효중단사유로서의 승인은 시효이익을 받을 당사자인 채무자가 그 시효의 완성으로 권리를 상실하게 될 자 또는 그 대리인에 대하여 그 권리가 존재함을 인식하고 있다는 뜻을 표시함으로써 성립한다고 할 것이며, 이 때 그 표시의 방법은 아무런 형식을 요구하지 아니하고, 또한 명시적이건 묵시적이건 불문한다(대법원 1992. 4. 14. 선고 92다947 판결 등 참조).

(다) 을 제14, 15호증의 각 기재 및 변론 전체의 취지를 종합하면, 아래와 같은 사실을 인정할 수 있다.

① 소외 조합의 조합장 최△△은 김△△이 피고를 상대로 제기한 유치권부존재확인소송의 항소심(서울고등법원 2013나76880) 2014. 5. 28. 변론기일에 증인으로 출석하여 피고 소송대리인의 반대신문에 아래 표 기재와 같이 답변하였다.

문	소외 조합 입장에서는 전체 공사대금을 결국 누구에게 지급하여야 한다고 생각하나요
답	실제 철거과정 외에 토목에서부터는 전부 피고가 하였기 때문에 당연히 피고가 받아야 된다고 생각합니다.
	(생략)
문	일반분양금만 넘겨주는 것 아닌가요
답	일반분양금뿐만 아니라 조합에서 분담금도 주기로 하였고 조합지분을 팔아서 줄 돈도 있었습니다.

② 최△△은 2013. 3. 27. 피고와 함께 피고의 하도급업체들에게 2013. 12. 30.까지 이 사건 아파트의 사용승인 절차를 마치고 경매 및 설정된 담보권 등을 해지한 후 각 호수의 소유권 이전을 확약하는 약정서를 작성하였다.

(라) 위 인정사실에 의하면, 채무자인 소외 조합은 피고에 대하여 부담하는 공사대금채무의 존재를 인식하고 있다는 뜻을 표시하여 채무승인을 하였다고 봄이 상당하다. 그리고 위 공사대금채무의 내용은 이 사건 공사계약 체결 시에 이미 확정된 것이므로 '예산으로 정한 사항 외에 조합원의 부담이 될 계약은 총회의 의결을 거쳐야 한다'는 도시 및 주거환경정비법 제24조 제3항 제5호가 적용된다고 보기도 어렵다.

(3) 시효중단이 압류의 효력에 반한다는 원고의 주장

(가) 원고는 피고가 주장하는 시효중단사유는 모두 이 사건 부동산에 대한 압류의 효력이 발생한 2012. 7. 24. 이후에 발생한 사유로서 경매절차의 매수인에게 대항할 수 없다고 주장한다.

(나) 강제경매절차를 개시하는 결정에는 동시에 그 부동산의 압류를 명하여야 하고, 강제경매개시결정이 채무자에게 송달되거나 등기가 된 때 압류의 효력이 발생한다(민집 §83조 제1항, 제4항). 그러나 압류의 처분금지효는 압류 효력발생 이후 당해 재산의 처분을 압류채권자에게 대항할 수 없도록 하는 것일 뿐, 압류 재산에 관하여 생긴 공사대금채권에 관한 처분을 금지하는 것으로 해석할 수는 없다. 따라서 원고의 위 주장은 이유 없다.

(4) 따라서 위 소멸시효는 중단되었다고 할 것이니 피고의 재재항변은 이유 있고, 원고의 위 재항변은 이유 없다.

다. 유치권 소멸청구

(1) 주장의 요지

피고가 이 사건 부동산 소유권자의 동의 없이 이를 분양 내지 임대하였으므로, 원고의 소멸청구에 따라 피고의 유치권은 소멸하였다.

(2) 판단

유치권자는 채무자의 승낙 없이 유치물의 사용, 대여 또는 담보제공을 하지 못하고, 유치권자가 이를 위반한 때에는 채무자는 유치권의 소멸을 청구할 수 있다(민 §324②③). 그러나 이 사건 공사대금채권의 채무자인 소외 조합이 유치권의 소멸을 청구하였음을 인정할 증거가 없고(오히려 을 제14호증의 기재 및 변론 전체의 취지를 종합하면, 소외 조합은 이 사건 부동산의 분양대금이 피고에게 귀속되는 것으로 생각하고 피고 또는 하도급업체들이 그 전유부분을 임대하는 사실을 알면서도 묵인한 사실이 인정된다), 피고가 원고의 이 사건 부동산 소유권 취득 이후에 이 사건 부동산을 다른 사람에게 임대하는 등의 방법으로 소유권자의 의사에 반하는 사용 · 수익을 하였음을 인정할 증거도 없다. 따라서 원고의 위 재항변은 이유 없다.

라. 유치권 포기

(1) 주장의 요지

이 사건 공사계약 특약사항에 따라 피고의 귀책사유로 공사를 진행할 수 없을 경우 유치권 및 시공권을 포기하기로 약정하였으므로, 피고의 유치권은 위 약정에 따라 소멸하였다.

(2) 판단

이 사건 공사도급계약 특약사항2 제3조에 '피고의 일방적인 귀책사유로 공사를 진행할 수 없는 경우, 피고는 조합에 대하여 유치권 및 어떠한 민 · 형사상의 이의제기 없이 시공권을 포기할 것이며 조합의 정산 절차를 이유 없이 수용하고 이행할 것을 확약한다'고 정한 사실은 앞서 본 바와 같으나, 이는 그 문언 자체로 피고가 '공사를 진행할 수 없는 경우'에 유치권 및 시공권을 포기하겠다는 약정에 불과하므로(피고의 귀책사유의 예시로 든 본 계약 제31조 제1항도 공사 자체가 중단된 경우만을 열거하고 있다), 원고의 위 재항변은 이유 없다.

마. 신의칙 위반 및 권리남용

(1) 주장의 요지

피고는 이 사건 공사계약 특약사항에 따라 소외 조합의 나라신용정보에 대한 약 43억 원의 채무를 변제해 주기로 약정하였음에도 이를 변제하지 못하여 이 사건 아파트가 경매로 매각되게 하였다. 그러한 귀책사유 있는 피고가 공사대금을 받기 위하여 유치권을 행사하는 것은 신의칙에 반하거나 권리남용으로서 허용되어서는 안 된다.

(2) 판단

피고가 일반분양분 30세대의 분양대금에서 소외 조합의 나라신용정보에 대한 43억 원의 채무를 상환하기로 약정하였음에도 이를 이행하지 못하여 이 사건 아파트에 대한 준공필증을 교부받지 못하였고, 그로 인해 일반분양분 30세대의 분양을 하지 못하게 된 사실, 나라신용정보의 채권양수인인 주식회사 케이알앤씨가 이 사건 아파트의 대지 중 일부에 대하여 임의경매신청(이 법원 2012타경12016)을 한 사실이 인정된다.

그러나 ① 피고는 이 사건 아파트 신축에 소요되는 공사비와 함께 재건축사업에 필요한 나머지 사업비를 부담하였고, 소외 조합 조합원들의 어려운 경제적 사정을 감안하여 세대당 분담금 1억 원을 받지 않은 채 조합원들을 입주시킨 점, ② 이 사건 경매절차에서 이 사건 아파트 중 조합원 분양분을 제외한 33세대 및 소외 조합 소유 토지 지분의 감정가는 합계 11,713,200,400원이었고, 피고가 공사대금 15,921,751,243원의 유치권을 신고하여 피고의 유치권 행사를 능히 예견할 수 있었음에도 수차례의 유찰을 거쳐 원고가 이를 2,621,000,000원에 낙찰받은 점 등을 고려하면, 앞서 인정한 사실만으로 피고의 유치권 행사가 신의칙에 반하거나 권리의 남용에 해당한다고 보기 어렵다. 따라서 원고의 위 재항변은 이유 없다.

5. 결론

그렇다면 원고의 청구는 이유 없어 기각하기로 하여 주문과 같이 판결한다(피고의 유치권 항변이 인정되나, 원고가 피고의 공사대금채권 자체를 부인하고 있을 뿐만 아니라 상환이행의무의 범위를 특정할 수 없으므로[80], 상환이행판결을 하지 아니한다).

Ⅲ. 기타의 소멸사유

[상계] 서울고법 1976. 2. 26. 선고 74나540, 75나1452 판결(확정)은, ㉮ 甲 소유의 건물(1~6층 510평, 지하 · 옥탑 100평) 및 그 대지에 관한 乙 명의의 저당권설정등기, ㉯ 본건물 부분 1~6층의 벽에 잇댄 甲의 증축(1~6층 200평), ㉰ 본건물 부분 및 그 대지에 관한 乙의 임의경매신청(감정가격 74,090,140원), ㉱ 乙의 매수(매수가격 88,930,000원) 및 소유권이전등기, ㉲ 甲에 대한 乙의 건물명도 청구의 소 제기 등이 순차로 이루어지고, ㉳ 甲이 증축 부분의 부당이득반환채권을 피담보채권으로 하

80) 피고가 대위변제하기로 한 43억 원, 피고가 이 사건 부동산 중 일부의 임대 등을 통하여 변제받은 돈의 처리문제가 있어, 피고의 채권액을 이 사건에서 확정하는 것이 곤란하다.

는 유치권 항변을 한 사안에서, 원고의 청구를 인용하면서 아래와 같이 판시하였다.

첫째, 증축 부분은 본건물 부분의 부합물이므로 원고(乙)는 본건물 부분의 소유권은 물론 증축 부분의 소유권도 취득한다고 보았다. 증축 부분 내에 1층에서 5층까지 별개의 계단이 설치되어 있고 출입문도 따로 설치되어 있기는 하나, 증축 부분은 본건물 부분과 함께 동일한 용도로 사용하기 위하여 증축되었고 외관상으로도 본건물 부분과 함께 한 개의 건물로 보이며, 현재 그 2층부터 5층까지는 본건물 부분과 증축 부분 사이의 벽마저 헐어 2~5층의 각 층을 헐어 하나의 방실로 사용하고 있고 위 증축 부분에 관하여는 별도의 등기가 되어 있지 않다는 점 등이 그 이유이다.

둘째, 본건물 부분과 그 대지에 관한 감정평가액을 최저매각가격으로 정하여 경매절차가 진행되었을 뿐 증축 부분은 그에 포함되지 않았으므로,[81] 이러한 증축 부분(부합물)의 소유권을 취득한 乙은 증축 부분의 시가 상당액 4,271,245원을 부당이득하였다고 인정하였다.[82] 그리고 위 부당이득반환채권은 증축 부분에 관하여 생긴 채권이라고 보았다.

셋째, 그러나 견련관계가 인정됨에도 불구하고 甲의 채권은 상계로 소멸하였다는 것을 이유로 乙의 건물명도청구를 인용하였다. 乙은 甲에 대한 대여금채권(137,400,724원)을 자동채권으로, 甲의 乙에 대한 부당이득반환채권(4,271,245원)을 수동채권으로 하여 상계의 의사표시를 하였는데, 이로서 乙의 채권은 소멸하고 그에 따라 유치권도 소멸하였다는 것이다.

[혼동] 부동산에 대한 소유권과 유치권이 동일한 사람에게 귀속한 경우 유치권은 혼동에 의하여 소멸하는 것이 원칙이지만, 본인 또는 제3자의 이익을 위하여 유치권을 존속시킬 필요가 있다고 인정되는 경우에는 혼동으로 소멸하지 않는다(대판 1998. 7. 10. 98다18643, 대결 2013. 11. 19. 2012마745 등 참조).

유치권자가 저당권이 설정되어 있는 부동산의 소유권을 취득한 경우 유치권이 소멸한다고 하면 저당권자에게는 부당이득이 되고 본인에게는 불이익이 되므로, 이러한 경우에는 본인의 이익을 위하여 유치권이 소멸하지 않는다고 보아야 한다(부산지법 2010. 9. 15. 2009나23426). 피고가 상고하였으나 심리불속행 기각되었다(대판 2011. 1. 27. 2010다87184).

81) 증축 부분은 허가를 받아 진행되었으나 허가된 면적을 초과하여 증축한 점, 도로예정지를 침범하여 도로계획에 저촉된다는 점 등을 이유로 허가가 취소되었다. 감정인은 이러한 사정이 있다는 이유로 증축 부분을 평가에서 제외하였다.

82) 그러나 이 부분은 선례로서의 의미는 없다. 대법원 1997. 4. 8. 선고 96다52915 판결, 대법원 2001. 9. 4. 선고 2001다22604 판결, 부산고법 2008. 1. 17. 선고 2007나14087 판결, 부산고법(창원) 2016. 1. 21. 선고 2015나22666 판결은 반대 취지의 판시를 하였다.

제3장 변제기의 미도래

Ⅰ. 서설

유치권의 경우 피담보채권의 변제기 도래는 유치권의 성립요건이다(민 §320①). 비교컨대, 저당권 등 다른 담보물권의 경우 피담보채권의 변제기 도래는 그 담보물권의 실행요건에 불과하다.

유치권주장자가 피담보채권의 변제기를 연기해 준 경우에는 연기한 변제기가 도래하여야 유치권이 성립하고, 연기한 변제기가 도래하기 전에는 유치권이 성립하지 않는다.

도급계약에 따른 공사대금채권은 원칙적으로 공사를 완료하였을 때 변제기가 도래한다. 그러나 완공되지 않은 상태에서 공사가 중단되고 도급계약이 해제되어 계약관계가 종료된 경우에는 공사 중단 시점까지의 기성고에 따른 공사대금채권이 피담보채권이 되고, 계약관계 종료 시점이 피담보채권의 변제기가 된다.

유치권자인 수급인의 피담보채권(공사잔대금채권)에 관한 변제기가 도래하더라도 도급인이 수급인에 대한 하자보수청구권 등에 기하여 동시이행의 항변을 한 경우에는 피담보채권의 변제기가 도래하지 않은 경우와 마찬가지로 수급인이 그 채권에 기한 유치권을 행사할 수 없게 된다.

Ⅱ. 변제기가 도래하지 않은 것으로 인정한 사례

[전세권의 존속기간이 만료되지 않은 경우 지상물·부속물매수청구권의 불발생] 대법원 2007. 9. 21. 선고 2005다41740 판결은 "… 토지임차인의 건물 기타 공작물의 매수청구권에 관한 민법 제643조의 규정은 성질상 토지의 전세권에도 유추적용될 수 있다고 할 것이지만, 그 매수청구권은 토지 임차

권 등이 건물 기타 공작물의 소유 등을 목적으로 한 것으로서 기간이 만료되어야 하고 건물 기타 지상시설이 현존하여야만 행사할 수 있는 것이다 … 피고는 이 사건 건물과 그 부지인 토지 전부에 대한 전세권자일 뿐이고 토지 부분만 분리하여 건물 소유를 목적으로 토지 임대차를 한 것이 아니며 또한 그 전세권의 존속기간이 만료되지도 않은 이상 위 매수청구권이 발생하였다고 할 수 없으니 이를 피담보채권으로 한 피고의 유치권은 성립할 수 없다 … 피고가 주장하는 지상물매수청구권이나 부속물매수청구권 또는 비용상환청구권 등은 어느 것이나 피고의 전세권의 존속기간이 만료되는 때에 발생하거나 변제기에 이르는 것인데, 아직 그 전세권의 존속기간이 만료되지 아니하였으므로 위 각 채권에 기한 피고의 유치권은 성립되지 아니한다 …"라고 설시하였다.

[공사잔대금채권에 대한 동시이행 항변이 있는 경우] 대법원, 2014. 1. 16 선고 2013다30653 판결은 "… 수급인의 공사대금채권이 도급인의 하자보수청구권 내지 하자보수에 갈음한 손해배상채권 등과 동시이행의 관계에 있는 점 및 피담보채권의 변제기 도래를 유치권의 성립요건으로 규정한 취지 등에 비추어 보면, 건물 신축 도급계약에서 수급인이 공사를 완성하였다고 하더라도, 신축된 건물에 하자가 있고 그 하자 및 손해에 상응하는 금액이 공사잔대금액 이상이어서, 도급인이 수급인에 대한 하자보수청구권 내지 하자보수에 갈음한 손해배상채권 등에 기하여 수급인의 공사잔대금채권 전부에 대하여 동시이행의 항변을 한 때에는, 공사잔대금채권의 변제기가 도래하지 아니한 경우와 마찬가지로 수급인은 도급인에 대하여 하자보수의무나 하자보수에 갈음한 손해배상의무 등에 관한 이행의 제공을 하지 아니한 이상 공사잔대금채권에 기한 유치권을 행사할 수 없다고 보아야 한다 …"라고 판시하였다.

[공사 미완료] 울산지법 2011. 5. 27. 선고 2010가단32725 판결은, 다세대주택 신축공사 중 전기공사대금채권은 변제기에 관한 특약이 없는 한 수급인이 전기공사를 완료하였을 때 변제기가 도래하는 것이므로, 변론종결일 무렵까지 전기공사를 완료하지 못하고 공사를 하고 있다면 수급인은 공사대금채권을 피담보채권으로 하는 유치권을 행사할 수 없다고 판시하였다.

[연기한 변제기 미도래] 모텔소유자 甲과 공사업자 乙이 모텔 리모델링공사 도급계약을 체결하면서, 공사대금 2억 원 중 선급금 3천만 원을 제외한 1억 7천만 원에 관하여 '① 이 사건 건물 리모델링 완공 후 이를 매각하여 지급한다. ② 완공 후 3개월 이내에 매각되지 않으면 乙은 甲에게 모텔운영권 이양을 요구할 수 있고, 甲은 乙의 요구에 응하여야 한다.'는 약정을 하였으며, 乙이 2003. 12. 20. 리모델링공사를 완료(변제기는 공사 완료 3개월 후인 2004. 3. 20.)하였으나 1억 7천만 원을 지급받지 못하였고, 2006. 11. 28. 甲이 乙에게 '미지급 공사대금채권을 1억 7천만 원으로 확정하고, 이자 명목으로 제세공과금을 제외한 매월 수입금을 지급하며, 일반 대여금채권으로 전환하여 2013. 11. 20.까지 완제하겠

다.'는 내용의 이행각서를 작성 · 교부하였다면, 甲과 乙은 미지급 공사대금채권의 변제기를 2013. 11. 20.로 연장하기로 합의한 것이므로 변론종결일(2010. 4. 15.) 현재 변제기가 도래하지 않은 것으로 보아야 한다{대전지법 2010. 5. 27. 2009나17156(확정)}.

Ⅲ. 변제기가 도래한 것으로 인정한 사례

[불확정기한의 도래] 대법원 2003. 6. 24. 선고 2001다78577 판결은 "… ① 당사자가 불확정한 사실이 발생한 때를 이행기한으로 정한 경우에는 그 사실이 발생한 때는 물론 그 사실의 발생이 불가능하게 된 때에도 이행기한은 도래한 것 … 불확정기한의 사유인 불확정 사실의 발생이 불가능하게 된 것인지 여부를 구체적으로 판단함에 있어서는 당사자의 의사, 불확정기한 사실의 종류와 특성 및 경과한 기간의 정도 등을 감안하여야 할 뿐만 아니라, 불확정기한 사실이 사회경제적 상황에 영향을 받는 경우에는 이 점도 폭넓게 참작하여 사회통념에 따라 그 불가능 여부를 신중하게 판정하여야 하는 것[83] … ② 1997. 1. 27. 완공된 이 사건 지원시설의 … 준공 시점으로부터 4년 이상 경과되었음에도 이 사건 지원시설 전체의 약 30% 이상 되는 부분이 분양되지 못한 사실, … 1997년초 이후부터는 거의 이 사건 지원시설 일대 상가매매가 이루어지지 않고 있고, 1999년 이후 분양가 대비 20% 이상 할인된 매물만이 간혹 실수요자 위주로 거래되고 있어 추가분양이 어려울 것이고, 1999. 10. 11. 현재 … 이 사건 지원시설의 실제 평가액은 분양가 대비 70 내지 72.8% 수준에 불과한 사실, … 2000. 9. 26. 산업자원부장관으로부터 분양가격 변경승인을 받아 위 미분양분 605구좌에 대한 할인분양을 시작하였으나, 할인분양 초기인 2000. 10. 25.까지 135구좌의 분양이 집중되었을 뿐 그 이후 간헐적인 분양이 이루어진 결과 2001. 4. 19.까지 미분양분 중 총 181구좌만이 분양되고 나머지 70% 정도가 분양되지 못한 사실 등을 인정한 다음, 이 사건 지원시설에 대한 분양은 적어도 원심[84] 변론종결 당시에는 사실상 불가능한 상태에 이르렀다고 보아야 하고, 따라서 피고의 원고에 대한 공사대금 지급의무는 당초 약정한 발생이 불확실한 사실의 확정으로 인하여 그 이행기가 도래하였다고 … 한 원심의 판단은 수긍할 수 있고 …"라고 판시하였다.

83) 대판 1989. 6. 27. 88다카10579, 대판 2002. 3. 29. 2001다41766 등도 같은 취지의 판시를 하였다.

84) 서울고법 2001. 10. 30. 99나42669.

[불확정기한의 도래] 서울고등법원 2007. 4. 13. 선고 2006나59825 판결은 불확정기한 도래 여부의 판단기준에 관한 위 대법원 2003. 6. 24. 선고 2001다78577 판결의 법리를 인용하면서 "… 이 사건에서 보건대, 위 인정사실에 의하면, 피고(수급인)는 정△△(도급인)에 대하여 A동 건물과 B동 건물의 신축공사에 따라 완성된 부분에 대한 공사대금채권을 가지고 있고, 이 사건 도급계약상 공사대금은 건물을 타에 분양하여 그 분양계약금 및 중도금과 입주금으로 정산하기로 하였으므로 이는 불확정기한을 정한 것으로 보아야 할 것인바, 그 건물부지에 대하여 강제경매절차가 진행되거나 근저당권이 설정되어 있는 등의 이유로 분양이 이루어지지 않았고 급기야 도급인인 정△△가 잠적함으로써 분양과 공사가 중단되었으며 그로부터 수개월 후 주식회사 신한은행의 신청에 의하여 신축건물 및 그 부지에 관한 임의경매절차가 개시되었으므로, 정△△가 잠적한 무렵이나 늦어도 위 임의경매절차가 개시된 무렵에는 불확정기한 사실의 발생, 즉 분양에 의한 공사대금 정산은 사회통념상 불가능하게 되었다고 보아야 할 것이고, 따라서 그 시점에서 피고의 위 공사대금채권은 그 완성된 부분에 한하여 변제기가 도래하였다 …"라고 판시하였다.

[사용차주의 유치권신고와 유익비상환청구권의 변제기 도래] 대법원 2009. 3. 26. 선고 2008다34828 판결은 "… 피고(명의신탁자)는 소외인(명의수탁자)과의 사이에 이 사건 부동산에 관한 명의신탁약정을 체결하고 동대구신용협동조합(매도인)으로부터 이 사건 부동산을 매수하여 소외인 명의로 소유권이전등기를 마쳤으며 나아가 소외인과 통모하여 이 사건 부동산의 임차인인 것처럼 가장한 채 이 사건 부동산을 점유 · 사용해 왔다는 것인바, 비록 피고와 소외인 사이의 위 임대차계약은 통정허위표시로서 무효라 할 것이나, 위와 같은 이른바 계약명의신탁의 경우 매도인인 동대구신용협동조합이 피고와 소외인 사이의 명의신탁약정 사실을 알고 있었다는 점에 관한 주장 · 입증이 없는 한 부동산 실권리자명의 등기에 관한 법률 제4조 제1, 2항에 따라 수탁자인 소외인이 이 사건 부동산의 완전한 소유권을 취득한다 할 것인데(**매도인이 선의인 계약명의신탁**) … 소외인이 이 사건 부동산에 관한 소유권이전등기를 마쳐 대내외적으로 완전한 소유권을 취득한 후에도 피고는 명의신탁자로서 자신이 이 사건 부동산의 실질적인 소유자라는 인식 하에 무상으로 이 사건 부동산을 점유 · 사용해 왔고, 소외인 또한 명의수탁자로서 이 사건 부동산이 실질적으로는 피고의 소유라는 인식 하에 피고의 위와 같은 점유 · 사용에 대하여 어떠한 이의도 제기하지 아니하였던 것으로 보이므로, 결국 피고와 소외인 사이에는 피고가 이 사건 부동산을 무상으로 점유 · 사용하기로 하는 묵시의 약정이 있었고 피고가 그러한 약정에 따라 이 사건 부동산을 점유해 온 것으로 봄이 타당하다. 따라서 피고는 이 사건 부동산을 점유 · 사용하는 중에 지출한 유익비에 관하여 위와 같은 사용대차계약의 당사자인 소외인에게 유익비상환청구권을 행사할 수 있고, 그러한 유익비상환청구권의 변제기는 그에 관한 당사자의 약정 또는 위 사용대차계약

관계를 규율하는 법조항이나 법리에 의하여 정해진다 할 것이다[85) … 피고는 이 사건 부동산을 점유·사용하던 중 소외인과의 협의 하에 이 사건 부동산에 도시가스공사, 정원개량공사 등을 하여 공사비용을 지출하였고 위와 같은 공사로 인하여 이 사건 부동산의 가액이 증가하여 현존하고 있는 사실, 위와 같은 공사비용 지출 후 이 사건 부동산에 관한 경매절차가 개시되고 그 경매개시결정이 송달됨으로써 위 사용대차계약 관계를 계속하기 어렵게 된 사실, 피고는 위 공사비용의 지출로 소외인에 대하여 유익비상환청구권이 있고 그 변제기가 도래하였음을 전제로 경매법원에 대하여 이 사건 부동산에 관한 유치권신고를 한 사실, 소외인 또한 위 유익비상환청구권의 변제기가 이미 도래하였다는 전제 하에, 이를 자신이 피고에게 지급하였어야 하나 재정상태가 악화되어 그 지급의무를 이행하지 못하고 있다는 취지의 확인서를 피고에게 작성해 준 사실을 알 수 있는바, 위와 같은 사실들에 비추어 보면, 피고가 주장하는 유익비상환청구권은 위 사용대차계약 관계에 기하여 발생한 것인데, 늦어도 피고가 위 **유치권신고를 할 무렵**에는 위 계약관계의 당사자인 피고와 소외인의 묵시적인 합의에 의하여 그 계약관계가 이미 종료되었고 위 유익비상환청구권의 변제기도 이미 도래한 것으로 보인다. 그럼에도 불구하고, 원심[86)] 이 피고의 유익비상환청구권을 민법 제203조 제2항에 따른 점유자의 회복자에 대한 유익비상환청구권으로만 파악한 나머지 피고가 아직 이 사건 부동산을 인도하거나 인도청구를 받지 않은 한 위 유익비상환청구권의 변제기가 도래하지 아니하였다고 판단하고 만 것은, 점유자가 적법한 점유의 권원을 가지는 경우의 유익비상환청구권의 변제기에 관한 법리를 오해하여 그 변제기가 도래하였는지 여부에 관하여 필요한 심리를 다하지 아니한 위법이 있고, 이는 판결 결과에 영향을 미쳤음이 명백하다 …"라고 판시하였다.

[민법 제203조 제2항의 유익비상환청구권의 변제기 도래] 점유자는 회복자로부터 점유물의 반환을 청구받거나 회복자에게 점유물을 반환한 때에 비로소 회복자에 대하여 민법 제203조 제2항 소정의 유익비상환청구권이 발생한다(대판 1993. 12. 28. 93다30471 등).

85) 민법 제203조 제2항에 의한 점유자의 회복자에 대한 유익비상환청구권은 점유자가 계약관계 등 적법하게 점유할 권리를 가지지 않아 소유자의 소유물반환청구에 응하여야 할 의무가 있는 경우에 성립되는 것으로서, 점유자가 유익비를 지출할 당시 계약관계 등 적법한 점유의 권원을 가진 경우에 그 지출비용 또는 가액증가액의 상환에 관하여는 그 계약관계를 규율하는 법조항이나 법리 등이 적용된다(대판 2003. 7. 25. 2001다64752, 대판 2009. 3. 26. 2008다34828 등).

86) 대구고법 2008. 4. 24. 2006나8673.

[공사 중단 및 계약해제와 변제기 도래] 하도급계약서에 토목공사(터파기공사) 완료 후에 공사대금을 지급하기로 하는 약정이 있다 하더라도, 하수급인이 공사를 중단하고 도급인이 수급인과의 도급계약을 해제하여 변론종결일 현재 공사가 중단된 지 3년 가까이 지났으며 하수급인이 다시 공사를 재개할 가능성이 없다면, 수급인과 하수급인 사이의 계약관계는 종료되고 수급인은 하수급인에게 공사를 중단한 때까지의 기성고에 따른 공사대금을 정산하여 지급할 의무가 있다(서울고법 2010. 7. 2. 2009나74757). 쌍방이 상고하였으나 심리불속행 기각되었다(대판 2010. 12. 23. 2010다71639).

['준공검사 후 지급' 약정의 해석] 치과병원건물의 소유자 甲과 공사업자 乙이 건물 내부 인테리어 공사 도급계약을 체결하면서 공사대금을 '준공검사 후 지급'한다고 약정하였다 하더라도, 인테리어공사가 완료된 후 甲이 준공검사원을 제출하였으나 준공검사를 받지 못하였다면, 乙의 공사 완료 및 甲의 준공검사원 제출로 공사대금채권의 변제기가 도래하였다고 보는 것이 당사자의 의사에 부합한다(수원지법 안양지원 2010. 5. 6. 2009가단5429).

PART 05

유치권의 포기 또는 소멸청구

제1장 유치권의 포기

유치권주장자가 유치권을 사전에 포기한 경우에는 다른 법정요건이 모두 충족되더라도 유치권은 성립 · 발생하지 않으며, 유치권주장자가 사후에 유치권을 포기한 경우 또는 채무자나 소유자가 유치권소멸청구를 한 경우 유치권은 소멸한다.

Ⅰ. 유치권의 포기를 인정한 사례

1. 서설

유치권도 다른 물권과 마찬가지로 포기할 수 있다. 유치권의 포기는 상대방의 수령을 요하지 않는 물권적 단독행위이다. 명시적인 방법으로 할 수도 있고 묵시적인 방법으로 할 수도 있으며, 유치권이 성립한 후에 할 수도 있고 그 성립 전에 미리 할 수도 있다. 계약(특약 · 약정 등)으로도 할 수 있음은 물론이다.

유치권자가 유치권 포기의 의사를 명시적 또는 묵시적으로 표시한 경우 유치권은 소멸한다. 유치권 취득 후에 유치권의 존재를 알면서 그 포기의 의사로 유치물을 반환하였다고 인정할 만한 특별한 사정이 있는 경우에는 유치권 포기의 의사를 묵시적으로 표시한 경우에 해당한다.

유치권자가 유치권을 포기하는 경우에는 그 의사표시만으로 효력이 발생한다.[1] 유치권의 포기로써 유치권은 종국적으로 소멸하며, 그 후 다시 점유를 취득하여도 소멸한

1) 대판 1980. 7. 22. 80다1174. 또한 유치권 배제 특약에는 조건을 붙일 수 있다(대판 2018. 1. 24. 2016다234043).

유치권은 부활하지 않는다.

물권의 포기는 대세적 효력을 가지므로, 유치권 포기의 의사표시의 상대방은 물론 제3자(경매절차의 매수인 등)도 유치권의 포기로 유치권이 소멸하였다는 것을 주장할 수 있다.

2. 사후 포기 : 유치권 즉시 소멸

유치권이 성립한 후에 이를 포기하면 유치권은 바로 소멸한다. 이 경우 유치권의 소멸은 소급효가 없다.

[포기의 의사표시] 대법원 1980. 7. 22. 선고 80다1174 판결은, 피고의 아버지인 소외인(수급인=유치권자)이 소외 회사(도급인=건축주)에 대한 채권을 확보하기 위하여 소외 회사 소유의 부동산을 피고로 하여금 점유 · 사용하게 하고 있다가 소외 회사로부터 채권 전액에 대한 약속어음공정증서를 받은 뒤 아무 조건 없이 원고(현재의 소유자)에게 명도해 주기로 약정하였다면, 이는 유치권자가 유치권을 포기한 것이라고 할 것이므로 그 약정된 명도 기일 이후의 점유는 소외인으로서도 적법한 권원 없는 점유라고 판시하였다.

[포기각서 제출] 대법원 2011. 5. 13.자 2010마1544 결정은 "… 유치권을 사전에 포기한 경우 다른 법정요건이 모두 충족되더라도 유치권이 발생하지 않는 것과 마찬가지로 유치권을 사후에 포기한 경우 곧바로 유치권은 소멸한다고 보아야 하며, 채권자가 유치권의 소멸 후에 그 목적물을 계속하여 점유한다고 하여 여기에 적법한 유치의 의사나 효력이 있다고 인정할 수 없고 다른 법률상 권원이 없는 한 무단 점유에 지나지 않는다(대법원 1980. 7. 22. 선고 80다1174 판결 참조). 따라서 원심이 피신청인은 2007. 8. 22.경 甲 은행에 유치권 포기각서를 제출함으로써 제1공사대금채권에 관한 유치권을 상실하였고, 이러한 유치권의 소멸은 위 각서를 제출받은 甲 은행뿐만 아니라 그가 신청한 경매절차에서 이 사건 부동산을 매수한 신청인도 주장할 수 있다고 판단한 것은 정당하고 …"라고 판시하였다.

[유치물 반환] 대구고법 2004. 5. 12. 선고 2003나9262 판결(확정)은 "… ① 이 사건 공사계약 당시 甲(도급인)과 피고(수급인)는 위 공사대금을 은행으로부터 대출받아 지급하기로 약정한 사실, ② 피고는 이 사건 신축공사를 마친 2000. 4. 말경 甲으로부터 위 공사대금을 지급받지도 않은 상태에서 甲에게 이 사건 건물을 인도한 사실, ③ 甲은 피고로부터 이 사건 건물을 인도받은 다음 이 사건 건물에 관

하여 원고 명의의 근저당권설정등기를 마치고 이를 담보로 하여 원고로부터 금 5억 원을 대출받아 그 중 금 2억 원을 피고에게 공사대금으로 지급한 사실, ④ 피고의 대표이사 乙1은 나머지 공사대금채권을 담보하기 위하여 2000. 10. 19. 이 사건 부동산에 관하여 채권최고액 3억 원, 채무자 甲, 근저당권자 乙1로 된 근저당권설정등기를 마친 사실… ⑤ 甲은 2000. 7. 25. 이 사건 부동산에 관한 일체의 권리를 피고에게 이전하기로 약정하였고, 이에 피고는 이 사건 부동산을 제3자에 매도하여 그 매매대금으로 위 공사대금의 변제에 충당하려 하였으나 이 사건 부동산에 관하여 甲의 채권자들이 압류 · 가압류집행을 마친 까닭에 매도가 여의치 않았던 사실… ⑥ 甲은 2001. 4.경 피고의 동의를 얻어 乙2에 이 사건 부동산을 매매하였고, 피고는 매매대금 중 계약금 2000만 원을 지급받았으나 그로부터 1년 정도 지난 후 위 매매계약이 해제되어 위 공사대금의 확보가 어려워지게 되자 그 때서야 비로소 대구지방법원 2002타경 5001호 임의경매절차에서 유치권신고를 한 사실을 인정할 수 있는바, 위 인정사실에 의하면, 피고(수급인)는 이 사건 공사대금에 기한 유치권의 존재를 알면서도 이 사건 건물을 은행에 담보로 제공하고 그로부터 대출을 받도록 한 다음 위 공사대금채권을 확보하기 위하여 甲(도급인)에게 이 사건 건물을 확정적으로 인도하였던 것으로 봄이 상당하고, 따라서 피고는 그 당시 이 사건 건물에 관한 유치권을 포기하여 위 유치권은 종국적으로 소멸되었다 할 것이므로, 피고가 이 사건 건물을 그 후 다시 점유하게 되었다고 하더라도 이로써 바로 이 사건 건물에 관한 유치권이 회복되거나 종전의 유치권이 계속 유효하게 성립되는 것은 아니라고 할 것이어서, 위 피고의 주장 역시 이유 없다 …"라고 판시하였다.

3. 사전 포기 : 유치권 불성립

임대차계약서에 기재한 원상회복특약은 비용상환청구권의 사전 포기에 해당하므로 이러한 특약이 있는 경우 그 비용상환청구권을 피담보채권으로 하는 유치권은 성립할 수 없다.

임대차계약서에 원상회복의 문구가 부동문자(不動文字)로 인쇄되어 있다 하더라도, 특별한 사정이 없는 한 위 문구는 약관법의 적용을 받는 약관에 해당하지 않으므로 그 비용상환청구권을 피담보채권으로 하는 유치권은 성립할 수 없다.

[원상회복특약] 임대차계약을 체결함에 있어 '임차인은 임대인의 승인 하에 개축 또는 변조할 수 있으나 부동산의 반환기일 전에 임차인의 부담으로 원상복구하기로 한다'라고 약정하였다면, 이는 임차인이 임차목적물에 지출한 각종 유익비의 상환청구권을 미리 포기하기로 한 취지의 특약이라고 봄이

상당하다(대판 1994. 9. 30. 94다20389, 20396, 대판 1995. 6. 30. 95다12927 등). 임차인이 인도명령 신청의 심문기일에서 '임차인이 이 사건 건물에서 영업을 하기 위하여 내부공사를 실시하였는데, 임대인으로부터 공사비를 받기로 한 것은 아니고 임대차 종료 후 이 사건 건물 인도 시에 새로운 임차인으로부터 받기로 했다'는 취지로 진술하였다면, 결국 임차인의 위 진술은 임차인과 이 사건 건물의 소유자인 임대인 사이에 임차인이 주장하는 공사대금 상당을 임대인이 부담하기로 하는 약정이 없었을 뿐만 아니라 위 공사로 인하여 유익비가 발생하는 경우에도 임차인이 유익비를 포기하기로 약정하였다는 취지라고 해석되므로 임차인은 위 공사로 인한 공사대금채권으로 사건 건물에 관하여 유치권을 행사할 수 없다(창원지법 2008. 5. 9. 2008라73).

[임차인이 증축한 부분을 기존건물소유자의 소유로 귀속시키기로 하는 약정(유효)] 건물임차인이 자신의 비용으로 증개축허가와 용도변경허가를 받아 기존의 3층 건물 2,128.83㎡ 중 745.2㎡만 남긴 채 나머지를 철거하고 그 철거 부분과 기존의 옥상 부분에 새로 3,144㎡를 증축하면서, 그 증축 부분을 기존건물의 일부로서 임대인 소유로 귀속시키기로 하는 약정을 하였다면, 임차인은 원상회복의무를 면하는 대신 투입비용 변상이나 권리 주장을 포기한다는 내용이 포함된 것으로서 특별한 사정이 없는 한 유효하므로, 그 약정이 부속물매수청구권을 포기하는 약정으로서 강행규정에 반하여 무효라고 할 수 없고, 그 증축 부분의 원상회복이 불가능하다고 해서 유익비의 상환을 청구할 수도 없다(대판 1996. 8. 20. 94다44705 · 44712). 설사 부속물매수청구권의 행사가 가능하고 또 그것을 행사하였다 하더라도 그로 인하여 발생한 매수대금청구권은 부속물에 관하여 생긴 채권일 뿐 임차 건물(주물)에 관하여 생긴 채권이 아니므로(견련관계 부존재), 임차인은 건물에 대하여 매수대금청구권을 피담보채권으로 하는 유치권은 취득할 수 없다.

[시공사가 대출기관에 유치권 포기각서를 제출한 경우 공매절차 매수인의 포기약정 효력 주장] 대법원 2018. 1. 24. 선고 2016다234043 판결은, 건축주 · 시공사 · 대출기관 등이 건물을 신축 · 분양하는 사업에 관한 약정을 체결하면서 '시공사는 공사대금의 미지급을 이유로 신축건물에 대하여 유치권을 행사할 수 없다'는 등의 약정을 하였고, 그 무렵 시공사가 대출기관에 '부도, 파산, 회생절차 개시신청 기타 이와 동일시할 수 있는 사유가 발생하거나 기타 정상적으로 사업을 수행할 수 없는 경우, 공사와 관련한 유치권 및 시공권 주장 등 일체의 권리를 포기한다'는 내용의 시공권 및 유치권 포기각서를 작성 · 제출한 경우, 건물에 관한 공매절차의 매수인은 유치권 포기 약정의 당사자가 아니라 하더라도 그 약정의 효력을 주장할 수 있다고 판시하였다.

II. 유치권의 포기를 부정 또는 제한한 사례

임대차계약서에 원상회복특약이 있다 하더라도, ① 비용상환청구권을 인정하는 취지의 추가특약이 있는 경우, ② 당사자의 추정적 의사에 의하여 원상회복 내지 유치권 포기의 범위가 제한되는 경우, ③ 원상회복특약을 하기 전에 지출한 비용이 있는 경우에는 그 비용상환청구권을 피담보채권으로 하는 유치권이 성립할 수 있다. 이러한 경우에는 임차인이 비용상환청구권 내지 유치권을 포기하지 않은 것으로 인정되는 것이다.

유치권자가 그 목적물을 채무자에게 인도한 경우 유치권 포기의 의사를 묵시적으로 표시한 것으로 단정해서는 안 된다. 물권의 포기는 처분행위로서 물권의 존재를 알고 포기해야 유효하기 때문이다. 따라서 유치권 취득 후에 유치권의 존재를 알면서 그 포기의 의사로 유치물을 반환한 경우에는 유치권 포기의 의사를 묵시적으로 표시한 것으로 해석되나, ④ 유치권자가 공사 완료 후에 공사도급계약에 따른 의무를 이행하기 위하여 인도한 경우에는 유치권 포기의 의사가 없는 것으로 해석된다.

[추가특약에 의하여 비용상환청구권이 인정되는 경우] 인도명령의 피신청인인 임차인과 임대인은 임대차계약 체결 당시 임차인이 제1종 근린생활시설을 운영함에 따라 설치하는 목적물 내·외의 부가시설물 등 일체에 대하여 임대차기간이 만료되면 원상회복하기로 하는 특약을 맺는 한편, 임대인은 임차인이 이 사건 상가의 주방과 방 사이의 벽을 허물고 방을 주방의 일부로 사용함에 동의하고, 주방으로 이용하는 방에 대하여 주방의 용도로 쓰고자 하는 시설물 부착 등에 대하여도 승낙하기로 하되, 임대차기간 만료 후 임대인이 원상복구를 원하면 피신청인은 원상회복을 하여 주기로 약정하였고, 임대인이 임차인에게 이 사건 상가의 노후 및 교체시설물 공사 등에 관하여 임차인이 그 비용을 부담하되 차후 임대인이 이를 지불하여 주도록 하는 내용 또는 임차인이 임대인과 협의하여 타인에게 전대차한 때에는 위 금원을 시설물 권리금 명목으로 타인으로부터 수령할 수 있도록 하는 내용으로 시설물공사 동의까지 하고, 임차인이 실제 비용을 들여 공사까지 한 경우에는 위 시설물공사에는 임대인이 비용을 부담하는 조건으로 사건 상가의 노후시설물을 보수 내지 교체하는 공사도 일부 포함되어 있다고 볼 수 있으므로, 임차인은 임대인에 대하여 필요비상환청구권과 유익비상환청구권을 가지고 있다고 봄이 상당하다(제주지법 2013. 5. 6. 2012라87).

임대차계약서 계약 내용에 '대상물건은 기본시설 상태에서 전세이며, 전세입자가 입주 후 변경 또는 훼손한 때에는 대상물건의 반환 시까지 원상복원한다(다만, 너무 오랫동안 방치되어 실내건축공사를 임차인이 하고, 차후 임대인에게 청구한다)'라고 기재되어 있고, 임차인이 보일러배관 · 전기 · 수도 배관 공사 등의 실내건축공사를 시행한 경우, 위 원상회복의무가 위 추가특약사항에 의한 실내건축공사비용을 투입하기 이전의 상태로까지 회복하라는 취지라고 볼 수는 없으므로, 임차인은 유익비상환청구권을 피담보채권으로 하는 유치권을 가지고 부동산인도명령신청에 대항할 수 있다(창원지법 2013. 7. 24. 2013라173).

[당사자의 추정적 의사에 의하여 유치권 포기의 범위가 제한되는 경우] 임대차계약서는 처분문서로서 특별한 사정이 없는 한 그 문언에 따라 의사표시의 내용을 해석하여야 한다고 하더라도, 그 계약 체결의 경위와 목적, 임대차기간, 임대보증금 및 임료의 액수 등의 여러 사정에 비추어 볼 때 당사자의 의사가 계약서의 문언과는 달리 명시적 · 묵시적으로 일정한 범위 내의 비용에 대하여만 유익비상환청구권을 포기하기로 약정한 취지라고 해석하는 것이 합리적이라고 인정되는 경우에는 당사자의 의사에 따라 그 약정의 적용 범위를 제한할 수 있다. 예컨대, 임야 상태의 토지를 임차하여 대지로 조성한 후 건물을 건축하여 음식점을 경영할 목적으로 임대차계약을 체결한 경우, 비록 임대차계약서에서는 필요비 및 유익비의 상환청구권은 그 비용의 용도를 묻지 않고 이를 전부 포기하는 것으로 기재되었다고 하더라도 계약당사자의 의사는 임대차 목적 토지를 대지로 조성한 후 이를 임차 목적에 따라 사용할 수 있는 상태에서 새로이 투입한 비용만에 한정하여 임차인이 그 상환청구권을 포기한 것이고 **대지 조성비는 그 상환청구권 포기의 대상으로 삼지 아니한 취지**로 약정한 것이라고 해석하는 것이 합리적이다(대판 1998. 10. 20. 98다31462).

[원상회복특약 전에 지출한 비용이 있는 경우] 임차인이 제1차 임대차계약을 체결하고 지붕차양 설치공사, 옥상방수공사 및 지붕강판공사, 전기설비공사, 수도 및 보일러 설치공사, 새시공사, 내부 인테리어 공사를 각 시행한 후에 제2차 임대차계약을 체결하면서 '임차인은 명도에 있어서 본건 건물을 원상으로 회복하지 않으면 안 된다', '임대계약기간이 종료한 경우 임차인은 상기 부동산을 원상으로 복구하여 임대인에게 인도하여야 한다'는 특약을 한 경우, 임대차계약에서 정한 원상회복의무는 당해 임대차계약을 체결할 당시의 현상대로 회복한다는 취지로서 제2차 임대차계약이 체결된 이후 지출한 비용에 한정하여 그 상환청구권을 포기한 것이라고 보아야 하고, 제2차 임대차계약이 체결되기 전에 투입한 공사로 발생한 유익비상환청구권까지 포기의 대상으로 삼은 것은 아니라고 할 것이므로, 임차인으로서는 위 유익비상환청구권에 기한 유치권으로 인도명령신청에 대항할 수 있다(전주지법 2009. 11. 17. 2009라121).

[도급계약에 따른 의무를 이행하기 위해 인도한 경우] 대법원 2013. 6. 13. 선고 2012다25753 판결은 "… ① 원심[2]은 그 채택증거를 종합하여 피고1이 이 사건 나동 건물의 공사를 완료한 후 일부 공사대금을 지급받지 못한 상태에서 그 건물을 공사대금 채무자에게 인도하였다가 이를 다시 인도받아 점유하고 있는 사실을 인정한 다음, 피고1에게 공사대금채권에 기하여 이 사건 나동 건물을 유치할 권리가 발생하였더라도 피고1이 스스로 그 건물을 채무자에게 인도함으로써 유치권을 포기하였다고 봄이 상당하고, 그 후 수년이 지나 유치권을 행사하여 공사대금을 추심하기로 채무자와 합의함에 따라 이를 다시 점유하였더라도 이미 소멸하였던 유치권이 부활한다고 할 수는 없으므로, 피고1의 유치권은 존재하지 아니한다고 판단하였다. ② 그러나 피고1이 채무자와의 공사도급계약에 따라 이 사건 나동 건물 공사를 마친 후 일부 공사대금을 지급받지 못한 상태에서 채무자에게 그 건물을 인도한 사실만으로 유치권을 포기하였다고 본 원심의 판단은 수긍하기 어렵다. 건물 건축공사의 수급인이 공사를 완성한 다음 도급인에게 그 목적물을 인도하는 것은 공사도급계약상 당연히 이행하여야 할 수급인으로서의 의무를 이행하는 것이다. 따라서 피고1이 채무자에게 공사가 완료된 건물을 인도할 당시 유치권을 취득하였고 이를 알면서 유치권 포기의 의사로 건물을 인도하였다고 볼 만한 특별한 사정이 없는 한, 피고1이 공사도급계약에 따른 자신의 의무이행을 위하여 그 목적물을 인도하였다는 사정만으로 그에 대한 유치권을 포기하였다고 단정할 수는 없다. 그런데 기록을 살펴보아도 피고1이 채무자에게 이 사건 나동 건물을 인도할 당시 유치권의 존재를 알면서도 이를 포기하겠다는 의사를 명시적 또는 묵시적으로 표시하였다고 볼 만한 자료를 찾을 수 없다 …"라고 판시하였다.

Ⅲ. 유치권 배제 · 제한 약관의 무효

약관의 규제에 관한 법률은 제6조 제1항에서 「신의성실의 원칙에 반하여 공정을 잃은 약관조항은 무효이다」라고 규정하고, 제11조에서 「고객의 권익에 관하여 정하고 있는 약관의 내용 중 다음 각 호의 1에 해당되는 내용을 정하고 있는 조항은 이를 무효로 한다」고 규정하면서 그 제1호에 '법률의 규정에 의한 고객의 항변권, 상계권 등의 권리를 상당한 이유 없이 배제 또는 제한하는 조항'을 들고 있다.[3]

2) 서울고법 2013. 1. 11. 2010나68871.

3) 약관법상 약관이라 함은 그 명칭이나 형태 또는 범위를 불문하고 계약의 일방 당사자가 다수의 상대방과 계약

따라서 유치권을 상당한 이유 없이 배제 또는 제한하는 약관은 고객에게 부당하게 불리하고 신의성실의 원칙에 반하여 공정을 잃은 것이므로 무효이다.

유치권을 배제 · 제한하는 약관이 무효인 경우에는 유치권자가 유치권의 항변을 할 수 있고, 유효한 경우(약관에 해당하지 않는 경우 포함)에는 유치권의 항변을 할 수 없다.

[창고업자의 유치권 불행사 약관의 무효] 금융기관인 양도담보권자가 양도담보 목적물을 보관하는 창고업자로부터 '창고주는 양도담보권자가 담보물 임의처분 또는 법적 조치 등 어떠한 방법의 담보물 환가와 채무변제 충당 시에도 유치권 등과 관련된 우선변제권을 행사할 수 없다'는 문구가 부동문자로 인쇄된 확약서를 제출받은 사안에서, 이는 창고업자가 보관료 징수 등을 위하여 공평의 관점에서 보유하는 권리인 유치권의 행사를 상당한 이유 없이 배제하고 일방적으로 금융기관인 양도담보권자의 담보권 실행에 유리한 내용의 약관 조항으로서, 고객에게 부당하게 불리하고 신의성실의 원칙에 반하여 공정을 잃은 것이므로 무효이다(대판 2013. 6. 13. 2012다25753).

[문구사에서 판매하는 임대차계약서의 원상회복 문구가 예문에 불과하여 계약 내용에서 배제되는지 여부(원칙적 소극)] 임차인이 원상회복특약에 관하여 임대차계약서에 원상회복의 문구가 기재되어 있는 것은 문구사에서 판매하는 임대차계약서 양식을 그대로 사용하다 보니 그렇게 된 것이고, 임차인은 임대차계약 당시 임대인과 사이에 원상회복약정을 한 사실이 없으므로 위 문구는 당사자 사이에 의사합치가 없는 예문에 불과하다고 주장하였으나, 인쇄된 임대차계약서에 부동문자로 원상회복의 문구가 있다는 사정만으로 위 문구가 예문이라고 할 수는 없으므로 임차인은 유익비를 근거로 한 유치권을 주장할 수 없다(대구지법 2008. 2. 11. 2007라342).

을 체결하기 위하여 일정한 형식에 의하여 미리 마련한 계약의 내용이 되는 것을 말하는데, 임대인이 다수의 임차인을 상대로 하는 임대업자라고 판단할 수 있는 충분한 소명자료를 제출하지 않는 이상 위 임대차계약서를 약관법의 적용대상이 되는 약관이라고 보기는 어렵다(의정부지법 2010. 3. 4. 2009라145).

제2장 유치권의 소멸청구

Ⅰ. 민법 제324조 및 제327조

첫째, 유치권자는 선량한 관리자의 주의로 유치물을 점유하여야 하고(민 §324①), 유치권자가 선관주의의무를 위반하여 점유를 하는 경우 채무자는 유치권의 소멸을 청구할 수 있다(민 §324③).

둘째, 유치권자는 채무자의 승낙 없이 유치물을 보존에 필요한 범위를 넘어 사용하거나 대여 또는 담보제공을 할 수 없으며(민 §324②), 유치권자가 채무자의 승낙 없이 유치물의 대여 등을 하는 경우 채무자는 유치권의 소멸을 청구할 수 있다(민 §324③). 보존에 필요한 범위를 넘은 사용이나 대여 · 담보제공은 소유자의 승낙이 있어야 할 수 있고, 유치권자가 이러한 사용 · 대여 · 담보제공을 한 경우 채무자는 유치권의 소멸청구를 할 수 있다는 것이다. 반면, '유치물의 보존에 필요한 사용'은 소유자의 승낙 없이도 할 수 있고, 유치권자가 이러한 사용을 한 경우 채무자는 유치권의 소멸을 청구할 수 없다.

셋째, 채무자는 상당한 담보를 제공하고 유치권의 소멸을 청구할 수 있다(민 §327)

민법 제324조 및 제327조는 소멸청구의 주체로서 '채무자'만을 규정하고 있다. 이는 채무자와 소유자가 동일한 일반적인 경우를 상정한 규정이다. 채무자와 소유자가 다른 경우 유치권 소멸청구는 채무자는 물론 소유자도 할 수 있다. 채무자와 소유자가 다른 경우, 민법 제324조 제2항의 승낙은 소유자만이 할 수 있으나, 민법 제324조 제3항의 소멸청구는 채무자와 소유자 모두 할 수 있는 것이다.

유치권의 소멸청구권(민 §324③ · 327)은 형성권이므로 채무자의 유치권자에 대한 일방적 의사표시만으로 유치권은 소멸하게 된다. 예컨대, 유치권자가 소유자의 승낙 없이 유치물을 대여한 경우 채무자는 민법 제324조에 의하여 유치권자를 상대로 유치권 소멸청구의 의사표시를 할 수 있다. 이와 동시에 채무자는 유치권부존재확인청구를 할 수 있고 유치권자의 유치권존재확인청구에 대하여 유치권 소멸의 항변을 할 수도 있다.

[제324조 제2항의 '채무자'의 의미] 대법원 2011. 2. 10. 선고 2010다94700 판결은 "… 유치권의 성립요건인 유치권자의 점유는 직접점유이든 간접점유이든 관계없지만, 유치권자는 채무자 또는 소유자의 승낙이 없는 이상 그 목적물을 타에 임대할 수 있는 권한이 없으므로(민법 제324조 제2항 참조), 유치권자의 그러한 임대행위는 소유자의 처분권한을 침해하는 것으로서 소유자에게 그 임대의 효력을 주장할 수 없다. 따라서 소유자의 승낙 없는 유치권자의 임대차에 의하여 유치권의 목적물을 임차한 자의 점유는 소유자에게 대항할 수 있는 적법한 권원에 기한 것이라고 볼 수 없다(대법원 2002. 11. 27.자 2002마3516 결정, 대법원 2004. 2. 13. 선고 2003다56694 판결 참조) … 원심은 … 설령 소외1이 소외2로부터 공사대금 680,873,334원을 지급받을 때까지 이 사건 건물에 대한 유치권을 가진다고 하더라도, 피고가 소외1의 위 유치권을 원용하여 원고의 이 사건 건물에 관한 인도청구를 거절하기 위해서는 피고가 소외1로부터 이 사건 건물을 임차함에 있어 당시 이 사건 건물의 소유자인 甲 또는 이후 소유자가 된 소외3, 원고로부터 이에 관한 승낙을 받았다는 점에 관한 입증이 있어야 하는데, 피고가 주장하는 소외1에 대한 위 공사대금 채무자인 소외2의 동의만으로는 민법 제324조 제2항에 따른 동의가 있었다고 볼 수 없다는 취지로 판단하였다 … 원심의 이러한 사실인정과 판단은 정당하다.…"라고 판시하였다.

[보존에 필요한 사용] 유치권자가 유치물을 다른 사람으로 하여금 사용하게 한 경우에는 그것이 유치물의 보존에 필요한 사용에 지나지 아니하는지 여부는 유치권자와 사용자 사이의 관계, 사용자의 구체적인 사용방법, 사용자가 유치권자에게 대가를 지급하였는지 여부 등을 종합적으로 고려하여 판단하여야 한다(대판 2011. 9. 29. 2011다38707).

유치권자는 유치물의 보존에 필요한 사용을 한 경우에도 특별한 사정이 없는 한 차임에 상당한 이득을 소유자에게 반환할 의무가 있고(대판 2013. 4. 11. 201다107009 등), 차임 상당의 이득은 임료감정결과 등에 의하여 객관적으로 인정되는 차임에 의하여 산정한다(대판 2006. 6. 30. 2005다59963).

[채권액 상당의 가치가 있는 담보 제공] 대법원 2001. 12. 11. 선고 2001다59866 판결은 "… 민법 제327조에 의하여 제공하는 담보가 상당한가의 여부는 그 담보의 가치가 채권의 담보로서 상당한가, 태양에 있어 유치물에 의하였던 담보력을 저하시키지는 아니한가 하는 점을 종합하여 판단하여야 할 것인바, 유치물의 가격이 채권액에 비하여 과다한 경우에는 채권액 상당의 가치가 있는 담보를 제공하면 족하다고 할 것이고, 한편 당해 유치물에 관하여 이해관계를 가지고 있는 자인 채무자나 유치물의 소유자는 상당한 담보가 제공되어 있는 이상 유치권 소멸청구의 의사표시를 할 수 있다고 봄이 상당하다. …"라고 판시하면서 피고의 상고를 기각하였다.

원심(서울지법 2001. 8. 23. 2000나77835)은, 다세대주택(총 9세대) 신축공사 수급인(甲)이 유치권을 취득한 후에, 그 중 401호에 관하여 소유권보존등기(乙1 명의), 근저당권설정등기(甲 명의), 임의경매개시결정등기, 소유권이전등기(乙2 명의, 등기원인 : 임의경매로 인한 매각), 乙1의 담보제공(9세대 대한 공동저당권설정)에 근거한 乙2의 유치권 소멸청구의 의사표시(2000. 6. 9.), 乙2의 甲에 대한 인도청구 및 불법점유를 원인으로 한 손해배상청구의 소 제기, 甲의 乙2에 대한 점유이전(2001. 2. 2.) 등이 순차로 이루어진 사안에서, ① 乙1이 공사잔대금채무액에 상당한 담보를 제공하였으므로(유치권자 甲 명의로 채권최고액 1억 7천만 원의 근저당권을 설정할 당시 다세대주택 전체의 공사잔대금채권은 1억 4천만 원, 감정평가액은 6억 원) 乙2의 유치권 소멸청구로 甲의 유치권은 2000. 6. 9. 소멸하였다고 보아야 하고, 따라서 ② 甲은 정당한 권원 없이 점유한 기간(2000. 6. 9.~2001. 2. 2.)의 차임 상당의 손해액(5백만 원)을 乙2에게 배상할 의무가 있다고 판시하였다(피고 甲 상고).

Ⅱ. 소멸청구를 인용한 사례

[무단 임대] 대법원 2011. 9. 29. 선고 2011다38707 판결은 "… 원심이 확정한 사실에 의하면, 피고보조참가인들을 포함한 이 사건 △△아트빌의 공사업체 채권단의 위임을 받은 이상△이 2008. 12. 1.경 채무자의 승낙 없이 피고에게 이 사건 건물을 사용하게 하면서 월 임료에 갈음하여 피고로 하여금 직접 이 사건 건물의 관리비를 부담하고 유치관리비 명목으로 월 300,000원을 채권단에게 지급하도록 한 사실, 피고는 2009. 7. 24. 피고보조참가인들로부터 이 사건 건물을 인도받아 전입신고를 한 뒤 이 사건 건물에 거주하여 온 사실 등을 알 수 있다 … 피고보조참가인들이 피고로 하여금 이 사건 건물에 거주하여 사용하게 한 것은 단순히 유치물인 이 사건 건물의 보존에 필요한 사용을 넘어서서 이를 사용 또는 임대한 경우에 해당한다고 봄이 상당하다 … 유치권자는 채무자의 승낙이 없는 이상 그 목적물을 유치물의 보존에 필요한 범위를 넘어서서 이를 사용하거나 임대할 수 있는 처분권한이 없으므로 이 사건 건물의 사용을 허락받거나 임차한 피고는 그 점유로써 이 사건 건물의 소유자인 원고에게 대항할 수 없다 …"라고 판시하였다.

[유치물 불법 개조 또는 무단 대여] 대법원 2012. 2. 9. 선고 2011다45880 판결은 "… 원심 판결 이유와 기록에 의하면, 피고는 2005. 7.~9.경 용도가 제1종 근린생활시설(의원)인 이 사건 제2부동산을 건축법상의 허가도 받지 않은 채 무단으로 주거용으로 개조하여 거주하고, 이 사건 제4부동산에 칸막

이, 바닥재 등을 설치하여 인부들로 하여금 임시숙소로 사용하도록 하고 있는 사실, 인천광역시 서구청장은 2008. 4. 28. 제1종 근린생활시설을 주거용으로 무단 변경함으로써 건축법 제19조를 위반하였다는 이유로, 이 사건 제2부동산의 소유자인 원고1과 점유자인 피고에게 무단으로 용도변경한 부분을 철거할 것을 지시하면서, 그에 따르지 않을 경우 고발 조치하고 이행강제금을 부과할 예정임을 통지하기도 한 사실, 원고1은 2009. 3. 30.자 준비서면에서 피고에 대하여 이 사건 제2부동산을 위와 같이 무단으로 용도를 변경하여 사용함을 이유로 유치권 소멸청구를 하는 의사를 표시하였고, 그 준비서면이 그 무렵 피고에게 송달된 사실, 한편 원고2는 2009. 7. 2.자 청구취지 및 청구원인 변경신청서에서 피고에 대하여 이 사건 제4부동산을 무상으로 대여하였음을 이유로 유치권 소멸청구를 함을 밝혔고, 그 서면이 그 무렵 피고에게 송달된 사실 등을 알 수 있다. 사실관계가 위와 같다면, 피고가 이 사건 제2부동산의 용도를 무단으로 주거용으로 변경하여 거주하고, 이 사건 제4부동산을 무단으로 다른 사람에게 대여한 행위는 민법 제324조 제2항 단서의 '유치물의 보존에 필요한 사용'에 해당한다고 볼 수 없으므로, 이 사건 제2, 4부동산에 관하여 피고의 유치권이 인정된다고 하더라도, 원고1 및 원고2는 이 사건 제2, 4부동산의 소유자로서 피고에 대하여 유치권 소멸청구를 할 수 있다고 볼 것인데, 원고1 및 원고2의 유치권 소멸청구의 의사가 포함된 각 서면이 피고에게 송달되었음은 위에서 본 바와 같으므로, 이 사건 제2, 4부동산에 관한 피고의 유치권은 원고1 및 원고2의 소멸청구에 의하여 소멸되었다고 볼 것이다 …"라고 판시하였다.

[무단 임대, 벽 일부 철거 등]
대법원 2006. 2. 23. 선고 2005다57523 판결

1. 사안개요

가. 소유권 변동경위와 피고 회사의 유치권 등

(1) 피고 △△건설 주식회사(이하 '피고 회사'라고 함)는 1992. 10. 9. 甲1로부터 대전 중구 중촌동 △△ 대 236.6㎡(이하 '이 사건 토지'라고 함) 지상에 근린생활시설 및 다가구주택 3가구(이하 '이 사건 건물'이라고 함)를 신축하는 공사를 수급하여, 1993. 2. 20.경 이 사건 건물을 완공하였는데, 그 공사대금 중 175,000,000원을 받지 못하였고, 이에 그 무렵부터 위 공사잔대금의 지급을 확보하기 위한 유치권에 기하여 이 사건 건물을 점유하여 왔다.

(2) 甲1은 1993. 2. 24. 이 사건 건물에 관한 소유권보존등기를 마친 다음, 1993. 3. 2. 甲2에게 이 사건 토지와 건물을 매도하고 그 소유권이전등기도 경료하여 주었다.

(3) 甲2는 1993. 3. 18. 김윤△의 주식회사 충은상호신용금고(이하 '충은금고'라고 함)에 대한 대출금 채무를 담보하기 위하여, 충은금고에게 이 사건 토지와 건물에 관한 채권최고액을 2억 3천만 원으로 하는 근저당권을 설정하여 주었다.

(4) 甲2는 1995. 8. 4. 사망하였고, 처와 4명의 자녀가 甲2의 재산을 상속하였다. 위 처와 자녀들은 1995. 12. 29. 피고 회사의 유치권으로 인하여 이 사건 토지와 건물을 인도받을 수 없음을 이유로 이 사건 토지와 건물에 대한 甲1과 甲2 사이의 위 매매계약을 해제하였다.

(5) 충은금고는 위 근저당권에 기하여 이 사건 토지와 건물에 대한 임의경매를 신청하였고, 그 경매절차에서 피고 회사는 유치권신고를 하였다.

(6) 피고 회사의 대표이사 정진△는 경매개시 후에 이 사건 건물의 301호 · 302호를 乙1 · 乙2에게 각 임대하였고, 乙1 · 乙2는 각 보증금에 대한 권리신고 및 배당요구를 하였다.

(7) 甲3은 위 임의경매절차에서 이 사건 토지와 건물을 낙찰받고 2002. 8. 9. 경락대금을 완납하였으며, 같은 날 이 사건 토지와 건물을 원고에게 매도하고 그 소유권이전등기도 경료하여 주었다.

나. 피고 회사의 강제경매신청

(1) 피고 회사는 2002. 10. 23. 이 사건 토지와 건물에 관하여 유치권에 기한 강제경매신청을 하였고, 그 강제경매절차에서 진행된 부동산현황조사 당시 이 사건 건물 중, 1층은 乙3이, 2층 201호는 乙4가, 2층 202호는 정진△의 동생인 피고 정미△가, 3층 301호는 乙1이, 3층 302호는 乙2가, 각 정진△로부터 임차하여 점유 · 사용하고 있었다.

(2) 원고는 2003. 1. 27. 피고들을 상대로, 피고 회사가 그 대표이사인 정진△를 임대인으로 하여 이 사건 건물을 그 소유자의 승낙 없이 타에 임대하여 사용 · 수익하는 등 유치권자로서의 의무를 위반하였다는 이유로 그 유치권 소멸청구의 의사표시를 하고 건물의 명도 등을 구하는 이 사건 소송을 제기하였고, 그 소장 부본이 2003. 2. 4. 피고 정미△에게, 같은 달 6. 피고 회사에게 각 송달되었다. 위 강제경매절차는 원고의 신청으로 정지되어 있는 상태이다.

다. 피고 회사의 대표이사 정진△의 손괴행위

한편, 피고 회사가 이 사건 건물 1층을 그 동업관계에 있는 乙3과 함께 사용하여 오던 중, 정진△는 2002. 6. 21.경 그 뒤쪽의 벽 중 약 3평(높이 2.3m, 길이 4.4m)을 임의로 철거하여 그곳에 몰딩기계 등 생산설비를 갖추고 공장 및 판매장으로 이용하여 왔는데, 원고가 위 철거행위를 이유로 2003. 7. 8. 고소함에 따라, 2003. 10. 17. 대전지방법원으로부터 재물손괴죄로 벌금 100만 원의 형을 선고받았으며,

그 후 제1심 법원의 현장검증 당시인 2004. 7. 23.에도 위 벽은 철거된 상태로 있었다.

라. 현재 이 사건 건물의 점유관계

현재 이 사건 건물 중, 별지 도면 표시 ㉠ 부분은 피고 회사가, ㉡ 부분 1층은 피고 회사와 주식회사 에니솔루션 대표 석기△이 공동으로, ㉢ 부분 2층 202호 1㎡는 피고 정미△가, ㉣ 부분 2층 201호는 피고 회사의 직원인 송병△이, ㉤ 부분 3층 302호는 정진△의 처제인 김혜△이, ㉥ 부분 3층 301호는 정진△의 이종처제인 김상△가, ㉦ 부분 옥상 창고는 피고 회사가 각 점유하고 있다.

마. 청구취지 개요

원고는, 피고들은 이 사건 토지를 인도할 것, 피고 회사는 위 ㉠㉡㉦ 부분을 각 명도하고 불법행위로 인한 손해배상금을 지급할 것, 피고 정미△는 위 ㉢ 부분을 명도하고 불법행위로 인한 손해배상금을 지급할 것을 청구하였다.

2. 제1심 및 항소심 판시요지

대전지법 2004. 12. 21. 선고 2003가단4959 판결은 원고의 청구를 거의 그대로 인용하였다(인도·명도청구 부분은 그대로 인정, 손해배상청구 부분은 근소하게 감축하여 인정). 이에 피고가 항소하였고, 대전고법 2005. 9. 8. 선고 2005나655 판결은 다음과 같은 이유로 항소를 기각하였다.

가. 소멸청구로 인한 유치권의 소멸

원고가 피고 회사의 대표이사 정진△의 무단 임대행위와 1층 벽의 일부를 철거한 행위 등 유치권자로서의 의무위반을 사유로 피고 회사에게 유치권 소멸청구를 한 것은 적법한 권리행사라 할 것이고, 이에 따라 원고의 위 소멸청구의 의사표시가 기재된 이 사건 소장 부본이 유치권자인 피고 회사에게 송달된 2003. 2. 6. 피고 회사의 유치권은 소멸되었다고 할 것이므로, 피고들은 원고에게 각 그 점유 부분을 명도하고 불법점유로 인한 손해를 배상할 의무가 있다.

(1) 이 사건 토지와 건물의 소유자

甲1과 甲2 사이의 매매계약의 해제는 그 해제 전에 설정된 충은금고의 근저당권을 해할 수 없으므로 위 해제에 불구하고 충은금고의 근저당권은 유효하게 존속하는 것이며, 이와 같이 유효한 근저당권에 기한 임의경매는 그 경매신청이 위 해제 후에 있었는지 여부나 위 해제사실을 알고 신청한 것인지 여부에 관계없이 유효하다고 할 것이므로, 위 임의경매절차에서 이 사건 건물을 경락받은 甲3으로부터 이를 전득한 원고는 그 소유권을 유효하게 취득한다.

(2) 법인의 유치권 행사와 선관의무 위반 여부의 판단

관념상의 존재인 법인은 그 대표자나 피용자의 점유를 통하여서만 유치권을 행사할 수 있을 뿐이므로, 법인의 유치권이 적법하게 성립하고 존속하는지 여부나 법인이 유치물을 적법하게 관리하는지 여부 등은 법인을 위하여 유치물을 사실상 지배하고 있는 그 대표자나 피용자의 점유의 태양 및 그들의 유치물에 대한 관리행위를 기준으로 판단할 수밖에 없는 것이고, 객관적으로 그들의 점유의사 등 점유태양이 법인의 유치권의 성립과 존속을 위한 것으로 보이는 이상 그들의 유치물에 대한 점유 및 관리에 관한 행위는 법인의 점유 및 관리행위로 봄이 상당하고 이를 일반의 법률행위와 같이 취급하여 그들이 그러한 행위를 함에 있어 법인의 명칭을 사용하였는지 또는 그들 개인의 이름을 사용하였는지에 따라 그로 인한 사실상 내지 법률상 효과의 귀속을 엄밀히 구별할 것은 아니라 할 것이며, 만일 그 점유의사 등 외부에 드러난 점유태양에 비추어 대표자 등의 점유 및 관리행위가 법인의 유치권의 성립과 존속을 위한 것이 아니라 이와는 독립된 것임이 객관적으로 명백하게 구별되어 이를 법인의 점유 및 관리행위로 볼 수 없는 경우라면, 법인의 유치권은 처음부터 성립하지 않았거나 소멸된 것으로 보아야 할 것이다.

이 사건에서도 정진△가 종래 이 사건 건물을 점유 · 관리하여 온 것은 그의 개인적인 지위에서가 아니라 피고 회사의 대표이사로서 피고 회사의 이 사건 건물에 관한 공사잔대금채권을 담보하는 유치권을 행사하기 위한 것이었으므로, 피고 회사의 이 사건 건물에 대한 유치권의 성립과 존속 여부 및 이를 점유 · 관리함에 있어 선량한 관리자의 주의를 위반하였는지 여부는 정진△의 점유태양 및 관리행위를 기준으로 판단하여야 할 것이고, 정진△가 피고 회사의 대표이사직을 계속 유지한 상태로 이 사건 건물을 직접 점유하던 중 그 일부를 동생인 피고 정미△나 타인에게 임대하여 간접점유관계를 설정한 것도 피고 회사를 위한 점유계속 및 관리행위의 일환으로 봄이 상당하고, 그 임대차계약서에 정진△ 개인의 이름을 기재하였고 이에 따라 그 계약당사자 사이에서는 정진△만이 임대인으로서의 지위를 가진다고 하더라도 그러한 사정만으로는 위 임대행위가 피고 회사를 위한 점유 및 관리행위와 객관적으로 명백히 구별되는 정진△의 독자적인 행위라고 볼 수는 없으므로, 피고 회사는 이 사건 건물의 소유자에 대한 관계에서는 정진△의 위와 같은 임대행위와 관련된 법률상의 책임을 부담하여야 할 것이다.

(3) 건물 일부의 임대행위

정진△는 이 사건 건물 중 201호 · 202호 · 301호 · 302호를 소유자의 승낙 없이 임대하였고, 이러한 임대차관계는 원고가 이 사건 토지와 건물의 소유권을 취득한 이후에도 여전히 계속되고 있었는데, 위와 같은 임대행위는 그 임대기간과 보증금 등 임료의 액 및 각 임대목적물이 이 사건 건물에서 차지하는 면적의 정도 등에 비추어 볼 때 유치권자가 소유자의 승낙 없이는 할 수 없는 행위라고 봄이 상당하고, 유치물의 보존에 필요한 범위 내에 있는 유치물의 사용행위라고 볼 수는 없다.

한편, 유치권자가 소유자의 승낙을 얻어 적법하게 유치물을 임대한 경우에는 그 임대료를 과실에 준하여 이를 수취하여 채권변제에 우선충당할 수 있다고 할 것이지만 위와 같은 임대행위에 소유자의 동의가 없었던 이상 그 임대료는 소유자에 대한 관계에서 적법하게 수취할 수 있는 과실이라고 볼 수 없으므로, 유치권자의 과실수취권은 위와 같은 무단 임대행위를 정당화하는 권원이 된다고 할 수 없고, 원고가 피고 회사의 이 사건 건물에 대한 유치권 및 임대행위를 알고 이를 매수하였다는 사정만으로는 위와 같은 무단 임대행위를 용인하였거나 승낙한 것이라 볼 수도 없다.

(4) 건물 1층의 사용관계와 그 벽 일부의 철거행위

정진△는 피고 회사 및 그와 동업관계에 있는 업체의 영업을 위해 임의로 이 사건 건물 1층 뒤쪽 벽의 3평 가량을 철거하여 1층에 몰딩기계 등을 설치하여 이를 공장 내지 판매장으로 사용하면서 위 벽을 철거된 상태로 장기간 방치하였는바, 피고 회사의 이 사건 건물 1층에 대한 위와 같은 사용은 그 사용방법이나 태양, 그 본래의 용도가 주택 및 음식점인 점 등에 비추어볼 때 유치물의 보존에 필요한 사용의 범위를 넘는 것이고, 나아가 그러한 사용을 위해 벽의 일부를 철거한 것도 유치물에 대한 관리상의 주의의무를 위반한 행위라 할 것이며, 가사 후에 원상으로 복구하였다거나 실질적으로 소유자에게 손해가 되지 않는다고 하여 적법하거나 정당한 것으로 볼 수는 없는 것이다.

나. 유치권 소멸청구 등의 신의칙 위반 여부 등

피고 회사에게 이 사건 건물에 대한 유치권이 있었다고 하더라도, 피고 회사 또는 그 대표이사인 정진△가 법률에 규정된 선량한 관리자로서의 주의의무를 위반하여 그 임의대로 타인 소유에 속하는 이 사건 건물의 상당 부분을 장기간 타에 임대하였고 그 벽의 일부를 훼손하여 그곳에 몰딩기계 등을 설치하고 공장 및 판매장으로 사용 · 수익하면서 장기간 복구하지 않은 점 등에 비추어 보면, 피고들이 주장하는 사유만으로는 원고의 유치권소멸청구와 명도청구 등이 신의칙에 위반된다고 보이지 아니하며, 위와 같이 유치권소멸청구가 있은 후에 임차인을 퇴거시키고 철거하였던 부분을 원상회복하였다고 하여 피고 회사의 점유가 적법한 상태로 회복된다거나 소멸된 유치권이 부활되는 것도 아니다.

다. 명도의무의 범위

따라서 원고에게, 피고 회사는 그가 점유하고 있는 위 ㉠㉡㉦의 각 부분을, 피고 정미△는 이 사건 건물 중 그 점유 부분인 위 ㉢ 부분을 각 명도할 의무가 있다.

라. 불법점유로 인한 손해배상의 범위 (생략)

3. 대법원 판시요지

대법원 2006. 2. 23. 선고 2005다57523 판결은 "… 민법 제324조에 의하면, 유치권자는 선량한 관리자의 주의로 유치물을 점유하여야 하고, 소유자의 승낙 없이 유치물을 보존에 필요한 범위를 넘어 사용하거나 대여 또는 담보제공을 할 수 없으며, 소유자는 유치권자가 위 의무를 위반한 때에는 유치권의 소멸을 청구할 수 있고, 한편 민법 제323조에 의해 유치권자에게 과실수취권이 인정되지만, 이는 유치물의 사용 · 임대 등에 소유자의 승낙이 있거나 그것이 보존행위에 해당함을 전제로 하는 것이므로 유치권자에 대한 과실수취권의 인정이 승낙 없는 사용이나 대여를 정당화할 수는 없다고 할 것이다 … 위와 같은 소유자의 승낙 없는 임대 및 손괴행위는 유치물의 보존에 필요한 사용이라고 할 수 없으므로 원고는 이를 이유로 유치권 소멸청구를 할 수 있다 …"라고 판시하였다.

Ⅲ. 소멸청구를 배척한 사례

[유치 주택에 거주한 경우] 공사대금채권에 기하여 유치권을 행사하는 자가 스스로 유치물인 주택에 거주하며 사용하는 것은 특별한 사정이 없는 한 유치물인 주택의 보존에 도움이 되는 행위로서 유치물의 보존에 필요한 사용에 해당한다고 할 것이므로, 그러한 경우에는 유치권의 소멸을 청구할 수 없다(대판 2009. 9. 24. 2009다40684, 대판 2013. 4. 11. 2011다107009 등).

[유치 점포를 사무실로 사용한 경우] 유치 부동산(점포)을 본점 소재지로 등기하고 그 사무실로 사용하고 있다는 사실만으로는 보존에 필요한 범위를 넘어 사용하고 있다고 단정할 수 없다(대판 2011. 8. 18. 2011다35593).[4)]

[유치 건물의 일부를 무단 대여한 경우] 유치권자가 건물 중 일부(큰 홀)를 다른 사람에게 대여하여 그곳에서 영화를 상영하게 한 것은 유치물의 보존에 필요한 행위라고 보지 못할 바 아니므로 유치권 소멸청구권이 발생할 여지가 없다(대판 1965. 3. 9. 64다1797).[5]

유치권자가 건물 대부분(1층 일부, 2층 전부)를 스스로 사용하고 1층 중 일부(방 8개)만을 다른 사람에게 대여한 것이라면, 보존에 필요한 정도의 사용이라고 못 볼 바 아니어서 이러한 경우에는 유치권 소멸청구권이 발생할 여지가 없다(서울고법 1973. 9. 21. 72나1978,1979).

[유치 건물의 전부 또는 일부를 점유보조자로 하여금 사용하게 한 경우] 공사대금채권에 기하여 유치권을 행사하는 피고가 그의 점유보조자인 직원으로 하여금 가족과 함께 전입신고를 하고 관리비 등을 납부하면서 이 사건 건물에 거주하도록 한 것은 유치물인 주택의 보존에 도움이 되는 행위로서 유치물의 보존에 필요한 사용행위라고 봄이 상당하므로 유치권의 소멸을 청구할 수 없다(대판 2013. 4. 11. 2011다107009).

甲이 2008. 6. 24.부터 이 사건 아파트 201호에서 거주해 온 사실이 소명되나, 甲은 인도명령 피신청인의 아버지로서 일상생활을 공유하는 가족관계에 있을 뿐 아니라 유치권 행사를 위해서가 아니라면 별도로 201호에서 거주할 필요가 없을 것으로 보이는 점 등에 비추어 보면, 위 사실만으로는 피신청인이 이 사건 아파트 201호에 관하여 甲에게 유치물의 보존에 필요한 사용을 넘는 사용 또는 사용대차를 하였다고 인정하기에 부족하므로 신청인의 유치권 소멸청구는 이유 없다(서울남부지법 2013. 11. 29. 2012라175).

유치권자인 피신청인이 이 사건 부동산 중 방 3칸을 사용하면서, 나머지 방 1칸을 친척에게 일시적으로 사용을 허락한 행위가 유치권자로서의 선관의무에 위배된다고 단정하기 어렵다(창원지법 2013. 1. 2. 2012라226).

---

4) 유치권자인 甲의 신청으로 점포 등에 대하여 유치권에 의한 경매절차가 개시되어 진행되던 중 임의경매절차가 개시되어 유치권에 기한 경매절차는 정지되었고, 임의경매절차에서 乙이 점포를 낙찰받아 소유권을 취득하였는데, 이후 점포에 대하여 다시 개시된 경매절차에서 丙 등이 점포를 낙찰받아 소유권을 취득한 사안에서, 유치권에 의한 경매절차는 근저당권에 의한 경매절차가 개시됨으로써 정지되었고 乙이 임의경매절차에서 점포를 낙찰받아 유치권 부담까지 함께 인수받았다고 보아야 하므로, 유치권자인 甲은 공사대금 중 미변제된 부분을 모두 변제받을 때까지 점포를 유치할 권리가 있다고 본 원심판단을 수긍한 사례.

5) 이 판례에 대하여는 의문을 제기하는 견해가 있다{곽윤직(편집대표), 민법주해(XVII) 채권(10), 박영사(2005), 262(양창수 집필 부분)}.

[담보를 위한 공탁을 한 경우] 민법 제327조의 규정에 의하여 유치권의 소멸을 청구하기 위하여서는 소멸청구를 하기 전에 미리 담보를 제공할 필요는 없고 담보제공에 대한 유치권자의 승낙의 의사표시를 구함과 동시에 유치권의 소멸을 청구할 수도 있으나, 제공하려는 담보는 소멸되는 유치권이 가지고 있던 담보력을 저하시키지 아니하는 정도의 상당한 담보이어야 한다. 그런데 상당한 담보를 제공하고 유치권의 소멸을 청구할 수 있는 근거 규정인 민법 제327조는 담보를 위한 공탁을 규정하고 있지 않으므로 담보를 위한 공탁을 하여서는 유치권의 소멸을 청구할 수 없다{부산지법 동부지원 2004. 3. 11. 2003가합652(확정)}.

PART 06

경매개시결정등기 후의 유치권 취득

제1장 유치권의 존속을 제한하는 판례이론과 그 과제[1)]

Ⅰ. 판례이론의 형성과 발전

1. 서설

유치권이 성립하기 전에 경매개시결정등기 또는 담보권설정등기 · 가압류등기 · 체납처분압류등기 등이 되어 있는 부동산에 대하여 경매절차가 진행되거나 대금이 납부된 경우에는 유치권자와 경매절차의 매수인 · 배당적격자(경매신청 채권자 또는 담보 · 가압류 · 체납처분압류 채권자 등)의 이해가 경합 · 충돌하게 된다.

그동안 통설[2)] · 판례[3)]는 민사집행법 제91조 제5항이 전면적 인수주의를 규정한 것이라고 해석하고 유치권의 절대적 · 무제한적 행사를 인정하여 왔으나, 유치권에 관한 분쟁이 급증하기 시작한 2005년부터는 유치권이 매각으로 소멸하는 경우가 있음을 인정함으로써 그 절대적 · 무제한적 행사를 제한하기에 이르렀다.[4)] 유치권이 성립하기 위해서는, 목적물에 관하여 채권이 발생하고 그 변제기가 도래하여야 하며, 채권자가 목적물을 점유하여야 하는데, 이러한 요건을 갖추어 성립한 유치권에 관하여 제91조 제5항의 축

---

1) 이재석, "유치권의 행사를 제한하는 판례이론에 관한 提言", 사법논집(61), 법원도서관(2015), 161~234 참조.

2) 이시윤, 신민사집행법(제7판), 박영사(2016), 279; 김홍엽, 민사집행법[제4판], 박영사(2017), 156.

3) 대법원 1967. 11. 28. 선고 66다2111 판결, 대법원 1972. 1. 31. 선고 71다2414 판결, 대법원 1973. 1. 30. 선고 72다1339 판결 등.

4) 2001년부터 2010년까지 유치권 관련 민사본안 제1심 사건의 접수 건수에 관하여는 김재형, "부동산 유치권의 개선방안 —2011년 민법개정시안을 중심으로—", 민사법학(55), 한국사법행정학회(2011), 343~344; 이재석, "유치권 행사의 제한에 관한 판례이론", 사법논집(55), 법원도서관(2012), 339 참조.

소해석으로 그 소멸을 인정하는 것이다(소멸론).

특히, 경매개시결정등기[5] 후에 취득하거나 신의칙에 위반하여 취득한 민사유치권(경매절차개시 후 취득론 또는 신의칙 위반론), 담보권등기[6] 또는 처분제한등기[7] 후에 취득한 상사유치권이 그러하다(담보권설정 · 처분제한 후 취득론).

경매절차개시 후 취득론 또는 신의칙 위반론은 상사유치권에 관하여도 적용될 수 있다. 그러나 상사유치권에 관하여는 담보권등기 · 처분제한등기 후에 유치권을 취득한 뒤의 제[一]~[六]사안(뒤의 '2. 가.'의 표)의 모든 경우에 유치권의 소멸을 인정하는 '담보권설정 · 처분제한 후 취득론'도 적용된다. 따라서 민사유치권에 관하여는 경매절차개시 후 취득론 또는 신의칙 위반론을 적용하고, 상사유치권에 관하여는 '담보권설정 · 처분제한 후 취득론'을 적용하는 것으로 충분하다.

	민사유치권 존속제한 법리	상사유치권 존속제한 법리
1	경매절차개시 후 취득론	경매절차개시 후 취득론
2	신의칙 위반론	신의칙 위반론
3		담보권설정 · 처분제한 후 취득론

5) 체납처분압류등기는 포함되지 않는다.

6) 금전채권의 담보를 위한 담보권등기를 말한다. 일반저당권등기, 근저당권등기, 담보가등기(가등기담보권), 전세권등기(말소되는 경우에 한함)가 이에 해당한다.

7) 금전채권의 집행보전 또는 집행을 위한 처분제한등기를 말한다. 경매개시결정등기, 체납처분압류등기, 참가압류등기(체납처분압류등기가 말소된 경우에 한함), 가압류등기(말소되는 경우에 한함)가 이에 해당한다.

2. 압류효력발생 후 취득론 : 대법원 2005. 8. 19. 선고 2005다22688 판결[8)]

가. Leading Case

대법원 2005. 8. 19. 선고 2005다22688 판결은 아래 제㊀사안에서, 압류채권자에게 대항할 수 없는 민사유치권(경매개시결정등기에 따른 압류효력발생 후에 취득한 민사유치권)은 매수인에게 대항할 수 없다고 판시하였다. 압류효력발생 후에 유치권이 성립한 경우 그 점유이전은 처분행위에 해당하여[9)] 압류채권자에게 대항할 수 없고 따라서 매수인에게도 대항할 수 없다는 취지이다. 이하 이 법리를 '압류효력발생 후 취득론'이라고 한다. 위 판결은 경매절차에서 유치권의 존속을 제한하는 정책적 결단을 내린 최초의 판결(Leading Case)이다.[10)]

사 안	유치권의 인수 · 소멸
㊀ 경매개시 ⇨ 유치권취득	소 멸
㊁ 담보권설정[11)] ⇨ 유치권취득 ⇨ 경매개시	인 수
㊂ 가압류 ⇨ 유치권취득 ⇨ 경매개시	인 수
㊃ 가압류 ⇨ 유치권취득 ⇨ 경매개시(가압류의 본압류 이전)	?

8) 대법원 2006. 8. 25. 선고 2006다22050 판결, 대법원 2009. 1. 15. 선고 2008다70763 판결, 대법원 2011. 5. 13.자 2010마1544 결정, 대법원 2011. 10. 13. 선고 2011다55214 판결, 대법원 2011. 11. 24. 선고 2009다19246 판결, 대법원 2013. 6. 27. 선고 2011다50165 판결 등도 '압류효력발생 후 취득론'을 취하였다.

9) 압류효력발생 후 취득론을 취하는 대법원 2005. 8. 19. 선고 2005다22688 판결 등은 압류 후에 유치권을 성립시켜 목적물의 교환가치를 감소시킬 우려가 있는 '점유이전'이나 '채권취득' 또는 '점유이전+채권취득'이나 '채권취득+점유이전'(점유이전 등)은 금지되는 처분행위에 해당한다고 의제 내지 전제한다.

10) 이 법리의 '구조'에 관한 비판적 분석에 관하여는 이재석, "유치권의 행사를 제한하는 판례이론에 관한 提言", 사법논집(61), 법원도서관(2015), 161~234 참조.

11) 일반저당권 · 근저당권은 물론 이와 동등한 순위의 우선변제권이 있는 가등기담보권, 전세권, 확정일자임차권, 등기임차권 등을 설정한 경우도 마찬가지이다. 주로 일반저당권 · 근저당권설정이 문제된다.

五 체납처분압류 ⇨ 유치권취득 ⇨ 경매개시	인 수
六 체납처분압류 ⇨ 공매개시 ⇨ 유치권취득 ⇨ 경매개시	?

나. 한계

'압류효력발생 후 취득론'은 매각의 효력(대금납부에 따른 유치권의 소멸 또는 인수)에 관하여 압류의 효력인 처분금지효(처분행위의 압류채권자에 대한 무효)와 연계하여 이론을 구성하였으나, 압류와 동일하게 처분금지효가 인정되는 가압류 또는 체납처분압류 후에 취득한 유치권으로 매수인에게 대항할 수 있는지 여부에 관하여는 침묵하였다.

그 후 대법원 2011. 11. 24. 선고 2009다19246 판결은 제三사안에서 가압류 후의 점유이전은 처분행위에 해당하지 않는다는 것을 이유로 가압류등기 후에 취득한 유치권은 매수인에게 대항할 수 있고, 대법원 2014. 3 20. 선고 2009다60336 전원합의체 판결(다수의견)은 제五사안에서 체납처분압류는 경매개시결정에 따른 압류와 동일시할 수 없다는 등의 이유로 체납처분압류등기 후에 취득한 유치권은 매수인에게 대항할 수 있다고 판시하였다.

이 법리(특히 압류의 효력과 연계하여 이론구성을 한 부분)는 위 대법원 2014. 3 20. 선고 2009다60336 전원합의체 판결(다수의견)이 압류의 효력과 연계하지 않고 선언한 아래 '3. 경매절차개시 후 취득론'에 의하여 사실상 대체 · 폐기되었다고 할 수 있다. 이 법리는 연계 법리인 처분금지효의 발생 시점 내지 단계의 면에서만 본다면 아래 '3. 경매절차개시 후 취득론'과 동일하다고 할 수 있으나, 처분금지효의 내용의 면에서는 유치권의 성립 · 취득보다 압류(경매개시결정)등기가 선행하는 경우와 가압류등기 · 체납처분압류등기가 선행하는 경우를 달리 취급하는 근거를 설명하기 곤란하기 때문이다.

3. 경매절차개시 후 취득론 : 대법원 2014. 3 20. 선고 2009다60336 전원합의체 판결[12)]

가. 내용

대법원 2014. 3 20. 선고 2009다60336 전원합의체 판결의 다수의견(이하 '제1판결'이라고 함)은 제五사안에서, ① 경매절차개시(경매개시결정등기) 후에 취득한 민사유치권은 매수인에게 행사할 수 없다는 법리를 선언하고, ② 그에 따라 체납처분압류등기 후에 취득한 민사유치권은 매수인에게 행사할 수 있는 것이라고 판시하였다.[13)]

위 ①은 매각의 효력(대금납부에 따른 유치권의 소멸 또는 인수)에 관하여 압류의 효력 내지 처분금지효(처분행위의 압류채권자에 대한 무효)와 절연하고 경매절차개시 내지 경매개시결정등기를 새로운 기준으로 제시한 것인데, 이로써 유치권을 가압류등기 후에 취득한 제三사안과 체납처분압류등기 후에 취득한 제五사안(위 ② 부분)에서 유치권으로 매수인에게 대항할 수 있게 되는 법리를 매끄럽게 설명할 수 있게 되었다. 이하 이 법리를 '경매절차개시 후 취득론'이라고 한다.

'경매개시결정등기 후에 성립 · 취득한 유치권은 매각으로 소멸한다'는 판례이론(경매절차개시 후 취득론)은 그 적용요건의 구비 여부가 빈번하게 쟁점이 되고 있다. 경매절차개시 후 취득론에 의하면 경매개시결정등기 전에 '① 채권 발생 · 취득, ② 변제기 도래, ③ 점유 이전 · 취득'을 한 경우에 한하여 유치권은 매각으로 소멸하지 않고 인수되므로, 유치권주장자가 있는 경우 경매절차의 매수인 또는 배당적격자로서는 위 ①②③ 전부 또는 일부가 경매개시결정등기 후에 있었는지 여부도 면밀하게 살펴보아야 한다.

---

12) 대법원 2014. 4. 10. 선고 2010다84932 판결도 '경매절차개시 후 취득론'을 취하였다.

13) 경매절차개시 후 취득론은 상사유치권에 관하여도 적용될 수 있다. 그러나 상사유치권에 관하여는 경매개시결정등기를 포함하는 처분제한등기 후에 성립 · 취득한 유치권의 소멸을 인정하는 '담보권설정 · 처분제한 후 취득론'도 적용된다. 따라서 민사유치권에 관하여는 경매절차개시 후 취득론을 적용하고, 상사유치권에 관하여는 '담보권설정 · 처분제한 후 취득론'을 적용하는 것으로 충분하다.

[경매개시 후의 유치권 취득] 경매개시결정등기 후에, 가스충전소 신축공사 도급계약을 체결한 경우(의정부지법 2013. 4. 17. 2013라40), 공사대금채권의 변제기가 도래한 경우(인천지법 2012. 9. 20. 2012라380), 인테리어공사를 위해 점유를 개시한 경우(부산지법 2009. 4. 23. 2009라219)에는 경매절차의 매수인에게 유치권으로 대항할 수 없다.

[경매개시 후의 유치권 취득] ㉮ 임대차계약에 임대차기간이 만료되는 경우 임차인에게 원상회복의무가 있음이 명시되어 있고, ㉯ 2006. 5. 26.경 이 사건 건물에 관한 경매개시결정등기가 경료되어 있으며, ㉰ 甲회사는 2006. 1. 10. 乙에게 甲회사의 모든 재산의 관리, 감독, 운영을 위임하고 乙은 2006. 11. 16. 임차인에게 원상회복의무를 면제하였다면, 임차인은 경매개시결정등기 이후에 甲회사의 위임을 받은 乙로부터 원상회복의무를 면제받았다고 봄이 상당한바, 임차인으로서는 이로 인해 취득한 유치권을 내세워 그 부동산에 관한 경매절차의 매수인에게 대항할 수 없다(대전지법 2009. 8. 3. 2009라47). 요컨대, 경매개시결정등기 후에 원상회복의무를 면제받은 경우 이는 경매개시결정등기 후에 채권을 취득하고 변제기가 도달한 것이므로 '경매절차개시 후 취득론'에 따라 유치권이 소멸한다는 것이다.

나. 제언

우리 법제는 본래 유치권을 물권적 인도거절권으로 설계하였으나 해석(판례)에 의하여 그 성립 또는 존속을 제한함으로써 채권적 청구권으로 설계된 대부분의 입법례에 접근하고 있다.

하지만 제[1]판결(다수의견)은 민사집행법 제91조 제5항의 해석론에서 출발하여 경매개시결정등기 후에 성립 · 취득한 민사유치권은 '경매절차의 매수인 또는 배당적격자에게 행사할 수 없다.'는 결단에 이르고 있으나, 그 결단의 과정(위 제91조 제5항과 결단의 관련성)에 관하여는 아무런 언급을 하지 않고 있다.

유치권 행사의 제한을 위 제91조 제5항의 해석 문제로 보는 이상, 민사집행법 제91조 제5항의 적용이 배제되어 소멸하고(제91조 제5항의 적용배제 내지 축소해석 ⇨ 소멸), 그에 따라 경매절차의 매수인 또는 배당적격자에게 행사할 수 없는 것이라는 결단의 과정(위 제91조 제5항과 그 결단의 관련성)을 명시적으로 설시하는 것이 논리적이고 이론적일 것이다. 이미 대금을 납부한 때에는 기왕의 대금납부 시에 확정적으로 소멸한 것이고, 아직 대금을 납부하지 않은 때에는 장래의 대금납부를 정지조건으로 소멸하는 것이기 때문이다.

4. **신의칙 위반론 : 대법원** 2011. 11. 22. **선고** 2011**다**84298 **판결**

대법원 2011. 11. 22. 선고 2011다84298 판결(이하 '제[2]판결'이라고 함)은 제[二]사안에서, 상사유치권자가 자신의 이익을 위하여 고의적으로 작출한 일정한 유치권을 선행담보물권자에게 주장하는 것은 신의칙에 반하는 것으로서 허용되지 않는다고 판시하였다. 이 법리는 '경매절차개시 후 취득론'과 마찬가지로 압류의 효력과 연계하지 않고 직접 매각의 효력 문제로 접근하여 유치권의 존속을 제한한다. 이하 이 법리를 '신의칙 위반론'이라고 한다.

신의칙 위반론은 제[一]~[六]사안의 경우에 모두 적용될 수 있겠으나, 실제적으로는 제[一]사안 이외의 경우(특히 제[二][三]사안의 경우)에 의미가 있고 그 기능을 발휘할 수 있다.[14)]

그러나 신의칙 위반론은 민사유치권의 경우에만 적용할 필요가 있고, 상사유치권의 경우에는 적용할 필요가 없다. 상사유치권은 제[一]~[六]사안의 모든 경우에 매각으로 소멸하기 때문이다.[15)]

---

14) 신의칙 위반론은 상사유치권에 관하여도 적용될 수 있다. 그러나 상사유치권에 관하여는 담보권설정 · 처분제한 후에 유치권을 취득한 제[一]~[六]사안의 모든 경우에 유치권의 소멸을 인정하는 '담보권설정 · 처분제한 후 취득론'도 적용된다. 따라서 민사유치권에 관하여는 경매절차개시 후 취득론 또는 신의칙 위반론을 적용하고, 상사유치권에 관하여는 '담보권설정 · 처분제한 후 취득론'을 적용하는 것으로 충분하다.

15) 본래 위 판결은 상사유치권에 관한 것이나 민사유치권의 경우에도 적용될 수 있다. 그러나 상사유치권에 관하여 '담보권설정 · 처분제한 후 취득론'을 선언한 대법원 2013. 2. 28. 선고 2010다57350 판결에 의하여 신의칙 위반론은 오히려 민사유치권의 경우에만 의미를 가지게 되었다.

5. 상사유치권에 관한 담보권설정 · 처분제한 후 취득론 : 대법원 2013. 2. 28. 선고 2010다57350 판결[16)]

대법원 2013. 2. 28. 선고 2010다57350 판결(이하 '제③판결'이라고 함)은 제㊂사안에서, 상사유치권은 그 성립 당시 채무자가 목적물에 대하여 보유하고 있는 담보가치만을 대상으로 하는 제한물권이므로, 제3자의 담보권설정등기 또는 처분제한등기 후에 취득한 유치권은 매각으로 소멸하고,[17)] 따라서 선행 담보권자 · 처분제한권자 또는 매수인에 대하여 상사유치권으로 대항할 수 없다고 판시하였다.[18)] 이 법리도 압류의 효력과 연계하지 않고 직접 매각의 효력 문제로 접근하여 유치권의 존속을 제한한다. 이하 이 법리를 '담보권설정 · 처분제한 후 취득론'이라고 한다.

반대로 유치권 성립 · 취득이 담보권설정등기 또는 처분제한등기에 선행하는 경우 매각으로 상사유치권이 소멸하지 않고 매수인에게 인수됨은 물론이다.

II. 미해결의 과제

1. 「가압류 ⇨ 유치권취득 ⇨ 경매개시(가압류의 본압류 이전)」의 경우

경매절차가 개시되기 전에(가압류의 본압류 이전에 따른 경매개시결정등기 전에) 유치권을 취득하였으나 유치권 취득 전에 가압류등기가 된 제㊃사안에서 유치권 행사의 제한

16) 대법원 2013. 2. 28. 선고 2010다57299 판결, 대법원 2013. 2. 28. 선고 2010다67678 판결, 대법원 2013. 3. 28. 선고 2012다94285 판결 등도 '담보권설정 · 처분제한 후 취득론'을 취하고 있다.

17) 매수인이 대금을 납부하기 전에는 매수인의 대금납부를 정지조건으로 소멸하고, 대금을 납부한 후에는 매수인의 대금납부 시에 확정적으로 소멸한다{앞의 'PART 01 제3장 Ⅳ. 2. 다. (2) (나)' 참조}.

18) 선행 담보권자 · 처분제한권자(배당적격자)는 유치권부존재확인청구를 할 수 있고, 경매절차의 매수인은 인도명령신청 · 인도청구 등을 할 수 있다.

여부가 문제된 경우에 관하여는, ① 경매절차개시 전의 유치권 취득('경매절차개시 후 취득론'의 적용) 등을 이유로 유치권의 행사가 제한되지 않는다고 보는 견해, ② '가압류집행은 본집행에 포섭된다'고 보는 대법원 2002. 3. 15.자 2001마6620 결정 등[19]에 근거하여 유치권 존속의 제한을 인정하는 견해 등이 있을 수 있다.

종전에는 "… 가압류집행이 있은 후 그 가압류가 강제경매개시결정으로 인하여 본압류로 이행된 경우에 가압류집행이 본집행에 포섭됨으로써 당초부터 본집행이 있었던 것과 같은 효력이 있고 …"라고 설시한 대법원 2002. 3. 15.자 2001마6620 결정 등을 근거로 위 ②의 견해를 취하는 견해[20]가 유력하였다. 또한 대법원 2012. 10. 18. 선고 2010다52140 전원합의체 판결은 위 대법원 2002. 3. 15.자 2001마6620 결정 등을 인용하면서 "… 강제경매의 목적이 된 토지 또는 그 지상 건물의 소유권이 강제경매로 인하여 그 절차상의 매수인에게 이전된 경우에 건물의 소유를 위한 관습상 법정지상권이 성립하는가 하는 문제에 있어서는 그 매수인이 소유권을 취득하는 매각대금의 완납시가 아니라 그 압류의 효력이 발생하는 때를 기준으로 하여 토지와 그 지상 건물이 동일인에 속하였는지 여부가 판단되어야 한다. … 경매의 목적이 된 부동산에 대하여 가압류가 있고 그것이 본압류로 이행되어 경매절차가 진행된 경우에는 애초 가압류가 효력을 발생하는 때를 기준으로 토지와 그 지상 건물이 동일인에 속하였는지 여부를 판단할 것이다. …"라고 판시한 바 있다.[21]

위와 같이 위 ②의 견해를 취하는 견해가 유력하게 제기되었고 또 같은 맥락의 대법원 2012. 10. 18. 선고 2010다52140 전원합의체 판결이 있었으나, 그 후에 압류의 효력과 절연하고 '경매절차개시 후 취득론'으로 전환한 제[1]판결이 선고되었다. 향후 대법원

---

19) 위 결정에 이어 대판 2004. 12. 10. 2004다54725, 대판 2006. 11. 24. 2006다35223, 대판 2010. 10. 14. 2010다48455, 대결 2010. 11. 30. 2008마950, 대결 2012. 5. 10. 2012마180, 대판(전) 2012. 10. 18 2010다52140 등도 같은 취지의 선언을 하였다.

20) 차문호, "유치권의 성립과 경매", 사법논집(42), 법원도서관(2006), 403; 이정엽, "부동산경매와 유치권", 부동산소송 실무자료(4), 유로(2010), 807~808; 이재석, "유치권 행사의 제한에 관한 판례이론", 사법논집(55), 법원도서관(2012), 387~388.

21) 대법원 2013. 4. 11. 선고 2009다62059 판결도 같은 취지의 설시를 하였다.

이 위 ①과 ② 중 어느 견해를 취할지 그 귀추가 주목된다.

2. 「체납처분압류 ⇨ 공매개시 ⇨ 유치권취득 ⇨ 경매개시」의 경우

경매절차 개시 전에(경매개시결정등기 전에) 유치권을 취득하였으나 유치권취득 전에 공매절차가 개시된 제囙사안에서 경매절차상 유치권 행사의 제한 여부가 문제된 경우에 관하여는, ① 경매절차개시 전의 유치권취득 등을 이유로 유치권이 소멸하지 않는다(유치권의 행사가 제한되지 않는다)고 보는 견해, ② 공매절차개시 후의 유치권취득 등을 이유로 유치권 존속의 제한을 인정하는 견해 등이 있을 수 있다.

'체납처분압류 ⇨ 유치권취득 ⇨ 경매개시'의 사안(제囯사안)은 유치권취득 전에 체납처분압류만 되어 있을 뿐 공매절차는 개시되지 않은 경우로서, 유치권취득 후의 '공매절차개시' 여부는 경매절차에서 아무런 의미를 갖지 않으나, '체납처분압류 ⇨ 공매개시 ⇨ 유치권취득 ⇨ 경매개시'의 사안(제囙사안)은 유치권취득 전에 체납처분압류뿐만 아니라 공매절차개시까지 이루어진 경우로서, 이러한 경우 유치권 행사의 제한을 인정한다면 '공매절차개시' 여부 및 그 시기는 경매절차에서 매우 중요한 의미를 갖게 된다.

위 ①의 견해를 취하면 제囙사안의 경우 민사유치권은 '신의칙 위반론'에 의하여 그 행사가 제한될 수 있을 뿐이다. 위 ②의 견해를 취하면 '경매절차개시 후 취득론'은 '경매 · 공매절차개시 후 취득론'으로 바꾸어 표현하는 것이 적절할 것이다. 향후 대법원이 위 ①과 ② 중 어느 견해를 취할지 그 귀추가 주목된다.

3. 「경매개시 ⇨ 유치권취득 ⇨ 공매개시」의 경우

공매절차가 개시되기 전에 유치권을 취득하였으나 유치권취득 전에 경매절차가 개시된 사안(경매개시 ⇨ 유치권취득 ⇨ 공매개시)에서 공매절차상 유치권 행사의 제한 여부가 문제된 경우, ① 공매절차개시 전의 유치권취득 등을 이유로 유치권의 행사가 제한되지 않는다고 보는 견해, ② 경매절차개시 후의 유치권취득 등을 이유로 유치권 행사의 제한을 인정하는 견해 등이 있을 수 있다.

향후 이 문제에 관하여도 대법원이 위 ①과 ② 중 어느 견해를 취할지 그 귀추가 주목된다.

제2장 「경매개시결정등기 후의 유치권 취득 ⇨ 유치권 항변 배척」 사례

Ⅰ. 경매개시결정등기 후의 채권 취득

유치권을 경매개시결정등기 후에 취득한 경우 그 유치권은 매각으로 소멸하므로 유치권자는 경매절차의 매수인 또는 배당적격자 등에 대하여 그 유치권을 행사할 수 없다. 유치권자가 경매개시결정등기 후에 ① 채권을 취득한 경우, ② 채권의 변제기가 도래한 경우 또는 ③ 점유를 취득한 경우가 이에 해당한다.

[경매개시 후의 채권 취득] 대법원 2013. 6. 27. 선고 2011다50165 판결은 "… 이 사건 토지와 건물에 대하여 2006. 4. 13.과 2007. 3. 2. 각 강제경매개시결정 기입등기가 이루어졌고, 피고 회사의 주장에 의하더라도 이 사건 추가공사는 2008. 2. 13. 이후에 이루어졌다 … 피고 회사는 경매절차의 매수인인 원고에 대하여 위 추가공사대금채권에 근거한 유치권을 내세워서 대항할 수는 없다 …"라고 판시하였다.

[경매개시 후의 채권 취득] ㉮ 임차인은 사건 부동산에 관한 강제경매개시결정등기 이후인 2012. 9. 7. 임대차계약을 체결하고 그 즈음 이 사건 부동산을 인도받았고(경매개시 후의 점유취득), ㉯ 가사 임차인이 이 사건 부동산에 관한 경매개시결정등기 이전에 이 사건 부동산을 인도받았다고 하더라도 임차인이 유치권의 피담보채권으로 주장하는 수선유지비 등 비용상환청구권은 모두 경매개시결정등기 이후에 발생하였으므로(경매개시 후의 채권 취득), 어느 모로 보나 임차인이 주장하는 유치권은 경매개시결정등기 후에 취득한 것으로서 이를 가지고 경매절차의 매수인인 신청인에게 대항할 수 없다(전주지법 2013. 5. 9. 2013타기199).

II. 경매개시결정등기 후의 채권 변제기 도래

[경매개시 후의 변제기 도래] 임대차계약서상 임대인은 임대차계약 종료 시에 임차인에게 임대차보증금 및 인테리어 공사대금을 지급하되, 사건 아파트에 관하여 경매가 진행되는 경우에는 임차인의 지급청구에 따라 임대차계약 종료 이전이라도 이를 지급하기로 약정한 사실이 인정되는바, 이러한 인정사실에 의하면 이 사건 공사대금채권은 위 임대차계약이 종료하는 때 또는 피신청인이 지급청구를 한 때 비로소 변제기가 도래한다고 볼 수 있으나, 임차인이 사건 아파트에 관한 경매개시결정 기입등기가 마쳐지기 이전에 위 임대차계약이 종료하였다거나 사건 공사대금채권의 지급을 청구하였음을 인정할 만한 아무런 자료가 없으므로 결국 임차인은 사건 공사대금채권을 피담보채권으로 한 유치권으로 경매 매수인에게 대항할 수 없다(인천지법 2012. 9. 20. 2012라380).

[경매개시 후의 변제기 도래] 대법원 2011. 10. 13. 선고 2011다55214 판결은, A 소유의 건물(X)에 관하여 저당권설정등기(甲1, 甲2, 甲3), 목욕탕시설공사계약(A와 乙), 점유개시(乙), 임의경매개시결정등기(甲1), 유치권신고(乙), 공사 완료(乙), 유치권부존재확인소송 제기(甲1) 등이 순차로 이루어진 사안에서, "… 채무자 소유의 건물에 관하여 증·개축 등 공사를 도급받은 수급인이 경매개시결정의 기입등기가 마쳐지기 전에 채무자로부터 그 건물의 점유를 이전받았다 하더라도 경매개시결정의 기입등기가 마쳐져 압류의 효력이 발생한 후에 공사를 완공하여 공사대금채권을 취득함으로써 그 때 비로소 유치권이 성립한 경우(점유취득 ⇨ 경매개시 ⇨ 채권 변제기 도래)에는, 수급인은 그 유치권을 내세워 경매절차의 매수인에게 대항할 수 없는 것이다 … 원심 판결 이유에 의하면, 원심은 이 사건 경매개시결정 당시 피고들의 공사대금채권의 변제기가 도래하지 아니하였으므로 유치권이 성립하지 않았다는 원고의 주장에 대하여, 피고들이 이 사건 공사를 목적으로 이 사건 부동산을 점유하기 시작하였고, 현재 이 사건 공사를 마침으로써 공사대금채권의 변제기가 도래하였으므로 피고들의 유치권은 성립하였으며, 이 사건 부동산의 압류 당시에 피고들의 공사대금채권이 변제기에 도달하여야 하는 것은 아니라고 판단하여, 원고의 위 주장을 배척하였다 … 그러나 원심의 위와 같은 판단은 앞서 본 법리에 비추어 수긍할 수 없다 …"라고 판시하면서 원심 판결을 파기·환송하였다.

[경매개시 후의 변제기 도래] 공사업자가 경매개시결정등기 후에 공사를 완료하여 변제기가 도래한 경우에는 경매개시결정등기 전에 점유를 개시하였다 하더라도 유치권을 행사할 수 없다(대전고법 2006. 6. 15. 2005나9676).

[경매개시 후의 '연기한 변제기' 도래] 유치권부존재확인의 소의 피고(유치권주장자)가 경매개시결정등기 전부터 점유하였다 하더라도 피고가 본래 2008. 6. 30.인 공사잔대금채권의 변제기를 경매개시결정등기(2011. 2. 17.) 후인 2011. 7. 30.로 연장하여 준 경우에는 유치권을 행사할 수 없다(대판 2015. 1. 29. 2013다84971).

Ⅲ. 경매개시결정등기 후의 점유취득

[경매개시 후의 점유] 경매 목적 부동산에 관하여, ㉮ 부동산현황조사보고서에 채무자(소유자)가 점유하고 펜션으로 사용 중이며 그 중 일부는 토목공사가 된 채 방치되어 있다고 기재되어 있고, ㉯ 감정평가서에서도 이해관계인의 부재로 자세한 임대 내역을 조사치 못하였다고 기재되어 있을 뿐 채무자(소유자)가 아닌 제3자가 점유하고 있다고 볼 만한 사정을 발견할 수 없는 경우에는, 유치권자라고 주장하는 피신청인이 경매개시결정등기가 경료되기 이전부터 이 사건 부동산을 직접 또는 간접점유하고 있었다고 인정하기 어려울 뿐만 아니라, 위 등기 경료 이래로 유치권에서 요구되는 정도의 점유를 하고 있다고 인정하기도 어렵다(춘천지법 2013. 6. 14. 2012라101).

건물의 증축 부분에 관한 공사대금채권으로 유치권을 주장하는 사안에서 ㉮ 현황조사서에 이 사건 부동산의 대부분은 채무자(소유자)가, 1층 일부는 임차인이 점유하고 있는 것으로 기재되어 있고, 피신청인이 이 사건 증축건물을 점유하고 있는 것으로 기재되어 있지 않으며, ㉯ 피신청인은 이 사건 증축건물에 대한 점유를 주장하면서 그 소명자료로 유치권 행사 현수막이 외벽에 게시되어 있는 사진을 제출하고 있으나 그 촬영 시기를 알 수 없고, ㉰ 감정평가서에 첨부된 같은 부분을 촬영한 사진에는 유치권 행사 현수막이 전혀 게시되어 있지 않았던 사실을 종합하면, 피신청인이 이 사건 부동산에 관한 임의경매개시결정등기 이전부터 사건 부동산을 점유하고 있었다고 보기 어렵다(대구지법 2013. 1. 21. 2012라538).

[경매개시 후의 점유] 경매목적물에 관한 인도명령의 피신청인(유치권주장자)이 유치권존재확인의 소에서 승소하여 그 판결이 확정되었다 하더라도, 경매절차의 부동산현황조사보고서 등에 경매개시결정등기 전부터 임차인이 점유 · 사용하여 온 것으로 기재되어 있고 달리 피신청인이 점유 · 관리하고 있음을 알 수 있는 기재가 전혀 없는 경우에는, 특별한 사정이 없는 한 피신청인이 경매개시결정등기 전부터 점유하고 있었다고 볼 수 없으므로, 피신청인은 신청인에게 유치권을 이유로 대항할 수 없다. 설

사 위 유치권존재확인판결의 내용대로 피신청인이 경매개시결정등기 전부터 점유하고 있었다 하더라도, 적어도 임차인의 점유기간 중에는 피신청인이 점유하였다고 볼 수 없으므로, 여전히 피신청인이 경매개시결정등기 전부터 점유하고 있었다고 볼 수는 없다(수원지법 2012. 10. 22. 2012라1381).

[경매개시 후의 점유] ㉮ 2012. 2. 24.부터 2012. 3. 15.까지 약 20일간 6회에 걸쳐 실시된 집행관의 현황조사에서 이 사건 토지는 토목공사가 진행되다가 중단된 상태였고 그 점유관계는 미상으로 조사된 점, ㉯ 피신청인은 그 주장과 같은 공사대금을 지급받기 위하여 이 사건 토지를 점유하며 유치권을 행사하다가 시행사의 요청으로 2008. 6. 20. 유치권 포기각서를 작성해 주고 그 점유도 해제해 준 사실을 스스로 인정하고 있는데, 그 이후 이 사건 경매개시결정등기 이전에 이 사건 토지를 다시 점유하기 시작한 점에 대하여는 이를 인정할 만한 객관적인 자료를 전혀 찾을 수 없는 점, ㉰ 피신청인이 게시한 현수막 등은 이 사건 경매개시결정등기 후 경매절차가 진행되던 중에야 비로소 설치된 것으로 보이는 점 등에 비추어 보면, 피신청인이 경매개시결정등기가 마쳐진 2012. 2. 22. 이전부터 이 사건 토지를 점유하고 있었다고 인정하기 부족하다(대구지법 2013. 2. 2. 2013라96).

㉮ 집행관의 현황조사 당시 나대지 또는 임야 상태였고 그 중 일부에 진입도로(콘크리트 포장) 개설과 정지작업을 하다가 중단되어 있었으며 그 직접점유자가 없었고, ㉯ 피신청인은 이 사건 공사를 시공하다가 토지 전부를 소유자에게 인계하였을 뿐, 경매개시결정등기 전에 점유를 다시 인수하여 컨테이너 박스 설치, 현수막 게시 등의 방법으로 계속 점유하고 있었던 점을 인정할 만한 객관적인 소명자료가 없다면(감정평가와 현황조사 당시 촬영된 사진의 영상에서도 현수막 게시 등의 흔적을 찾아볼 수 없음), 경매개시결정등기 전부터 피신청인이 점유하고 있었음을 인정하기 부족하고, 따라서 이를 전제로 하는 피신청인의 주장은 나아가 살필 필요 없이 이유 없다(대구지법 2013. 3. 21. 2012라557).

[경매개시 후의 점유] ㉮ 피신청인들은 이 사건 경매법원에 제출한 2011. 10. 11.자 유치권신고서는 물론 이 사건 즉시항고장의 항고이유에서도 이 사건 각 부동산에 대한 점유개시일을 특정하지 못하고 있는 점, ㉯ 이 사건 경매절차에 관하여 집행관이 작성 · 제출한 부동산현황조사보고서에는 2011. 7. 18. 12:50 부동산현황조사 당시 임차인이라고 주장하는 甲이 이 사건 각 부동산을 점유하고 있었던 것으로 기재되어 있고, 피신청인들에 관하여는 전혀 기재가 없는 점, ㉰ 부동산현황조사보고서 및 감정평가서에 각 첨부된 사진을 보더라도 피신청인들이 유치권을 행사하고 있다는 취지의 현수막이나 간판 등이 전혀 보이지 않는 점, ㉱ 乙이 제출한 2012. 2. 21.자 유치권 배제신청서에 첨부된 丙 작성의 진술서에는 丙이 이 사건 각 부동산을 주거 및 창고로 사용 중이라고 기재되어 있는 점 등에 비추어 보면, 피신청인들이 제출한 자료만으로는 이 사건 각 부동산에 관하여 경매개시결정 기입등기가 마쳐진 2011. 7. 1. 이전부터 계속하여 피신청인들이 이 사건 각 부동산을 점유하고 있었다는 사실을 인정하기

에 부족하고 달리 이를 소명할 자료가 없다(의정부지법 2013. 3. 12. 2013라33).

㉮ 피신청인은 제1심의 심문기일에 이 사건 공사 개시일이 2010. 4.경이라고 진술하다가, 항고심에 이르러 2010. 7. 20.이라고 주장하는 등 공사 개시에 따른 점유 시작일이 명백하지 않은 점, ㉯ 이 사건 경매절차에서 2011. 11. 18. 실시된 감정평가를 위한 조사 및 2011. 11. 14., 2011. 11. 24. 실시된 부동산 현황조사 당시 이 사건 각 부동산에는 사람이 아무도 없었고, 유치권을 행사하고 있다는 취지의 현수막도 걸려 있지 않은 점, ㉰ 이 사건 건물은 건축주의 자금난 등을 이유로 공사가 완벽하게 마무리 되지 않은 상태에서 경매절차에 들어갔고 이는 건물이 임대되기 어려운 사정이라고 보이므로, 이 사건 건물 입주자가 없었다는 것만으로는 그 기간의 점유사실을 추정할 수는 없는 점 등에 비추어 보면, 피신청인이 제출한 자료만으로는 이 사건 각 부동산에 관하여 경매개시결정 기입등기가 마쳐진 2011. 11. 8. 이전부터 계속하여 피신청인이 이 사건 각 부동산을 점유하고 있었다는 사실을 인정하기에 부족하고 달리 이를 소명할 자료가 없다(의정부지법 2013. 2. 18. 2012라528).

[경매개시 후의 점유] 대법원 2005. 8. 19. 선고 2005다22688 판결은, 「채권취득 ⇨ 경매개시결정등기 ⇨ 점유취득(유치권취득) ⇨ 매각(대금납부)」 후에 대금을 납부한 매수인이 부동산을 점유하고 있는 유치권자를 상대로 그 인도 등 청구의 소를 제기한 사안에서, 경매개시결정등기에 따른 압류의 효력 발생 후에 유치권이 성립하였으므로(따라서 유치권은 인수되지 않고 기왕의 대금납부 시에 이미 확정적으로 소멸하였으므로) 그 유치권을 내세워 경매절차의 매수인에게 대항할 수 없다고 선언하였다. 즉 "… 채무자 소유의 건물 등 부동산에 강제경매개시결정의 기입등기가 경료되어 압류의 효력이 발생한 이후에 채무자가 위 부동산에 관한 공사대금채권자에게 그 점유를 이전함으로써 그로 하여금 유치권을 취득하게 한 경우, 그와 같은 점유의 이전은 목적물의 교환가치를 감소시킬 우려가 있는 처분행위에 해당하여 민사집행법 제92조 제1항, 제83조 제4항에 따른 압류의 처분금지효에 저촉되므로 점유자로서는 위 유치권을 내세워 그 부동산에 관한 경매절차의 매수인에게 대항할 수 없다 … 민사집행법 제91조 제5항에서는 유치권의 경우 매수인이 그 부담을 인수한다고 하는 인수주의를 채택하고 있으나, 여기서 매수인이 인수하는 유치권이라고 하는 것은 원칙적으로 경매절차의 압류채권자에게 대항할 수 있는 것이라고 보아야 할 것인데, 이 사건의 경우처럼 경매부동산의 압류 당시에는 이를 점유하지 아니하여 유치권을 취득하지 못한 상태에 있다가 압류 이후에 경매부동산에 관한 기존의 채권을 담보할 목적으로 뒤늦게 채무자로부터 그 점유를 이전받음으로써 유치권을 취득하게 된 경우에는 위 법리에 비추어 이로써 경매절차의 매수인에게 대항할 수 없다 …"고 판시하였다.[22)]

22) 이 판결에 대한 평석에 이재석, "유치권의 행사를 제한하는 판례이론에 관한 提言", 사법논집(61), 법원도서관(2015), 190~202; 김원수, "압류(가압류)의 효력이 발생한 이후에 유치권을 취득한 자가 매수인(경락인)

제3장 「경매개시결정등기 전의 유치권 취득 ⇨ 유치권 항변 인용」 사례

대법원 2014. 3. 20. 선고 2009다60336 전원합의체 판결(제[1]판결)의 다수의견은 경매절차의 법적 안정성 등을 보장하기 위하여, '경매개시결정등기' 후에 성립 · 취득한 유치권은 (매각으로 소멸하므로) 행사할 수 없게 되는 것으로 이론구성을 할 뿐, 압류의 효력과는 전혀 연계시키지 않고 있다.

위 판결은 유치권 행사의 제한에 관하여 대법원 2005. 8. 19. 선고 2005다22688 판결과는 다른 접근방법으로 새로운 법리를 제시했을 뿐만 아니라, 파기 · 환송 및 재파기 · 환송의 과정을 통하여 민사유치권 행사의 제한에 관한 '경매절차개시 후 취득론' 및 '신의칙 위반론', 상사유치권 행사의 제한에 관한 '담보권설정 · 처분제한 후 취득론'을 망라적으로 다루고 있다.

['저당권설정 · 체납처분압류 · 가압류 ⇨ 유치권취득 ⇨ 경매개시'의 경우]
대법원 2014. 3. 20. 선고 2009다60336 전원합의체 판결

1. 사안개요

채무자(A), 유치권자(甲)		다른 채권자(乙)	
A' (A의 처)	1토지 · 2토지소유권이전등기 (부부간 명의신탁 : A ⇨ A')		

에게 대항할 수 있는지 여부 —대법원 2005. 8. 19. 선고 2005다22688 판결—", 판례연구(18), 부산판례연구회(2007), 657~706; 박정기, "압류의 처분금지효에 저촉하여 취득한 유치권으로 경매절차의 매수인에게 대항할 수 있는지 여부 —대법원 2005. 8. 19. 선고 2005다22688 판결—", 재판실무연구(2005), 광주지방법원(2006), 15~34.

A (채무자)	甲1~9,11과 1토지상에 호텔 신축공사도급계약, 甲10과 물품공급계약 각 체결		
甲1~9,11 **(민사유치권자)**	공사대금채권(약 11억 원) 취득		
甲10 **(상사유치권자)**	물품대금채권(약 5천만 원) 취득		
A	건물 소유권보존등기		
		乙1 (원고)	토지 · 건물 **공동근저당권설정등기** (채권최고액 약 24억 원)
		乙2,7	토지 · 건물 **체납처분압류등기** (4건, 총 체납세액 약 2천만 원)
		乙3~6	토지 · 건물 **가압류등기** (4건, 총 청구금액 약 2억 7천만 원)
甲1~11 (피고)	건물 점유 (유치권취득)		
		乙1	토지 · 건물 임의경매신청 (경매개시결정등기)
		乙2,7	체납처분압류에 기한 공매공고 (매각되지 않고 공매절차 종결)
		乙1	유치권부존재확인의 소 제기

가. 소외 A는 2003. 11. 4. 충청북도 충주시 수안보면 온천리 △△△-1(이하 '이 사건 1토지'라고 함) 및 같은 리 △△△-5(이하 '이 사건 2토지'라고 함)를 매수하여 그의 처인 소외 A' 명의로 소유권이전등기를 한 다음(부부간의 명의신탁), 이 사건 1토지상에 호텔(이하 '이 사건 건물'이라고 함, 이 사건 1토지 · 2토지 및 건물을 '이 사건 각 부동산'이라고 함)을 신축하기 위하여 2004. 4. 1.부터 같은 해 11. 2.까지 사이에 피고 甲10을 제외한 나머지 피고들 甲1~9,11과 각 도급계약을 체결하

고, 피고 甲10과 호텔 객실에 필요한 물품(커튼, 이불, 베개, 침대커버 등)의 공급계약을 체결하였다.

나. 피고들 甲1~9,11은 2004. 4.경부터 2005. 2.경까지 사이에 각 공사를 완료하고, 피고 甲10은 A에게 물품을 공급하였으나, A는 2006. 11.경까지도 甲1~11에 대한 각 공사대금(약 11억 원) 및 물품대금(약 5천만 원) 채무를 완제하지 못하였다(채권 성립, 변제기 도래).

다. A는 2005. 2. 1. 이 사건 건물에 관하여 소유권보존등기를 마치고 그 무렵부터 이 사건 건물에서 '△△호텔'이라는 상호로 호텔영업을 하였다.

라. 원고 乙1은 2005. 9. 22. A에게 19억 원을 대여하고(변제기 2006. 9. 22., 이자 연 7.5% ; 이하 '이 사건 대여금'이라고 함) 그 담보로 이 사건 각 부동산(이 사건 1토지 및 2토지 : A' 명의 소유권이전등기, 이 사건 건물 : A 명의 소유권보존등기)에 관하여 2005. 9. 22. 공동근저당권설정등기(채권최고액 24억 7천만 원, 채무자 A)를 마쳤으며, 소외 乙2~7은 2005. 9. 23.부터 2006. 10. 20.까지 사이에 이 사건 각 부동산에 관하여 체납처분압류등기(4건) 및 가압류등기(4건)를 마쳤다.[23]

마. 2006. 11.경 이 사건 각 부동산에 대한 경매가 진행될 것이라는 소문이 돌자 甲1~11은 2006. 11. 18. 회의를 개최하여 A로부터 이 사건 각 부동산을 인도받아 점유함으로써 유치권을 행사하기로 하고, 그 유치권 행사를 甲1(주식회사)의 대표이사인 丙에게 위임하기로 결의하였다.

바. 甲1~11로부터 유치권의 행사를 위임받은 丙은 그 무렵 이 사건 각 부동산을 A로부터 인도받아 이 사건 건물 벽면에 "이 건물은 공사업체가 유치 점유 중입니다"라고 기재된 현수막을, 6층 출입문에 "본 건물은 유치(점유)위원회가 유치(점유)한 건물입니다"라고 기재된 표지판을 각 부착하였고, 2006. 11. 30. 丁에게 이 사건 각 부동산을 임대하였으며(보증금 2,000만 원, 월 차임 200만 원, 기간 2006. 12. 4.부터 2009. 12. 3.까지), 임차인 丁은 2006. 11. 30. 무렵부터 이 사건 건물에서 호텔영업을 하고 있다.

사. 乙1은 2006. 4.경부터 A의 이 사건 대여금 이자 지급의 연체로 수회에 걸쳐 이 사건 각 부동산에 대하여 임의경매를 신청하려 하였으나 A로부터 이 사건 각 부동산을 매각하여 이 사건 대여금을 변제하겠다는 취지의 요청을 받고 임의경매신청을 보류하였다.

아. 이 사건 각 부동산의 매각이 성사되지 않자 乙1은 2006. 11. 9. A에게 '이 사건 대여금을 2006. 11. 15.까지 변제하지 않으면 이 사건 각 부동산에 대한 임의경매를 신청하겠다'는 취지의 경매실행예정통지문을 보냈고, 2006. 12. 21. 청주지방법원 충주지원 2006타경10091호의 임의경매를 신청하

23) 이 사건 건물에 관하여는 체납처분압류등기(乙2) 및 가압류등기(乙3~6), 이 사건 1토지에 관하여는 체납처분압류등기(乙2), 이 사건 2토지에 관하여는 체납처분압류등기(乙2,7)가 각 마쳐졌다. 이 사건 건물에 관한 가압류의 청구금액은 각 2,500만 원(乙3), 19,424,550원(乙4), 2,850만 원(乙5), 197,174,383원(乙6)이다.

였다(이 사건 각 부동산에 관하여 2006. 12. 22. 임의경매개시결정, 2006. 12. 26. 경매개시결정등기). 그 후 이 사건 각 부동산에 관하여 공매절차가 개시되었으나, 매각되지 않고 공매절차가 종결되었다.

자. 甲1~11은 청주지방법원 충주지원 2007가합637호로 A를 상대로 위 각 공사대금 및 물품대금 합계 1,181,744,000원(공사잔대금 1,129,500,000원 + 물품대금 52,244,000원)의 지급을 구하는 소를 제기하여, 2007. 11. 2. 전부승소판결을 받았고, 위 판결은 그 무렵 확정되었다.

차. 2008. 2. 12. 이 사건 각 부동산에 대한 현황조사가 이루어졌는데, 당시 甲1~11은 임차인 丁을 통하여 이 사건 각 부동산을 점유하면서 유치권을 행사하고 있다고 주장하였다.

카. 2008. 12. 14. 乙1은 甲1~11을 상대로 유치권부존재확인의 소를 제기하였다.

	주문 요지	이유 요지
제1심	유치권부존재확인	체납처분압류의 처분금지효 위반(甲1~9,11 관련) 견련성 부존재(甲10 관련)
항소심 (환송 전 원심)	항소기각	체납처분압류 · 가압류의 처분금지효 위반
대법원	파기 · 환송	민사유치권 행사의 제한법리 오해 신의칙 위반 주장에 대한 판단 누락
항소심 (환송 후 원심)	항소기각	신의칙 위반(甲1~11 관련) 상사유치권 행사의 제한법리(甲10 관련)
대법원	재파기 · 환송 (甲1~9,11 관련)	신의칙 위반에 관한 법리오해 또는 심리미진
	상고기각 (甲10 관련)	상고이유 주장 없음 원심판단에 잘못 없음
항소심 (재환송 후 원심)	甲1~9,11의 유치권이 존재함을 확인한다는 내용의 화해권고결정(확정)	

2. 하급심의 쟁점과 판단

가. 제1심

제1심에서 원고(乙1)는, 피고 甲1~9,11(민사유치권자)에 대한 청구 부분에 관하여는 ① 민사유치권의 성립요건 불비(점유의 부존재, 공사대금채권의 부존재, 소유자 승낙 받지 않은 불법점유), ② 체납처분압류의 처분금지효 위반, ③ 가압류의 처분금지효 위반을 이유로, 피고 甲10(상사유치권자)에 대한 청구 부분에 관하여는 민법 제320조 제1항이 규정하는 견련성의 부존재를 이유로, 피고들(甲1~11)의 유치권의 부존재 확인을 구하였고, 甲1~11은 '유치권'을 적법하게 행사하는 것이라고 주장하였다.

제1심 법원은, ㉮ 공사대금채권을 피담보채권으로 하는 민사유치권을 주장하는 甲1~9,11에 대한 청구에 관하여는 체납처분압류의 처분금지효에 위반된다는 이유로(즉, 위 ②의 이유를 인용하여), ㉯ 물품대금채권을 피담보채권으로 하여 유치권을 주장하는 甲10에 대한 청구에 관하여는 견련성이 없다는 것을 이유로,[24] 甲1~11의 유치권이 모두 존재하지 않는다고 판시하였다[25](甲1~11 항소).

나. 항소심(환송 전 원심)

항소심에서 乙1은, 위 ①②③의 이유 및 ④ 신의칙 위반[26]을 이유로(甲10에 대한 청구 부분에 관하여는 견련성이 없다는 이유를 추가하여) 甲1~11의 유치권은 존재하지 않는다고 주장하였고, 甲1~11은 '민사유치권 또는 상사유치권'을 적법하게 행사하는 것이라고 주장하였다.

항소심 법원은 체납처분압류 및 가압류의 처분금지효에 위반된다는 이유로(위 ②③의 이유를 인용

---

24) 甲10의 피담보채권은 물품대금채권이므로 민사유치권의 피담보채권은 될 수 없고 상사유치권의 피담보채권이 될 수 있을 뿐이다. 판결상으로는 甲10의 유치권이 민사유치권이 될 수 없다는 점에 관하여 당사자들은 물론 제1심 법원도 명확하게 인식하지 못한 것으로 보인다. 甲10에 대한 청구 부분에 관하여 제1심 법원은 견련성 요건(민 §320①)의 불비를 이유로 甲10의 물품대금채권이 유치권의 피담보채권이 될 수 없다고 설시하고 있기 때문이다.

甲10의 유치권은 상사유치권이기 때문에 견련성 요건의 구비 여부를 검토할 필요 없이 대법원 2013. 3. 28. 선고 2010다57350 판결의 취지에 따라 선행 근저당권자 乙1에 대한 관계에서 주장할 수 없다고 판시하면 족하다고 하겠다.

25) 청주지방법원 충주지원 2008. 10. 31. 선고 2008가합238 판결.

26) 甲1~11의 유치권 행사는 신의성실의 원칙에 반하는 것으로서 허용되어서는 안 된다고 주장하였다.

하여)[27] 甲1~11의 항소를 모두 기각하였다[28](甲1~11 상고). 경매개시결정등기와 체납처분압류등기는 물론 가압류등기 후에 유치권이 성립한 경우에도 유치권의 행사가 제한된다고 봄으로써, 제1심 법원보다 유치권의 행사가 제한되는 범위를 넓게 인정한 것이다.

그러나 항소심 법원은 甲1~11의 신의칙 위반에 관한 판단과 甲10의 상사유치권에 관한 판단을 누락하였다.

첫째, 위 ④의 신의칙 위반은 원고가 제출한 준비서면(2009. 4. 21. 접수)에는 적시되어 있으나, 항소심 판결의 '원고의 주장' 및 '판단'에 누락되었고 상고이유에 포함되지 않았다.

둘째, 甲10의 상사유치권에 관한 당사자의 주장{부존재(乙1 주장), 행사의 적법성(甲10 주장)}에 대하여도 판단이 누락되었고 상고이유에 포함되지 않았다.

3. 상고심의 쟁점과 판단

가. 다수의견(파기 · 환송)

(1) 법리설시

제1판결(다수의견)은 一般論으로서, 경매개시결정등기(경매절차개시) 후에 취득한 유치권은 매수인에게 행사할 수 없다고 판시하였다.

즉, "… ❶ 민사집행법은 경매절차에서 저당권설정 후에 성립한 용익물권은 매각으로 消滅된다고 규정하면서도, 유치권에 관하여는 그와 달리 저당권설정과의 선후를 구별하지 아니하고 경매절차의 매수인이 유치권의 부담을 引受하는 것으로 규정하고 있으므로(민집 §91조 제3항, 제5항), 민사유치권자는 저당권설정 후에 유치권을 취득한 경우에도 경매절차의 매수인에게 유치권을 행사할 수 있다. … ❷ 그러나 부동산에 관하여 이미 경매절차가 개시되어 진행되고 있는 상태에서 비로소 그 부동산에 유치권을 취득한 경우 … 그러한 경우에까지 압류채권자를 비롯한 다른 이해관계인들의 희생 하에 유치권자만을 우선 보호하는 것은 집행절차의 법적 안정성이라는 측면에서 받아들일 수 없다. 그리하여 대법원은 부동산에 관하여 **경매개시결정등기**가 된 뒤에 비로소 부동산의 점유를 이전받거나 피담보채권이 발생하여 유치권을 취득한 경우에는 경매절차의 매수인에 대하여 유치권을 행사할 수 없다고 본 것

27) 그러나 이 판결이 가압류등기에 관하여 설시한 부분은 그 후 선고된 다른 사건의 판결(대판 2011. 11. 24. 2009다19246 판결) 및 위 사안의 상고심 판결(제1판결)에 의하여 의미를 가질 수 없게 되고, 체납처분압류등기에 관하여 설시한 부분은 위 사안의 상고심 판결(제1판결)에 의하여 의미를 가질 수 없게 되었다.

28) 대전고법(청주) 2009. 7. 14. 2008나642.

이다(대법원 2005. 8. 19. 선고 2005다22688 판결, 대법원 2006. 8. 25. 선고 2006다22050 판결 등 참조).[29] ❸ 이는 집행절차의 법적 안정성을 보장할 목적으로 매각절차인 경매절차가 개시된 뒤에 유치권을 취득한 경우에는 그 유치권을 경매절차의 매수인에게 행사할 수 없다고 보는 것이므로, 부동산에 **저당권**이 설정되거나 **가압류등기**가 된 뒤에 유치권을 취득하였더라도 경매개시결정등기가 되기 전에 민사유치권을 취득하였다면 경매절차의 매수인에게 유치권을 행사할 수 있다(대법원 2009. 1. 15. 선고 2008다70763 판결, 대법원 2011. 11. 24. 선고 2009다19246 판결 참조) …"라고 판시하였다.[30]

(2) 사안해결

제[1]판결(다수의견)은 체납처분압류등기 후에 취득한 유치권은 경매개시결정등기 후에 취득한 것이 아니므로 (장래의 대금납부를 정지조건으로) 매수인에게 행사할 수 있다고 하면서, Ⓐ 저당권설정등기 또는 가압류등기 후에 유치권을 취득한 경우는 물론 체납처분압류등기 후에 유치권을 취득하였다는 사정만으로는 유치권자가 매수인에게 그 유치권을 행사할 수 있다고 보아야 한다는 점(민사유치권 행사의 제한법리 오해), Ⓑ 원심에서 유치권의 행사가 신의성실의 원칙에 반한다고 원고가 주장하였음에도 불구하고 원심이 이에 관하여 판단하지 않은 점(신의칙 위반 주장에 대한 판단 누락)을 이유로 파기 · 환송하였다.[31] 특히, 위 Ⓐ와 관련하여서는 압류의 효력(압류채권자에 대하여 무효)과 연계하지 않고 직접 매각의 효력(인수 또는 소멸)의 문제로 접근하되, '압류의 효력발생'이 아니라 '경매개시결정등기'(경매절차개시) 후에 유치권이 성립한 경우에 유치권이 소멸된다고 보았다.[32]

즉, "… ❹ 한편 … 부동산에 관하여 **체납처분압류**가 되어 있다고 하여 경매절차에서 이를 그 부동

---

29) 위 판례이론(경매절차개시 후 취득론)의 '구조'에 관하여는 앞의 'PART 01 제3장 Ⅳ. 3.' 참조.

30) 제[1]판결에 바로 뒤이어 대법원 2014. 4. 10. 선고 2010다84932 판결은, 「근저당권설정등기 ⇨ 가압류등기 ⇨ 체납처분압류등기 ⇨ 유치권취득 ⇨ 경매개시결정등기 ⇨ 매각(대금납부)」 등이 순차로 이루어지고 매수인이 유치권자를 상대로 유치권부존재확인의 소를 제기한 사안에서, "… 어느 부동산에 관하여 경매개시결정등기가 된 뒤에 비로소 민사유치권을 취득한 사람은 경매절차의 매수인에 대하여 그의 유치권을 주장할 수 없다(대법원 2005. 8. 19. 선고 2005다22688 판결 등 참조). 이러한 법리는 어디까지나 경매절차의 법적 안정성을 보장하기 위한 것이므로, 경매개시결정등기가 되기 전에 이미 그 부동산에 관하여 민사유치권을 취득한 사람은 그 취득에 앞서 저당권설정등기나 가압류등기 또는 체납처분압류등기가 먼저 되어 있다 하더라도 경매절차의 매수인에게 자기의 유치권으로 대항할 수 있다(대법원 2014. 3. 20. 선고 2009다60336 판결 등 참조). …"라고 판시함으로써, 제[1]판결(다수의견)의 입장을 보다 간단 · 명료하게 표현하였다.

31) 다만, 甲10의 **상사유치권**에 관하여는 제2심 법원이 판단을 누락하고 당사자가 상고이유로서 주장하지 않음에 따라 대법원도 이에 관하여 판단을 하지 않았다.

32) 다만, 다수의견은 Ⓑ의 점에 관하여 더 이상의 설시를 하지 않았고, 보충의견 및 반대의견은 Ⓐ에 관하여서만 설시하였다.

산에 관하여 경매개시결정에 따른 압류가 행하여진 경우와 마찬가지로 볼 수는 없다. 따라서 체납처분압류가 되어 있는 부동산이라 하더라도 그러한 사정만으로 경매절차가 개시되어 경매개시결정등기가 되기 전에 그 부동산에 관하여 민사유치권을 취득한 유치권자가 경매절차의 매수인에게 그 유치권을 행사할 수 없다고 볼 것은 아니다. …"라고 판시하였다.

(3) 제㊁사안과 제㊄사안을 달리 취급하는 근거

다수의견은 경매절차에서 체납처분압류등기 후 경매개시결정등기 전에 성립 · 취득한 유치권의 행사를 제한하지 않는 이유(제㊁사안과 제㊄사안을 달리 취급하는 근거)에 관하여, "… ㉮ 부동산에 관한 민사집행절차에서는 경매개시결정과 함께 압류를 명하므로 압류가 행하여짐과 동시에 매각절차인 경매절차가 개시되는 반면, 국세징수법에 의한 체납처분절차에서는 그와 달리 체납처분압류와 동시에 매각절차인 공매절차가 개시되는 것이 아닐 뿐만 아니라,[33] ㉯ 체납처분압류가 반드시 공매절차로 이어지는 것도 아니다. ㉰ 또한 체납처분절차와 민사집행절차는 서로 별개의 절차로서 공매절차와 경매절차가 별도로 진행되는 것이므로, 부동산에 관하여 체납처분압류가 되어 있다고 하여 경매절차에서 이를 그 부동산에 관하여 경매개시결정에 따른 압류가 행하여진 경우와 마찬가지로 볼 수는 없다. …"라고 판시하였다.

나. 반대의견

반대의견은 체납처분압류에도 처분금지효가 인정되므로 체납처분압류 후 경매절차개시 전에 성립 · 취득한 민사유치권도 '압류효력발생 후 취득론'에 따라 매수인에게 행사할 수 없다고 설시하였다. 압류의 효력과 무관하게 '경매절차개시 후 취득론'이라는 새로운 시각에서 접근한 다수의견과 달리, 반대의견은 아래와 같은 이유에서 종전의 시각(압류의 효력과 연계한 '압류효력발생 후 취득론')으로 접근한 것이다.

첫째, 경매절차에서 압류의 효력이 발생한 후에 유치권을 취득하는 것이 압류의 처분금지효에 저촉되는 것과 마찬가지로, 체납처분압류 후에 유치권을 취득하는 것도 체납처분압류의 처분금지효에 저촉된다고 보는 것이 이론적으로 모순 없는 합리적인 접근방법이다.[34]

---

33) 공매절차는 구 국제징수법 제67조가 규정하는 '공매공고'(2011. 12. 31. 이전) 또는 현 국세징수법 제67조의 2가 규정하는 '공매공고등기'(2012. 1. 1. 이후)에 의하여 개시된다.

34) 그러나 다수의견에 대한 보충의견(대법관 김창석)은, 경매개시결정에 의한 압류는 경매절차의 개시를 의미하는 반면, **체납처분압류**는 체납처분절차의 제1단계로서 조세채권의 만족을 위한 재산 확보의 수단일 뿐 공매

둘째, 체납처분절차와 민사집행절차는 별개의 절차라는 것이 체납처분압류 후 경매절차개시 전에 유치권을 취득한 사람이 경매절차의 매수인에게 유치권으로 대항할 수 있다는 주장의 근거가 될 수는 없다.

셋째, 체납처분절차와 민사집행절차의 조화로운 운용으로 효율성을 제고하기 위해서라도 공매절차에서 매각되든 경매절차에서 매각되든 체납처분압류 후에 취득한 유치권은 체납처분압류의 처분금지효에 의하여 대항력을 부정하는 것이 타당하다.[35)]

넷째, 다수의견은, 체납액이 부동산 가액에 비하여 소액인 경우가 많은 점, 체납처분압류 후 공매절차로 바로 이어지지 않고 장기간 체납처분압류등기만 되어 있는 경우도 적지 않은 점 등을 고려한 것으로 보이나, 이러한 점을 고려한다 하더라도 체납처분압류 후에 취득한 유치권을 경매개시결정에 의한 압류 후에 취득한 유치권과 달리 취급하는 것은 타당하지 않다.

다섯째, 체납처분압류 후 그 부동산이 공매절차에서 매각되는 경우는 물론 경매절차에서 매각되는 경우에도 체납처분압류등기는 말소된다.

4. 환송 후의 경과

가. 항소심(환송 후 원심)

항소심(환송 후 원심)에서 乙1은, ① 민사유치권의 성립요건 불비(점유의 부존재, 공사대금채권의 부존재, 소유자 승낙 받지 않은 불법점유), ② 체납처분압류의 처분금지효 위반, ③ 가압류의 처분금지효 위반, ④ 신의칙 위반을 이유로(甲10에 대한 청구 부분에 관하여는 견련성이 없다는 이유를 추가하여) 甲1~11의 유치권은 존재하지 않는다고 주장하였다.

절차의 개시를 의미하지는 않으므로, 체납처분압류 후에 유치권을 취득하였다 하더라도 그것이 전혀 별개의 절차로서 아직 개시되지도 않은 경매절차의 법적 안정성을 훼손하는 것이라고 볼 수는 없다고 하였다.

한편 위 보충의견은, **가압류**에도 처분금지효가 인정되므로 위 반대의견에 따르면 가압류 후에 취득한 유치권도 그 효력이 부정되어야 한다고 보아야 논리적 일관성을 가지게 되는데, 이 점에 관하여 반대의견은 침묵하고 있다고 지적하였다. 만일 반대의견이 가압류 후에 취득한 유치권의 효력을 부정함으로써 논리적 일관성을 유지한다면, 이는 유치권제도가 집행절차에서 유발하는 폐해를 제거한다는 합목적적 해석의 한계를 명백히 벗어난 것이라고 지적하였다. 또한 이는 대법원 2011. 11. 24. 선고 2009다19246 판결에도 배치되는 것이다.

35) 그러나 다수의견에 대한 보충의견(대법관 김소영)은 "… 압류에 처분금지효가 있다고 하여 반드시 그 이후에 취득한 유치권의 대항력까지 부인하여야만 하는 논리적 필연성이 있는 것은 아니다. …"라고 설시하였다.

대전고법(청주) 2014. 7. 8. 선고 2014나667 판결은, 신의칙에 위반된다는 것을 이유로(즉, 위 ④의 이유를 인용하여) 甲1~11의 유치권이 모두 존재하지 않는다고 판시하였다(甲1~11 상고). 또한 상사유치권자 甲10에 대한 청구에 관하여는, 甲10의 유치권 행사는 신의칙에 위반될 뿐만 아니라 甲10은 선행 저당권자 乙1 또는 선행 저당권에 기한 임의경매절차에서 부동산을 취득한 매수인에게 상사유치권으로 대항할 수 없으므로(대법원 2013. 2. 28. 선고 2010다57350 판결), 어느 모로 보나 乙1의 甲10에 대한 유치권부존재확인청구는 정당하다고 판시하였다.

특히 위 신의칙 위반과 관련하여서는 제②판결의 내용을 인용하면서 "… 피고들이 이 사건 각 부동산에 대한 점유를 취득하게 된 경위, 그 무렵 A(채무자)의 재산상태, 피고들과 A의 관계, 원고가 이 사건 각 부동산에 대한 임의경매를 신청하기까지의 경과 등 제반 사정을 종합하여 보면, 피고들은 근저당권자인 원고의 신청에 의하여 이 사건 각 부동산에 대한 임의경매절차가 곧 개시되리라는 점을 충분히 인식하면서 A로부터 이 사건 각 부동산을 인도받았다고 보이므로,[36] 피고들이 이 사건 경매절차에서 이 사건 각 부동산에 관한 유치권을 주장하는 것은 신의칙상 허용되지 않는다고 봄이 상당하다. …"고 판시하였다.

나. 대법원(재파기 · 환송)

대법원 2014. 12. 11. 선고 2014다53462 판결은 **甲1~9,11에 대한 청구 부분**에 관하여는, 제㈢사안에서 유치권의 행사가 제한되지 않는다고 판시한 대법원 2009. 1. 15. 선고 2008다70763 판결 등을 인용하면서, "… 원심이 든 위와 같은 사정만으로는 피고들의 유치권의 행사가 신의칙에 반하여 유치권 제도를 남용한 것이라고 속단하기 어렵다 … 원심은 신의칙 위반을 인정할 수 있는 사유를 좀 더 구체적으로 심리하지 않은 채 오로지 위와 같은 사정만을 들어 곧바로 피고 甲10을 제외한 나머지 피고들의 유치권 행사가 신의칙 위반에 해당한다고 판단하였다. 이와 같은 원심 판결에는 민사유치권 행사와 관련한 신의칙 위반에 관한 법리를 오해하거나 필요한 심리를 다하지 않음으로써 판결에 영향을 미친 위법이 있다. …"는 이유로 파기 · 환송하였다.

또한 위 판결은 **甲10이 상사유치권자로서 선행 저당권자인 乙1에게 유치권을 주장할 수 없다고 판단한 부분**에 대하여 아무런 상고이유를 주장하지 않고 또 원심판단 자체에 별다른 잘못이 있다고 보이지도 않는다는 이유로 甲10의 상고를 기각하였다.

36) 이 사건 건물에 관하여는 피고들의 점유취득 내지 유치권취득(2006. 11. 30.), 경매개시결정(2006. 12. 22.), 경매개시결정등기(2006. 12. 26.) 등이 순차로 경료되었다.

다. 항소심(재환송 후 원심)

재환송 후의 원심은 '甲1~9,11의 유치권은 존재함을 확인한다'는 것 등을 내용으로 하는 화해권고 결정을 하였다.[37)]

['저당권설정 · 가압류 · 체납처분압류 ⇨ 유치권취득 ⇨ 경매개시'의 경우]

대법원 2014. 4. 10. 선고 2010다98432 판결

1. 사안개요

채무자 · 소유자(A), 유치권자(甲)		배당적격자(乙), 매수인(B)	
A	토지소유권이전등기		
甲 (피고)	A와 상가건물 신축공사 도급계약		
甲	공사 완료		
A	201호 · 202호 소유권보존등기	乙1	201호 · 202호 근저당권설정등기
		乙2	201호 · 202호 가압류등기
		乙3	201호 · 202호 체납처분압류등기
A	201호 · 202호 甲에게 점유이전 (甲 유치권 취득)		
		乙1	201호 · 202호 임의경매신청 (경매개시결정등기)
甲	유치권신고		

37) 대전고법(청주) 2014나1974 화해권고결정(2015. 7. 14. 성립, 2015. 8. 1. 확정).

		B (원고)	대금납부
		B	甲과 A를 상대로 점유이전금지가처분신청(집행됨)
甲	B를 상대로 점유회수의 소 제기		
		B	甲을 상대로 **유치권부존재확인 및 건물인도청구의 소**[38] 제기
甲	B로부터 점유취득 (⇦ 열쇠 인도를 내용으로 하는 조정성립)		
		B	■ 1심 : 청구기각
甲	A를 상대로 공사대금의 지급을 명하는 판결을 받음(2010. 3. 10. 확정)		
		B	■ 항소심(원심) : 항소기각 ■ 대법원 : 유치권부존재확인청구 부분 파기자판(파기, 1심 판결 취소 및 소 각하), 건물인도청구 부분 상고기각

가. 피고(甲)는 2004. 6. 3. 소외 A와 A 소유의 용인시 기흥구 보라동 △△△ 외 8필지 지상에 지하 1층, 지상 3층의 상가건물 △△프라자(이하 '이 사건 상가'라고 함)를 공사대금 2,310,000,000원으로 정하여 건축하기로 하는 공사도급계약을 체결하였다(다만, 공사대금 지급방법에 대하여는 분양금을 우선순위로 지급받기로 하였을 뿐, 구체적으로 정해진 바는 없었다).

나. A는 2004. 5. 14. 이 사건 상가 부지의 매수대금 등을 마련하기 위해 농업협동조합중앙회(이하 '농협'이라고 함)에 상가 부지인 용인시 기흥구 보라동 △△△ 외 8필지에 관해 농협 앞으로 채권최고액 3,900,000,000원인 근저당권을 설정하여 주고 3,000,000,000원을 대출받았고, 자신의 명의로 이 사건 상가의 소유권보존등기가 경료된 2005. 1. 5. 위 부지에 추가하여 이 사건 상가 제201호

38) 피고(甲)는 이미 점유회수의 소가 제기되어 있으므로 위 소가 중복제소에 해당하여 부적법하다는 취지의 본안전 항변을 하였으나, 제1심 및 제2심 모두 이를 배척하였다.

및 제202호(이하 '이 사건 점포'라고 함)에 관해서도 위 소외 농협(乙1) 명의의 근저당권설정등기를 하여 주었다.

다. A 소유의 이 사건 점포에 관하여 2005. 4. 1. 소외 乙2의 가압류등기가, 2005. 7. 27. 소외 乙3의 체납처분압류등기 등이 각각 마쳐졌다.

라. 甲은 2005. 1.경 이 사건 상가의 건축을 마쳤으나, A로부터 2004. 5. 4.부터 2005. 9. 16.까지 11회에 걸쳐 합계 1,378,000,000원만을 공사대금으로 지급받고, 이 사건 상가의 분양이 원활하지 못한 이유 등으로 나머지 공사대금은 지급받지 못하였다.

마. A는 2005. 11. 10. 이 사건 상가에 대한 공사비 잔액을 1,200,000,000원으로 하여 2006. 3. 20.까지 甲에게 지급하겠다는 각서를 작성해 주고, 2006. 9. 14. 공사비 잔액을 지불하지 못하여 이 사건 상가 중 분양되지 않은 점포들에 대한 임대, 매매 등을 비롯한 일체의 관리 · 처분권을 甲에게 위임하겠다는 합의서를 작성해 주었으며, 2006. 9. 14. 甲에게 이 사건 점포의 점유를 이전해 줌으로써 甲이 유치권을 취득하였다.

바. 이 사건 상가의 분양 실적 저조 등으로 인하여 A가 위 대출금을 변제하지 못하자 乙1은 위 근저당권에 기하여 2006. 12. 14. 수원지방법원 2006타경62040호로 이 사건 점포를 포함한 이 사건 상가 점포들 일부에 대하여 경매신청을 하여 2006. 12. 15. 경매개시결정을 받아 2006. 12. 19. 경매개시결정등기가 마쳐졌는데, 甲은 2007. 4. 5. A에 대한 공사대금채권 1,200,000,000원을 피담보채권으로 하여 이 사건 점포 등에 관하여 유치권신고를 하였다.

사. B는 2008. 6. 27. 이 사건 점포를 매각대금 3억 1330만 원에 매각허가결정을 받았고, 2008. 7. 16. 매각대금을 모두 납부하고, 그에 따른 소유권이전등기를 마쳤다.

아. B는 그 후 2008. 8. 4. 甲과 A를 상대로 수원지방법원 2008카단9657호로 이 사건 점포에 대하여 점유이전금지가처분결정을 받은 후 2008. 8. 19. 집행관에게 위 가처분의 집행을 의뢰하였고, 당시 집행관은 이 사건 점포에 설치된 자물쇠를 열쇠공으로 하여금 열게 한 다음 고시문을 이 사건 점포의 벽에 부착함으로써 위 가처분결정을 집행하였다(2008. 12. 16. B는 甲을 상대로 유치권부존재확인 및 건물인도청구의 소를 제기하였다).

자. 이에 甲은 2008. 9. 29. B를 상대로 수원지방법원 2008가단96020호로 이 사건 점포의 인도를 구하는 점유회수의 소를 제기하여 2009. 2. 17. 승소판결을 선고받았으나, 항소심인 수원지방법원 2009나6940호 사건에서 2009. 8. 17. B가 이 사건 점포에 설치하여 둔 시정장치의 열쇠를 甲에게 인도하는 것을 내용으로 하는 조정이 성립됨에 따라 B는 甲에게 이 사건 점포의 점유를 이전하였다(B가 제기한 유치권부존재확인 및 건물인도청구의 소에 대하여 2009. 10. 23. 청구기각의 판결이 선고되었다).

차. 한편, 甲은 A를 상대로 수원지방법원 안산지원 2009가합7653호로 이 사건 상가의 공사대금 일부

를 구하는 소를 제기하여 2010. 2. 11. A는 甲에게 3억 원과 이에 대한 지연손해금을 지급하라는 판결을 선고받고, 위 판결은 2010. 3. 10. 확정되었다(B가 제기한 유치권부존재확인 및 건물인도 청구의 항소에 대하여 2010. 8. 25. 항소기각의 판결이 선고되었다).

2. 하급심의 쟁점과 판단

B는 다음과 같은 사유를 들어 이 사건 점포에 대한 甲의 유치권은 존재하지 않고, 따라서 甲으로서는 소유자인 B에게 이 사건 점포를 인도하여야 한다고 주장하였다. 그러나 제1심 및 항소심 법원은 이를 모두 배척하였다.

가. 甲의 공사대금채권의 존부(甲이 진정한 수급인인지 여부)

B는 甲이 A로부터 이 사건 상가의 건축공사를 수급한 것이 아니라 A에게 건설업면허를 대여한 것에 불과하고, A가 이 사건 상가의 공사를 실질적으로 수행하였으므로, 명의대여자에 불과한 甲이 A에 대하여 공사대금채권을 가질 수 없다고 주장하였다.

이에 대하여 법원은 A가 과거에 甲(주식회사)의 이사였고 주주였던 점은 인정하면서도 아래와 같은 이유로 B의 주장을 배척하였다.

첫째, 甲은 2004. 6.경부터 2004. 10.경 사이에 이 사건 상가의 건축공사와 관련하여 5개의 주식회사 및 4명의 개인사업자와 각 하도급계약을 체결하고, 2004. 6.경부터 2005. 2.경 사이에 하도급공사대금의 전부 또는 일부를 지급하였다.

둘째, 甲은 2004. 5. 4.부터 2005. 9. 16.까지 사이에 A로부터 일부 공사대금인 1,378,000,000원을 지급받고, 2005. 11. 10. A로부터 1,200,000,000원의 미지급 공사비의 지급에 대한 각서를 받았으며, A가 위 각서에 의한 약정을 이행하지 못하자 甲이 다시 2006. 9. 14. A로부터 이 사건 상가의 미분양 점포들에 대한 처분권을 수여받는 취지의 합의서를 받았다.

나. 피담보채권의 변제 여부

B는 설령 甲이 공사대금채권을 가지고 있다 하더라도(진정한 수급인이라 하더라도), ① 甲은 도급계약 시 이 사건 상가 점포에 대한 분양금으로 공사대금을 받기로 하였는데 이 사건 상가 점포의 상당수가 다른 사람 앞으로 소유권이전등기가 마쳐진 점, ② 甲은 2004년도 2기분 부가가치세 신고, 2004년도 법인세 신고 시 공사대금을 모두 지급받았다는 취지로 신고한 점 등에 비추어, 점유 개시 당시 이

미 甲의 A에 대한 공사대금채권은 전부 변제된 것으로 볼 수밖에 없다고 주장하였다.

이에 대하여 법원은 아래와 같은 이유로 B의 주장을 배척하였다.

첫째, 이 사건 상가의 분양이 잘되지 않자 A는 자금을 조달하기 위해 丙을 채무자로 삼아 이 사건 상가 점포 일부를 담보로 제공하기로 하여 이 사건 상가 점포 중 101호 등 12개 호에 대하여 丙 등의 앞으로 소유권이전등기가 마쳐진 2005. 1. 5. 乙1 앞으로 채무자 丙, 채권최고액 2,540,000,000원인 근저당권이 각 설정되었고, 丙은 2005. 1. 5. 1,950,000,000원을 대출받아 등기비용 등을 공제하고 A에게 1,810,000,000원을 송금하였다.

둘째, 甲은 A의 자금사정이 좋지 않았던 것을 알고 A의 부탁에 의하여 이 사건 상가 점포를 담보로 자금을 마련하는 것에 대하여 용인해 주었는데, 그 후 A가 실제로 이 사건 상가 점포 일부를 분양하였는데도 그 분양대금으로 甲에게 공사대금을 지급하지 않자 A로부터 위 각서와 합의서를 징구하였다.

셋째, 甲은 위와 같이 공사대금을 전부 지급받은 취지로 부가가치세 신고와 법인세 신고를 한 이후에도 2005. 7. 20.부터 2005. 9. 16.까지 A로부터 합계 1,055,000,000원을 지급받았다.

넷째, 甲은 종합건설회사로서 과다한 미수금의 존재가 향후 甲의 입찰기회를 제한할 수 있으므로 법인세를 사실과 다르게 신고할 개연성이 있다.[39)]

다. 甲의 점유의 B에 대한 대항의 가부

B는 ① 甲의 이 사건 점포에 대한 점유는 경매개시결정등기가 마쳐진 2006. 12. 19. 이후에 비로소 개시된 것이므로 압류의 처분금지효에 저촉될 뿐 아니라, ② 설령 甲이 그 전부터 이 사건 점포를 점유하고 있었다 하더라도 점유개시일은 농협의 근저당권이 설정된 2005. 1. 5. 이후이므로,[40)] 어느 모로 보나 매수인인 B에게 대항할 수 없다고 주장하였다.

이에 대하여 법원은 아래와 같은 이유로 B의 주장을 배척하였다.

첫째, 甲이 이 사건 경매개시결정등기가 경료되기 이전인 2006. 9. 14.경부터 현재까지 이 사건 점포를 점유하여 왔다고 봄이 상당하므로[41)] 甲의 점유는 압류의 처분금지효에 저촉되지 않아 B에게 대

---

39) 항소심 판결은 위 '넷째'의 점을 그 근거로 삼고 있지 않다.

40) 제1심에서는 위 '②'의 점이 주장되지 않았다.

41) 위 판결은 甲이 경매개시결정등기가 경료되기 이전인 2006. 9. 14.경부터 이 사건 점포를 점유하여 왔다고 보는 근거로서, ㉮ 甲이 2006. 9. 14. A로부터 이 사건 점포를 포함한 미분양된 이 사건 상가의 점포들에 대한 관리 · 처분권을 위임받은 사실, ㉯ 甲이 B를 상대로 점유회수의 소를 제기하여 이 사건 점포의 점유를 회복한 사실, ㉰ 甲이 이 사건 상가의 관리업체인 드림스페이스에 늦어도 2006. 11. 10.부터는 관리비를 납부하여 온 사실, ㉱ 2007. 1. 22.경 위 경매절차의 부동산현황조사 당시 이 사건 점포의 유리벽에 甲이 유치권을 행사하

항할 수 있다.

둘째, 부동산경매절차에 있어 압류에 따른 처분금지효는 경매로 인한 압류의 효력이 발생하기 전에 유치권을 취득한 경우에는 적용되지 아니하고, 유치권 취득 시기가 근저당권설정 후라거나 유치권 취득 전에 설정된 근저당권에 기하여 경매절차가 개시되었다고 하여 달리 볼 것은 아니므로(대법원 2009. 1. 15. 선고 2008다70763 판결 참조), 경매개시결정등기 전에 이 사건 점포를 점유하고 있는 甲은 유치권자로서 매수인인 B에게 대항할 수 있다.[42)]

라. 유치권의 포기 여부[43)]

B는 甲이 2005. 1. 5.경 A로부터 공사대금으로 318,000,000원만을 지급받은 상황에서 A로 하여금 이 사건 상가 점포의 상당수를 처분하도록 한 것은 甲이 유치권을 포기한 것이라고 보아야 한다고 주장하였다.

이에 대하여 법원은 A가 자금 마련을 위하여 이 사건 상가 점포의 상당수에 대해 다른 사람 앞으로 소유권이전등기를 마친 점, A가 甲의 주주였던 사람으로 甲과 친밀한 관계에 있었던 점 등을 근거로 B의 주장을 배척하였다.

마. 소멸시효의 완성 여부[44)]

B는 甲의 A에 대한 공사대금채권은 공사 완료일로부터 민법 제163조 제3호가 정한 3년의 단기소멸시효가 경과하여 시효완성으로 인하여 소멸되었다고 주장하였다.

이에 대하여 법원은 甲이 A를 상대로 수원지방법원 안산지원 2009가합7653호로 이 사건 상가의 공사대금 일부를 구하는 소를 제기하여 2010. 2. 11. A는 甲에게 300,000,000원과 이에 대한 지연손해금을 지급하라는 판결을 선고받고 위 판결이 2010. 3. 10. 확정된 사실을 근거로 B의 주장을 배척하였다.

고 있다는 취지의 경고문이 부착되어 있었던 사실, ㉺ 甲이 2008. 7. 3. 이 사건 점포 내부에 CCTV를 설치한 사실, ㉻ 점유의 개념에 관하여 대법원 2003. 7. 25. 선고 2002다34543 판결 등이 설시한 법리 등을 제시하였다.

42) 제1심에서는 위 '②'의 점이 주장되지 않아, 위 '둘째'에 관한 판단이 없었다.

43) 제1심에서는 위 '라'의 점이 주장되지 않았고, 따라서 이에 관한 판단도 없었다.

44) 제1심에서는 위 '마'의 점이 주장되지 않았고, 따라서 이에 관한 판단도 없었다.

3. 상고심의 쟁점과 판단

가. 유치권부존재확인청구 부분 : 매수인의 유치권부존재확인소송의 적법성

대법원은 B 소유의 건물을 甲이 점유하고 있는 상황에서 B가 건물의 인도를 구하는 것과 별도로 甲을 상대로 건물에 대한 유치권부존재확인을 구하는 것은 아래와 같은 점을 근거로 그 확인의 이익이 없어 부적법한 것으로 보고(따라서 유치권부존재확인청구 부분의 상고이유에 관하여는 판단하지 않고), 원심 판결 중 유치권부존재확인청구 부분의 파기, 이 부분에 관한 제1심 판결 취소 및 소 각하의 판결을 하였다.

즉, 확인의 소는 확인판결을 받는 것이 원고의 법적 지위에 대한 불안과 위험을 제거하는 데 가장 유효 · 적절한 수단인 경우에 인정되는바(대법원 2006. 3. 9. 선고 2005다60239 판결, 대법원 2008. 7. 10. 선고 2005다41153 판결 등 참조), 이 사건과 같이 원고 소유의 이 사건 점포를 피고가 점유하고 있는 경우에는 이 사건 점포의 인도를 구하는 것이 원고의 소유권에 대한 불안과 위험을 유효하고 적절하게 제거하는 직접적인 수단이 되므로, 이와 별도로 피고를 상대로 이 사건 점포에 대한 유치권의 부존재확인을 구하는 것은 확인의 이익이 없어 부적법한 것(따라서 이 부분 소를 적법한 것으로 보고 본안에 나아가 심리하여 원고의 청구를 기각한 원심의 조치는 확인의 이익에 관한 법리를 오해하여 판단을 그르친 것)이라고 판시하였다.

비교컨대, 유치권자의 유치권존재확인소송은 물론 배당적격자의 유치권부존재확인소송은 확인의 이익이 있어 부적법하지 않다.

나. 건물인도청구 부분

(1) B의 주장에 관한 판단누락이 판결에 미친 영향의 유무

어느 부동산에 관하여 경매개시결정등기가 된 뒤에 비로소 민사유치권을 취득한 사람은 경매절차의 매수인에 대하여 그의 유치권을 주장할 수 없다(대법원 2005. 8. 19. 선고 2005다22688 판결 등 참조). 이러한 법리는 어디까지나 경매절차의 법적 안정성을 보장하기 위한 것이므로, 경매개시결정등기가 되기 전에 이미 그 부동산에 관하여 민사유치권을 취득한 사람은 그 취득에 앞서 저당권설정등기나 가압류등기 또는 체납처분압류등기가 먼저 되어 있다 하더라도 경매절차의 매수인에게 자기의 유치권으로 대항할 수 있다(대법원 2014. 3. 20. 선고 2009다60336 전원합의체 판결 등 참조).

따라서 원심이 이 사건 점포에 관한 乙2의 가압류등기와 乙3의 체납처분압류등기 후에 A가 甲에게 그 점유를 이전한 것은 **가압류와 체납처분압류의 처분금지효**에 저촉되므로 甲은 경매절차에서 이 사건 점포를 매수한 B에게 유치권을 행사할 수 없다는 B의 주장에 관하여 아무런 판단을 하지 않은 것은 잘못이지만, 가압류등기와 체납처분압류등기 후에 유치권을 취득한 甲이 B에게 이 사건 점포에 대하여 유치권을 행사할 수 있다고 한 원심의 결론은 정당하고, 거기에 판단누락으로 인하여 판결에 영향을 미친 잘못이 없다.

또한 원심이 甲의 이 사건 점포에 대한 유치권 행사가 **신의성실의 원칙**에 반한다는 B의 주장에 관하여 아무런 판단을 하지 않은 것은 잘못이지만, B가 주장하는 사정만으로 甲의 유치권 행사가 신의성실의 원칙에 반한다고 할 수 없으므로, 甲이 이 사건 점포에 대하여 유치권을 행사할 수 있다고 한 원심의 결론은 정당하고, 거기에 판단누락으로 인하여 판결에 영향을 미친 잘못이 없다.

(2) 근저당권설정등기 후 취득한 유치권의 소멸 여부

민사집행법 제91조 제3항이 "지상권 · 지역권 · 전세권 및 등기된 임차권은 저당권 · 압류채권 · 가압류채권에 대항할 수 없는 경우에는 매각으로 소멸된다"고 규정하고 있는 것과는 달리, 같은 조 제5항은 "매수인은 유치권자에게 그 유치권으로 담보하는 채권을 변제할 책임이 있다"고 규정하고 있으므로, 유치권은 특별한 사정이 없는 한 그 성립 시기에 관계없이 경매절차에서의 매각으로 인하여 소멸하지 않고, 그 성립 시기가 저당권설정 후라고 하여 달리 볼 것이 아니다(대법원 2009. 1. 15. 선고 2008다70763 판결 등 참조).

원심이 같은 취지에서 이 사건 점포에 관하여 乙1의 근저당권이 설정된 2005. 1. 5. 이후인 2006. 9. 14. 甲이 A로부터 이 사건 점포의 점유를 이전받아 유치권을 취득하였다고 하더라도 경매절차에서의 매수인인 B에게 유치권을 주장할 수 있다고 판단한 것은 정당하고, 거기에 저당권과 유치권의 효력에 관한 법리를 오해한 잘못이 없다.

(3) 유치권의 포기 여부

원심은 甲이 2005. 1. 5.경 A로부터 공사대금으로 3억 1,800만 원만을 지급받은 상황에서 A로 하여금 이 사건 상가 점포의 상당수를 처분하도록 한 것만으로는 甲이 이 사건 점포에 대한 유치권을 포기한 것으로 볼 수 없다고 판단하였는바, 원심의 위와 같은 판단은 정당한 것으로 수긍이 가고, 거기에 유치권의 포기에 관한 법리를 오해한 잘못이 없다.

['가압류 ⇨ 유치권취득 ⇨ 경매개시'의 경우] 대법원 2011. 11. 24. 선고 2009다19246 판결은 「채권취득 ⇨ 가압류등기(가압류의 본압류 이전이 아님) ⇨ 점유취득(유치권취득) ⇨ 경매개시결정등기 ⇨ 매각(대금납부)」 등이 순차로 이루어진 후에 매수인이 유치권자에 대하여 부동산인도청구 등의 소를 제기한 사안에서 유치권자의 '유치권의 항변'을 인용한 원심의 판단을 수긍하면서, 압류채권자에게 대항

할 수 없는 유치권은 물론 가압류채권자에게 대항할 수 없는 유치권도 소멸하여 매수인에게 대항할 수 없다는 것을 묵시적으로 전제하고,[45] "… 가압류등기가 경료되어 있을 뿐 현실적인 매각절차가 이루어지지 않고 있는 상황에서는 채무자의 점유이전으로 제3자가 유치권을 취득하게 된다고 하더라도 이를 처분행위로 볼 수는 없다 …"라고 설시하여 가압류 후의 점유이전이 처분행위에 해당하지 않는다는 것을 명시적으로 선언하였다.[46] 이와 같이 가압류등기 후에 성립 · 취득한 유치권의 행사를 제한하지 않는 정책적 결단은, ㉮ '가압류'결정은 채권자의 일방적인 소명에 기초하여 이루어지나 '압류'결정(경매개시결정)은 보다 엄격한 절차를 거쳐 성립되는 집행권원 또는 담보권에 기초하여 이루어지는 점, ㉯ 저당권설정등기 후에 유치권이 성립된 경우에는 유치권이 인수되는 것으로 보면서 가압류등기 후에 유치권이 성립한 경우에는 유치권이 소멸되는 것으로 본다면 가압류에 저당권보다 강력한 효과를 부여하는 결과가 되어 부당하다는 점 등을 고려한 것이라고 하겠다.[47]

---

45) 하상혁, "가압류 후에 성립한 유치권으로 가압류채권자에게 대항할 수 있는지 가부(2011. 11. 24. 선고 2009다19246 판결 : 공2012상, 4)", 대법원판례해설(89), 법원도서관(2012), 60 · 71; 하상혁, "가압류 후에 성립한 유치권으로 가압류채권자에게 대항할 수 있는지 가부 —2011. 11. 24. 선고 2009다19246 판결—", 특별법연구(10) : 전수안 대법관 퇴임기념, 사법발전재단(2012), 990 · 1000.

46) 또한 위 판결은 "… 원심이, 이 사건 건물에 가압류등기가 경료된 후에 채무자인 유씨이가 피고에게 그 점유를 이전한 것이 처분행위에 해당하여 위 가압류의 처분금지효에 저촉되므로 피고는 경매절차에서 이 사건 건물을 매수한 원고에게 유치권을 주장할 수 없다는 원고의 주장에 대해 아무런 판단을 하지 않은 것은 잘못이나, 위와 같은 점유의 이전은 처분행위에 해당하지 않아 가압류의 처분금지효에 저촉되는 것이 아닌 이상, 피고가 원고에게 이 사건 건물에 대한 유치권을 주장할 수 있다고 본 원심의 결론은 정당하고, 거기에 가압류의 처분금지효에 관한 법리를 오해하여 판결결과에 영향을 미친 위법이 있다고 할 수 없다 …"고 지적하였다.

47) 같은 취지에 하상혁, "가압류 후에 성립한 유치권으로 가압류채권자에게 대항할 수 있는지 가부", 대법원판례해설(89), 법원도서관(2012), 72 · 75; 하상혁, "가압류 후에 성립한 유치권으로 가압류채권자에게 대항할 수 있는지 가부", 특별법연구(10) : 전수안 대법관 퇴임기념, 사법발전재단(2012), 1000 · 1003.

그러나 대법원은 위와 같은 이유 내지 근거에 관하여 견해를 명백하게 밝힌 적은 없는 것으로 보인다. 이 판결에 대한 평석에 이재석, "유치권의 행사를 제한하는 판례이론에 관한 提言", 사법논집(61), 법원도서관(2015), 223~231.

PART 07

신의칙에 반하는 유치권 취득

제1장 신의칙 위반론

제2장 「신의칙에 반하는 유치권 취득
⇨ 유치권 항변 배척」 사례

제1장 신의칙 위반론

Ⅰ. 서설

유치권이 성립 · 존속하는 부동산이 경매절차에서 매각된 경우 매수인은 언제나 유치권을 인수한다는 종래의 통설 · 판례의 입장은 2005년부터 본격적인 변화를 보이고 있다.

다수의 하급심 판결은 대법원 2005. 8. 19. 선고 2005다22688 판결의 선고를 전후하여 경매절차의 매수인이 인도청구 등을 한 사안에서 신의칙 위반을 이유로 민사유치권의 행사를 제한하거나 제한 가능성을 인정하였다.[1] 그 후 대법원 2011. 11. 22. 선고 2011다84298 판결(제②판결)은 근저당권자가 경매개시결정등기 후에 유치권부존재확인청구를 한 사안에서 신의칙 위반을 이유로 상사유치권의 행사를 제한하기에 이르렀다.

유치권의 행사가 신의칙에 반하는 권리행사 또는 권리남용이라고 평가될 정도로 유치권의 존립 내지 정당성 근거인 '공평의 원칙'을 현저하게 훼손하게 되는 경우 유치권자는 경매절차의 매수인 또는 배당적격자에게 유치권을 내세워 대항할 수 없다는 것이다. 이는 압류의 효력(압류채권자에 대하여 무효)과 연계하지 않고 직접 매각의 효력(인수 또는 소멸) 문제로 접근하여 신의칙에 반하는 유치권의 행사를 제한하는 견해이다.

본래 제②판결은 상사유치권에 관한 것이나 민사유치권의 경우에도 적용될 수 있다. 그러나 상사유치권에 관하여 '담보권설정 · 처분제한 후 취득론'을 선언한 대법원

1) 하급심 판결 중에는 「근저당권설정등기→유치권취득→경매개시결정등기→매각(대금납부)」 후에 경매절차의 매수인이 유치권자를 상대로 건물인도 등 청구의 소를 제기한 제㊂사안에서 공사대금채권을 피담보채권으로 하는 민사유치권의 행사에 대한 '신의칙 위반론'을 적용하거나 그 적용 가능성을 인정한 것이 있다(대전고법 2004. 1. 15. 2002나5475, 대전고법 2004. 4. 8. 2003나6444, 광주고법 2006. 7. 21. 2005나10219, 서울고법 2007. 1. 17. 2005나102470, 광주고법(전주) 2010. 1. 15. 2008나1052 등).

2013. 2. 28. 선고 2010다57350 판결(제③판결)에 의하여 신의칙 위반론은 오히려 민사 유치권의 경우에만 의미를 가지게 되었다.

이 법리의 요체는, 유치권자가 자신의 이익을 위하여 고의적으로 작출한 유치권은 기왕의 대금납부 시에 확정적으로 소멸하였거나 장래의 대금납부를 정지조건으로 소멸하고, 그에 따라 유치권자는 매수인 · 배당적격자에게 확정적으로 또는 조건부로 유치권을 행사할 수 없다는 것이다.[2)]

II. 적용 요건

'객관적'으로는 채무자가 채무초과의 상태에 이미 빠졌거나 그러한 상태가 임박함으로써 채권자가 원래라면 자기 채권의 충분한 만족을 얻을 가능성이 현저히 낮아진 상태에서 유치권의 성립요건을 충족하는 내용의 거래를 일으키고 그에 기하여 목적물을 점유하게 됨으로써 유치권이 성립하여야 한다.

'주관적'으로는 이미 채무자 소유의 목적물에 저당권 기타 담보물권이 설정되어 있어서 유치권의 성립에 의하여 저당권자 등이 그 채권 만족상의 불이익을 입을 것을 잘 알면서(유치권자의 인식) 자기 채권의 우선적 만족[3)]을 위하여(유치권자의 목적) 위와 같이 취약한 재정적 지위에 있는 채무자와의 사이에 의도적으로 유치권을 작출하여야 한다.

---

2) 유치권자의 '유치권의 항변'은 배척되고, 매수인 · 배당적격자의 '유치권의 소멸의 항변' 또는 '유치권의 조건부 소멸의 항변'은 인용된다.

3) 선행 담보물권자에 우선하는 채권의 만족을 말한다.

Ⅲ. 적용 범위

제[2]판결은 매각(대금납부) 前에 저당권자가 유치권의 부존재확인을 구한 사안에서 유치권자의 '유치권의 항변'을 배척한 것이다. 이 판결의 '신의칙 위반론'은 '경매절차개시 후 취득론'의 경우와 마찬가지로 아래와 같은 경우에도 적용될 수 있다.

첫째, 매각(대금납부) 前에 저당권자 이외의 배당적격자(압류 · 가압류 · 체납처분압류 채권자 등)가 유치권부존재확인청구를 하는 경우에도 유치권의 항변이 배척될 수 있다. 만일 매각(대금납부) 전에 유치권자가 유치권의 존재확인청구를 하는 경우에는 배당적격자가 '유치권의 조건부 소멸'의 항변을 할 수 있다. 예컨대, 채무자가 채무초과의 상태에 빠졌거나 그러한 상태가 임박한 경우(특히, 이미 거액을 청구금액으로 하는 가압류등기가 되어 있고, 강제경매신청이 임박한 위 제[三]사안의 경우), 유치권의 성립에 의하여 가압류채권자 등이 채권 만족상의 불이익을 입을 것을 잘 알면서, 자기 채권의 우선적 만족을 위하여 의도적으로 유치권을 작출한 때에는 '신의칙 위반론'이 적용될 수 있을 것이다.[4)]

둘째, 매각(대금납부) 後에 매수인이 소유물의 인도청구 또는 인도명령신청을 하거나 배당적격자(저당권자, 압류 · 가압류 · 체납처분압류 채권자 등)가 유치권의 부존재확인청구를 하는 경우 유치권자가 항변을 하더라도 이는 배척될 수 있다. 만일 유치권자가 매수인 또는 배당적격자에 대하여 유치권의 존재확인청구를 하는 때에는 매수인 또는 배당적격자가 '유치권의 소멸의 항변'을 할 수 있다.

---

4) 같은 취지에 하상혁, "가압류 후에 성립한 유치권으로 가압류채권자에게 대항할 수 있는지 가부(2011. 11. 24. 선고 2009다19246 판결 : 공2012상, 4)", 대법원판례해설(89), 법원도서관(2012), 72; 하상혁, "가압류 후에 성립한 유치권으로 가압류채권자에게 대항할 수 있는지 가부 —2011. 11. 24. 선고 2009다19246 판결—", 특별법연구(10) : 전수안 대법관 퇴임기념, 사법발전재단(2012), 1001.

Ⅳ. '경매절차개시 후 취득론'과의 관계

제[1]판결(경매절차개시 후 취득론)과 제[2]판결(신의칙 위반론)의 관계에 관하여는 독립한 별개의 원칙이라고 보는 견해, 원칙과 예외의 관계라고 보는 견해 등이 있을 수 있다.

양자의 관계를 어떻게 파악하느냐에 따라 유치권 행사의 허용 여부 또는 그 범위가 달라지지는 않을 것이나, 유치권의 행사를 제한하는 위 두 법리는 서로 독립한 별개의 것이라고 보는 것이 타당하다.

다만, 유치권의 행사가 제한되는지 여부에 대한 판단은 '경매절차개시 후 취득론'에 의하면 비교적 간명하나[5] '신의칙 위반론'에 의하면 용이하지 않을 수 있으므로, 실제로 '신의칙 위반론'은 '경매절차개시 후 취득론'이 적용되지 않거나 그 적용 여부가 불분명한 경우(위 [一] 이외의 경우)에 특히 의미가 있고 그 기능을 발휘할 수 있다.

Ⅴ. '담보권설정 · 처분제한 후 취득론'과의 관계

종래에는 상사유치권도 민사유치권과 동일한 기준('경매절차개시 후 취득론' 및 '신의칙 위반론')에 의하여 그 행사를 제한하는 것으로 파악하는 것이 일반적인 경향이었다.

그러나 대법원 2013. 2. 28. 선고 2010다57350 판결(제[3]판결)에 의하여 상사유치권은 제[一]~[六]사안의 모든 경우에 그 행사가 제한되므로, 상사유치권의 경우에는 '경매절차개시 후 취득론' 또는 '신의칙 위반론'을 적용하지 않고 '담보권설정 · 처분제한 후 취득론'을 적용하는 것으로 충분하다.

따라서 위 판결로 인하여 경매절차개시 후 취득론은 물론 신의칙 위반론도 민사유치권의 경우에만 의미를 가지게 되었다.

---

5) 유치권의 행사를 제한하는 기준은 경매개시결정등기와 유치권취득의 선후라는 객관적 기준에 따라 비교적 용이하게 결정할 수 있다.

Ⅵ. 제언

제[2]판결도 제[1]판결과 마찬가지로 민사유치권은 일정한 경우에 '경매절차의 매수인 또는 배당적격자에게 행사할 수 없다.'는 정책적 결단을 내리고 있으나,[6] 위 제91조 제5항의 해석론에서 출발하고 있지 않을 뿐만 아니라 그 결단의 과정에 관하여도 아무런 언급을 하지 않고 있다.

① 채무자가 채무초과의 상태에 이미 빠졌거나 그러한 상태가 임박함으로써 채권자가 원래라면 자기 채권의 충분한 만족을 얻을 가능성이 현저히 낮아진 상태에서(특히, 이미 채무자 소유의 목적물에 경매개시결정 · 저당권설정 · 가압류 · 체납처분압류 등의 등기가 되어 있는 경우) 유치권의 성립요건을 충족하는 내용의 거래를 일으키고 그에 기하여 목적물을 점유하게 됨으로써 유치권이 성립하고(객관적 요건), ② 유치권의 성립에 의하여 매수인이 그 피담보채권액 상당의 손해 등을 입거나 배당적격자(선행 경매신청 채권자 또는 담보 · 가압류 · 체납처분압류 채권자 등)가 그 채권 만족상의 불이익을 입을 것을 잘 알면서 자기 채권의 우선적 만족을 위하여 위와 같이 취약한 재정적 지위에 있는 채무자와의 사이에 의도적으로 유치권을 작출한 경우(주관적 요건), 이러한 유치권은 민사집행법 제91조 제5항의 적용이 배제되어 소멸하고(제91조 제5항의 적용배제 내지 축소해석 ⇨ 소멸), 그에 따라 경매절차의 매수인 또는 배당적격자에게 행사할 수 없는 것이라는 결단의 과정(위 제91조 제5항과 그 결단의 관련성)을 명시적으로 설시하는 것이 논리적이고 이론적일 것이다. 이미 대금을 납부한 때에는 기왕의 대금납부 시에 확정적으로 소멸한 것이고, 아직 대금을 납부하지 않은 때에는 장래의 대금납부를 정지조건으로 소멸하는 것이기 때문이다.

'신의칙 위반론'은 제[一]~[六]사안의 모든 경우에 적용될 수 있겠으나, 실제적으로는 특히 제[一]사안 이외의 경우에 의미가 있고 그 기능을 발휘할 수 있다. 조만간 제[三]사안

6) 앞서 살펴본 바와 같이, 본래 제[2]판결은 상사유치권에 관한 것이나 민사유치권의 경우에도 그대로 적용될 수 있다.

이외의 경우(특히 제三사안 등)에 관하여도 '신의칙 위반론'을 적용하는 판례가 나오지 않을까 전망해 본다.

제2장 「신의칙에 반하는 유치권 취득 ⇨ 유치권 항변 배척」 사례

대법원 2011. 12. 22. 선고 2011다84298 판결(제②판결)은 A 소유의 부동산에 관하여 「근저당권설정등기(乙1)→유치권취득(甲)→경매개시결정등기(乙1)」 후 경매절차 진행 중에(대금납부 전에) 배당적격자(근저당권자 겸 압류채권자) 乙1이 유치권자 甲을 상대로 유치권부존재확인청구를 한 제㊂사안에서 일정한 요건을 갖춘 유치권의 행사는 신의칙에 반하여 허용되지 않는다고 보았다.

[신의칙에 반하여 성립한 유치권의 조건부 소멸]
대법원 2011. 12. 22. 선고 2011다84298 판결

1. 사안개요

채무자(A), 유치권자(甲)		다른 채권자(乙)	
A	건물, 대지 및 기계기구 소유		
		乙1	근저당권설정등기 * 채권최고액 : 일본국 법화 750,000,000엔
甲	근저당권설정등기 * 채권최고액 : 1,300,000,000원		
甲	건물 일부에 관한 상사유치권 취득 * 피담보채권 : 대출금채권		
		乙2	가압류등기(2건) * 청구금액: 53,199,020원

		乙3	체납처분압류등기
		乙1	경매개시결정등기 * 청구채권 : 71억여 원 * 감정평가액 : 8,354,363,800원[7)]
		乙4	체납처분압류등기
甲	유치권 신고		
		乙5	가압류등기 * 청구금액 : 30,325,380원
		乙1	유치권부존재확인의 소 제기

2. 판시요지

가. 제1심

제1심에서 원고(乙1)는 '피고(甲)가 신고한 유치권은 성립요건을 결하였거나, 이를 주장 · 행사하는 것은 물권법질서나 신의칙에 위배되어 허용되지 않는다'고 주장하였고, 제1심 법원은 '피고(甲)의 유치권 주장은 점유가 불법행위로 인한 경우에 유치권이 성립하지 아니한다는 민법 제320조 제2항의 유추적용을 통하여 볼 때 허용될 수 없거나 신의칙에 반하여 허용될 수 없다'고 판시하였다[8)](피고 항소).

나. 항소심

항소심 법원은 '피고(甲)는 선순위 근저당권자(乙1)의 신청에 의하여 경매절차가 곧 개시되리라는 사정을 충분히 인식하면서 임대차계약을 체결하고 그에 따라 점유를 이전받았다고 볼 것이므로, 이러

---

7) 건물 5,160,703,800원, 대지 2,595,400,000원, 건물에 설치된 기계기구 598,260,000원. 따라서 乙1의 1순위 근저당권의 피담보채권액(71억여 원)은 총 감정평가액(83억여 원)에 근접하고 건물의 감정평가액(51억여 원)을 초과하는 상황이었다.

8) 부산지방법원 2011. 2. 17. 선고 2010가합14226 판결.

한 甲이 乙1의 신청에 의하여 개시된 경매절차에서 유치권을 주장하는 것은 신의칙상 허용될 수 없다'고 판시하였다[9](피고 상고).

즉, 피고의 유치권 행사가 신의칙에 반하는지 여부에 관하여 "… 특히, 상사유치권의 경우에는 피담보채권과 목적물 사이의 견련관계를 요구하지 않아 일반적인 유치권에 비하여 불공평한 결과가 더 쉽게 발생할 수 있으므로, 상사유치권자와 채무자 사이의 관계 등에 비추어 상사유치권자가 그 목적물의 점유를 취득하게 된 상행위가 상인간의 정상적인 영업을 위한 것이 아니라 오로지 유치권의 발생을 목적으로 이루어졌다고 볼 수 있는 특별한 사정이 있다면 상사유치권자의 권리행사는 유치권의 남용에 해당되어 그 유치권의 성립 이전에 정당하게 성립한 담보물권자에게 대항할 수 없다고 보아야 한다. …"고 설시하였다.

다. 대법원

대법원은 상고를 기각하면서 "… 법이 유치권제도를 마련하여 위와 같은 거래상의 부담을 감수하는 것은 유치권에 의하여 우선적으로 만족을 확보하여 주려는 그 피담보채권에 특별한 보호가치가 있다는 것에 바탕을 둔 것으로서, 그러한 보호가치는 예를 들어 민법 제320조 이하의 **민사유치권**의 경우에는 객관적으로 점유자의 채권과 그 목적물 사이에 특수한 관계(민법 제320조 제1항의 문언에 의하면 "그 물건에 관하여 생긴 채권"일 것, 즉 이른바 '물건과 채권과의 견련관계'가 있는 것)가 있는 것에서 인정된다. 나아가 상법 제58조에서 정하는 **상사유치권**은 단지 상인간의 상행위에 기하여 채권을 가지는 사람이 채무자와의 상행위(그 상행위가 채권 발생의 원인이 된 상행위일 것이 요구되지 아니한다)에 기하여 채무자 소유의 물건을 점유하는 것만으로 바로 성립하는 것으로서, 피담보채권의 보호가치라는 측면에서 보면 위와 같이 목적물과 피담보채권 사이의 이른바 견련관계를 요구하는 민사유치권보다 그 인정범위가 현저하게 광범위하다. … 이상과 같은 사정을 고려하여 보면, 유치권제도와 관련하여서는 거래당사자가 유치권을 자신의 이익을 위하여 고의적으로 작출함으로써 … 유치권의 최우선순위 담보권으로서의 지위를 부당하게 이용하고 전체 담보권질서에 관한 법의 구상을 왜곡할 위험 … 에 대처하여, 개별 사안의 구체적인 사정을 종합적으로 고려할 때 **신의성실의 원칙**에 반한다고 평가되는 유치권제도 남용의 유치권 행사는 이를 허용하여서는 안 될 것이다. …"라고 전제한 후, 특히 다음과 같은 요건을 갖춘 경우에는 그 유치권을 저당권자 등에 대하여 주장하는 것은 다른 특별한 사정이 없는 한 신의칙에 반하는 권리행사 또는 권리남용으로서 허용되지 않는다고 판시하였다.

객관적으로는 "… 채무자가 채무초과의 상태에 이미 빠졌거나 그러한 상태가 임박함으로써 채권자

9) 부산고등법원 2011. 9. 20. 선고 2011나2449 판결.

가 원래라면 자기 채권의 충분한 만족을 얻을 가능성이 현저히 낮아진 상태에서 … 유치권의 성립요건을 충족하는 내용의 거래[10]를 일으키고 그에 기하여 목적물을 점유하게 됨으로써 유치권이 성립 …"하여야 한다고 설시하였다.

주관적으로는 "… 이미 채무자 소유의 목적물에 저당권 기타 담보물권이 설정되어 있어서 유치권의 성립에 의하여 저당권자 등이 그 채권 만족상의 불이익을 입을 것을 잘 알면서(유치권자의 인식) 자기 채권의 우선적 만족[11]을 위하여(유치권자의 목적) 위와 같이 취약한 재정적 지위에 있는 채무자와의 사이에 의도적으로 …" 유치권을 작출하여야 한다고 하였다.

위와 같은 요건을 갖춘 경우, 제1판결(다수의견)에 의하면 민사집행법 제91조 제5항이 그대로 적용되어 유치권을 행사할 수 있게 되나, 제2판결(신의칙 위반론)에 의하면 민사집행법 제91조 제5항의 적용이 배제되어 그 유치권은 행사할 수 없게 되는 것이다.

10) 위 판결의 사안에서는 임대차계약의 체결을 말한다.

11) 선행 담보물권자에 우선하는 채권의 만족을 말한다.

PART 08

상사유치권의 경우

제1장 기초법리

Ⅰ. 요건사실

상사유치권은 채무자와의 상행위로 발생하고 변제기가 도래한 '채권'을 가진 채권자가 채무자에 대한 상행위로 인하여 채무자의 소유물을 '점유'하는 경우에 성립한다.

경매절차의 매수인이 상사유치권자를 상대로 부동산인도명령신청 · 인도청구 등을 하는 경우, 매수인의 신청 · 청구 원인사실(매수인의 부동산 소유, 유치권자의 부동산 점유)에 대한 유치권자의 항변사실(유치권의 성립 · 존속사유)과 위 항변사실에 대한 매수인의 부인 · 재항변사실(유치권의 불성립 · 소멸사유)을 정리하면 아래와 같다. 파란색으로 처리된 부분은 민사유치권의 경우와 다른 요건사실이다.

유치권자의 항변사실	매수인의 부인 · 재항변사실
채무자 소유 부동산의 상행위에 의한 점유	1. 부동산 요건의 불비
	2. 채무자 아닌 사람의 소유
	3. 점유 요건의 불비
	4. 불법행위에 의한 점유
	5. 채무자에 대한 상행위에 의하지 않은 점유
상행위에 의한 채권의 존재 및 변제기 도래	6. 채무자와의 상행위에 의하지 않은 채권
	7. 채권의 불발생 또는 소멸
	8. 변제기의 미도래

배당적격자가 유치권부존재확인청구 등을 하는 경우 유치권자의 항변사실에 대한 배당적격자의 부인 · 재항변사실도 위 매수인의 부인 · 재항변사실과 같다.

II. 상법 제58조

민사유치권은 타인의 물건을 불법행위에 의하지 않고 점유하는 사람이 그 물건에 관하여 발생하고 변제기가 도래한 채권을 변제받을 때까지 그 물건을 유치할 수 있는 권리이다(민 §320). 일반적인 상사유치권은 채무자 소유의 물건을 채무자에 대한 상행위(불법행위에 해당하지 않아야 함)를 원인으로 점유하는 사람이 상인간의 상행위(채무자와의 상행위)를 원인으로 발생하고 변제기가 도래한 채권을 변제받을 때까지 그 물건을 유치할 수 있는 권리이다(상 §58).[1]

상법 제58조가 규정하는 일반적인 상사유치권은 ① 피담보채권이 유치권자가 점유하고 있는 물건에 관하여 생긴 채권으로 한정되지 않는 대신, ② 목적물의 소유자가 채무자로, ③ 목적물 점유의 취득원인이 채무자에 대한 상행위(지속적 내지 계속 · 반복적 거래행위)로, ④ 피담보채권의 발생원인이 채무자와의 상행위(지속적 내지 계속 · 반복적 거래행위)로 각 한정된다는 점에서 민사유치권과 구별된다.

따라서 상법 제58조는 부동산에 관한 상사유치권의 성립요건으로, Ⓐ 채무자의 소

1) 상법은 일반적인 상사유치권(상 §58) 외에도 특수한 상사유치권(상 §91 · 111 · 120 · 147 · 800② 등)을 인정하고 있다. 이 책에서는 일반적인 상사유치권에 관하여만 다루기로 한다.

유의 부동산을 채무자에 대한 상행위를 원인으로 점유하였을 것, B 피담보채권이 채무자와의 상행위를 원인으로 발생하고 변제기가 도달하였을 것 등을 규정한 것이라고 하겠다.

그러나 당사자는 상법 제58조의 상사유치권을 배제하기로 하는 약정을 명시적으로 또는 묵시적으로 할 수 있다(상 §58 단서).

[묵시적 약정에 의한 상사유치권 배제(적극)] 대법원 2012. 9. 27. 선고 2012다37176 판결은 "… 상법은 상인간의 거래에서 신속하고 편리한 방법으로 담보를 취득하게 하기 위한 목적에서 민법상의 유치권과 별도로 상사유치권에 관한 규정을 두고 있다. 즉, 상법 제58조 본문은 「상인간의 상행위로 인한 채권이 변제기에 있는 때에는 채권자는 변제를 받을 때까지 그 채무자에 대한 상행위로 인하여 자기가 점유하고 있는 채무자 소유의 물건 또는 유가증권을 유치할 수 있다.」라고 규정하여 상사유치권을 인정하는 한편 같은 조 단서에서 「그러나 당사자 간에 다른 약정이 있으면 그러하지 아니하다.」라고 규정하여 상사유치권을 특약으로 배제할 수 있게 하였다. 이러한 상사유치권 배제의 특약은 묵시적 약정에 의해서도 가능하다 …"라고 판시하였다.

Ⅲ. '시간적 순위의 원칙'과 상사유치권의 대상적격 및 대상범위 제한

민사유치권의 경우에는 목적물과 피담보채권 사이의 견련관계를 요하므로, 그 피담보채권은 목적물의 가치 증가에 기여하는 공익비용의 성질을 가질 뿐만 아니라 그 채권액도 일정한 범위로 제한된다. 민사유치권의 이러한 특성 때문에 부동산 민사유치권에 관하여는 시간적 순위의 원칙[2)]을 적용하지 않고(민집 §91⑤, 인수주의 채택) 완화된 공시

2) 우리 법제는 물권(특히 제한물권) 상호간의 효력 순위에 관하여 '시간에서 앞선 사람은 권리에서도 앞선다.'('Prior tempore, potior iure.' 또는 'First in time, first in right.')는 시간적 순위의 원칙을 채택하고 있다.

그러나 **민사유치권**에 관하여는 위 원칙이 적용되지 않는다. 예컨대, '저당권설정 ⇨ 민사유치권 성립 ⇨ 경매개시 ⇨ 대금납부' 등이 순차로 이루어진 경우, 민사유치권은 소멸하지 않으므로, 매수인은 유치권자에 대하여 인도명령신청 · 인도청구 등을 할 수 없고, 저당권자는 유치권부존재확인청구를 할 수 없다.

방법인 점유[3]를 요구하고 있다(민 §320①). 민사유치권에 관하여 시간적 순위의 원칙을 적용하지 않는다는 것은 민사유치권에 대하여 그 성립 시기를 불문하고 인수되는 것으로 보아 사실상의 최우선순위를 인정한다는 것인데, 이는 배당절차에서 공익비용인 집행비용에 대하여 법률상의 최우선순위를 인정하는 것(민집 §53①)과 같은 취지이다.

그러나 상사유치권의 경우에는 목적물과 피담보채권 사이의 견련관계를 요하지 않으므로 그 피담보채권은 공익비용의 성질이 없을 뿐만 아니라 그 채권액도 무한정 확장될 수 있다. 상사유치권의 이러한 특성 때문에 부동산 유치권에 관하여 등기를 요하지 않는 현행법 하에서 제3자가 목적물에 대하여 이미 확보한 권리 또는 법적 이익이 부당하게 침탈되지 않도록 하기 위하여, 판례는 ① 시간적 순위의 원칙을 적용하고 ② 상행위의 개념을 제한적으로 해석하고 있다.

대법원 2013. 2. 28. 선고 2010다57350 판결(제③판결, 담보권설정 · 처분제한 후 취득론)은 상사유치권에 관하여 위 '① 시간적 순위의 원칙'을 적용하는 근거를, ㉮ 상사유치권의 대상이 되는 목적물을 '채무자 소유'의 물건에 한정하는 상법 제58조의 문언 및 ㉯ 상사유치권의 대상이 되는 담보가치를 '채무자 소유' 물건의 잔여 담보가치에 한정되는 것으로 보아야 한다는 위 제58조의 해석론에서 찾고 있다. 즉, 상사유치권은 그 성립 시점에 채무자가 소유하는 물건만 대상으로 해야 할 뿐만 아니라(상사유치권의 '대상적격' 제한), 그 성립 시점에 채무자가 그 물건에 대하여 보유하고 있는 담보가치만을 대상으로 한다는 것이다(상사유치권의 '대상범위' 제한).

이와 달리 **상사유치권**에 관하여는 위 원칙이 적용된다(대판 2013. 2. 28. 2010다57350). 예컨대, '저당권설정 ⇨ 상사유치권 성립 ⇨ 경매개시 ⇨ 대금납부' 등이 순차로 이루어진 경우, 상사유치권은 소멸하므로, 매수인은 유치권자에 대하여 인도명령신청 · 인도청구 등을 할 수 있고, 저당권자는 유치권부존재확인청구를 할 수 있다.

3) 우리 법제는, 물권은 배타성 및 우선적 효력을 가지므로 거래안전을 보호하기 위하여 물권의 존재 또는 변동을 제3자가 알 수 있도록 공시하여야 한다(즉, 공시방법을 갖추어야 한다)는 공시의 원칙을 채택하고 있다. 민법은 공시의 원칙을 관철하기 위한 방법으로서, 법률행위로 인한 부동산의 물권변동은 **공시방법(등기)**을 갖추어야 효력이 생긴다는 성립요건주의(형식주의)를 취하고 있다(민 §186, 188 이하). 부동산등기법은 부동산 중 토지 · 건물에 관한 물권변동은 토지등기부와 건물등기부에 등기하는 방법으로 공시하도록 하고 있다(부등 §14①).

첫째, 목적물이 채무자의 소유이어야 한다는 것은 상사유치권의 성립요건이다. 따라서 甲이 乙에 대한 상행위로 인하여 점유를 취득하고 乙과의 상행위로 인하여 채권을 취득하였다 하더라도 그 물건의 소유자가 丙이라면 甲은 상사유치권을 취득할 수 없다. 그러나 '채무자 소유'의 요건은 상사유치권의 존속요건은 아니다. 따라서 甲이 乙 소유의 물건에 대하여 점유 및 채권을 취득한 후에 丙이 乙로부터 그 물건의 소유권을 이전받았다 하더라도 甲의 상사유치권은 소멸하지 않는다(즉, 甲은 丙에게 유치권으로 대항할 수 있다).[4)]

둘째, 위 판결은, 상사유치권이 채무자 소유의 물건에 대하여만 성립한다는 것은, 상사유치권은 그 성립 당시 채무자가 목적물에 대하여 보유하고 있는 담보가치만을 대상으로 하는 제한물권이라는 의미를 담고 있는 것으로 보고 있다. 위 판결에 의하면, 乙 소유의 물건에 대하여 甲이 상사유치권을 취득하기 전에 이미 제3자 丁이 제한물권(담보물권 등)을 취득하거나 처분제한조치{압류(경매개시결정 · 체납처분압류) · 가압류 등}를 한 경우 甲은 상사유치권 취득 시점에 丁이 이미 확보하고 있는 담보가치를 침탈할 수 없다.[5)] 따라서 ㉮ 매수인이 대금을 납부하기 前이라면 丁은 장래의 대금납부에 따른 유치권의 소멸을 정지조건으로 하는 유치권부존재확인청구를 할 수 있고, ㉯ 매수인이 대금을 납부한 後라면 매수인은 기왕의 대금납부 시에 유치권이 확정적으로 소멸하였다는 것을 이유로 부동산을 점유하고 있는 乙에 대하여 인도명령신청 또는 인도청구 등을 할 수 있다.

---

4) 대판 2013. 2. 28. 2010다57350.

5) 대법원 2013. 2. 28. 선고 2010다57350 판결은 제한물권에 관하여만 위와 같이 판시하였으나, 이 판결의 법리는 처분제한조치에 관하여도 적용된다고 보는 것이 타당하다{이재석, "유치권의 행사를 제한하는 판례이론에 관한 提言", 사법논집(61), 법원도서관(2015), 217~220; 박양준, "부동산 상사유치권의 대항범위 제한에 관한 법리", 법과 정의 그리고 사람 : 박병대 대법관 재임기념 문집, 사법발전재단(2017), 962~963; 박양준, "부동산 상사유치권의 대항범위 제한에 관한 법리", 청연논총(12), 사법연수원(2015), 93~94 및 97}.

Ⅳ. 유치권자 및 채무자의 상인성과 상행위

1. 상인성

상사유치권이 성립하기 위해서는 유치권자와 채무자 모두 상인이어야 한다. 기존 주택을 철거한 후 공동주택을 건설하고 분양하기 위하여 설립된 지역주택조합도 일반분양의 실시와 관련하여서는 부동산의 매매를 영업으로 하는 상인이다. 그러나 유치권자와 채무자가 상인이라 하더라도 상사유치권은 다른 요건을 갖추지 못하여 성립하지 못하는 경우가 대부분이다.

[지역주택조합의 상인성] 대법원 2013. 5. 24. 선고 2012다41960 판결은, 서울 동작구 상도동 △△△ 일대에 주택 등을 철거한 후 공동주택을 건설하고 분양하는 업무를 하기 위하여 설립된 지역주택조합이 유치권주장자에 대하여 건축물인도의 소를 제기한 사안에서 "… 비영리법인이라고 하더라도 불특정 다수인을 상대로 일반분양을 실시하고 그 수익금을 조합원들의 주택 마련을 위한 재원으로 사용하는 것은 영리를 목적으로 부동산의 매매를 계속·반복적으로 하는 것에 해당하므로 원고는 일반분양의 실시와 관련하여 부동산의 매매를 영업으로 하는 상인이라고 보아야 한다. 따라서 원심이 원고를 상인이라고 할 수 없다는 이유로 피고의 상사유치권 주장을 배척한 것은 잘못 … "이라고 판시하였다.[6]

---

6) 원심(서울중앙지법 2012. 4. 13. 2010나53982)은 원고와 같은 주택조합은 주택법의 규정에 따라 많은 수의 구성원이 주택을 마련하기 위하여 결성하는 조합으로서 관할 시장이나 군수, 구청장의 인가를 받아 설립된 비영리법인이고, 조합원을 위하여 이 사건 사업부지에 아파트를 건설하여 이를 조합원에게 분양하는 것에 주된 목적이 있으며, 그 사업의 일환으로 전체 분양세대 1,500세대 중 300세대를 일반에 분양하는 것은 위 주된 목적인 조합원의 주택 마련을 위한 부수적인 활동에 불과하고, 원고를 상인이라 할 수 없다는 이유로 피고 △△중공업의 상사유치권 주장을 배척하였다.

2. 상행위

① 채무자가 채권자와 공사도급계약과 금전소비대차계약을 체결하고 그로부터 사업자금을 차용하는 등의 일련의 행위,[7] ② 채무자의 영업자금의 차용, 상업사용인의 고용, 사무소의 매수 · 임차[8] 등은 상인간의 상행위(채무자와의 지속적 내지 계속 · 반복적 거래행위)에 해당한다.

[상인간의 상행위] 서울고법 2013. 12. 12. 선고 2013나37243 판결(확정)은, 원고(△△지역주택조합)를 일반분양의 실시와 관련하여 부동산의 매매를 영업으로 하는 상인이라고 보아야 한다고 설시하면서 "… 따라서 원고가 일반분양의 실시가 포함된 사업 시행을 위하여 피고(주식회사 △△종합건설)와 도로공사 도급계약을 체결하고 피고로부터 사업자금을 차용하는 등 일련의 행위는 모두 상인간의 상행위에 해당하고, 피고는 그러한 상행위로 인한 채권을 피담보채권으로 하여 이 사건 토지에 관하여 상법 제58조에 기초한 상사유치권을 행사할 수 있다 …"라고 판시하였다.

7) 서울고법 2013. 12. 12. 2013나37243(본소, 확정). 이는 대법원 2013. 5. 24. 선고 2012다39769(본소), 39776(반소) 판결(파기 · 환송)의 환송 후 항소심이다.

8) 서울고법 2012. 9. 19. 2012나16997.

제2장 상사유치권에 특유한 불성립 · 소멸 사유

Ⅰ. 채무자 아닌 사람의 소유

상사유치권은 민사유치권의 성립 · 존속요건을 변경 · 완화하여 채권자 보호를 강화함으로써 계속적 신용거래를 원활 · 안전하게 하기 위하여 당사자 사이의 합리적인 담보설정 의사를 배경으로 하여 추인된 법정담보물권으로, 민사유치권과 달리 목적물과 피담보채권 사이의 견련관계를 요구하지 않는 대신 유치권의 대상이 되는 물건을 '채무자 소유의 물건'으로 한정하고 있다.[9] 따라서 목적물이 채무자의 소유가 아닌 경우에는 상사유치권이 성립할 수 없다.

[채무자 소유물로 한정한 취지] 대법원 2013. 2. 28. 선고 2010다57350 판결은 "… ① 상사유치권은 민사유치권과 달리 그 피담보채권이 '목적물에 관하여' 생긴 것일 필요는 없지만 유치권의 대상이 되는 물건은 '채무자 소유'일 것으로 제한되어 있다(상법 제58조, 민법 제320조 제1항 참조). 이와 같이 상사유치권의 대상이 되는 목적물을 '채무자 소유의 물건'에 한정하는 취지는, 상사유치권의 경우에는 목적물과 피담보채권 사이의 견련관계가 완화됨으로써 피담보채권이 목적물에 대한 공익비용적 성질을 가지지 않아도 되므로 피담보채권이 유치권자와 채무자 사이에 발생하는 모든 상사채권으로 무한정 확장될 수 있고, 그로 인하여 이미 제3자가 목적물에 관하여 확보한 권리를 침해할 우려가 있어 상사유치권의 성립범위 또는 상사유치권으로 대항할 수 있는 범위를 제한한 것으로 볼 수 있다. ② 즉, 상사유치권이 채무자 소유의 물건에 대해서만 성립한다는 것은, 상사유치권은 그 성립 당시 채무자가 목적물에 대하여 보유하고 있는 담보가치만을 대상으로 하는 제한물권이라는 의미를 담고 있다 할 것이고, 따라서 유치권 성립 당시에 이미 그 목적물에 대하여 제3자가 권리자인 제한물권이 설정되어 있다면, 상

---

9) 대판 2013. 5. 24. 2012다39769 · 39776, 대판 2013. 5. 24. 2012다40530 · 40547.

사유치권은 그와 같이 제한된 채무자의 소유권에 기초하여 성립할 뿐이고, 기존의 제한물권이 확보하고 있는 담보가치를 사후적으로 침탈하지는 못한다고 보아야 한다. ③ 그러므로 채무자 소유의 부동산에 관하여 이미 선행(先行) 저당권이 설정되어 있는 상태에서 채권자의 상사유치권이 성립한 경우, 상사유치권자는 채무자 및 그 이후 그 채무자로부터 부동산을 양수하거나 제한물권을 설정받는 자에 대해서는 대항할 수 있지만, 선행 저당권자 또는 선행 저당권에 기한 임의경매절차에서 부동산을 취득한 매수인에 대한 관계에서는 그 상사유치권으로 대항할 수 없다 …"라고 판시하였다.[10)]

[채무자(신탁자) 아닌 수탁자 소유물에 관한 상사유치권의 성립 부정]
부산지방법원 2012. 7. 23.자 선고 2012라228 결정

1. 사안개요

가. 甲1은 부산 해운대구 중동 △△△ X1토지 및 그 지상의 Y1건물(지상 4층), 그에 연접한 X2토지 및 그 지상의 Y2건물(지상 5층)에 관하여 2005. 3. 17. 및 같은 해 4. 25. 甲2에게 신탁등기를 하였다.

나. 甲1(신탁자 · 도급인)은 A(수급인)와 X1토지 · X2토지에 주상복합단지를 신축하기로 하는 도급계약을 2006. 6. 30. 체결하였다. 그러나 이 주상복합단지는 착공조차 되지 않았다.

다. 甲1(신탁자 · 도급인)은 A(수급인)와 X1토지에 모델하우스를 신축하기로 하는 도급계약을 공사대금 11억 원에 체결하였고, A는 2007. 9.경 모델하우스 건축을 완료하였다.

라. 그 후 2010. 10. 13. X1토지 · Y1건물 및 X2토지 · Y2건물에 관한 임의경매개시결정등기가 이루어졌다.

마. 감정평가서(2010. 10. 23.), 현황조사보고서(2010. 11. 30.), 매각물건명세서(2011. 7. 22.)에 의하면, ① 모델하우스는 X1 지상에 임시로 설치된 가설건축물이고, ② Y2건물은 지상층 1~5층 대부분이 철거되었으며, 그 지하층은 철거하다가 중단되었고, 그 상태로 그 건물 구조물이 방치되었으며, ③ Y1건물 역시 일부 층이 철거된 상태로 내부에는 폐기물 등이 버려져 있었다.

바. 또한 감정평가서와 매각물건명세서에 의하면, Y1건물 · Y2건물 · 모델하우스에는 상시 관리하는 사람도 없고, 유치권 행사에 관한 공고문 · 현수막 등이 설치되어 있지 않았으며, 전입신고 · 사업자등록을 한 사람도 없었다.

사. 매수인 甲3은 2011. 6. 16. 대금을 납부함으로써 X1토지 · Y1건물 및 그 지상에 건립된 모델하우

---

10) 또한 대법원 2013. 2. 28. 선고 2010다57299 판결, 대법원 2013. 2. 28. 선고 2010다67678 판결, 대법원 2013. 3. 28. 선고 2012다94285 판결 등도 동일한 취지의 판시를 하였다.

스의 소유권을 취득하였고, 그 후 甲1에게 모델하우스에 설치된 집기 등의 수거를 요청하였으며, A에게도 그 취지를 전하였다.

아. A는 2011. 6. 30. 모델하우스에 관한 공사대금채권(12억여 원)을 확보하기 위해 유치권신고를 하고, '2009. 3. 25.부터 모델하우스에 관하여 유치권을 행사하고 있다'는 취지의 공고문을 부착하고 현수막을 설치하였으며, 출입문을 봉쇄하고 그 직원으로 하여금 상주하여 관리하게 하고, 무인경비시스템 용역계약을 체결하였다.[11)]

자. 또한 A는 2011. 6. 30.경 Y2건물에 관하여 그 출입구를 봉쇄하고, 유치권 행사 중이라는 취지의 공고문 부착 및 현수막 설치 등을 하였다.

차. 매수인 甲4는 2011. 12. 15. 대금을 납부함으로써 X2토지 · Y2건물의 소유권을 취득하였고, 그 후 A에 대하여 X2토지 · Y2건물에 관한 인도명령신청을 하자 A가 유치권의 항변을 하였다.

2. 판시내용

제1심은 X2토지 · Y2건물을 인도하라는 결정을 하였고(A 즉시항고), 항고심은 아래와 같은 이유로 즉시항고를 기각하였다.

첫째, 모델하우스 공사대금채권을 피담보채권으로 하는 상사유치권의 항변에 대하여는, ① A가 주장하는 상사유치권이 성립하기 위해서는 그 물건이 채무자 甲1의 소유이어야 하는데, X2토지 · Y2건물은 대내외적으로 완전히 수탁자 甲2의 소유인 점, ② A가 주장하는 상사유치권이 성립하기 위해서는 A가 상행위로 인하여 점유하여야 하는데, 이를 인정할 아무런 증거가 없는 점 등을 이유로 그 항변을 배척하였다.

둘째, 설사 A가 모델하우스 공사대금채권을 확보하기 위하여 민사유치권을 주장한다 하더라도, ③ X2토지 · Y2건물은 모델하우스 공사대금채권과 견련관계가 없고, ④ X2토지 · Y2건물에 관한 점유를 경매개시결정등기 후에 취득한 점 등을 이유로 A의 항변은 이유 없다고 배척하였다.

---

11) 모델하우스에 관하여는 전기공급계약이 경매개시결정등기 전에(2010. 4. 29.), 무인경비시스템 용역계약이 경매개시결정등기 후에(2010. 10. 30.) 각 해지되었다.

Ⅱ. 채무자에 대한 상행위에 의하지 않은 점유

— 건물 신축공사 수급인의 건물 부지 점유

상법 제58조의 규정에 의하면 상사유치권자는 채무자에 대한 '상행위로 인하여' 목적물을 점유하고 있어야 한다. 채무자에 대한 **상행위가 아닌 다른 원인으로 점유**를 취득한 경우에는 상사유치권이 성립하지 않는다. 하급심 판례 중에는 채무자에 대한 **상행위를 직접적인 원인으로 하지 않고 점유**를 취득한 경우(상행위를 직접적인 원인으로 점유를 취득하였다고 볼 수 없는 경우)에도 상사유치권이 성립하지 않는다고 본 것이 있다.

[상행위가 아닌 다른 원인으로 점유한 경우] 대법원 2013. 2. 28. 선고 2011다73588, 2011다73595 판결과 대법원 2013. 5. 24. 선고 2012다40530, 2012다40547 판결은 "… 상사유치권은 상인인 채권자가 상인간의 상행위로 인하여 채무자 소유의 물건을 점유하고 있는 경우에 성립하는 것이므로, 채권자가 상행위가 아닌 다른 원인으로 목적물의 점유를 취득한 경우에는 상사유치권이 성립할 수 없다 …"라고 판시하였다.

대법원 2008. 5. 30.자 2007마98 결정, 대구지법 2014. 2. 26.자 2014라103 결정은 유치권주장자가 건물의 신축공사가 경매로 중단된 후에 공사현장을 점거하면서 타인의 지배를 배제하고 토지에 대한 점유를 개시한 경우 유치권주장자는 토지소유자와의 '토지에 관한 상행위'를 원인으로 이 사건 토지에 대한 점유를 취득하였다고 볼 수 없다고 판시하였다.

[상행위를 직접적인 원인으로 점유하였다고 볼 수 없는 경우] 대법원 2013. 5. 24. 선고 2012다40530, 2012다40547 판결은 "… 피고 대명은 원고와 사이에 이 사건 아파트 공사계약을 체결하고 그 아파트 신축공사에 필요한 이 사건 가설건축물[12)]을 설치하면서 그 부지인 이 사건 토지를 점유하게 되었을 뿐, 이 사건 아파트 공사계약을 직접적인 원인으로 이 사건 토지를 점유하였다고 볼 수 없으므로 피고 대명은 이 사건 토지에 대한 상사유치권을 취득하였다고 할 수 없다 …"라고 판시하였다.

대법원 2013. 5. 24. 선고 2012다108078 판결은 "… 피고는 현진과 사이에 이 사건 토지 지상 아파트 신축공사의 골조 및 견출공사에 관한 하도급계약을 체결하고, 그 하도급공사를 위하여 부지인 이 사건 토지를 점유하게 되었을 뿐, 위 하도급계약을 직접적인 원인으로 이 사건 토지를 점유하였다고 볼 수 없으므로 이 사건 토지에 대한 피고의 상사유치권은 성립하지 않는다. 또한 위 하도급계약과 관련된

12) 현장사무실 및 안전교육장으로 사용하기 위한 건축물이다.

채권은 이 사건 토지에 관하여 발생한 것이 아니라 이 사건 건물의 신축과 관련하여 발생한 것이므로 피고가 이를 피담보채권으로 하여 이 사건 토지에 대한 민사유치권을 행사할 수도 없다 …"라고 판시하였다. 요컨대, 상행위(하도급계약)를 직접적인 원인으로 점유를 취득한 것이 아니므로 상사유치권이 성립할 수 없고, 목적물과 채권의 견련관계가 없으므로 민사유치권이 성립할 수 없다는 것이다.

대법원 2008. 12. 24. 선고 2007다52706, 52713 판결도 "… 피고 현대건설은 피고 하운산업과의 이 사건 건물 신축공사도급계약에 의해 발생된 공사완성의무를 이행하기 위하여 대지를 점유한 것일 뿐 위 도급계약을 직접적인 원인으로 한 것이 아니었으므로 피고 현대건설이 이 사건 대지에 관하여 상사유치권을 취득하였다고 할 수 없다 …"라고 판시하였다.

대구고법 2011. 7. 20. 선고 2011나819 판결은, 수급인이 아파트 철거공사에 관한 도급계약을 체결하고 아파트를 철거하기 위하여 토지를 출입하다가 철거공사대금을 지급받지 못하게 되자 토지를 점유한 사안에서, 도급계약을 직접적인 원인으로 토지에 대한 점유를 취득한 것이라고 보기 어렵다는 이유로 수급인이 토지에 관하여 상사유치권을 행사할 수 없다고 판시하였다.

수원지법 성남지원 2009. 5. 27. 선고 2008가단3496 판결은, 피고가 주상복합아파트에 관하여 관리용역계약, 인테리어공사계약 및 시설설치계약을 체결하고 공사를 하였으나 용역비 및 공사대금을 지급받지 못하게 되자 이들 채권을 회수하기 위하여 이 사건 부동산을 점유한 사안에서, 상사유치권이 성립하기 위해서는 최소한 영업을 통하여 점유할 것이 요구되는데 피고가 자신의 영업과 관련하여 점유하였다고 볼 수 없다(점유가 불법적으로 개시되었다)는 이유로 상사유치권의 항변을 배척하였다.

Ⅲ. 채무자와의 상행위에 의하지 않은 채권
— 상가건물 임대차보증금채권 등

영업을 위하여 부동산을 임차하여 점유하고 보증금반환채권을 취득한 경우 그 보증금반환채권은 상사유치권의 피담보채권이 될 수 없다. 통상 임대인과 임차인 간에는 임대차계약 내지 임대차관계가 있을 뿐이고, 이는 지속적인 거래행위 내지 거래관계에 해당하지 않기 때문이다.

[상행위에 의하지 않은 점유 및 채권]

서울고법 2012. 1. 11. 선고 2010나68871 판결

1. 사안개요

가. 부천시 오정구 △△△ 대 646.8㎡ 및 위 지상 근린생활시설(이하 '이 사건 부동산'이라고 함)의 소유자로서 1999. 8. 2.부터 아크릴합성수지 관련 사업을 하고 있는 채무자는 2007. 1. 10. 원고에게 이 사건 부동산에 관하여 채권최고액을 1,755,000,000원으로 하는 근저당권설정등기를 마쳐주었다.

나. 피고는 아크릴 제조 및 가공업 등을 하는 회사로서 2007. 7. 13.경 채무자로부터 이 사건 부동산 중 일부를 임대차보증금 30,000,000원, 임대기간 2007. 7. 13.부터 2009. 7. 12.로 정하여 임차하였다.

다. 부천시는 2007. 11. 14. 이 사건 부동산에 관하여 체납처분압류등기를 마쳤다.

라. 피고는 2007. 11. 26. 채무자로부터 이 사건 부동산 중 다른 일부를 임대차보증금 400,000,000원, 임대기간 2007. 11. 27.부터 2009. 11. 26.로 정하여 임차하였다.

마. 원고는 위 근저당권에 기하여 이 사건 부동산에 관하여 임의경매를 신청하여 2008. 2. 20. 임의경매개시결정을 받아 같은 날 그 등기가 마쳐졌다.

바. 피고는 집행법원에 이 사건 부동산 중 일부에 관하여 400,000,000원과 30,000,000원의 각 임대차보증금반환채권을 피담보채권으로 하여 유치권신고를 하였다.

사. 원고는 피고에 대하여 유치권부존재확인의 소를 제기하였다.

아. 원고는 ① 피고의 채무자에 대한 400,000,000원과 30,000,000원의 각 임대차보증금반환채권은 이 사건 부동산과 견련관계에 있지 않으므로 민사유치권의 피담보채권이 될 수 없다, ② 채무자는 상인이 아니므로 위 임대차보증금반환채권에 기한 상사유치권도 성립할 수 없다고 주장하였다.

자. 피고는 채무자에 대하여 임대차보증금반환채권을 가지고 있는 상태에서, 임차 시부터 현재까지 가동 및 나동 건물을 점유하고 있으므로 민사유치권 및 상사유치권을 적법하게 취득하였다고 주장하였다.

2. 판시요지

가. 서설

항소심은 원고의 청구를 인용하여 이 사건 부동산에 관한 피고의 유치권은 존재하지 않는다고 판

시하였다. 판시요지는 아래와 같다. 이에 대하여 피고가 상고하였으나 기각되었다(대판 2013. 6. 13. 2012다25753).

나. 민사유치권 불성립

임대차보증금반환채권은 이 사건 부동산에 '관하여' 생긴 채권이라고 볼 수 없으므로, 이를 피담보채권으로 하는 민사유치권은 존재하지 않는다.

다. 상사유치권 불성립

(1) '상인간의 상행위로 인한 채권 및 상대방에 대한 상행위로 인한 점유' 아님

임차인이 영업활동을 위해 부동산을 임차하여 점유하고 보증금반환채권을 취득하게 되었다고 하더라도 이를 상사유치권이 성립하기 위한 요건으로서의 '상인간의 상행위로 인한 채권 및 상대방에 대한 상행위로 인한 점유'라고 볼 수는 없다.[13] 상사유치권은 상인간의 지속적 거래행위에서 발생하는 채권을 담보하기 위한 것인데, 영업을 위한 보조적 상행위로 부동산을 임차하는 경우 통상 임차인의 영업 상대방은 제3자이고 임대인과 임차인 사이에 지속적 거래관계가 예정되지는 않기 때문이다.

(2) 상가건물 임대차보증금에 관하여 별도의 보호 방안이 마련되어 있음

상가건물 임대차보증금의 경우 상가임대차보호법을 통한 보호 방안이 별도로 마련되어 있는 점에 비추어 이와 별도로 저당권자의 이익을 해하면서까지 상사유치권이 성립된다는 것이 입법자의 의도라고 보기 어렵다. 즉, 민사집행법 제91조 제3항에 의하면, 선행 압류 또는 선행 저당권이 있는 상태에서 취득된 임차권은 그 임차권이 등기된 것(또는 주택임대차보호법이나 상가건물 임대차보호법에 의해 등기된 임차권과 같이 대항력을 갖춘 것)이라 하더라도 매각으로 인하여 소멸하도록 규정되어 있다. 그런데 선행 압류 또는 선행 저당권이 설정된 상태의 부동산에 관하여 위 압류 또는 저당권설정 후의 임대차계약에 기한 상사유치권을 인정할 경우, 결국 목적 부동산에 관하여 등기 또는 관련 법령에 의해서도 인정되지 않는 임대차의 대항력을 당사자 사이의 임대차계약에 의해 인정하는 부당한 결과가 된다. 따라서 이러한 경우 상인간의 임대차계약에 기한 점유로 인한 상사유치권은 성립될 수 없다고 봄이 상당

---

13) 서울서부지법 2008. 8. 29. 선고 2007가합859 판결도 동일한 취지의 판시를 하였다{이에 대하여 피고가 항소 및 상고하였으나 모두 기각되었다(서울고법 2009. 4. 1. 2008나84597, 대판 2009. 6. 25. 2009다30212)}. 또한 대구고법 2011. 2. 9. 선고 2010나5893 판결도 동일한 취지의 판시를 하였다.

하다.[14)]

또한 임대차계약에서 임차인은 임대차기간이 만료된 경우 임대차보증금을 반환받음과 동시에 임대차 목적물을 임대인에게 반환하겠다고 약정한 것이므로, 위 반환약정에는 유치권은 포기한다는 묵시의 약정도 포함되어 있다고도 보아야 한다.

Ⅳ. 담보권설정등기 · 처분제한등기 후에 상사유치권을 취득한 경우

— 담보권설정 · 처분제한 후 취득론

우리 법제는 민사유치권과 달리 상사유치권에 관하여는, '피담보채권'이 ① 목적물에 관하여 생길 것을 요건으로 하지 않는 대신, ② 채무자와의 상행위에 의하여 발생할 것을 요건으로 하고, '목적물'이 ③ 채무자의 소유일 것과 ④ 채무자에 대한 상행위에 의하여 점유할 것을 그 요건으로 하고 있다(상 §58, 민 §320① 참조). 상사유치권의 경우에는, 한편으로는 피담보채권을 확장하면서도(위 ①) 다른 한편으로는 피담보채권과 목적물의 소유자 및 점유원인을 제한함으로써(위 ②③④) 그 성립범위를 합리적으로 조정하고 있는 것이다.

대법원 2013. 2. 28. 선고 2010다57350 판결(제③판결, 담보권설정 · 처분제한 후 취득론)은, 위 ③과 같이 채무자 소유의 물건에 대해서만 상사유치권의 성립을 인정하는 것은 상사유치권이 선행 '제한물권'의 담보가치를 사후적으로 침탈하지 못한다는 의미를 내포한다고 전제하고, 저당권설정등기 후 상사유치권이 성립한 경우 상사유치권은 선행 저당권자에게 대항할 수 없고, (저당권자에게 대항할 수 없어 매각으로 소멸하며 그 결과) 매

14) 또한 대구고법 2011. 2. 9. 선고 2010나5893 판결도 근저당권설정 후에 임대차계약이 체결된 경우에 관하여 위와 동일한 취지의 판시를 하면서 이에 추가하여 "… 특히 상사유치권의 경우 상인간의 상행위로 인한 채권은 모두 그 피담보채권이 될 수 있어 그로 인해 선행 저당권자가 입는 손해의 규모조차 예측할 수 없게 될 것이므로, 임대차보증금반환채권을 피담보채권으로 하는 상사유치권을 인정할 것인지 여부는 매우 엄격하게 해석하여야 할 것이다 …"라고 설시하였다.

수인에게 대항할 수 없다고 판시하고 있다.

생각건대, 상사유치권이 침탈할 수 없는 선행 '제한물권'의 담보가치에는 담보권[15]의 담보가치는 물론 처분제한조치[16]의 담보가치도 포함된다고 보는 것이 타당하다.[17] 이렇게 본다면 상사유치권은 지상권 · 지역권 등(민집 §91③④)의 경우와 마찬가지로 처분제한등기 · 담보권등기 전에 성립한 유치권은 인수하고 그 후에 성립한 유치권은 소멸하게 된다.

[매수인의 인도명령신청(인용)] 창원지법 2013. 3. 18.자 2012라385 결정은, 휴대전화 가공업을 위한 공장건물에 관하여 '저당권설정등기 ⇨ 유익비상환청구권 및 점유 취득 ⇨ 임의경매개시 ⇨ 매수인의 대금납부 ⇨ 인도명령신청' 등이 순차로 이루어진 사안에서, 대법원 2013. 2. 28. 선고 2010다57350 판결의 취지에 따라 매수인의 인도명령신청을 인용하였다(상사유치권의 항변 배척).

---

15) 금전채권의 담보를 위한 담보권을 말한다. 일반저당권, 근저당권, 가등기담보권(담보가등기), 전세권(말소되는 경우에 한함)이 이에 해당한다.

16) 금전채권의 집행보전 또는 집행을 위한 처분제한조치를 말한다. 경매개시결정(압류), 체납처분압류, 참가압류(체납처분압류등기가 말소된 경우에 한함), 가압류(말소되는 경우에 한함)가 이에 해당한다.

17) 왜냐하면 「압류등기(경매개시결정등기 : 甲1) ⇨ 처분행위 ⇨ 매각」 또는 「가압류등기(甲2) ⇨ 처분행위 ⇨ 압류등기(경매개시결정등기 : 甲3) ⇨ 매각」 등이 순차로 이루어진 경우, 판례 및 실무례는 압류채권자(甲1) 또는 가압류채권자(甲2)에 대하여 배당관계상 일반채권자보다 유리하거나 담보채권자와 대등한 지위를 인정하고 있기 때문이다.

첫째, (가)압류 후의 처분행위(저촉처분)가 부동산 전체에 관한 **소유권양도**인 경우, (가)압류채권자에 대한 관계에서는 (가)압류의 청구금액에 상당하는 부분에 관한 한, 그 양도행위가 무효가 되고 그 결과 여전히 채무자의 책임재산이 된다. 이 경우 (가)압류채권자는 채무자에 대하여 우선변제권 있는 채권자는 없고 우선변제권 없는 일반채권자(단순한 집행권원채권자)만 있는 때에는 양도가 무효인 부분의 교환가치(배당재단)에서 독점적으로 배당을 받는 등 일반채권자보다 압도적으로 우월한 지위를 인정받고 있다{이재석, "가압류의 처분금지적 효력이 배당관계에 미치는 영향", 사법논집(53), 법원도서관(2011), 400~406 참조}.

둘째, (가)압류 후의 처분행위(저촉처분)가 부동산 전체에 관한 **근저당권설정**인 경우, (가)압류채권자에 대한 관계에서는 (가)압류의 청구금액이 부동산의 교환가치를 초과하는지 여부를 불문하고 그 설정행위가 그 부동산(배당재단) 전체에 관하여 무효가 되며, 그 부동산(배당재단) 전체는 여전히 모든 사람에 대한 관계에서 채무자의 책임재산이 된다. 위의 경우, 우선변제권 없는 일반채권자가 없는 때에는 (가)압류의 청구금액과 근저당권의 피담보채권에 비례하여 평등하게 배당(안분배당)을 하고, 우선변제권 없는 일반채권자가 있는 때에는 먼저 안분배당을 한 다음 일반채권자에 대한 안분액을 근저당권자가 흡수하도록 하는 배당(안분후흡수배당)을 한다. 즉, (가)압류채권자는 근저당권자와 대등하게 또는 일반채권자보다 유리하게 배당을 받을 수 있는 것이다{이재석, "가압류의 처분금지적 효력이 배당관계에 미치는 영향", 사법논집(53), 법원도서관(2011), 435~439 참조}.

[근저당권자의 유치권부존재확인청구(인용)]
대법원 2013. 3. 28. 선고 2012다94285 판결

1. 사안개요

가. 甲은 乙로부터 대출받으면서 2009. 9. 2. 乙에게 甲 소유의 안성시 대덕면 신령리 △△△ 소재 공장용지 4,359㎡ 및 그 지상의 4층 공장건물(이하 '이 사건 부동산'이라고 함)에 관하여 乙에게 채권최고액 22억 원의 근저당권설정등기를 마쳐주었다(근저당권설정등기).

나. 피고는 김해시 상동면 우계리 △△△에 있는 공장(이하 '김해 공장'이라고 함)에서 냉각탑 등의 제조를 영업으로 하는 상인으로서 이 사건 부동산에 관한 경매개시결정등기 전인 2010. 1. 25. 甲으로부터 이 사건 부동산 중 1층 공장 전부(이하 '이 사건 공장'이라고 함)를 임차보증금 30,000,000원(그 지급은 피고의 甲에 대한 물품대금채권 중 같은 금액 상당을 피고가 甲으로부터 지급받은 것으로 갈음하였다), 임차기간 2010. 1. 29.부터 2011. 1. 29.까지로 정하여 임차하고 그 무렵 이 사건 공장을 인도받았다(피고=임차인의 점유).

다. 피고는 이 사건 공장을 인도받은 이래 이 사건 공장에서 냉각탑 등을 생산하면서 이 사건 공장을 점유하여 오고 있고, 김해 공장도 순차적으로 모두 정리하고 이 사건 공장으로 피고의 공장을 이전하였으며, 2010. 2. 3. 평택세무서장으로부터 위 임대차계약의 계약서에 확정일자를 받았고 같은 날 평택세무서장으로부터 이 사건 공장 소재지를 사업장 소재지로 하는 피고 명의의 사업자등록증도 교부받았다.

라. 피고는 甲으로부터, 2009. 1. 1.부터 2009. 12. 31.까지 공급한 FRP 커버 등의 물품대금(146,759,735원) 및 2010. 1. 1.부터 2010. 5. 31.까지 공급한 냉각탑, 냉각탑 커버, 직교류 냉각탑 케이싱 및 부품 등의 물품대금(110,710,000원)을 지급받지 못하였다(피고의 물품대금채권 발생).

마. 이후 甲이 위 대출금을 제대로 변제하지 않자 乙은 위 근저당권에 기해 이 사건 부동산에 관한 임의경매신청을 하여 2010. 5. 17. 수원지방법원 평택지원 2010타경5944호로 임의경매개시결정을 받았고 같은 날 그 기입등기가 마쳐졌다(경매개시결정등기).

바. 피고는 2010. 7. 26. 위 경매절차에서 피담보채권을 금 257,469,000원으로 하여 상사유치권을 신고하였다.

사. 원고는 그 후 乙로부터 위 근저당권과 그 피담보채권 일체를 양수하면서 2010. 10. 22. 위 경매법원에 채권자 변경신고를 하였다(원고의 근저당권 및 그 피담보채권 양수).

아. 원고는 피고를 상대로 유치권부존재확인의 소를 제기하였다.

자. 원고는 피고가 신고한 상사유치권은, 그 피담보채권이 존재하지 않고 피고가 甲과 체결하였다는

임대차계약은 그 실질이 없는 형식적인 것에 불과하며 피고가 이 사건 부동산을 점유하고 있지도 않고 상행위로 인하여 점유를 취득한 것도 아니므로 성립요건을 충족하지 못하였다고 주장하였다.

2. 항소심 판시요지 : 신의칙 위반론의 적용요건 불비

가. 서설

수원지법 평택지원 2012. 1. 13. 선고 2011가합4133 판결은 원고의 청구를 기각하였으며(원고 항소), 서울고법 2012. 9. 19. 선고 2012나16997 판결도 원고의 항소를 기각하였다(원고 상고).

항소심 판결은 피담보채권의 존재와 피고의 점유를 인정하면서, 이 사건 공장을 점유하게 된 원인(임차행위)의 상행위 해당 여부 및 유치권 주장의 신의칙 위반 여부에 관하여 아래와 같이 판시하였다.

나. 상행위로 인한 점유 여부

상인이 영업을 위하여 하는 행위는 보조적 상행위로서 상행위라 할 것이고, 예컨대 영업자금의 차입이나 상업사용인의 고용 및 사무소의 구입, 임차 등이 이에 해당한다 할 것인데, 위에서 본 바와 같이 냉각탑 등의 제조를 영업으로 하는 피고가 이 사건 공장을 임차하여 냉각탑 등을 제조하여 왔으므로, 피고의 위 임차행위는 영업을 위하여 하는 보조적 상행위에 해당한다 할 것이므로 피고는 한국공조기계에 대한 상행위로 인하여 이 사건 공장의 점유를 취득하였다 할 것이다.

원고는 피고가 甲에 대한 상행위로 인하여 점유를 취득한 것이 아니라 단순히 채권확보를 목적으로 甲과 형식적인 임대차계약을 체결한 것이므로 상사유치권이 성립하지 않는다는 주장을 하였으나, 이를 아래와 같은 이유로 배척하였다.

첫째, 이 주장이 피고의 위 임차행위가 허위표시에 의한 가장 행위라는 취지라면 위에서 본 사실관계에 나타난 임차행위의 실질에 비추어 받아들일 수 없다.

둘째, 임차행위에 채권확보의 목적(위 물품대금채권을 변제받으려는 목적)이 있으므로 상사유치권이 성립하지 않는다는 취지라면, 상인이 영업을 위하여 하는 행위는 상행위로 보는 것이고(상법 제47조 제1항), 상인의 행위는 영업을 위하여 하는 것으로 추정하는 것이므로(같은 조 제2항), 영업을 위하여 하는 것인지 여부가 불분명한 상인의 행위는 영업을 위하여 하는 것으로 추정되고 그와 같은 추정을 번복하기 위해서는 그와 다른 반대사실을 주장하는 자가 이를 증명할 책임이 있게 되는바, 피고의 위 임차행위의 실질에 한국공조기계에 대한 채권을 확보할 목적이 포함되어 있었다는 사정만으로는 위 추정이 번복된다고 볼 수 없으므로 이유 없다.

따라서 피고는, 쌍방적 상행위로 인한 자신의 甲에 대한 물품대금채권이 변제기에 있고 또한 甲에 대한 상행위로 인하여 甲 소유의 이 사건 공장을 점유하고 있으므로 이에 관하여 상사유치권을 취득한다.

다. 신의칙 위반 여부

항소심은 대법원 2011. 12. 22. 선고 2011다84298 판결의 법리를 제시하면서, 피고가 임차 이래 기존의 김해 공장을 이전하여 실제로 이 사건 공장에서 냉각탑 등을 제조하며 영업을 하여 오고 있는 점 등에 비추어 볼 때, 피고가 임차할 당시 근저당권자인 乙이 곧 이 사건 부동산에 관하여 경매신청을 하리라는 사정이나 자신의 유치권의 성립에 의하여 乙이 채권 만족상의 불이익을 입으리라는 것을 잘 알고 있음에도 회수 가능성이 희박한 자기 채권의 우선적 만족을 얻기 위하여 의도적으로 유치권의 성립요건을 충족하기 위하여 임차행위를 작출하였고 그에 기하여 이 사건 공장을 점유하였다고 보기에 부족하고, 달리 이를 인정할 증거가 없으므로, 이와 다른 전제에 선 원고의 위 주장은 이유 없다고 설시하였다.

3. 대법원 판시요지 : 담보권설정 · 처분제한 후 취득론 (상사유치권의 조건부 소멸)

대법원 2013. 3. 28. 선고 2012다94285 판결은 대법원 2013. 2. 28. 선고 2010다57350 판결의 법리를 제시하면서 "… 이 사건 공장에 대하여 피고가 주장하는 상사유치권이 성립하려면 피담보채권의 발생요건과 이 사건 공장에 대한 점유요건이 갖추어져야 하고, 또 그로써 근저당권자인 원고에게 대항하려면 상사유치권이 성립한 시점이 근저당권의 성립 시점보다 앞서야만 한다. 그런데 甲에 대한 물품대금 채권을 가지고 있는 피고가 이 사건 공장을 점유하기 시작한 것은 원고가 이 사건 부동산에 관하여 근저당권설정등기를 마친 후인 2010. 1.경이므로, 피고는 선행 저당권자인 원고에 대한 관계에서는 이 사건 공장에 관한 상사유치권으로 대항할 수 없다 …"라는 이유로 원심 판결을 파기 · 환송하였다.

4. 환송 후 항소심 판시요지 : 상사유치권 부존재 확인

서울고법 2013. 9. 5. 선고 2013나26717 판결은 대법원 2013. 2. 28. 선고 2010다57350 판결의 법리를 제시하면서 제1심 판결을 취소하고 피고의 유치권이 존재하지 않음을 확인하였다.

[유치권주장자의 유치권존재확인청구(기각)]

대법원 2013. 2. 28. 선고 2010다57350 판결(제3판결)

1. 사안개요

가. 원고는 2004. 7. 7. 대전 대덕구 송촌동 △△△ 지상에 지하 1층, 지상 5층 규모의 상가건물(이하 '이 사건 상가건물'이라고 함)의 건축주인 M회사로부터 위 상가건물 중 115호(이하 '이 사건 115호 점포'라고 함)를 136,667,000원에 분양받기로 하는 분양계약(이하 '이 사건 분양계약'이라고 함)을 체결하였다.

나. 원고는 2004. 9. 3. 이 사건 115호 점포를 사업장 소재지로 하여 부동산임대업을 위한 사업자등록을 마쳤고, 2005. 5. 30.까지 분양대금 중 약 2/3(136,667,000원 중 91,218,700원)를 납입하였다.

다. M회사는 위 상가건물의 준공검사가 마쳐진 2006. 8.경 원고에게 이 사건 115호 점포의 열쇠를 넘겨주었고, 그 때부터 원고가 이 사건 115호 점포를 사용하여 왔다(원고=수분양자의 점유 개시).

라. 이 사건 상가를 건설한 건설회사의 가압류신청에 따른 촉탁에 의하여 이 사건 상가건물 전체에 관하여 2006. 9. 5. M회사 명의로 소유권보존등기가 이루어졌다.

마. M회사는 피고(주식회사 미래저축은행)에게 이 사건 상가건물 전체에 관하여 2006. 9. 7. 매매예약을 원인으로 하는 소유권이전청구권가등기와 3건의 근저당권설정등기를 하여 주고, 피고로부터 75억 원을 대출받았다(피고 명의의 가등기 및 근저당권설정등기).

바. 피고는 M회사가 2007. 2. 9.경부터 대출금의 이자 지급을 연체함에 따라 2007. 5. 8. 이 사건 상가건물에 관하여 2007. 2. 9. 매매예약완결을 원인으로 하여 소유권이전청구권가등기에 기한 본등기를 마쳤으나, 그 후 M회사는 2007. 7. 30. 피고를 상대로 청산금소송을 제기하였고(M회사의 소유권이전등기의무 이행불능에 따른 원고의 손해배상청구권 발생), 그 소송에서 2008. 1. 3. 위 본등기를 말소하기로 하는 화해권고결정이 내려지고 그 무렵 확정되었다.[18]

사. 피고는 2008. 1. 2. 위 근저당권에 기한 부동산임의경매를 신청하여, 2008. 1. 3. 이 사건 상가건물에 관한 경매개시결정이 내려졌고(경매개시결정등기), 그 경매절차에서 피고가 이 사건 115호 점포에 관한 매각허가결정을 받은 뒤 2008. 9. 25. 매각대금을 완납함으로써 그 소유권을 취득하였다(경매를 통한 피고의 소유권 취득).[19]

아. 피고가 이 사건 115호 점포에 관한 소유권을 취득한 후 원고에게 인도를 요구하자, 원고는 피고를

18) 그러나 위 본등기(소유권이전등기)는 말소되지 않았다(2017. 2. 11.자 등기사항증명서).

19) 그러나 매각을 원인으로 한 소유권이전등기는 하지 않았다(2017. 2. 11.자 등기사항증명서).

상대로 '이 사건 115호 점포에 관하여 이 사건 분양계약의 이행불능에 따른 원고의 M회사에 대한 91,218, 700원(원고가 납부한 분양대금 상당액) 및 이에 대한 지연손해금 상당의 손해배상채권을 피담보채권으로 하는 유치권이 존재함을 확인한다.'라는 청구취지를 내세워 상법 제58조가 규정하는 상사유치권의 존재 확인을 구하는 이 사건 소송을 제기하였다.

2. 제1심 및 항소심 판시요지

제1심(대전지법 2010. 1. 15. 2009가단23181)과 항소심(대전지법 2010. 6. 16. 2010나2839)은 상사유치권의 성립을 인정하면서 원고의 유치권존재확인청구를 인용하였다.

3. 대법원 판시요지 : 담보권설정 · 처분제한 후 취득론 (상사유치권 소멸)

대법원 2013. 2. 28. 선고 2010다57350 판결(제③판결)은 '담보권설정 · 처분제한 후 취득론'을 제시하면서 원심 판결을 파기 · 환송하였다.

가. 법리설시

제③판결은 "… ① 상사유치권은 민사유치권과 달리 그 피담보채권이 '목적물에 관하여' 생긴 것일 필요는 없지만 유치권의 대상이 되는 물건은 '채무자 소유'일 것으로 제한되어 있다(상법 제58조, 민법 제320조 제1항 참조). 이와 같이 **상사유치권의 대상이 되는 목적물을 '채무자 소유의 물건'에 한정하는 취지**는, 상사유치권의 경우에는 목적물과 피담보채권 사이의 견련관계가 완화됨으로써 피담보채권이 목적물에 대한 공익비용적 성질을 가지지 않아도 되므로 피담보채권이 유치권자와 채무자 사이에 발생하는 모든 상사채권으로 무한정 확장될 수 있고, 그로 인하여 이미 제3자가 목적물에 관하여 확보한 권리를 침해할 우려가 있어 상사유치권의 성립범위 또는 상사유치권으로 대항할 수 있는 범위를 제한한 것으로 볼 수 있다 … ② 상사유치권이 채무자 소유의 물건에 대해서만 성립한다는 것은, 상사유치권은 그 성립 당시 채무자가 목적물에 대하여 보유하고 있는 담보가치만을 대상으로 하는 제한물권이라는 의미를 담고 있다 할 것이고, 따라서 유치권 성립 당시에 이미 그 목적물에 대하여 제3자가 권리자인 제한물권이 설정되어 있다면, 상사유치권은 그와 같이 제한된 채무자의 소유권에 기초하여 성립할 뿐이고, 기존의 제한물권이 확보하고 있는 담보가치를 사후적으로 침탈하지는 못한다고 보아야 한다. 그러므로 채무자 소유의 부동산에 관하여 이미 선행(先行) 저당권이 설정되어 있는 상태에서 채권자의 상사유치권이 성립한 경우, 상사유치권자는 채무자 및 그 이후 그 채무자로부터 부동산을 양수하거나 제한물권을 설정받는 자에 대해서는 대항할 수 있지만, 선행 저당권자 또는 선행 저당권에 기한 임의경매 절차에서 부동산을 취득한 매수인에 대한 관계에서는 그 상사유치권으로 대항할 수 없다 …"라고 설시하였다.[20]

나. 사안해결

대법원은 위와 같은 법리를 근거로 항소심 판결을 파기 · 환송하면서 "… 이 사건 115호 점포에 대하여 원고가 주장하는 상사유치권이 성립하려면 위 115호 점포에 대한 점유요건 외에 피담보채권의 발생요건도 갖추어져야 하는 것이고, 또 그로써 근저당권자인 피고에게 대항하려면 상사유치권이 성립한 시점이 근저당권의 성립 시점보다 앞서야만 할 것이다. 그런데 M회사의 원고에 대한 위 115호 점포에 관한 소유권이전등기의무가 이행불능이 됨으로써 원고가 주장하는 전보배상청구권이 발생한 것은, M회사가 피고에 대한 위 본등기에 의하여 부동산에 대한 권리는 이전되었음을 전제로 그에 따른 청산금 청구소송을 제기한 2007. 7. 30.경이라 할 것이고, 그와 달리 위 근저당권설정등기가 마쳐진 2006. 9. 7. 이전에 원고가 주장하는 상사유치권의 피담보채권이 발생하였다는 점을 인정할 다른 자료는 없다. 그러므로 원고는 선행 저당권자이자 선행 저당권에 기한 임의경매절차에서 낙찰을 받아 소유권을 취득한 피고에 대한 관계에서는 위 전보배상청구권을 피담보채권으로 한 상사유치권으로 대항할 수 없다 …"라고 판시하였다.

4. 환송 후 항소심 판시요지 : 경매의 공신력 부정

환송 후 항소심(대전지법 2013. 7. 18. 2013나4751)은 근저당권설정행위가 무효인 경우에는 그에 기한 근저당권설정등기가 무효이고, 근저당권설정등기가 무효인 경우에는 그에 기한 경매절차가 무효이며, 경매절차가 무효인 경우에는 매수인의 대금납부(소유권 취득)가 무효가 된다고 하면서(경매의 공

20) 위 판결에 대한 평석에 박양준, "부동산 상사유치권의 대항범위 제한에 관한 법리", 청연논총(12), 사법연수원(2015), 52~109; 김연우, "상사유치권에 부동산이 포함되는지 여부 및 선행 저당권자와의 관계", 재판과 판례(22), 대구판례연구회(2013), 344~384; 도두형, "부동산에 대한 상사유치권의 성부 및 대항력의 범위", 변호사(44), 서울지방변호사회(2013), 399~420; 김민석 · 최서현, "법률 해석을 통한 부동산 유치권제도의 보완 시도와 그에 대한 평가", 법학평론(5), 서울대학교 법학평론 편집위원회(2014), 380~403.

또한 대법원 2013. 2. 28. 선고 2010다57299 판결, 대법원 2013. 2. 28. 선고 2010다67678 판결, 대법원 2013. 3. 28. 선고 2012다94285 판결 등도 동일한 취지의 판시를 하였다.

신력 부정),[21] 인도를 구할 권리(소유권)가 없는 경매절차의 매수인에 대한 유치권존재확인청구는 확인의 이익이 없어 부적법하다는 이유로 제1심 판결을 취소하고 이 사건 소를 각하하였다.

즉 "… ① 확인의 이익은 원고가 현재 누리고 있는 권리 또는 법률적 지위에 위험이나 불안이 존재하고 이를 제거하기 위하여 피고에 대하여 확인판결을 얻는 것이 필요하고 적절한 경우에 인정되고, 확인의 이익의 유무는 직권조사사항이므로 당사자의 주장 여부에 관계없이 법원이 직권으로 판단하여야 하며, 소송요건은 본안판결의 요건이고 본안판결은 사실심의 변론종결 시를 기준으로 하기 때문에 소송요건의 판단도 사실심의 변론종결 시를 기준으로 하는 것이 원칙이다 … 이 사건 상가 수분양자 중 1인이 미래저축은행이 수분양자들에 대한 M회사의 배임행위에 적극 가담하여 각 근저당권을 경료받은 것으로 이는 무효라고 주장하며 피고를 상대로 대전지방법원 2011가단25227호 근저당권설정등기말소 소송을 제기한 사실, 이에 1심 법원은 2011. 9. 30. 소 각하 판결을 선고한 사실, 위 사건의 항소심(대전지방법원 2011나16835호)에서는 2012. 8. 16. 각 근저당권은 피고가 M회사의 배임행위에 적극 가담하여 체결된 것으로서 선량한 풍속 기타 사회질서에 위반하여 무효라는 이유로 제1심 판결을 취소하고

21) 실체상의 흠이 있는 경우, 청구이의의 소 및 잠정처분(강제경매의 경우) 또는 매각허가결정에 대한 이의신청(임의경매의 경우) 등으로써 매각허가 · 대금납부 등 경매절차의 진행을 저지할 수 있음에도 불구하고 이를 저지하지 않고 있다가, 대금납부 후에 이르러 위와 같은 흠을 이유로 매각허가 및 대금납부(소유권이전)의 무효를 주장하는 것은 허용되지 않는다. 이를 **경매의 공신적 효력** 또는 **경매의 공신력**이라고 한다.

금전채권의 존재에 관하여 집행권원은 담보권보다 더욱 높은 '고도의 개연성'이 있으므로 강제경매의 경우에는 임의경매의 경우보다 공신력을 넓게 인정하고 있다. 강제경매와 임의경매에 공통적으로 인정되는 사유로는 ① 경매개시 후에 집행력 있는 정본(집행권원+집행문) 또는 담보권이 무효 · 소멸한 경우, ② 경매개시 후에 집행채권 또는 피담보채권이 소멸한 경우, ③ 변제기 도래 전에 경매개시를 한 경우 또는 경매개시 후에 변제기를 연기한 경우가 있다.

강제경매에는 위 ①②③ 외에 ④ 경매개시 당시 집행채권이 존재하지 않았던 경우에도 공신력이 인정된다. 집행채권의 존재는 강제집행의 '전제적 · 간접적 기초'에 불과하기 때문이다. 그러나 경매개시 당시 집행력 있는 정본이 존재하지 않았던 경우에는 공신력이 인정되지 않는다. 집행권원 · 집행문(집행력)의 존재는 강제집행의 '본질적 · 직접적 기초'로서 집행력을 구비하지 못한 경우까지 공신력을 인정하는 것은 채무자에게 가혹한 결과가 되기 때문이다.

임의경매의 경우에는 위 ①②③의 경우에만 공신력이 인정된다. ㉮ 경매개시 당시 피담보채권이 존재하지 않았던 경우 공신력을 인정하지 않는 것은, 피담보채권의 존재가 임의경매의 '전제적 · 간접적 기초'에 불과한 점은 강제경매의 경우와 같으나, ㉠ 피담보채권이 성립하여야 담보물권도 성립할 수 있고 피담보채권이 소멸하면 담보권도 소멸하는 점(담보물권의 부종성), ㉡ 채권의 존재에 관한 개연성이 집행력 있는 정본보다 등기사항증명서가 낮은 점 등을 고려한 것이다. ㉯ 경매개시 당시 담보권이 존재하지 않았던 경우 공신력을 인정하지 않는 것은 임의경매의 '본질적 · 직접적 기초'(담보권)를 구비하지 못한 경우까지 매수인의 소유권 취득을 인정한다면 채무자에게 너무나 가혹한 결과가 되기 때문이다.

각 근저당권의 말소를 명하는 판결을 선고한 사실, 피고가 이에 불복하여 상고하였으나 상고심(대법원 2012다83179)에서 2012. 12. 13. 상고를 기각한다는 판결이 선고되어 그 무렵 확정된 사실을 인정할 수 있다 … ② 위 인정사실에 의하면, 각 근저당권은 무효이고, 무효인 각 근저당권에 기하여 이루어진 임의경매절차 역시 무효여서 피고가 무효인 경매절차에서 경락대금을 완납하였다고 하여 이 사건 상가의 소유권을 취득할 수 없는 것이고, 달리 피고가 이 사건 상가의 소유자임을 인정할 증거가 없다. 결국 이 사건 상가에 관하여 원고에게 명도를 구할 어떠한 권리도 없는 피고를 상대로 한 원고의 유치권확인 청구는 현재 누리고 있는 원고의 권리 또는 법률적 지위에 위험이나 불안을 제거하기 위한 유효 · 적절한 방법이라 할 수 없으므로 확인을 구할 이익이 없어 이 사건 소는 부적법하다 … 이 사건 소는 부적법하므로 이를 각하할 것인바, 제1심 판결은 이와 결론을 달리하여 부당하므로 제1심 판결을 취소하고 이 사건 소를 각하한다 …"라고 판시하였다.

이에 대하여 피고가 상고하였으나 대법원 2013. 10. 31. 선고 2013다63301 판결은 심리불속행 기각하였다.

[유치권주장자의 인도청구(기각)]
대법원 2013. 2. 28. 선고 2010다57299 판결

1. 사안개요

가. 원고는 2004. 7. 7. 대전 대덕구 송촌동 △△△ 지상에 지하 1층, 지상 5층 규모의 상가건물(이하 '이 사건 상가건물'이라고 함)의 건축주인 M회사로부터 위 상가건물 중 111호 및 112호(이하 '이 사건 각 점포'라고 함)를 137,105,000원에 분양받기로 하는 분양계약(이하 '이 사건 분양계약'이라고 함)을 체결하였다.

나. 원고는 2004. 8. 18. 이 사건 각 점포를 사업장 소재지로 하여 부동산임대업을 위한 사업자등록을 마쳤고, 2006. 1. 27. 위 분양대금을 완납하였다.

다. M회사는 위 상가건물의 준공검사가 마쳐진 2006. 8.경 원고에게 이 사건 각 점포의 열쇠를 넘겨주었고, 그 때부터 원고가 이 사건 각 점포를 사용하여 왔다(원고=수분양자의 점유개시).

라. 이 사건 상가를 건설한 건설회사의 가압류신청에 따른 촉탁에 의하여 이 사건 상가건물 전체에 관하여 2006. 9. 5. M회사 명의로 소유권보존등기가 이루어졌다.

마. 원고는 2007. 7. 23. 이 사건 각 점포를 甲1에게 임대하였고(보증금 500만 원, 차임 월 100만 원, 임대차기간 12개월), 甲1은 다시 甲2에게 전대하였으며, 2009. 2. 25.부터는 원고로부터 무상사용을 허락받은 甲3이 사용하여 왔다.

바. M회사는 피고(주식회사 미래저축은행)에게 이 사건 상가건물 전체에 관하여 2006. 9. 7. 매매예약을 원인으로 하는 소유권이전청구권가등기와 3건의 근저당권설정등기를 하여 주고, 피고로부터 75억 원을 대출받았다(피고 명의의 가등기 및 근저당권설정등기).

사. 피고는 M회사가 2007. 2. 9.경부터 대출금의 이자 지급을 연체함에 따라 2007. 5. 8. 이 사건 상가건물에 관하여 2007. 2. 9. 매매예약완결을 원인으로 하여 소유권이전청구권가등기에 기한 본등기를 마쳤으나, 그 후 M회사는 2007. 7. 30. 피고를 상대로 청산금소송을 제기하였고(M회사의 소유권이전등기의무 이행불능에 따른 원고의 전보배상청구권 발생), 그 소송에서 2008. 1. 3. 위 본등기를 말소하기로 하는 화해권고결정이 내려지고 그 무렵 확정되었다.[22)]

아. 피고는 2008. 1. 2. 위 근저당권에 기한 부동산임의경매를 신청하여, 2008. 1. 3. 이 사건 상가건물에 관한 경매개시결정이 내려졌고(경매개시결정등기), 그 경매절차에서 피고가 이 사건 각 점포에 관한 매각허가결정을 받은 뒤 2008. 9. 25. 매각대금을 완납함으로써 그 소유권을 취득하였다(경매를 통한 피고의 소유권 취득).[23)]

자. 이후 피고는 2009. 2. 18. 이 사건 각 점포의 전차인인 甲2를 상대로 부동산인도명령(대전지법 2008타기1691호)을 받은 다음, 당시 이 사건 각 점포의 점유자인 甲3에 대한 승계집행문을 부여받아 2009. 5 .13. 이 사건 각 점포에 대한 인도집행을 완료하였다.

차. 원고(상사유치권 주장자)는 피고(소유자)를 상대로 이 사건 각 점포의 인도를 구하는 소를 제기하였다.

2. 제1심 판시요지

대전지법 2010. 1. 15. 선고 2009가단29080 판결은 아래와 같은 이유로 원고의 청구를 그대로 인용하였다.

첫째, **상사유치권의 성부**에 관하여는 "… ① … 원고는 상행위인 임대업을 운영할 목적으로 이 사건 각 점포를 분양받았는데, 이 사건 분양계약은 기본적 상행위인 임대업을 위한 준비행위에 해당한다. 그런데 영업을 위한 준비행위를 하는 자는 영업으로 상행위를 할 의사를 실현하는 것이므로 그 준비행위를 한 때 상인자격을 취득함과 아울러 그 준비행위는 영업을 위한 행위로서 보조적 상행위에 해당한다고 할 것이므로(대법원 1999. 1. 29. 선고 98다1584 판결 등 참조), 원고와 영리법인인 M회사와의 이 사건 분양계약은 상인간의 상행위로 보아야 한다. 한편, 이 사건 분양계약에 따른 M회사의 원고

22) 그러나 위 본등기(소유권이전등기)는 말소되지 않았다(2017. 2. 19.자 등기사항증명서).

23) 그러나 매각을 원인으로 한 소유권이전등기는 하지 않았다(2017. 2. 19.자 등기사항증명서).

에 대한 소유권이전등기의무는 뒤에서 보는 것처럼 M회사의 무자력으로 이행불능이 됨으로써 원고는 소외 회사에 대하여 이미 납부한 분양대금 상당의 손해배상채권을 취득하게 되었는바, 상행위로 인하여 생긴 채무의 불이행에 기하여 성립한 손해배상채권도 상행위로 인한 채권에 해당한다고 할 것이다. ② … 원고는 이 사건 경매개시결정 이전부터 이 사건 각 점포를 임차인 등을 통하여 간접점유하여 왔다고 볼 것이고, 이와 같은 점유는 상행위인 이 사건 분양계약에 따른 것으로서 원고는 상행위를 원인으로 이 사건 각 점포에 관한 점유를 취득하였다고 할 것이다. 피고는 법원의 인도명령에 따른 인도집행을 통하여 피고가 이 사건 각 점포를 인도받음으로써 원고는 그 점유를 상실하였고 따라서 유치권도 소멸하였다고 주장하나, 아래에서 보는 바와 같이 피고가 인도집행을 통하여 이 사건 각 점포를 인도받은 것은 부당하여 점유침탈에 해당하고 원고가 점유침탈을 이유로 이 사건 각 점포의 점유를 회수할 수 있는 이상, 원고는 이 사건 각 점포에 관한 점유를 상실하였다고 할 수 없다. ③ … 사회의 거래통념에 비추어 볼 때 소외 회사로서는 피고에 대하여 청산금의 지급을 청구할 무렵 이 사건 각 점포에 관한 피고 명의의 가등기 및 근저당권설정등기를 모두 해제하여 원고 명의로 소유권이전등기절차를 이행하는 것이 불가능하거나 극히 곤란한 무자력 상태에 있었다고 봄이 상당하다. 따라서 M회사의 원고에 대한 소유권이전등기의무는 위 청산금청구소송이 제기될 무렵 이미 이행불능이 되었다고 할 것이어서 이와 다른 전제에 선 피고의 위 주장은 이유 없다. ④ … 상행위로 인하여 생긴 채무의 불이행에 기하여 성립한 손해배상채권도 상행위로 인한 채권에 해당하는 이상 이를 피담보채권으로 하는 상사유치권의 성립요건으로서 목적물과 채권 사이의 견련관계는 요구되지 않는다고 할 것이므로, 피고의 위 주장은 이유 없다. 피고는 또한 유치권자는 채무자의 동의가 있는 경우에 한하여 목적물을 임대할 수 있는데 원고가 그러한 동의 없이 이 사건 각 점포를 제3자로 하여금 사용하게 하였으므로, M회사를 대위하여 민법 제324조 제2, 3항에 따라 유치권의 소멸을 청구한다고 주장한다. 그러나 M회사가 이 사건 상가건물의 준공검사가 마쳐진 직후 원고에게 이 사건 각 점포의 열쇠를 넘겨줌으로써 수분양자인 원고에게 이 사건 각 점포의 사용을 승낙한 것으로 봄이 상당하고 위 사용에는 제3자에 대한 임대도 포함된다고 할 것이므로, 피고의 위 주장 역시 이유 없다. ⑤ 그렇다면 원고는 이 사건 각 점포에 관하여 M회사에 대한 손해배상채권을 피담보채권으로 하는 상사유치권이 있다 …"라고 설시하였다.

둘째, **점유침탈 여부**에 관하여는 "… 이상과 같이 원고는 이 사건 각 점포에 관한 정당한 유치권자라고 할 것이므로 원고로서는 이 사건 각 점포의 경락인인 피고에 대하여 그 피담보채권의 변제가 있을 때까지 이 사건 각 점포의 인도를 거절할 수 있다. 그런데 … 피고는 이 사건 각 점포의 전차인인 甲2를 상대로 인도명령을 신청하는 한편 별도로 이 사건 각 점포에 관하여 유치권을 주장하던 원고를 상대로 대전지방법원 2008타기1690호로 인도명령을 신청하였으나 2009. 2. 18. 원고에 대한 위 신청을 취하한 사실, 원고는 甲2를 상대로 한 인도명령 및 위 인도명령의 집행을 위한 승계집행문부여, 인도집행 과정에서 자신의 유치권을 주장하는 등 적극 대응하지 못한 사실을 인정할 수 있는바, 사실관계가 이와 같다면 피고가 甲2를 상대로 인도명령을 받은 다음 이에 기하여 인도집행을 한 것은 원고의 유치권 주장을 무력화시켜 원고의 점유를 배제하기 위한 것으로 부당하다고 볼 수밖에 없으므로, 피고가 이러한 부당한 방법에 의하여 이 사건 각 점포를 인도받은 것은 점유의 침탈에 해당한다 … 따라서 … 원고의 청구에 따라 피고는 원고에게 이 사건 각 점포를 인도할 의무가 있다 …"라고 설시하였다.

3. 항소심 판시요지 : 소멸청구에 의한 유치권 소멸

가. 서설

대전지법 2010. 6. 16. 선고 2010나2822 판결은 아래와 같은 이유로 제1심 판결을 취소하고 원고의 청구를 기각하였다.

나. 상사유치권의 성립

(1) 피담보채권

상인간의 상행위는 기본적 상행위뿐만 아니라 보조적 상행위를 구분하지 않고, 피담보채권의 종류도 금전채권뿐만 아니라 금전채권으로 전환될 수 있는 채권, 즉 종류채권이나 특정물채권이라도 불이행 시에 손해배상채권으로 변하는 채권도 포함된다 할 것인바, 제1항에서 인정한 사실에 의하면, 원고는 부동산임대업을 개시할 목적으로 그 준비행위의 일환으로 영리법인인 M회사로부터 이 사건 각 점포를 분양받은 것이어서, 원고가 이 사건 각 점포를 분양받은 행위는 보조적 상행위로서 개업준비행위에 해당하여 원고는 위 개업준비행위에 착수하였을 때 **상인자격**을 취득하므로, 이 사건 **분양계약은 상인간의 상행위**로 보아야 하고, 이 사건 분양계약에 따른 M회사의 원고에 대한 소유권이전등기의무는 뒤에서 보는 것처럼 M회사의 무자력으로 이행불능이 됨으로써 원고는 M회사에 대하여 이미 납부한 분양대금 상당의 손해배상채권을 취득하게 되었다 할 것이므로, 원고의 위 **손해배상채권은 상행위로 인한 채권**에 해당한다고 볼 수 있다.

(2) 채무자의 소유

M회사로서는 피고에 대하여 청산금청구의 소를 제기할 무렵 이 사건 각 점포에 관한 피고 명의의 가등기 및 근저당권설정등기를 모두 해제하여 원고 명의로 소유권이전등기절차를 이행하는 것이 불가능하거나 극히 곤란한 무자력 상태에 있었다고 봄이 상당하다. 따라서 M회사의 원고에 대한 소유권이전등기의무는 위 청산금청구소송이 제기될 무렵 이미 이행불능이 되었고 피고가 청산금을 지급하지 아

니한 이상 이 사건 각 점포의 소유자는 여전히 M회사라고 보아야 한다.

(3) 점유

원고는 2006. 8.경 M회사로부터 이 사건 각 점포의 열쇠를 건네받아 이 사건 각 점포를 임대하거나 무상사용하도록 하는 등의 방법으로 사용하여 왔으므로, 이 사건 경매개시결정 이전부터 이 사건 각 점포를 임차인 등을 통하여 간접점유하여 왔다고 볼 것이고, 이와 같은 점유는 상행위인 이 사건 분양계약에 따른 것으로서 원고는 상행위를 원인으로 이 사건 각 점포에 관한 점유를 취득하였다고 할 것이다.

(4) 소결론

따라서 원고는 이 사건 각 점포에 관하여 M회사에 대한 손해배상채권을 피담보채권으로 하는 상사유치권이 있다고 할 것이다.

다. 소멸청구에 의한 유치권의 소멸

위 대전지법 2010. 6. 16. 선고 2010나2822 판결은 "… 유치권자는 채무자 또는 소유자의 승낙이 없는 이상 그 목적물을 타에 대여할 수 있는 권한이 없으므로, 유치권자의 그러한 대여행위는 소유자의 처분권한을 침해하는 것으로서 소유자에게 그 대여의 효력을 주장할 수 없고, 따라서 소유자의 승낙 없는 유치권자의 임대차 또는 사용대차에 의하여 유치권의 목적물을 대여받은 자의 점유는 소유자에게 대항할 수 있는 적법한 권원에 기한 것이라고 볼 수 없다(대법원 2002. 11. 27.자 2002마3516 결정 등 참조). 그런데 M회사가 이 사건 상가건물의 준공 직후인 2006. 8.경 이 사건 분양계약의 목적에 따라 이 사건 각 점포를 사용할 수 있도록 원고에게 이 사건 각 점포의 열쇠를 넘겨준 사실, 원고가 2009. 2. 25.경 甲3과 사용대차계약을 체결하여 甲3은 그 때부터 부동산인도집행이 완료된 2009. 5. 13.까지 원고로부터 이 사건 각 점포를 인도받아 사용한 사실은 제1항에서 본 바와 같으나, … 피고가 이 사건 각 점포에 관하여 2009. 2. 18. 甲2를 상대방으로 하여 부동산인도명령을 받아 이 사건 각 점포에 관한 소유자로서 권한을 행사한 점에 비추어 볼 때, 피고에게 원고가 이 사건 각 점포를 제3자에게 사용하도록 하는 것을 허용하지 아니하는 의사가 있었다고 봄이 상당하고, 피고가 이 사건 상가건물에 관한 매각대금을 완납하여 이 사건 상가건물에 관한 소유권을 취득한 2008. 9. 25. 이후에는 원고에 대하여 제3자로 하여금 이 사건 각 점포를 사용하게 하는 것을 승낙하였다고 인정할 증거가 없으므로 위 사용대차계약 및 점유이전은 원고의 유치권을 보존하기 위한 행위가 될 수 있을지언정 민법 제324조 제2항 단서가 규정하는 '유치물의 보존에 필요한 사용'에 해당된다고 볼 수는 없다할 것이어서 원고의 유치권은 소멸되었다 …"라고 설시하였다.

라. 소결론

그러므로 이 사건 각 점포는 피고에게 대항할 수 없는 권원에 기하여 점유하고 있던 甲3을 상대로 한 부동산인도명령의 집행을 통해 그 점유가 이전된 것이므로 '점유의 위법한 침탈'에 해당한다고 할 수 없어 원고가 피고에 대하여 이 사건 각 점포의 인도를 구하는 이 사건 청구는 이유 없다.

4. 대법원 판시요지 : 담보권설정 · 처분제한 후 취득론 (유치권 소멸)

가. 법리설시

대법원 2013. 2. 28. 선고 2010다57299 판결은 상고를 기각하면서, 원심의 설시와 다른 이유로(대법원 2010다57350 판결과 동일한 법리를 설시하고) 원심의 '결과'를 수긍하였다.

나. 사안해결

위 판결은 "… 원고가 피고를 상대로 이 사건 각 점포에 대한 상사유치권을 점유권원으로 주장하려면 그 상사유치권의 성립 시점이 피고의 근저당권이 설정된 2006. 9. 7. 이전이어야 한다. 그런데 M회사의 원고에 대한 이 사건 각 점포에 대한 소유권이전등기의무가 이행불능이 됨으로써 원고가 주장하는 전보배상청구권이 발생한 것은, M회사가 피고에 대한 위 가등기 및 본등기에 의한 권리이전을 전제로 하여 그에 따른 청산금청구소송을 제기한 2007. 7. 30.경이라 할 것이고, 그와 달리 위 근저당권설정등기가 마쳐진 2006. 9. 7. 이전에 원고가 주장하는 상사유치권의 피담보채권이 발생하였다는 점을 인정할 다른 자료는 없다. 그러므로 원고는 선행 저당권자이자 선행 저당권에 기한 임의경매절차에서 낙찰을 받아 소유권을 취득한 피고에 대한 관계에서는 위 전보배상청구권을 피담보채권으로 한 상사유치권을 점유권원으로 주장할 수 없다 … 따라서 원고가 피고에게 이 사건 각 점포에 대한 상사유치권으로 대항할 수 있음을 전제로 피고에 대하여 점유의 위법한 침탈이 있었음을 원인으로 이 사건 각 점포의 인도를 구하는 원고의 이 사건 청구는 주장 자체로 이유가 없다. 원고의 청구를 배척한 원심의 조치는 그 이유 설시를 위와 달리 한 부분이 있기는 하나 결과에 있어서는 정당하고, 상고이유 주장 역시 원고가 이 사건 각 점포에 관한 상사유치권으로 피고에게 대항할 수 있음을 전제로 하여 원심의 판단에 위법이 있다는 것이므로, 이는 더 나아가 살펴볼 필요 없이 이유 없다 …"라고 판시하였다.

제3장 상사유치권의 성립 · 존속을 인정한 사례

최근 상사유치권의 성립을 주장하는 경우가 증가하고 있다. 특히, 유치권으로 담보하려는 채권과 유치 부동산 사이에 견련관계가 없는 경우에 그러한 경향이 현저하다.

그러나 앞에서 살펴본 바와 같이 ① 부동산이 채무자 아닌 사람의 소유인 경우, ② 채무자에 대한 상행위에 의하지 않고 점유하는 경우, ③ 채무자와의 상행위에 의하지 않고 채권이 발생한 경우, ④ 담보권설정 · 처분제한 후에 상사유치권이 성립한 경우에는 상사유치권이 성립 · 존속하지 않으므로, 실무상 상사유치권의 성립이 인정되는 사례는 드물다.

[지역주택조합(도급인)과 수급인 간의 도급계약에 의한 점유, 도급계약해제에 의한 채권발생]
대법원 2013. 5. 24. 선고 2012다39769(본소), 39776(반소) 판결

1. 사안개요

가. 원고(△△지역주택조합)는 서울 동작구 상도동 △△△ 외 427필지 총 80,766.4㎡에 주택 등을 철거한 후 새로운 주택을 건설할 목적으로 설립된 주택법상 지역주택조합으로 위 토지의 소유자이다.

나. 원고는 2008. 10. 6. 피고1과 사이에, 원고가 추진하는 아파트 신축공사 중 도시계획도로공사(이하 '이 사건 도로공사'라고 함)를 도급금액 55억 원에 피고1에게 도급하기로 하는 이 사건 도로공사계약을 체결하였고, 피고1(주식회사 △△종합건설) 및 그로부터 이 사건 도로공사 중 일부를 도급받은 피고2(△△△건설 주식회사)는 이 사건 도로공사를 위하여 원고로부터 2008. 10.경 이 사건 토지를 인도받은 이래 현재까지 이 사건 토지를 점유하고 있다.

다. 원고는 2009. 5. 1.경 피고1에게 이 사건 도로공사계약이 민법 제673조에 따라 임의해제되었음을 통보하였다.[24)]

라. 그 후 원고는 **본소**로서 피고1과 체결한 이 사건 도로공사계약을 민법 제673조에 따라 임의해제하였다고 주장하면서 **도급계약 해제에 따른 원상회복** 또는 소유권에 기초한 방해배제로서 피고1과 그 하수급인인 피고2를 상대로 위 상도동 △△△ 외 98필지 총 9,466.4㎡(이하 '이 사건 토지'라고 함)의 **인도**를 구하였다.

마. 이에 대하여 피고들은 피고1의 원고에 대한 아래 표 순번 1~11 기재 각 채권을 담보하기 위하여 피고1이 이 사건 토지에 대한 '상사유치권'을 행사하거나 아래 표 순번 1 · 2 기재 각 채권을 담보할 목적으로 '민사유치권'을 행사하고 있다고 **항변**함과 아울러, 피고1이 **반소**로서 아래 표 순번 1 · 2 기재 각 채권(도로공사대금 · 도로공사위약금)과 그에 대한 지연손해금을 구하였다.

순번			반소청구원인	반소청구금액(원)	1심 인정금액(원)	환송 전 항소심 인정금액(원)
1	피담보 채권 주장	반소 주장	도로공사 기성공사대금	3,186,007,769	0	0
2			도로공사 위약금(①)	1,100,000,000	0	–
3			도로공사계약 해제에 따른 손해배상(②)	770,000,000	–	363,007,114
			합계	4,286,007,769(최초)	0	363,007,114
		반소에 포함되지 않은 피담보채권 주장		주장금액	1심 인정금액	

24) 민법 제673조에서 도급인으로 하여금 자유로운 해제권을 행사할 수 있도록 하는 대신 수급인이 입은 손해를 배상하도록 규정하고 있는 것은 도급인의 일방적인 의사에 기한 도급계약 해제를 인정하는 대신, 도급인의 일방적인 계약해제로 인하여 수급인이 입게 될 손해, 즉 수급인이 이미 지출한 비용과 일을 완성하였더라면 얻었을 이익을 합한 금액을 배상하게 하는 것이다(대판 2002. 5. 10. 2000다37296 · 37302, 대판 2013. 5. 24. 2012다39769 · 39776).

4	대여금	301,523,996	435,283,087	–
5	대위변제금	3,186,007,769	791,072,688	–
6	사업양수도계약 미수금	1,597,180,000	1,597,180,000	–
7	사전구상금	2,421,356,921	0	–
8	아파트공사 기성공사대금	1,072,929,817	84,182,738	–
9	시공보증수수료 손해금	164,632,000	164,632,000	–
10	아파트공사 부분 위약금	25,259,022,700	0	–
11	불법점유침탈 방지 위한 유치권 유지비용	733,680,033	0	–
합 계			3,072,350,514	

2. 제1심 판시요지

서울중앙지법 2011. 2. 16. 선고 2010가합39630(토지인도), 10414(위약금 등) 판결은 본소에 관하여 위 표 '제1심 인정금액'란 기재와 같이 피고들의 상사유치권 항변을 일부(3,072,350,513원과 일부 지연손해금) 받아들여 상환이행 판결을 하는 한편 피고들의 민사유치권 항변을 배척하고 피고1의 반소청구를 기각하였다(본소 및 반소에 관하여 원고, 피고들 모두 항소).

첫째, 피고들의 상사유치권의 항변에 관하여 "… 상법 제4조, 제46조에 의하면 자기 명의로 부동산의 매매를 영업으로 하는 자는 상인에 해당하고, 여기서 '영업으로 한다'고 함은 영리를 목적으로 동종의 행위를 계속 · 반복적으로 하는 것을 의미한다. 그런데 원고가 관할 관청으로부터 입주자 모집공고 승인을 받은 후 일반분양을 실시하고 있음은 앞서 본 바와 같고, 불특정 다수인을 상대로 일반분양을 실시하고 그 수익금을 조합원들의 주택 마련을 위한 재원으로 사용하는 것은 영리를 목적으로 부동산의 매매를 계속 · 반복적으로 하는 것에 해당하므로, 원고는 일반분양의 실시와 관련하여 부동산의 매매를 영업으로 하는 상인이라고 보아야 한다. 따라서 원고가 일반분양의 실시가 포함된 이 사건 사업을 시행하기 위하여 이 사건 각 공사계약과 이 사건 대출약정을 체결하고 피고1로부터 사업자금을 차용하는 등의 일련의 행위는 모두 상인간의 상행위에 해당하고, 피고1은 그러한 상행위로 인하여 발생한 채권을 피담보채권으로 하여 이 사건 토지에 관하여 상법 제58조 소정의 상사유치권을 행사할 수 있다 …"라고 판시하였다.

둘째, 피고1의 반소청구를 기각하면서, 도로공사 기성공사대금은 전액 변제(변제공탁)를 하였고 도로공사 시공권 임의처분으로 인한 위약금은 부존재한다는 것을 그 이유로 내세웠다.

3. 항소심 판시요지

가. 서설

피고1은 환송 전 항소심에서 반소청구 중 위 표 순번 2 기재 도로공사 위약금(11억 원) 청구를 순번 3 기재 도로공사계약 해제에 따른 이행이익 상당의 손해배상(7억 7천만 원) 청구로 교환적으로 변경하였다.

서울고법 2012. 4. 12. 선고 2011나25031, 25048 판결은 원고가 민법 제673조에 기초하여 피고1과의 도로공사 도급계약을 임의해제함으로써 피고1이 입은 이행이익 363,007,114원 상당의 손해배상채권을 인정하면서 본소·반소 모두에 관하여 피고들의 이 사건 토지 인도와 원고의 피고1에 대한 손해배상을 상환이행하도록 판결하였다(본소 및 반소에 관하여 원고, 피고들 모두 상고).

나. 원고의 본소청구에 관한 판단

이 사건 도로공사계약은 2009. 5. 1.경 해제되었다고 할 것이므로, 피고들은 특별한 사정이 없는 한 각자 원고에게 이 사건 토지를 인도할 의무가 있다(본소청구 인용).

다. 피고들의 본소항변 및 피고1의 반소청구에 관한 판단

(1) 상사유치권 항변에 대한 판단

상법 제58조에 의한 상사유치권의 목적물인 '물건'에 부동산은 포함되지 않는다고 보는 것이 타당하다[25].

따라서 상사유치권의 목적물에 부동산인 이 사건 토지가 포함된다는 전제에 선 피고들의 이 부분

25) 상사유치권의 목적물에 부동산도 포함되는가에 관하여 국내외 학계 및 실무계에서 논란이 분분하다.

주장은 다른 점에 관하여 더 나아가 살펴볼 필요 없이 이유 없다(본소청구에 대한 상사유치권 항변 배척).

(2) 민사유치권 항변 및 반소청구에 대한 판단

첫째, 피고1이 원고에 대하여 가지는 ㉮ 기성공사대금채권과 ㉯ 도로공사계약 해제에 따른 손해배상금채권은 이 사건 토지에 관하여 생긴 채권이므로 피고1은 이 채권을 변제받을 때까지 이 사건 토지를 유치할 권리가 있다. 그런데 ㉮ 도로공사 기성공사대금(624,258,421원)은 모두 변제(변제공탁)되었으므로 이 부분에 관한 피고들의 본소항변 및 피고1의 반소청구는 이유 없고, ㉯ 도로공사계약 해제에 따른 손해배상금(수급인이 이미 지출한 비용 + 일을 완성하였더라면 얻었을 이익) 중 미완성 부분을 완성하였더라면 얻었을 이익은 363,007,114원이다.

둘째, 본소(本訴)에 관하여는 미완성 부분을 완성하였더라면 얻었을 이익 상당의 손해배상채권과 토지와의 견련관계를 인정하고 이 채권을 피담보채권으로 하는 민사유치권의 항변을 인용하였다(본소청구에 대한 민사유치권 항변 인용).

셋째, 반소(反訴)에 관하여는 미완성 부분을 완성하였더라면 얻었을 이익 상당의 손해배상채권을 인정하고(반소청구 인용), 이 손해배상채무 이행과 토지인도의무 이행은 동시이행관계가 있음을 인정하였다.

4. 대법원 판시요지

대법원 2013. 5. 24. 2012다39769, 39776 판결은 원고의 상고와 피고1의 반소에 관한 상고를 모두 기각하고, 피고1의 상사유치권이 성립한다는 이유로 원심 판결 중 본소에 관한 피고들 패소 부분을 파기 · 환송하였다.

가. 본소에 관한 피고들의 상고이유에 대하여

… 상사유치권의 대상이 되는 상법 제58조의 '물건'에는 부동산도 포함된다 … 이 점을 지적하는 피고들의 상고이유 주장은 이유 있다.

나. 반소에 관한 원고 및 피고1의 상고이유에 대하여

… 원심 판결 이유 및 원심이 적법하게 채택한 증거들에 의하면 … 기성공사 부분에 소요된 공

사비를 624,458,341원으로, 미완성 부분에 소요될 공사비를 이 사건 도로공사대금 55억 원에서 위 624,458,341원을 공제한 4,875,541,659원으로 각 산정한 다음 기성고 비율을 11.35%로 감정한 사실을 알 수 있는바, 위와 같은 이 사건 도로공사계약 및 기성고 감정 내용 등에 비추어 볼 때 원심이 기성고 비율 11.35%를 적용하여 이 사건 도로공사 기성공사대금을 624,258,421원으로 산정한 조치는 수긍할 수 있고, 거기에 상고이유 주장과 같이 필요한 심리를 다하지 아니하고 기성고 산정방법에 관한 법리를 오해하여 판결 결과에 영향을 미친 위법이 없다 … 민법 제673조에서 도급인으로 하여금 자유로운 해제권을 행사할 수 있도록 하는 대신 수급인이 입은 손해를 배상하도록 규정하고 있는 것은 도급인의 일방적인 의사에 기한 도급계약 해제를 인정하는 대신, **도급인의 일방적인 계약해제로 인하여 수급인이 입게 될 손해**, 즉 수급인이 이미 지출한 비용과 일을 완성하였더라면 얻었을 이익을 합한 금액을 배상하게 하는 것이라 할 것이다(대법원 2002. 5. 10. 선고 2000다37296, 37302 판결 참조). 원심 판결 이유를 위 법리와 기록에 비추어 살펴보면, 원심의 이유 설시에 일부 부적절한 점이 있으나, 이 사건 도로공사계약의 공사가격 내역서에 따라 미완성 부분의 공사대금을 산정한 다음 미완성 부분을 완공하는 데 소요되는 비용을 공제하는 방법으로 피고1이 미완성 부분을 완성하였더라면 얻었을 이익 363,007,114원을 이 사건 도로공사계약 해제에 따른 손해배상액으로 인정한 원심의 판단은 수긍할 수 있고, 거기에 상고이유 주장과 같이 민법 제673조에 의한 도급계약 해제 시 배상하여야 할 손해액 산정 방법에 관한 법리오해 등으로 판결 결과에 영향을 미친 위법이 없다.

다. 파기의 범위

… 원심으로 하여금 상사유치권의 범위를 다시 심리 · 판단하여 동시이행의 범위를 다시 정하도록 하기 위하여, 원심 판결 중 본소에 관한 피고들 패소 부분 전부를 파기하기로 한다.

5. 환송 후 항소심 판시요지

피고들은 환송 후 항소심에서 상사유치권의 피담보채권에 관한 종전 주장을 철회하면서(따라서 위 표 순번 1~11 기재 각 피담보채권은 이 법원의 판단 대상에서 제외되었다), 원고의 임의해지에 따른 손해배상으로서 이 사건 공사현장의 유지 · 관리비용 117,090,481원과 위자료 10억 원 이상의 채권을 추가하여 주장함으로써, 환송 후 항소심의 심판범위는 본소 중 피고1의 상사유치권의 피담보채권으로서 피고들이 추가하여 주장하는 이 사건 공사현장 유지 · 관리비용 상당의 손해배상채권(117,090,481원) 및 위자료채권(10억 원 이상)에 한정되었다.

환송 후 항소심인 서울고법 2013. 12. 12. 선고 2013나37243 판결(본소, 확정)은 '피고1과 피고2는 원고로부터 13,863,050원을 지급받음과 동시에, 각자 원고에게 이 사건 토지를 인도하라'고 명하면서 그 이유를 아래와 같이 설시하였다.

첫째, **상사유치권의 항변**에 관하여는 "… 상법 제58조는 '상인간의 상행위로 인한 채권이 변제기에 있는 때에는 채권자는 변제를 받을 때까지 그 채무자에 대한 상행위로 인하여 자기가 점유하고 있는 채무자 소유의 물건 또는 유가증권을 유치할 수 있다'고 규정하고 있고, 민법 제320조 제1항은 '타인의 물건 또는 유가증권을 점유한 자는 그 물건이나 유가증권에 관하여 생긴 채권이 변제기에 있는 경우에는 변제를 받을 때까지 그 물건 또는 유가증권을 유치할 권리가 있다'고 규정하고 있다. 상사유치권은 민사유치권의 성립요건을 변경 · 완화하여 채권자 보호를 강화함으로써 계속적 신용거래를 원활 · 안전하게 하기 위하여 당사자 사이의 합리적인 담보설정의사를 배경으로 하여 추인된 법정담보물권으로, 민사유치권과 달리 목적물과 피담보채권 사이의 개별적인 견련관계를 요구하지 않는 대신 유치권의 대상이 되는 물건을 '채무자 소유의 물건'으로 한정하고 있어 이러한 제한이 없는 민사유치권과는 차이가 있으나(대법원 2013. 2. 28. 선고 2010다57350 판결 참조), 민사유치권과 마찬가지로 그 목적물을 동산에 한정하지 않고 '물건 또는 유가증권'으로 규정하고 있는 점에 비추어 보면 상사유치권의 대상이 되는 '물건'에는 **부동산**도 포함된다고 보아야 한다[대법원 2013. 5. 24. 선고 2012다39769(본소), 39776(반소) 판결 참조]. 앞서 본 전제사실에 의하면, 원고가 불특정 다수인을 상대로 일반분양을 실시하고 그 수익금을 조합원들의 주택 마련을 위한 재원으로 사용하는 것은 영리를 목적으로 부동산의 매매를 계속 · 반복적으로 하는 것에 해당하므로, 원고는 일반분양의 실시와 관련하여 부동산의 매매를 영업으로 하는 **상인**이라고 보아야 한다(대법원 2013. 5. 24. 선고 2012다41960판결 참조). 따라서 원고가 일반분양의 실시가 포함된 사업 시행을 위하여 피고 대명과 도로공사 도급계약을 체결하고 피고1로부터 사업자금을 차용하는 등 일련의 행위는 모두 상인간의 **상행위**에 해당하고, 피고1은 그러한 **상행위로 인한 채권(손해배상채권)**을 피담보채권으로 하여 이 사건 토지에 관하여 상법 제58조에 기초한 상사유치권을 행사할 수 있다고 할 것이다 …"라고 판시하였다.

둘째, **상사유치권의 피담보채권의 범위**에 관하여는, 피고1이 원고에 대하여 이 사건 공사계약의 이행을 위하여 지출한 합계 13,863,050원의 손해배상채권이 있으므로,[26] 피고들의 주장은 이 범위에서 이유 있다고 판시하였다.

셋째, **위자료채권**에 관하여는 "… 원고가 이 사건 도로공사계약을 임의해제함에 따른 피고1의 재

26) 피고들은 원재료비, 복리후생비, 통신비, 상하수도요금, 석유대금, 전기요금, 차량유지비, 소모품비, 경비용역비, 임시전력안전관리비, 복사기 임대비, 급여, 잡급 등 총 117,090,481원의 공사비용을 주장하였으나, 상하수도요금, 전기요금, 경비용역비 중 일부(13,863,050원)만을 손해배상금으로 인정하고, 나머지는 인정하지 않았다.

산적 손해를 배상할 의무가 있다는 환송 전 이 법원의 반소청구에 관한 판결이 대법원의 상고기각으로 확정되었음은 앞서 본 바와 같고, 이 법원이 위에서 인정하는 이 사건 공사현장 유지 · 관리비용 상당의 손해배상의무 역시 원고의 임의해제에 따른 손해배상으로 보아야 할 것인데, 피고들이 주장한 사정만으로는 위와 같은 재산적 손해의 배상만으로는 회복될 수 없는 정신적 고통을 입었다는 특별한 사정이 있었다고 볼 수 없다. 따라서 피고들의 이 부분 주장도 이유 없다 …"라고 판시하였다.

[회사와 계열사 간의 임대차계약에 의한 점유, 소비대차계약 · 임대차계약에 의한 채권발생] 서울지법 2000. 9. 1. 선고 2000나21078 판결

1. 사안개요

가. 정리회사 △△산업 주식회사(이하 '정리회사'라고 함)의 관리인(이하 '정리회사 관리인'이라고 함)은 1991. 10.경 상가임대업 등을 영위하는 정리회사의 계열사인 피고에게 서울 중구 회현동 1가 △△△ 소재 2층 건물 중 1층 점포 451.5㎡, 2층 점포 309.52㎡를 임대차보증금 50,000,000원, 기간 1991. 10. 21.부터 1992. 10. 20.까지로 정하여 임대하였다. 그 후 위 임대차계약은 1년 단위로 묵시적으로 갱신되어 왔다.

나. 그 후 피고는 정리회사 관리인의 동의 없이 위 건물 2층 점포 중 일부를 甲에게 무단 전대하여, 현재 피고는 위 건물 1층과 2층 점포 중 일부만을 점유(이하 '이 사건 점유 부분'이라고 함)하고 있다.

다. 정리회사 관리인은 1998. 1. 24. 피고에게 위와 같은 무단 전대 등을 이유로 들면서 같은 해 2. 10.까지 위 건물 중 1, 2층 점포를 명도하라는 내용의 통지를 하였다.

라. 한편, △△산업 주식회사에 대한 회사정리절차가 폐지되고 1999. 1. 9. 파산이 선고되면서 원고가 파산관재인으로 선임되었다.

2. 판시요지

서울지법 2000. 9. 1. 선고 2000나21078 판결은 "… 피고는 정리회사의 계열사로서 자금 압박을 받고 있던 정리회사를 위하여 1995. 11. 16.부터 1996. 3. 28. 사이(변제기는 1996. 4. 9.부터 1997. 12. 27.)에 총 8회에 걸쳐 정리회사 관리인에게 합계 1,900,500,000원을 대여한 사실을 인정할 수 있고 반증이 없는바, 위 금전대여행위나 앞서 본 위 임대차계약은 특별한 사정이 없는 한 모두 상인간의 상행위라 할 것이고, 이 사건 점유 부분은 곧 상행위인 위 임대차계약으로 인하여 피고가 점유하게 된 것이며, 위 대여금채권 및 임대차보증금반환채권의 변제기가 △△산업 주식회사에 대한 위 파산선고 이

전에 이미 도래하였으므로, 피고는 위 대여금 및 임대차보증금 합계 1,950,500,000원(=1,900,500,000원+50,000,000원)을 변제받기까지는 이 사건 점유 부분을 유치할 수 있다 할 것이다(상법 제58조). 따라서 피고의 위 항변은 이유 있다 … 그렇다면 피고는 원고로부터 1,950,500,000원을 지급받음과 상환으로만 이 사건 점유 부분을 원고에게 명도할 의무가 있다 …"라고 판시하였다.

[의류 제조 · 판매회사와 의류 세탁업자 간의 의류세탁계약에 의한 점유 · 채권발생]
서울중앙지법 2005. 12. 16. 선고 2004가단112308 판결(확정)

1. 기초사실

가. 원고는 의류제조 및 판매업을 하는 회사이고, 피고는 한성기업이라는 상호로 의류세탁업을 하는 개인사업자이다.

나. 원고는 1999. 봄부터 피고에게 의류제품의 세탁을 위탁하여 왔다.

다. 원고는 2004. 2. 초순경 봄의류제품(품번 C4833O03) 406점(이하 '이 사건 제품'이라고 함)의 세탁을 피고에게 위탁하였으나, 피고는 이를 원고에게 반환하지 않고 있다.

2. 청구원인

원고는 이 사건 청구원인으로, 2004. 2. 초순경 이 사건 제품 판매가격 합계 28,014,000원 상당의 세탁을 피고에게 위탁하였으나, 피고는 별다른 이유 없이 원고에게 이 사건 제품의 반환을 거절하고 있고, 이에 따라 원고는 이 사건 제품을 제때에 판매하지 못하였고, 또한 이로 인하여 신용 하락 및 기업이미지 실추 등 영업상의 손실을 입게 되었으므로, 피고는 원고에게 손해배상금으로 이 사건 제품의 원가 상당액 25,212,600원 및 위자료 2,801,400원 합계 28,014,000원을 지급할 의무가 있다고 주장한다.

이에 대하여 피고는 원고와 사이에 1999. 봄부터 원고의 위탁을 받아 의류제품을 세탁해 오면서 2002. 7.경부터 2003. 11.말까지 사이에 받지 못한 미수대금 9,616,120원의 채권을 가지고 있으므로, 이 사건 제품에 대하여 상사유치권을 행사하고 있는 것이고, 또한 이 사건 제품의 세탁비를 원고로부터 지급받지 못하였으므로, 동시이행의 항변권을 행사한다고 다툰다.

3. 판단

원고는 피고에게 2002. 7.경부터 2003. 11.말까지 사이의 세탁대금 중 7,166,700원을 지급하지 않고 있는 사실이 인정되고, 달리 반증이 없다.

피고는 원고에 대하여 7,166,700원의 세탁대금채권을 가지고 있음이 인정되므로 이 사건 제품에 대하여 상법 제58조에 의한 상사유치권을 행사할 수 있다고 할 것이고, 또한 원고가 피고에게 이 사건 제품의 세탁비를 변제하였거나 또는 변제 제공하였음에 대한 아무런 주장, 입증이 없으므로, 피고는 동시이행의 항변권을 행사할 수도 있다고 봄이 상당하다.

따라서 피고가 원고에게 이 사건 제품의 반환을 거절한 것은 정당하므로, 이와 다른 전제에 선 원고의 청구는 더 나아가 살필 필요 없이 이유 없다.

4. 결론

그렇다면 원고의 이 사건 청구는 이유 없어 이를 기각하기로 하여 주문과 같이 판결한다.

[부동산임대업자와 식품접객업자 간의 임대차계약에 의한 점유, 임대차관계에서 채권발생] 대구지법 2010. 7. 30. 선고 2009가단53335 판결은, 상인간의 상행위는 기본적 상행위뿐만 아니라 보조적 상행위도 포함하고 피담보채권의 종류도 금전채권뿐만 아니라 금전채권으로 전환될 수 있는 채권이면 족하다는 법리를 제시한 후, 원고(부동산임대업을 하는 상인)와 피고(식품접객업을 하는 상인)가 건물에 관한 임대차계약을 체결하면서 ① 피고가 원고에게 실내공사비용, 유흥주점업 허가를 받는 데 소요된 비용, 주점에서 사용하던 반주기 · 음향시설 · 에어컨 등의 비품대금을 지급하고, ② 피고가 건물에 관한 취득세 · 중과세 등의 세금을 납부한 경우, '② 채권'은 상인간의 상행위로 인한 채권(임대차관계에서 발생한 채권)이므로 피고는 이 부당이득반환청구권을 피담보채권으로 하는 상사유치권이 있다고 판시하였다. 다만, '① 채권'은 원고와 피고의 합의에 의하여 지급된 것으로 보이고 임대차계약 종료 시 피고에게 그 비용을 반환해 주기로 약정한 사실이 없다는 등의 이유로 피고는 그에 대한 반환청구권이 없고, 따라고 '① 채권'을 피담보채권으로 하는 상사유치권은 행사할 수 없다고 판시하였다.

참고문헌

1. 국내 문헌

[단행본]

강은현, 특수 경매야 놀자, 서원북스(2017)

곽윤직 · 김재형, 민법총칙[민법강의 I], 박영사(2015)

______, 물권법[민법강의 II], 박영사(2014)

곽윤직(편집대표), 민법주해(II), 총칙(2), 박영사(2002)

______, 민법주해(IV), 물권(1), 박영사(1992)

______, 민법주해(VI), 물권(3), 박영사(2001)

______, 민법주해(XVII) 채권(10), 박영사(2005)

권형운, 유치권 Q&A, 고려원북스(2012)

김능환 · 민일영, 제3판 주석 민사집행법[I]~[VII], 한국사법행정학회(2012)

김양수, 신의 한 수 금맥 경매, 매일경제신문사(2017)

김용담(편집대표), 주석민법[물권(3)], 한국사법행정학회(2011)

김재권, 유치권 깨트리는 법 지키는 법[제2판], 매일경제신문사(2015)

김찬주 · 정낙현 · 이진경, 건축법규강의, 구미서관(2017)

김한석 · 정태원, 부동산경매와 인도명령, 화산미디어(2015)

김홍엽, 통합민사법, 박영사(2017)

______, 민사집행법[제4판], 박영사(2017)

______, 민사소송법[제7판], 박영사(2018)

김홍준, 건설재판실무, 도서출판 유로(2017)

노인수, 유치권 진짜 가짜 판별법, 지식공간(2014)

민일영, 주택 · 상가건물의 경매와 임대차, 박영사(2009)

박두환, 민사집행법, 법률서원(2003)

법무부, 민법[재산편] 개정 자료집, 법무부(2004)

법원행정처, 개정 부동산등기법 및 부동산등기규칙 해설, 법원행정처(2011)
______, 민사소송법 개정안 해설, 법원행정처(2001)
______, 법원실무제요 민사집행[Ⅰ]~[Ⅳ], 법원행정처(2014)
______, 부동산등기실무[Ⅰ]~[Ⅲ], 법원행정처(2015)
______, 집행관 실무편람, 법원행정처(2004)
사법연수원, 민사집행법, 사법연수원(2017)
서제진, 판례 · 사례 유치권 실무, 법률&출판(2015)
손진홍, 부동산 경매의 실무[上][下], 법률정보센터(2017)
손천우, 사례해설 민사집행법, 진원사(2012)
송현진 · 유동규, 건축법 해설, 진원사(2016)
______, 건축법 이론과 실무, 법률출판사(2009)
양창수 · 권영준, 민법Ⅱ 권리의 변동과 구제[제3판], 박영사(2017)
윤 경 · 손흥수, 부동산경매[1][2], 한국사법행정학회(2017)
윤재윤, 건설분쟁관계법[제6판], 박영사(2015)
윤혁경, 건축법 · 건축조례 해설, 기문당(2016)
이시윤, 신민사집행법[제7개정판], 박영사(2016)
______, 신민사소송법[제12판], 박영사(2018)
임정수, 유치권 실무, 진원사(2013)
장요성, 유치권 사건처리 실무, 법률정보센터(2015)
장인태, 유치권 이론과 실무, 유로(2015)
전병서, 민사집행법, Justitia(2016)
______, 기본강의 민사소송법[제9판], 홍문사(2017)
정동윤 · 유병현 · 김경욱, 민사소송법[제6판], 법문사(2017)
정영환, 신민사소송법, 세창출판사(2009)
정영환 외, 권리구제 효율성의 제고를 위한 민사집행 개선방안 연구[보고서], 법무부(2012)
______, 공유자 우선매수권 제도 개선을 위한 연구[보고서], 법무부(2017)
정태용, 건축법해설, 한국법제연구원(2006)
최광석, 개정판 부동산 유치권[상][하], LTS(2011)
표 찬, 부동산경매 10-10, 채움과 사람들(2017)

[논문 등]

강명진, “유치권 성립요건으로서의 점유의 태양에 관한 연구”, 부동산학석사 학위논문, 건국대학교(2017)

강민성, “민사집행과 유치권 —이미 가압류 또는 압류가 이루어졌거나, 저당권이 설정된 부동산에 관하여 취득한 점유 또는 견련성 있는 채권으로써 경매절차에서 그 부동산을 매수한 사람을 상대로 유치권을 내세워 대항하는 것이 허용되는지 여부에 관하여—”, 사법논집(36), 법원도서관(2003)

강승준, “2000년대 민사판례의 경향과 흐름[물권편]”, 민사판례연구(33-2), 박영사(2011)

견종철, “토지에 항타된 파일의 부합관계”, 대법원판례해설(82), 법원도서관(2010)

고홍석, “건축 중의 건물을 제3자가 완공한 경우 소유권 귀속에 관한 법률관계”, 민사판례연구(30), 박영사(2008)

권 현, “토지와 건물의 관계에 관한 연구”, 법학박사 학위논문, 동국대학교(2013)

김광태, “공사도급계약에 있어서 수급인 자신이 직접 일을 완성하지 않으면 계약불이행이 되는지 여부, 수급인이 제3자를 이용하여 공사를 하는 경우 도급인에게 그 사실을 미리 알리지 않으면 기망이 되는지 여부”, 대법원판례해설(40), 법원도서관(2002)

김국진, “신축건물의 소유권 귀속 시기 등에 관한 고찰 —집합건물의 구분소유를 중심으로—”, 법학석사 학위논문, 홍익대학교(2015)

김기수, “체납처분압류 후 경매개시 전에 취득한 유치권의 대항력”, 재판과 판례(23), 대구판례연구회(2015)

김기찬, “부동산경매에서 유치권의 개선에 관한 연구”, 부동산학박사 학위논문, 건국대학교(2008)

김동윤, “구분소유의 대상이 될 수 있는 구조의 건물에 있어서 원시취득자의 확정”, 사법(7), 사법연구지원재단(2009)

김민석 · 최서현, “법률 해석을 통한 부동산 유치권제도의 보완 시도와 그에 대한 평가”, 법학평론(5), 서울대학교 법학평론 편집위원회(2014)

김병진, “토지와 건물의 관계에 관한 연구 —건축 중인 건물의 법률관계를 중심으로—”, 법학논집(12-2), 이화여자대학교 법학연구소(2008)

김연우, “상사유치권에 부동산이 포함되는지 여부 및 선행 저당권자와의 관계”, 재판과 판례(22), 대구판례연구회(2013)

김용수, “허위 · 과장유치권 행사에 대한 매수인 보호방안에 관한 연구”, 법학박사 학위논문, 건국대학교(2014)

김원수, “압류(가압류)의 효력이 발생한 이후에 유치권을 취득한 자가 매수인(경락인)에게 대항할 수 있는지 여부 —대법원 2005. 8. 19. 선고 2005다22688 판결—", 판례연구(18), 부산판례연구회(2007)

김재형, "부동산 유치권의 개선방안 —2011년 민법개정시안을 중심으로—", 민사법학(55), 한국사법행정학회(2011)

김종대, "저유조가 독립건물인가?", 대법원판례해설(14), 법원도서관(1991)

김지원, "처분된 친일재산의 부당이득반환", 중앙법학(13-4), 중앙법학회(2011)

김진동, "유치권의 피담보채권의 소멸시효기간이 확정판결 등에 의하여 10년으로 연장된 경우, 유치권이 성립된 부동산의 매수인이 종전의 단기소멸시효를 원용할 수 있는지 여부" 대법원판례해설(81), 법원도서관(2010)

김창희, "건축 중 건물을 양수하여 완공한 경우 원시취득자", 법조(634), 법조협회(2009)

김태관, "건축수급인의 건축 중인 건물과 건축부지에 대한 유치권", 동아법학(60), 동아대학교 법학연구소(2013)

남동현, "건축 중인 건물의 부동산강제집행 가능성", 민사집행법연구(1), 한국사법행정학회(2005)

도두형, "부동산에 대한 상사유치권의 성부 및 대항력의 범위", 변호사(44), 서울지방변호사회(2013)

목영준, "건물매수청구권의 행사 시기", 사법행정(428), 한국사법행정학회(1996)

문광섭, "유치권의 피담보채권의 범위 —채권과 물건 간의 견련관계 및 유치권의 불가분성과 관련하여—", 대법원판례해설(71), 법원도서관(2008)

민유숙, "재건축조합의 사업시행으로 신축한 집합건물의 원시취득자", 대법원판례해설(57), 법원도서관(2006)

민일영, "경매와 담보책임", 법조(568), 법조협회(2004)

박상언, "저당권 설정 후 성립한 유치권의 효력 —경매절차에서의 매수인에 대한 대항 가능성을 중심으로—", 민사판례연구(32), 박영사(2010)

박양준, "부동산 상사유치권의 대항범위 제한에 관한 법리", 법과 정의 그리고 사람 : 박병대 대법관 재임기념 문집, 사법발전재단(2017)

______, "부동산 상사유치권의 대항범위 제한에 관한 법리", 청연논총(12), 사법연수원(2015)

박영재, "건축 중인 건물의 소유권귀속", 사법논집(46), 법원도서관(2008)

박용표, "집합건물공사 중 건축주가 변경된 경우 건물소유권의 원시취득자 —대법원 2006. 11. 9. 선고 2004다67691 판결—", 판례연구(19), 부산판례연구회(2008)

박정기, "압류의 처분금지효에 저촉하여 취득한 유치권으로 경매절차의 매수인에게 대항할 수 있는지 여부 —대법원 2005. 8. 19. 선고 2005다22688 판결—", 재판실무연구(2005), 광주지방법원(2006)

박종미, "유치권 부존재 확인소송에서 판단범위 —대법원 2016. 3. 10. 선고 2013다99409 판결에 대한 비판

적 검토—", 전남대학교 법학연구소(2016)

배동한, "체납처분압류 후 성립한 유치권의 효력", 판례연구(26), 부산판례연구회(2015)

배종국, "건축 중인 건물의 강제집행방법에 관한 연구", 법학박사 학위논문, 동의대학교(2009)

서기석, "유치권자의 경락인에 대한 피담보채권의 변제청구권의 유무", 대법원판례해설(26), 법원도서관(1996)

서명수, "하도급금지약정에 위배한 하도급에 있어 원도급계약의 기성고에 대한 공사대금이 원수급인에게 지급된 경우 건축물의 소유권귀속", 대법원판례해설(22), 법원도서관(1995)

서장석 · 민규식, "미등기건물의 경매절차에 관한 고찰 —민사집행법 제81조 제1항 제2호 단서 규정을 중심으로—", 법조(637), 법조협회(2009)

서종희, "부동산 유치권의 대항력제한에서 불법점유를 원인으로 하는 유치권 성립제한으로의 재전환", 성균관법학(24-4), 성균관대학교 비교법연구소(2012)

손흥수, "매각절차는 종료하고 배당절차만 남은 상태에서 제3자 이의의 소에서 승소한 유체동산 양도담보권자에 대한 매득금 반환 절차 —대법원 1997. 10. 10. 선고 96다49049 판결과 관련한 실무상 문제점—", 재판자료 : 민사집행법 실무연구Ⅱ, 법원도서관(2009)

송영호, "미등기부동산의 강제집행에 관한 연구", 법학석사 학위논문, 고려대학교(2006)

안영문, "건물임차인의 부속물매수청구권", 대법원판례해설(19), 법원도서관(1993)

안철상, "건축 중인 건물에 대한 금전채권의 집행", 부산판례연구(7), 부산판례연구회(1997)

연운희, "유치권자의 유치물 사용과 과실수취권", 재판실무연구(4), 수원지방법원(2011)

오시영, "부동산 유치권의 성립과 대항력의 구별", 민사법학(38), 한국사법행정학회(2007)

______, "건축이 중단된 건물의 부동산 강제집행방법에 대한 연구", 민사소송(14-1), 한국사법행정학회(2010)

______, "집합건물과 구분소유권의 원시취득에 관한 고찰", 재산법연구(28-1), 한국재산법학회(2011)

윤동현' "경매절차에서 유치권의 한계에 관한 고찰", 법학석사 학위논문, 서울대학교(2015)

윤진수, "2006년도 주요 민법 관련 판례 회고", 서울대학교 법학(142), 서울대학교 법학연구소(2007)

이강은, "부동산 유치권 제도의 문제점과 해결방안에 관한 연구", 법학박사 학위논문, 고려대학교(2017)

이계정, "체납처분압류와 유치권의 효력", 서울대학교 법학(174), 서울대학교 법학연구소(2015)

______, "부동산 경매에 있어서 부합물, 종물, 제시외 건물의 적절한 처리방안", 저스티스(137), 한국법학원(2013)

이동진, "「물권적 유치권」의 정당성과 그 한계", 민사법학(49-1), 한국사법행정학회(2010)

이동훈, "가. 하수급인이 자신의 공사대금채권을 위한 독립한 유치권을 취득하거나 수급인의 유치권을 원용하여 행사할 수 있는지 여부(한정적극), 나. 매각기일부터 매각허가기일까지 사이에 성립 및 범위가 불분명한 유치권의 신고가 있는 경우 집행법원이 취하여야 할 조치", 대법원판례해설(67), 법원도서관(2008)

이범상, "건축공사 중 건축주가 변경된 경우 건물 소유권의 원시취득 시기(대법원 2006. 11. 9. 선고 2004다67691 판결)", 경영법무(132), 한국경영법무연구소(2007)

_____, "건축공사 중 건축주가 변경된 경우 건물 소유권의 원시취득 시기(대법원 2006. 11. 9. 선고 2004다67691 판결)", 법률신문(3532), 법률신문사(2007. 2. 22.)

이시윤, "민사집행법에 있어서의 주요과제와 ISD", 민사집행법연구(8), 한국사법행정학회(2012)

이영애, "저당권설정등기와 강제경매신청 사이에 대항력을 갖춘 임차권의 대항력", 대법원판례해설(7), 법원도서관(1988)

이우재, "미완성건물의 경매방안 시론", 민사재판의 제문제(14), 한국사법행정학회(2005)

이윤직, "건축 중인 건물의 소유권귀속", 건축관련판례 50선 : 대구판례연구회 300회 발표 기념, 대구판례연구회(2012)

이은규, "민사유치권제도의 문제점과 개선방안", 법학박사 학위논문, 충북대학교(2016)

이재석, "가압류의 처분금지적 효력이 배당관계에 미치는 영향", 사법논집(53), 법원도서관(2011)

_____, "유치권 행사의 제한에 관한 판례이론, 사법논집(55), 법원도서관(2012)

_____, "유치권의 행사를 제한하는 판례이론에 관한 提言", 사법논집(61), 법원도서관(2016)

_____, "유치권자가 임대한 경매부동산의 인도에 관한 판례 분석", 법률신문(4540), 법률신문사(2017. 9. 7.)

_____, "미완성건물의 유치권 · 강제경매 대상적격에 관한 연구", 부동산학석사 학위논문, 건국대학교(2018)

_____, "무상거주확인서를 작성 · 교부한 임차인의 우선변제권 · 대항력 행사를 제한하는 판례 분석", 법조(725), 법조협회(2017)

이정배, "유치권자의 민사책임에 관한 연구", 법학박사 학위논문, 성균관대학교(2010)

이정엽, "부동산경매와 유치권", 부동산소송 실무자료(4), 유로(2010)

이춘원, "미완성의 집합건물을 양수받아 완공한 경우에 구분소유권의 원시취득자 ―대법원 2006. 11. 9. 선고 2004다67691 판결의 검토―", 민사법학(48), 한국사법행정학회(2010)

이충은, "미완성건물의 강제집행에 관한 연구", 법학석사 학위논문, 제주대학교(2007)

이 혁, "유치권의 제한", 판례연구(24), 부산판례연구회(2013)

이현종, "집합건물의 구분소유 성립 시점", 민사판례연구(23), 박영사(2001)

임정윤, "부동산 유치권에 관한 연구", 법학석사 학위논문, 서울대학교(2010)

임태호, "미등기부동산의 강제집행에 관한 연구", 법학석사 학위논문, 전남대학교(2004)

장 건 · 이성근 · 서진형, "집합건물의 일부를 점유한 유치권의 불가분성에 관한 연구 ―대법원 2007. 9. 7.

2005다16942 판결을 중심으로—", 집합건물법학(14), 한국집합건물법학회(2015)

장재형, "부동산 유치권의 대항력과 처분금지효의 차별화", 인권과 정의(447), 대한변호사협회(2014)

정규상, "토지임대차에 있어서 매수청구권의 행사로 인한 소의 변경과 석명의무", 성균관법학(6), 성균관대학교 법학연구소(1995)

정영환, "신축 중의 건물의 집행법상의 지위", 민사집행법연구(1), 한국사법행정학회(2005)

조원철, "독립된 부동산으로서의 건물의 요건", 대법원판례해설(44), 법원도서관(2004)

차문호, "유치권의 성립과 경매", 사법논집(42), 법원도서관(2006)

최승록, "집행절차에 있어서 미등기건물에 대한 소유권보존등기와 처분제한등기", 재판자료(109), 법원도서관(2006)

하상혁, "가압류 후에 성립한 유치권으로 가압류채권자에게 대항할 수 있는지 가부(2011. 11. 24. 선고 2009다19246 판결 : 공2012상, 4)", 대법원판례해설(89), 법원도서관(2012)

하상혁, "가압류 후에 성립한 유치권으로 가압류채권자에게 대항할 수 있는지 가부 —2011. 11. 24. 선고 2009다19246 판결—", 특별법연구(10) : 전수안 대법관 퇴임기념, 사법발전재단(2012)

함영주, "임차인의 경매신청만으로 우선변제권 선택 의사로 볼 수 있는지 여부 —대법원 2013. 11. 14. 선고 2013다27831 판결—" 법률신문(4185), 법률신문사(2013. 12.)

허부열, "건축 중인 건물의 소유권귀속에 관한 제문제(대상판결 : 대법원 2006. 11. 9. 선고 2004다67691 판결)", 재판과 판례(19), 대구판례연구회(2010)

홍기태, "미완성건물에 대한 강제집행의 방법", 민사판례연구(19), 민사판례연구회(1997)

황진구, "체납처분압류가 있는 부동산에 대하여 취득한 유치권의 효력", 양승태 대법원장 재임 3년 주요 판례 평석, 사법발전재단(2015)

_____, "체납처분압류가 되어 있는 부동산에 유치권을 취득한 경우 경매절차의 매수인에게 유치권을 행사할 수 있는지 여부", 사법(29), 사법발전재단(2014)

황태효, "유치권에 있어서의 채권과 목적물 사이의 견련관계 및 유치권의 불가분성", 판례연구(20), 부산판례연구회(2009)

2. 외국 문헌

[단행본]

中野貞一郎・下村正明, 民事執行法, 青林書院(2016)

石川明・小島武司・佐藤歳二, 注解 民事執行法 上巻, 青林書院(1991)

浦野雄幸, 基本法コンメンタール 民事執行法(第6版), 日本評論社(2009)

能見善久・加藤新太郎, 論点体系 判例民法(第2版) 3, 第一法規(2013)

我妻 榮・有泉 亨・清水 誠・田山輝明, コンメンタール 民法(第4版) 總則・物權・債權, 日本評論社(2016)

最高裁判所事務總局, 民事執行手續書式集―執行裁判所關係―(昭和55年7月民事裁判資料第131号), 最高裁判所事務總局(1980)

東京地方裁判所民事執行センター實務研究會, 民事執行の實務[第3版]・不動産執行編(上)(下), 金融財政事情研究會(2012)

東京地裁民事執行實務研究會, 改訂 不動産執行の理論と實務(上)(下), 法曹會(2003)

執行事件実務研究会, 債権・不動産執行の実務 : 東京・大阪両地方裁判所における執行事件処理の実際, 法曹会(1978)

熊田昇・井ノ迫淳宏, 裁判所書記官研修所実務研究報告書「東京・大阪両地方裁判所における執行事件(債權・不動産)処理の現状に関する研究」, 法曹会(1969)

清水元, 留置權概念の再構成, 一粒社(1998)

[논문 등]

鈴木正裕, "留置權小史", 河合伸一判事退官・古稀記念 會社法・金融取引法の理論と實務, 商事法務(2002)

法務省法制審議會, "擔保・執行法制の見直しに関する要綱中間試案(平成十四年三月十九日法制審議會擔保・執行法制部會決定)", 金融法務事情(1640), 金融財政事情研究會(2002)

最高裁判所事務總局民事局, "擔保・執行法制の見直しに関する要綱中間試案に対する各高等裁判所及び各地方裁判所の意見", 判例タイムズ(1094), 判例タイムズ社(2002)

日本辯護士連合會, "擔保・執行法制の見直しに関する要綱中間試案に対する意見書", 判例タイムズ(1094), 判

例タイムズ社(2002)
山木戸勇一郎, "民事執行手続における留置権の処遇 ―留置権に優先弁済請求権を認める立法をした場合に生じる問題―", 慶應法学(14), 慶應大学(2009)

• 저자 약력

고려대학교 법학과 졸업
제14회 법원행정고시 합격
건국대학교 부동산대학원 졸업
일본 東京대학 대학원 객원연구원
법원실무제요 개정위원 [민사집행]
법원공무원교육원 교수 [민법]
서울중앙지방법원 사법보좌관
법무부 민사집행법 개정위원
사법정책연구원 연구심의관
법원행정고시 출제의원
법무사시험 출제의원

現 서울남부지방법원 사무국장
한국민사집행법학회 부회장
외래교수 사법연수원 (사법보좌관 연수)
법원공무원교육원 (집행관 연수)
대한법무사협회 (법무사 연수)

• 저 서

『법원실무제요 민사집행』(법원행정처, 2014년판)
『민법 Ⅰ·Ⅱ·Ⅲ』(법원공무원교육원)
『부동산등기법』(도서출판 청운)

• 논 문

취소된 외국중재판정의 집행을 허가한 프랑스 · 미국의 판례와 그 시사점, 『사법논집 45집』
점유취득시효의 기산점과 당사자적격에 관한 판례이론의 기본구조, 『사법논집 49집』
가압류의 처분금지적 효력이 배당관계에 미치는 영향, 『사법논집 53집』
유치권 행사의 제한에 관한 판례이론, 『사법논집 55집』(2012년 최고점수 우수논문 선정)
유치권의 행사를 제한하는 판례이론에 관한 提言, 『사법논집 61집』
유치권자가 임대한 경매부동산의 인도에 관한 판례 분석, 『법률신문 4540호』
미완성건물의 유치권 · 강제경매 대상적격에 관한 연구, 『부동산학석사 학위논문』
무상거주확인서를 작성 · 교부한 임차인의 우선변제권 · 대항력 행사를 제한하는 판례 분석, 『법조 725호』
한국 사법보좌관제도 개관, 『한 · 일 등기관상호연수 13회』
재판기록 및 조서에 관한 실무 개선 방안 연구 (연구 참여), 『사법정책연구원 연구총서 2015-11』